제3판

FTA 이해와 활용

FREE TRADE AGREEMENT

FREE TRADE AGREEMENT

이명구
정재완
정재호

도서출판 청람

| 개정판 머리말 |

21세기로 접어든지 어언 20년이 지났다. 돌아보면 20세기 후반 50여 년간이 우리나라가 최빈국에서 일어나 중진국으로 급성장한 질풍노도의 시기였다면, 21세기 벽두 20년은 질적 전환을 통해 마침내 세계 선진국으로 진입한 역사적 시기였다. 21세기 초부터 여러 국산품들이 처음으로 세계 일류상품으로 등장하기 시작했고, 경제규모나 무역규모 면에서도 마침내 세계 10대강국 반열에 들게 된 것이다. 해마다 세계무역의 3%가 넘는 1조달러 이상의 상품이 수출입되는 글로벌 공급망의 한 축이다. 우리 경제가 이와 같이 성장하고, 세계적인 경쟁력을 갖게 된 것은 무엇보다 무역을 통한 개방경제 체제를 효율적으로 운영했기 때문이다.

오늘날 무역은 1995년 출범한 세계무역기구(WTO)와 국가와 국가 사이에 거미줄처럼 서로 얽혀 해마다 늘어나는 지역경제통합체를 벗어나서 생각하기 어렵다. 우리나라는 지역경제통합체의 하나인 자유무역협정(FTA) 체제로 들어선 이래 짧은 기간 동안 거대경제권인 미국, 중국, EU를 비롯해 세계 17개 국가 또는 경제통합체와 FTA를 발효시켰다. 2020년 11월엔 아시아태평양 지역 15개 국가가 참여한 메가(Mega) FTA로 RCEP(역내포괄적경제동반자협정)을 체결해 또 다른 전기가 마련됐다. 2020년 기준으로 보면 우리나라 수출의 74.7%, 수입의 82.3%가 FTA를 활용한 것으로 나타난다. 기본관세율이 무세인 것 등 FTA 적용이 무의미한 것을 제외한 거의 모든 수출입에서 FTA를 활용한 것이다.

이 책은 FTA를 보다 깊이 이해하고, 우리나라가 체결한 FTA를 무역에서 용이하게 활용할 수 있는 역량을 키우도록 준비되었다. FTA를 효과적으로 활용하려면 이 책에 담겨 있는 HS라 불리는 품목분류와 수출입통관, 원산지규정, 관세율 등에 대한 체계적 지식이 반드시 필요한데, 특히 원산지규정에 대한 심층이해가 중요하다. 2021년 개정판에는 최근 수년간 추가 발효된 FTA를 비롯해 개정된 법령의 내용을 충실히 반영했다. 최근 개정된 내용 중 특히 눈에 띄는 것은 수입통관 이후의 협정관세 적용과 관련한 규제의 완화다. 이러한 규제 완화는 무역을 더욱 원활하게 하는 거름이 될 것이지만, 해당 내용을 모르면 당연히 무역에 활용할 수도 없다. 이 책이 직간접으로 무역에 참여하거나, 참여하길 원하는 모든 이들에게 도움이 되기를 기대한다.

2021년 6월

저자

이 책에서 사용하는 약칭의 의미

- **법**: 자유무역협정의 이행을 위한 관세법의 특례에 관한 법률
- **영**: 자유무역협정의 이행을 위한 관세법의 특례에 관한 법률 시행령
- **규칙**: 자유무역협정의 이행을 위한 관세법의 특례에 관한 법률 시행규칙
- **고시**: 자유무역협정의 이행을 위한 관세법의 특례에 관한 법률 사무처리에 관한 고시
- **인증고시**: 자유무역협정 원산지인증수출자 운영에 관한 고시
- **세칙**: 자유무역협정에 따른 원산지검증 운영에 관한 시행세칙

| 차 례 |

Chapter 1 FTA의 개요

Chapter 2 FTA의 체결

Chapter 3 수출입통관 실무

Chapter 4 품목분류(HS)

Chapter 5 원산지 및 원산지규정

Chapter 9 FTA관세특례법 총론

Chapter 10 FTA에 근거한 원산지의 결정과 증명

Chapter 11 협정관세의 적용

Chapter 12 FTA 피해구제를 위한 관세조치

Chapter 13 원산지조사

Chapter 14 통관절차의 특례와 FTA 이행관리

Chapter 01

Free Trade Agreement
FTA 이해와 활용

FTA

FTA의 개요

1. 자유무역의 발전
2. WTO와 FTA 비교
3. FTA의 효과

Chapter

01. FTA의 개요

FTA 이해와 활용

1 자유무역의 발전

1) GATT와 자유무역

현재의 국제무역환경은 자유무역의 원칙하에 세계무역기구를 중심으로 하는 다자간 비차별적인 자유무역의 확대와 아울러 양자 간, 지역 간 또는 경제블록 간 특혜무역협정을 중심으로 하는 배타적인 자유무역이 병행하면서 자유무역이 점진적으로 가속화되고 있는 현상을 보이고 있다.

이러한 자유무역은 제2차 세계대전의 원인의 하나로서 광범위하게 퍼져 있던 보호무역주의의 철폐와 자유무역주의에 입각한 세계경제체제의 구축을 위해 1947년에 창설된 GATT를 중심으로 한 체약당사자[1] 간의 관세협상으로 관세장벽을 낮추고자 하는 것으로부터 시작되었다. 첫 번째 관세협상인 제네바라운드의 결과로서 관세양허와 무역규칙을 포함한 '관세와 무역에 관한 일반협정(General Agreement on Tariffs and Trade: GATT)'[2]이 출범함으로써 자유무역을 위한 국제적인 다자간 무

1) 1947년 GATT는 체약당사자로서 총 23개의 국가로 구성되었다. 사실 GATT는 국제조약(treaty)이며, 법적으로 설치된 기구(organization)는 아니기 때문에 공식적으로는 회원국(members)으로 부르지 않고, 체약당사자(contracting parties)로 불렀다.

2) 1947년 1차 제네바라운드에서 타결된 최초의 국제무역규범인 GATT는 이후 1995년 WTO 체제하에서의 GATT와 구분하여 1947 GATT라고 부른다.

역체제가 만들어졌다고 볼 수 있다.

GATT는 다자간 무역협상의 틀을 제공하고, 관세, 수입제한 및 기타 무역상의 여러 장벽들을 완화, 철폐하는 것을 목적으로 초기에는 주로 관세를 인하하는 데 중점을 두었으며, 이후 수량제한 등 수입제한의 철폐를 중심으로 하는 비관세조치의 철폐에도 상당한 성과를 거두었다.[3] GATT 체제하에서의 협상 경과는 [표 1-1]과 같다.

표 1-1 GATT 체제하에서의 협상(라운드)

라운드	명칭[4]	협상연도	참여국수	특징
1	제네바(Geneva)	1947	23	GATT 체결
2	안시(Annecy)	1949	13	관세인하
3	토키(Torquay)	1950~1951	38	관세인하
4	제네바(Geneva)	1955~1956	26	관세인하
5	딜론(Dillon)	1960~1961	26	관세인하
6	케네디(Kennedy)[5]	1962~1967	62	반덤핑, 관세평가
7	도쿄(Tokyo)	1973~1979	102	비관세인하 협의
8	우루과이(Uruguay)	1986~1993	123	WTO 출범
9	도하개발아젠다(DDA)[6]	2001~	135	다자간 무역협상

그러나 GATT는 출발 당시부터 유엔의 국제무역기구(ITO)의 무역에 관한 부분만을 승계한 35개 조의 규정으로 구성되어 국제무역의 원칙을 규정한 일반협정에 불과하였기 때문에 국제무역의 제반 문제들을 종합적으로 취급하지 못하는 한계를 가

3) 총 8차 협상(라운드)이 진행되었으며, 1~6차 협상은 주로 관세의 인하에 중점을 두었다. 7차 협상에서는 비관세조치에 중점을 두고 협상이 진행되었으며, 8차 협상은 GATT의 역할을 강화하고, WTO 설립을 이루는 협상이 되었다.

4) 종전에는 무역협상라운드가 개최된 지역의 이름을 따서 명명되었으나, 1960년대 이후 두 차례 라운드는 개최에 공헌한 사람의 이름을 따서 명명하였다. Dillon Round는 미국 측 수석대표였던 C. Douglas Dillon의 이름을, Kennedy Round는 John F. Kennedy 대통령의 이름을 딴 것이며, 딜론라운드 이후 다자간 무역협상라운드는 주로 제네바에서 진행되었다.

5) 우리나라가 GATT 가입하면서 최초로 참여한 라운드이다.

6) 도하개발아젠다(DDA)는 1995년 1월 WTO의 출범 이후 최초로 개최된 다자간 무역협상에 해당한다. 기존 1947 GATT하에서의 라운드와 다르게 WTO 출범 이후 새롭게 시작했다는 의미로 뉴라운드로 불린다.

지고 있었다. 1980년대에 오일쇼크로 인한 세계경제의 침체기를 맞아 선진국의 보호주의 압력이 높아지게 됨에 따라 개도국들의 대응책이 필요하였으나, GATT는 이에 대한 효과적인 수단을 제시하지 못하였다.

또한 미국 등 주요 선진국들이 개도국들과의 통상분쟁에 대해 쌍무적인 통상압력이나 일방적인 불공정 무역법규를 통해 분쟁을 해결하는 경향이 두드러지면서 GATT 체제의 위기감이 높아지게 되었다. 이런 문제하에서 국제사회는 자유무역질서를 보다 확고히 하고, 이에 위배되는 행위에 대하여 효과적으로 감독할 수 있는 포괄적이고 구체적인 법적 구속력이 확보된 국제무역기구를 마련함으로써 자유무역을 보다 발전시키고자 하였다.

이런 요구에 부응하여 1986년에 시작된 GATT 제8차 관세협상인 우루과이라운드 협상의 결과로 세계무역기구(WTO)가 출범하게 되었다.

2) WTO 체제의 출범

세계무역기구(World Trade Organization: WTO)는 1994년 4월 15일 우루과이라운드 협상의 결과로써 1995년 1월 1일 출범하였으며, 다자간 무역체제하에서 무역규범에 근거한 무역자유화를 통해 세계경제의 발전을 추구하는 것을 목적으로 하고 있다.

세계무역기구 설립의 기초가 되는 마라케시 협정의 전문에서도 관세 및 그 밖의 무역장벽의 실질적인 삭감과 국제무역관계에 있어서의 차별대우의 폐지를 지향하는 상호 호혜적인 약정의 체결을 통해 자유무역의 목적에 부응하는 것은 목표로 한다고 선언하고 있다.

WTO는 법인격을 갖춘 국제기구이며, 다자간 규범이 모든 회원국을 구속할 수 있는 권한이 있어 회원국이 WTO의 규정을 이행하지 않은 경우 사법적 권능을 가지고 제재조치를 취할 수 있다. WTO의 규범은 국제법상 다자간 협정의 지위를 획득함으로써 국제법과 동등한 지위를 누리며, 모든 회원국들은 이들 협정에 대해 반드시 자국의 국회비준 등의 절차를 거쳐 수용함에 따라 각국의 국내법과 비교해 볼 때도 국내법보다 우위에 있다고 볼 수 있어, 이러한 권한을 통해 자유무역의 확대를 위한 전 세계적인 논의를 진전시켜 오고 있다.

WTO 회원국의 각료들로 구성되는 각료회의는 최고의사결정기구로서 다자간체제하에서의 무역자유화를 위한 주요한 결정들을 해 왔다. 무역자유화 확대라는 측면에서 각료회의 주요 결정들을 살펴보면 다음과 같다.

먼저, 1996년 싱가포르에서 개최된 제1차 각료회의에서는 지역협정과 관련 다자무역체제의 우위를 확인하고, 지역협정의 WTO 규범과의 상호 보완성 및 일치성의 보장을 확인하였다. 또한 최빈개도국 지원을 위한 적극적인 대책으로서 자발적인 무세화 혜택을 제공하는 실행계획을 채택하였다. 아울러서 투자, 경영정책 및 정부조달 투명성 등에 관한 작업반(Working Group)이 설치되었다.

1998년 제네바에서 개최된 제2차 각료회의에서는 광범위한 무역자유화(further liberalization sufficiently broad-based)라는 기치하에 정기적인 회합을 개최하기로 하고, 차기 제3차 각료회의에서 차기 협상의 범위, 협상방식 등을 공식 결정하기로 합의하였다. 또한 갈수록 늘어나는 전자상거래에 관하여 온라인(on-line)으로 거래되는 무형물의 거래 상품에 대하여 일정기간 관세부과를 유예[7]하는 별도의 각료선언을 채택하여 전자상거래의 국제거래 활성화를 도모하였다.

1999년 시애틀에서 개최된 제3차 각료회의는 국제무역에 관한 광범위한 의제 채택의 복잡성과 회원국 간 갈등의 심화로 회의가 결렬되면서 향후 다자간 무역협상의 어려움을 보여주기도 했다.

이후 2001년 카타르 도하에서 개최된 제4차 각료회의에서는 개도국을 위한 특별대우를 선언하며, 다자간 자유무역의 확대를 목표로 뉴라운드라고 불리는 '도하개발아젠다(DDA)'[8]가 공식 출범하게 된다. 농업, 공산품, 서비스, 반덤핑협정, 보조금협정, 투자, 경쟁정책, 무역원활화, 정부조달 투명성, 환경문제까지 매우 광범위한 의제에 대해 일괄타결방식(Single Undertaking)을 채택하고, 2002년 1월 제1차 무역협상위원회(Trade Negotiation Committee)에서 협상을 개시하고 2005년 1월 1일 이전에 전체 협상을 종료하기로 하였으나, 선진국과 개도국의 갈등으로 협상이 반

7) 전자적 전송에 대한 관세부과 모라토리움이 결의되었으나, 이후 각료회의에서 전자적 전송 콘텐츠와 관련하여 WTO를 주도하는 쿼드(Quad: 미국, EC, 캐나다, 일본)를 비롯하여 선진국 간 첨예한 북-북(North-North) 갈등이 지속되었다.

8) 도하개발아젠다의 명칭은 UR 협상의 혜택이 개도국보다는 선진국에게 편중되었다는 개도국들의 불만과 요구사항을 수용하여 개도국 개발과 지원을 위한 협상이라는 점을 강조하기 위해 사용되었다.

복적으로 지연되는 등 WTO 체제하에서의 다자간 무역협상의 쇠퇴를 가져오는 결과를 초래하였다. 한편으로는 제4차 각료회의에서 중국의 WTO 가입이 승인됨에 따라 우리나라뿐 아니라 모든 WTO 회원국들이 WTO 규범하에서의 중국시장의 개방 확대라는 기회와 아울러 중국에 대한 장벽철폐로 인한 자국시장잠식이라는 위기의식을 동시에 갖게 되는 경험을 하게 되었다.

이후의 제5차 각료회의는 주요 분야의 합의가 없이 종료되면서, 광범위한 의제를 다루는 것보다는 투자, 경쟁정책, 무역원활화, 정부조달 투명성 등 일명 싱가포르 이슈라고 불리는 4개 의제를 중점적으로 다루는 방향으로 논의방향이 압축되었다. 이 중 무역원활화 분야는 세관행정의 간소화 등의 다자규범을 수립하는 것을 중심으로 하는 등 관세행정에 있어서 국제협력을 강화하는 주요 규범이라고 할 수 있다. 그러나 이후 협상에서는 큰 진전을 보여주지 못하였다. 다양한 부문의 무역자유화를 지향하는 도하라운드는 2001년에 시작됐지만 2008년 포괄적 합의를 포기하고 부문별 협상을 진행하는 방식으로 후퇴했다.

2011년에 개최된 제8차 각료회의에서는 DDA 협상 전반을 일괄타결하기 어렵다는 인식에 따라 합의 가능한 분야에서 우선 협상을 진전시키는 새로운 접근방식인 '조기수확(early harvest)[9]'을 모색하였고, 그 결과 2013년 제9차 각료회의에서 WTO가 출범한 이후 처음으로 다자간 무역협상 타결 성과이자 2001년 DDA 출범 이후 최초의 수확으로 무역원활화 협상에 타결하고, 이듬해인 2014년 11월 스위스 제네바에서 개최된 WTO 일반이사회에서 무역원활화 협정(Trade Facilitation Agreement)을 WTO 설립협정에 편입하기 위한 개정의정서를 공식적으로 채택하는 성과를 거두었다.

2015년 개최된 제10차 각료회의에서 농업에 대한 시장접근 합의와 정보기술협정 확대협정(ITA II)이 타결되는 등 자유무역 확대를 위한 WTO 다자무역체제가 어느 정도 작동되었으나, 미국이 '새로운 형태의 실용적 다자주의'를 내세우며 WTO 다자무역체제에 대한 새로운 접근이 필요하다는 주장을 하면서 WTO 협상방향에 대한 선진국과 개도국 간의 시각차가 드러나며 불확실성이 높아지게 되었다. 그 결과 이후 2017년에 개최된 11차 각료회의에서는 WTO 사무총장의 중재노력에도 불구하고 분쟁해결절차 개선 등 WTO의 투명성 강화를 내세운 미국의 주도하에 선진국과

9) 무역원활화, 농업 일부이슈, 개발/최빈개도국 등 3개 분야를 조기수확 분야로 선정하였다.

개도국 간 합의 도출에 실패하고 모든 핵심의제에서 DDA 사항이 제외되었고 각료선언마저 채택되지 못한 채 제4차 각료회의부터 시작된 DDA 협상의 사실상 종결이라는 결과를 맞이하였다. 이로써 향후 WTO 무역협상은 농업과 수산보조금 등 회원국 공통 관심의제와 미국이 주도하는 복수국가간 분야별협상(Sectoral Approach)인 전자상거래, 투자원활화 등을 비롯하여 무역과 안전, 무역과 환경을 주제로 하는 새로운 분야로의 협상이 전개될 것으로 전망된다. WTO 설립 이후 각료회의의 주요 성과를 정리하면 [표 1-2]와 같다.

표 1-2 | WTO 각료회의 주요 성과

각료회의	개최지	개최시기	주요 성과
1차	싱가포르(Singapore)	1996. 12	최빈개도국 지원 실행계획
2차	제네바(Geneva)	1998. 5	전자상거래(전자전송물) 비관세 채택
3차	시애틀(Seattle)	1999. 11	협상 결렬
4차	도하(Doha)	2001. 11	뉴라운드 협상(DDA) 출범
5차	칸쿤(Cancun)	2003. 9	협상 결렬
6차	홍콩(Hong Kong)	2005. 12	최빈개도국 무관세·무쿼터원칙 합의
7차	제네바(Geneva)	2009. 11	전자상거래 비과세 유예 연장
8차	제네바(Geneva)	2011. 12	조기수확 협상 모색
9차	발리(Bali)	2013. 12	무역원활화 협정 합의[10]
10차	나이로비(Nairobi)	2015. 12	정보기술협정(ITA) 확대협상[11] 타결
11차	부에노스아이레스 (Buenos Aires)	2017.12	DDA 협상 사실상 종결, 복수국가 분야별 협상

3) FTA의 시대로의 전환

앞서 언급하였듯이, WTO에 의한 다자무역체제가 우루과이라운드 이후 특별히 성공적인 결과를 보여주지 못함에 따라 세계무역의 흐름이 WTO 다자무역체제에서 양

10) 무역원활화협정은 WTO 출범 후 최초로 타결된 WTO 협정으로 2014년 11월 27일 WTO 총회에서 채택되었고, 우리나라에서는 2017년 2월 22일 조약 제2345호로 발효되었다.

11) 1996년 12월 ITA 타결 이후 2012년 5월에 추가 개시된 ITA 확대협상(ITA II)은 컴퓨터·반도체·통신장비 등 약 200여 개 IT제품의 무세화를 추진하는 협상으로 한·미·일·중·EU 등 총 55개국이 참가하였다.

자 간 또는 지역 간 무역협정, 특히 자유무역협정의 시대로 빠르게 전환되고 있다.

먼저, 1994년 미국, 캐나다와 멕시코 간 체결된 북미자유무역협정(NAFTA)[12]이 이러한 움직임을 본격화시켰다고 할 수 있다. 이러한 움직임은 1995년 남미공동시장(MERCOSUR), 카리브공동시장(CARICOM)으로 확대되고, 아시아에서는 아세안(ASEAN)을 중심으로 한국, 중국, 일본 등에서의 자유무역협정의 확대가 이루어지는 등 2000년대에 들어서면서 전 세계적으로 더욱 확산되었다. WTO 다자체제에서 지역경제공동체 또는 FTA 시대로의 전환이 빠르게 이루어진 이유로 다음 몇 가지를 들 수 있다.

첫째, 세계경제의 침체 등과 맞물려 보호무역주의가 확산됨에 따라 경제침체를 극복하려는 노력의 일환으로 지역통합을 선택하고 있기 때문이다. 보호무역주의 확산은 지역국가들 간의 FTA 추진을 통한 역내 경제통합 움직임을 촉진하는 요인으로 작용하고 있다. 실제적으로도 FTA가 배타적 관세인하 혜택과 상대적인 보호무역의 이익을 보장하면서도 시장개방을 통해 경쟁을 심화시키고, 체약상대국으로부터의 직접투자를 확대시킴으로써 경제성장의 원동력으로 작용하고 있다.[13] 또한 각 국가들이 경제협력의 수단으로서 지역 내 국가 간 및 지역경제공동체 간 FTA 체결을 통해 외연을 확대하려는 경제적 수요도 확산되고 있다.

둘째, 교착상태에 빠진 WTO 다자간 무역협상으로 인해 지역경제공동체와의 협력을 빠르게 실현할 수 있는 양자 간 자유무역협정이 대안으로 선택되고 있기 때문이다. WTO는 다자간 체제로서 모든 회원국이 참여하고, 모든 회원국이 동의하는 컨센서스[14] 방식으로 운영됨에 따라 2001년에 개시된 DDA 협상에서 보는 것처럼 결과를 도출하기가 쉽지 않다. 또한 WTO에서는 회원국 간 무차별적인 혜택 및 개방을 해야 하는 부담이 있는 반면, FTA는 체약상대국 간 상호 관심사항을 반영하면서 선택적인 개방을 할 수 있다는 점에서 선호된다. 이런 이유로 자유무역을 확대하고, 개방을 통한 경쟁력 확보라는 측면에서 체약국 간 배타적 호혜가 가능하면

12) NAFTA는 2020년 7월 1일 USMCA(US-Mexico-Canada Agreement)로 변경되었다.

13) 1994년 북미자유무역협정(NAFTA) 체결로 연평균 40~50억 달러에 머무르던 멕시코, 캐나다의 외국인 직접투자 유치액은 체결 이후 각각 150억 달러, 190억 달러로 증가한 사례가 있다.

14) WTO 체제는 기본적으로 모든 회원국이 동의해야 타결이 되는 컨센서스 방식으로 운영되며, 원칙적으로 특정 의제에 대해 별도의 이의를 제기하지 않는 한 해당 의제에 찬성하는 것으로 본다.

서 신속한 협상결과를 도출할 수 있는 자유무역협정을 선택하고 있다.

셋째, 세계적으로 지역주의(regionalism)가 가속화되고, 무역경쟁상대국들이 경쟁적으로 지역무역협정을 체결하고 있는 시점에서 소극적인 입장을 유지하는 경우 FTA 체약국에 비해 비체약국으로서 상대적인 불이익의 확대와 경제적인 피해가 우려되기 때문이다. 경쟁상대국이 FTA 체결을 통해 차별적인 관세혜택을 누림으로써 경쟁 수출시장에서 선점적인 효과를 누림에 따라 상대적으로 자국의 수출기업들이 피해를 보기 때문에 이를 상쇄하고자 적극적이면서도 경쟁적으로 FTA 체결을 추진하고 있다.

또한 이렇게 자유무역협정이 확산되는 이유는 세계경제를 대변하는 미국과 EU의 역할변화에서도 찾아볼 수 있다. 그간의 대표적인 경제공동체인 EU의 성공적 통합 추진 과정과 결과가 타 지역공동체의 창설 및 통합 심화의 모델로서 작용한 것으로 보인다. 정치적으로도 국제사회에서 EU의 영향력이 커지면서 유럽지역 이익을 효과적으로 대변함에 따라 글로벌 경기침체하에서도 세계 다른 지역에 비교하여 상대적으로 성공적인 대처를 보여주고 있으며, 경제적으로도 유로화의 안정세 유지에 따라 전 세계적으로 달러화에 대한 의존도가 감소되면서 지역공동통화 도입 및 자국통화 결제 등이 추진되면서 이것이 자연스럽게 지역경제공동체의 통합 심화로 연결되고 있다고 할 수 있다.

앞에서 살펴본 것을 종합해 보면, 앞으로도 이러한 지역통합이 심화되는 추세는 지속되리라 본다. WTO 각료회의의 합의실패 현실화 등 다자체제의 불확실성이 더욱 높아지고, 세계적인 경기침체를 배경으로 하는 보호무역주의의 대두와 이런 환경 속에서 지역 내 결속의지는 점점 강화되면서 자유무역협정 체결의 요구가 지속되고 있기 때문이다. 더 나아가서 지역별 경제공동체 통합이 가속됨에 따라 점점 더 큰 형태의 FTA, 즉 MEGA FTA로의 확산이 가속화되고 있다는 점도 앞으로의 방향을 보여준다. 따라서 세계무역환경은 자유무역 확대라는 명제 아래, 다자체제를 유지하면서도, 양자 간 FTA를 확대하고, 더 나아가 지역경제공동체 간 MEGA FTA를 병행하여 추진하는 양상으로 발전하고 있다.

4) 우리나라의 개방정책

세계경제가 지난 1947년 GATT 출범에서부터 시작하여 1990년대 WTO 체제하의 무차별적인 자유무역의 과정을 지나 2000년대부터 보다 적극적이면서도 배타적 호혜주의 성격을 지닌 양자 간 또는 지역 간 자유무역협정(FTA)의 시대로 변천되어 오는 과정에서 우리나라의 시장개방정책도 이에 맞추어 변화되어 왔다.

초기의 우리나라의 시장개방은 무역이 확대되는 과정에서 외국의 시장개방 요구에 의해 피동적인 형태로 이루어졌으나, 기본적으로는 시장개방 및 자유무역의 확대가 우리 경제에 실질적인 이익이 된다는 국민적 공감대와 긍정적인 인식이 형성되면서 개방정책이 점진적으로 확대되어 왔다고 볼 수 있다.

우리나라에서 시장개방에 대한 인식이 확산되기까지의 국내적 합의과정은 외국에 비하면[15) 상대적으로 매우 짧은 시기에 이루어졌다고 할 수 있다. 우리나라는 1945년 해방을 거쳐 1950년 6.25전쟁 이후 경제적으로 완전히 폐허가 된 땅에서 국가재건을 목표로 경제정책을 시작하였다. 가시적인 국가경제의 틀은 1960년대의 경제개발계획을 계기로 변화되었으며, 이와 함께 대외경제관계에 대한 시각도 이때부터 변화되었다고 볼 수 있다. 이러한 개방경제로의 정책변화의 한 증거로서 우리나라는 1967년 4월 1일자로 GATT의 정회원국이 되었다.

1960년대 이후 1970년대까지 대외경제정책은 우리나라 시장개방의 필요성이 적은 반면, 외국시장에 대한 우리나라 상품의 진출은 매우 쉬운 편이었기 때문에 수출을 늘려서 경제성장을 추구하는 중상주의적 수출중시론이 득세한 시기이다. 그러다 점차 1980년대를 거치면서, 미국, 유럽 등 주요국들이 우리나라를 주요 무역상대국으로 인식하면서 상대적으로 우리의 시장개방에 대한 요구도 확대되었다. 이러한 시장개방 확대 요구에 맞물려 1990년대 초반부터 점진적으로 관세인하, 수입자유화 확대 등 단계적 개방계획을 추진하게 되었다.

1990년대 중반 이후부터는 국제적인 수준에 맞추어 국내제도를 투명하고 공정하게 운영할 뿐 아니라, 국내외 기업이 차별 없이 동등한 조건에서 국내시장에서 경쟁할 수 있는 여건을 마련하는 등 국제표준(international standard)에 맞추어 경제정

15) 외국의 경우에는 16세기부터 시작된 20세기 초반까지 오랜 기간 동안 시장개방에 대한 국민적 공감대 형성이 이루어졌다고 볼 수 있다(최낙균, 1999. 11 산업연구원).

책을 추진하게 되었다. 이러한 정책의 바탕에는 우리 국민들의 시장개방에 대한 적극적인 인식과 지지가 있음은 물론이다. 이러한 인식변화에 힘입어 1995년에 출범한 WTO를 중심으로 하는 자유무역확대 기조에 부응한 세계화(globalization)에 적극 동참하였다.

그러나 이러한 노력에도 불구하고 우리 시장개방의 수준은 아직 미흡한 점이 많았다. 2000년대로 접어들면서 우리나라도 세계적인 자유무역협정의 확대에 대응하기 위한 전략적인 자유무역정책의 필요성이 대두되었다. 이에 따라 2003년 8월 'FTA 추진 로드맵'을 수립하는 한편, 이에 근거하여 정부부처 간 협의체인 FTA 국내대책회의를 설치하고, 2004년 6월 '자유무역협정체결절차규정'을 제정[16]함으로써 본격적으로 전략적이고도 단계적인 FTA 체결정책을 펼치게 된다. 2003년 2월 칠레와의 협상을 타결하기 이전에는 WTO 회원국 중 몽골과 함께 FTA를 맺지 않았던 비개방국가의 하나로 남아 있었으나, 거대경제권인 아세안, 미국, EU와의 동시다발적인 FTA 체결 협상을 개시하는 등 자유무역을 향한 돌파구를 가속화하고, 수준 높은 FTA를 추진함으로써 글로벌 FTA 허브 국가로서 발돋움해 나가기 시작하였다. 그 결과 2011년에 들어서는 세계에서 아홉 번째로 무역 1조 달러를 달성하는 등 명실공히 무역대국의 반열에 올라서게 되었다. 이러한 성과 속에서 다시 한 번 급변하는 세계경제환경의 변화에 대처하기 위한 새로운 성장동력이 필요하게 되었다. 대외적으로 선진 거대경제권 간 FTA 체결의 움직임과, 동아시아지역의 경제통합을 둘러싼 미국과 중국과의 주도권 경쟁 등 불확실성이 고조되는 상황에서 개방형 통상정책을 유지하고 서로 상생(win-win)하는 통상전략을 목표로 2013년 8월에 '新통상 로드맵'[17]을 수립하여 산업 및 자원 협력과 연계한 통상정책 및 국제통상질서 재편에 선제적으로 대응하는 한편, 이에 근간하여 2017년에는 신남방, 신북방정책을 표방하고 FTA 네트워크의 고도화와 지역적 핵심국가와의 맞춤형 통상협력 정책을 추진하고 있다.

16) 대통령훈령 제121호(2004.6.8)
17) 동아시아지역 경제통합의 핵심축 역할을 수행하고, 산업 · 자원 협력을 포함하는 상생(win-win) FTA 추진 등 자유무역정책 방향에 대한 거시적 차원을 담은 기본전략을 제시하고 있다.

표 1-3 우리나라 통상정책의 변화

연대	주요 통상정책
1970년대 이전	중상주의적 수출중시 통상정책
1980년대	시장개방론 대두에 근거한 단계적 개방정책
1990년대	WTO를 중심으로 국제표준화 및 세계화 동참
2000년대	전략적·동시다발적 자유무역협정 체결을 통한 개방화 확대
2010년대 이후	상생(win-win)전략 및 국제통상질서 재편에 선제적 대응

2 WTO와 FTA 비교

앞에서 자유무역의 발전이라는 측면에서 GATT의 성립, WTO 출범과 FTA의 부상 등 세계무역환경의 변화를 중심으로 살펴보고, 우리나라의 대외경제정책의 변화를 함께 살펴보았다. 여기서는 현재 세계무역의 중심축이라고 할 수 있는 WTO와 FTA의 특징을 구체적으로 비교해 보기로 한다.

1) WTO의 특징

1995년에 출범한 세계무역기구(WTO)는 회원국들의 협상의 산물이다. 따라서 WTO의 핵심은 다수의 무역국가들이 협상을 통해서 합의한 일련의 협정들이라고 할 수 있다. 각국 정부가 협상을 하고 서명을 함으로써 국제상거래의 기본적인 법규범을 인정하고, 이로 인해 회원국 간의 합의한 범위 내에서 회원국을 구속하는 구속력 있는 법규범을 구성한다. 따라서 WTO는 규범의 집합체이며, 법인격체라고 볼 수 있다.[18]

WTO의 목적은 최대한 자유로운 무역이 이루어지도록 하는 것이다. 국가 간 자유무역이 세계경제발전과 복지를 이룰 수 있다고 보기 때문이다. 이러한 목적을 위해 무역규범을 통한 무역자유화를 추진한다고 볼 수 있다. 반면, WTO의 어떤 규범

18) 외교통상부(2007), WTO 이해하기

들은 소비자를 보호하거나, 국민건강을 보전하고, 환경을 보호하기 위한 무역장벽을 유지하기 위한 역할을 하기도 한다. 이러한 규범들이 비농산물, 농업, 섬유, 지적재산권, 식품위생, 환경 등 다양한 분야에 대해 다양한 법적인 문서들로 구성되어 있다.

이러한 WTO 성격을 요약해 보면 다음 네 가지로 압축해 볼 수 있다. 첫째, 법인격이다. WTO 기능수행에 필요한 법적 능력과 특권을 보유한다. 둘째, 포괄성과 규범성이다. 상품무역, 서비스, 자본, 기술거래 등 국제경제활동의 주요 부분을 거의 다 포괄할 뿐만 아니라 상세하고 실효성 있는 규범체계를 마련함으로써 과거 국제경제를 지배하던 '힘'의 논리를 '규범'의 논리로 대체하고 있다. 셋째, 다자주의를 표방한다. 세계무역에 있어서 다자주의원칙을 더욱 확고히 함으로써, 일방주의 또는 지역주의의 확산을 방지하고, 회원국의 국내법을 다자규범에 일치시키도록 규정함으로써 일방적 무역조치의 남용방지를 위한 제도적 장치를 마련하였다. 넷째로, 자유무역과 공정무역의 조화이다. 자유무역정책을 기본으로 하되, 개도국 지원을 위한 예외를 허용하고, 시장력을 남용하는 불공정관행들을 제거하는 공정무역정책을 가미한 것이다.

위와 같은 WTO의 기능을 위해서 WTO 체제를 운영하기 위한 중요한 기본원칙이 있다. 이는 ① 차별 없는 무역, ② 보다 자유로운 무역 ③ 예측가능성, ④ 공정한 경쟁, ⑤ 개발과 경제개혁 장려의 다섯 가지로 정리해 볼 수 있다.

먼저 차별 없는 무역의 요건으로 '최혜국대우(Most-Favoured-Nation: MFN)' 조치가 필요하다. WTO 회원국 간에는 어떠한 차별을 둘 수 없으며, 무역상대국 모두에게 '최혜국'으로서의 지위를 부여한다. 즉, 어떤 국가가 WTO 회원국 하나에게 특정한 상품의 관세를 인하하는 등의 특별한 대우를 해주면 그 조치는 다른 모든 WTO 회원국에게 동일하게 해주어야 한다. 이는 WTO 내의 상품협정, 서비스협정이나 지적재산권협정에서도 원칙적으로 동일한 개념으로 다루어지고 있다. 다만, MFN원칙의 예외로서 이후에 다시 다루어질 GATT 제24조에서 언급되는 관세동맹 또는 자유무역지대 간의 상호 호혜나, 불공정한 무역을 하고 있는 상대방 국가에 대한 조치와 일부 서비스협정에서 제한된 상황하에서의 차별 등이 허용되고 있다. 차별 없는 무역의 두 번째 요건은 '내국민대우(National Treatment)' 원칙이다. 내국민대우란 외국인을 내국인과 동등하게 대우하는 것이다. 즉 수입상품과 국내상품이 국내시장에 진입한 이후 동등하게 취급되어야 한다. 이는 서비스, 상표, 저작권 및 특허 등에 대해서도 마찬가지이다. 다만 국내시장에 진입한 이후에 적용되는 것으로 수입상품에 관세를 부과하는 것은 내국민대우의 위반이라고 하지 않는다.

둘째, 보다 자유로운 무역은 국가 간 무역장벽을 낮추는 것을 말한다. 이러한 무역장벽에는 관세, 수량제한, 수입금지와 같은 조치와 각종 행정규제와 같은 비관세조치가 포함되며, 1947년 GATT 창설 이래 다자간 협상을 통해 점진적으로 자유로운 무역을 위해 노력해 왔다. 앞에서 살펴보았듯이, 초기에는 관세의 인하에 초점을 두었으나, 이후 비관세장벽, 서비스, 지적재산권 등 새로운 영역에 있어서도 점진적 자유화를 통해 자유로운 무역을 지향해 왔다.

셋째, 예측가능성은 미래에 무역장벽을 높이지 않겠다는 약속과 투명성을 말한다. 즉 관세인하 및 시장개방일정에 대한 양허를 각 회원국이 제시하고, 이러한 약속이 확실시되도록 각종 통보의무를 부여하고, 무역정책검토제도(Trade Policy Review Mechanism)를 통해 상호 무역정책을 살펴봄으로써 투명성을 제고하는 것이다. 기업들에게 미래의 기회에 대한 명확한 전망을 제공함으로써 안정적이고 예측가능한 투자 확대, 일자리 창출 등 높은 수준의 시장안정성이 확보될 수 있다.

넷째, 공정한 경쟁의 촉진이다. WTO의 성격을 공정경쟁이라는 측면에서 좀 더 정확히 정의해 본다면, 단순한 자유무역기구라기보다는 자유롭고, 공정하며, 왜곡되지 않은 경쟁을 추구하는 규범체제의 집합이라고 해야 한다. 이는 MFN원칙과 내국민대우라는 비차별원칙을 채택한 배경이며, 덤핑과 보조금 등에 대한 규범을 도입한 것도 공정한 무역과 경쟁을 유도하는 것이다. WTO 복수국 간 협정의 하나인 정부조달에 관한 협정에서 정부기관들의 구매행위에도 경쟁의 규범을 적용하도록 하고 있다.

마지막으로, WTO 체제는 개발에 기여하며, 개혁을 장려하고 있다. 특히, WTO 회원국의 75% 이상은 개도국 또는 시장경제로의 전환기에 있는 국가[19]들이다. 따라서 이들 개도국들이 WTO 협정의 이행에 일정기간이 필요한 점을 고려하여 특정 의무의 이행기간을 연장하거나 완화하는 한편, 협정이행을 위한 기술지원 등 능력

19) 체제전환국들로, EITs(Economies in Transition) 또는 transitional countries라고도 불린다. 중앙통제계획경제로부터 시장경제로의 전환을 겪고 있는 국가들로 중동부 유럽국가와 구소련을 구성했던 국가 중국, 베트남 등이 여기에 해당한다.

배양사업을 지원하는 내용의 개도국들을 위한 특별우대조치를 허용하고 있다. 이러한 개발의제는 개도국이 우루과이라운드 협정을 이행하는 과정에서 겪었던 어려움에 대한 해결책을 제시하기 위해 WTO하에서 개시된 도하개발아젠다(DDA)의 명칭에서도 잘 보여주고 있다.

WTO가 무역규범의 집합체라는 측면에서 볼 때 법적 문서는 약 60여 개의 협정과 부속서, 결정 및 양해를 담은 방대한 목록이다. 이 협정들을 핵심적인 분야로 구분해 보면, WTO 설립협정과, 상품, 서비스, 지적재산권 등 3개 주요 무역분야와 이를 지탱하는 분쟁해결, 무역정책검토 등 6대 핵심분야로 구분해 볼 수 있다. 이를 도식화해보면 [표 1-4]와 같다.

표 1-4 WTO 협정의 기본구조

총괄	WTO 설립협정		
주요 분야	상품	서비스	지적재산권
기본원칙	GATT	GATS	TRIPs
추가사항	상품관련 협정 및 부속서	서비스 부속서	
시장접근	양허표	양허표(MFN 면제 포함)	
분쟁해결	분쟁해결기구		
투명성	무역정책검토		

WTO가 세계무역규범으로서 역할을 한다는 측면에서 한 가지 주의 깊게 살펴볼 것은 WTO 무역의 투명성을 확보하는 차원에서 무역정책검토(Trade Policy Review)의 메커니즘이 설정되었다는 것이다. 이는 무역에 관련되어 있는 개인 및 기업들은 국제적인 교역조건에 대해 가능한 많이 알아야 한다는 취지이다. 따라서 무역규제 및 정책의 투명성을 매우 중요시하고 있는데, 이를 위해 두 가지 방법을 채택하고 있다.

첫째는 각 회원국들이 정기적으로 WTO 및 상대회원국에게 특정 조치, 정책 또는 법률을 통지하는 것이며, 다른 하나는 각 회원국의 무역정책을 정기적으로 검토하는 제도를 시행하는 것이다. 핵심 검토대상은 GATT에서와 같이 상품교역이나, WTO 이후 서비스, 지적재산권까지 포함되었다. 또한 무역정책검토의 실효성을 확보하기 위해 이를 운영하는 무역정책검토기구(Trade Policy Review Body)가 WTO

조직상 상위 서열에 있으며, 이는 WTO 일반이사회의 또 다른 모습이라고 할 수 있다. 무역정책검토는 정기적인 감시를 통해 국가의 무역정책 관행의 투명성 및 이해를 제고하고 당면과제에 대한 논의의 질적 향상을 도모하는 한편 무역정책이 세계무역체제에 미치는 영향에 대한 다자간 평가를 통해 각 회원국들이 WTO 규정과 규율을 보다 엄중히 따르고, 자신들의 약속을 지키도록 장려한다.[20]

2) 다자주의와 지역무역협정(Regional Trade Agreement)

세계무역에 있어서 다자주의(Multilateralism)란 다수의 국가가 다양한 국제무역의 문제해결과 협력을 위하여 범세계적인 기구를 두고 협정 또는 규범을 정하고, 다수의 국가 간 이를 공유하고 조율하면서 함께 이행해 나가는 방식을 말한다. 위에서 살펴보았듯이 대표적인 것이 WTO 체제이며, 현재 진행되고 있는 도하개발아젠다(DDA)가 다자주의에 입각한 협상이라고 할 수 있다. 이는 달리 다각주의 또는 다국적주의라고도 할 수 있다. 이와 대조되는 개념이 양자주의(Bilateralism) 또는 지역주의(Regionalism)이다.

WTO는 자유무역 확대 및 무역장벽 제거를 위해 다자주의원칙을 확고히 하고, 양자주의 또는 지역주의의 확산을 방지하는 것을 기본원칙으로 삼고 있다. 그러나 WTO가 지역주의를 무조건 배격하고 있는 것은 아니다. GATT 제24조는 자유무역지대(Free Trade Area)나 관세동맹이 형성되었을 경우, 이에 대해 WTO 기본원칙인 최혜국대우의 예외를 인정하며, 양자주의 또는 지역주의를 인정하고 있다. 다만 이러한 예외에는 기존의 무역장벽이 완화 또는 제거되어야 하며, 역외국가에 대해서 더 제한적인 조치를 취하지 않는 것을 조건으로 한다. WTO 협정은 지역협정이 지역 간 긴밀한 경제통합을 이루어내고, 무역자유화를 확대함으로써 이러한 자유화가 전 세계적으로 확대되면 WTO가 추구하는 전 세계적 또는 다자적 자유무역환경이 조성되리라고 보는 것이다.

20) WTO 회원국들은 '회원국 간 검토(peer review)'를 통해 정책을 검토하고, 정책에 대한 피드백(feedback)을 한다. 검토는 4개 주요 교역국(Quad)인 유럽연합, 미국, 일본 및 캐나다는 2년마다, 그리고 세계교역비중 기준으로 이후 16개 국가는 4년마다(우리나라 포함), 나머지 국가들은 6년마다 한 번씩 무역정책에 대해 검토를 받는다.

한편, WTO 최혜국대우의 예외 인정이 GATT 제24조, GATS 제5조에 의한 지역협정에만 해당되는 것은 아니다. GATT 회원국 간 합의한 개도국 간의 상호 특혜를 인정하는 권능조항(Enabling clause)21)에 의한 협정도 예외를 인정하고 있다. WTO에 통보된 지역협정으로 권능조항에 의한 예외가 적용되는 협정으로는 개도국 간 특혜에 해당하는 아시아태평양무역협정(APTA), UN범개도국 간무역협정(GSTP) 등이 있으며, FTA 형태를 띠고 있는 아세안자유무역협정(AFTA)과 관세동맹인 동남아프리카공동시장(COMESA) 등도 GATT 제24조 또는 GATS 제5조가 아닌 권능조항에 의한 협정으로 통보되었다.

WTO 최혜국대우 예외

지역무역협정이 특정조건을 만족시킬 경우에 한해 WTO 제1조 최혜국대우 원칙에 대한 예외를 허용되고 있다. 이는 상품분야에 대해서는 GATT 제24조와 'GATT 제24조 해석에 관한 양해', 서비스분야에 대해서는 GATS 제5조에서 예외를 인정하고 있다.

예외의 인정요건은 다음과 같다.

1) 역내국산 상품에 대해 '실질적으로 모든 교역(substantially all trade)'에서 관세 및 기타 제한적 무역조치들(GATT 제11조에서 제15조까지의 수량규제와 GATT 제20조의 일반적 예외는 필요시 제외)을 제거(GATT 제24조 제8항)
2) 역내국산 서비스에 대해서는 '실질적으로 모든 차별(substantially all discrimination)'을 철폐(GATS 제5조 제1항)

통상 지역무역협정의 '합리적 이행기한(reasonable length of time)'은 불가피한 경우를 제외하고는 10년 이내로 본다(GATT 제24조 해석에 관한 양해 제3항).

또한, 지역무역협정의 역외국가에 대해서는 다음을 요건으로 한다.

1) 상품교역과 관련하여 지역무역협정 체결 이전보다 관세 및 기타 무역규정들이 더 높거나, 무역에 제한은 불가
2) 서비스와 관련, 협정 체결 전보다 서비스 교역에 대한 장벽수준을 높이는 것은 불가

사실상, WTO에 통보되는 지역무역협정들은 WTO와 충돌되는 것처럼 보이지만, 경우에 따라 사실상 WTO 다자무역체제를 지지하기도 한다. 지역무역협정은 여러 국가들이 다자차원에서 가능했던 수준을 뛰어넘는 규범과 약속을 협상할 수 있도록 해주었다. 이 중 몇몇 규범들은 나중에 WTO 내에서 협정이 마련되는 기반을 제공

21) GATT Decision of 28 November 1979(L/4903), WTO(www.wto.org)

해 주었다. 서비스, 지적재산, 환경표준, 투자 및 경쟁정책들은 지역협정 협상에서 제기되었던 사항들이며, 나중에 WTO 내의 협정 또는 논의 대상으로 발전하였다. 이와 같이 지역무역협정은 역외지역에 대한 장벽을 증가시키지 않으면서 역내에서 국가들 간의 무역흐름이 더욱 자유로워질 수 있도록 도와야 한다. 다시 말해, 지역적 통합은 다자무역체제를 위협하는 것이 아니라 보완해야 한다는 것이다.[22]

이러한 지역무역협정들이 WTO 규범에 부합되게 체결되고 운영되는지를 평가하고자 WTO는 지역무역협정위원회를 설립하고, 지역협정들이 다자무역체제에 미치는 영향과 지역협정과 다자협정 간의 관계를 파악하고 있다.

WTO 지역무역협정위원회에서는 협정의 일방주의 또는 상호주의 관점에서 특혜무역약정(PTA)과 지역무역협정(RTA)으로 크게 구분하여 부르고 있다.

특혜무역약정(Preferential Trade Arrangement)[23]이란 일방적인 무역특혜를 부여하는 약정으로, 일방 당사국이 특정 국가, 특히 개도국을 대상으로 일방적인 특혜를 부여한다. 그 예로 선진국이 개도국에 대하여 특혜관세를 부여하는 일반특혜관세제도(GSP)와 WTO 각료회의 결의에 따라 최빈개발도상국에게 부여하는 무관세 · 무쿼터 특혜와 같은 것이 해당된다.

지역무역협정(Regional Trade Agreement)은 두 개 또는 다수의 체약국 간의 상호 호혜적인 무역협정으로 정의될 수 있다. 여기에는 자유무역협정, 관세동맹 등이 포함된다. 대부분의 지역무역협정은 양자 간 협상으로 진행되었으나, 최근에는 11개 아시아태평양지역 국가간 2018년 12월 30일 발효된 환태평양경제동반자협정(CPTPP),[24] 아세안 10개 회원국과 한-중-일 및 호주와 뉴질랜드 등 15개 국가가 연합하여 2020년 11월 15일 타결된 역내포괄적동반자협정(RCEP)과 라틴아메리카 4개 국가 간 체결된 태평양동맹(Pacific Alliance), 아프리카지역의 3대 지역협정인 COMESA, EAC 및 SADC 등과 같이 복수국가 간 또는 지역 간 협정으로 확대되고 있다.

한편, 헝가리 출신의 경제학자인 벨라 발라사(Bela Balassa) 교수가 정립한 경제

---

22) 외교통상부(2007), WTO 이해하기, p.64.

23) 특혜무역협정, 즉 preferential trade agreements라고도 할 수 있으나, 일방적으로 부여하는 혜택이므로 arrangement, 약정이라고 구분하고 있다.

24) CPTPP에는 일본, 캐나다, 호주, 브루나이, 싱가포르, 멕시코, 베트남, 뉴질랜드, 칠레, 페루, 말레이시아가 참여하고 있다.

통합이론에서는 각 경제 간에 차별적 대우를 제거함으로써 하나의 동질적인 시장을 형성해 나가는 것을 경제통합으로 보고 있는데, 이에 따라 지역무역협정의 발전단계를 분류해 보면 자유무역협정, 관세동맹, 공동시장, 경제동맹 및 완전경제통합으로 점차 발전해 나감을 볼 수 있다.

대부분의 양자 간 또는 지역 간 특혜무역협정인 KORUS,[25] USMCA, AFTA[26]와 MEGA FTA로 불리는 RCEP, TPP 등은 역내 관세철폐를 근간으로 하고 있는 자유무역협정에 해당하며, 여기서 한 단계 발전된 형태로서 역내 무역자유화와 함께 역외 비회원국에게 공통의 관세율을 적용하는 관세동맹으로 남미 5개국이 결성한 MERCOSUR가 있다. 공동시장은 역내 회원국 간 노동, 자본, 기술 등 생산요소의 자유로운 이동이 보장되고, 동일한 시장을 형성하는 것으로 볼 수 있으며, 유럽연합(EU) 이전의 유럽경제공동체(EEC), 카리브공동시장(CCM) 등이 해당한다. 경제동맹의 단계는 단지 국경에서의 장벽 제거뿐 아니라 금융·재정정책의 조정 및 통합을 도모하는 긍정적인 통합을 추진하게 된다. 경제에 관해서는 하나의 국가와 같이 행동하는 것을 말하지만, 통화 단일화 등과 같은 추가적인 통합이 이루지기 전의 단계라고 볼 수 있다. 완전경제통합의 단계는 통화와 경제정책이 통일되고, 중앙은행과 공동의회가 설립되는 등 경제통합의 최종단계로 볼 수 있다. 유로화 통일과 유럽위원회 및 유럽의회 등이 설치된 유럽연합(EU)이 가장 근접한 형태라고 볼 수 있다. 여기서 외교, 군사분야에까지 통합되는 경우 정치통합이라고 볼 수 있다. 이를 살펴보면 [그림 1-1]과 같다.

그러나 전 세계적으로 무역블록의 형성이 가속화되고, 지역별 경제연합이 강화되면서 EEC에서 출발하여 EC를 거쳐 EU의 형태로 발전되었던 것처럼 최근 주요 경제공동체들은 통합단계가 진전되거나 역내 협력관계를 강화하는 경향이 두드러지고 있다. 그 예로, MERCOSUR는 관세동맹으로 출발하였으나 회원국 간 자국통화 결제를 상호 인정하고 있으며 안데스공동시장(ANCOM)과 통합하여 남미국가연합(UNASUR)을 출범시켜 지역통합영역을 확대해 나가고 있으며, GCC[27]의 경우에도

25) 한-미 FTA로서 별칭으로 KORUS로 불린다.
26) 1992년 아세안 6개국(싱가포르, 말레이시아, 인도네시아, 필리핀, 브루나이, 태국)이 체결한 아세안자유무역지대(AFTA)를 말한다.
27) GCC(Gulf Cooperation Council, 걸프협력회의)는 사우디아라비아, 쿠웨이트, 아랍에미리트, 카타르, 오만, 바레인 6개국이 결성한 협력기구이다.

그림 1-1 | 지역무역협정의 경제통합단계

형태/통합	역내 관세철폐	역외 공동관세	생산요소 자유이동	공동 경제정책	통화 · 의회 완전통합
자유무역협정 FTA	예: NAFTA				
관세동맹 Customs Union		예:MERCOSUR			
공동시장 Common Market			예: EEC		
경제동맹 Economic Union				예: EC	
완전경제통합 Single Market/ Economic Integration					예: EU

공동통화 도입 협정을 체결하는 등 경제동맹단계로 확대해 가고 있고, 남아프리카 경제공동체(SADC)[28]도 공동시장을 거쳐 지역내 단일통합을 추진하고 있으며, 경제통합의 초보단계에 머물렀던 ASEAN도 역내 자유무역협정(AFTA)과 아시아개발은행을 중심으로 공동통화를 연구하는 등 전 세계적으로 지역경제공동체 간 통합단계가 심화되고 있다. 다만, 최근 다자체제에서 지역체제로 전환되는 시점에서 가장 많은 경제통합 형태로는 양자 간 또는 지역 간 새로운 자유무역협정의 체결이 가장 두드러진다고 볼 수 있다.

현재 WTO 회원국들은 지역무역협정을 체결하는 경우 WTO 지역무역협정위원회에 의무적으로 체결 여부를 통보하도록 되어 있다. 이에 따라 GATT가 발족한 1947년 이래로 1994년 WTO가 출범하기까지 통보된 지역무역협정은 총 152건이었으며, 이는 주로 상품에 관한 협정이었다. 이후 1995년 WTO 출범 이후 상품과 서비스를 포함하는 약 620여 건의 추가적인 지역무역협정이 통보되었다. 2021년 4월 현재 WTO의 통계에 따르면, WTO에 통보된 지역무역협정(RTA)은 총 777건이며, 이 중에 560건이 시행 중이다. 이 중 상품, 서비스 및 가입 협상을 하나로 포괄한 실체적으로 시행되는 지역무역협정수는 346개로 나타난다. 또한 지속적인 경제통합의 효

28) SADC(South African Development Cooperation, 남아프리카개발공동체)는 앙골라, 콩고민주공화국, 탄자니아, 모잠비크, 남아프리카공화국, 레소토, 에스와티니, 나미비아, 보츠와나, 잠비아, 짐바브웨, 말라위, 마다가스카르, 모리셔스, 세이셸, 코모로 등 16개국이 참여하고 있다.

과로 기존의 부분적 특혜협정(PTA)에서 자유무역협정(FTA), 관세동맹(CU) 또는 공동시장 형태로 지속 확대 발전되고 있다. 지역무역협정의 통보 및 시행 현황을 살펴보면 [표 1-5]와 같다.

표 1-5 지역무역협정의 WTO 통보 현황(1948~2021년)

구분	1994년 이전	1995~2000년	2001~2010년	2011~2020년	2021년~현재	합계
통보	152	124	261	186	54	777
시행	102	91	152	161	54	560
협정수	93	69	69	79	36	346

출처: WTO 자료를 활용하여 저자가 재집계

그림 1-2 지역무역협정의 WTO 통보 현황

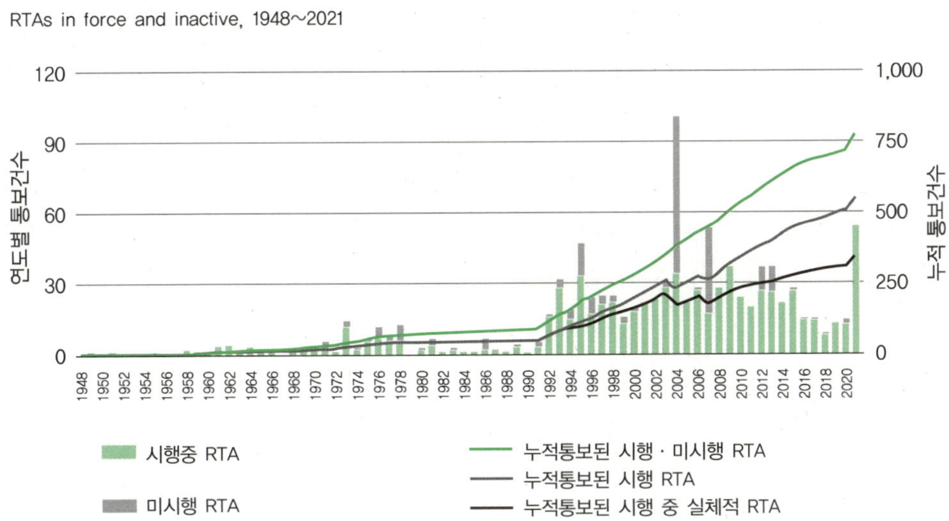

출처: WTO(http://www.wto.org)

3) 자유무역협정의 특징

자유무역협정(Free Trade Agreement: FTA)은 양자 간 또는 지역 내 체약국 간 관세, 비관세 등 무역장벽을 완화 또는 철폐함으로써 상호 무역을 증진하고, 체약국 간 자유무역을 실현하기 위한 지역무역협정의 하나이다.

자유무역협정은 WTO 협정과 달리 체결상대국 간 배타적인 특혜를 부여하며, 체약국 간 상호이익의 균형을 도모한다. 주요 협상범위로는 WTO 체제하에서의 규범을 포함할 수 있으며, 필요한 경우 체약국 간 관심분야에 대해 협상범위를 정하는 등 양자 간 또는 지역 간 협정으로서 탄력성을 가지고 있다. 즉, 협상의 범위가 상품, 서비스, 투자, 지재권, 정부조달 등 기본적인 분야에서 경쟁정책, 무역원활화, 원산지규정, 통관절차, 환경, 고용 및 노동, 금융, 기술협력 등 다양한 분야까지 점차 다양화되고 있다.[29]

실제적으로 WTO하에서의 다자체제를 구축하였다 하더라도 세계 전체의 완전한 무역자유화는 정치 · 경제 · 사회 · 문화적 요인으로 인해 실현하기는 불가능하다. 이러한 현실경제 속에서 자유무역협정은 경제영역의 확대를 통해 체약국 간 경제적 이익과 자유무역의 이익을 동시에 추구하는 적극적인 정책수단으로서 현실적인 유인이 크다. 따라서 자유무역협정은 개방적 지역주의를 통해 범세계적인 무역자유화에 이르는 중간단계의 역할을 맡고 있는 특징이 있다.

한편, 배타적 특혜를 부여하는 자유무역협정에서는 원산지의 개념이 중요하게 대두된다. WTO 체제하에서의 무역장벽의 제거라는 측면에서 수입제한, 반덤핑, 상계관세, 원산지표시, 무역통계작성의 목적으로 사용되는 비특혜원산지규정과는 달리 체약상대국에게만 배타적 특혜를 부여하기 위해서는 원산지상품 여부를 판정하기 위한 특혜원산지규정의 중요성이 더욱 부각된다.

지금까지 살펴본 세계무역에 있어서 자유무역 확대를 위한 GATT와 WTO 및 FTA의 특징을 비교해 보면 다음 [표 1-6]과 같다.

29) 자유무역협정은 WTO에 통보된 형식으로 볼 때 상품협정인 GATT 제24조에 의한 FTA로, 서비스협정은 GATS 제5조에 의한 경제통합협정(EIA)으로 구분하고 있다.

| 표 1-6 | GATT, WTO 및 FTA의 비교

구분	GATT	WTO	FTA
성격	임시적인 다자주의	법인격적 다자주의	개방적 지역주의
특징	개별협정에 기초한 참여국 간 협정	항구적인 다자체제의 제도적 기구	체결당사국 간 배타적 특혜 협정
형태	다자간 협정	• 다자간 협정 • 일부 복수국 간 협정	양자 간, 다자간, 지역 간 등 확대
주요 원칙	최혜국대우, 내국민조치	최혜국대우, 내국민조치	최혜국대우 예외(배타적 특혜) 및 상호이익 균형
협상범위	• 관세인하 위주 • 비관세장벽 철폐는 미흡	• 관세인하 및 무관세 • 비관세장벽 철폐 강화	• 관세철폐[30] • 추가적 장벽 제거
적용범위	상품교역	상품, 서비스, 투자, 지적재산권, 환경 등 확대	WTO 주요 협상범위 및 당사국 간 합의분야
접근방식	개별국가 선택 가능	복수국가협정을 제외하고 전체 회원국을 구속	체결당사국 간 구속
규범 확대	반덤핑 · 상계, 관세평가	세이프가드, 원산지규정, 선적전 검사협정 등	WTO에 근거한 규범
분쟁해결	효과적 수단 부재	분쟁해결기구(DSB) 설치	양자 간 분쟁해결기구 WTO DSB 활용
원산지규정	수입제한 등 비특혜	통일원산지규정(비특혜)	협정별 PSR

3 FTA의 효과

FTA의 체결은 시장의 확대 또는 경제영역 확대를 통한 경제적 이익을 확보하는 데 있다. 또한 국내시장의 개방을 통해 국내기업의 경쟁을 촉진하고, 기술의 개발과 축적을 통한 산업의 발달을 촉진하고자 하는 것이다.

또한 이러한 경제적 목적 이외에도 국가의 대외신인도 제고, 정치 또는 외교안보 확보와 체약국가들 간 사회문화적 결속관계 강화 등의 다양한 효과가 나타나고 있다. 이를 무역효과, 시장효과와 비경제적 효과 등으로 구분하여 살펴보고자 한다.

30) FTA는 통상적으로 상호 90% 이상의 관세철폐를 목표하는 경우로 보고 있으나, 체약당사국 간의 경제적 발전단계를 고려하여 이보다 낮은 수준의 철폐 비율을 보이기도 한다.

1) 무역효과

FTA는 체약국에 대해서 관세장벽을 제거하는 반면, 비체약국에 대해서는 여전히 관세장벽을 유지하기 때문에 FTA 체약국 간의 교역이 증가하게 된다. 따라서 대표적으로 무역창출효과와 무역전환효과가 발생하며, 부정적 효과의 하나로서 자유무역협정에서 원산지규정이 도입되는 원인이 되는 무역굴절현상이 발생한다.

무역창출(trade creation)효과는 FTA로 인한 관세인하로 체약국 간의 무역이 새롭게 발생하는 것을 뜻한다. 대표적인 사례로 칠레산 포도주의 수입이 이루어진 것을 들 수 있다. 2004년 한국과 칠레가 FTA를 체결하기 이전에는 포도주에 대해 50%의 관세가 부과되어 사실상 수입이 없었으나, FTA의 체결로 관세가 15%로 낮아져 칠레산 포도주에 대한 가격경쟁력이 제고되면서 한국으로의 포도주 수출이 창출되었다. 즉 기존에는 발생하지 않았던 무역이 FTA 체결로 인해 새롭게 창출되어 FTA 체약국 간 무역이 확대되는 현상이다.

무역전환(trade diversion)효과는 FTA 체결 이전에는 다른 국가로부터 수입하던 상품이 FTA 체결 이후 체약국으로부터 수입되는 현상을 말한다. 이는 역내산 중간재와 역외산 중간재가 밀접한 대체관계에 있을 때 발생하게 된다. 예로, 한-칠레 FTA 발효 이후에 돼지고기는 벨기에산을 제치고 칠레산이 시장점유율 1위를, 포도주는 미국산을 제치고 칠레산이 2위를 차지하는 등 체약국으로 무역이 옮겨가는 현상이 발생했다. 또한 한-칠레 FTA 발효 이전에는 칠레 수입 자동차시장에서 한국의 점유율이 일본보다 낮았는데, FTA 발효 4년 후에 한국이 일본차 점유율을 추월하면서 시장 1위로 부상했다. 다만, 무역전환효과는 역외국가의 생산비가 낮은 경우에도 관세철폐로 인해 생산비용이 더 높은 체약국으로 무역이 전환됨으로써 시장경제원리에 따른 경제적 효율성은 오히려 저해되는 효과가 발생한다고 평가되기도 한다.

무역굴절(trade deflection)효과는 FTA로 인한 부정적인 효과의 하나로서 낮은 역외관세를 부과하는 체약국을 통해 수입되는 중간재가 역외관세가 높은 체약국으로 무관세로 재수출되는 현상을 말한다. 예를 들어 설명하면, 기존에 A국의 관세는 5%, B국의 관세가 15%이며, 제3국인 C국이 B국으로 중간재를 수출하고 B국이 완성품을 생산해서 다시 A국으로 수출하는 무역거래인 경우, A국과 B국이 FTA를 체결하고, 상호 무관세의 혜택을 부여하게 되면 역외국가인 C국은 그동안 B국으로 중간재를 수출하던 것을 A국을 통해서 B국으로 수출하는 것이 관세차액을 누릴 수 있어 더욱 유리하게 된다. 따라서 이러한 무역구조의 경우 FTA로 인한 무역우회가 나타나게 된다. 이는 FTA를 체결하더라도 A국과 B국이 각기 역외국가에 대하여 서로 다른 수준의 역외관세를 부과함에 따라 발생하는 상황이다. 따라서 이를 방지하기 위해 FTA에서 원산지규정이 엄격히 적용되고 있는 것이다.

무역굴절현상과 함께 생각해 볼 것은 FTA 체결이 많아짐에 따라 FTA별로 각기 다른 원산지규정이 혼재함으로 인해 원산지규정의 이행에 많은 비용과 부담이 증가되는 현상인 일명 스파게티 볼 효과(spaghetti bowl effect)가 나타나고 있다는 점이다. 복잡한 원산지규정으로 인해 FTA의 활용도가 떨어지는 문제점이 점점 커지고 있다. 이러한 문제에 대한 해결책의 하나로서 MEGA FTA 또는 복수국가협정의 확대가 필요하다. MEGA FTA에서 모든 체약국에게 적용되는 공통의 원산지규정을 마련함으로써 기존 각각의 체약국 양자 간 협정에서 보이는 상이한 원산지규정으로 인한 복잡성을 제거할 수 있는 장점이 크다고 평가할 수 있다.

2) 시장효과

FTA는 체약국 간 광범위한 경제분야에서의 협력과 통합이 일어나기 때문에 장기간에 걸쳐 산업에 영향을 미치는 경제체질 개선의 효과가 나타난다. 이러한 경제통합에 따른 시장의 확대가 일어나는데 이러한 것을 시장효과라고 볼 수 있다. 이러한 시장효과로서 규모의 경제효과, 경쟁효과와 투자유치효과 등을 들 수 있다.

먼저 규모의 경제효과를 살펴보면, 무역장벽의 제거와 경제통합으로 인해 시장이 확대되면서 규모의 경제(economy of scale)를 이룰 수 있다. 시장이 확대되면 과거의 협소한 시장에서 할 수 없었던 생산기술을 채택하거나 기업의 규모를 확대함으로써 경제적 이익을 거둘 수 있다. 원자재의 대량구매로 인한 생산비용 절감, 기술혁신 및 대규모 생산체제를 통한 단위당 생산비용 절감, 제품의 표준화 및 규격의 통일을 통한 부대비용 절감, 전문화되고 체계적인 경영 및 인력관리에 따른 경비 절감 등 경제규모의 확대로 인한 효과가 발생하게 된다.

FTA로 인한 시장개방과 경제통합은 외국기업이 국내시장으로 진출을 확대하게 함으로써 시장에서의 동종기업 간 선의의 경쟁을 촉발하게 된다. 경쟁기업과의 치

열한 생존경쟁에서 살아남기 위해 기업들은 경영합리화와 기술혁신을 통한 생산성 향상을 도모하지 않을 수 없다. 이러한 경쟁은 결국에는 기업의 성장은 물론 소비자에게는 품질향상, 가격혜택과 선택의 폭을 향상시키는 결과로 나타나게 된다.

FTA는 관세 및 비관세장벽의 완화 및 철폐로 상대적으로 비체약국에 비해 체약국 간의 교역조건이 크게 개선된다. 이로 인해 새로운 시장에서의 기회를 확보하고, 원활한 역내시장 진입을 위해 상대 체약국으로부터의 해외투자가 증가되는 경우가 많이 나타난다. 또한 역외기업이 원산지규정 등을 활용하여 위의 무역효과에서 언급된 것처럼 생산설비를 역내지역으로 재배치함으로써 생산거점을 마련하고 제품을 생산한 후 무관세로 역내시장으로 진입하기 위한 역외기업으로부터의 역내투자가 확대되기도 한다. 우리나라의 경우에도 NAFTA 혜택을 활용하기 위하여 멕시코 지역에 자동차 생산설비를 옮기는 등 현지투자를 통한 미국시장 진출의 예가 투자 유치효과의 하나라고 볼 수 있다. 또한 투자효과는 효율성에 기반하여 역외국가로부터 역내국로의 생산설비의 재배치도 일어난다. 앞에서와 유사하게 역내기업이 기존에 역외국가에서 운영 중이던 생산설비를 효율성에 따라 체약국 역내로 재배치하는 것도 발생한다. 원자재와 중간재의 수급 등을 고려할 때 FTA 체결에 따른 무관세 혜택이 더 큰 비용편익이 있다고 판단되면 기존의 역외지역 내에서 유지하던 생산설비를 체약국의 영역으로 생산설비를 재배치함으로써 경제적 이득을 볼 수 있기 때문이다.

시장효과는 전체적으로 기업의 생산성을 증대시키고, 값싸고 좋은 상품을 생산케 함으로서 결론적으로는 이를 소비하는 소비자의 후생을 증대시키는 효과를 낳게 된다. 또한 수입상품과 국내상품 간의 차별이 없이 국내시장에서 공정하게 경쟁할 수 있어 소비자 선택의 폭을 확대함으로써 소비자가 더 큰 혜택을 누리게 된다. 이는 단순히 상품뿐만 아니라 서비스, 통신, 금융 등 FTA 협정이 다루는 다양한 분야에 걸쳐서 전체적으로 소비자 후생이 증대된다고 볼 수 있다.

3) 비경제적 효과 등

FTA는 경제적 효과 이외에도 정치 · 사회적인 효과가 동시에 유발될 수 있다. FTA로 인한 기타 부수적인 효과로서 정치외교적 안정보장효과, 협상력 제고효과 및 개혁효과 등을 들 수 있다.

안정보장효과는 체약국 간 결속력이 강화됨으로 인해 정치적으로 안정이 강화되는 것을 말한다. FTA를 체결한 체약국 간의 경제적 공동 번영이라는 목적이 정치외교적으로도 안정이라는 부수적인 효과를 기대할 수 있다. NAFTA의 체결 이후에 멕시코의 민주의식이 고양된 것도 이러한 실례이다. 또한 비상사태가 발생하는 경우, 체약국 간 포괄적인 정치협력 및 지원을 기대할 수도 있다. 그 예로 우리나라는 미국, EU, 중국 등 정치적으로 강대국인 국가와의 FTA를 성공적으로 체결함으로써 한반도를 중심으로 하는 여러 가지 정치적인 사안에 있어서도 체약국으로서의 지원과 협력을 이끌어낼 수 있다.

또한 양자간 협력을 통해 특정한 국제무역과 경제이슈에 대하여 입장을 공유함으로써 다자협상 등에서 협상력을 제고하는 효과도 부수적으로 발생한다. 그간 WTO 등 다자간 협상에서 아시아태평양경제협력체(APEC) 등 지역경제공동체가 지역 회원국을 위한 공동의 입장을 적극 대변해 온 것을 보면, 이보다 더욱 밀접하게 배타적인 특혜를 공유하는 FTA에서는 체약국들이 우호국가군을 형성함으로써 다자간 협상에서 협상력을 제고하는 효과가 있다고 볼 수 있다. 아세안이 역외국과의 협상에서 단일한 입장으로 협상력을 발휘하는 것이 그 예로 볼 수 있다.

그리고 FTA를 통해 정치 · 경제적 개혁의 조류를 활용하려는 정치적 목적도 있다. 선진국과의 FTA 체결을 통해 선진국의 시스템을 수용함으로써 경제전반에 대한 개혁을 추진하는 것도 하나의 FTA 활용전략이라고 볼 수 있다.

FTA 체결에 따른 부정적인 효과로는 한 국가 내에서 산업 간, 지역 간, 기업 간 불균형적인 혜택과 위험이 따르는 문제가 발생한다는 점을 들 수 있다. FTA는 국가 간 협상을 통하여 이루어지기 때문에 협상의 결과로써 각국에 유리한 시장과 불리한 시장이 발생할 수 있기 때문이다.[31] 또한 국가 간의 수준의 차이로 인해 협상력이 높은 선진국과 이에 미치지 못하는 개도국 간의 FTA 체결의 경우에도 부정적인 효과를 수반하게 된다. 상대적으로 협상력이 약한 개도국이 손해를 보게 되고 경제적인 종속이 지속될 우려도 있다. 따라서 이러한 불균형의 문제를 해결하기 위한 적절한 산업구조의 조정 및 이익의 분배와 아울러 국가 간의 상호 균형 있는 협상결과의 도출 노력 등이 필요하다.

31) 산업통상자원부 FTA 대학표준교재, p.78.

Chapter 02

Free Trade Agreement
FTA 이해와 활용

FTA

FTA의 체결

1. FTA의 체계
2. 세계 주요국의 FTA 체결현황
3. 우리나라의 FTA 현황
4. MEGA FTA의 출현

Chapter

02. FTA의 체결

1 FTA의 체계

GATT 제24조에 근거하여 자유무역지대(Free Trade Area)를 형성하는 협정을 자유무역협정, 즉 Free Trade Agreement라고 부른다. FTA 협정은 양자 간 또는 지역 간 협상의 결과이나 WTO의 협정에 근거하여 배타적인 특혜를 인정받고 있는 사실에서 보듯이 그 기본체계는 다자간 무역체제인 WTO 협정의 체계를 따르고 있다.

1) 자유무역협정의 종류

자유무역협정(FTA)은 상품 및 서비스 무역에 있어서 관세와 비관세장벽을 철폐함으로써 체약국 간 자유무역을 실현하는 지역무역협정이다. WTO 통보의무에 따라 지역무역협정위원회에 통보되는 지역무역협정을 살펴보면 자유무역협정(FTA)은 그 성격과 협상범위에 따라 다양한 명칭과 형태로 체결되고 있음을 볼 수 있다.

일본의 경우에는 FTA라는 용어보다는 체약상대국과의 경제적 연계를 강조하여 Partnership Agreement라는 용어를 주로 사용하고 있으며, 인도 또는 라틴아메리카 국가의 경우에는 개발도상국의 지위 등을 고려하여 관세 등의 무역장벽의 완전철폐보다는 상호 보완적인 경제협정이라는 의미로 포괄적 경제협정, 전략적 경제협정이라는 용어를 사용하고, 유럽의 경우에도 연대의식을 강조하는 용어를 선호하는 편이다. 그러나 그 명칭이 어떠하든 1994 GATT 제24조에 따른 최혜국대우의 예외가 적용되는 체약국 간의 배타적 특혜무역협정인 자유무역협정의 범주로 볼 수 있다. 그 명칭별 형태를 살펴보면 다음 [표 2-1]과 같다.

| 표 2-1 | 자유무역협정 명칭과 그 특징

명칭	특징
자유무역협정(FTA) Free Trade Agreement	상품, 서비스, 지적재산권 등의 다양한 분야에서 상당한 수준[1]의 철폐를 약속하는 협정으로 대부분의 협정이 해당
포괄적 경제동반자협정(CEPA/CECA) Comprehensive Economic Partnership Agreement Comprehensive Economic Cooperation Agreement	상품의 관세인하, 비관세장벽 제거 등의 요소를 포함하면서 무역원활화, 투자, 정보, 기술, 에너지 등 여타 협력분야에 관한 협의 포함, 주로 개도국들의 FTA보다 조금 낮은 수준의 양허를 채택 예: 한-인도 CEPA, 인-말련 CECA, RCEP
경제협력강화협정(CEPA) Closer Economic Partnership Agreement	중국 본토와 홍콩 간 체결된 협정으로서 상품, 서비스, 무역투자, 원활화 등을 다룸
경제연계협정(EPA) Economic Partnership Agreement	관세철폐 · 인하 외에 투자, 경쟁, 금융 및 인력개발 등 경제연계에 초점을 둠 예: 일-멕시코, 일-싱가포르 EPA
전략적 경제협력협정(SECA) Strategic Economic Complementation Agreement	라틴아메리카 국가 간 경제통합을 목적으로 1980년에 체결된 몬테비데오조약에 근거한 지역협정인 ECA를 모델로 한 것으로 FTA의 느슨한 형태, 準 FTA로 불림
경제협력기본협정(ECFA) Economic Cooperation Framework Agreement	무역거래를 자유화하고 경제교류를 대폭 확대하는 일종의 기초적인 자유무역협정 예: 중-대만 ECFA
안정제휴협정/제휴협정(SAA/AA) Stabilization and Association Agreement	주로 EU가 유럽연합 주변국가들과 체결하는 연대의식을 강조하는 협정 예: EU-알바니아 SAA, 알제리 AA
무역촉진협정(TPA) Trade Promotion Agreement	미국이 의회의 무역촉진권한(Trade Promotion Authority) 승인에 따라 체결한 협정의 표기명이나 사실상 자유무역지대(FTA) 설립과 동일 예: 미-페루 TPA

1) GATT 제24조의 'substantially all the trade' 요건을 충족하기 위하여 통상 90% 이상의 철폐비율을 추구(다만 절대적인 기준은 되지 못함)한다. 이보다 낮은 수준의 경우, CEPA 또는 SECA 등으로 명명한다.

참고로, 각국이 상품과 서비스를 포괄하는 FTA를 체결하여 이를 FTA 또는 FTA에 준하는 명칭으로 WTO에 통보하더라도, WTO 분류체계에서는 상품에 관한 무역자유화협정의 경우에는 GATT 제24조 규정에 근거하여 FTA로, 서비스의 경우에는 GATS 제5조 규정에 근거하여 EIA(Economic Integration Agreement)로 각각 별도로 표기하고 있으며, 체결된 협정 목록에서도 이를 구분하여 정리하고 있다.

2) 협정문의 구성

WTO에 통보된 자유무역협정들을 살펴보면 대부분은 협정문의 구조에서 유사한 형태를 보인다. 이는 앞에서 언급하였듯이 기본적으로 자유무역협정이 WTO 체제를 따라야 하기 때문이다. 다만 양자 간 협정이기 때문에 합의한 내용의 범위와 수준에 따라 서비스, 투자, 지적재산권 등 구체적인 협상범위에 있어서는 조금씩 차이가 있다.

FTA 협정문은 일반적으로 전문(Preamble), 협정본문에 해당하는 장(Chapter), 부속서(Annex), 부록(Appendix), 그리고 서한(Letter) 등 다섯 부분으로 구성되어 있다. 부속서는 주로 양허안이 포함되며, 부록에는 구체적이고 기술적인 세부사항이 담기며, 협정내용 중 서로 이해가 다를 경우를 대비하여 양 체약국 간 서한이 첨부되어 있다.

표 2-2 협정 구성요소별 주요 내용[2)]

구성요소	주요 내용
전문(Preamble)	협정 체결의 일반적인 목적을 선언적으로 규정
장(Chapter)	분야별로 챕터를 분류하며, 합의내용을 협정본문에 규정
부속서(Annex)	관세양허안, 서비스 유보안처럼 분량이 방대하거나, 협정문 본문에 두는 것이 적절치 않은 특정 분야의 합의내용으로 구성
부록(Appendix)	부속서에 딸린 부록은 부속서 내용 중에서도 보다 구체적이고 기술적인 세부내용을 규정
서한(Letter)	협정내용 중 해석상 이해가 다를 경우를 대비하여 협상과정에서 합의한 해석내용 또는 협상과정의 논의내용을 확인하는 서한 형태의 문서

2) 기획재정부 FTA 국내대책본부(2011), FTA 이해와 활용, p.43.

FTA 협정문은 기본협정(framework agreement)을 근간으로 하여 상품무역, 서비스, 투자, 무역구제 등 다양한 협정들로 구성된다. 대부분의 협정에서 나타나며 협정본문에 해당하는 각 장(Chapter)의 주요 요소를 살펴보면 다음과 같다.[3)]

상품무역 챕터는 협정당사국 간 상품에 대한 내국민대우 및 시장접근원칙을 규정하기 위한 것으로 관세철폐 조항 및 관세양허표 외에 통상 비관세조치, 제도규정 등으로 구성되어 있다.

서비스 챕터는 서비스자유화 관련 원칙 · 의무를 규정한 협정문과 자유화 방식에 따라 양허 또는 유보 리스트를 열거한 부속서로 구성되며, 협정당사국은 서비스분야의 자유화 규모 및 폭을 결정, 이에 대한 약속을 반영한다. 금융, 통신, 자연인 이동분야의 경우 특수성과 전문성을 고려하여 별도 챕터 또는 부속서로 구성되기도 한다.

투자 챕터는 투자자유화 및 투자보호를 목적으로 하며, 협정문에는 투자와 관련된 원칙을 규정하고, 부속서는 외국인투자 허용분야를 열거한 유보 또는 양허 리스트로 구성된다.

무역구제 챕터는 협정당사국 간 교역으로 인하여 국내산업이 피해를 입은 경우 관세인상 등의 조치를 통해 구제하는 제도를 마련하기 위한 것으로, 통상 반덤핑, 상계관세, 세이프가드제도 등으로 구성되어 있다.

원산지규정 챕터는 특혜관세 적용을 받기 위해서 당사국이 자국 원산지임을 인정받기 위해 충족해야 하는 기준을 정한 것으로, 협정문과 함께 HS코드별로 품목별 원산지기준을 규정한 부속서로 구성된다.

원산지 절차 및 통관 챕터는 원산지 절차와 관세행정 관련으로 주로 협정당사국 간 특혜관세 신청을 위한 원산지증명방식, 사전판정, 기록유지의무 및 검증, 수출관련 의무, 특송화물과 관세협력 등 세관에서 이루어지는 일련의 통관과 무역원활화 관련된 규정을 명시한다.

무역기술장벽(TBT) 챕터는 양국의 표준, 기술규정 및 적합성평가절차가 협정당사국 사이의 상품교역에 불필요한 장애를 초래하지 않도록 보장하기 위한 것이며 WTO TBT 협정의 내용을 기반으로 투명성, 공동협력, 협의채널, 정보교환 등의 조항으로 구성된다.

3) 산업통상자원부 FTA KOREA FTA 주요 내용(http://www.fta.go.kr/main/situation/fta/main)

위생 및 식물검역(SPS) 챕터는 각국이 자국민, 동식물의 건강과 생명보호를 위해 시행하는 조치에 관한 장으로서, 일반적으로 무역을 제한하는 효과가 있음에 따라 FTA에서는 무역자유화 촉진이라는 FTA 체결의 기본취지에 따라 WTO SPS 협정상의 권리의무를 기초로 하여 SPS 조치가 무역제한적으로 기능하는 것을 방지하기 위한 규정들이 포함된다.

지식재산권 챕터는 저작권, 상표, 특허, 디자인 등 실체적 권리의 보호수준과 권리에 대한 행정 · 민사 · 형사적 집행에 관한 협정당사국 간 제도를 조화하고 지식재산권 관련 협력을 제고하는 데 기여하는 내용으로, 권리자와 이용자에게 법적 확실성을 제공하여 무역과 투자를 증진할 수 있는 기반이 된다.

정부조달 챕터는 보통 입찰 및 낙찰과정에서의 준수의무를 다루는 협정문 부분과 시장개방 대상과 개방 하한금액을 명시하는 양허표로 구성되며, 세계 각국 GDP의 약 10~15%를 차지하는 큰 시장으로서 정부조달시장의 상호개방은 신규시장 개척효과가 있게 된다.

전자상거래 챕터는 전자거래 활성화를 위해 당사국 간 전자적으로 전송되는 디지털제품(예: 동영상, 이미지 등)에 대한 무관세 · 비차별대우, 전자인증 및 전자서명, 소비자보호 관련 규정 등을 명시한다.

경쟁 챕터는 세계경제의 의존성 증가로 인해 한 국가의 경쟁정책이 시장개방, 관세인하 등 FTA의 체결효과를 훼손할 수 있다는 인식하에, 이를 방지하기 위한 의무들을 규정하기 위한 협상분야이다. 일반적으로 경쟁법 집행 시 준수해야 할 의무, 공기업 및 독점 관련 의무, 경쟁당국 간 협력 등의 요소들이 포함된다.

노동 챕터는 협정당사국 노동자의 권리를 보호하기 위한 것으로, 국제노동기준에 명시된 기본노동권의 준수, 기본노동권을 포함한 노동법의 효과적인 집행, 이해관계자의 절차적 권리 보장, 공중의견제출제도의 도입 및 운영, 노동협력메커니즘, 노무협의회 등으로 구성된다.

환경 챕터는 협정당사국의 환경보호를 위한 것으로, 환경법 및 정책이 높은 수준의 환경보호를 제공할 의무, 다자간 환경협정의 의무 이행, 환경법의 효과적인 적용 및 집행, 환경협의회 설치, 대중 참여 확대, 환경협력 확대 등으로 구성된다.

경제협력 챕터는 FTA 협정당사국 간의 경제협력 증진을 위한 것으로 우리나라의 경우 주로 개도국과의 FTA에서 경제협력 챕터를 별도로 두어 경제협력의 범위 · 방법 및 이행 메커니즘을 규정하고 있다. 통상 경제협력 챕터에는 FTA 분쟁해결절차의 적용이 배제된다.

분쟁해결 챕터는 협정당사국 사이의 분쟁을 신속하게 해결하고 협정상 의무를 위반한 국가에 대하여 의무 이행을 확보하기 위한 것으로, 통상 당사국 간 협의, 패널 판정, 판정 이행의 순서로 구성된다.

총칙 챕터는 협정 전체에 관련된 포괄적인 내용을 규정한 챕터로서, 통상 최초조항 챕터는 목적 · 다른 협정과의 관계 · 정의, 최종조항 챕터는 개정 · 발효 · 탈퇴 및 해지, 제도조항 챕터는 협정 이행을 위한 위원회의 역할, 투명성 챕터는 공표 · 정보교환 · 행정절차, 예외 챕터는 일반예외 · 안보예외 · 과세예외 등의 조항으로 구성된다.

그러면, 위에서 살펴본 FTA 주요 구성요소들이 우리나라가 체결한 FTA에서는 어떻게 나타나고 있는지 살펴보도록 하자. 우리나라가 체결한 초기 FTA인 칠레나 아세안과의 협상에서는 주로 상품분야에 있어서 관세철폐 범위와 수준에 중점을 두었다고 할 수 있으나, EU, 미국 등과의 협상에서는 상품뿐만 아니라 농산물, 섬유 및 의류, 자동차, 서비스, 지적재산권 등 다양한 분야에 대한 합의가 이루어지면서 상대적으로 방대한 협정문 체계를 가지고 있다. 현재까지 우리나라가 체결한 FTA 중에서 가장 포괄적이고 수준이 높은 것은 한-미 FTA라고 볼 수 있다. 또한 WTO 체계에 맞는 전형적인 협정문의 구성은 한-EU 협정문에서 찾아볼 수 있다. 따라서 대표적으로 우리나라가 체결한 이 두 개의 협정문을 통해 자유무역협정문의 구조를 살펴보고자 한다.

3) 한-미, 한-EU 협정문의 비교

한-EU FTA 협정문은 서문과 총 15개의 장, 그리고 3개의 의정서로 구성되어 있다. 한-미 협정문의 경우에는 서문과 총 24개의 장, 그리고 3개의 별도 부속서로 구성되어 있다. 두 개의 협정 모두가 WTO의 기본원칙을 준수하며, 전문에서 또는 제1장 목적에서 GATT 제24조 및 GATS 제5조의 규정에 합치되게 이 협정의 규정에 따라 자유무역지대를 창설한다는 것을 선언하고 있다.

[표 2-3]과 [표 2-4]에 한-EU FTA 협정과 한-미 FTA 협정의 자세한 구성을 나열해 놓았다. 협정의 구성요소에 비추어 볼 때 양 협정은 전문 또는 서문을 두고,

협정본문에 해당하는 각 장(Chapter)으로 구성되어 있으며, 각 장별로 필요한 경우 부속서와 부록 및 부속서한 등을 두고 있어 협정의 구성요소가 갖추어져 있다.

다만, 특이한 것은 한-EU 협정에서는 협정의 일부분으로서 부속서한을 발견할 수 없으나, 미국의 경우에는 대부분의 장(Chapter)에서 양국 간 이해와 협상과정의

표 2-3 한-EU FTA 협정문 구성

대분류	장별 구분	주요 내용
서문		협정에 대한 포괄적 내용 및 선언규정
일반	제1장	목적 및 일반정의
상품 및 시장접근	제2장	상품에 대한 내국민대우 및 시장접근 - 부속서: 관세철폐 양허표 - 부록: 대한민국과 유럽연합 당사자 할당 및 진입관세 등
무역구제	제3장	무역구제 - 부속서: 농업 긴급수입제한조치
기술장벽	제4장	무역에 대한 기술장벽
위생	제5장	위생 및 식물위생 조치
통관절차	제6장	관세 및 무역원활화
서비스	제7장	서비스무역 설립 및 전자상거래 - 부속서: 약속목록/국경 간 서비스 공급/유보목록/최혜국대우 면제 등
	제8장	지급 및 자본이동
정부조달	제9장	정부조달 - 부속서: 건설운영 이전방식 계약 및 공공사업 실시 협약
지적재산	제10장	지적재산 - 부속서: 농산물, 식품, 포도주에 대한 지리적 표시 등
경쟁	제11장	경쟁
절차규정	제12장	투명성
	제13장	무역과 지속가능한 발전
	제14장	분쟁해결 - 부속서: 중재절차규칙 등
	제15장	제도 일반 및 최종규정
의정서	의정서	- 원산지 제품의 정의 및 행정협력의 방법에 관한 의정서
	의정서	- 세관분야 상호 행정지원에 관한 의정서
	의정서	- 문화협력에 관한 의정서

논의내용을 확인하는 부속서한(Letter)을 상당히 많이 교환하였음을 확인할 수 있다. 이러한 부분은 한-미 FTA 협정이 다른 어떤 협정보다도 포괄적이고 수준 높은 약속을 담고 있어 다양한 협상분야에서 우리의 입장을 최대한 확보하고, 상호 논의사항을 명확히 확인할 필요가 많았다는 것을 시사한다고 할 수 있다.

한-EU 협정을 챕터별로 살펴보면, FTA 협정에서 가장 중요한 요소의 하나로 언급된 원산지규정이 별도의 장으로 구성되지 않고, FTA 특혜원산지 판정기준 등 일반원칙이 의정서로 분리되어 있으며, 품목별 원산지기준은 의정서의 부속서로 규정되어 있다. 또한 세관협력분야, 문화협력을 의정서의 형태로 협정 말미에 규정하고 있다. 또한 서비스 챕터에서는 전자상거래분야를 포함하고 있으며, 투자분야도 별도의 장보다는 서비스 챕터 형태로 포괄되어 있다. 지적재산권에 관한 규정으로 부속서를 통해 농산물, 식품, 포도주의 지리적 표시를 명시하고 있어 이 부분에 대해서 EU의 관심사항이 반영되었음도 확인할 수 있다. 전체적으로 한-미 FTA에 비해 장(Chapter) 수는 적으나, 상품, 서비스, 무역구제, 기술장벽, 정부조달, 지적재산권, 경쟁 등 대부분의 주요 협상분야는 협정문에 모두 포함되어 있다.

표 2-4 | 한-미 FTA 협정문 구성

대분류	장별 구분	주요 내용
서문	서문	협정의 기본정신 및 원칙 등 선언규정
일반	제1장	최초규정 및 정의
상품 및 시장접근	제2장	상품에 대한 내국민대우 및 시장접근 - 부속서: 내국민대우 및 수출입제한/관세철폐 양허안
	제3장	농업 - 부속서: 농업 긴급수입제한조치
	제4장	섬유 및 의류 - 부속서: 섬유 품목별 원산지기준
	제5장	의약품 및 의료기기 - 부속서한: 독립적 검토절차(한국 질의/미국 답변)
원산지	제6장	원산지규정 및 원산지절차 - 부속서: 품목별 원산지기준
통관절차	제7장	관세행정 및 무역원활화
위생	제8장	위생 및 식물위생 조치

<table>
<tr><td>기술장벽</td><td>제9장</td><td>무역에 대한 기술장벽
– 부속서: 자동차 작업반
– 부속서한: 구체적 자동차 규제문제</td></tr>
<tr><td>무역구제</td><td>제10장</td><td>무역구제</td></tr>
<tr><td>투자</td><td>제11장</td><td>투자
– 부속서: 국제관습법/상소 메커니즘/관세 및 수용/송금
– 부속서한: 재산권</td></tr>
<tr><td rowspan="4">서비스</td><td>제12장</td><td>국경 간 서비스무역
– 부속서: 전문직 서비스/특급배달서버스
– 부속서한: 특급배달서비스 등</td></tr>
<tr><td>제13장</td><td>금융서비스
– 부속서: 국경 간 무역/구체적 약속 등
– 부속서한: 국경 간 무역/신금융서비스</td></tr>
<tr><td>제14장</td><td>통신</td></tr>
<tr><td>제15장</td><td>전자상거래
– 부속서한: 인터넷 접근 및 이용</td></tr>
<tr><td>경쟁</td><td>제16장</td><td>경쟁 관련 사안</td></tr>
<tr><td>정부조달</td><td>제17장</td><td>정부조달
– 부속서: 정부조달 부속서</td></tr>
<tr><td>지적재산권</td><td>제18장</td><td>지적재산권
– 부속서한: 인터넷/저작물 보호/온라인 불법복제 방지</td></tr>
<tr><td rowspan="2">기타</td><td>제19장</td><td>노동
– 부속서: 노동협력 메커니즘
– 부속서한: 공중의견제출제도</td></tr>
<tr><td>제20장</td><td>환경
– 부속서한: 대중참여 등</td></tr>
<tr><td rowspan="4">절차규정</td><td>제21장</td><td>투명성
– 부속서한: 공표</td></tr>
<tr><td>제22장</td><td>제도규정 및 분쟁해결
– 부속서: 자동차제품 대체적 분쟁/한반도 역외가공지역위원회/공동수산위원회 등</td></tr>
<tr><td>제23장</td><td>예외</td></tr>
<tr><td>제24장</td><td>최종규정</td></tr>
<tr><td rowspan="3">부속서</td><td>부속서 I</td><td>– 특정분야 서비스/투자 유보목록</td></tr>
<tr><td>부속서 II</td><td>– 모든 분야 서비스/투자 공통주해/유보목록</td></tr>
<tr><td>부속서 III</td><td>– 금융서비스 유보목록</td></tr>
</table>

한-미 FTA 협정의 구조를 살펴보면, 먼저 다른 FTA에 비해 본문에서 장(Chapter)의 구분도 세분화되어 있고, 개별 장별로 부속서, 부록, 서한이 붙어 있어 타 FTA 협정문에 비해 훨씬 많은 분량으로 구성되어 있다.

상품분야에 있어서 EU보다는 좀 더 세분하여 농업, 섬유 및 의류, 의약품 및 의료기기분야를 별도의 장으로 구분함으로써 시장접근분야에 있어서 이들 산업에 대한 한-미 양국 간의 관심이 높았음을 간접적으로 확인할 수 있다.[4] 그리고 중요한 원산지규정에 있어서도 원산지규정 및 원산지절차로 별도의 장으로 구분하고, 부속서에 품목별 원산지기준을 규정하고 있다. 특히 미국측이 민감하게 생각했던 섬유 및 의류분야에는 별도로 품목별 원산지기준을 부속서로 규정하고 있다.

더욱이 한-미 FTA에서의 협상의 주요 이슈와 관련하여, 기술장벽분야에서는 자동차에 대한 부속서가, 투자분야에서는 상소 메커니즘이 부속서로 규정되는 등 협정문 구성을 통해 한-미 협정 전반에 걸쳐 상세하고, 구체적인 절차와 합의를 명확히 할 필요가 있었음을 보여준다. 또한 각 장별 서로의 합의내용을 확인하는 부속서한이 많다는 점은 한-미 FTA의 특징 중의 하나이다. 부속서한은 협상대표 간 합의내용에 대한 명확한 입장을 상호 교환한 서한으로서 협정문과 불가분의 일부를 이루는 것으로 확인된다. 의약품분야에서 우리나라와 미국 간 서로 교환한 부속서한을 참고하기 바란다.

그림 2-1 | 제5장 의약품 및 의료기기 부속서한(독립적 검토절차)

- 우리나라의 질의 서한

2007년 6월 30일

슈와브 대사
미합중국 무역대표
워싱턴 디씨
슈와브 대사 귀하,

본인은 금일 서명되는 우리 양국 정부 간 자유무역협정의 제5장(의약품 및 의료기기)에 관한 협상과정에서 대한민국 대표단과 미합중국 대표단 간에 도달한 다음의 양해를 확인하는 영광을 가지는 바입니다.

4) 우리나라는 농산물에, 미국은 섬유 및 의류상품의 시장개방에 상대적으로 민감한 입장이었다.

1. 제5.3조(투명성) 제5항 마호를 이행함에 있어, 대한민국은
   가. 직접적으로 영향을 받는 신청자의 요청에 따라 의약품 또는 의료기기의 가격산정과 급여에 관한 권고 또는 결정을 검토하는 기구를 설치하고 유지한다.[1)]
   나. 가호에 언급된 기구는 의약품, 의료기기 또는 급여를 위한 적응증의 등재나 의약품 또는 의료기기의 급여액 설정을 위한 절차를 운영하거나 유지하는 자국 중앙정부의 보건의료 당국으로부터 독립되도록 보장한다.
   다. 제53조 제5항 라호에서 요구되는 의미 있고 상세한 서면정보를 급여신청자에게 제공할 때, 그러한 신청자에게 독립적 검토를 구할 권리와 그 검토를 구하기 위한 절차를 알려준다. 그리고
   라. 검토가 합리적이고 정하여진 기간 이내에 완료되도록 보장한다.

2. 제1항가호에 언급된 검토기구의 구성원은
   가. 관련 전문성과 경험을 가진 전문가로 구성된다.
   나. 의약품, 의료기기 또는 급여를 위한 적응증의 등재나 의약품 또는 의료기기의 급여액 설정을 위한 절차를 운영하거나 유지하는 대한민국 중앙정부의 보건의료 당국의 피고용원이나 구성원이 되어서는 아니된다.
   다. 검토에 대하여 자신의 행동 또는 결정에 영향을 미칠 수 있는 검토결과에 있어서의 어떠한 금전적·직업적 또는 개인적 이해관계를 가지지 아니한다. 그리고
   라. 정하여진 기간 동안 임명되며, 의약품, 의료기기 또는 급여를 위한 적응증의 등재나 의약품 또는 의료기기의 급여액 설정을 위한 절차를 운영하거나 유지하는 대한민국 중앙정부의 보건의료 당국에 의하여 면직될 수 없다.

본인은 이 서한과 귀 정부가 이 양해를 공유한다는 것을 확인하는 귀하의 회답 서한이 자유무역협정의 불가분의 일부를 구성함을 제안하는 영광을 가지는 바입니다.

김현종

---

1) 제5.8조(정의)에 규정된 정의가 이 서한에 적용된다.

– 미국의 답변 서한

2007년 6월 30일

김현종
통상교섭본부장
대한민국 서울

김현종 본부장 귀하,

본인은 다음과 같은 내용의 금일자 귀하의 서한을 접수하였음을 확인하는 영광을 가지는 바입니다.

"본인은 금일 서명되는 우리 양국 정부 간 자유무역협정의 제5장(의약품 및 의료기기)에 관한 협상과정에서 대한민국 대표단과 미합중국 대표단 간에 도달한 다음의 양해를 확인하는 영광을 가지는 바입니다.

1. 제5.3조(투명성) 제5항 마호를 이행함에 있어, 대한민국은
   가. 직접적으로 영향을 받는 신청자의 요청에 따라 의약품 또는 의료기기의 가격산정과 급여에 관한 권고 또는 결정을 검토하는 기구를 설치하고 유지한다.[1]
   나. 가호에 인급된 기구는 의약품, 의료기기 또는 급여를 위한 적응증의 등재나 의약품 또는 의료기기의 급여액 설정을 위한 절차를 운영하거나 유지하는 자국 중앙정부의 보건의료 당국으로부터 독립되도록 보장한다.
   다. 제5.3조 제5항 라호에서 요구되는 의미 있고 상세한 서면정보를 급여신청자에게 제공할 때, 그러한 신청자에게 독립적 검토를 구할 권리와 그 검토를 구하기 위한 절차를 알려준다. 그리고
   라. 검토가 합리적이고 정하여진 기간 이내에 완료되도록 보장한다.

2. 제1항 가호에 언급된 검토기구의 구성원은
   가. 관련 전문성과 경험을 가진 전문가로 구성된다.
   나. 의약품, 의료기기 또는 급여를 위한 적응증의 등재나 의약품 또는 의료기기의 급여액 설정을 위한 절차를 운영하거나 유지하는 대한민국 중앙정부의 보건의료 당국의 피고용원이나 구성원이 되어서는 아니된다.
   다. 검토에 대하여 자신의 행동 또는 결정에 영향을 미칠 수 있는 검토결과에 있어서의 어떠한 금전적·직업적 또는 개인적 이해관계를 가지지 아니한다.
   그리고

1) 제5.8조(정의)에 규정된 정의가 이 서한에 적용된다.

라. 정하여진 기간 동안 임명되며, 의약품, 의료기기 또는 급여를 위한 적응증의 등재나 의약품 또는 의료기기의 급여액 설정을 위한 절차를 운영하거나 유지하는 대한민국 중앙정부의 보건의료 당국에 의하여 면직될 수 없다.

본인은 이 서한과 귀 정부가 이 양해를 공유한다는 것을 확인하는 귀하의 회답 서한이 자유무역협정의 불가분의 일부를 구성함을 제안하는 영광을 가지는 바입니다."

본인은 더 나아가 우리 정부가 이 양해를 공유한다는 것과 귀하의 서한과 이 회답 서한이 자유무역협정의 불가분의 일부를 구성한다는 것을 확인하는 영광을 가지는 바입니다.

/서 명/
수잔 C. 슈와브

2 세계 주요국의 FTA 체결현황

전 세계 국가들은 1995년 WTO 출범을 기점으로 오히려 앞다투어 FTA 체결에 힘을 쏟아 자국의 경제영토를 확대해 가고 있다. 초기에는 인접국가를 중심으로 지역경제공동체를 형성하는 방향으로 FTA가 추진되었으나, 점차 시장진입을 위한 거점지역 마련이라는 측면에서 대륙 간 FTA가 활성화되고, 또한 더 큰 지역경제공동체를 형성하기 위한 거대 FTA(MEGA FTA)가 시도되면서 이른바 각국의 FTA 경제영토[5]는 급속도로 확대되어 가는 현상이 나타나고 있다.

최근에 타결되거나 발효된 주요 MEGA FTA의 전 세계 GDP의 비중을 살펴보면, 2018년 12월 발효된 일본 주도로 11개국이 참여한 포괄적 · 점진적 환태평양경제동반자협정(CPTPP)은 약 13%를 차지하고, 2020년 11월 최종 타결된 중국 주도로 15개국이 참여한 세계 최대의 MEGA FTA인 역내포괄적경제동반자협정(RCEP)은 약 32%를 차지하고 있다. 이와 함께 전 세계 GDP 대비 3대 경제국가인 미국, EU, 중

5) 전 세계 GDP 대비 해당 국가와 FTA 체결상대국의 GDP를 모두 합하여 차지하는 비중을 FTA 경제영토로 표현하곤 한다.

국 등과 양자 간 FTA를 체결하는 경우 FTA 경제영토는 대폭 확대된다고 볼 수 있다. 참고로 우리나라는 세계 3개 경제대국인 미국, EU, 중국과 FTA를 체결하고, 최대 규모의 RCEP에 참여하고 있어 이른바 FTA 경제영토로 볼 때 세계 최고의 FTA 체결국의 하나로 볼 수 있다.

WTO 회원국 기준으로 볼 때 모든 회원국은 최소 1개 이상의 FTA를 활용하여 WTO 체제하에서 양자 간 또는 지역 간 협력을 확대하고 있으며, 2021년을 기준으로 국가 또는 공동체별 체결협정 수로 보면, EU가 약 50여 개로 가장 많은 FTA를 체결하고 있고, EFTA, 칠레, 터키, 한국, 일본 등이 그 뒤를 따르고 있다. 전 세계 주요국의 FTA 추진현황은 [표 2-5]와 같다.

| 표 2-5 | 전 세계 주요국의 FTA 추진현황(2021년 4월 현재)6)

국가명	기체결(발효 또는 서명)	협상 중	검토 중
한국	칠레, 싱가포르, EFTA, 아세안, 인도, EU, 페루, 미국, 호주, 캐나다, 터키, 중국, 뉴질랜드, 베트남, 콜롬비아, 중미, 영국 ★서명 및 타결 RCEP, 인도네시아 이스라엘, 캄보디아	한-중-일 MERCOSUR, 필리핀, 러시아, 말레이시아, 에콰도르 ASEAN(추가 자유화), 중국(서비스 · 투자후속), 칠레(개선), 인도(개선) ▲협상재개 · 여건조성 PA, EAEU, 우즈베키스탄	
일본	싱가포르, 말레이시아, 칠레, 태국, 인도네시아, 브루나이, 필리핀 아세안, 스위스, 베트남, 인도, 페루, 호주, 몽골, 멕시코, TPP12, TPP11, EU, 미국, 영국, RCEP	콜롬비아, 한-중-일, 터키 ▲협상재개 · 여건조성 한국, GCC, 캐나다	
중국	캄보디아, 모리셔스, 몰디브, 조디아, 호주, 한국, 스위스, 아이슬란드, 코스타리카, 페루, 싱가포르, 뉴질랜드, 칠레, 파키스탄, 아세안, 홍콩, 마카오, 파나마, RCEP	GCC, 노르웨이, 한-중-일, 스리랑카, 이스라엘, 팔레스타인, 몰도바, 파나마 ▲개선협상 뉴질랜드, 페루	콜롬비아, 피지, 네팔, 캐나다, 방글라데시, 몽골, 파푸아뉴기니, 스위스

6) 산업통상자원부 FTA Korea 홈페이지 발췌 · 재편집(http://fta.go.kr)
7) 아세안(ASEAN) 전체로 한국, 중국, 일본, 호주, 뉴질랜드, 인도 6개국과 FTA를 체결하였다. 아세안 회원국 현황에서 아세안으로 표기된 것은 이들 6개국과의 FTA 체결을 의미한다.

대만	파나마, 과테말라, ECFA, 니카라과, 뉴질랜드, 싱가포르, 온드라스 · 엘살바도르, 파라과이, 마셜제도, 에스와티니	도미니카공화국, EU	인도, 아세안, 말레이시아, 이스라엘, 필리핀, 미국, 호주
아세안[7]	중국, 일본, 홍콩, 한국, 인도, 호주, 뉴질랜드, 홍콩, RCEP		
싱가포르	EU, 인도, 일본, 한국, 뉴질랜드, 파나마, 페루, 호주, 코스타리카, 요르단, 스리랑카, 터키, 영국, 미국, CPTPP, EFTA, GCC, TPSEP, ASEAN ★서명 RCEP	EAEU, PA	
인도네시아	아세안, AFTA, 일본, RCEP	EFTA CEPA, 칠레, EU, 터키	페루, GCC, 튀니지
태국	아세안, AFTA, 중국, 호주, 뉴질랜드, 일본, 페루 FTA, 홍콩, 칠레, 인도, RCEP	BIMST-EC FTA,[8] 미국	
베트남	아세안, AFTA, 일본, 칠레, 한국 VCU, TPP, EU, EFTA, RCEP		FTAAP, 우크라이나, 스리랑카, 터키
말레이시아	아세안, AFTA, 일본 , 파키스탄, 인도, 뉴질랜드, 칠레, 호주, 터키 (서명) CPTPP, RCEP	EU	대만, GCC, 시리아, 이집트, 방글라데시
인도	마세안, 태국, BIMSTEC, GCC, SACU, SAFTA[9] 싱가포르, 칠레, 메르코수르, EU, EFTA, GSTP, APTA, 뉴질랜드, 캐나다, 호주, 인도네시아, COMESA,[10] 이스라엘, RCEP		페루, 러시아, 중국, 대만, 터키, 이집트, 이란, 우루과이, 남아프리카공화국, 모리셔스
호주	뉴질랜드, 싱가포르, 미국, 칠레, 아세안-뉴질랜드, 태국, 말레이시아, 한국, 일본, 중국, CPTPP, 홍콩, 페루, 인도네시아, PACER plus ★ 서명 RCEP	PACER Plus,[11] EU, GCC, 인도, 영국, PA	
뉴질랜드	칠레, 싱가포르, PACER plus, 호주, 아세안-호주, 홍콩, 말레이시아, 태국, 한국, P4, 중국, 싱가포르, CPTPP ★ 서명 및 타결 RCEP, 중국 (개선), ACTA, GCC, TPP	영국, EU, PA, AA, NZFTA, 인도, RBK	
GCC	GA,[12] 싱가포르, EFTA, 뉴질랜드, 인도	중국, 터키, 일본, 호주	

8) 벵갈만경제협력체: 방글라데시, 부탄, 인도, 미얀마, 네팔, 스리랑카, 태국 6개국

미국	USMCA,[13] 호주, 바레인, 칠레, 콜롬비아, 코스타리카, 도미니카, 엘살바도르, 과테말라, 온두라스, 이스라엘, 요르단, 한국, 모로코, 니카라과, 오만, 파나마, 페루, 싱가포르	EU, SACU, CAN FTA[14] 에콰도르, FTAA, UAE, 말레이시아, 태국	
캐나다	USMCA, 칠레, 콜롬비아, EFTA, EU, 온두라스, 이스라엘, 요르단, 한국, 파나마, 페루, 우크라이나, CPTPP (서명) TPP, 영국	CARICOM, 도미니카, 엘살바도르, 과테말라, 니카라과, 인도, 일본, 메르코수르, 모로코, CUSMA, PA, 싱가포르	ASEAN, 중국, 필리핀, 태국, 터키
멕시코	USMCA, 볼리비아, 에콰도르, 파라과이, 쿠바, 아르헨티나, 브라질, CPTPP, PA,[15] 파나마, 우루과이, 페루, 콜롬비아, 중미[16] 일본, EFTA, 칠레, 이스라엘, EU, GSTP, LAIA, PTN		
칠레	영국-에콰도르, 인도네시아, CPTPP, 태국, PA, 베트남, 홍콩, 니카라과, 말레이시아, 과테말라, 온두라스, 터키, 콜롬비아, 페루, 호주, 인도, 파나마, 일본, 중국, TPSEP, EFTA, 한국, EU, 엘살바도르, 미국, 코스타리카, 멕시코, 캐나다		
페루	영국, 호주, 온두라스, 코스타리카, EU, 콜롬비아, 파나마, 일본, 멕시코, 칠레, 한국, EFTA, 중국, 캐나다, 싱가포르, 미국	CAFTA[17]	CARICOM,[18] GCC, 이집트, 브라질, 라-벨-카관세동맹
콜롬비아	멕시코, 엘살바도르, 과테말라, 온두라스, CAN, CARICOM, 칠레, EFTA, 캐나다, 미국, 메르코수르, 베네수엘라, 쿠바, EU, PA, 코스타리카, 한국, 니카라과, 이스라엘	일본, 터키, 우루과이	중국

9) 남아시아특혜무역협정: 인도, 파키스탄, 스리랑카, 방글라데시, 네팔, 부탄, 몰디브 7개국
10) 동남아프리카 공동시장
11) 호주, 뉴질랜드와 태평양제도포럼에 속하는 14개 남태평양도서국가
12) 범아랍자유무역지대
13) 미국-캐나다-멕시코 북미 3개국의 기존 NAFTA 협정의 개선 협정으로 2020년 7월 발효
14) 안데안공동체: 볼리비아, 콜롬비아, 에콰도르, 페루
15) Pacific Alliance: 멕시코, 페루, 칠레, 콜롬비아 등 남미 4개국 간 동맹
16) 중미: 엘살바도르, 니카라과, 온두라스, 코스타리카, 과테말라 5개국
17) 페루, 코스타리카, 엘살바도르, 과테말라, 온두라스, 파나마 6개국
18) 카리브공동체: 카리브해 15개국 간 협정
19) 스위스를 제외한 EFTA 3개국과 EU 28개국
20) 경제협력기구로서 이슬람 회의기구 회원국인 이란, 터키, 파키스탄, 아프가니스탄, 아제르바이잔, 카자흐스탄, 키르기즈스탄, 타지키스탄, 투르크메니스탄, 우즈베키스탄 등 10개국 간 국제기구

EU	Western Balkans, 알제리, 안도라, CARIFORUM, 아르메니아, 아제르바이잔, SADC, Central America, 캐나다, 칠레, 콜롬비아, 에콰도르, 페루, EEA,[19] ESA, West Africa, 이집트, 페로 제도, 피지, 조지아, 아이슬란드, 이스라엘, 이라크, 일본, 요르단, 카자흐스탄, 코소보, 레바논, 리히텐슈타인, 멕시코, 몰도바, 모로코, 노르웨이, 팔레스타인, 파푸아뉴기니, 마다가스카, 사모아, 산마리노, 싱가포르, 솔로몬제도, 남아프리카, 한국, 스위스, 튀니지, 터키, 우크라이나, 베트남 ★서명 및 타결 Mercosur, 베냉, 토고, 부르키나파소, EAC, 카보베르데, 감비아, 기니, 기니비소, 아이티, 라이베리아, 말리, 모리타니, 니제르, 나이지리아, 세네갈, 시에라리온	호주, 중국, 인도네시아, 뉴질랜드, 필리핀	
EFTA	알바니아, 보스니아헤르체고비나, 조지아, 북마케도니아, 몬테네그로, 세르비아, 터키, 우크라이나, 이집트, GCC, 이스라엘, 요르단, 레바논, 모로코, 팔레스타인, SACU, 튀니지, 캐나다, 칠레, 콜롬비아, 에콰도르, 멕시코, 페루, 홍콩, 중국, 인도네시아, 한국, 필리핀, 싱가포르, 코스타리카, 과테말라, 파나마	인도네시아	러-벨-카관세동맹
터키	EFTA, 이스라엘, 마케도니아, 보스니아헤르체고비나, 팔레스타인, 튀니지, 모로코, 이집트, 알바니아, 조지아, 몬테네그로, 세리비아, 칠레, 모리셔스, 한국, 말레이시아, 몰도바, 페로 제도, 싱가포르, 코소보, 베네수엘라, 영국 ★ 서명 및 타결 레바논, 수단, 카타르	일본, 우크라이나, 인도네시아, 태국, 소말리아, 콩고, 지부티, 카메룬, 차드, 세이셸, GCC, 리비아, MERCOSUR, 알제리, 리비아, 남아프리카, 중미, ACP	ECO[20] 캐나다, 인도, 베트남

[표 2-5]에서도 볼 수 있듯이 세계 주요국들은 기 체결된 FTA 협상을 기반으로 추가적인 확대를 고려할 뿐만 아니라 기존 협상의 시장접근 수준을 개선하기 위한 개선협상을 추진하거나, 메가 FTA에 합류하거나 또는 새로운 협상을 검토하는 등 FTA 체결 규모는 날이 갈수록 확대될 전망이다. 또한 미국의 주도로 추진되었던 최대 규모의 환태평양경제동반자협정(TPP)이 미국의 탈퇴로 11개국이 참여한 CPTPP로 축소 타결되어 그 영향력은 감소하였지만, 이에 대응한 RCEP의 타결로 미국과 중국의 무역갈등이 지속되는 국제무역환경 속에서 세계 각국은 자국의 이익을 위해 양자 간, 지역 간 통합을 강화하거나 메가 FTA 가입 추진 등 다양한 FTA 활용전략이 펼쳐질 것으로 전망된다.

3 우리나라의 FTA 현황

우리나라는 GATT와 WTO의 다자무역체제에서 세계시장 개방을 통해 가장 큰 무역특혜를 받은 수혜국의 하나로 평가받고 있으며, 우리나라의 경제발전은 대외무역을 통해 성장을 이룬 전형적인 사례로 인용되고 있다. 그러나 우리나라는 무역강국의 이미지와는 달리 2003년까지는 몽골과 함께 WTO 회원국 중 한 건의 FTA도 체결하지 못한 국가였다.

부존자원이 빈약한 우리나라로서는 무역을 통하여 지난 반세기간 국가경제발전을 이루어 낸 명실상부한 통상국가로서 지속적인 경제발전을 위해서는 외국과의 무역을 확대하는 것은 필수적이다. 세계의 통상환경이 WTO 다자체제에서 자유무역협정(FTA)을 중심으로 하는 지역주의(Regionalism)가 가속화되고 있는 상황에서 우리나라는 FTA를 국가통상정책의 주요 수단으로 삼고, 전략적 차원에서 FTA 네트워크를 지속적으로 확대해 나가고 있다.

우리나라가 적극적으로 FTA를 추진하는 이유는 크게 두 가지로 요약된다. 우리나라의 대외경제 규모가 국내총생산(GDP)의 80% 이상을 차지하고 있는 점을 고려할 때 주요 경쟁국이 FTA를 앞다투어 추진하고 있는 통상환경하에서 우리나라가 기존 수출시장을 유지하고 새로운 시장에 진출하기 위해 FTA 확대에 전력을 다하는 것은 당연하다. 즉, 우리 상품의 수출경쟁력을 유지하고 안정적인 해외시장을 지속적으로 확보하기 위해서 우리의 주요 교역상대국과의 빠른 FAT 체결이 요구되었다.

둘째로 보다 적극적인 측면에서, 능동적인 시장개방과 자유화를 통해 국가 전반의 시스템을 선진화하고 경제체질을 강화하기 위해 FTA를 추진하였다. 우리 경제가 양적인 성장뿐만 아니라 질적인 발전을 통해 진정한 선진경제로 거듭나기 위해서 FTA를 능동적 · 공세적으로 활용할 필요가 있다. 왜냐하면 산업경쟁력과 국가경쟁력을 신장시키는 주요 정책수단으로서 FTA 및 이에 수반되는 무역자유화(trade liberalization)가 효과적이라는 데 전 세계가 공감하고 있기 때문이다.[21]

1) FTA 추진전략

먼저 우리 정부는 2003년 FTA 로드맵을 수립하면서 전략적인 FTA 체결 확대를 추구하고 있는데 전략적이라는 의미는 FTA 정책에만 몰두하는 것이 아니라 상황의 변화에 적절히 대응하여 국익의 차원에서 탄력적인 태도를 취할 수 있다고 이해하는 것이 바람직하다.

그 FTA 추진전략을 살펴보면, ① 동시다발적인 FTA 추진, ② 높은 수준의 포괄적인 FTA 추진, ③ 국민적 공감대를 바탕으로 하는 FTA 추진, 이 세 가지로 볼 수 있다.

먼저 동시다발적인 FTA 추진은 미국 등 주요 선진국과 경쟁상대국에 비하여 상당히 지체되어 있던 FTA 체결 진도를 단기 내에 만회하고 우리 기업들의 기회비용을 줄이는 한편, 신속한 FTA 네트워크의 글로벌화를 구축하기 위한 노력이다. 이는 우리 기업들의 세계시장 확보를 지원하고, 동아시아 FTA 허브국가로 발돋움하려는 전략의 하나이다. 이와 관련하여 대상국을 어떻게 선정할 것인지에 대해 초기 추진 로드맵에서는 FTA의 경제 · 정치적 효과를 극대화하기 위해 중 · 장기적으로는 거대 · 선진 경제권과의 추진이 필요한 것으로 보았다. 다만, 초기단계에서 경험이 없는 점과 현실적 여건을 고려하여 경제적 타당성 및 거대 · 선진 경제권과의 FTA 추진에 도움이 되는 국가를 선정하여 우선 단기적으로 FTA를 추진하고자 하였다. 단

21) 산업통상자원부 FTA Korea(http://www.fta.go.kr/main/situation/kfta/psum)

기적으로 FTA를 추진할 대상국으로 칠레, 일본, 싱가포르, 아세안, 멕시코, 유럽자유무역연합(EFTA), 캐나다, 인도를 선정하였었다. 중·장기적으로는 거대경제권 국가들과 한·중·일 및 동아시아 FTA(EAFTA) 등에 대하여 점진적인 추진을 검토하였었다.

둘째, 높은 수준의 포괄적인 FTA 추진이다. FTA 체결의 수에서뿐만 아니라 내용면에서도 상품분야에서의 관세철폐를 기본으로 하고, 서비스, 투자, 정부조달, 지적재산권, 기술표준 등 광범위한 내용을 포함하는 포괄적인 FTA를 지향하고 있다. 또한 WTO의 상품과 서비스 관련 규정에 일치하는 높은 수준의 FTA 추진을 지향함으로써 다자주의를 보완하고, FTA를 통해 국내제도의 개선 및 선진화를 도모하고 있다.

셋째, 국민적 공감대를 바탕으로 한 FTA 추진이다. 거대경제권을 지향하는 동시다발적 FTA 추진정책이 성공하기 위해서는 무엇보다도 FTA 추진에 대한 국민들의 이해와 공감대가 필요하다. 그래서 FTA 추진 및 체결과정에서 국민의 이해와 참여를 기본으로 하고, 이해관계자와 각계 전문과의 의견을 적극 청취함으로써 이를 최대한 반영하고 있다.

2) FTA 체결절차

우리나라의 자유무역협정 체결절차는 일반적인 조약 체결과 동일한 절차를 거친다. 다만, 동시다발적 FTA 추진에 맞추어 원활한 협정 체결절차 이행을 위해 2004년 대통령훈령[22]으로 '자유무역협정체결 절차규정'을 제정하여 시행하였다. 이는 이후 2011년 '자유무역협정체결 및 이행협의에 관한 절차규정'으로 운영되다가, 2013년 정부 조직개편에 따라 통상기능이 외교통상부에서 산업통상자원부로 이관되고, '통상조약의 체결절차 및 이행에 관한 법률(약칭: 통상조약법)[23]'이 제정·시행됨에 따라 '통상추진위원회의 설치 및 운영 등에 관한 규정[24]'에 근거하여 FTA 체결절차를 진행하고 있다.

22) 대통령훈령 제121호(2004.6.8)
23) 법률 제11690호(2013.3.23)
24) 대통령훈령 제319호(2013.9.24)

일반적인 FTA 체결절차는 ① 타당성 검토 및 협상 전 논의, ② 협상 개시선언, ③ 협상 진행, ④ 협상 타결 및 가서명, ⑤ 협정 정식서명, ⑥ 국회비준절차, ⑦ 협정 발효의 7단계를 거친다고 볼 수 있다.

먼저, 산업통상자원부 산하에 있는 통상추진위원회는 통상교섭에 대한 추진전략을 연구 검토하는 총괄기구로서, 통상교섭의 기본방향 및 추진전략에 따라 특정 자유무역협정의 체결 타당성을 전문연구기관 등에 의뢰하고, 타당성이 인정되는 경우 필수적으로 공청회를 실시하고, 이를 대외정책 심의기구인 대외경제장관회의에 보고한다. 협상 전 논의 개시를 위해 또한 필요한 경우 상대 국가 또는 지역과 공동연구를 실시할 수 있다.

상대 국가 또는 지역과 협의한 결과 협상 개시에 서로 합의하는 경우 정상회담 또는 통상장관회담 등을 통해 자유무역협정의 개시를 정식선언하며, 이후 본격적인 협상을 진행하게 된다. 협상은 각 분과별로 진행되며 각 분과장을 지명하여 운영한다. 실질적인 협상 타결이 이루어지는 가서명 시점까지는 양자 간 협상의 경우 대체적으로 1년에서 2년 정도가 소요되나, 지역 또는 다자간 협상의 경우에는 이보다 협상기간이 더 길어지는 경향이 크다.[25)]

협상 과정을 통해 최종협상안에 대한 합의가 이루어지면 협정문을 완성하고, 양측 협상 수석대표가 협정문에 가서명함으로써 실질적으로 협상이 종료된다. 이후 협상결과를 반영한 자유무역협정안을 국무회의에 상정하고, 대통령의 재가를 얻어 정부대표 임명을 받은 서명권자의 정식서명절차를 거치게 된다. 또한 필요하다고 인정되는 경우에 협상결과에 대한 국내 보완대책을 마련하여 국회에 제출하여야 한다. 정식서명된 협정문은 국회에 비준을 요청하고, 국회의 동의가 있으면 이로써 국내절차가 완료된다. 국회의 동의 후에는 체약국 간 통보절차를 진행하고, 협정에서 정한 기간[26)] 또는 상호 합의한 날짜에 협정을 발효한다.

위에서 설명한 자유무역협정 체결절차를 간략히 정리하면 다음 [표 2-6]과 같다.

---

25) 개시선언부터 가서명(타결선언)까지를 기준으로, 우리나라가 최초로 협상한 칠레의 경우에는 47개월이 소요되었으며, 아세안과는 16개월(상품기준), 미국과는 14개월, EU와는 29개월이 소요되었다.

26) 통상적으로 별도의 기일을 지정하지 않는 경우 서면통보 교환일 이후 30일 또는 60일 이후 발효된다.

| 표 2-6 | 자유무역협정 체결절차

단계	주요 절차
① 협상 전 논의(여건조성)	• 타당성 연구 및 공청회 개최 • 필요시 상대국과 공동연구(협상원칙 및 방안)
② 협상 개시	• 정상회담 등을 통해 공식 개시선언 • 자유무역협정 협상안 마련 및 협상대표단 구성
③ 협상 진행	• 협상분과 편성 및 분과장 지명 • 분과별 협상 진행
④ 협상 타결 및 가서명	• 협정문 완성 및 협상 수석대표 가서명(사실상 타결)
⑤ 협상 정식서명	• 자유무역협정안 대통령 재가 • 정부대표 정식서명
⑥ 국회비준절차	• 정식서명 협정문 국회비준동의 요청 • 국내 보완대책 제출
⑦ 협정 발효	• 통보 후 30~60일 또는 상호 합의한 날짜

3) FTA 체결현황

우리나라는 2004년 칠레와의 자유무역협정을 필두로 하여, 2021년 4월 현재, 싱가포르, EFTA, 아세안, 인도, EU, 페루, 미국, 터키, 호주, 캐나다, 중국, 베트남, 뉴질랜드, 콜롬비아, 중미 5개국, 영국 등 총 17건, 57개국과의 자유무역협정이 발효되어 시행되고 있다. 또한, RCEP, 인도네시아, 이스라엘, 캄보디아와의 협상을 타결하고, 발효 준비 중이다. 그 외에도 동북아 경제통합의 기반으로 한-중-일 3자간 협상, 남미 최대시장인 MERCOSUR와의 협상, 한-아세안 FTA의 추가 자유화 확대협상, 한-중 FTA 서비스·투자 후속협상 등 11개 협상이 진행 중이며, 중남미 신흥시장의 하나인 태평양연합(PA) 및 신북방정책의 교두보로서 유라시아경제연합(EAEU[27])과의 협상 개시를 위한 준비작업이 진행되고 있다.

각 협정별 의의를 살펴보면 우선 지역별 시장의 교두보를 확대하는 측면에서 칠레로부터 시작하여 EFTA, 터키, 호주, 중미, 에콰도르, 이스라엘 등과 FTA를 체결하였고, 거대경제권과의 FTA를 통한 시장확대 측면에서 아세안, EU, 미국, 중국 등 세계 4대 거대경제권과 모두 FTA를 체결하였는데 이는 우리나라가 세계 최초의 국

27) EAEU 5개국: 러시아, 카자흐스탄, 벨라루스, 아르메니아, 키르기즈스탄

가였다. 또한 아세안 10개국과는 한-아세안 FTA를 체결하였으나, 양허수준의 확대 측면에서 베트남, 인도네시아, 필리핀, 말레이시아 등과 별도의 FTA를 통한 FTA 업그레이드(upgrade)를 추진하였으며, ASEAN과도 추가자유화를 위한 협상이 진행되고 있다. 그 외에도 RCEP과 한-중-일 FTA를 통한 동북아 및 동아시아지역 통합에 기여한다는 구상으로 FTA를 추진해 나가고 있다. 우리나라의 전체적인 FTA 체결현황과 그 추진의의는 다음 [표 2-7]과 같다.

표 2-7 우리나라의 FTA 체결현황[28)]

진행단계	상대국	추진현황	추진의의
발효 (17개국)	칠레	[개시] 1999.12 [발효] 2004.04	최초의 FTA, 중남미시장의 교두보
	싱가포르	[개시] 2004.01 [발효] 2006.03	아세안시장의 교두보
	EFTA (4개국)[29)]	[개시] 2005.01 [발효] 20060.9	유럽시장 교두보
	아세안 (10개국)[30)]	[개시] 2005.02 [발효] 2007.06 상품 2009.05 서비스 2009.09 투자	거대경제권과 체결한 최초의 FTA)
	인도	[개시] 2006.03 [발효] 2010.01	BRICs 국가, 거대시장
	EU (27개국)[31)]	[개시] 2007.05 [발효] 2011.07 잠정 2015.12 전체 * 2011년 7월 1일부터 잠정적용	거대 선진경제권
	페루	[개시] 2009.03 [발효] 2011.08	자원부국, 중남미 진출 교두보

28) 산업통상자원부 FTA Korea 홈페이지 발췌 · 재편집(http://fta.go.kr)

29) EFTA 4개국: 스위스, 노르웨이, 아이슬란드, 리히텐슈타인

30) 아세안 10개국: 말레이시아, 싱가포르, 베트남, 미얀마, 인도네시아, 필리핀, 브루나이, 라오스, 캄보디아, 태국

31) EU 27개국: 오스트리아, 벨기에, 체코, 키프로스, 덴마크, 에스토니아, 핀란드, 프랑스, 독일, 그리스, 헝가리, 아일랜드, 이탈리아, 라트비아, 리투아니아, 룩셈부르크, 몰타, 네덜란드, 폴란드, 포르투갈, 슬로바키아, 슬로베니아, 스페인, 스웨덴, 불가리아, 루마니아, 크로아티아

발효 (17개국)	미국	[개시] 2006.06 [발효] 2012.03 [개정] 2018.01 [발효] 2019.01	세계 최대 경제권(GDP기준)
	터키	[개시] 2010.04 상품 [발효] 2013.05 상품 [개시] 2015.02 서비스 [발효] 2018.08 서비스	유럽 · 중앙아시아 진출 교두보
	호주	[개시] 2009.05 [발효] 2014.12	자원부국 및 오세아니아 주요 시장
	캐나다	[개시] 2005.07 [발효] 2015.01	북미 선진시장
	중국	[개시] 2012.05 [발효] 2015.12	제1위 교역대상국 (2019년 기준)
	뉴질랜드	[개시] 2013.12 [발효] 2015.12	오세아니아 주요 시장
	베트남	[개시] 2012.08 [발효] 2015.12	제5위 투자대상국 (2019년 기준)
	콜롬비아	[개시] 2009.12 [발효] 2016.07	자원부국, 중남미 신흥시장
	중미5개국[32]	[개시] 2015.03 [발효] 2021.03	중미 신시장 창출
	영국	[개시] 2017.02 [발효] 2021.01	브렉시트 이후 한-영 통상관계 지속
서명 (2건)	RCEP[33]	[개시] 2012.11 [서명] 2020.11	동아시아 경제통합 기여
	인도네시아	[개시] 2019.02 재개 [서명] 2020.12	동남아시장 진출확대 기여
타결 (2건)	이스라엘	[개시] 2016.05 [타결] 2019.08	창업국가 성장모델
	캄보디아	[개시] 2016.07 [타결] 2021.02	동남아시장 진출확대 기여

32) 중미 5개국: 파나마, 코스타리카, 온두라스, 엘살바도르, 니카라과
33) RCEP 15개국: 한국, 중국, 일본, 호주, 뉴질랜드, 아세안 10개국

협상 진행	한-중-일	[개시] 2012.11 2013.03~2019.11 16차례 협상	동북아 경제통합 기반 마련
	MERCOSUR (4개국)34)	[개시] 2018.05 2018.09~2020.02 5차례 협상	남미 최대 시장
	필리핀	[개시] 2019.06 2019.06~2020.01 5차례 협상	동남아 시장 진출확대 기여
	러시아	[개시] 2019.06 2019.06~2020.07 5차례 협상	신북방 정책추진 거대신흥시장
	말레이지아	[개시] 2019.06 2019.07~2019.09 3차례 협상	동남아시장 진출확대 기여
	한-아세안 추가자유화	[개시] 2010.10 2010.10~2019.02 17차례 이행위원회	교역 확대, 통상환경 변화 반영
	한-인도 개선협상	[개시] 2016.10 2016.10~2019.06 8차례 개선협상	주력 수출품목 양허, 원산지기준 개선
	한-칠레 개선협상	[개시] 2018.11 2018.11~2020.11 4차례 개선협상	통상환경 변화 반영
	한중 서비스 투자 후속협상	[개시] 2018.03 2018.03~2020.10 9차례 서비스·투자 후속협상	제1위 서비스수출국
	에콰도르	[개시] 2015.08 2016.01~2016.11 5차례 협상	자원부국, 중남미시장 진출 교두보
	우즈베키스탄	[개시] 2021.01 2021.04 1차 협상	중앙아시아 최대 시장
협상 재개·여건 조성	PA	[국회] 2018.05 [개시] 2019.09 ToR 협의	중남미 신흥시장
	EAEU	[협의] 2016.10 정부간 협의 [개시] 2017.09 작업반 설치	신북방정책 교두보 확보

우리나라의 전체 교역에서 FTA 교역이 차지하는 비중은 꾸준한 증가세를 보이고 있다. 한-미 FTA 발효로 FTA 발효국과의 교역비중이 처음으로 30%를 넘어선 이후 2015년에 중국, 뉴질랜드, 베트남 등 최대 교역상대국과의 FTA가 발효되면서 교역비중은 67.5%로 대폭 증가되었다. 이후 중미 5개국과 2021년 영국과의 조약이 발효됨에 따라 2020년말 기준으로 볼 때 FTA 발효국과의 교역비중은 약 80.8%까지 확대되었다. 그리고 조만간 기 타결된 최대 메가 FTA인 RCEP 협상과 이스라엘 협상

34) MERCOSUR 4개국: 브라질, 아르헨티나, 우루과이, 파라과이, 자격정지 상태인 베네수엘라는 제외

까지 시행되면 교역비중은 더욱 확대될 것이다. 또한 현재 협상이 진행되고 있는 11건까지 추가적으로 고려하면 FTA 상대국과의 단순 교역비중은 약 91.0% 이상으로 증가되어 우리나라는 사실상 대부분의 주요 무역상대국과 FTA 관계를 형성하게 될 것으로 전망된다.

표 2-8 한국의 FTA 발효국과의 교역비중 (2021년 1월 기준)

구분	협정발효 (17건, 57국)	서명타결 (4건, 2국)	협상진행 (11건, 7국)
국가	칠레, 싱가포르, EFTA, 아세안, 인도, EU, 페루, 미국, 터키, 호주, 캐나다, 중국, 뉴질랜드, 베트남, 콜롬비아, 중미(5개국), 영국	RCEP, 인도네시아, 이스라엘, 캄보디아	한-중-일, MERCOSUR 필리핀, 러시아, 말레이시아, 에콰도르 ASEAN(추가 자유화), 중국(서비스 · 투자후속), 칠레(개선), 인도(개선) 우즈베키스탄
교역비중	80.8	7.5	3.0
누적비중	80.8	88.3	91.03

출처: 관세청 자료로 재구성하였으며, 국가 수는 중복된 국가를 제외한 숫자임.

또한 전 세계 GDP에서 해당 국가 및 FTA 발효상대국의 GDP가 차지하는 비중으로 보는 경제영토 측면에서는 2015년까지 아세안, EU, 미국, 중국 등 세계 4대 경제권과의 FTA가 완료되면서 2015년 기준으로 전 세계 GDP 대비 74.6%까지 확대되었으며, 협상이 진행되는 국가를 고려해 볼 때 최종적으로 경제영토가 83.3%까지 확대될 것으로 전망되었었다.[35] 그러나, 2019년 메가 FTA인 RCEP이 타결됨으로써 주요 무역상대국이 일본이 포함되고, 협상진행 국가군에 러시아, 브라질이 포함되어 사실상 세계 GDP 상위 20개국 중 우리나라가 FTA를 체결하지 않은 국가는 멕시코, 사우디아라비아 2개국 정도만 남아 있어 당초 예상보다 좀 더 높아진 것으로 기대된다. IMF의 2020년 말 전 세계 GDP 통계를 기준으로 2004년 최초 FTA 체결한 시점부터 아세안 체결 이후, EU, 미국, 중국 등 거대 경제권이 모두 포함된 기간, 2021년 현재까지 발효된 협정 기준과 타결되거나 진행 중인 협상까지 포함하여 재산정해 볼 때 우리나라 FTA 경제영토 비중은 86.2%까지 확대될 것으로 전망된다.

35) 한국무역협회(2015), 주요국 FTA 추진 현황과 2015년 전망

그림 2-2 한국의 경제영토 비중 추이

(단위: %, 년도)

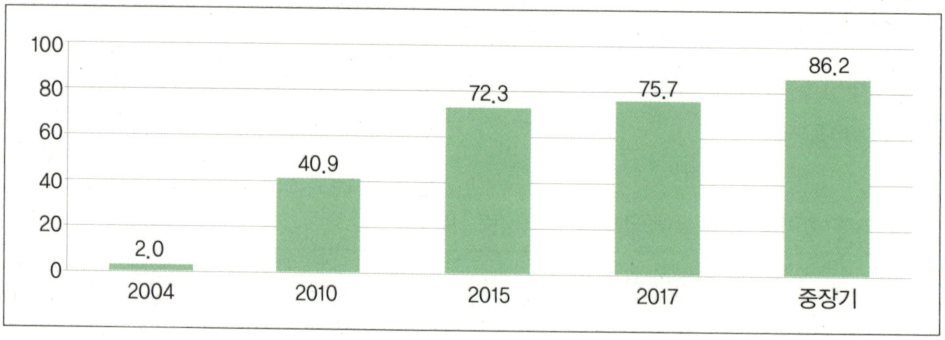

출처: IMF 세계 GDP 자료로 재구성

또 다른 한편으로, 우리 수출기업들이 FTA를 제대로 활용하고 있는지를 측정하는 방법으로 FTA 특혜대상 수출품목 대비 FTA 특혜신청 비율로 산정하는 각 협정별 수출활용률[36]을 살펴볼 수 있다. 2020년 말을 기준으로 15개 협정의 평균활용률은 74.7%로 나타나며, 한-캐나다 FTA의 활용률이 95.4%로 최고로 나타나며, 주요 경제권인 한-EU FTA는 87.1%, 한-미 FTA는 84.5%, 한-중 FTA는 64.9%로서 상대적으로 매우 양호하게 나타난다. 다만 벌써 15년째를 맞이하고 있으나, 양허수준이

표 2-9 FTA 협정별 수출활용률(2020년 기준)

(단위: %)

협정	수출활용률	협정	수출활용률
칠레	68.6%	EFTA	79.6%
아세안	54.1%	인도	74.6%
EU	87.1%	페루	68.7%
미국	84.4%	터키	76.0%
호주	80.9%	캐나다	95.4%
중국	64.9%	베트남	44.5%
뉴질랜드	42.8%	콜롬비아	47.9%
총평균	74.7%		

출처: 관세청 Yes FTA 홈페이지 발췌

36) 관세청이 산출하는 FTA 수출활용률은 FTA 활용도 측정을 목적으로 FTA 특혜대상품목 수출액에서 수출신고서상 C/O가 발급된 수출액의 비중을 자체적으로 산출하는 것으로서 실제 상대 체약국으로부터 FTA 적용을 받은 실적과는 상이할 수 있다.

상대적으로 취약한 한-아세안 FTA는 54.1%에 그치고 있으며, 아세안의 낮은 양허 수준을 개선하기 위해 추진된 베트남과의 개별 FTA는 예상과 달리 낮은 수준에 그치고 있으며, 상대적으로 무역량이 적인 뉴질랜드, 콜롬비아와의 FTA도 40% 중반으로 다소 저조하게 나타나고 있다.

4 MEGA FTA의 출현

세계적인 경제위기 이후 미국, EU, 중국, 일본 등 거대 경제권들은 상호 경쟁적으로 FTA 체결을 확대하고 있다. 특히 세계경제통상 질서 속에서 자국의 위상을 강화하고, 더 나아가서 경제적 우위까지 확보하기 위해 전 세계적으로 거대 FTA, 즉 MEGA FTA가 출현하게 되었다. 미국은 신흥강자로 등장하는 중국을 견제하기 위해 일본, 캐나다, 호주 등 태평양 12개국과 환태평양경제동반자협정(TPP)을 추진하고 EU와는 환대서양경제동반자협정(TTIP)의 두 개의 메가 FTA를 구상하였고, 이에 맞서 중국은 아태지역 메가 FTA로서 아시아 16개국으로 구성된 역내포괄적경제동반자협정(RCEP)을 구상하게 되었다.

그러나 2016년 미국 대선 이후 출범한 트럼프 행정부의 신보호무역주의 강화와 더불어 영국의 EU 탈퇴를 선언한 브렉시트 발생, TTIP에 대한 EU 의회의 반대 및 회원국 간 입장차이 등으로 TPP와 TTIP는 미국의 당초 구상대로 추진되지 못하였다. 이후 TPP는 세계 최대 경제규모를 가진 미국이 탈퇴하고, 일본이 주도하는 가운데 2018년 12월 11개국이 참여한 포괄적·점진적 환태평양경제동반자협정(CPTPP)으로 출범하였다. 또한 TPP에 맞서 중국의 주도로 추진되던 RCEP은 아세안 10개국과 FTA를 체결한 한국, 일본, 중국, 호주, 뉴질랜드, 인도를 포함한 16개국의 메가 FTA로 구상되었으나 중국과 인도의 정치적, 지리적 갈등과 맞물려 최종적으로 인도가 탈퇴하고 15개국이 참여한 가운데 2020년 11월 타결되었다.

이런 상황에 대응하여 미국과 EU 간 TTIP는 2019년 1월에 협상을 재개함으로써 메가 FTA로서의 체결의 가능성을 재확인한 가운데 2020년 11월 중국 주도의 RCEP

이 타결됨에 따라 국제무역질서의 우위를 점하기 위해 미국과 EU가 상호 협력해야 한다는 양측의 요구가 높아지고 있는 상황이다.

이상에서 언급된 메가 FTA의 경제규모 측면에서는 TTIP가 세계경제 비중의 약 45%, TTP는 약 38%, RCEP는 약 29%, 미국이 제외된 CPTTP는 약 12.9% 정도로 분석되고 있으며, 체결에 따른 영향이 큰 만큼 앞으로 세계경제는 메가 FTA 경제블록 간의 경쟁이 더욱 심화되고, 이들을 중심으로 국제 통상질서가 재편될 것으로 보인다.

또한 세계 주요국의 FTA 체결 현황에서 살펴보았듯이 주요 선진국들은 현재 주요 경제국들과 다수의 FTA를 이미 체결하였다. 이제 남아 있는 FTA 상대국들은 대부분 개도국 또는 신흥국가들이라는 점에서 개별적인 양자 간 FTA 체결을 통한 시장확대보다도 기존의 협정을 강화하거나 기 출범한 메가 FTA에 가입함으로써 시장을 확대하려는 유인효과가 매우 크게 작용하리라고 본다. 미국이 초기 메가 FTA의 출발이라 할 수 있는 NAFTA를 USMCA로 개편하면서 시장개방을 확대하는 것을 볼 때, 미국의 주도로 TPP 재논의가 시작되거나 또는 CPTPP에 미국이 가입하는 가능성도 배제할 수 없는 상황이다. 이에 맞춰 RCEP도 인도의 재가입이나 기타 제3국의 가입을 통해 그 영역을 확대할 가능성이 적지는 않다. 또한 구상단계에서 구체적인 협상 단계로 발전하지는 못했지만 APEC 21개국을 대상으로 하는 아시아태평양자유무역지대(FTAAP)의 논의가 재점화되거나, 아프리카 다수의 경제동맹체가 연합하여 2019년 공식 출범을 선언한 아프리카대륙자유무역지대(AfCFTA)와 같은 더 큰 형태의 거대 FTA도 국제무역 환경의 변화에 따라 가시화될 수도 있을 것이다.

다른 한편으로는 그간 미국이 기존의 WTO 다자체제에서 실용적인 다자주의를 제안하면서 지역주의를 통한 세계경제질서의 재편과 WTO 역할을 재조정하려는 시도가 있었고, 지금도 WCO 체제 개편에 대한 노력이 진행되고 있는 만큼 글로벌 통상규범 제정 등에서 이러한 거대 경제블록 간 대립이 심화될 수 있다. 미국, EU 등 서방 국가들은 국제통상질서를 주도하는 규범제정자(rule-setter)로서의 역할을 유지하기를 원하고, 이에 반해 중국은 WTO 체제에서의 미국의 공백을 파고들어 RCEP과 같이 메가 FTA를 통해 국제통상질서를 주도하려고 시도하고 있으며, 아프리카, 유라시아 등 그간 국제무대에서 영향력이 크지 않았던 경제블록체들도 목소리를 높이고 있는 만큼 세계경제의 주도권을 놓고 자유무역블록 간 다양한 형태의 경쟁과 협력이 전개될 것으로 보인다.

기업들의 입장에서는 이러한 메가 FTA의 등장에 맞춰 전반적인 생산전략을 재점검하는 등 환경변화에 선제적으로 대응해 나갈 필요가 있다. 특히 다수 국가가 참여하는 메가 FTA의 특성상 원산지규정이 통일되고, 원산지 누적조항을 활용한 원재료 및 중간재의 수급에 영향을 주기 때문에 생산거점을 효율적으로 운영할 필요가 있다. 적절한 시기에 현지화를 하지 않을 경우 현지에서 생산을 추진하는 경쟁국에 비해 우리나라의 기업의 경쟁력이 약화될 수도 있는바 메가 FTA를 최대한으로 활용하여 국내산업의 경쟁력을 높이는 기회로 삼아야 할 것이다.

상기에서 언급된 메가 FTA들의 주요 내용을 간략히 살펴보고, 각 메가 FTA별 주요 지표를 비교해 보면 다음 [표 2-10]과 같다.

1) TPP

TPP는 당초 2006년 3월 싱가포르, 칠레, 뉴질랜드, 브루나이 등 4개국에 의해 시작했으나, 이후 미국, 호주, 베트남, 말레이시아, 캐나다, 일본이 참여하여 12개국으로 확대되었으며, 협상을 거쳐 2015년 10월에 사실상 타결이 선언되었다. 2016년 중에 참가국의 정식서명이 진행될 것으로 전망되었으나, 세계경제의 급격한 환경변화에 따라 각국의 정식서명 및 비준절차가 지연되는 가운데 미국의 트럼프 행정부의 출범과 함께 TPP 탈퇴를 선언함에 따라 더 이상 진행되지 못하였고, 일부 참여국들의 부분 발효가 있었으나 사실상 중단된 협정이 되고 말았다.

우리나라는 시장개방으로 인한 수출확대 효과와 함께 참여국인 일본과 멕시코와 경쟁관계에 있는 산업이 많아 국내시장 개방에 따른 피해와 농수축산물에 대한 추가 개방에 대한 우려가 커서 전략적 차원과 국익극대화 차원에서 TPP의 가입을 신중히 검토한다는 입장을 표명했었다. 다만, 누적 원산지기준을 활용하여 가공무역에 강점이 있는 우리나라가 중간재 공급자로서의 역할을 강화할 것으로 기대되었으나, RCEP에 우선순위를 두고 협상을 진행하였다.

2) CPTPP

2017년 1월 미국이 TPP의 서명을 앞두고 탈퇴를 선언함에 따라 TPP가 폐기될 위기에 빠졌으나, 일본의 주도하에 나머지 11개국은 그간 TPP에서의 협상분야의 큰 틀은 유지하면서 자동차를 비롯한 전자제품과 농수산물 등 교역물품의 95%에 대한 관세를 단계적으로 철폐하는 것을 핵심으로 협상을 진행하여 2018년 10월 포괄적·점진적 환태평양경제동반자협정(CPTPP)으로 공식 발효되었다.

다만, 최대 경제국인 미국의 탈퇴로 경제규모가 TPP에 비해 대폭 축소되었으나, CPTPP 체제가 성공적으로 출범하게 되자 미국의 참여의사 표명과 브렉시트 이후를 고려한 영국의 참여의사와 더불어 세계적인 경제패권 다툼 속에서 자국의 이익을 확보하려는 움직임 속에 우리나라를 비롯한 중국 등 RCEP 참여국들도 CPTPP 참여의사를 표명하면서 CPTPP의 영향력이 확대되고 있으며, 미국 주도의 제2의 TPP 형태로 추진될 가능성도 보이고 있다.

3) RCEP

RCEP은 아세안 10개국과 이들 아세안과 FTA를 이미 체결한 국가인 6개국, 한국, 중국, 일본, 호주, 뉴질랜드, 인도 등 총 16개국이 참여하였으며, TPP, TTIP의 서구권 경제통합 확산에 대응하여 동아시아 단일시장을 형성하고, 국제통상질서의 주도권 유지를 위해 중국과 아세안이 적극 나섬에 따라 출발하였다.

중-일 간의 주도권 다툼과 참여국가 내 선진국, 개발도상국, 최빈개발도상국이 혼재되어 있어 역내국가 간 이해관계 조정이 어렵고, 역사 및 영토분쟁 등 정치적 문제도 산재해 있어 협상 진전에 어려움이 많았으나, 2015년 TPP의 사실상 타결에 영향을 받아 조기 타결의 분위기가 형성되었으나 인도의 낮은 개방수준 기조와 대중국 시장개방에 보수적인 협상 자세로 난항을 거치면서 2019년 인도가 불참을 선언하며 2020년 11월 15개 국가가 정식 서명을 마침으로써 8년 만에 세계 최대 경제블록으로 출범하게 되었다.

우리나라는 RCEP을 통해 처음으로 일본과의 FTA를 체결하게 되었으며, 동북아의 한-중-일 3국이 동시에 참여하는 첫 무역협정으로서의 의의를 가지게 되었다.

또한 대세계 GDP 비중 약 32%, 인구비중 약 30%, 교역비중 약 29%로 전 세계 $\frac{1}{3}$ 을 차지하는 메가 FTA라는 점에서 글로벌 가치사슬 재편에 큰 영향을 줄 것으로 보이며, 역내 통일원산지 규정 구축으로 역내 국가 간 가치사슬 활용과 연계가 크게 증가할 것으로 기대된다.

4) TTIP

환대서양경제동반자협정(TTIP)은 최대 선진경제권인 미국과 EU가 지난 2013년 6월 말 TTIP 협상을 개시하여 산업 전반에 걸쳐 높은 수준의 시장개방을 선언하며, 2년 내에 타결하는 목표로 추진되었으나, 농업, 비관세장벽, 환경, 보조금 등 핵심 쟁점에서 양측의 입장이 대립되고, 미국에 대한 EU 내부에서의 반대가 심해지면서 협상이 일시 중단되었다.

그러나 중국이 주도하던 RCEP의 타결이 가시화되면서 국제통상질서의 우위를 유지하려는 미국과 EU의 입장이 상응하면서 2019년 1월 협상이 재개되고 2020년 미국 바이든 행정부의 출범으로 새로운 협상 국면을 맞이하고 있다. 또한 RCEP의 타결에 영향을 받아 글로벌 리더십 회복을 위한 미국의 노력이 TTIP의 협상을 촉진시킬 것으로 보이며, 미국과 EU의 연합을 통해 가장 높은 수준의 무역규범이 새로운 국제통상질서로 부각될 수 있다.

5) AfCFTA

아프리카대륙자유무역협정(AfCFTA)은 아프리카연합(AU)에 의해 고립된 아프리카의 경제를 단일화하고 국제경제와 통합하려는 노력의 일환으로 2019년 5월 공식적인 출범이 선언된 아프리카 통합을 위한 자유무역협정이다. 그간 아프리카는 동남아프리카, 서중앙아프리카, 북동아프리카 등 지역별 거점국가를 중심으로 다수의 경제블록이 결성되어 경제통합을 시도하였으나, AfCFTA는 아프리카 대륙을 통합하는 12억 5천만의 인구와 약 3조 달러의 신흥 시장의 출현이라는 의의와 세계에서 가장 큰 자유무역블록이라는 측면에서 잠재성이 큰 만큼 앞으로 주목할 만한 메가

FTA로의 성장이 기대된다.

표 2-10 메가 FTA의 주요 지표 비교 (2020년 기준)

구분	체결현황	개방수준 및 주요 지표
TPP	미국 탈퇴 중단	[개방수준] 상품, 서비스를 포괄한 높은 수준의 시장개방 확대 [참여국] 12개국 [인구] 7.9억(11.3%) [GDP] 38.4% [무역비중] 27.8% [주요의의] 미국 중심의 지역무역협정 창설
CPTPP	2018.12 타결	[개방수준] 상품의 단계적 시장개방 확대 [참여국] 11개국(미국 제외) [인구] 4.6억(6.6%) [GDP] 12.9% [무역비중] 15.3% [주요의의] 미국의 보호무역주의 견제 및 일본의 경제패권 주도
RCEP	2020.11 타결	[개방수준] 제한적 시장개방 확대 [참여국] 15개국(인도 제외) [인구] 22.6억(29.7%) [GDP] 29.9% [무역비중] 28.7% [주요의의] 중국의 국제무역의 주도권 확보
TTIP	2019.01 재개	[개방수준] 모든 분야에서의 최고 수준의 시장개방 확대 [참여국] 미국 + EU(27) [인구] 7.8억(9.9%) [GDP] 45.9% [무역비중] 44.6% [주요의의] 서방국가의 주도권 유지 및 고도의 통상규범 마련
AfCFTA	2019.05 개시	[개방수준] 아프리카 통합시장을 위한 점진적 시장개방 확대 [참여국] 44개국 [인구] 12.5억(6.6%) [GDP] 2.9% [무역비중] 3.4% [주요의의] 궁극적 아프리카 경제적 통일 지향

출처: IMF, WTO, WB, 통계청 등

Chapter 03

Free Trade Agreement

FTA 이해와 활용

FTA

수출입통관 실무

1. 수출입통관과 관세법
2. 보세제도와 보세화물의 관리
3. 수입통관 실무
4. 수출통관 실무
5. 반송통관 실무

Chapter

03. 수출입통관 실무

FTA 이해와 활용

1 수출입통관과 관세법

1) 무역과 통관

무역거래대상이 되는 재화는 서비스나 전자적 형태의 무체물과 같은 형체가 없는 것도 있지만, 주된 거래대상은 형체가 있는 '물품'이다. 국제거래의 대상이 된 물품이거나, 혹은 위탁가공용 물품처럼 거래대상이 아닌 물품일지라도 국제적인 경영활동대상이 된 물품은 필연적으로 국경을 통과하여 이동한다. 이때는 반드시 두 번의 통관과정을 거친다. 물품을 수출하는 국가에서의 수출통관과 그 물품을 수입하는 국가에서의 수입통관이다. 통관을 넓은 의미로 해석하면 물품이 국경을 통과하는 과정에서 이루어지는 절차 전반을 의미하나, 좁은 의미로는 관세법에 의한 수출입 또는 반송신고에서 그 수리까지의 절차 이행을 의미한다. 관세법은 통관을 규율하는 기본법이다. 관세법에 의한 통관대상은 수출물품과 수입물품, 그리고 수입하려다 포기하고 다시 외국으로 나가는 물품인 반송물품이다. 즉, 관세법상 통관의무가 발생하는 것은 물품을 '수입'할 때와 '수출' 또는 '반송'할 때이다.[1)]

1) 대외무역법상 수출 또는 수입으로 인정되는 외국인도수출이나 외국인수수입은 물품이 우리나라를 출입하는 것이 아니기 때문에 관세법상 통관의 대상이 되지 않는다.

2) 관세법의 특성

관세법은 수출입물품의 통관과 관세의 과세 등을 규정한 법이다. 내국세법이나 지방세법과는 달리 관세법의 법적 성격은 다음과 같이 보다 복합적이다.

① **행정법적 성격**: 관세법은 관세행정을 통해 집행되므로 행정법의 일종이다. 관세법은 정책의 수립은 기획재정부에서 이루어지고, 집행은 전국 34개 세관과 15개 세관비즈니스센터에서 이루어진다.

② **조세법적 성격**: 관세법에는 관세의 과세요건과 납세제도, 감면세 등 조세의 부과 · 징수와 관련된 사항을 규정하고 있다.

③ **국제거래법적 성격**: 관세법은 국제 간 거래되는 물품의 통관과 과세를 규율하며, 이 법에는 WTO 협정, WCO 협약 등 무역거래와 관련한 국제규범이 다수 수용되어 있다.

④ **통관절차법적 성격**: 관세법에는 수출과 수입, 반송물품에 대한 통관절차를 자세하게 규정하고 있다.

⑤ **형사법적 성격**: 관세법에는 관세법 또는 관세법에 의한 명령을 위반하는 행위에 대한 처벌규정과 처벌절차를 규정하고 있다.

⑥ **행정구제법적 성격**: 관세법에는 납세자의 각종 권리, 과세전적부심사제도와 행정심판절차 등 행정구제절차를 규정하고 있다.

3) 관세법에서 사용되는 용어

수입물품에 대한 과세나 수출입통관을 위한 관세법 해석에 있어 사전(辭典)적인 해석이 아니라 관세법이 정해둔 용어의 정의 즉, 입법해석에 따라야 하는 경우가 있다. 관세법은 제2조에 [표 3-1]과 같이 관세법에서 사용하는 용어에 대해 정의를 해두고 있다. 이러한 용어는 사전에서 정의하고 있는 개념이나, 다른 법령에서 사용하는 의미와 다른 경우가 많으므로 유의해야 한다. 같은 용어에 대해 FTA관세특례법이나 FTA에서 다른 의미의 정의가 따로 있지 않은 한 FTA와 관련된 통관과 과세에서 사용하는 용어는 이 정의에 따라 해석되어야 한다.

표 3-1 관세법에서 사용하는 용어의 정의

용어	의미
수입	외국물품을 우리나라에 반입(보세구역을 경유하는 것은 보세구역으로부터 반입하는 것)하거나 우리나라에서 소비 또는 사용하는 것(우리나라의 운송수단 안에서의 소비 또는 사용을 포함하며, 수입으로 보지 않는 소비 또는 사용은 제외)
수출	내국물품을 외국으로 반출하는 것
반송	국내에 도착한 외국물품이 수입통관절차를 거치지 아니하고 다시 외국으로 반출되는 것
외국물품	다음 각 목의 어느 하나에 해당하는 물품 가. 외국으로부터 우리나라에 도착한 물품[외국의 선박 등이 공해(공해, 외국의 영해가 아닌 경제수역을 포함)에서 채집하거나 포획한 수산물 등을 포함]으로서 수입신고가 수리(受理)되기 전의 것 나. 수출신고가 수리된 물품
내국물품	다음 각 목의 어느 하나에 해당하는 물품 가. 우리나라에 있는 물품으로서 외국물품이 아닌 것 나. 우리나라의 선박 등이 공해에서 채집하거나 포획한 수산물 등 다. 입항전수입신고가 수리된 물품 라. 수입신고수리전반출승인을 받아 반출된 물품 마. 수입신고전 즉시반출신고를 하고 반출된 물품
국제무역선	무역을 위하여 우리나라와 외국 간을 운항하는 선박
국제무역기	무역을 위하여 우리나라와 외국 간을 운항하는 항공기
국내운항선	국내에서만 운항하는 선박
국내운항기	국내에서만 운항하는 항공기
선박용품	음료, 식품, 연료, 소모품, 밧줄, 수리용 예비부분품 및 부속품, 집기, 그 밖에 이와 유사한 물품으로서 해당 선박에서만 사용되는 것
항공기용품	선용품에 준하는 물품으로서 해당 항공기에서만 사용되는 것
차량용품	선용품에 준하는 물품으로서 해당 차량에서만 사용되는 것
통관	관세법에 따른 절차를 이행하여 물품을 수출·수입 또는 반송하는 것
환적	동일한 세관의 관할구역에서 입국 또는 입항하는 운송수단에서 출국 또는 출항하는 운송수단으로 물품을 옮겨 싣는 것
복합환적	입국 또는 입항하는 운송수단의 물품을 다른 세관의 관할구역으로 운송하여 출국 또는 출항하는 운송수단으로 옮겨 싣는 것
운영인	다음 각 목의 어느 하나에 해당하는 자 가. 특허보세구역의 설치·운영에 관한 특허를 받은 자 나. 종합보세사업장의 설치·운영에 관한 신고를 한 자
세관공무원	관세청장, 세관장 및 그 소속 공무원과 그 밖에 관세청 소속기관의 장 및 그 소속 공무원

탁송품(託送品)	상업서류, 견본품, 자가사용물품, 그 밖에 이와 유사한 물품으로서 국제무역선 · 국제무역기 또는 국경출입차량을 이용한 물품의 송달을 업으로 하는 자(물품을 휴대하여 반출입하는 것을 업으로 하는 자는 제외)에게 위탁하여 우리나라에 반입하거나 외국으로 반출하는 물품

4) 관세법 적용의 원칙

관세법을 적용하는 데는 [표 3-2]와 같은 원칙을 정해 두고 있다. 이는 관세의 과세와 관련해 세관공무원과 납세의무자가 반드시 준수해야 할 사항이다.

표 3-2 관세법 적용의 원칙

원칙	주요 내용
과세의 형평과 합목적성을 고려한 관세법의 해석과 적용 원칙(관세법 제5조 제1항)	납세자 재산권의 부당한 침해금지
소급과세금지의 원칙(관세법 제5조 제2항)	① 입법에 의한 소급과세의 금지 ② 행정상 소급과세의 금지
신의성실의 원칙(관세법 제6조)	① 납세자의 신의성실원칙 준수 ② 세관공무원의 신의성실원칙 준수
세관공무원의 재량한계 준수의 원칙(관세법 제7조)	한계범위 내에서 재량권 행사

5) 기간과 기한의 계산

과세와 통관절차에는 일정한 법적 행위나 처분을 하여야 할 기간이나 기한을 정해 둔 것이 많다. 기간(期間)이란 일정시점(기산점)에서 다른 시점(만료점)까지 계속된 시간을 말한다. 반면 기한(期限)이란 관세의 납부기한과 같이 법률행위의 효력이 발생 · 소멸하거나 권리행사 또는 의무이행을 해야 하는 일정시점을 말한다. 관세법에 의한 기간의 계산은 관세법에 특별한 규정이 있는 것을 제외하고는 민법에 의한다. 그러나 기한은 관세법이 정한 바에 따른다. 민법에 규정되어(민법 제155조 내지 제158조) 관세법에서도 적용되는 기한과 기간의 기산 방법은 다음과 같다.

① 기간을 시, 분, 초로 정한 때에는 즉시로부터 기산한다.

② 기간을 일, 주, 월 또는 년으로 정한 때에는 기간의 초일은 산입하지 않는다.

③ 기간이 오전 영시로부터 시작하는 때에는 초일을 산입한다.

④ 연령계산에 있어서는 출생일을 산입한다.

⑤ 기간 만료일을 기간을 일, 주, 월 또는 년으로 정한 때에는 기간말일의 종료로 기간이 만료한다.

⑥ 기간을 주, 월 또는 년으로 정한 때에는 력(曆)에 의한 계산으로 계산하며, 주, 월 또는 년의 처음으로부터 기간을 기산하지 아니하는 때에는 최후의 주, 월 또는 년에서 그 기산일에 해당한 날의 전일로 기간이 만료한다.

관세법에는 수입신고수리일을 기간이나 기한의 기산점으로 하는 경우가 적지 않다. 이 경우 기간 또는 기한을 계산함에 있어 관세법 제252조의 규정에 의한 수입신고수리전반출승인을 얻은 때는 그 승인일을 수입신고의 수리일로 보는 특례규정이 있다(관세법 제8조 제1항). 수입신고가 수리되기 전에 물품을 반출하는 경우 수입신고가 수리된 것과 같이 실질적으로 물품이 내국물품화되어 사용할 수 있기 때문에 이때는 반출승인일을 수입신고수리일로 간주하도록 한 것이다.

기한의 적용에 있어 관세법에 의한 기한이 공휴일(근로자의 날 제정에 관한 법률에 따른 근로자의 날 및 토요일을 포함)이나 금융기관(한국은행 국고대리점 및 국고수납대리점인 금융기관에 한한다) 또는 체신관서의 휴무, 그 밖에 부득이한 사유로 인해 정상적인 관세의 납부가 곤란하다고 보아 관세청장이 따로 정한 날의 경우에는 그 다음날을 기한으로 한다(관세법 제8조 제3항). 여기에서 부득이한 사유는 여러 가지가 있을 수 있으나 정전, 프로그램의 오류, 한국은행(그 대리점을 포함) 또는 체신관서의 정보처리장치의 비정상적인 가동 등으로 국가관세종합정보망 또는 전산처리설비의 가동이 정지되어 관세법의 규정에 의한 신고 · 신청 · 승인 · 허가 · 수리 · 교부 · 통지 · 통고 · 납부 등을 기한 내에 할 수 없게 되었다면 그 사유가 된다. 이 경우에는 해당 국가관세종합정보망 또는 전산처리설비의 장애가 복구된 날의 다음날을 기한으로 한다.

한편, 천재(天災) · 지변(地變)의 경우 각종 기한은 연장될 수 있다. 세관장은 천재지변이나 그 밖에 대통령령으로 정하는 다음 사유로 관세법에 따른 신고, 신청, 청구, 그 밖의 서류의 제출, 통지, 납부 또는 징수를 정하여진 기한까지 할 수 없다고 인정될 경우에는 1년을 넘지 아니하는 기간을 정하여 그 기한을 연장할 수 있는 것이다.

① 전쟁 · 화재 등 재해나 도난으로 인하여 재산에 심한 손실을 입은 경우
② 사업에 현저한 손실을 입은 경우
③ 사업이 중대한 위기에 처한 경우
④ 그 밖에 세관장이 제1호부터 제3호까지의 규정에 준하는 사유가 있는 경우

2 보세제도와 보세화물의 관리

1) 보세제도의 의의

수출입통관과 보세제도는 밀접한 관련이 있다. 보세(保稅)란 국내에 있는 외국물품에 대해 통관 및 과세가 이루어지지 아니한 상태를 의미한다. 보세제도에는 보세구역제도와 보세운송제도가 있다. 보세구역은 보세상태에 있는 화물, 즉 외국물품이 반입되어 장치, 사용, 제조, 전시, 판매 등이 제한적으로 허용되는 장소를 말한다. 이때의 외국물품은 외국에서 반입된 상태의 것도 있고, 국내에 있는 물품이 수출통관되어 외국물품이 된 상태의 것도 있다. 보세구역에는 여러 종류가 있는데, 이 제도를 운용하는 이유도 보세구역에 따라 [표 3-3]과 같이 다양하다.

표 3-3 보세구역의 종류와 특징

구분	설정방법	종류	설치목적
지정 보세구역	세관장이 지정	지정장치장	통관의 효율성, 관세채권의 확보, 물류촉진, 무역원활화(공익)
		세관검사장	통관의 효율성(공익)
특허 보세구역	세관장이 사인(私人)의 신청을 받아 특허	보세창고	통관의 효율성, 관세채권의 확보, 물류촉진, 무역원활화(공익+영리)
		보세공장	가공무역의 진흥, 고용증대, 무역원활화(공익+영리)
		보세전시장	무역원활화, 무역진흥(공익+영리)
		보세건설장	산업건설 촉진, 고용증대(공익+영리)
		보세판매장	외화획득, 관광진흥, 외화획득, 수출촉진, 고용증대(공익+영리)
종합 보세구역	관세청장이 지정	종합보세구역	무역진흥, 물류촉진(공익+영리)

보세운송제도는 보세화물을 입항지에서 내륙지 보세구역으로 이동하는 것과 같이 특정장소에서 다른 특정장소로 이동할 수 있게 허용하는 것이다. 보세화물을 이동시키는 이유는 주로 물품 수입자의 통관 편의를 위해서이다.

2) 보세구역

(1) 지정장치장

지정장치장은 '통관하고자 하는 물품을 일시적으로 장치'할 수 있는 장소다(관세법 제169조 내지 제172조). 지정장치장에는 수출 또는 수입하고자 하는 물품이 장치될 수 있으나 주로 여행자휴대품 중 유치된 물품이나 예치물품, 특송물품, 이사화물, 그리고 일반적인 수입물품 가운데 정밀한 화물검사를 실시하는 물품이 반입되어 통관절차가 이루어진다. 지정장치장 반입물품에 대한 보관책임은 원칙적으로 화주(貨主) 또는 반입자에게 있다. 대개 세관장이 지정장치장의 질서유지와 화물의 안전관리를 위해 화주에 갈음해 보관의 책임을 지는 화물관리인을 지정한다. 화물관리인은 ① 직접 물품관리를 하는 국가기관의 장, ② 관세행정 또는 보세화물의 관리와 관련 있는 비영리법인, ③ 해당 시설의 보유자 또는 관리자가 요청한 자 중에서 지정한다. 화물관리인은 화물의 보관책임을 지는 대신 화주로부터 화물관리에 필요한 비용을 징수한다.

(2) 세관검사장

세관검사장은 '수입 또는 수출 통관하고자 하는 물품의 검사'를 할 수 있는 장소다(관세법 제173조 내지 제182조). 인천공항입국장이나 인천항 및 부산항의 한·중 및 한·일 여객선 터미널의 세관검사장이 대표적이다. 여기에서는 주로 여행자들이 반입하는 휴대품을 검사한다. 보세창고 등에 반입된 물품이나 수출하고자 하는 물품에 대한 검사는 일반적으로 세관검사장이 아니라 세관공무원이 해당 물품이 장치되어 있는 장소에 출장하여 검사를 실시한다.

(3) 보세창고

보세창고는 '외국물품 또는 수출입통관을 하고자 하는 물품을 장치'할 수 있는 장소(창고건물 또는 야적장)이다. 보세구역의 대부분을 차지한다. 수출입통관을 위한 것이라 하지만 수출의 경우 통관을 위해 보세창고에 물품을 장치하는 경우는 드물다. 신고의 요건으로 보세구역장치를 원칙으로 하는 수입의 경우와는 달리 수출자의 공장이나 일반창고에 물품을 장치한 상태에서도 수출신고를 할 수 있도록 허용하고 있기 때문이다. 보세창고는 해당 업체의 물품만을 보관하는 자가용보세창고와, 불특정업체의 물품을 보관하는 영업용보세창고가 있다. 보세창고에는 외국물품 또는 수출입통관을 하고자 하는 물품만을 장치할 수 있는 것이 아니다. 운영인이 미리 세관장에게 신고를 하면(수입신고가 수리된 물품은 신고 없이) 내국물품을 장치할 수도 있다(관세법 제183조, 관세법시행령 제197조). 단, 1년(수입신고가 수리된 물품은 6월) 이상 계속해 내국물품만을 장치하고자 할 때는 세관장의 승인을 받아야 한다. 내국물품으로 장치기간이 경과한 것은 그 기간 경과 후 10일 이내에 반출해야 한다. 보세창고는 화물의 보관형태에 따라 컨테이너전용 보세창고(CY, CFS), 야적전용 보세창고, 위험품전용 보세창고, 액체화물전용 보세창고 등으로 불리기도 한다.

(4) 보세공장

보세공장은 '외국물품이나 외국물품과 내국물품을 원재료로 제조 · 가공 기타 이와 비슷한 작업'을 허용하는 장소다(관세법 제185조 내지 제189조). 보세공장에는 외국물품이 입항즉시 보세운송되어 반입될 수 있고, 해당 공장에서 물품을 제조 · 가공하는 동안은 관세 등이 부과되지 않으며, 제조 · 가공된 물품을 반송한 경우에는 환급절차도 불필요하다. 보세공장은 기업이 운영하고 있는 제조공장 자체를 보세구역으로 특허받아 운영하는 제도로 금융비용과 물류비 절감측면에서 상당히 유용한 제도다. 제조가공을 위해 보세공장에 반입된 물품을 사용하려면 물품을 사용하기 전에 세관장에게 사용신고를 해야 한다. 보세공장 반입물품에 대한 사용신고는 일반적인 물품의 수입신고와 유사한 성격이 있으나 과세조치는 따르지 않는다. 세관장은 신고된 물품에 대해 필요하다고 인정하는 경우 수입신고를 하였을 때와 같이 검사를 실시한다. 사용신고가 수리된 물품은 제조 · 가공 등에 사용할 수 있다.

보세공장에서 내 · 외국물품 혼용하여 작업을 하고자 하는 자는 사전에 세관장에게 신청해 그 확인을 받아야 하며, 작업이 종료되었을 때도 마찬가지로 세관장의 확인을 받아야 한다. 또한 내국물품만으로 생산을 하는 내국작업과, 해당 보세공장 이외의 장소에서 보세작업의 일부를 행하는 장외작업의 경우에는 세관장의 허가를 받아야 한다. 작업공정상 필요에 의해서 보세작업의 일부를 다른 보세공장에서 작업하는 경우에도 마찬가지로 세관장의 허가를 필요로 한다.

보세공장에서 제조·가공된 물품을 수입할 때 과세하는 방법은 일반적인 수입의 경우와 차이가 있다. 제품과세 또는 원료과세 방법에 의해 과세하는 것이다. 제품과세는 세관장의 승인을 받아 외국물품과 내국물품을 혼용해 제조·가공한 물품에 대해 해당 제조·가공물품 중에서 외국물품의 수량 또는 가격에 상응하는 비율(종량세 물품인 경우에는 수량을 말한다)을 외국에서 우리나라에 도착된 물품으로 보고 과세하는 방법이다. 즉, 다음과 같이 제품가격 중 외국원재료의 가격비율에 해당하는 금액을 과세표준으로 삼는다. 이때 적용하는 관세율은 원재료가 아닌 해당 제품의 관세율이다.

$$\text{관세액} = \text{제품가격} \times \frac{\text{외국원재료가격}}{\text{외국원재료가격} + \text{국산원재료가격}} \times \text{관세율}$$

만일 혼용승인을 받지 않은 경우 물품 전체의 가격 또는 수량을 기준으로 과세한다. 제품과세는 원재료에 부과되는 관세보다 생산된 완제품의 관세율이 낮거나 감면세로 납세액이 낮게 되는 경우 납세자에게 유리하다. 원료과세란 제조·가공된 물품에 대해 과세를 함에 있어 원재료의 사용신고를 한 때의 그 원재료의 성질 및 수량에 따라 관세를 부과하는 것을 말한다. 이 경우 적용하는 과세가격은 외국물품인 해당 원재료에 대해 과세가격결정 방법에 따라 결정된 과세가격이며, 관세율은 생산된 제품이 아닌 원재료의 관세율이다. 원료과세 방법으로 과세하고 통관하기 위해서는 원료의 사용신고 전에 미리 원료과세 적용신청서를 세관장에게 제출해야 한다.

(5) 보세전시장

보세전시장은 '박람회·전시회·견본품전시회 등을 위해 외국물품을 장치·전시하거나 사용'할 수 있는 장소다. 보세전시장제도는 일시적으로 국내에 반입되어 전시 등을 한 다음 다시 외국으로 반출되는 물품에 대해 수출입통관절차가 생략되고, 전시와 간접적으로 관련되는 각종 물품도 보세상태로 반입해 사용 · 소비할 수도 있기 때문에 박람회 등을 주최하는 측이나 이에 참가하는 측 모두에게 유용하다. 보세전시장은 대개 해당 박람회 · 전시회 등의 해당 기간 동안 특허되고, 외국물품의 장치기간도 보세전시기간 동안이다. 보세전시장에 반입될 수 있는 물품은 보세전시장 건설용품, 보세전시 관련 업무용품, 해당 보세전시장 내에서 불특정다수의 관람자에게 오락용으로 관람시키거나 사용하게 할 오락용품, 전시용품, 판매용품, 증여용 물품 등이다. 보세전시장 내에 반입된 외국물품 중 판매용품은 수입신고가 수리되기 전에는 이를 사용하지 못한다. 또 보세전시장에 장치된 전시용 외국물품을 현장에서 판매하는 경우 수입신고가 수리되기 전에는 판매자가 구매자에게 이를 인도할 수 없다.

(6) 보세건설장

보세건설장은 '외국물품인 기계류 · 설비품이나 공사용 장비를 장치 · 사용해 산업시설의 건설공사'를 할 수 있는 장소다. 보세건설장에 외국물품을 반입한 때는 사용하기 전에 해당 물품에 대해 수입신고를 하고(사용전수입신고), 세관공무원의 검사를 받아야 한다. 보세건설물품은 세관장의 허가를 받아 보세건설장 외에서 보세작업을 할 수 있다. 보세건설장제도는 대규모 산업설비 등의 건설에서 자금부담 완화에 도움이 된다. 이는 건설기간 동안 납세가 유보될 수 있기 때문이다. 보세건설장은 해당 건설공사기간을 고려해 일정기간 동안 특허되며, 외국물품의 장치 · 사용기간은 해당 특허기간과 같다. 보세건설장 반입물품의 법령적용 시점은 일반 수입물품이 수입신고일인 것과는 달리 수입신고가 수리된 날이다. 다만, 과세환율은 일반 수입물품과 같이 수입신고일의 과세환율을 적용한다.

(7) 보세판매장

보세판매장은 '외국물품을 보세상태에서 판매'할 수 있는 장소이다. 면세점이라고도 한다. 공항 출국장의 면세점이 대표적이고, 시내 주요 백화점이나 호텔 등에도 시내면세점이 설치되어 있다. 보세판매장을 이용할 수 있는 자는 외교관 면세권자나 출국예정자로 국한된다. 출국예정자는 내 · 외국인을 불문하며, 외국인에게는 제한이 없으나 내국인에 대한 1인당 판매한도액은 미화 3천 달러다. 출국예정자가 보세판매장에서 구입한 보세물품은 공항 또는 항만의 출국장에서 인도되며, 반드시 국외로 반출해야 한다(관세법 제196조). 국외로 반출된 물품이 여행자휴대품이나 이사물품으로 국내로 반입되면 일반적인 외국물품의 경우와 같이 취급되어 각각의 사안에 따라 면세 또는 과세 여부가 결정된다.

(8) 종합보세구역

종합보세구역은 '보세창고, 보세공장, 보세전시장, 보세건설장, 보세판매장의 기능 중 둘 이상의 기능을 종합적으로 수행'할 수 있는 장소이다. 이 제도는 이 지역에 대한 외국인투자의 적극적인 유치와 물류원활화, 그리고 수출지원을 강화하기 위해 도입되었다. 성격은 자유무역지역과 유사하나 근거법령이 다르고, 관리의 주체나 방법, 조세상 지원에 있어서도 차이가 난다. 종합보세구역은 자유무역지역과 달리 시설 · 기자재 등은 수입통관을 한 다음 내국물품으로서만 반입되어 사용될 수 있다. 종합보세구역에 반입한 물품의 장치기간은 종합보세사업장의 설치 · 운영 신고기간과 같다. 종합보세구역에서 판매가 가능한 물품은 이 구역에 입주한 종합보세사업장에서 제조 · 가공한 물품이다. 이 구역에서 외국인관광객 등에게 물품을 판매한 종합보세사업자는 구매자에게 물품판매확인서를 교부하고, 판매물품에 대해서는 세관장에게 수입신고 및 신고납부를 해야 한다. 외국인관광객 등은 출국할 때 구매한 물품과 물품판매확인서를 출국항세관장에게 제시하고 관세 등을 환급받거나 나중에 송금받을 수 있다. 물품을 판매한 종합보세사업자는 외국인관광객 등이 물품을 구매한 날부터 3월 이내에 국외로 반출한 사실이 확인될 때는 출국장세관장이 확인한 판매확인서, 수입신고필증, 환급 또는 송금확인서 등을 갖추어 관할세관장에게 관세 등을 환급받을 수 있다.

(9) 보세구역외장치장

외국물품과 내국운송의 신고를 하고자 하는 내국물품은 원칙적으로 보세구역이 아닌 장소에 장치할 수 없으나 세관장의 허가를 받으면 보세구역이 아닌 다른 장소에도 장치가 가능하다. 즉, 허가받은 장소에 외국물품을 장치할 수 있는 것이다. 이때 허가받은 장소를 보세구역외장치장이라 한다(관세법 제156조). 보세구역외장치장은 통상 선하증권(B/L)건별로 통관에 필요한 기간 동안 허가된다. 보세구역외장치 허가를 받기 위해서는 반입하고자 하는 물품의 제세액에 상당하는 담보를 제공해야 하며, 18,000원의 허가수수료도 납부해야 한다(관세법시행규칙 제65조). 그러나 국가 또는 지방자치단체가 수입하거나 협정에 의하여 관세가 면제되는 물품을 수입하는 때에는 보세구역외장치허가수수료를 면제한다. 이 제도는 보세창고를 특허할 만큼 무역규모가 크지 않고 입항지에서 원거리에 소재한 중소기업이나, 특수보관이 필요한 물품 수입자에게 유용하다. 보세구역외장치장에 화물을 장치하였을 때 그 보관의 책임은 화물관리인이 따로 지정되어 있을 때는 그 화물관리인이, 화물관리인을 따로 지정하지 않았을 때는 화주가 지게 된다.

3) 보세운송제도

보세운송이란 외국물품을 보세상태로 국내에서 내국운송수단으로 운송하는 것을 말한다. 외국에서 개항에 도착한 물품을 해당 항구 또는 공항 내의 보세구역에서 수입통관한다면 하역 후 선사나 항공사가 보세구역에 반입하는 것 이외에 화주가 별도로 보세운송을 할 이유가 없다. 그러나 만일 화주의 소재지 등을 고려해 내륙지의 보세구역으로 이송해 통관하고자 한다면 도착항으로부터 내륙 목적지의 보세구역까지는 보세운송에 의해야 한다. 무역실무상 보세운송이 가능한 시기는 수입화주가 선하증권(B/L) 등을 운송회사에 제시하고, FOB 조건 등의 경우에는 운임을 지불한 다음 화물인도지시서(D/O)를 인수한 때다.

(1) 보세운송의 목적지

외국물품을 보세운송할 수 있는 목적지는 ① 개항, ② 보세구역, ③ 허가된 보세구역외장치장소, ④ 세관관서, ⑤ 통관역, ⑥ 통관장, ⑦ 통관우체국으로 한정된다. 따라서 자신의 공장 내에 보세창고를 특허받았거나 해당 물품에 대해 보세구역외장치를 허가받고 있다면 입항지에서 물품이 하역된 다음 바로 이 장소로 외국물품을 보세운송할 수 있다.

(2) 보세운송신고 또는 승인

보세운송을 신청할 수 있는 자(보세운송인)는 해당 외국물품의 화주이거나 화주로부터 위탁을 받은 관세사(관세법인, 통관취급법인 포함)나 보세운송업자이다. 보세운송업자는 관세청장 또는 세관장에게 등록을 하고 보세운송을 업으로 하고 있는 운수업자이다. 외국물품을 보세운송하고자 할 때는 그 물품이 소재하고 있는 지역을 관할하는 세관장에게 신고하거나 승인을 받아야 한다. 승인의 대상은 관세청장이 따로 정하고 있다. 대개 검역을 요하는 물품, 위험물품, 보세구역외장치장으로 운송하는 물품 등이다. 승인대상이 아닌 경우에는 신고만 하고 보세운송할 수 있다.

(3) 보세운송통로와 보세운송기한

보세운송 중에는 보세화물이 세관의 감시 · 단속을 일시 벗어나게 되므로 세관장은 운송통로와 운송기간을 제한한다. 운송통로는 예를 들어 부산에서 서울로 운송할 때 '경부고속도로'로 지정하는 것과 같다. 보세운송의 원칙적인 허용기간은 보세운송신고일부터 해상화물은 15일, 항공화물은 7일이다. 이 기간은 보세운송인의 신청에 의해 연장될 수 있다. 만일 지정된 기간 내에 물품이 목적지에 도착하지 않으면 세관장은 보세운송인으로부터 해당 물품에 대해 관세를 징수한다.

(4) 수출신고가 수리된 물품의 예외인정

수출신고가 수리된 경우 해당 물품은 외국물품으로 간주된다. 이러한 외국물품을 수출신고가 수리된 장소로부터 선(기)적 하고자 하는 개항까지 운송하는 데는 원칙적으로 보세운송을 필요로 하지 않는다. 따라서 운송통로나 운송인, 운송방법 등에 제한을 받지도 않는다. 수출신고가 수리된 물품은 그 신고가 수리된 날부터 30일 내에 선(기)적하여야 하므로 이 기간 내에 화주의 책임 아래 선(기)적항으로 운송해야 한다.

4) 보세화물의 관리

외국물품인 보세화물은 수입의 경우 우리나라에 도착한 시점부터 수입통관절차가 완료되어 보세구역에서 반출될 때까지, 수출의 경우 신고수리 후 선(기)적이 완료되어 출항할 때까지 세관의 엄격한 관리를 받는다. 해당 물품이 외국무역선(기)에 적재된 상태로 있거나, 하역 또는 보세운송 중이거나, 보세구역 등에 장치 중이거나를 막론한다. 이와 같은 관리와 관련해 화주, 보세구역설영인, 보세운송인 등에게는 각종 신고, 승인, 허가 등의 의무가 부여된다. 이러한 의무를 이행하지 않으면 벌금 처벌이나 과태료 또는 과징금 처분의 대상이 된다. 보세구역에 반입된 물품은 ① 통관(수입, 수출, 반송), ② 보세운송이나 내국운송, ③ 폐기, ④ 매각, ⑤ 견본사용이나 분석을 위한 시험 등 다양한 사유에 따라 반출된다.

(1) 물품 반출입의 신고

보세구역에 물품을 반입 또는 반출하고자 할 때는 원칙적으로 세관장에게 신고하여야 한다. 그러나 보세구역의 종류에 따라서는 세관장의 허가 또는 승인을 받도록 하거나, 신고 자체를 생략하도록 하는 경우도 있다. 반입신고는 보세화물이 반입된 즉시, 반출신고는 해당 물품이 반출되기 전에 신고해야 한다. 신고는 모두 세관전산망을 이용하여 전자자료 형태로 제출한다. 물품을 반출 또는 반입할 때 세관공무원이 감독을 위해 입회하거나, 해당 물품에 대해 검사를 할 수 있다(관세법 제157조).

(2) 보세화물의 장치장소

외국무역선(기)에서 하선(기)된 외국물품은 일정한 장소에 장치한 다음 통관절차를 거치게 된다. 물론 입항전수입신고제도를 이용한 경우는 해당 물품이 도착되는 개항에서 신고가 수리되어 내국물품이 되므로 특정장소 장치의무가 부여되지 않는다. 관세법은 외국물품을 보세구역이 아닌 장소에 장치할 수 없도록 하였다. 이와 같이 장치장소를 제한하는 이유는 관세 등을 미납한 상태인 외국물품의 통제를 용이하게 하기 위함이다.

(3) 견본품의 반출

보세구역에 장치된 외국물품은 전부 또는 일부를 견본품으로 반출할 수 있다. 이는 상거래의 원활을 도모하기 위한 것이다. 견본품 반출을 위해서는 세관장의 허가를 받아야 한다(관세법 제161조). 견본품 반출 시 별도의 통관절차를 요하지는 않는다.

세관공무원이 보세구역에 반입된 물품에 대해 검사상 필요가 있을 때는 그 물품의 일부를 견본품으로 채취할 수 있다. 통상 분석을 위해 견본품이 채취된다. 이때 채취된 물품이 사용, 소비된 때는 수입신고를 하여 관세를 납부하고 수리된 것으로 본다.

(4) 보수작업

보세구역에 장치된 물품은 그 현상을 유지하기 위해 필요한 보수(補修)작업과, 그 성질을 변하지 아니하는 범위 안에서 포장을 바꾸거나 구분 · 분할 · 합병 기타 비슷한 보수작업이 가능하다. 만일 화물이 장치되어 있는 보세구역에서 보수작업이 곤란하다고 세관장이 인정하는 때에는 기간 및 장소를 지정받아 보세구역 밖에서 보수작업을 하는 것도 가능하다. 보수작업을 할 때 외국물품은 수입될 물품의 보수작업 재료로 사용할 수 없다. 보수작업으로 외국물품에 부가된 내국물품은 외국물품으로 간주된다. 보수작업은 사전에 세관장의 승인을 받아야 한다(관세법 제158조). 보수작업이 가능한 구체적인 작업범위는 다음과 같다.

① 물품의 보존을 위해 필요한 작업(부패, 손상 등을 방지하기 위한 보존작업 등)
② 물품의 상품성 향상을 위한 개수작업(포장개선, 라벨표시, 단순절단 등)
③ 선적을 위한 준비작업(선별, 분류, 용기변경 등)
④ 단순한 조립작업(간단한 세팅, 완제품의 특성을 가진 구성요소의 조립 등)
⑤ 기타 ①항 내지 ④항과 유사한 작업

보수작업 중 단순한 조립작업은 외국으로부터 반입된 물품에 국내에서 생산되어 수출신고가 수리된 물품을 조립하는 것도 가능하다. 그러나 HS 품목분류에 변화를 가져오는 경우에는 보수작업으로 인정되지 않는다. 이 경우는 실질적인 제조에 해당하기 때문이다. 또 외국산 제품에 대해 한국산으로 원산지를 표시하는 작업과 같이 원산지를 거짓으로 표시하는 것은 불법적인 행위로 허용대상이 아니다. 한편, 보수작업이 아닌 보세공장외 작업이나 보세건설장외 작업의 경우는 세관장의 허가를 받아야 한다. 이 경우 허가기간에는 제한이 있다.

(5) 장치물품의 해체 · 절단 또는 폐기

보세구역에 장치된 물품 중 일정한 물품은 보세공장에서의 제조 · 가공 등 생산활동이 아니더라도 외국물품 상태에서 그 원형을 변경하거나 해체 · 절단 등의 작업을 하는 것이 가능하다. 이러한 작업을 하려면 먼저 세관장의 허가를 받아야 한다. 해체 · 절단 등의 작업을 할 수 있는 물품의 종류는 관세청장이 따로 정한다. 보세구역에 장치된 물품이 부패하거나 손상 기타의 사유가 있을 때는 장치기간에 관계없이 해당 물품을 폐기할 수 있다. 이때는 세관장의 승인을 받아야 한다. 승인을 얻은 물품 가운데 폐기 후에 남아 있는 부분에 경제적 가치가 있다면 폐기 후의 성질과 수량에 따라 관세 등을 징수한다. 보세구역장치물품이 다음 각 호의 어느 하나에 해당할 때 세관장은 그 물품의 화주, 보세구역 물품반입자, 화주 또는 반입자로부터 위임을 받은 자 등에게 반송 또는 폐기명령을 하거나, 이를 통고한 후 이를 직접 폐기할 수도 있다. 상황이 급박하여 통고할 여유가 없는 때에는 폐기한 후 즉시 통고할 수도 있다.

① 사람의 생명이나 재산에 해를 끼칠 우려가 있는 물품
② 부패하거나 변질된 물품
③ 유효기간이 지난 물품
④ 상품가치가 없어진 물품
⑤ 제1호부터 제4호까지에 준하는 물품으로서 관세청장이 정하는 물품

(6) 보세구역 장치물품의 수입신고의무

수입 또는 반송을 하고자 하는 물품을 지정장치장 또는 보세창고에 반입하거나 보세구역외장치장에 장치한 자는 그 반입일 또는 장치일로부터 30일 이내에 수입 또는 반송신고를 해야 한다. 만일 이 기간 내에 수입신고를 하지 아니한 경우에는 해당 물품의 과세가격의 100분의 2에 상당하는 금액의 범위 안에서 기간 경과 정도에 따라 가산세가 부과될 수 있다(관세법 제241조). 이 경우 가산세액의 최고한도는 500만 원이다. 이 규정에 의해 실제 가산세가 부과되는 물품은 [표 3-4]의 보세구역에 반입된 물품으로 반입일로부터 30일 내에 수입 또는 반송신고를 아니한 경우다. 그러나 이들 장소에 반입된 물품이라 할지라도 수출용원재료나 정부 또는 지방자치단체가 직접 수입하거나 이들 기관에 기증되는 물품, 외교관면세물품, SOFA 적용대상물품, 환적화물, 여행자휴대품 등에 대해서는 가산세가 부과되지 않는다.

표 3-4 30일 이내 수입신고 미이행 시 가산세 부과대상

구분	장소
인천국제공항과 김해국제공항	하기(下機)장소 중 지정장치장 및 보세장치장
부산항과 인천항	하선장소 중 부두 내와 부두 밖의 컨테이너 CY와 CFS (지정장치장과 보세창고)
부산항 및 인천항의 재래부두	부두 내의 지정장치장

(7) 장치기간의 제한과 강제매각

일부 보세구역은 물품을 장치할 수 있는 기간이 제한된다. 물품의 장치기간을 제한하는 것은 보세화물의 관리를 효율화하기 위한 것도 있으나 수출입화물을 장기간 보세구역에 방치함으로써 물동량이 많은 개항에서의 화물흐름에 장애가 되지 않도록 하기 위함이다. 장치기간이 단기간으로 제한되는 보세구역은 [표 3-5]와 같다.

표 3-5 보세구역 반입물품의 장치기간 제한

구분	장치기간
지정장치장	6월. 다만, 부산항・인천항・인천공항・김해공항 내의 지정장치장 반입물품의 장치기간은 2월로 하며, 2개월 이내서 연장 가능
여행자 또는 승무원의 휴대품으로서 유치 또는 예치된 물품 및 습득물	유치물품 및 습득물의 장치기간은 1월. 예치물품의 장치기간은 예치증에 기재된 출국예정시기에 1월을 가산한 기간. 다만, 1월의 범위 안에서 기간연장 가능
보세창고	• 다음 각 호의 물품을 제외하고는 6월. 다만, 세관장이 필요하다고 인정할 때에는 6월의 범위 안에서 기간연장 가능 ① 인천공항 및 김해공항 항역내의 보세창고(다만, 자가용 보세창고는 제외): 2월. 단, 2월의 범위 안에서 연장 가능 ② 부산항 및 인천항의 부두 내 보세창고와 부두 밖 컨테이너전용 보세창고(CFS[2])를 포함): 2월. 단, 2월 이내에서 연장 가능 • 비축물품 및 국제물류 촉진을 위해 관세청장이 정한 물품은 비축에 필요한 기간

보세화물 장치기간이 경과된 화물을 체화(滯貨)라 한다. 일단 체화상태가 되면 세관장은 체화의 반출을 종용하는 것과는 별개로 공매절차를 진행시킨다. 공매는 일반경쟁입찰・지명경쟁입찰・수의계약・경매 및 위탁판매에 의한다(관세법 제210조).

2) Container Freight Station: LCL(Less than Container Load)화물을 컨테이너에 적입하거나 적출하는 장소

세관장이 장치기간 경과물품을 매각하려면 그 화주 등에게 통고일로부터 1개월 내에 해당 물품을 수출·수입 또는 반송할 것을 통고해야 한다. 매각예정가격은 원칙적으로 정상적인 수입물품의 과세가격과 동일한 방법으로 결정된다. 경쟁입찰에 의해 매각하고자 하였으나 매각되지 않았을 때는 5일 이상의 간격을 두어 다시 입찰에 붙이는데, 이때 그 예정가격은 직전 예정가격의 100분의 10 이내의 금액을 입찰에 붙일 때마다 줄일 수 있다. 예정가격의 체감은 제2회 경쟁입찰 때부터 하되, 그 체감 줄이는 한도액은 최초예정가격의 100분의 50까지다. 다만, 관세청장이 정하는 물품을 제외하고는 최초예정가격을 기초로 하여 산출하는 세액 이하의 금액으로 체감할 수 없다(관세법시행령 제222조). 매각절차가 진행 중일지라도 화주가 정상적인 통관절차를 이행하는 데 제한이 따르지는 않기 때문에 화주가 원할 경우 언제든지 정상적 통관이 가능하다. 그러나 매각이 완료되면 화주가 더 이상 화물에 대해 어떤 권리를 주장할 수 없다. 물품을 매각했을 때는 매각대금에서 ① 매각비용, ② 관세, ③ 제세의 순으로 충당하고, 잔금이 있으면 이를 화주에게 교부한다. 관세 및 제세의 과세가격은 매각금액과 관계없이 최초 예정가격을 기초로 산출한다. 매각하고자 하였으나 매각이 되지 않은 물품에 대해서는 세관장은 화주 등에 대해 다시 한 번 장치장소로부터 지체 없이 반출할 것을 통고한다. 이 통고일로부터 1월 내에 반출되지 아니한 때에는 소유권을 포기한 것으로 보고 해당 물품을 국고귀속(國庫歸屬)시킨다(관세법 제212조). 국고에 귀속시킨다 함은 대가의 지불 없이 그 소유권을 국가로 이전시키는 것을 말한다.

(8) 물품의 반출의무

견품이 아닌 물품은 관세법에 의해 수입신고를 하였다 하더라도 그 신고가 수리되기 전에는 원칙적으로 운송수단·관세통로·하역통로 또는 장치장소로부터 물품을 반출할 수 없다.[3] 신고가 수리되기 전에 장치장소로부터 반출하고자 하는 자는 별도로 해당 물품과 관련하여 납부해야 할 관세에 상당하는 담보를 제공하고 세관

3) "관세행정법상의 화물의 반출에 대한 통제는 사법상의 화물의 인도에 관한 법률관계와는 별개로 통관 또는 관세행정의 편의를 위한 것으로서, 보세창고업자는 관세법령에 의한 화물반출이 가능하다고 하더라도 여전히 운송인과의 임치관계에 따라 운송인의 지시에 따라 화물을 인도할 의무를 부담하는 것이다(대법원 2004.7.9. 선고 2002다16729 판결)."

장의 승인을 받아야 한다. 수입신고가 수리된 물품은 수입화주가 필요하다고 인정될 때 언제든지 보세구역으로부터 반출할 수 있으나, 부산세관과 인천세관, 김해세관의 지정장치장에 장치된 물품은 그 수입신고가 수리된 날부터, 즉 내국물품이 된 날부터 15일 내에 해당 물품을 반출해야 한다. 다만, 기간의 연장승인을 받으면 승인기간 동안은 예외가 인정된다. 만일 반출의무를 이행하지 아니하면 과태료 처분 대상이 된다. 이는 해당 지역 보세구역의 물류를 촉진하기 위한 조치이다.

(9) 물품의 유치 및 예치

여행자나 우리나라와 외국 간을 왕래하는 운송수단에 종사하는 승무원이 반입하는 휴대품으로 법령에 따라 필요한 허가 · 승인 · 표시 또는 그 밖의 조건을 갖출 필요가 있는 물품이 이를 갖추지 못하였을 때, 세관장은 그 물품을 유치(留置)할 수 있다. 여기서 유치란 필요한 허가나 승인, 표시 또는 그 밖의 조건이 갖추어질 때까지 보세구역에 강제로 보관해 두는 것을 말한다. 이와 같이 유치된 물품은 해당 사유가 해소되었거나 반송하는 경우에만 그 유치를 해제한다. 법령에 따라 필요한 허가 · 승인 · 표시 또는 그 밖의 조건을 갖추지 못한 물품으로 이를 반입한 여행자 또는 승무원이 수입할 의사가 없는 물품은 세관장에게 신고하여 일시 예치시킬 수 있다. 즉, 세관장이 강제로 보관시키는 것이 아니라 반입자가 자발적으로 세관장의 보관하에 맡겨 두는 것을 예치라 한다. 예치된 물품은 예치자가 출국할 때 휴대하여 반출할 수 있다. 유치되거나 예치한 물품을 수입하고자 할 때는 수입통관을, 반송하고자 할 때는 반송통관절차를 거쳐야 한다.[4)]

4) "홍콩으로부터 우리나라 국제공항의 환승구역(관세법에 따른 장치 장소로서의 세관검사장에 해당)에 반입되었다가 본래의 출발지와 점유자가 변경되어 다시 일본으로 반출된 금괴들은 단순히 환적신고에 그칠 것이 아니라 반송신고의 대상이므로 이러한 신고 없이 해당 물품을 '반송'하는 행위는 관세법 제269조 제3항 제1호의 밀수출죄를 범한 것이다(대법원 2020.1.30. 선고 2019도11489 판결)."

3 수입통관 실무

통관이란 국제 간에 거래되는 물품이 국경을 통과하는 과정에서 해당국이 요구하는 절차를 이행하는 것을 말한다. 통관과정에서 세관은 해당 물품을 수출입하는 것이 적법한 것인지 여부와 신고된 내용과 현품이 일치하는지 여부를 확인하고 수입물품에 대해 관세와 내국소비세, 그리고 지방소비세를 징수한다. 세관장의 확인은 수출 · 수입 · 반송신고에 대한 '수리' 형식으로 이루어진다.

1) 통관에서 요구되는 요건

수출입을 할 때 법령에서 정하는 바에 따라 허가 · 승인 · 표시 또는 그 밖의 조건을 갖출 필요가 있는 물품은 세관장에게 그 허가 · 승인 · 표시 또는 그 밖의 조건을 갖춘 것임을 증명하여야 한다(관세법 제226조). 그러므로 통관을 하려면 먼저 이와 같은 요건을 갖추어야 한다. 여기에서 말하는 '법령'이란 수출 또는 수입과 관련하여 제한사항을 규정하고 있는 모든 법령을 의미한다. 수출입과 관련한 제한사항을 규정하고 있는 법령의 내용을 종합하여 산업통상자원부장관이 고시하고 있는 것이 통합공고다. 그러나 통관단계에서 세관장이 통합공고에 있는 법령의 요건충족 여부를 모두 현품확인을 통해 가리는 것은 아니다. 세관장이 통관단계에서 수출입요건의 구비 여부를 확인하는 것은 관세청장이 정한 '관세법 제226조의 규정에 의한 세관장확인물품 및 확인방법 지정고시'에 포함되어 있는 물품으로 국한한다. 이 고시에 포함되어 있는 물품은 통합공고의 제한품목 중 주무부장관이 통관단계에서 그 요건과 현품의 확인이 필요하다고 보아 관세청장에게 확인을 요청하여 관세청장이 정한 것들이다.

2) 납세의무의 확정

수입신고를 하기 위해서는 납세의무가 확정되어야 한다. 관세의 납세의무는 관세법에서 정하는 과세요건이 충족하는 상태일 때 성립한다. 관세의 과세요건이란 국가와 납세자 간에 관세채권·채무관계를 성립하게 하는 관세법상의 법률요건이다. 관세의 과세요건은 일반적으로 과세물건·과세표준·관세율·납세의무자의 네 가지로 본다. 이러한 과세요건이 충족되면 추상적인 납세의무가 성립하는 것이고, 수입신고와 동시에 이루어지는 납세신고를 통해 이를 신고하고 해당 세액을 납부하게 되는 것이다.

(1) 과세물건과 적용법령

관세의 과세물건이란 관세법이 과세의 대상으로 정하고 있는 '수입되는 물품'을 말한다. 수입물품이란 외국으로부터, 보세구역을 경유하는 것은 보세구역으로부터 우리나라에 반입된 물품이다. 과세물건은 수입신고를 하는 시점의 성질과 수량으로 확정된다(관세법 제16조). 정상적인 수입신고를 하지 않았으나 과세사유가 발생하여 예외적으로 세관장이 관세를 부과해야 하는 경우도 있다. 이 경우 과세물건은 [표 3-6]과 같이 그 과세사유의 원인행위가 발생한 때에 확정된다.

표 3-6 | 예외적인 과세물건의 확정(관세법 제16조 단서조항)

과세물건 확정대상	과세물건의 확정시기
① 선박용품·항공기용품 등의 하역허가를 받은 다음 허가받은 대로 하역하지 않아 관세를 징수하는 경우	하역허가를 받은 때
② 보세구역장치물품을 보세구역 밖에서 보수작업승인을 받았으나 승인기간 내에 보세구역으로 다시 반입하지 않아 관세를 징수하는 물품	보세구역 밖에서의 보수작업의 승인을 받은 때
③ 보세구역 장치물품이 멸실되거나 폐기되어 관세를 징수하는 물품	해당 물품이 멸실되거나 폐기된 때
④ 보세공장외 작업·보세건설장외 작업·종합보세구역외 작업을 받은 물품을 허가 또는 신고된 기간 내에 다시 보세구역에 반입하지 않아 관세를 징수하는 물품	보세공장외 작업, 보세건설장외 작업 또는 종합보세구역외 작업의 허가를 받거나 신고를 한 때
⑤ 보세운송신고를 하거나 승인받은 물품이 지정된 기간 내에 목적지에 도착하지 아니해 관세를 징수하는 물품	보세운송의 신고를 하거나 승인을 받은 때
⑥ 수입신고가 수리되기 전에 소비 또는 사용하는 물품(관세법 제239조의 규정에 의해 소비 또는 사용을 수입으로 보지 아니하는 물품을 제외한다)	해당 물품을 소비하거나 사용한 때
⑦ 수입신고전 즉시반출신고[5]를 하고 반출하였으나 10일 이내에 정식으로 수입신고를 하지 않아 관세를 징수하는 물품	수입신고전 즉시반출 신고를 한 때
⑧ 우편에 의해 수입되는 물품(관세법 제258조 제2항에 해당하여 일반적 수입신고를 하는 우편물을 제외한다)	통관우체국에 도착된 때

⑨ 보세구역에 장치 중인 물품이나 보세운송 중인 물품, 하역 중에 있는 물품, 재수출조건부로 수입된 물품 등이 도난되거나 분실되어 관세를 징수하는 경우	해당 물품이 도난 되거나 분실된 때
⑩ 관세법의 규정에 의해 매각되는 물품6)	해당 물품이 매각된 때
⑪ 기타 수입신고를 하지 아니하고 수입된 물품7)(위의 제1호 내지 제10호에 규정된 것을 제외한다)	수입된 때

법령은 수시로 개정된다. 무역에서 거래계약을 체결한 다음 해당 물품의 수출 또는 수입통관이 이루어지기까지는 상당한 시일이 소요되는데, 이 경우 어느 시점에 유효한 법령을 적용할 것인지가 문제가 될 수 있다. 수출입통관과 과세에서 적용되는 법령은 수출 또는 수입신고 당시의 법령을 적용한다. 다만, 수입물품에 대한 과세와 관련하여 다음과 같은 예외가 인정된다(관세법 제17조).

① 관세법 제16조 단서조항에 해당되는 물품(예외적으로 과세물건이 확정되는 물품)은 그 사실이 발생한 날

② 보세건설장에 반입된 외국물품은 사용 전 수입신고가 수리된 날

(2) 과세가격의 결정

관세법 제14조는 '수입물품에 대해 관세를 부과한다'고 규정하였고, 같은 법 제15조에는 '관세의 과세표준은 수입물품의 가격 또는 수량으로 한다'고 명시하였다.8) 과세표준이란 과세대상인 소득 · 재산 · 소비 등에 대한 세액을 산정하기 위한 기

5) 관세법 제253조에는 정상적인 수입신고를 하기 전에 먼저 '즉시반출신고'를 하고 운송수단이나 보세구역 등에서 물품을 반출할 수 있는 '수입신고전 즉시반출제도'를 규정하고 있다. 즉시반출을 한 경우 즉시반출신고를 한 날부터 10일 이내에 정상적인 수입신고를 하여야 한다. 만일 10일 이내에 수입신고를 하지 않을 경우 해당 물품에 대한 관세의 20%를 가산세로 징수한다. 그러나 이 제도는 즉시반출신고와 수입신고라는 이중 절차가 필요하기 때문에 실제 통관에서는 전혀 활용되지 않고 있다.

6) 여기에 해당하는 것으로는 장치기간 경과물품의 매각(관세법 제208조), 압수물품의 매각(관세법 제303조), 몰수품 및 국고귀속물품의 매각(관세법 제326조)이 있다.

7) 범칙혐의가 있어 물품을 압수하였으나 조사결과 혐의가 없는 것으로 인정되어 압수물품을 몰수하지 아니하는 때에는 그 압수물품 또는 그 물품의 환가대금을 환부해야 한다. 압수물품을 환부할 때 해당 물품이 관세가 미납된 때에는 환부받을 자로부터 해당 관세를 징수한 후 그 물품 또는 그 환가대금을 환부하는 것으로 처리한다(관세법 제313조). 이 경우 과세물건 확정에 이 규정이 적용될 수 있다.

8) 수입물품에는 관세 외에도 내국소비세(부가가치세, 개별소비세, 주세, 교통 · 에너지 · 환경세,

초를 말하는 것이다. 이를 화폐단위(가격)로 표시하면 종가세(從價稅)가 되고, 과세물건의 수량(개수·중량·용적·길이) 등으로 표시하면 종량세(從量稅)가 된다. 관세의 과세표준은 종가세와 종량세가 모두 적용될 수 있다. 그러나 종량세가 적용되는 물품은 일부 농산물과 필름 등 소수의 품목뿐이다.

종가세를 적용하는 물품에 대한 과세가격결정 방법과 그 절차를 관세평가라 한다. 관세법의 관세평가 관련 규정은 WTO의 관세평가협정(정식 명칭은 '1994년도 GATT 제7조 이행에 관한 협정')을 수용한 것이다. 이에 따르면 관세평가 방법은 [표 3-7]과 같이 여섯 가지가 있고, 각 방법의 적용에 순위가 정해져 있다.[9)]

표 3-7 | 관세평가 방법

관세평가 방법	약칭	적용순위
해당 물품의 실제 거래가격을 기초로 한 과세가격의 결정	제1방법	1순위
동종·동질물품의 거래가격을 기초로 한 과세가격의 결정	제2방법	2순위
유사물품의 거래가격을 기초로 한 과세가격의 결정	제3방법	3순위
국내판매가격을 기초로 한 과세가격의 결정	제4방법	4순위. 단, 예외인정
산정가격을 기초로 한 과세가격의 결정	제5방법	5순위. 단, 예외인정
합리적 기준에 의한 과세가격의 결정	제6방법	6순위

이들 여섯 가지 평가방법을 적용하는 데는 각각 법령에 정해진 일정한 요건이 충족되어야 한다. 과세가격결정은 제1방법부터 순차적으로 그 적용가능성을 검토하되, 요건이 충족되지 못하면 다음 순위의 평가방법을 적용한다. 그러므로 요건미비로 제1방법을 적용할 수는 없지만 제2방법과 제4방법에 의한 평가가 모두 가능하다 하더라도 제2방법보다 제4방법을 우선 적용할 수는 없다. 다만 제4방법과 제5방법은 납세의무자가 원할 경우 그 순서를 바꾸어 제5방법을 우선 적용할 수 있다. 마지

교육세, 농어촌특별세), 그리고 지방소비세와 담배소비세, 지방교육세가 부과된다. 담배소비세는 지방자치단체가 담배수입자에게 징수하는데, 예외적으로 여행자가 과세대상인 담배를 수입할 때는 세관장이 징수한다. 지방교육세는 수입담배에 담배소비세가 부과될 때 함께 부과한다. 그러나 모든 물품에 예외 없이 이들 조세가 부과되는 것은 아니다. 관세와 부가가치세, 그리고 지방소비세는 수입되는 모든 물품이 일단 대상이 되지만 그 세율이 0이거나 또는 감면세 등으로 인해 실제 수입되는 물품에 관세 또는 부가가치세가 부과되지 않을 수 있다. 나머지 조세는 해당 세법에서 특정한 물품에 대해서만 부과된다.

9) FTA의 부가가치기준 원산지결정에서도 대개 이 관세평가 방법으로 가격을 파악한다.

막 제6방법은 합리적 기준으로 평가하도록 하고 있으므로 이에 의해서도 과세가격이 결정되지 못하는 경우는 없다. 관세평가에 이와 같이 여섯 가지 방법이 있지만 해당 물품의 실제 거래가격을 과세가격으로 삼는 제1방법에 의해 과세가격을 결정함이 원칙이고, 우리나라를 비롯한 WTO 회원국 대부분에서 약 95% 이상의 과세가격결정이 제1방법에 의해 이루어지고 있다. 제1방법에서 말하는 '실제 거래가격'이란 물품의 거래와 관련하여 구매자가 판매자, 또는 판매자를 위해 제3자에게 지급하였거나 지급할 가격에 관세법에서 정한 가산요소 해당 금액은 가산하고, 공제요소 해당 금액은 공제하여 조정한 가격이다. 이 가격은 송품장에 표시되는 금액과 일치하는 경우도 있지만 일치하지 않는 경우도 많다는 점에 유의하여야 한다.

(3) 적용할 관세율의 확정

관세의 세액을 확정하기 위해서는 과세표준과 함께 적용할 관세율을 결정하여야 한다. 이때 먼저 하여야 할 작업이 수입물품의 품목분류를 통해 관세품목을 확정하는 것이다. 관세품목이 확정되면 여러 종류의 관세율 중 어떤 관세율을 적용할 것인지를 결정한다. 관세법 제49조 내지 제83조에는 각종 관세율과 이의 적용에 관해 규정하고 있다. 여기에 규정된 관세율을 이를 정하는 주체와 과정을 기준으로 구분하면 [표 3-8]과 같이 국회가 제정한 관세법에 규정되어 있거나, 관세법의 위임에

표 3-8 관세율의 종류

구분	결정형태	대상 관세율
국정관세	관세법	기본세율, 잠정세율
	대통령령	편익관세, 조정관세, 할당관세, 일반특혜관세(GSP), 보복관세
	기획재정부령	덤핑방지관세, 긴급관세, 농림축산물에 대한 특별긴급관세, 상계관세, 계절관세, 특정국물품 긴급관세
협정관세	다자조약	WTO양허관세, GSTP,[10] TNDC,[11] APTA[12]
	양자조약	FTA 협정관세, 특정국과의 협정에 의한 양허관세

10) Global System of Trade Preferences among Developing Countries.

11) Protocol Relating to Trade Negotiation among Development Countries.

12) APTA의 정식명칭은 Amendment to the First Agreement on Trade Negotiations Among Developing Member Countries of the Economic and Social Commission for Asia and the Pacific이다.

의해 대통령 또는 기획재정부장관이 정하거나, 혹은 외국 또는 국제기구와 조약에 의해 정한 것으로 나누어진다.

[표 3-8]의 관세율 가운데 기본세율은 무역대상이 되는 모든 물품에 관세품목별로 하나씩 정해져 있다. 기본세율 이외의 관세는 특정한 물품에 한해 예외적으로 규정된다. 이때 예외적인 규정은 기본세율을 높이거나 낮추는 것으로 이루어진다. FTA에 의해 정해지는 협정관세도 FTA가 발효되기 위해서는 국회에서 비준동의를 받아야 하기 때문에 관세법과 동일한 법률로서 효력을 갖는다.

[표 3-8]에서 기본세율을 제외한 나머지 관세율은 모두 탄력관세에 해당하는 것으로 기본세율을 인상하거나 인하하여 정하고 있는 것이다. 이와 같이 다양한 종류의 관세율이 있다 하더라도 실제 수입물품에 적용되는 관세율은 이 가운데 단 하나의 관세율이다. 관세법에는 관세율 적용에 일정한 원칙을 두어 정해진 순서에 따라 실제 적용하는 관세율을 결정하도록 규정하고 있다(관세법 제50조). 한편, FTA관세특례법(제5조)에는 FTA 협정관세의 세율이 관세법 제50조에 따른 적용세율보다 높은 경우에는 관세법 제50조에 따른 적용세율을 우선하여 적용하도록 하였다. 다만, 관세법 제51조(덤핑방지관세), 제57조(상계관세), 제63조(보복관세), 제65조(긴급관세), 제68조(농림축산물에 대한 특별긴급관세), 및 제69조 제2호(공중도덕 보호 등을 위해 부과되는 조정관세)에 따른 세율은 협정관세의 세율보다 우선하여 적용하도록 하였다. 이러한 원칙에 따라 실제 적용되는 관세율을 실행관세율이라 한다. 관세법에 규정된 관세율 적용원칙과 FTA관세특례법에 규정된 협정관세 적용내용을 정리하면 관세율의 적용순서는 [표 3-9]와 같다.

[표 3-9]에서 신청한 경우란 납세의무자가 수입신고를 할 때 납세신고와 함께 해당 관세율의 적용을 신청함을 말한다. 단, FTA 협정관세의 경우는 수입신고를 할 때 원산지증명서가 입수되지 않아 신청하지 못하였다면 수입신고가 수리된 날부터 1년 이내에 적용을 신청할 수도 있다. 신청이라는 절차적 요건이 없는 나머지 관세율은 수입신고를 하였을 때 순서에 따라 자동으로 적용 여부가 결정된다.

표 3-9 관세율의 적용순서

순위	적용 관세율	비고
①	덤핑방지관세, 보복관세, 긴급관세, 농림축산물에 대한 특별긴급관세, 상계관세, 조정관세 중 공중도덕 보호, 인간·동물·식물의 생명 및 건강보호, 환경보전 및 국제평화와 안전보장 등을 위해 필요하여 부과하는 경우	
②	FTA 협정관세	③~⑨의 관세율보다 그 세율이 낮을 때, 원산지증명서를 갖추어 적용을 신청한 경우만 우선 적용[13)]
③	편익관세, 국제협력관세(④를 제외한 WTO 양허관세와 개발도상국 간 양허관세)	④~⑨의 관세율보다 그 세율이 낮을 때, 원산지증명서를 갖추어 적용을 신청한 경우만 우선 적용
④	국내외 가격차에 상당한 율로 양허한 WTO 농림축산물양허관세	
⑤	조정관세(단, ①순위의 조정관세는 제외), 계절관세	
⑥	할당관세	물량이 제한되는 경우에는 관련기관의 추천을 받아 신청한 경우만 우선 적용
⑦	최빈개발도상국에 대한 일반특혜관세	⑧, ⑨보다는 낮을 때, 원산지증명서를 갖추어 적용을 신청한 경우만 우선 적용
⑧	잠정관세	
⑨	기본관세	

(4) 납세의무자의 판단

납세의무자(약칭하여 '납세자'라고도 한다)란 조세를 납부할 법률상 의무를 지는 자이다. 수입물품에 대한 조세의 납세의무자는 법인도 될 수 있고 자연인(개인)도 될 수 있다. 또 권리능력이 없는 사단(社團)이나 재단(財團) 또는 조합도 될 수 있으며 내국인뿐 아니라 외국인(외국법인)도 될 수 있다. 수입물품에 부과되는 모든 조세의 납세의무자는 동일하고, 이들은 원칙적으로 납세의무가 성립되는 시기인 과세물건 확정시점을 기준으로 결정된다. 관세의 납세의무자에는 원칙적 납세의무자와 예외적인 납세의무자가 있다.

관세의 원칙적 납세의무자는 그 물품을 수입하는 화주(貨主)다. 화주란 물품의 주

13) 다만, 협정관세의 세율이 ③~⑨의 세율과 같은 경우 수입자가 협정관세의 적용을 신청하는 때에는 협정관세의 세율을 적용할 수 있다. FTA관세특례법 제5조.

인이라는 뜻으로, 여기서는 해당 외국물품을 자신의 책임과 권리하에 우리나라로 수입하는 사람을 의미한다. 화주가 반드시 소유권을 가진 자를 의미하는 것은 아니다. 임가공물품이나 위탁판매물품의 경우 물품의 소유권은 수입통관 당시에도 수출자에게 있기 마련이지만 화주는 수입자인 것이다. 만일 화주가 불분명할 때는 [표 3-10]과 같이 납세의무자를 결정한다(관세법 제19조).

표 3-10 화주가 불분명할 때의 납세의무자 결정

	구분	납세의무자
①	수입을 위탁받아 수입업체가 대행수입한 물품인 때	그 물품의 수입을 위탁한 자
②	수입을 위탁받아 수입업체가 대행수입한 물품이 아닌 때	송품장, 선하증권 또는 항공화물운송장에 기재된 수하인
③	수입물품을 수입신고 전에 양도한 때	양수인
④	조달물품	실수요부처의 장 또는 실수요자
⑤	송품장상의 수하인이 부도 등으로 직접 통관하기 곤란한 경우	적법한 절차를 거쳐 수입물품의 양수인이 된 은행
⑥	법원의 임의경매절차에 의해 경락받은 물품	물품의 경락자

관세법에 의한 수입신고를 하지 않았지만 예외적으로 납세의무가 발생하는 경우 납세의무자는 원칙적인 납세의무자인 화주가 아니라 [표 3-11]과 같이 예외적인 관세징수의 원인행위자 또는 실질적 책임자가 납세의무자가 된다(관세법 제19조). 물론 그가 화주 자신일 수도 있다. 원칙적인 납세의무자를 일반납세의무자라 한다면, 이 경우에 해당하는 납세의무자를 특별납세의무자라 할 수 있다. 원칙적인 납세의무자와 특별납세의무자가 서로 경합할 때는 특별납세의무자를 납세의무자로 본다.

표 3-11 예외적 납세의무의 발생과 특별납세의무자

	납세의무의 발생사유	납세의무자
①	선(기)용품, 국경출입차량용품, 외국무역선(기)이나 국경출입차량 안에서 판매할 물품이 하역허가 또는 환적허가대로 적재 또는 환적되지 않은 경우	해당 하역허가나 환적허가를 받은 자
②	보세구역 외 보수작업허가를 받은 물품이 지정된 기간 내에 재반입되지 않은 경우	해당 보수작업의 승인을 받은 자

③	보세구역장치물품이 멸실되거나 폐기된 경우. 단, 재해 기타 부득이한 사유로 멸실되거나 세관장의 승인을 받아 폐기된 경우를 제외	해당 보세구역의 운영인이나 보관인
④	보세공장외 작업·보세건설장외 작업·종합보세구역외 작업허가물품이 허가기간 내 재반입되지 않은 경우	해당 장외작업 허가를 받거나 신고를 한 자
⑤	보세운송신고 또는 승인을 받은 물품이 지정된 기간 내에 보세운송이 완료되지 않은 경우	보세운송신고나 보세운송승인을 받은 자
⑥	수입신고가 수리되기 전에 소비하거나 사용하는 물품	그 물품의 소비자 또는 사용자
⑦	즉시반출신고물품을 지정된 기간 내에 수입신고를 하지 않은 경우	해당 물품을 즉시반출한 자
⑧	우편으로 수입하는 물품	그 물품의 수취인
⑨	보세화물이 도난 또는 분실된 경우	• 보세구역장치물품: 운영인·화물관리인 • 보세운송물품: 보세운송신고나 승인을 받은 자 • 기타물품: 물품보관인이나 취급인
⑩	관세법이나 다른 법률에 따로 납세의무자로 규정한 경우	그 납세의무자
⑪	기타 물품의 경우	물품의 소유자나 점유자

3) 수입신고와 신고서의 처리

수입신고는 화주, 또는 화주의 위탁을 받은 관세사(관세법인 또는 통관취급법인 포함)가 할 수 있다. 수입신고와 납세신고는 수입신고서로서 동시에 이루어진다. 수입신고는 원칙적으로 해당 물품을 적재한 선박이나 항공기가 우리나라에 입항한 후에만 할 수 있다(관세법 제243조). 외국물품을 적재한 선박 또는 항공기가 입항하면 수입대상인 외국물품은 하역절차를 거쳐 입항지의 보세구역에 반입되거나, 보세운송을 통해 내륙지에 있는 보세구역으로 반입되는 것이 일반적이다. 이때 수입하거나 반송하려는 물품을 지정장치장 또는 보세창고에 반입하거나, 허가를 받아 보세구역 아닌 장소(보세구역외장치장)에 장치한 자는 원칙적으로 그 반입일 또는 장치일부터 30일 이내에 수입신고를 해야 한다(관세법 제241조). 만일 신고의무기간 내에 수입 또는 반송의 신고를 하지 아니한 경우에는 해당 물품의 과세가격의 100분의 2에 상당하는 금액의 범위에서 가산세를 징수한다.

원칙적인 수입신고시기와는 별도로 수입하고자 하는 물품의 신속한 통관이 필요한 때에는 예외적으로 해당 물품을 적재한 선박이나 항공기가 입항하기 전에도 수입신고를 할 수 있다. 이를 입항전수입신고라 한다. 이 경우 입항전수입신고가 된 물품은 우리나라에 도착한 것으로 본다. 그러나 다음 각 호의 어느 하나에 해당하는 물품은 입항전신고가 허용되지 않으므로 해당 선박 등이 우리나라에 입항한 다음에 신고를 해야 한다.

① 법령의 개정에 따라 새로운 요건의 구비가 요구되거나, 해당 물품이 우리나라에 도착하는 날부터 높은 세율이 적용되도록 입법예고된 물품

② 농·수·축산물 또는 그 가공물품으로서 수입신고하는 때와 입항하는 때의 물품의 관세율표 10단위가 변경되는 물품

③ 농·수·축산물 또는 그 가공물품으로서 수입신고하는 때와 입항하는 때의 과세단위(수량 또는 중량)가 변경되는 물품

수입신고를 할 때 신고서와 함께 제출해야 하는 서류의 종류는 [표 3-12]와 같다.

표 3-12 수입신고 시 제출되어야 하는 서류

연번	서류명	주요 용도
①	수입신고서	수입 및 납세신고
②	관세감면·분할납부·용도세율적용신청서(해당 물품에 한함)	감면요건 확인
③	합의에 의한 세율적용 승인신청서(합의세율 적용을 원하는 경우)	합의세율 적용
④	가격신고서(가격신고가 생략되는 물품은 제외)	과세가격 확인
⑤	(관세법 제226조의 규정에 의한 세관장 확인물품 및 확인방법 지정고시 제3조의 규정에 의한) 수입요건구비서류(수입요건내역을 전산으로 확인할 수 없는 경우에 한함)	수입요건 확인
⑥	할당·양허관세의 세율추천 증명서류 및 종축·치어의 번식·양식용 해당세율 증명서류(동 내역을 전산으로 확인할 수 없는 경우에 한함)	할당 및 양허관세 요건 확인
⑦	송품장(전자적으로 제출한 경우 제외). 다만, 잠정가격으로 수입신고 할 때 송품장이 해외에서 도착하지 아니한 경우에는 계약서(송품장은 확정가격신신고 시 제출)	거래내용 및 과세가격 확인
⑧	선하증권(B/L) 또는 항공화물운송장(AWB) 사본	반입물품, 물품의 수량, 운임 확인
⑨	포장명세서(검사대상으로 지정된 경우에 한함. 단, 송품장을 전자서류로 제출한 경우는 제외)	수입물품 검사
⑩	원산지증명서(해당 물품에 한함)	원산지확인

수입신고는 전자문서로 작성된 신고자료를 EDI 또는 인터넷을 이용해 관세청의 통관시스템에 전송하는 것으로 한다. 서류를 제출하여야 하는 자가 해당 서류를 관세사 등에게 제출하고, 관세사 등이 해당 서류를 확인한 후 수출 · 수입 · 반송신고를 할 때는 해당 서류의 제출을 생략하거나 수입신고가 수리된 후에 제출하게 할 수 있다(관세법 제245조). 이와 같이 서류 제출을 생략하게 하거나 수입신고 수리 후에 서류를 제출하게 하는 경우 세관장이 필요하다고 인정하여 신고인에게 관세청장이 정하는 장부나 그 밖의 관계자료의 제시 또는 제출을 요청하면 신고인은 이에 따라야 한다. 수입신고를 접수한 세관장은 신고된 물품과 현품의 일치 여부, 신고된 물품 이외에 관세의 포탈이나 법적 제한회피 등을 위해 숨겨진 물품이 있는지 여부 등을 세관당국이 확인하는 검사를 실시한다. 이와 같은 검사목적을 달성하기 위해서는 수입신고된 물품 모두에 대해 자세하게 검사를 해야 할 것이지만 제한된 세관의 인력과 예산으로 모든 물품을 검사한다는 것은 현실적으로 불가능하다. 또 대부분의 경우 수입자들이 성실하게 신고하고 있으므로 그러한 검사가 필요하지도 않다.14) 따라서 세관당국의 현품검사는 위법가능성이 있는 일부 신고건에 대해서만 선별적으로 실시된다. 통관단계에서 행해지는 심사는 수입신고 후 그 신고가 수리되기 전에 개별신고건을 중심으로 세관이 행한다. 이때의 심사는 서면심사를 원칙으로 하는데, 사전세액심사와 수입통관심사가 있다. 사전세액심사는 납세신고한 사항의 정확 여부를 가리는 것이다. 수입통관심사는 통관요건의 충족 여부에 대해 확인하는 것이다. 통관단계의 심사는 분석의뢰물품 등 특별한 사유가 있는 물품이 아닌 한 대부분 즉석에서, 또는 수 시간 이내에 완료된다. 세관장이 심사결과 그 세액에 과부족이 있음을 안 때에는 신고인에게 세액정정에 대해 안내를 한다. 그러나 위법성이 인지될 경우 관세법 등의 위반혐의로 조사를 한 다음 처벌여부를 결정한다. 검사와 심사절차가 종료되면 세관장은 수입신고필증을 교부한다.

14) "수입신고건에 대해 일정부분의 수량을 개장 전에는 품명, 수량 및 가격과 포장의 종류, 기호, 번호 및 개수와 화주명, 원산지표시 등을 신고서류와 대조해 확인하고 개장 후에는 내용품과 신고사항의 일치 여부를 확인하는 검사를 실시하였으며, 다만 그 품질만은 육안으로 확인하기 곤란해, 원고들을 대리한 관세사 사무원과 보세창고의 직원의 입회 아래 동일한 품명과 규격으로 신고 되고 동일한 포장단위로 포장된 것들 중에서 각 신고번호별로 그 신고물품 중에서 무작위로 선택한 시료를 채취해 분석한 것이라면 이러한 검사 및 분석의뢰는 객관적이고 합리적인 방법으로 적법하게 이루어진 것으로 보아야 한다(대법원 1998.7.24. 선고 96누18076 판결)."

4) 수입신고수리전반출제도

수입신고수리전반출제도는 수입신고시점에 과세요건이 일부 확정되지 아니한 경우 그 수입신고가 수리되기 전에 물품이 장치된 장소로부터 미리 반출할 수 있도록 허용하는 제도다(관세법 제252조). 수리전반출대상은 수입통관에 곤란한 사유가 없는 물품으로서 [표 3-13] 각 호의 어느 하나에 해당하는 경우이다.

표 3-13 | 수입신고수리전반출의 사유

①	완성품의 세번으로 수입신고수리를 받고자 하는 물품이 미조립상태로 분할 수입된 경우
②	조달사업에 관한 법률의 비축물자로 신고된 물품으로 실수요자가 결정되지 아니한 경우
③	사전세액심사 대상물품(부과고지물품을 포함)으로서 세액결정에 장시간이 소요되는 물품
④	품목분류 또는 세율결정에 장시간이 소요되는 경우
⑤	수입신고 시 필요한 원산지증명서를 세관장에게 제출하지 못한 경우

수입신고수리전반출을 하고자 할 때는 관세 및 내국소비세에 상당하는 담보를 제공하고 세관장의 승인을 받아야 한다. 다만, 정부 또는 지방자치단체가 수입하거나 담보를 제공하지 아니하여도 관세의 납부에 지장이 없다고 인정하는 물품에 대해서는 담보제공을 생략할 수 있다.

5) 관세 등의 납부

수입물품에 부과되는 관세 및 내국세는 모두 일정한 기한 내에, 수입신고건별로, 일시에 납부함이 원칙이다. 다만, 예외적으로 납세편의와 자금부담 완화 등을 목적으로 월별납부제도나 환급특례법에 의한 일괄납부제도와 같이 수입신고건별이 아니라 일정기간 동안 납부할 세액을 통합해 납기를 정해둔 것도 있다. 관세를 납부해야 할 기한을 납부기한(納付期限) 또는 납기(納期)라 한다. 관세 등의 납기는 관세법 및 각 내국소비세법에 법률로 정해둔 법정납기와, 세관장이 사안에 따라 납기를 따로 정하는 예외적 납기가 있다. 수입물품의 납세의무는 매 수입행위마다 각각 발생한다. 따라서 납세도 납세의무가 성립되는 매 수입행위를 기준으로 이루어져야 한다. 신고납부의 경우 납기는 납세신고, 즉 수입신고가 수리된 날부터 15일 이내다. 부과고지는 세관장이 납세고지를 하는 것으로, 이 경우 납기는 납세의무자가 해당 납세고지서를 교부받은[15] 날부터 15일 이내다. 납세고지서를 송달하는 경우에는 현실적으로 이를 수령하는 행위가 반드시 필요하다.[16] 관세납기의 종류는 [표 3-14]와 같다.

표 3-14 관세납기의 종류

	납부제도		주요 목적	납부기한	법적 근거
원칙	일반적인 납세		–	신고납부제도: 납세신고수리일부터 15일 이내	관세법 제9조 제1항
				부과고지제도: 납세고지를 받은 날부터 15일 이내	
				즉시반출제도: 수입신고일부터 15일 이내	
예외	납세정정	보정신청	부족세액 납부	보정신청을 한 날의 다음날	관세법 제38조의2 제4항
		수정신고	부족세액 납부	수정신고를 한 날의 다음날	관세법 제38조의3 제1항
	월별납부제도		납세편의, 금융비용 절감	일반적인 납세의 납기가 속한 달의 말일	관세법 제9조 제3항
	징수유예제도		재난 등으로 인한 어려움 완화	1년의 범위 내에서 세관장이 정하는 날	관세법 제10조, 국세징수법 제15조~제17조
	분할납부	천재지변 등			관세법 제107조 제1항
		특정물품 등	산업시설건설, 중소기업지원 등	분할납부승인일부터 5년 내에서 세관장이 정하는 날	관세법 제107조 제2항
	일괄납부제도		수출지원	• 일괄납부기간(6월 범위 내) 종료일의 다음달 15일 이내 • 직권정산 시: 납세고지를 받은 날부터 10일 이내	환급특례법 제5조, 제8조
	납기전징수제도		조세채권 확보	세관장이 정하는 날	국세징수법 제14조

15) 대법원 1995.2.28. 선고 94누505 2판결

16) "부과처분 제척기간이 임박하자 납세의무자가 고지서 수령을 회피하기 위해 일부러 집을 비워 과세관청의 공무원이 부득이 원고의 아파트 문틈으로 납세고지서를 투입하였다 하더라도 그 고지서가 송달되었다고 볼 수 없다(대법원 1996.9.24. 선고 96다204 판결 및 대법원 1997.5.23. 선고 96누5094 판결)." 이와 같이 납세의무자가 의도적으로 고지서의 수령을 회피할 때 과세관청은 관세법 제26조 제1항 및 국세징수법 제16조의 규정에 따라 송달불능으로 인한 징수유예나 부과철회제도를 통해 과세채권을 유지할 수 있다.

관세를 납부기한까지 완납하지 아니한 때에는 그 납부기한이 경과한 날부터 체납된 세액에 대해 가산세를 징수한다(관세법 제42조 제1항). 이때의 가산세는 다음 두 가지 금액을 합한 금액이다.

① 미납부세액 또는 부족세액×법정납부기한의 다음 날부터 납부일까지의 기간(납부고지일부터 납부고지서에 따른 납부기한까지의 기간은 제외한다)×금융회사 등이 연체대출금에 대하여 적용하는 이자율 등을 고려하여 대통령령으로 정하는 이자율(현재 1일 10만분의 25의 율)

② 법정납부기한까지 납부하여야 할 세액 중 납부고지서에 따른 납부기한까지 납부하지 아니한 세액×100분의 3(관세를 납부고지서에 따른 납부기한까지 완납하지 아니한 경우에 한정)

6) 수출입물품의 원산지관리

무역상품에 대한 원산지의 결정, 원산지의 증명, 원산지증명에 대한 검증 등 이른바 원산지규정은 대외무역법, FTA관세특례법, 관세법 등에 흩어져 있다. 대체로 보아 원산지표시 및 관세와 무관한 일반원산지제도에 대해서는 대외무역법에, FTA 협정관세 적용과 관련된 원산지제도에 대해서는 FTA관세특례법에, 그리고 FTA 협정관세를 제외한 그 밖의 관세(예를 들어 덤핑방지관세나 긴급관세 부과 시의 원산지 확인)와 관련한 원산지제도에 대해서는 관세법에 그 규정을 두고 있다. 그러나 대외무역법에도 관세와 관련된 원산지규정이 있고, 관세법에도 원산지표시와 관련된 규정이 있다. 여기서는 관세법에 규정된 원산지제도에 대해 간략히 보기로 한다.

(1) 원산지의 결정기준

관세법 · 조약 · 협정 등에 의하여 관세의 부과 · 징수, 수출입물품의 통관, 원산지증명서에 대한 확인요청에 따른 조사 등을 위해 원산지를 확인할 때는 해당 물품의 전부를 생산 · 가공 · 제조한 나라(완전생산기준) 또는 해당 물품이 2개국 이상에 걸쳐 생산 · 가공 또는 제조된 경우에는 그 물품의 본질적 특성을 부여하기에 충분한 정도의 실질적인 생산 · 가공 · 제조과정이 최종적으로 수행된 나라(실질적 변형기준)를 원산지로 본다. 해당 물품의 전부를 생산 · 가공 · 제조한 나라를 원산지로 보는 경우는 다음 경우이다(관세법시행규칙 제74조).

① 해당 국가의 영역에서 생산된 광산물과 식물성 생산물
② 해당 국가의 영역에서 번식 또는 사육된 산 동물과 이들로부터 채취한 물품
③ 해당 국가의 영역에서의 수렵 또는 어로로 채집 또는 포획한 물품
④ 해당 국가의 선박에 의하여 채집 또는 포획한 어획물 기타의 물품
⑤ 해당 국가에서의 제조 · 가공의 공정 중에 발생한 부스러기
⑥ 해당 국가 또는 그 선박에서 위의 제1호 내지 제5호의 물품을 원재료로 하여 제조 · 가공한 물품

2개국 이상에 걸쳐 생산 · 가공 또는 제조된 물품의 원산지는 해당 물품의 생산과정에 사용되는 물품의 관세통계통합품목분류표(HSK)상 6단위 품목번호와 다른 6단위 품목번호의 물품을 최종적으로 생산한 국가로 한다. 관세청장은 6단위 품목번호의 변경만으로 본질적 특성을 부여하기에 충분한 정도의 실질적인 생산과정을 거친 것으로 인정하기 곤란한 품목에 대하여는 주요 공정 · 부가가치 등을 고려하여 품목별로 원산지기준을 따로 정할 수 있다. 그 외 다음과 같은 특수물품에는 별도의 기준으로 원산지를 결정한다.

① **촬영된 영화용 필름**: 그 제작자가 속하는 국가
② **기계 · 기구 · 장치 또는 차량에 사용되는 부속품 · 예비부분품 및 공구로 본체와 함께 수입되어 동시에 판매되고 그 종류 및 수량으로 보아 통상 부속품 · 예비부분품 및 공구라고 인정되는 물품**: 해당 기계 · 기구 또는 차량의 원산지
③ **포장용품**: 그 내용물품의 원산지. 다만, HSK 상 포장용품과 내용품을 각각 별개의 품목번호로 하고 있는 경우에는 물품별로 원산지를 결정한다.

(2) 단순가공물품에 대한 원산지 불인정

실질적 변형기준의 적용에서 다음 각 호의 1에 해당하는 단순작업이 수행된 국가는 원산지로 인정하지 않는다.

① 운송 또는 보세구역장치 중에 있는 물품의 보존을 위하여 필요한 작업
② 판매를 위한 물품의 포장개선 또는 상표표시 등 상품성 향상을 위한 개수작업
③ 단순한 선별 · 구분 · 절단 또는 세척작업

④ 재포장 또는 단순한 조립작업
⑤ 물품의 특성이 변하지 아니하는 범위 내에서 원산지가 다른 물품과의 혼합작업
⑥ 가축의 도축작업

(3) 직접운송원칙

관세법에 따라 원산지를 결정할 때 해당 물품이 원산지가 아닌 국가를 경유하지 않고 직접 우리나라에 운송·반입된 물품인 경우에만 그 원산지로 인정한다. 이를 직접운송원칙이라 한다. 다만, 다음 각 호의 어느 하나에 해당하는 물품인 경우에는 우리나라에 직접 반입한 것으로 본다.

① 지리적 또는 운송상의 이유로 단순 경유한 것이고, 원산지가 아닌 국가에서 관세당국의 통제하에 보세구역에 장치된 것이며, 원산지가 아닌 국가에서 하역, 재선적 또는 그 밖에 정상 상태를 유지하기 위하여 요구되는 작업 외의 추가적인 작업을 하지 아니한 것
② 박람회·전시회 및 그 밖에 이에 준하는 행사에 전시하기 위하여 원산지가 아닌 국가로 수출되어 해당 국가 관세당국의 통제하에 전시목적에 사용된 후 우리나라로 수출된 물품일 것

(4) 원산지 허위표시 물품 등의 통관제한과 환적제한

세관장은 법령에 따라 원산지를 표시하여야 하는 물품이 다음 각 호의 어느 하나에 해당하는 경우에는 해당 물품의 통관을 허용하여서는 아니된다. 다만, 그 위반사항이 경미한 경우에는 이를 보완·정정하도록 한 후 통관을 허용할 수 있다. 여기에서 법령이란 대외무역법 등을 의미한다.

① 원산지표시가 법령에서 정하는 기준과 방법에 부합되지 아니하게 표시된 경우
② 원산지표시가 부정한 방법으로 사실과 다르게 표시된 경우
③ 원산지표시가 되어 있지 아니한 경우

한편, 세관장은 외국무역선에서 일시적으로 육지에 내려지거나 다른 운송수단으로 환적 또는 복합환적되는 외국물품 중 원산지를 우리나라로 허위표시한 물품은 이를 유치할 수 있다. 이때 원산지의 판단기준은 원산지표시와 관련된 것이므로 대

외무역법의 규정에 따른다. 유치하는 외국물품은 원칙적으로 세관장이 관리하는 장소에 보관하여야 하며, 세관장은 유치사실을 그 물품의 화주 또는 그 위임을 받은 자에게 통지하여야 한다. 통지를 하는 때에는 이행기간을 정하여 원산지표시의 수정 등 필요한 조치를 명할 수 있다. 이 경우 지정한 이행기간 내에 명령을 이행하지 아니하면 매각한다는 뜻을 함께 통지하여야 한다. 세관장의 명령이 이행된 때에는 물품의 유치가 즉시 해제되지만 명령이 이행되지 아니한 때에는 해당 물품을 장치기간 경과화물의 매각과 같은 방법으로 강제매각할 수 있다.

7) 납부세액의 변경

물품을 '수입'하거나, 예외적으로 과세물건이 확정되는 경우에는 그때에 관세 납세의무가 자동적으로 성립한다. 수입물품에 대해 과세요건이 충족됨으로써 성립된 추상적 납세의무를 구체적으로 확정하는 절차는 납부세액의 확인과, 확인된 세액을 상대방 당사자에게 통보하는 2개 과정으로 구성된다. 이 두 과정을 납세의무자가 담당하는 것을 신고납부제도라 하고, 과세관청인 세관이 담당하는 것을 부과고지제도라 한다. 관세는 신고납부제도를 원칙으로 하고, 부과고지제도는 예외적인 납세의무의 성립 등 특히 법령에 열거한 경우만 적용한다. 신고납부대상임에도 신고가 없거나, 세관장이 신고내용을 심사한 결과 오류 · 탈루가 있는 경우에는 과세관청의 경정처분권이 발동된다. 납세신고내용이 정당한 경우에는 과세관청의 경정처분권이 행사되지 않고 신고납부한 그대로 확정된다.

과세관청의 경정처분권 행사는 부과고지에서나 신고납부에서 모두 가능하다. 신고납부제도에서 납세신고를 한 다음 또는 그 신고대로 관세납부를 한 다음에도 신고내용에 오류가 발견되면 당초의 신고내용을 변경할 수 있다. 변경은 오류의 내용이 과다 혹은 과소납부이거나를 불문한다. 그런데 변경을 납세의무자 혹은 세관장 중 누가, 어느 시기에, 어떻게 하는가에 따라 관세법에서 사용하는 용어가 다르고, 그에 따른 가산세율의 적용 여부 등 법적 효과에서도 차이가 난다. 변경시기와 변경의 주체 및 그 명칭을 단계별로 나누어 요약 · 정리하면 [표 3-15]와 같다.

▌표 3-15▐ 단계별 납부세액의 변경주체 및 변경방법

	제1단계(정정)		제2단계(보정)		제3단계(수정신고/경정)	
명칭	정정	세액정정 안내	보정신청 (경정청구)	보정통지	수정신고 (경정청구)	경정
정정 주체	납세 의무자	세관장	납세의무자	세관장	납세의무자	세관장
변경 이유	과다/과소납부		과다/과소납부 (과다납부는 경정청구, 과소납부는 보정신청)		과소납부 (과다납부)	과다/과소납부
조치 시기	납세신고를 한 시점부터 신고납부 전까지		신고납부한 날부터 6월 이내 (보정기간)		• 보정기간이 경과한 다음날부터 관세부과제척기간이 도래될 때까지 • 경정청구는 최초납세신고일부터 5년 이내	

8) 수입통관의 예외

(1) 수입으로 보지 않는 소비 또는 사용

외국물품을 국내에서 소비 또는 사용하더라도 다음과 같은 경우에는 수입으로 보지 않기 때문에 납세를 포함한 통관의 의무가 발생하지 않는다(관세법 제239조).

① 선박용품 · 항공기용품 또는 차량용품을 운송수단 안에서 그 용도에 따라 소비하거나 사용하는 경우

② 선박용품 · 항공기용품 또는 차량용품을 관세청장이 정하는 지정보세구역에서 출입국관리법에 따라 출국심사를 마치거나 우리나라에 입국하지 아니하고 우리나라를 경유하여 제3국으로 출발하려는 자에게 제공하여 그 용도에 따라 소비하거나 사용하는 경우

③ 여행자가 휴대품을 운송수단 또는 관세통로에서 소비하거나 사용하는 경우

④ 관세법에서 인정하는 바에 따라 소비하거나 사용하는 경우

(2) 수출입의 의제(擬制)

정상적인 수출입통관절차를 거친 것은 아니지만 다음의 경우는 적법하게 수출입된 것으로 보고(이를 의제라 한다) 별도의 통관절차를 요구하거나 관세 등을 따로 징수하지 않는다(관세법 제240조).

① 체신관서가 수취인에게 내준 우편물
② 관세법에 따라 매각된 물품
③ 관세법에 따라 몰수된 물품
④ 관세법에 따른 통고처분으로 납부된 물품
⑤ 법령에 따라 국고에 귀속된 물품
⑥ 몰수에 갈음하여 추징된 물품
⑦ 체신관서가 외국으로 발송한 우편물

(3) 수출입 금지물품

관세법은 다음 물품은 수출입을 금지하도록 규정하고 있다(관세법 제234조).

① 헌법질서를 문란하게 하거나 공공의 안녕질서 또는 풍속을 해치는 서적 · 간행물 · 도화, 영화 · 음반 · 비디오물 · 조각물 또는 그 밖에 이에 준하는 물품
② 정부의 기밀을 누설하거나 첩보활동에 사용되는 물품
③ 화폐 · 채권이나 그 밖의 유가증권의 위조품 · 변조품 또는 모조품

(4) 지식재산권을 침해하는 물품 등의 수출입금지

관세법은 동법에서 정한 지식재산권을 재산권자가 관세청장에게 신고한 경우 이 재산권을 침해하는 물품의 수출과 수입을 모두 금지하고 있다. 세관장은 지식재산권 침해혐의가 있는 물품이 수입 또는 수출신고되었음이 확인되면 통관보류조치를 하고, 이를 지식재산권자에게 통보한다. 통관이 보류된 지식재산권침해 혐의물품은 지식재산권자의 제소에 따른 법원의 판결에 따라 침해 여부가 확정되며, 침해사실이 인정되면 해당 법령의 규정에 따라 몰수 등의 후속조치가 취해진다. 관세법은 다음 각 호의 어느 하나에 해당하는 지식재산권을 침해하는 물품은 수출하거나 수입할 수 없다고 규정하였다(관세법 제235조).

① '상표법'에 따라 설정등록된 상표권
② '저작권법'에 따른 저작권과 저작인접권
③ '식물신품종보호법'에 따라 설정등록된 품종보호권
④ '농산물품질관리법' 또는 '수산물품질관리법'에 따라 등록되거나 조약 · 협정 등에 따라 보호대상으로 지정된 지리적표시권 또는 지리적표시

⑤ '특허법'에 따라 설정등록된 특허권
⑥ '디자인보호법'에 따라 설정등록된 디자인권

한편 관세법은 물품의 품질, 내용, 제조방법, 용도, 수량을 사실과 다르게 표시한 물품이나 품질 등을 오인할 수 있도록 표시한 물품도 통관을 불허하도록 하였다.

9) 수입통관물품의 사후관리

(1) 의무이행의 요구

세관장은 관세법 이외의 다른 법령에 따라 수입 후 특정한 용도로 사용하여야 하는 등의 의무가 부가되어 있는 물품에 대해서는 문서로써 해당 의무를 이행할 것을 요구할 수 있다. 의무이행제도는 관세법상 감면세, 분할납부, 용도세율 적용물품에 대한 사후관리와 같은 개념을 대외무역법 등 다른 법령에서 수입 후에 이행을 요구하고 있는 사항에 대해서도 적용하여 사후관리할 수 있게 한 것이다. 예로서 세관장은 수입 후 단순가공 처리되어 최종소비자에게 판매되는 물품에 대해 수입자에게 수입통관 후 원산지표시를 하도록 의무를 통지하고 사후관리할 수 있다.

(2) 통관표지의 부착

세관장은 관세보전을 위해 필요하다고 인정하는 때에는 수입물품에 대해 통관표지를 부착하도록 할 수 있다. 통관표지를 첨부하도록 하는 이유는 해당 물품이 세관의 사후관리를 받고 있는 물품임을 표시해 일반물품과 구분하고, 정상통관절차를 거친 물품과 밀수품 등 부정수입물품을 시중유통단계에서 쉽게 구분하기 위함이다.

① 관세의 감면 또는 용도세율의 적용을 받은 물품
② 관세의 분할납부승인을 받은 물품
③ 부정수입물품과 구별하기 위해 관세청장이 지정하는 물품

(3) 유통이력신고제도

유통이력신고제도는 사회안전이나 국민보건을 해칠 우려가 있는 수입물품이 국내 유통 과정에서 그 사실을 숨기지 않도록 사후관리하는 제도이다. 특정물품의 외

국수출자, 수입자, 유통업자, 최종판매자까지 전체 유통경로를 파악하여 필요한 경우 세관당국이 현품을 확인함으로써 원산지표시의 변경 등 불법행위가 발생하지 않도록 하기 위한 것이다. 이 제도에 따라 외국물품을 수입하는 자와 수입물품을 국내에서 거래하는 자는 사회안전 또는 국민보건을 해칠 우려가 현저한 물품 등으로서 관세청장이 지정하는 물품(이를 '유통이력신고물품'이라 한다)에 대해서는 유통단계별로 거래명세(유통이력)를 관세청장에게 신고해야 한다. 소비자에 대한 판매를 주된 영업으로 하는 사업자는 신고의무대상에서 제외되어 있다.

(4) 보세구역반입명령

관세청장 또는 세관장은 관세법에 따른 의무사항을 위반하거나 국민보건 등을 해칠 우려가 있는 물품은 이를 보세구역으로 반입할 것을 명할 수 있다. 보세구역반입명령(recall)제도라 한다. 보세구역반입명령 대상물품은 [표 3-16]과 같다. 다만, 해당 물품이 수출입신고가 수리된 후 3개월이 지났거나, 관련 법령에 따라 관계행정기관의 장의 시정조치가 있는 때에는 반입명령을 할 수 없다(관세법 제238조 및 동법 시행령 제245조).

표 3-16 보세구역반입명령 대상

보세구역반입명령 대상
① 관세법의 규정에 의한 의무이행 요구가 있었으나 그 의무를 이행하지 아니한 경우
② 관세법의 규정에 의한 원산지표시가 적법하게 표시되지 아니하였거나 수출입신고수리 당시와 다르게 표시되어 있는 경우
③ 지식재산권을 침해한 경우

반입명령을 받은 자는 해당 물품을 지정받은 보세구역에 반입해야 한다. 세관장은 반입된 물품에 대해 반입명령을 받은 자에게 그 물품을 반송 또는 폐기할 것을 명하거나, 보완 또는 정정 후 반출하게 할 수 있다. 이 경우 반송 또는 폐기에 소요되는 비용은 명령을 받은 자가 이를 부담해야 한다.

4 수출통관 실무

1) 물품의 장치와 요건 확인

수출하고자 하는 물품에 대해서는 장치장소를 제한하지 않는다. 수입물품 또는 반송물품과는 달리 장치장소를 보세구역이나 보세구역외장치장 등으로 한정하지 않는 것이다. 수출하고자 하는 물품이 법령에서 별도로 정한 요건이 충족되어야 하는 경우 수출신고에 앞서 관련 기관 등에서 그 요건이 충족되었음을 확인받아야 한다. 대표적인 것이 전략물자수출허가이다. 요건이 충족되었는지 여부는 수입의 경우와 같이 수출신고가 이루어졌을 때 관세법 제226조의 규정에 따라 세관장이 확인한다.

2) 신고의 시기와 방법

수출신고는 수출물품의 생산이 완료된 다음 해당 물품을 외국으로 출항하는 선박 또는 항공기에 적재하기 전까지 해야 한다. 수출신고도 수입신고의 경우와 같이 전자문서로 작성된 신고자료를 EDI 또는 인터넷을 이용해 관세청의 통관시스템에 전송하는 것으로 한다.

3) 수출신고자와 신고세관

수출신고는 수출물품의 화주 또는 완제품공급자나 이들을 대리한 관세사(관세법인, 통관취급법인 포함) 명의로 해야 한다. 완제품공급자는 해당 물품을 생산하여 수출자에게 공급한 자로, 실제 수출자는 아니지만 수출신고인이 될 수 있게 한 것은 수출물품의 생산(공급)자인 완제품공급자가 수출에 따른 관세환급을 수출자 대신 직접 받을 수 있게 하기 위함이다. 수출신고는 수출하고자 하는 물품이 장치된 장소를 관할하는 세관에 하여야 한다. 물품을 어느 장소에 두고 수출신고를 할 것인가는 수출신고인이 임의로 정할 수 있으나, 신고를 해야 하는 세관은 물품소재지 관할세관이다.

4) 신고물품의 검사와 심사

수출신고물품에 대한 세관의 검사는 생략함이 원칙이다. 다만, 수출통관시스템에서 검사대상으로 선별되는 등 세관장이 물품을 확인할 필요가 있는 경우에는 물품검사를 할 수 있다. 수출물품의 검사는 신고수리 후 적재지에서 검사하는 것을 원칙으로 한다. 그러나 세관장이 적재지 검사가 부적절하다고 판단되는 물품이나 반송물품, 계약상이 물품, 재수출물품 및 원상태수출물품, 국제우편수출물품 등은 신고지 세관에서 물품검사를 실시할 수 있다. 적재지 관할 세관장은 필요하다고 인정되는 경우 물품검사 생략대상으로 수출신고수리된 물품에 대해서도 컨테이너검색기검사 등의 검사를 실시하기도 한다. 수출신고서는 자동수리, 심사후수리, 검사후수리의 3가지로 나뉘어 처리된다. 자동수리 대상물품은 통관시스템에서 자동으로 수리되는 것이다. 심사후수리와 검사후수리는 수입의 경우와 유사하게 세관이 심사 또는 검사를 한 다음 이상이 없을 때 그 신고를 수리하는 것이다.

5) 수출신고필증의 교부와 선적

세관장은 서류제출로 신고된 건에 대해 그 신고를 수리한 때는 서류로 된 수출신고필증을 신고인에게 교부한다. 전자서류에 의한 수출신고건이 수리된 때는 세관장이 서류로 된 수출신고필증을 교부하는 것이 아니라 신고인이 신고수리 여부를 전산으로 확인한 다음 전산으로 확인한 내용과 일치하는 수출신고필증을 자율적으로 발행한다. 관세사 등이 수출화주를 대리하여 신고한 경우 관세사가 수출신고필증을 발행하여 신고를 의뢰한 화주에게 교부한다.

수출자는 수출신고가 수리된 물품을 수출신고가 수리된 날부터 30일 이내에 우리나라와 외국 간을 왕래하는 선박 또는 항공기에 적재해야 한다. 출항 또는 적재일정 변경 등 부득이한 사유가 있을 경우에는 적재기간 내에 통관지세관장에게 적재기간 연장승인을 신청할 수 있다. 세관장은 그 사유 등을 심사해 타당하다고 인정하는 경우 수출신고수리일로부터 1년의 범위 내에서 적재기간 연장을 승인할 수 있다.

6) 특수형태의 수출통관

수출화물의 소재지나 선적 방법에 특수성이 있는 다음과 같은 특수형태의 수출은 신고 방법이 일반적인 수출과 차이가 있다.

① **선상수출신고**: 물품을 선적한 후 공인검정기관의 검정서(survey report)에 의해 수출물품의 수량을 확인하는 물품이나 물품의 신선도 유지 등을 위해 선상 수출신고가 불가피하다고 인정되는 물품, 그리고 자동차운반전용선박에 적재하여 수출하는 신품자동차는 해당 물품을 선적한 후 선상에서 수출신고를 할 수 있다.

② **현지수출 어패류신고**: 어패류를 관세법 제136조의 규정에 의한 출항허가를 받은 운반선에 의해 현지에서 수출하는 것이 부득이한 경우는 수출 후 대금결제 전까지 출항허가를 받은 세관장에게 신고자료를 전송하고, 신고서류에 수출실적을 증명하는 서류를 첨부해 제출한다.

③ **원양수산물신고**: 우리나라 선박이 공해에서 채집 또는 포획한 수산물을 현지판매하는 경우에는 수출자가 수출 후 대금결제 전까지 수출사실을 증명하는 서류가 첨부된 수출실적보고서를 한국원양어업협회를 경유해 서울세관장에게 신고자료를 전송해야 한다.

④ **잠정수량신고 대상물품의 수출신고**: 배관 등 고정운반설비를 이용해 적재하는 경우 또는 제조공정상의 이유로 수출신고서에 수량 확정이 곤란한 다음 각 호의 어느 하나에 해당하는 물품을 수출하고자 하는 자는 수출신고서에 적재예정수량 및 금액을 신고하고 적재완료일로부터 5일이 경과하기 전까지 실제 공급한 수량 및 금액을 신고할 수 있다.

가. 가스, 액체, 전기

나. HS 제50류 내지 제60류 중 직물 및 편물과 제71류부터 제83류까지의 귀금속 및 비금속제 물품

다. 그 밖에 계약의 내용이나 거래의 특성상 잠정수량 또는 잠정가격으로 신고하는 것이 불가피하다고 세관장이 인정하는 물품

5 반송통관 실무

1) 반송이 필요한 경우

관세법에서 반송(返送)이란 우리나라에 도착한 외국물품이 수입통관절차를 거치지 않고 다시 외국으로 반출되는 것을 말한다. 반송의 개념에는 그 물품을 당초에 보냈던 화주에게 도로 돌려보내는 환송(還送)의 경우로 한정해 해석하지 않는다. 제3국의 제3자에게 송부하기 위해 반출하는 것도 반송에 포함된다. 우리나라에 도착한 외국물품이 수입통관절차를 거치지 않고 다시 외국으로 반출되는 사유는 다음과 같이 상당히 다양하다.

① **보세공장 또는 자유무역지역에 반입하였다가 외국으로 반출되는 물품**: 보세공장이나 자유무역지역에 반입해 제품을 제조·가공한 다음 외국으로 반출되는 물품은 관세법상 반송에 해당한다. 이 경우 통관절차는 일반적인 수출통관과 동일하게 이루어진다. 보세공장이나 자유무역지역에 반입하였으나 제조·가공 없이 반입된 상태 그대로 다시 반출되는 반송의 경우도 있는데 이때는 일반적인 수출통관절차가 아니라 반송절차에 따라 처리된다.

② **보세판매장에서 판매된 물품**: 보세판매장에서는 보세상태의 물품이 판매되므로 개인이 보세판매장에서 구매한 물품을 외국으로 반출하는 경우 반송에 해당한다. 그러나 이 경우 별도의 통관절차가 요구되는 것은 아니다.

③ **단순반송물품**: 외국으로부터 보세구역(또는 보세구역외장치장)에 반입되었으나 다음과 같은 사유가 있을 때는 반송통관절차에 따라 외국으로 반출될 수 있다.
- 수입신고 전에 주문이 취소되었거나, 잘못 반입된 물품 또는 무역계약과 상이한 물품임이 확인되거나 수입요건이 구비되지 않았음이 확인된 경우
- 선사(항공사)가 반출하는 선박(항공기)용품 또는 선(기)내 판매용품

④ **통관보류물품**: 외국으로부터 보세구역(또는 보세구역외장치장)에 반입된 물품으로서 수입신고를 하였으나 수입신고수리요건의 불비 등을 이유로 통관이 보류된 경우 반송통관절차에 따라 외국으로 반출될 수 있다.

⑤ **위탁가공물품**: 원자재의 전부 또는 일부를 수출해 외국에서 임가공 후 보세구

역(또는 보세구역외장치장)에 반입된 물품도 반송통관절차에 따라 외국으로 반출될 수 있다.

⑥ **중계무역물품**: 수출할 것을 목적으로 보세구역(또는 보세구역외장치장)에 반입된 물품은 보수작업을 거치거나 반입된 상태 그대로 반송통관절차에 따라 외국으로 반출될 수 있다. 그러나 우리나라를 단순히 통과하는 물품이나 환적화물은 반송통관절차를 필요로 하지 않는다.

⑦ **보세창고 반입물품**: 외국으로부터 보세창고에 반입된 물품을 국내 수입화주의 결정지연 등을 이유로 수입하지 아니한 상태에서 다시 반송통관절차에 따라 외국으로 반출할 수 있다.

⑧ **장기비축 수출용원재료 및 수출물품 사후 보수용 물품**: 정부비축용 물품, 정부와의 계약이행을 위해 비축하는 방위산업용 물품, 장기간비축이 필요한 수출용 원재료와 수출품 보수용 물품으로 세관장이 인정하는 물품 등도 필요한 경우 반송통관절차에 따라 외국으로 반출될 수 있다.

⑨ **보세전시장 반출물품**: 우리나라에서 개최되는 박람회, 전시회 등에 출품하기 위해 보세전시장에 반입하였다가 전시가 종료된 것은 반송통관절차에 따라 외국으로 반출될 수 있다.

⑩ **보세판매장 반출물품**: 보세판매장에 반입되어 판매 중인 외국물품이 변경, 고장, 기타 유행의 변화 등을 이유로 판매하지 못해 운영인이 외국으로 반출하는 경우도 반송통관절차가 적용된다.

2) 반송의 신고

반송은 적하목록, 선하증권(B/L), 항공화물운송장(AWB)상의 수하인이나 해당 물품의 화주 또는 해당 물품의 처분권리를 취득한 자가 할 수 있다. 반출대상국은 원칙적으로 제한되지 않는다. 즉, 당초 수출국이거나 제3국으로도 반출이 가능하다. 반송을 하고자 하는 물품은 일반적인 수입물품과 동일하게 지정장치장, 보세창고, 또는 보세구역외장치장소에 반입한 다음 그 반입일 또는 장치일부터 30일 이내에 반송신고를 해야 한다. 그러나 여행자 휴대품으로서 유치된 물품을 반송할 때는 해당 물품의 유치일부터 1월이 경과한 날부터 30일 이내에 반송신고를 해야 한다(관세법 제241조). 유치된 휴대품에 대해 이와 같이 일정기간 동안 반송을 제한하는 것은 휴대품으로서 상용품이 과다하게 반입되는 것을 억제하기 위함이다. 반송신고는 반입 당시가 아니라 반송 당시의 물품의 성상을 기준으로 신고해야 한다.

3) 심사 및 검사와 신고수리

반송신고물품에 대해서는 심사와 현품검사를 한 다음 그 신고를 수리한다. 반송신고물품에 대한 검사는 수출통관시스템에 의해 검사대상으로 지정되었거나 사회관심품목 등 소비재와 정상 수출입을 가장한 부정무역의 우려가 있는 물품 등 세관장이 필요하다고 인정하는 물품에 대해 행해진다. 검사결과 이상이 없으면 세관장은 세관기재란에 '반송물품'이란 붉은색의 고무인을 날인해 신고필증을 교부한다. 반송신고가 수리된 물품이 내륙지 보세구역에 장치되어 있을 경우에는 수출물품과 달리 반드시 보세운송을 통해 선적지로 운송하여야 한다.

Chapter 04

Free Trade Agreement
FTA 이해와 활용

FTA

품목분류(HS)

1. 품목분류(HS)의 개요
2. HS 품목분류표의 구조
3. 품목분류 접근방법
4. HS 해석에 관한 통칙

Chapter

04. 품목분류(HS)

FTA 이해와 활용

1 품목분류(HS)의 개요

1) HS의 태동

국제무역에 있어서 무역활동의 양적 증대 및 질적 변화에 대한 현황을 파악하고 국가 간 비교를 위해서 무역통계의 작성이 필수적이며, 무역관련 데이이터를 합리적으로 통일 관리하여야 할 필요성이 늘어남에 따라 무역통계와 품목분류에 대한 국제적 표준화에 대한 연구가 지속되어 왔다.

국제적으로는 유엔통계국(UNSD)에서 개발된 SITC(국제표준무역분류: Standard International Trade Classification)는 관세목적과는 관계없이 국제무역량이 많은 물품을 중심으로 분류하였으며, 관세협력이사회(CCC)에서 마련한 CCCN(관세협력이사회품목분류표: Customs Cooperation Council Nomenclature)은 국제무역량보다는 산업보호, 관세징수 등 관세목적상 중심을 두고 품목들을 분류하였다.

그러나 무역절차의 간소화 및 조화 면에서 무역통계와 품목분류의 불일치와 복잡성을 배제하고 국제적으로 거래되는 상품에 공통의 코드번호를 부여하여 수입허가 · 통관 · 보험 · 운송 등 무역절차의 전 분야에 사용될 수 있는 수단이 요구되었다. 이런 요구를 바탕으로 SITC와 CCN을 모체로 다목적, 다용도, 통일 품목표를 연구하였는데 그 산물이 바로 HS이다.

| 표 4-1 | CCCN과 SITC 비교

구분	CCCN	SITC
목적	• 관세목적 품목표 – 생산단계별 세율차 – 기능, 용도 유사품의 균형세율	• 통계목적 품목표 – 무역통계 자료수집 – 경제분석 비교용이
분류원칙	• 동일류에 동일원료로부터 제품을 일괄분류 • 다수의 분류기준 조합 – 대분류: 재료별 – 소분류: 생산단계별	• 물품종류별 – 식료품, 원료품, 가공품 등 • 다수의 분류기준 조합 – 대분류: 용도, 생산단계별 – 소분류: 재질별
특게대상	• 무역량보다는 다음 조건의 것이 특게 – 생산보호, 관세징수 필요품 – 높은 부가가치 품목 – 귀중품	• 무역량이 많은 것 중심 특게 – 세율의 고저불문 – 주요 교역품

2) HS의 기본개념

HS(Harmonized System)란 무역상품이 수출국 생산자로부터 수입국 소비자에게 인도되기까지 관세·통계·운송 단계에서의 분류를 위한 다목적·통일적 상품명칭과 전산처리를 위한 코드로 구성된 분류체계(품목표)이다.

HS는 'The International Convention on the Harmonized Commodity Description and coding System and its annex(통일상품명 및 부호체계에 관한 국제협약과 그 부속서)'로서 HS는 이의 약칭이며, 1983년 6월 국제협약으로 채택되어 1988년 1월 1일부터 우리나라를 포함한 범세계적으로 시행되고 있다. 부속서에서는 이를 HS품목표(HS Nomenclature)라 표기하고 있다.

HS의 골격은 품목표 전체의 분류방침에 관한 통칙을 포함하여 모든 무역상품을 포괄할 수 있도록 21부, 97류(유보: 77류 포함)를 기본으로 4단위 호(Heading), 6단위 소호(Sub-Heading)의 4단계의 분류체계로 구성되어 있으며, 6단위 이하는 각국의 필요에 따라 세분화하여 사용할 수 있다. 또한 각 부·류·소호의 머리에 그 부·류·소호의 분류방향, 타류와의 관계, 용어의 정의 등을 기재한 주(Note)로 구성되어 있다. 또한 일부 류는 절을 설정하여 품목분류의 이해를 돕도록 하였다.

또한 "하나의 상품은 하나의 호·소호에 분류되어야 한다"는 '일의성 분류원칙'에 따라 모든 수출입물품은 하나의 HS code에 분류되어야 하며, 이를 위해 관세·통계통합품목분류표 해석에 관한 통칙(GRI)을 순차적으로 적용하도록 하고 있고, 분류목적상 '최종호 분류원칙'과 '유사품 분류원칙' 등을 보완적으로 채택하고 있다.

HS는 세계관세기구(WCO) HS위원회에서 관리하고 있는데 무역환경의 변화와 기술발전에 따른 신상품의 출현을 반영하여 약 4~6년 간격으로 개정작업을 진행하여 오고 있다. 1988년 이후 총 7차례의 개정을 거쳤으며, 2021년 현재는 제6차 개정에 따른 'HS 2017'이 시행되고 있으며, 7차 개정에 의한 HS 2022는 2022년 1월 1일부터 시행될 예정이다.

3) HS 구성체계(원리)

HS는 일반적으로 구성체계에 따라 아래와 같이 크게 2개의 부분으로 나눌 수 있으며, 구성기준은 크게 성분, 주성분, 가공도, 용도 및 주기능의 5가지로 요약할 수 있고 세부 구성체계는 원재료의 가공단계를 기준으로 하고 있는 원칙적인 구성방법과 제품 자체를 기준으로 하고 있는 예외적인 구성방법으로 나눌 수 있다.

① **제1부분(1~15부, 12부 제외)**: 이 부분은 성분별 및 가공도별로 구성되어 있고, 따라서 분류기준은 성분, 주성분 및 가공도 있다.

② **제2부분(16~21부, 12부 포함)**: 이 부분은 최종완제품으로서 용도별, 주기능별로 구성되어 있고, 따라서 분류기준도 용도와 주기능이다.

(1) 원칙적 구성

원칙적으로 동종의 원재료로부터 얻어지는 모든 물품을 동일한 1개의 류에 함께 분류하고 그 각 류 안에서는 생산 · 가공단계를 분류기준으로 하여 원재료→반제품→완제품 순으로 배열하는 방식을 채택하고 있다.

| 예시 |

- 43류: 생모피 → 유연처리, 완성가공한 모피 → 모피제품
- 76류: 소재 상태 알루미늄 → 중간제품인 봉 · 선 · 판 → 완제품

(2) 예외적 구성

그러나 각종 상이한 원재료를 사용하는 특정의 산업에서는 분류 · 배열에서의 부

당한 경직성을 배제하고자 원재료의 가공단계별 분류기준이 아닌 제품 위주로 분류하고 있다.

| 예시 |

- 자수직물 · 투울직물 등 섬유제품에 대해서는 기본 직물재료에 관계없이 58류에 분류
- 의자의 경우 재료 및 가공단계와 무관하게 9401호에 분류하며 용도와 재질에 따라 9401호 내에서 세분류

HS 해석에 관한 통칙(GRI), 호, 부 · 류의 주 및 해설서 등 품목분류규정도 자연과학의 형태를 취하고 있지만, 이것은 자연과학 학술서가 아닌 세계 각국이 품목분류의 통일성을 확보하기 위해 만든 하나의 '사회적 약속'이므로 자연과학적 이론상의 보편타당한 체계에 따라 분류되어 있는 것은 아니다.

따라서 HS 해설서 등에서의 설명이 자연과학이론이나 일반상식(각 국가의 관습 또는 풍습)에 위배된다 하여 품목분류체계에 오류가 있다고 하는 주장이 있을 수 있으나 이는 자연과학과 품목분류를 혼동하는 데서 빚어지는 문제라 할 수 있다.

4) HS 협약 가입국의 의무

우리나라를 포함해 HS 협약에 가입한 모든 나라는 원칙적으로 그 국가에 대해 HS 협약의 효력이 발생하는 날로부터 관세 및 통계분류는 HS와 일치시켜야 하므로 다음과 같은 의무를 준수해야 한다.

① HS의 호와 소호에 대한 추가 또는 조정없이 그들과 관련된 코드번호를 사용해야 한다.

② HS 해석에 관한 통칙과 모든 부, 류, 호 또는 소호의 주(Note)를 그대로 적용하며 호, 소호를 삭제 또는 신설하거나 변경하지 못한다.

③ 각 체약국은 HS규정 범위 내에서 HS를 국내법으로 시행하는 데 필요한 문맥상의 조정을 할 수 있다(예: 관세율표상의 용어의 정의, 소호의 한계 등).

④ HS에 설정된 6단위의 범위 내에서 세분류하여 사용하여야 한다. 우리나라는 10단위 분류체제를 사용한다.

2 HS 품목분류표의 구조

그림 4-1 | HS 품목분류표의 구조

① [통칙(GRI)]
- 품목표 전반에 걸친 HS 해석에 관한 일반원칙으로 법적 구속력을 가지고 있음
- 6개 항목으로 구성되어 있으며 HS 테두리 내에서 국내통칙 추가 사용가능

[부(Section: 대분류)]
- 제1~21부
- 참조의 편의상 설정, 법적 구속력 무
- 산업별, 생산단계별 분류
- 농산품 → 공산품 → 기술가공품 등 가공단계식 상품순으로 분류정리

[절]
- 참조의 편의상 설정
- 법적 구속력 없음
- 한정된 류에만 있고 단지 이해를 돕기 위한 목적임

② [주(Legal Note)]
- 부, 류, 소호에 설정
- 법적 구속력 가짐
- 기능
  - 분류범위의 일반적 정의
  - 용어의 정의
  - 경합물품의 소속표시
  - 소호, 호 또는 호 그룹이 포괄하는 상품목록 제시
- 해석의 통일성과 정확성을 기할 수 있게 함
- 관세율표 전체에 미치는 준통칙적 규정
- 국내 추가 주를 일부 류주에 적용하고 있음

[류(Chapter: 중분류)]
- 제1~97류
- 77류 유보
- 참조의 편의상 설정, 법적 구속력 무
- 동일류 내에서는 일반적으로 원료에서 시작하여 가공상품 순으로 점진적 분류
- 예외적으로 용도·종류별로 분류하기도 함

③ [호(Heading; 소분류)]
- 4단위로 1,222개 호(HS2017)
- 호의 용어는 법적 구속력 가짐
- 잔여호, 임의호 등 특수호 설치

③ [소호(Sub-Heading; 세분류)]
- 5, 6단위로 5,387개 소호(HS2017)
- 7단위 이상 체약국의 재량에 따라 통계부호 설정가능

※ ①②③을 HS 해석의 3대 요소라 하며, 품목분류는 3가지 규정에 의해 이루어져야 한다.

3 품목분류 접근방법

1) HS code 결정 시 고려사항

품목분류를 하기 위해서는 우선 그 물품이 호 · 소호 분류상 '단일물품인가, 복합물품인가' 또는 '여러 개의 재료로 구성된 혼합물품'인가를 결정하여야 한다. 이와 같은 물품의 범위결정과 성상 확인과정을 거친 다음에 각 상품의 객체에 대하여 본체의 해당 호 · 소호에 일괄분류하거나 주용도, 주기능, 주요 특성에 따라 분류하여야 한다.

그러나 이 경우 대부분은 품목표상 2개 호 이상에 분류될 소지가 많다. 그리고 품목표의 어느 호에 게기된 특정품목의 명칭이나 각 주의 내용은 명백하게 보이나 각 나라의 문화나 관습 등 차이에 따라 접근하는 시각이 상이하여 상품의 정의 설정이 다르기 때문에 다른 호에 분류하는 예가 흔히 있다(예: 건사가 한약재냐 동물의 시체냐, 메뚜기 · 도토리가 식용이냐 아니냐, 스포츠 셔츠가 내의냐 외의냐 등).

그러나 "하나의 상품은 반드시 하나의 호 · 소호에 분류되어야 한다"는 '일의성 분류원칙'에 따라 제정된 약속이 6개 항목으로 구성된 품목분류표 해석에 관한 통칙(GRI)이며 이를 순차적으로 적용하여 어떠한 품목도 품목표상 오직 하나의 호에 분류 적용되어야 하고 분류가능한 다른 호에 중복분류되는 일이 없도록 하여야 한다.

HS 분류체계는 원칙적으로 상당부문에 걸쳐 본래적 · 자연과학적 분류시스템을 따르고 있지만, 다목적 · 다용도 목적의 통일 품목표의 구성에 따라 통칙 3(다)의 '최종호 분류원칙', 통칙 4의 '유사물품 분류원칙' 등 비논리적 분류원칙을 채택하여 '일의성 분류원칙'에의 접근을 도모하고 있다.

뿐만 아니라 통칙상 각 항에 규정된 분류원칙들을 어떤 기준 없이 적용하는 경우 다른 분류결과가 발생할 수 있으므로 통칙 1부터 순차적으로 적용하여야 한다.

2) HS code 결정순서

호, 주, 통칙(GRI) 3자 간의 우선 적용순위에 관하여 통칙 제1항 전단에서 호, 주가 통칙 2항 이하에서 규정하고 있는 내용보다 최우선적으로 적용된다고 규정하고 있으며, 제1항 후단에서 호, 주에서 분류할 수 없는 경우에 통칙 2항 이하의 규정에 따라 분류한다고 품목분류 적용순위를 규정하고 있다. 따라서 다음 순서에 따라 HS code를 결정하면 된다.

(1) 호(소호 포함)나 부 · 류의 주에 게기된 물품인지 여부 확인

살펴본 바와 같이 품목분류를 하기 위해서는 우선 그 물품이 '단일물품인가, 복합물품인가' 또는 '여러 개의 재료로 구성된 혼합물품'인가를 확인하여야 한다. 이와 같은 물품의 범위결정과 성상 확인과정을 거친 다음 호나 주에 게기된 물품인 경우에는 최우선적으로 해당 호에 분류하여야 한다. 단일물품의 범위 즉 다른 물질이 어느 정도까지 포함된 경우를 단일물품으로 볼 것인가에 대한 결정은 통칙 2(나)에 의해 결정한다.

(2) 물품의 범위 및 성상 확인결과 특정의 호에 부류할 수 없는 경우

각 상품의 객체에 대하여 본체의 해당 호 · 소호에 일괄분류할 것인지, 주용도, 주기능, 특성에 따라 분류할 것인지를 결정하여야 한다.

① 미완성 · 미조립 · 분해물품의 경우 통칙 2(가)의 규정에 의해 분류

② 농산물, 광물 등의 혼합물은 통칙 3의 규정에 의해 분류

③ 복합기계 또는 다기능기계는 16부 주 3, 4의 규정에 의해 분류

(3) 어느 호에도 분류할 수 없는 경우

통칙 3(다)의 '최종호 분류원칙' 및 통칙 4의 '유사물품 분류원칙'에 의거하여 분류한다.

(4) 포장과 용기에 대한 분류는 통칙 5의 규정에 의해 분류

내용물과 함께 제시되는 포장과 용기는 통칙 5를 보충적으로 적용한다. 그리고, HS 구성체계상 1~15부(12부 제외)는 주로 성분별 및 가공도별로 구성되어 있으므로 성분과 가공도를 분류기준으로 하고, 16~21부(12부 포함)는 최종완제품으로서 용도별, 주기능별로 구성되어 있으므로 용도와 주기능을 분류기준으로 하면 이해하

는 데 도움이 될 것이다.

3) HS 분류를 위한 기초자료

HS는 6단위 소호의 분류체계로서 모든 수출입되는 물품은 이들 소호 중 어느 한 소호에 분류된다. 분류의 통일성을 기하기 위하여 '통칙'과 '주(Note)' 규정을 두고 있으며, 이는 호와 함께 법적 사항으로서 HS 해석의 3대 기준이라 할 수 있다.

또한 HS 해석에 있어서 편의제공과 통일적 적용을 위해 HS협약 제7조에 "HS 해석에 대한 지침으로 관세율표 해설서, 분류에 관한 의견서를 작성하고, 기타의 조언을 한다"라고 규정하여 부속자료가 분류지침이 되는 근거를 마련하고 있는 바 품목분류결정을 위해서는 다음 [표 4-2]의 자료들을 적극적으로 이용하여야 한다.

| 표 4-2 | 품목분류를 위한 참고

종류	주요 내용	법적 근거
HS 해설서 (Explanatory Notes to the Harmonized Commodity Description and Coding System)	• HS 협약의 일부는 아니지만, 세계관세기구(WCO)가 제정한 HS의 품목분류에 관한 공식적인 해설서로서 품목분류의 통일성을 확보하기 위하여 분류지침으로 제시하고 있다 • 따라서 국문과 영문의 해석상 차이가 있을 때에는 법률사항을 제외하고는 영문이 우선하는 것으로 하여야 한다.	관세청 고시
HS 품목분류의견서 (HS Classification)	• WCO는 특정물품의 분류에 주의를 환기시키고 통일적인 분류를 위하여 HS 품목분류의견서를 발행하고 있는데 HS해설서와 마찬가지로 실무상에서는 이 의견에 따라 분류하고 있다. • 이것은 예규형식으로 HS의 번호순서에 따라 수록하고 물품에 대한 해설, 품목분류에 대한 결정 등이 설명되어 있다.	관세청 고시
HS 알파벳색인서 (HS Alphabetical Index)	• 알파벳색인서(Alphabetical Index)는 신속한 품목분류를 위하여 HS 품목분류표와 해설서 등에서 취급한 품목을 알파벳 순으로 코드(Code)와 연계하여 작성되었다. • 이것은 품목분류의 편리를 위한 것이며 법적 구속력은 없고 여기서 찾아진 품목은 다시 호의 내용과 관련 주, HS 해설서 등을 참고하여 품목분류를 해야 한다.	참고용

4 HS 해석에 관한 통칙

1) 개요

HS 해석에 관한 통칙(General Rules for the interpretation of the Harmonized System: GIRs; 이하 '통칙'이라 한다)이란 품목분류표(이하 '표'라 한다)를 분류할 때 적용하는 일반원칙이다. 통칙은 분류의 통일성과 조화성(harmonization) · 간결성(simplification) · 해결성(solution)을 일반원칙으로 하여 법적 분류의 일관성을 유지함으로 관세행정의 신뢰성을 제고하는 데 그 목적이 있다.

통칙과 '부 · 류 · 소호의 주' 및 '호 및 소호의 용어'를 표의 3개 구성요소라고 하며 법적 문구로서 품목분류가 이들에 의하여 결정됨을 의미하기도 한다.

통칙은 제1호부터 제6호까지 총 6개항으로 되어 있으며 통칙 제1호는 '최우선 분류규정'으로서 법적인 목적상의 품목분류는 호의 용어(terms of the heading)와 관련 부 또는 류의 주(Notes)에 의하여 결정한다는 것이며, 통칙 제1호에 의하여 결정할 수 없는 경우에 비로소 통칙 제2호 내지 제4호가 순차적으로 적용되므로 통칙 제2호 내지 제4호는 통칙 제1호에 '종속된 규정'이라 할 수 있다.

통칙 제5호는 케이스 및 포장용기와 포장 재료에 관한 분류규정이며, 통칙 제6호는 소호(sub-heading)의 분류규정이다. 이들은 '보충적 분류규정'이라 하는 바 이는 통칙 제1호 내지 제4호를 적용하여 품목분류를 결정하는 과정에서 '필요한 경우'에만 적용되기 때문이다.

'필요한 경우'라 함은 동일한 상품(예: 곡물이나 석유 관련 제품 등)이라 할지라도 포장용기나 포장재료가 없는 벌크(bulk)상태로 수입된 경우에는 통칙 제5호가 적용될 여지가 없으나 이를 종이상자나 드럼 등의 포장용기에 넣어 수입할 때에 비로소 통칙 제5호를 적용하고 또한 분류된 4단위 호에 두 개 이상의 소호로 구분된 경우에 한하여 통칙 제6호가 보충적으로 적용되기 때문이다.

통칙의 요약 및 적용순서를 보면 [그림 4-2]와 같다.

그림 4-2 ▌통칙 요약 및 적용순서

통칙 제1호 (최우선 분류규정)	• 호의 용어 및 관련 부 빛 류의 주에 의한 분류
↓	
통칙 제2호 (종속적 분류규정)	• 제2-가호: 완전 · 완성된 물품에는 불완전 · 미완성 또는 미조립 · 분해물품도 포함 • 제2-나호: 타 재료나 물질이 혼합 · 결합된 것도 포함
↓	
통칙 제3호 (종속적 분류규정)	• 제3-가호: 가장 협의로 표현된 호에 우선 분류 • 제3-나호: 혼합 · 복합 · 소매세트-본질적인 특성에 따라 분류 • 제3-다호: 최종호에 분류
↓	
통칙 제4호 (종속적 분류규정)	• 가장 유사한 물품으로 분류
↓	
통칙 제5호 (보충적 분류규정)	• 제5-가호: 케이스 및 포장용기도 내용물과 함께 분류(단, 용기가 더 중요한 것 제외) • 제5-나호: 포장재료 및 포장용기도 내용물과 함께 분류(단, 반복적 사용용기 제외)
↓	
통칙 제6호 (보충적 분류규정)	• 소호의 분류 소호의 용어 및 관련 소호의 주에 의한 분류

HS 해석에 관한 통칙(GRI) 개요 및 적용순서	
통칙 1: 호의 용어 및 주에 의한 분류(최우선 분류원칙)	① 부와 류의 표제는 참조의 편의상 설정된 것으로 법적 구속력 없음 ② 법적인 목적의 상품분류는 호의 용어와 주의 규정에 의함 ③ 호의 용어와 주에 달리 규정이 없는 경우: 통칙 2호 내지 통칙 6호의 규정 적용
↓	
통칙 2: 미완성 · 분해물품 및 단일물품의 범위에 관한 분류원칙	① 불완전 · 미완성물품 및 미조립 분해물품 분류원칙(호의 범위 확대) • 불완전 · 미완성 물품 분류원칙 – 개념 및 주요 특성 판단요소, 적용물품, 반가공품 및 반제품 • 미조립 · 분해물품 – 개념, 적용물품, 여분물품에 대한 분류

통칙 2: 미완성 · 분해물품 및 단일물품의 범위에 관한 분류원칙	② 단일물품의 범위에 관한 분류원칙 • 단일물품의 범위에 포함되는 물품 – 다른 물질과 혼합 또는 결합 여부에 관계없이 물품의 주요 특성 유지 – 호의 용어 및 주에 다른 재료, 물질과의 혼합 또는 결합을 금지하지 않는 경우 – 주 또는 호의 본문에서 규정한 혼합 또는 조제품은 통칙 1에 의한 분류임. • 단일물품의 범위를 초과하는 물품의 분류: 통칙 3호 적용
↓	
통칙 3: 혼합물, 복합물, 소매용 세트 분류원칙	① 통칙 3(a): 협의표현 분류원칙 • 가장 구체적이고 협의로 표현된 호가 일반적으로 표현된 호에 우선 – 물품명이 종류보다 협의표현임 – 물품을 명확하게 구분하는 표현이 불완전한 표현보다 협의표현임 • 혼합물이나 세트구성물품의 일부에 대한 상세한 규정은 협의표현이 아님 ② 통칙 3(b): 주요 특성 분류원칙 • 적용대상: 혼합물, 복합물, 소매용 세트 포장물품 • 주요 특성 판단요소: 구성재료나 구성요소의 성질(부피, 중량, 수량, 가격), 용도와 관련된 구성재료나 구성요소의 역할 • 소매용 세트물품 – 2개 이상의 호에 분류되는 2종 이상의 물품으로 구성 – 특정용도나 역할을 수행할 수 있도록 조합 또는 구성 – 재포장 없이 소매용으로 판매하는 데 적합하게 포장 ③ 통칙 3(c): 최종호 분류원칙: 통칙 3(a),(b)에 의해 분류할 수 없는 경우 분류가능한 호 중 최종호
↓	
통칙 4: 유사물품 분류원칙	• 통칙 1~통칙 3의 규정에 의해 분류할 수 없는 경우 적용 • 유사물품 판단요소: 상품제원, 상품목적 및 용도, 생산공정, 상품의 명칭, 상품의 특성과 형태

《보완적 분류원칙: 별개의 분류원칙》

통칙 5: 포장 및 용기의 분류원칙	• 케이스, 상자 및 이와 유사한 용기 분류원칙 – 특정한 물품을 수용하기에 적합한 형상, 장기간 사용하기에 적합한 것, 내용물과 함께 제시, 내용물과 함께 정상적으로 판매, 용기로서 주요한 특성이 부여되지 않은 것은 내용물로 분류 – 내용물과 분리되어 별도 제시되는 경우 4202호 또는 재질별로 분류 • 포장재료와 포장용기: 요건은 상기와 동일. LPG 통처럼 반복사용 가능한 용기는 분리
통칙 6:소호 (Sub-Heading) 분류원칙	• 4단위 호 결정 후 결정호 범위 내에서 소호 분류결정원칙 • 적용순서: 소호의 용어와 소호의 주 → 통칙 1~5호 준용 → 부, 류의 주 적용

2) 통칙 제1호

수출입상품에 관한 품목분류는 최우선적으로 통칙 제1호에 따라야 하는바 그 핵심적인 사항은 법적인 목적을 위한 품목분류는 각 호의 용어 및 그와 관련된 부·류의 주에 의하여 결정한다는 내용으로 그 전문은 다음과 같다.

> 이 표의 부·류 및 절의 표제는 참조를 위하여 규정한 것이며, 법적인 목적상의 품목분류는 각 호의 용어 및 관련 부 또는 류의 주에 따라 결정하되, 이러한 각 호 또는 주에서 따로 정하지 아니한 경우에는 이 통칙 제2호 내지 제6호에서 정하는 바에 따른다.

통칙 제1호의 주요 내용을 살펴보면 다음과 같다.

(1) 부·류·절의 표제는 참조사항

표는 국제무역에서 거래되는 모든 상품을 분류하는데 이를 크게 21개의 부와 97개의 류로 나누고 있으므로 하나의 부와 류에 분류되는 모든 상품을 표제(title)에 포함시키는 것은 불가능할 뿐만 아니라 비록 표제에 속하는 품명과 동일한 것일지라도 그 물품의 용도나 순도 및 포장상태 등에 따라 다른 부 또는 류에 분류되는 경우가 빈번하므로 이러한 조건을 일일이 표시한다는 것은 더욱 곤란한 사항에 속한다.

따라서 부·류 및 절(sub-chapters)의 표제는 어떤 공통적인 상품 특성이나 원재료의 종류 등을 기준으로 체계적인 형식에 따라 가능한 간결하고 함축적으로 표시하되 부·류·절의 표제는 법적 기속력이 없는 참조사항에 속한다.

15부 '비금속 및 비금속의 제품'	일부 비금속의 제품은 다른 부(예: 제16부)에 분류된다.
제62류 '의류와 그 부속품'(메리야스 편물이나 뜨개질 편물은 제외한다)	제6212호(브래지어, 거들)에는 메리야스 편물 및 뜨개질 편물의 특정제품이 분류된다.

(2) 품목분류는 각 호의 용어 및 관련 부·류의 주에 의하여 결정

법적인 목적상의 품목분류는 각 호의 용어(terms of the heading) 및 관련 부 또는 류의 주(notes)에 의하여 결정되므로 이들은 핵심적인 사항에 속하며 통칙과 함께 품목분류표의 3대 구성요소에 해당된다.

법적 효력을 갖는 품목분류는 호의 용어 및 관련 부 또는 류의 주(notes)에 의하여 결정하도록 되어 있으나, '호의 용어'와 '관련 부 · 류의 주'가 서로 달리 적용될 수 있거나 또는 충돌이 발생하는 경우도 있다. 이러한 때에는 '관련 부 · 류의 주'를 우선 적용하여야 한다. 그 이유는 '주'는 관련 호의 용어를 세부적으로 규정하거나 또는 그 분류범위를 제한하는 등의 역할을 하기 때문이다.

표 4-3 호의 용어와 부 · 류의 주의 차이

호의 용어	관련 부·류의 주
제0101호의 '살아 있는 말'	제0101호 용어: 살아 있는 말 · 당나귀 · 노새와 버새
제30류 주 4에 규정된 '의약용품'	제30류 주 4: 다음 각 목의 물품은 제3006호로 분류하며, 이 표의 다른 호로 분류하지 않는다.
순회 서커스용 코끼리	제1류 주 1의 규정 및 제9508호의 용어에 따라 제9508호에 분류 • 제1부(살아 있는 동물과 동물성 생산품) • 제1류(살아 있는 동물) 제0106호: 그 밖의 살아 있는 동물 • 제1류 주 1 다목: 제9508호의 동물은 제외 • 제9508호 용어: 순회서커스 · 순회동물원 · 순회극장 용품

(3) 통칙 제2호 내지 제6호의 규정에 따라 분류

본문에서 '각 호 또는 주에서 따로 규정하지 아니한 경우'라 함은 호의 용어 및 관련 부 또는 류의 주가 품목분류의 결정 시 최우선(the first consideration in determining classification)하는 것을 명확하게 하기 위한 것이다. 따라서 각 호의 용어 및 관련 부 · 류의 주에 의하여 품목분류를 결정할 수 없는 경우 또는 통칙 제1호를 적용할 수 있는 것인지에 대한 논란이 있을 때에 비로소 아래 통칙 제2호 내지 제6호의 규정을 따라야 한다. 다시 말하면 각 호의 용어 및 관련 부 · 류의 주에 의하여 품목분류를 결정할 수 있는 경우에는 통칙 제2호 이하를 적용할 수 없다.

3) 통칙 제2호

통칙 제1호에 의하여 품목분류를 결정할 수 없는 경우에 비로소 통칙 제2호 내지 제6호에 정하는 바에 따르도록 규정되어 있으며, 그 중에서 통칙 제2호를 우선 적용하여야 한다.

통칙 제2호는 '가'호와 '나'호의 두 개의 조문으로 구성되어 있으며, 일정한 조건과 한계에서 호에 분류될 수 있는 물품의 범위를 확대하여 적용하는 것이다.

통칙 제2-가호는 불완전 또는 미완성되거나 미조립 또는 분해된 물품이 완전하고 완성된 물품의 본질적인 특성을 갖춘 경우에 한하여 완전하고 완성된 물품과 같이 분류하고, 통칙 제2-나호는 해당 호의 재료나 물질의 일부로 구성된 것 또는 타 재료나 물질이 혼합되거나 결합된 것도 본질적인 특성을 상실하지 않을 것을 조건으로 하여 특정 호의 재료나 물질과 함께 분류한다는 규정이다.

(1) 통칙 제2-가호

통칙 제2-가호의 전문은 다음과 같다.

> 각 호에 열거된 물품에는 불완전 또는 미완성의 물품이 제시된 상태에서 완전 또는 완성된 물품의 본질적인 특성(essential character)을 지니고 있으면 해당 불완전 또는 미완성의 물품이 포함되는 것으로 보며, 미조립 또는 분해된 상태로 제시된 물품도 완전 또는 완성된 물품(이 통칙에 따라 완전 또는 완성된 것으로 분류되는 물품을 포함한다)에 포함되는 것으로 본다.

본 통칙의 적용 대상 물품 및 원칙은 다음과 같이 크게 세 가지로 구분 할 수 있다.

가. 불완전 또는 미완성 물품을 완전 또는 완성된 물품으로 분류

통칙 제2호는 호의 용어(품명)를 확대하여 적용하는 규정으로서 각 호에 게기된 제품(article)은 일반적으로 완전하고 완성된 물품을 의미하는 것이지만, 불완전 또는 미완성된 상태로 제시된 경우에도 완전 또는 완성된 물품의 본질적인 특성(essential character)을 지니고 있으면 완전 또는 완성된 물품으로 인정하여 같이 분류하는 것이다.

통칙 제2-가호는 제7부(플라스틱과 그 제품 및 고무와 그 제품)부터 적용되며, 특히 제16부 기계류와 전기기기 및 제17부 차량 · 항공기 · 선박과 수송기기 관련품 등의 분류에 매우 중요한 규정이다. 그러나 제1부(산 동물 및 동물성 생산품) 내지 제6부(화학공업 또는 연관공업의 생산품), 즉 제01류 내지 제38류의 물품에는 적용되지 않는다.

나. 미조립 · 분해된 물품을 완전 · 완성된 물품으로 분류

조립식가구 또는 거개 중량의 건설중장비나 유리로 만든 조명기구 등은 부피가 커 수송비가 비싸거나 파손 등 취급상 어려움이 있는 품목 또는 무역관련제도 등에 따라 구성요소(부분품과 부속품)를 미조립 또는 분해된 상태로 수출할 것을 요구하는 경우도 있다. 표에서는 이러한 물품도 특별한 경우를 제외하고는 완전하고 완성된 물품으로 분류한다.

다. 불완전 · 미완성되고 미조립 · 분해된 물품을 완전 · 완성된 물품으로 분류

① 불완전 또는 미완성 물품의 적용범위: 앞의 가항에 따라 '불완전 또는 미완성 물품'으로서 완전 또는 완성된 물품의 본질적인 특성을 지닌 물품으로 인정되어 완전 또는 완성된 물품으로 분류 가능한 물품이 미조립 또는 분해된 상태로 제시된 경우에도 본 규정이 적용된다.
특히, 최근에는 자국산업의 발전과 고용의 증대효과 또는 무역규제를 피할 목적 등으로 주로 자동차나 가전제품 등은 'CKD · SKD'의 미조립 또는 'DKD'의 분해된 상태의 수출거래도 활성화되어 있다.
자동차산업을 예로 든다면 모든 부분품과 부속품이 비조립된 상태로 수출하여 수입자가 완성된 제품으로 조립하는 거래 형태를 'CKD(Complete Knock Down)'라 한다. 이에 반하여 '엔진, 트랜스미션(transmission), 타이어, Door, Seat, 차체 등' 비교적 큰 구성단위의 미조립 상태로 수출하는 것은 'SKD(Semi

표 4-4 CKD · SKD · DKD의 예시

용어	주요 설명
CKD (Complete Knock Down)	자동차산업을 예로 든다면 모든 부분품과 부속품이 미조립 상태로 수출하여 수입자가 완성된 제품으로 조립하는 거래 형태
SKD (Semi Knock Down)	엔진, 트랜스미션(transmission), 타이어, 도어, Seat, 차체 등 비교적 큰 구성단위의 미조립 상태로 수출하는 것
DKD (Disassembled Knock Down)	먼저 완성된 자동차로 조립 후 다시 엔진, 트랜스미션, 타이어, 도어, 차체 등으로 분해하여 수출하는 것

Knock Down)' 차체 등으로 분해하여 수출하는 것은 'DKD(Disassembled Knock Down)'라 한다.

위에서 설명한 'CKD · SKD · DKD'는 세관에 제시된 상태를 기준으로 완전하고 완성된 물품(예: 자동차)의 본질적인 특성을 지닌 경우에는 통칙 제2-가호에 의거 완전하고 완성된 물품(예: 자동차)으로 분류한다.

② 미조립 · 분해된 물품의 적용범위: 미조립 · 분해된 물품은 조립작업만이 연관됨을 전제로 하여 본 통칙이 적용되는 것이며, 완성 또는 완전한 물품을 만들기 위하여 구성요소에 연마, 천공, 절단 등의 추가적인 작업이 필요한 경우에는 본 통칙을 적용할 수 없다.

적용범위는 단순한 조립만으로 완성품이 되는 것으로 조립방법과 관련 일반사용자가 직접 손쉽게 조립할 수 있거나 또는 전문가만 조립할 수 있는 복잡한 방법인지 여부는 고려하지 않는다. 그리고 스크루, 볼트, 너트 등 간단한 고정장치로 조립되는 것과 리벳팅이나 용접에 의하여 조립되는 것이 적용된다.

③ 기본수량을 초과하는 부분품과 부속품의 품목분류: 조립한 결과 완전 또는 완성한 물품을 구성하는 데 필요한 기본수량을 초과하는 미조립된 구성요소(부분품과 부속품)는 그 구성요소가 해당하는 호에 별도 분류하여야 한다.

그러나 이러한 분류원칙에도 불구하고 고가의 주요 기계 등은 기본수량을 초과하는 미조립된 구성요소(부분품과 부속품) 모두를 별도 분류하는 것은 국제상관례 등에 비추어 볼 때 불합리한 점도 있어 실무에 적용하기 위한 목적으로 관세청에서는 예규를 정해두고있다.

④ 반가공품(Blank): 반가공품(blanks)이란 '직접 사용할 수는 없으나 완전 또는 완성된 물품의 대체적인 형상(shape)이나 윤곽(outline)을 갖춘 것으로서 예외적인 경우를 제외하고는 오직 완전 또는 완성된 물품을 만들기 위하여 사용되는 것'으로 정의된다.

반가공품은 별도의 규정이 없는 한 완전 또는 완성된 물품과 함께 분류한다. 반가공품을 완전 · 완성된 물품으로 분류함에 있어 유념할 사항은 완전 · 완성된 물품의 본질적인 형상을 갖추지 아니한 Bar · 디스크(disc) · 관(tube and pipe) 등의 반제품(semi-manufactures)과 구별하여야 한다.

호 및 관련 부 또는 류의 주 등에서 반가공품을 완전하고 완성된 물품으로 분류한 실례는 다음과 같다.

반가공품을 완성된 물품으로 분류한 사례

(1) 면도날 반가공품

면도날 반가공품은 완전한 면도날과 함께 제8212호에 분류하도록 호에 규정되어 있다.

- 제8212호: 면도기와 면도날(면도날의 blanks로서 대상인 것을 포함한다)

(2) 단추 반가공품

단추 반가공품은 완전한 단추와 함께 제9606호에 분류하도록 호에 규정되어 있다.

- 제9606호: 단추 · 플레스파스너 · 스냅파스너와 프레스스터드 단추의 모울드와 단추 블랭크(blanks)

통칙 제2-가호에 의하여 반가공품을 완전 또는 완성된 물품(제품: articles)으로 분류하는 것이 일반적 분류경향임에도 불구하고 예외적으로 반가공품을 완전한 물품으로 분류하지 않고 반제품(semi-manufactured)으로 분류하는 것도 있다. 즉, 천연코르크로 만든 각이 예리한 마개용의 반가공품(blanks)은 제4503호의 천연코르크 제품으로 분류하지 않고 반제품(semi-manufactured)이 속하는 제4502호에 분류하며, 관련 호를 살펴보면 다음과 같다.

반가공품을 완성된 물품으로 분류하지 않는 사례

- 제4502호: 천연코르크[외피를 제거하거나 거칠게 각을 만든 것을 포함하며, 직사각형(정사각형 포함)의 블록상 · 판상 · 쉬트상 또는 스트립상과 각이 예리한 마개용의 Blanks를 포함한다]
- 제4503호: 천연코르크의 제품

이러한 분류는 제4502호에는 '각이 예리한 마개용의 blanks를 포함한다'고 호의 용어에 규정되어 있으므로 통칙 제2-가호에 의거 분류하는 것보다는 통칙 제1호에 따라 우선 분류하기 때문이다.

(2) 통칙 제2-나호

일반적으로 어떤 물품은 그 특성이나 기능을 발휘함에 있어 하나 또는 그 이상의 물질이 혼합되거나 결합되므로 그 특성이나 기능이 강화되고 향상되는 경우가 자연스러운 현상일 수 있으며, 상품의 발달이란 이러한 과정을 통하여 이루어지기도 한다.

이러한 현상을 표에서도 수용하여 각 호의 재료나 물질에는 당해 재료나 물질만으로 된 것뿐만 아니라 타 재료나 물질이 일부(partly)혼합 또는 결합한 것도 포함되므로 통칙 제2-가호와 함께 호의 용어를 확대하여 적용하는 규정으로 전문은 다음과 같다.

> 각 호의 해당 재료 또는 물질에는 해당 재료 또는 물질과 다른 재료 또는 물질과의 혼합물 또는 복합물이 포함되는 것으로 보고, 특정한 재료 또는 물질로 구성된 물품에는 전부 또는 일부가 해당 재료 또는 물질로 구성된 물품이 포함되는 것으로 보며, 2종 이상의 재료 또는 물질로 구성된 물품의 분류는 이 통칙 제3호에서 규정하는 바에 따른다.

가. 호의 재료(물질)에 타 재료(물질)가 혼합·결합한 물품

본 통칙이 적용되기 위해서는 먼저 각 호의 용어 및 관련 또는 류의 주에 별도의 규정이 없어야 하며, 아울러 타 재료나 물질이 혼합되거나 결합하여도 각 호의 재료(materials)나 물질(substance)의 본질적인 특성을 상실하지 않거나 품목분류 관점에서 비록 타 재료(물질)가 혼합이나 결합되었다 할지라도 그들의 존재가치가 비교적 미미한 경우에 적용되는 것으로 보아야 할 것이다. 이는 본 통칙을 적용하기 위한 혼합이나 결합에는 일정한 한계가 있음을 의미하는 것이다. 혼합이나 결합을 통하여 새로운 물품으로 만들어지는 경우에는 본 통칙이 적용될 여지가 없다.

나. 당해 재료·물질의 전부 또는 일부로 구성된 물품

특정한 재료 또는 물질(이하 '재료 등'이라 한다)로 구성된 물품에는 전부(wholly)또는 일부(partly)가 당해 재료 등으로 구성된 물품이 포함된다. 위의 특정한 재료 등으로 구성된 물품에는 '일부(partly)가 당해 재료 등으로 구성된 물품이 포함된다'란 문맥을 해석함에 있어 첫째는 다른 재료 등이 혼합되거나 결합된 것을 뜻하고, 둘째는 특정한 재료 등이 해당하는 호에 분류되기 위해서는 일반적으로 다른 재료 등보다 우월적으로 중량 · 부피 · 수량 · 등이 많거나 큰 경우[1]를 뜻한다.

두 가지 이상의 재료 등으로 구성된 경우에는 둘 이상의 호에 분류될 수 있다는 것을 뜻하는 것이므로 이러한 경우에는 이들을 나누어 각각 분류하지 않고 어느 하나의 재료 등이 속하는 호로 일괄 분류함으로서 분류의 간소화와 명료화를 도모하고자하는 것이 본 통칙의 목적이다.

다. 둘 이상의 재료 · 물질로 구성된 물품

둘 이상의 재료 · 물질로 구성된 물품은 통칙 제3호에 의한다. 본 내용은 통칙 제2-나호의 적용에 일정한 한계가 있음을 의미하는 것이다. 즉, 통칙 제1호가 적용되는 경우를 제외하고 각 호의 용어에 표시된 재료 등에는 타 재료 등의 혼합이나 결합을 허용하지만, 그러나 혼합이나 결합을 무한히 허용하는 것은 아니다. 첫 번째 제한사항으로는 타 재료 등의 혼합이나 결합으로 인하여 각 호 재료 등의 본질적인 특성을 상실한 경우이다. 두 번째는 품목분류 관점에서 혼합이나 결합된 타 재료 등의 가치나 역할이 상당히 커짐으로 인하여 주종관계에서 벗어나 각각의 존재를 인정하여 그들에게도 하나의 독립된 호를 부여할 필요성이 있을 때에는 일견 두 개 이상의 호에 분류 가능하므로 이때에는 다음에 설명하는 통칙 제3호의 규정을 따라야 한다.

(3) 제2-가호와 제2-나호의 공통점과 차이점

양 규정의 공통점은 특정 호에 분류되는 물품의 범위를 확대하여 분류하는 것이며, 차이점은 [표 4-5]와 같다.

1) 그러나 제71류(귀석 또는 귀금속제품)의 분류원칙과 같이 귀석과 귀금속이 비록 다른 재료 등보다 적거나 작은 경우에도 분류될 수 있음을 유의하여야 한다.

표 4-5 통칙 제2-가호와 제2-나호의 차이점

구분	통칙 제2-가호	통칙 제2-나호
적용조건	구성요소인 부분품이 일부 부족하거나 조립(결합) 또는 완성가공을 하지 않은 미진한 상태에서의 본질적인 특성을 충족시켜야 한다.	다른 물질이나 재료가 혼합 또는 결합된 상태에서의 본질적인 특성의 유지나 증대라는 조건에 충족되어야 한다.
적용대상	제1부~제6부 물품을 제외한 나머지 부에 해당하는 물품	제1부 내지 제21부 전체 물품
품목분류	1. **적용조건에 충족된 경우** • 특정 호의 완전하고 완성된 물품으로 일괄분류 2. **적용조건에 충족되지 않는 경우** • 구성요소(부분품)별로 나누어 각각 분류 – 주로 통칙 제1호 및 통칙 제3-가호에 의한 분류	1. **적용조건에 충족된 경우** • 특정 호의 재료나 물질로 함께 분류 2. **적용조건에 충족되지 않는 경우** • 통칙 제3-(가, 나, 다)호에 따라 순차적으로 분류 – 주로 통칙 제3-나호에 의한 분류

4) 통칙 제3호

통칙 제3호는 서로 다른 두 개 이상의 호에 해당되는 재료나 물질 또는 구성요소 등이 서로 혼합 또는 결합되거나 소매용으로 판매하기 위하여 세트로 포장된 물품으로서 통칙 제2-나호 및 기타 다른 이유로 일견(prima facie) 둘 이상의 호에 해당되는 것으로 보이는 물품인 경우에 이들 물품을 분류하기 위한 세 가지 원칙을 규정한 것이다.

그 중 첫 번째로는 '가장 협의로 표현된 호가 일반적으로 표현된 호에 우선'하고, 두 번째는 구성재료나 물질 또는 구성요소 중에서 '본질적인 특성'을 부여하는 것으로 분류하되, 마지막으로는 둘 이상의 분류가능한 호 중 '최종호'에 분류하는데 이 세 가지 원칙은 반드시 순차적으로 적용하여야 한다.

(1) 통칙 제 3-가호

통칙 제3-가호는 통칙 제3호 중 첫 번째 분류원칙으로서 어느 물품이 둘 이상의 호에 분류가능한 경우에는 그 중의 호에서 '가장 협의로 표현된 호가 일반적으로 표현된 호에 우선'하여 분류하여야 한다는 원칙이며 전문은 다음과 같다.

> 가장 협의로 표현된 호가 일반적으로 표현된 호에 우선한다. 다만, 둘 이상의 호가 혼합물 또는 복합물에 포함된 재료나 물질의 일부 또는 소매용으로 하기 위하여 세트로 된 물품의 일부에 대하여만 각각 정하는 경우에는 그 중 하나의 호가 다른 호보다 그 물품에 대하여 더 완전하거나 명확하게 표현하는 때에도 이들 호는 그 물품에 대하여 동등하게 협의로 표현된 것으로 본다.

가장 협의로 표현된 호는 다음에 따라 판단하여야 한다.

첫째, 품명(name)은 종류별(class)보다 협의 표현이다. 예로, '신선한 감자나 토마토(품명)'를 제0701호나 제0702호에 각각 분류하고 제0709호의 기타 채소(종류별)로 분류하지 않는 것과, '전동기를 자장한 전기면도기'를 제8467호의 전동기를 자장한 수지식 전동공구 또는 제8509호의 전동기를 자장한 가정용 전기기기(종류별)에 분류하지 않고 제8510호의 전동기를 자장한 전기면도기(품명)로 분류한 것은 본 통칙을 이해할 수 있는 좋은 실례에 속한다.

둘째, 완전하거나 명백한 표현이 협의 표현이다. 특정 호의 용어에 표시된 물품의 상태나 특성 및 용도 등이 일반적인 표현이나 불완전한 표현보다는 구체적이면서 완전하거나 명백한 표현이 협의 표현에 속하는 바, '자동차용의 터후드 한 방직용 섬유제의 바닥깔개'를 제5703호에 분류하고 제5705호와 제8708호의 자동차용의 부분품과 부속품으로도 분류하지 않는 것과 '강화 또는 합판유리로 구성된 틀에 끼우지 않은 안전유리'를 제8803호의 항공기용 부분품으로 분류하지 않고 제7007호의 안전유리에 분류한 것은 완전하거나 명백한 표현이 협의 표현이라는 규정을 이해할 수 있는 좋은 실례에 속한다.

셋째, '동등하게 협의로 표현된 것'의 의미는, 둘 이상의 호에 분류되는 재료나 물질로 구성된 혼합물 또는 복합물과 소매용으로 하기 위하여 세트로 구성된 물품에 있어 두 가지 이상의 재료나 물질 중 어느 것이 협의로 표현된 것인지 여부를 해석함에 있어 비록 그 중 하나의 재료나 물질은 품명 또는 완전하거나 명백하게 구체적으로 표현되어 있고 나머지 재료나 물질은 종류별 또는 일반적으로 표현되어 있거나 불완전하게 표현되어 있다 할지라도 이들은 모두 협의로 표현된 것으로 보아야 한다는 것이다.

(2) 통칙 제3-나호

일견 둘 이상의 호에 분류되는 것으로 볼 수 있는 물품이, 특히 앞의 동등하게 협의로 표현된 것이란 설명에서 알 수 있는 것과 같은 사유 등으로 이 통칙 제3-가호(가장 협의로 표현된 호가 일반적으로 표현된 호에 우선하여 분류)에 따라 분류할 수 없는 경우에는 구성재료 또는 구성요소 중 '본질적인 특성'을 부여하는 호의 것으로 분류하여야 하는 바 그 전문은 다음과 같다.

> 혼합물, 서로 다른 재료로 구성되거나, 서로 다른 구성요소로 제조된 복합물과, 소매용으로 하기 위하여 세트로 된 물품으로서 가목에 따라 분류할 수 없는 것은 가능한 한 이들 물품에 본질적인 특성을 부여하는 재료 또는 구성요소로 구성된 것으로 취급하여 분류한다.

본 통칙이 적용되는 물품은 '혼합물' · '서로 다른 재료 또는 물질로 구성된 복합물' · '서로 다른 구성요소로 제조된 복합물' · '소매용으로 판매하기 위하여 세트로 포장한 물품'의 네 가지가 해당된다.

첫째, 혼합물이라 함은 두 가지 이상의 물질이 각각의 성질을 지니되 골고루 뒤섞인 물질로서 기체, 액체, 고체의 혼합 또는 이들 상호 간에 섞인 것을 말한다. 혼합물은 주로 제1부 내지 제7부(제1류 내지 제40류)와 제14부 내지 제15부(특히 제72류 내지 제81류)의 물품 등에 적용되며, 혼합이란 물리적 변화를 의미하는 것이지 화학적 결합이나 반응에 의하여 본질적인 특성이 변하거나 새로운 물품이 생성되는 것을 의미하는 것은 아니다.

둘째, 서로 다른 재료(materials)로 구성된 복합물은 둘 이상의 서로 다른 재료가 결합하여 하나의 물품을 만드는 것으로서 앞에서 이미 설명한 것과 같이 플라스틱판과 고무판 등이 결합하여 하나의 컨베이어 벨트를 만드는 경우와 같다. 각종 재료의 종류에 따라 분류되는 주로 제7부(플라스틱 · 고무) 내지 제11부(방직용 섬유) 및 제14부(귀석 및 귀금속과 그 제품) 내지 15부(비금속)의 복합물품 등이 그 적용 대상이 된다.

셋째, 서로 다른 구성요소(components)로 제조된 복합물이다. 최근 산업계의 동향을 살펴보면 제품기술의 수명이 단축되고 미래 성장을 보장할 신기술에 대한 개발이 어려운 상황에서 구성요소의 복합이나 융합을 통하여 소비자의 구매의욕을 확산시키려는 노력으로 복합이나 융합현상을 더욱 가속화시키고 있다. 학문상 개념이 명확히 규정된 것은 아니나 복합물의 발달과정을 살펴본다면 첫 번째 초기화 단계는 '기능의 복합(composite)과 집적(integration)'이다. 기능의 복합과 집적이란 예를 들면 라이터 · 시계 · 온도계 · 나침반 또는 텔레비전과 영상재생장치를 하나의 기판이나 플레임 또는 하우징에 모아놓은 형태의 제품으로 필요에 따라 선택하여 사용하는 형태를 말한다. 두 번째는 '기능의 융합(convergence)'으로 청각의 기능을 발휘하는 무선전화기와 시각기능을 지닌 디지털카메라가 융합되어 카메라폰이라는 새로운 기능이 창출된 제품을 탄생시키는 단계이다.

본 통칙에서 '구성요소(components)'라 하면 재료(material)나 물질(substance)보다 상위의 개념으로 기계나 기기 등에 있어서 작동이 가능하여 독립된 기능과 역할을 할 수 있는 것을 말하고, '복합물(composite goods)'이라 함은 그 구성재료나 구성요소가 실질적으로 분리할 수 없는 전체를 형성하고 있거나 또는 분리할 수 있는 구성요소로 되어 있다 하여도 그 구성요소가 상호 적용되고 상호 보완적이며 분리된 물품으로는 정상적인 거래가 곤란하도록 결합된 것을 의미한다.

넷째, 소매용으로 하기 위하여 세트로 된 물품이란, "둘 이상의 호(또는 소호)에 분류되는 서로 다른 물품으로 구성되며, 이들은 어떤 요구를 충족시키기 위하여 또는 특정한 활동을 위하여 함께 조합한 것으로서 재포장하지 않고 소비자에게 직접 판매하도록 소매포장 된 것"으로 정의될 수 있다.

본 통칙의 '소매용으로 하기 위하여 세트로 된 물품'은 아래 세 가지 조건을 모두 충족시키는 경우에는 그 구성물질이나 구성요소 중 본질적인 특성을 지닌 상품이 해당하는 하나의 호로 함께 분류한다.

① 서로 다른 호에 분류될 수 있는 둘 이상의 서로 다른 물품으로 구성된다. 따라서 모두 제8208호에 분류되는 크기가 서로 다른 주방용 칼이나 제8215호의 같은 호에 분류되는 스푼과 포크가 세트로 포장된 경우 또는 제6213호에 분류되는 다양한 무늬의 손수건 세트는 본 규정에 의한 세트로 인정되지 않는다.

② 어떤 요구를 충족시키기 위해서나 어떤 특정의 활동을 행하기 위하여 함께 조합된다. '어떤 요구의 충족'이란 세트의 구성요소 중 본질적인 특성을 지닌 물품(주된 물품)에 나머지 물품이 부가(추가 · 첨가 · 결합 등)됨으로 인하여 주

된 물품만 단독으로 사용할 때에 비하여 효용이 증가 또는 향상되는 것을 말한다. 따라서 비록 둘 이상의 호의 서로 다른 물품으로 구성된 통조림 세트[2]와 주류세트[3]라 할지라도 이들 각각의 구성물품은 어떤 요구를 충족시키기 위해서나 어떤 특정의 활동을 행하기에 의하여 함께 조합한 것이 아니며 각각의 역할과 용도도 다르므로 이들은 세트로 인정되지 않는다.

③ 재포장 없이 소비자에게 직접 판매하는 데 적합한 방법으로 조합한 것으로 상자 또는 케이스 속 또는 판위에 등이 해당한다. 이 통칙은, 분리포장된 구성성분을 공업적인 제조(예: 음료)를 위하여 고정비율로 함께 조합한 물품에 대해서는, 하나로 포장되어 있는지 여부와는 관계없이 적용하지 아니한다.

이러한 세 가지의 분류조건 중 어느 하나라도 충족시키지 못하는 것은 구성재료나 구성요소 등에 따라 적절한 호에 각각 분류되어야 한다.

본 통칙의 핵심적인 사항은 어떠한 기준과 요소들에 의하여 본질적인 특성을 판단할 것인가에 관한 사항이다. 우선 객관적 판단요소인 각각의 재료나 구성요소의 수량 · 중량 · 부피 · 두께 · 면적 등에 의하여 판단하는 경우와 그 물품의 성질 · 기능 · 역할 · 특성 등에 따라서 결정하는 경우로 나누어진다. 객관적 판단요소는 구성재료나 구성요소의 수량 · 중량 · 부피 · 두께 · 면적 등 보편 · 타당성을 지닌 자연과학에 속하므로 이들에 의하여 본질적인 특성을 판단하는 경우에는 객관적이고 정확히 판단할 수 있는 장점이 있다. 이러한 원칙은 일반적으로 구성재료의 종류에 따라 분류하는 제2류 내지 제81류에 주로 적용된다.

(3) 통칙 제3-다호

통칙 제3-다호는 둘 이상의 호에 분류되는 것으로 볼 수 있는 물품이 통칙 제3-가호 및 통칙 제3-나호에 의하여도 분류할 수 없는 경우에 적용되는 통칙 제3호의 마지막 규정으로서 동일하게 분류가능한 둘 이상의 호 중 '최종호'에 분류한다는 것으로 그 전문은 다음과 같다.

2) 제1605호의 새우통조림, 제0406호의 치즈통조림, 제1602호의 베이컨통조림, 제1601호의 칵테일 소시지 통조림이 각각 세트 포장된 것은 통칙 제3-나호가 적용되지 않는다.

3) 제2208호의 증류주와 제2204호의 포도주가 각 1병씩 세트포장된 것은 통칙 제3-나호가 적용되지 않는다.

가목 또는 나목에 따라 분류할 수 없는 물품은 동일하게 분류가 가능한 호 중에서 그 순서상 최종호에 분류한다.

5) 통칙 제4호

상품분류표(nomenclature)가 생명력을 가지고 지속되기 위해서는 그 표에서 취급하고자 하는 모든 대상을 수용할 수 있어야 한다. 따라서 앞에서 설명한 통칙 제1호 내지 제3호에 의하여도 분류할 수 없는 경우에는 통칙 제4호를 적용하여 그 중 가장 유사한 물품이 해당하는 호로 분류하여야 한다. 즉, 표에 수록된 기존상품의 개념이나 작동원리 등에 벗어난 신규개발상품(또는 새롭게 발견한 물품) 등이 현행 체계로 분류가 곤란한 상품이 있다 하여도 이러한 상품의 분류를 유보하거나 지연시키지 말고 결정하라는 의미로서의 존재가치 및 필요성이 있다.

상품분류표의 구성체계를 보면 '이와 유사한 것도 포함한다'라고 특정 호나 관련 주에 직접 표현한 경우와 표현이 없는 경우로 구별할 수 있다. 물론, 특정 호나 관련 주에 '이와 유사한 것도 포함한다'라는 표현이 없을 때 비로소 본 통칙이 적용되는 것이다. 왜냐하면 '이와 유사한 것도 포함한다'라고 특정 호나 관련 주에 직접 표현된 경우에는 통칙 제1호에 의거 분류가 가능하기 때문으로 이는 통칙 적용근거와 관련 실무에서 유념하여야 할 사항이다. 분류하고자 하는 물품이 어느 물품과 가장 유사한 물품인가를 결정하기 위해서는 분류하고자 하는 물품을 유사한 물품과 비교하여야 하는바, 유사성은 물품의 Description(품명, 설명, 표현), 특성(Character),

표 4-6 통칙 제4호와 관련된 품목

품목번호	품명
제6101호	남자 또는 소년용의 오버코트·카코트·케이프·클록·아노락·윈드치터·윈드재킷 및 **이와 유사한 의류**
제6214호	쇼올·스카프·머플러·만틸라·베일 및 **이와 유사한 물품**
제8541호	다이오드·트랜지스터와 **이와 유사한** 반도체 디바이스, 감광성 반도체 디바이스, 발광다이오드 및 장착된 압전기 결정소자
제8901호	순항선·유람선·페리보트·화물선·부선 및 **이와 유사한** 선박
제9004호	시력교정용·보호용 또는 기타용의 안경·고글과 **이와 유사한** 물품

사용하는 목적(Purpose) 등과 같은 많은 요인을 종합적으로 검토하여 결정하여야 한다.

본 통칙의 필요성은 '상업적 거래의 대상이 되는 모든 물품은 분류되어야 한다'는 표의 제정원리상 당연한 것이며, 이러한 원칙을 통하여 수입물품의 신속한 통관과 절차의 간소화 등을 통하여 국제무역을 진흥시키고자 하는 HS협약 정신에 따른 것으로 보아야 할 것이다. 이러한 필요성 및 목적에도 불구하고 본 통칙을 적용하는 경우에 이해당사자인 과세관청과 납세의무자 중 어느 한쪽에 유·불리하게 결정되는 상황이 발생하면 손해나 불이익을 당하는 당사자는 그 결정에 대하여 쉽게 인정하지 않는(또는 않으려는) 경향이 강하므로 본 통칙을 적용하여 품목분류를 결정하는 때에는 충분한 논리적 근거 등을 마련하여야 한다.

통칙 제4호의 전문은 다음과 같다.

> 이 통칙 제1호 내지 제3호에 따라 분류할 수 없는 물품은 그 물품과 가장 유사한 물품이 해당하는 호에 분류한다.

6) 통칙 제5호

본 통칙은 특별한 경우를 제외하고 내용물을 포장하는 데 필요한 케이스나 용기 그리고 포장에 사용된 일체의 재료를 내용물과 함께 분류한다는 규정이다.

거래되는 상품의 형태는 크게 기체, 액체, 점질물, 분말과 불규칙한 덩어리 또는 입방체 형태의 고체 등 다섯 가지로 구분할 수 있는데, 특히 그 중에서 기체, 액체, 점질물 및 분말은 일반적으로 포장을 하지 않고는 최종소비자에게 판매되는 상업적 거래의 객체가 될 수 없으며, 내용물이 담는 포장용기는 하나의 가격으로 거래되는 현실을 반영한 것이다.

따라서 내용물과 함께 제시되는 케이스 및 포장용기와 포장재료가 있는 경우에는 통칙 제1호 내지 제4호를 적용하는 외에 통칙 제5호를 보충적으로 적용하여 내용물이 속한 호에 분류하는 것으로 다음과 같이 두 개 조문으로 구성되어 있다.

통칙 제5-가호는 내구성이 있는 케이스 및 포장용기에 관한 분류규정인 데 반하여, 통칙 제5-나호는 주로 내구성이 없는 일회용 포장용기 등으로 통칙 제5-가호를 적용할 수 없는 포장용기와 포장에 필요한 각종 재료의 분류규정이다. 케이스 및 포장용기와 포장재료를 내용물이 속하는 호에 함께 분류함으로써 수입절차의 간소화(simplification)를 촉진하는 데 그 존재이유가 있다.

(1) 통칙 제5-가호

내구성 있는 사진기케이스 · 악기케이스 · 총케이스 · 제도기케이스 등 각종의 케이스 및 이와 유사한 용기에 대하여 적용되는 통칙 제5-가호의 전문은 다음과 같다.

> 사진기케이스 · 악기케이스 · 총케이스 · 제도기케이스 · 목걸이케이스 및 이와 유사한 용기는 특정한 물품 또는 물품의 세트를 수용할 수 있도록 특별한 모양으로 되어 있거나 알맞게 제조되어 있고, 장기간 사용하기에 적합하며, 그 내용물과 함께 제시되어 그 내용물과 함께 정상적으로 판매되는 종류의 물품인 때에는 그 내용물과 함께 분류한다. 다만, 용기가 전체물품에 본질적인 특성을 부여하는 경우에는 그러하지 아니하다.

통칙 제5-가호에 의거 케이스 · 상자 및 이와 유사한 용기가 소요될 예정인 물품(내용물)이 속한 호에 같이 분류되기 위해서는 아래 다섯 가지의 조건을 모두 충족시켜야 한다.

① 케이스 · 상자 및 이와 유사한 용기는 그들이 소요될 예정인 물품이나 세트를 수용하기에 적합하도록 특별히 제작되어야 한다.

② 케이스 · 상자 및 이와 유사한 용기는 그들이 소요될 물품만큼의 내구성을 갖도록 설계 제작될 것을 요구하며, 내구성이 있다 함은 운송 또는 보관 중에 물품을 보호하는 기능도 부여됨을 의미한다.

③ 소요될 예정인 물품과 함께 제시되어야 하며, 케이스 등이 따로 제시된 경우에는 적합한 호에 분류한다. 일례로 권총과 가죽으로 만든 케이스가 함께 제시된 경우에는 권총으로 제9302호에 일괄분류되나, 케이스만 따로 분리되어 제시된 경우에는 제4202호에 분류한다. 다만, 수송의 편의상 분리포장되어 제시되는 경우에는 소요될 예정인 물품(내용물)이 속한 호에 함께 분류된다.

④ 포장은 내용물의 판매를 촉진하기 위한 기능도 있으므로 소요될 예정인 물품과 함께 판매하기 위한 목적으로 사용된 포장용기이어야 한다.

⑤ 용기가 본질적인 특성을 부여하지 아니하는 것이어야 한다. 전체물품의 가격

에서 담겨 있는(또는 담을) 내용물과 용기의 가격비율 또는 용기의 종류 등에 따라 별도로 구분한다는 명백한 규정은 없으나, 용기가 내용물에 비하여 일반적인 상거래관행에 비추어 볼 때 가격이나 종류 면에 있어서 적정하여야 할 것인바 사실판단에 관한 문제이다.

(2) 통칙 제5-나호

통칙 제5-나호는 통칙 제5-가호의 종속규정이므로 통칙 제5-가호가 적용되지 않는 포장재료나 포장용기에 적용된다. 특히, 통칙 제5-가호의 적용조건 중 '장기간 사용하기에 부적합한 케이스 및 용기'와 포장에 필요한 재료를 분류하기 위한 것으로 전문은 다음과 같다.

> ① 가목에 해당하는 것은 그에 따르고, ② 내용물과 함께 제시되는 포장재료와 포장용기는 ③ 이들이 그러한 물품의 포장용으로 정상적으로 사용되는 종류의 것에 한하여 그 물품과 함께 분류한다. ④ 다만, 그러한 포장재료 또는 포장용기가 명백히 반복적으로 사용하기에 적합한 것인 경우에는 그러하지 아니한다.

통칙 제5-나호에 따른 분류는 다음과 같다.

① 통칙 제5-나호는 특정한 물품이나 세트를 수용하기에 적합한 형상일지라도 장기간 사용하기에 부적합한 내구성이 없는 케이스 및 포장 용기와 포장에 필요한 일체의 재료로 내용물과 함께 분류된다.

② 소요될 예정인 물품과 함께 제시되고 함께 판매된다. 플라스틱제의 케이스에 화장비누를 담아 함께 제시되고 판매되는 경우(수송이나 판매목적 등을 위하여 각각 포장된 경우도 포함)에는 제3401호, 비누로 분류되나, 플라스틱제의 비누케이스만 별도로 제시되는 경우에는 제3923호(플라스틱제의 물품운반 또는 포장용기)에 분류하여야 한다. 참고적으로 살아 있는 벌과 같은 곤충의 운반이나 보관을 위하여 상자 또는 집에 담아 거래되는 경우에 상자와 집도 곤충과 같이 제0106호에 분류된다.

③ 포장용으로 정상적으로 사용되는 종류인지를 확인해야 한다. 포장재료에는 약병에 담긴 탈지면이나 실리카겔 등 상품보관이나 거래상 포장에 필요한 일체

의 재료가 분류되나, 이들이 일반적으로 상거래상 사용되는 것이 아닌 경우에는 함께 분류될 수 없다.

④ 반복적으로 사용하기에 적합하지 않은 것은 별도로 분류하지 않는다. 본 통칙이 적용되는 대부분의 포장용기는 일회용이나, 합성세제용 플라스틱 용기와 같이 사용 후 경우에 따라서 내용물을 다시 채워 사용이 가능한 refill 용기는 반복적인 사용이 가능할지라도 명백히 재사용에 적합한 것으로 볼 수 없다. 또한 전체 가격 중 플라스틱제 용기가 차지하는 가격을 고려할 때 refill 용기는 별도 분류할 수는 없을 것이다. 그러나 압축 또는 액화가스용의 철강제 용기와 같이 명백히 재사용에 적합한 경우에는 소요될 예정인 물품과 함께 제시되고 함께 판매된다 할지라도 별도로 분류하여야 한다. 따라서 프로판가스를 철강제 또는 알루미늄제의 압축용기에 충전된 상품은 각각 분류하여야 한다.

7) 통칙 제6호

본 통칙은 보충적 분류규정이라 부르며 이 용어가 의미하는 것과 같이 하나의 상품분류에 반드시 필요한 것은 아니며, 통칙 제6호의 전문은 다음과 같다.

> 법적인 목적상 어느 호 중 소호의 품목분류는 동일한 수준의 소호들만을 서로 비교할 수 있다는 점을 조건으로 그 소호의 용어와 관련 소호의 주에 따라 결정되며 상기 제 통칙을 준용한다. 또한 이 통칙에서 문맥상 달리 규정한 경우를 제외하고 관련 부 및 류의 주도 적용한다.

통칙 6호에 대한 주요 내용은 아래와 같다.

① 소호의 분류는 동일한 수준의 소호들만을 서로 비교해야 한다. 이는 앞에서 설명한 것과 같이 4단위 호가 결정된 후에 6단위 소호를 결정하기 위한 것이므로 그 호에 속한 소호들만을 서로 비교한다는 것은 너무도 당연하다.

② 소호의 분류는 소호의 용어과 관련 소호 주에 따라 결정한다. 통칙 제2호에 의거 호의 품목분류는 호의 용어와 관련 부 또는 류의 주에 따라 결정하는 것과 같이 소호의 품목분류도 소호의 용어와 관련 소호 주에 따라 결정한다.

③ 소호의 분류에도 앞에서 설명한 통칙 제1호 내지 제5호의 규정을 준용할 수 있다.

④ 소호를 분류함에 있어 관련 부 및 류의 주도 적용한다. 그러나 이 통칙의 "문맥상 달리 규정한 경우를 제외하고 관련 부 및 류의 주도 적용한다"에서 '문맥상 달리 규정한 경우'라 함은 소호 주 또는 소호의 용어와 '관련 부 또는 류의 주'가 서로 다른 내용으로 되어 있는 경우를 지칭하는 것으로서 이때는 소호 주 또는 소호의 용어를 우선 적용하여야 한다.

'호'의 분류원칙이 통칙 제1호 내지 제5호와 같다면 '소호'의 분류원칙도 역시 이와 같아야 분류의 일관성과 논리성을 지닐 것이므로 위의 원칙은 당연하다. 또한 하나의 수출입물품의 품목분류를 결정함에 있어 여러 통칙이 동시에 적용되는 경우도 빈번하다.

소호 주와 관련 부 또는 류의 주를 달리 적용하는 사례로서, 제71류 각 호의 백금(Platinum)에는 같은 류 주 4-나의 규정에 의하여 백금뿐만 아니라 이리듐·오스뮴·팔라듐·로듐과 루테늄 등 모두 여섯 종류의 귀금속이 해당되나, 제7110.11와 제7110.19의 두 개의 소호에는 백금이라 하면 오직 백금만을 말하는 것이다. 즉, 제7110.11와 제7110.19의 소호의 백금에는 이리듐·오스뮴·팔라듐·로듐과 루테늄 등 모두 다섯 종류의 귀금속은 포함되지 않는 것이다.

제71류 백금의 분류

(1) 제71류 주4-나
백금은 백금·이리듐·오스뮴·팔라듐·로듐 또는 루테늄을 말한다.

(2) 제71류 소호주 2
제71류 주4-나의 규정에도 불구하고 제7110.11호와 제7110.19호에서 '백금'이라 함은 이리듐·오스뮴·팔라듐·로듐 또는 루테늄은 포함하지 않는다.

8) 통칙 제7호

HS 해석에 관한 통칙 제7호의 전문은 다음과 같다.

이 표에 규정되지 아니한 품목분류에 관한 사항은 '통일상품명 및 부호체계에 관한 국제협약'에 따른다.

HS협약 제3조에 의한 체약당사국의 의무사항은 다음 내용으로 되어있는바 이러한 협약규정에 의거 관세 · 통계통합품목분류표에는 HS협약의 품목분류표와 동일하게 6단위 소호체계를 준수하고 있으므로 관세율표에 6단위 소호의 형식을 취하지 않은 것이 협약에 위배되는 것이 아니다.

HS 체약당사국의 의무사항

가. 통일체계의 유지 및 준수

(i) 체약당사국은 통일체계의 호 및 소호의 관련번호를 추가 또는 수정 없이 사용하여야 한다.

(ii) 체약당사국은 통일체계에 관한 통칙과 모든 부 · 류 및 소호의 주를 적용하여야 하며 부 · 류 · 호 및 소호 등의 범위를 변경하지 않아야 한다.

(iii) 체약당사국은 통일체계에의 번호 순서를 따른다.

나. 관세율표에 소호 미사용 가능

관세 · 통계통합품목분류표상에 위 제3조 제1항 가목의 (i) 내지 (iii)의 의무를 충족시키는 경우 그 국가의 관세품목분류표상 통일체계의 소호의 사용을 요구하지 아니한다.

다. 관세 · 통계통합품목분류표에 6단위 이하의 세분류 가능

이 조의 어느 규정도 체약당사국이 그 나라의 관세 또는 통계품목분류표상에 통일체계의 수준을 초과하여 품목세분류를 행하는 것을 방해하지 아니한다. 다만, 동 세분류가 이 협약 부속서에 규정된 6단위번호 수준을 초과하여 부가되고 부호화되는 경우에 한하여 그러하다.

본 통칙 "이 관세율표에 규정되지 아니한 품목분류에 관한 사항은 통일상품명 및 부호체계에 관한 국제협약에 의한다"의 적용범위와 관련하여 첫째 소호의 분류규정인 HS 해석에 관한 통칙 제6호의 적용에 한정한다고 협의로 해석하는 경우와 둘째 소호의 분류규정뿐만 아니라 HS 협상에서 정한 제 규정을 따르는 것으로 넓게 해석하는 경우가 있다.

법의 효력과 관련하여 HS협약과 관세법은 같은 효력을 지니고 있기 때문에 본 통칙 규정을 좁게 적용할 이유는 없을 것이며, 오히려 관세법에 관세율표의 제정 및 운영에 관한 규정이 미비한 상태에서는 넓게 해석되어야 할 것이다.

Chapter 05

Free Trade Agreement

FTA 이해와 활용

FTA

원산지 및 원산지규정

1. 원산지 개요 및 분류
2. 원산지규정의 유형
3. 원산지규정의 엄격성

Chapter

05. 원산지 및 원산지규정

FTA

FTA 이해와 활용

1 원산지 개요 및 분류

1) 원산지 개념

원산지(country of origin)란 관세, 수량제한, 또는 기타 무역 관련 조치의 적용을 목적으로 정해진 기준에 따라, 물품이 생산 또는 제조된 국가 또는 지역을 의미한다. FTA관세특혜 부여를 목적으로 하는 우리나라 FTA관세특례법에서는 원산지를 '관세의 부과 · 징수 및 감면, 수출입물품의 통관 등을 할 때 협정에서 정하는 기준에 따라 물품의 생산, 가공, 제조 등이 이루어진 것으로 보는 국가'로 정의하고 있다. 즉 원산지에 대한 핵심을 요약해 보면, '어떤 물품의 생산국가 또는 생산지'를 의미한다.

'생산'이라는 용어를 대표적으로 사용하였으나, 여기에는 성장(growth), 생산(production), 제조(manufacture), 가공(processing), 획득(acquisition) 채취(gathering), 채굴(exploitation), 재배(growing), 사육(breeding), 수확(harvest), 수집(collection) 등 다양한 종류의 생산과 관련된 활동이 다 포함되는 것으로 이해될 수 있다. 생산을 의미하고 있기 때문에 단순한 조립 등은 생산으로 보지 않으며, 물품의 이동과 관련한 경유국이나 적출국과도 다른 개념이다. 또한 생산에 필요한 자본은 투자한 투자국, 지적재산권을 보유한 기술국, 상품의 상표와 관련된 지리적 표시제 등도 원산지와는 다른 개념이므로 구분해서 사용해야 한다.

또한 '생산국가 또는 생산지'로 표현하고 있는 것을 보듯이, 정치적 실체를 지닌 국가 이외에도 일정한 지역을 원산지로 인정하고 있다. 이는 GATT 제24조에서 언급되었듯이 독립관세 또는 기타 통상규칙을 유지하는 있는 독립적 관세영역을 각기 1개의 체약국으로 취급하고 있는데 이 지역도 원산지로 보고 있다. 그 예로, 중국본토와 달리 홍콩, 마카오 등 독립적 관세주권 또는 자치권을 보유하고 있는 지역은 별도의 WTO 회원국으로 가입하였으며, 별도의 독립적 관세영역으로 인정받고 있다. 반면, 본토 관세영역에 속하는 속령 또는 보호령은 그 지역에서 생산된 물품에 생산지역이 표시되어 있더라도 WTO 목적상 원산지로 인정받지 않는다.

GATT 제24조(적용영역, 국경무역, 관세동맹 및 자유무역지역)

1. 본 협정의 규정은 체약국의 본토 관세영역에, 그리고 제26조에 따라 본 협정이 수락되었거나 제33조 또는 잠정적 적용에 관한 의정서에 따라 본 협정이 적용되고 있는 기타의 관세용역에 적용된다. 이러한 관세영역은, 오직 본 협정의 영역적 적용의 목적을 위하여서만, 각기 1개의 체약국으로 취급한다. 다만, 본항의 규정은 단일체약국이 제26조에 의하여 본 협정을 수락하였거나 제33조 또는 잠정적 적용에 관한 의정서에 따라 본 협정을 적용하고 있는 2개 이상의 관세영역 간에 어떠한 권리 또는 의무를 발생시키는 것으로 해석되어서는 아니된다.
2. 본 협정의 목적을 위하여 관세영역은 해당 영역과 기타 영역 간의 무역의 실질적인 부분에 대하여 독립관세 또는 기타 통상규칙을 유지하고 있는 영역이라고 양해한다.

2) 원산지규정

어떤 물품의 원산지를 어떻게 결정할 것인지 그에 대한 규범 또는 기준을 원산지규정이라고 부를 수 있다. 국제적으로 원산지규정의 시발점은 1883년 파리에서 체결된 '산업재산권보호를 위한 파리협정'[1])으로 볼 수 있으며, 이후로 원산지규정이 국제무역질서의 일부분으로 등장하기 시작하였다. 또한 1947년에 제정된 GATT 제9조에 원산지표시규정으로 소비자보호를 위한 표시를 규정하고 있으나 원산지결정

1) 파리협약 제10조에서는 "원산지 또는 생산자에 관하여 허위의 표시를 한 수입품은 압류된다"고 규정하고 있다.

기준 등 실질적 규정은 마련되지 못하였다. 그리고 1973년에 관세행정의 국제적 표준화와 세관절차의 간소화를 위해 제정된 교토협약에서는 부속서 D에 원산지규정을 두고 원산지결정기준, 원산지증명서류를 두었으나, 강제성은 없었으며, 이후 1999년에 개정교토협약 특별부속서 K에서 원산지분야를 규정하고 있다.

국제적으로 원산지규정이 강제적인 규범의 성격을 띤 것은 1995년 출범한 WTO부터라고 할 수 있다. WTO는 다자체제에서 무역규범에 의한 무역질서의 규율을 표방하고 있듯이 WTO 원산지규정에 관한 협정(Agreement on Rules of Origin)을 마련하였다. 다만 이 규정은 협정에서 비특혜원산지규정으로 사용되는 것으로 한정하고 있다. FTA 등 지역특혜무역협정에서는 각 협정별로 체약국의 이해관계를 고려한 다양한 특혜원산지규정을 마련해 적용한다.

국내법으로는 관세법, 대외무역법에서 원산지표시와 비특혜 및 특혜 원산지규정을 찾아볼 수 있으며, 농수산물, 식품위생과 관련해서도 농수산물의 원산지표시에 관한 법령 등 관련 법령에서 주로 해당 상품의 원산지표시에 관한 규정을 찾아

표 5-1 우리나라 원산지 관련법령 요약[2]

구분	국제법		국내법
특혜원산지	FTA	우리나라가 체결한 개별 FTA 협정 예) 한-EU, 한-미, 한-중	자유무역협정 이행에 관한 특례법
	일반 특혜[3]	• APTA, GSTP, TNDC • GSP	• 관세법 • 대외무역법 • 최빈개발도상국에 대한 특혜관세 공여규정
비특혜원산지	• GATT 제9조 • WTO 원산지규정에 관한 협정(통일원산지규정)		• 대외무역법 • 관세법 • 남북교류협력에 관한 법률 • 농수산물의 원산지표시에 관한 법률 • 표시광고의 공정화에 관한 법률
특혜/비특혜	개정교토협약(부속서 K)		• 대외무역법 • 관세법

2) 이영달, 원산지결정기준 참고
3) 아시아태평양무역협정(APTA), WTO 개도국 간 무역협정(TNDC), UNCTAD 개도국 간 무역협정(GSTP), 일반특혜협정(GSP)

볼 수 있다. 그리고 우리나라도 2004년 이후 칠레와의 FTA가 추진된 이후에 '자유무역협정 이행에 관한 특례법'에서 FTA 협정별 특혜원산지규정을 다루고 있다. 우리나라 원산지 관련 법령을 요약하면 [표 5-1]과 같다.

(1) WTO 원산지규정

국제무역질서는 회원국 간 협상에 의한 법인격을 지닌 WTO의 표준규범에 의하여 규율되고 있는 만큼 사실상 원산지결정기준의 근간이 되고 있는 WTO 원산지규정을 좀 더 구체적으로 설명하고자 한다.

WTO 원산지규정에 관한 협정은 그 서문에서 원산지규정이 자체로서 무역에 대해 불필요한 장애를 초래하지 않도록 보장할 것을 희망하고 있으며, 공정하고 투명하고 예측가능하며 일관되고 중립적인 방식으로 마련되고 적용될 수 있도록 요구하고 있다.

WTO 원산지규정에 관한 협정 서문

회원국들은,

1986년 9월 20일 각료들이 "우루과이라운드 다자간 무역협상이 세계무역의 자유화 및 확대를 증진하고, GATT의 역할을 강화하며, 발전하는 국제경제환경에 대한 GATT 체제의 대응력을 증대시키는 것을 목표로 한다"는 데 동의하였다는 사실에 유의하고,

1994년도 GATT의 목적을 증진하기를 희망하며,

명백하고 예측가능한 원산지규정 및 이러한 규정의 적용이 국제무역의 흐름을 원활하게 한다는 것을 인정하고,

원산지규정이 자체로서 무역에 대해 불필요한 장애를 초래하지 않도록 보장할 것을 희망하고, 원산지규정이 1994년도 GATT에 따른 회원국의 권리를 무효화하거나 침해하지 아니하도록 보장하기를 희망하고,

원산지규정에 관한 법률, 규정 및 관행상의 투명성을 제공하는 것이 바람직함을 인정하며,

원산지규정이 공정하고 투명하고 예측가능하며 일관되고 중립적인 방식으로 마련되고 적용될 수 있도록 보장하기를 희망하고,

이 협정에 따라 발생하는 분쟁을 신속하고 효과적이며 공평하게 해결하기 위한 협의체제 및 절차의 이용가능성을 인정하고,

원산지규정을 조화시키고 명확하게 하기를 희망하면서, 다음과 같이 합의한다.

특히 제1조 정의규정에서 원산지규정을 '회원국이 상품의 원산지국가를 결정하는데 법률, 규정 및 일반적으로 적용되는 행정적인 판정'으로 정의하면서 이러한 규정이 GATT 제1조 제1항 최혜국대우의 적용을 초과하는 관세특혜를 부여하는 계약적 또는 자발적인 무역제도와는 관련되지 아니한다고 명시하여 특혜원산지규정과 관련되지 않음을 명시하고 있다. 즉 WTO 원산지규정은 반덤핑조치, 상계관세, 원산지표시요건 및 차별적인 수량제한 또는 관세쿼터 등 모든 비특혜적인 무역정책수단에 사용된다. 또한 무역통계를 위한 적용도 포함한다. WTO 회원국 내에 수많은 무역정책이 차별적으로 적용되고 있으므로 이런 원산지규정은 무역 관련 규정에서 매우 중요한 부분 중 하나를 차지한다.

따라서 장기적으로 단일화된 원산지규정 제정을 위하여 WTO 원산지규정위원회(Committee on Rules of Origin)에서 원산지 통일화 작업계획(harmonization work programme)을 수립하고, 세계관세기구(WCO) 산하 원산지기술위원회(Technical Committee on Rules of Origin)에서 이에 대한 기술적 작업을 하도록 하고 있다. 당초 WTO 출범 이후 3년 내 동 계획의 완수를 목표하였으나, 회원국 간의 공통된 기준을 마련하는 것은 각국의 이해관계의 대립, 그간의 통일규정의 부재 등으로 인해 현재까지 최종결과물은 만들어지지 않고 있다. 향후 이 작업은 WTO 회원국들이 비특혜무역과 관련하여 모든 경우에 적용할 수 있는 '통일원산지규정(Harmonized Rules of Origin)'으로 마련될 것으로 보인다.

다만 통일원산지규정은 특혜무역과 관련된 것은 제외하고 있어 FTA를 체결한 국가 간에는 FTA에서 상호 합의된 특혜원산지규정을 적용할 것이다. 그러나 사실상, 이 원산지규정에서 나타나는 원산지결정요건은 원산지결정에 관한 기본원칙들로서 특혜원산지규정에서도 그대로 사용되고 있다. 원산지규정의 대원칙은 협정 제9조에서 특정상품이 완전하게 획득되어지는 국가이거나 또는 둘 이상의 국가가 상품 생산에 관련되어 있을 경우 최종적인 실질적 변형이 이루어진 국가가 동 상품의 원산지가 되도록 규정하여야 한다고 정하고 있다. 그리고 세부원칙으로 먼저 통일상품명 및 부호체계(HS)의 부(Section) 또는 류(Chapter)로 표시된 품목분야를 기초로 하여야 하며, 이러한 세부원칙으로 완전생산기준, 최소공정 또는 가공기준, 실질적 변형기준으로 관세분류상의 변경, 즉 소호(sub-heading) 또는 호(heading)[4]를 사

4) HS체계상 소호는 6단위, 호는 4단위 코드를 말한다. 국제적으로 HS 6단위까지는 공통적으로

용하는 세번변경기준, 실질적 변형의 보완적인 기준으로 세번변경기준이 적용되기 어려운 경우, 종가비율을 기준으로 하는 부가가치기준, 생산 또는 가공공정을 기준으로 하는 가공공정기준을 기술하도록 하고 있다. 이러한 기본원칙은 WTO 규범으로서 대부분의 특혜원산지규정에서의 기본원칙으로 적용되고 있다.

표 5-2 | WTO 원산지규정협정에서의 원산지결정원칙

구분	주요 내용
기본원칙	• 최종적인 실질적 변형이 이루어진 국가가 상품의 원산지 • 통일상품명 및 부호체계(HS)의 부(Section) 또는 류(Chapter)로 표시된 품목분야를 기초
완전획득	**1. 완전획득 및 최소 공정 또는 가공에 대한 정의** • 한 나라에서 완전하게 획득하여졌다고 간주되는 상품은 세부적으로 기술 • 상품에 대하여 원산지를 부여하지 아니하는 최소 공정 또는 가공
실질변형	**2. 실질적 변형-관세분류(HS)상 변경** • 관세 소호 또는 호의 사용을, 그리고 적절한 경우 이러한 기준을 충족시키는 품목분류체계 내에서의 최소한의 변경을 고려하고 상세히 기술
실질변형 보완기준	**3. 실질적 변형-보완적인 기준** • 통일상품명 및 부호체계의 사용만으로는 실질적인 변형을 표시하지 못하는 경우 종가비율 및/또는 생산 또는 가공 공정을 포함한 다른 요건을 보완적 또는 배타적인 방법으로 사용할 것을 고려하고 자세히 기술 • 종가기준이 규정된 경우, 원산지규정에 동 비율 산정방법을 명시 • 생산 또는 가공공정 기준이 규정된 경우, 관련 물품의 원산지를 부여하는 공정을 정확하게 명시

그러나 WTO 원산지협정이 비특혜원산지규정만 규정하고 있는 것은 아니다. 원산지규정 부속서 2에서 특혜원산지규정에 관한 공동선언을 채택하고 있다. 이 공동선언의 목적은 GATT 제1조 '최혜국대우'의 적용을 초월하는 관세특혜 부여에 적용하도록 하고 있으며, 이는 GATT 제24조에서 최혜국대우의 예외를 인정하는 지역협정, 즉 관세동맹 또는 자유무역지대를 형성하는 협정에 적용되도록 규정하고 있다. 특히 특혜원산지규정은 포지티브 방식을 기초로 하도록 하고 있어, 특혜가 부여되는 요건을 기술하도록 하고 있으며, 특혜를 배제하는 네거티브 기준은 필요한 경우 정의하도록 하고 있다. WTO는 새로운 특혜원산지규정의 도입을 제한하지 않고 있

사용되며, 이후 7단위 이하는 각 국가의 필요에 따라 정할 수 있으며, 8단위, 9단위, 10단위가 사용되고 있다.

기 때문에 현재 각 회원국들이 FTA 협정을 체결하면서 각기 다른 기준의 원산지규정을 체결할 수 있다고 하겠다.

또한 이 특혜원산지규정 공동선언에서 원산지결정기준에 대한 기본원칙이 규정되어 있는데 [표 5-2]에서 설명된 비특혜원산지 규정상의 기본원칙이 그대로 적용되고 있다.

(2) 개정교토협약

개정교토협약(Revised Kyoto Convention)은 세관절차의 간소화와 국제적 조화를 통해 세계무역을 활성화하기 위해 1973년 일본 교토에서 개최되어 관세협력이사회(CCC) 총회에서 채택되었던 교토협약을 개정한 '세관절차의 간소화 및 조화에 관한 국제협약 개정의정서'를 말한다. 개정교토협약은 통관절차의 표준화, 통관절차의 신속화·간소화, 정보기술의 최대 활용 등을 주요 원칙으로 하고 있으며, 가입이 필수적인 일반부속서와 선택이 가능한 10개의 특별부속서로 구성되어 있다.

개정교토협약 특별부속서 K에서 원산지규정을 다루고 있다. 동 부속서 정의부분에서 원산지규정을 "특정국가가 물품의 원산지를 결정하기 위하여 적용하는 특별한 규정으로서, 국내법령 또는 국제협정에 의하여 확립된 원칙(원산지기준)에 의하여 개발된 것을 의미한다"라고 정하고 있다. 전체적으로 제1장은 원산지규정, 제2장은 원산지증명서류, 제3장은 원산지증명서류의 확인으로 나뉘어져 있다. 특별부속서 내에서도 반드시 수용해야 하는 표준(standard)규정과, 선택이 가능한 권고관행(recommended practice)으로 구분되어진다.

제1장에서 기본적인 원산지기준을 정의하고 있는바 상품의 본질적 특성을 부여하기에 충분하다고 인정되는 실질적인 제조 또는 가공이 최종적으로 이루어진 국가를 원산지국으로 간주함으로써 원산지를 결정하는 기준으로 실질적 변형 기준을 정하고 있다.

우선 특정국가에서 완전히 생산된 물품은 그 국가를 원산지로 보는 완전생산기준의 사례들을 열거하고 있으며, 2개국 이상에서 물품이 생산된 경우, 실질적 변형기준에 따라 정하며, 이때 통일상품분류 및 부호체계에 관한 국제협약(HS)을 사용하도록 하고 있다. 그리고 종가비율원칙, 제조 또는 가공으로 인정되지 않는 사례를 열거하고 있으며, 원산지부여의 특례로서 기계류 등에 대한 부속품, 예비부품, 공구에 대한 원산지와 제품생산에 사용된 에너지, 설비, 기계 및 공구의 원산지는 고려되지 않도록 하고 있다. 그리고 운송 또는 생산상의 이유로 2번 이상의 탁송으로 수입된 미조립 또는 분해물품은 단일물품으로 취급토록 권고하고 있다. 또한 원산지 결정을 위한 보조규정으로서 직접운송규정도 언급되고 있다.

다만, 이는 원산지규정에 대한 기본원칙만을 정하고 있는 것이며, 구체적인 품목별 원산지기준을 정하고 있는 것은 아니다.

3) 원산지표시

원산지표시(Marks of Origin)는 비특혜원산지규정의 핵심사항이다. 그 법률적 근거는 GATT 제9조에서 찾아볼 수 있다. 원산지표시의 목적은 허위표시, 오인표시 등으로 인한 소비자를 피해를 보호하기 위한 목적에 한정하고 있다. 또한 행정상 실행 가능한 경우 수입 시에 해당 상품에 원산지표시를 붙이는 것을 허용하고 있다. 아울러서 특정산품의 경우 지역적 또는 지리적 명칭으로 보호되어 있는 권리가 침해되지 않도록 원산지를 오인하게 하는 방법의 사용을 제한[5]하고 있다. 이러한 원산지표시가 또 하나의 무역장벽이 되지 않도록 각국이 원산지표시에 관한 법률이나 규정을 제정할 경우 산품의 현저한 손상이나 그 가치의 실질적인 감소, 또는 그 비용의 부당한 증대 없이 이행할 수 있도록 요구하고 있다.

원산지표시가 불필요한 무역장벽이 되는 것을 방지하기 위해서 원산지표시와 관련한 GATT의 권고사항을 요약해 보면 [표 5-3]과 같다.

또한 국가별로 원산지표시에 관한 입장이 다를 수 있다. 미국과 우리나라는 비교적 폭넓게 수입물품에 대해 원산지를 표시할 것을 요구하고 있으나, 일본과 캐나다는 일부 품목에 국한하여 표시를 요구하고, 유럽에서는 지리적 표시는 일상적인 개념으로 EU와 칠레 간 지역협정(AA)에 지리적 표시(GI)로 첨부된 목록은 200여 페이지가 넘을 정도로 복잡하다. 특히 EU의 경우에는 한 제품이 EU 내 여러 국가를 걸쳐 제조되는 경우 원산지를 결정하기 어려워 EU를 원산지로 표시하자는 주장이

5) 이를 지리적 표시제(geographical indication)라고 한다. 예를 들어 통상 와인으로 지칭하는 샴페인은 프랑스의 상파뉴 지방에서 생산된 산품에 대한 명칭으로 이 지역에서 생산된 것이 아니면 샴페인이라고 표시할 수 없다.

주요 이슈 중의 하나이다.

표 5-3 원산지표시와 관련한 GATT의 권고사항

구분	주요 내용
표시대상물품의 최소화	• 모든 수입물품에 요구되지 않음 • 필요불가결한 최소한의 품목에 한정 • 원본의 공예품, 미술품, 상속품 등 비상업적 개인용품은 제외
표시요구사항의 최소화	• 표시요구사항은 가능한 한 필요불가결한 표시사항만 요구 • 영문표기시 'Made in 국명'으로 표시하면 충분 • 'UK'와 'USA'처럼 오해의 소지가 없는 국가의 약어도 타당한 표시로 간주
현품표시와 포장표시 원칙	• 현품에 표시하는 것이 원칙이나 포장표시를 허용 – 포장상의 표시만으로 충분하다고 인정되는 경우 – 포장의 형태가 상품을 손상하지 않고는 최종소비자가 포장을 개봉할 수 없는 경우 – 물품의 성질상 일반적으로 용기에 봉인된 상태로 판매되는 상품의 경우 – 액체, 가스 또는 이들 물품과 같이 현품에 원산지표시를 할 수 없는 경우 * 물품과 함께 판매되지 않는 비매용 용기나 수송용으로만 사용되는 용기는 원산지표시를 요구하지 않음
원산지표시 명료화 및 소비자전달	• 소비자가 쉽게 읽을 수 있고 분명하게 표시 • 최종구매자에게 물품이 전달될 때까지 견고하게 표시

FTA 협정 내에서 원산지표시는 대부분 따로 규정하지 않고 있다. 다만 원산지표시에 따른 기업비용 소요나 내국민대우에 위반성의 우려가 있거나, 소비자보호가 아닌 재정목적에 의한 표시의무는 무역장벽으로 작용할 수 있어 금지를 요청[6]하는 등 자국의 이익을 위해 이에 대한 규정을 포함하고 있는 정도에 그친다.

국내법에서는 대외무역법이 공정한 거래질서의 확립과 생산자 및 소비자 보호를 위하여 원산지를 표시하여야 하는 대상으로 공고한 물품, 즉 원산지표시대상물품을 수출하거나 수입하려는 자는 그 물품 등에 대하여 원산지를 표시하도록 규정하고 있다. 단순가공한 물품에 대해서는 원산지표시가 손상된 경우에 당초의 원산지를 표시하도록 하고 있다. 이는 원산지규정에서의 실질적 변형기준 요건으로 제조 또는 가공으로 보지 아니하는 사례와 동일한 입장을 취하고 있다.

6) EU는 우리나라 주류에 부탁되는 '가정용', '할인매장용' 등의 매장구분 라벨링의 폐지를 주장하기도 하였다.

2 원산지규정의 유형

원산지규정은 특혜 또는 비특혜의 무역조치를 규정하는 각종 기준 및 절차를 정한 것으로 국제협약, 다자 또는 양자 간 협정은 다양한 형태로 존재한다.

1) 목적별 분류

원산지규정의 적용목적에 따라 분류하면, 관세상 특혜를 부여하기 위한 특혜원산지규정(preferential rules of origin)과 원산지표시, 쿼터 등 관세특혜 이외의 목적에 적용하는 비특혜원산지규정(non-preferential rules of origin)으로 나눌 수 있다. 특혜원산지규정은 위에서 언급된 것처럼 FTA에 적용되는 원산지규정이며, 반덤핑이나 수입물품의 원산지표시 등은 비특혜원산지규정이다. 원산지규정을 특혜 또는 비특혜 규정으로 구분하여 보는 이유는 특혜원산지규정은 다자간 협약이 아닌 양자 간 협정에 의한 배타적인 관세혜택을 제공하므로 정책적 요소를 많이 포함하고 있는 반면에 비특혜원산지규정은 무역정책의 요소라기보다는 무역정책을 실현하는 수단이기 때문에 절차의 하나로 보기 때문이다. 특혜원산지규정은 자유무역협정의 일부로서 특혜 부여 여부에 따라 산업과 생산방식에 미치는 영향이 상당하다.

2) 유형별 분류

미주, 유럽, 중동, 아프리카, 아시아태평양 등 5개 지역에서 체결되고 있는 FTA에서 나타나는 원산지규정을 대상으로 유형별로 구분해 보면 크게 2가지로 나눌 수 있다.

대체로 미국을 중심으로 하는 북미지역의 NAFTA 모델과 EU를 중심으로 하는 PANEURO 모델로 양분된다. 동아시아 등 다른 지역들을 이들 모델을 기초로 지역의 실정에 맞게 혼용 또는 변경하여 사용하고 있다. 두 방식 모두 다 무역굴절현상[7]을 방지하기 위한 원산지규정의 목적에 맞게 우회수입을 방지하고 외국인 직접투자 확대 유치를 위해 원산지규정을 복잡하고 까다롭게 설정하고 있다.

먼저 NAFTA 모델은 미국, 캐나다, 멕시코의 NAFTA 회원국과 체결하는 FTA에서 나타난다. 칠레, 코스타리카, 콜롬비아, 베네수엘라 등 남미지역 국가들과 미국, 캐나다와 FTA를 체결한 우리나라도 이 모델을 따른다고 할 수 있다. 특히 우리나라와 일본은 NAFTA 모델의 영향을 받아 품목별 원산지결정기준을 세밀하게 기술하고 있다. 주로 HS 4단위 변경을 적용하고, 보충적으로 부가가치기준을 채택하고 있으며, 가공공정기준은 예외적으로 적용하고 있다. 또한 NAFTA 유형은 예외나 보충기준으로 최소허용기준에 대한 수준은 낮으나, 예외품목이 많으며 롤업(roll-up)원칙에서는 자동차를 제외하고, 누적조항은 주로 양자누적(bilateral cumulation)만을 적용한다는 특징을 지니고 있다. 따라서 NAFTA 모델은 엄격하면서도 복잡한 원산지규정으로 인하여 과도한 행정비용이 발생하는 것으로 나타나고 있다.8)

다음으로 PANEURO 모델은 1997년 이후 EU와 FTA를 체결하는 국가들에게 적용되고 있는데 예외조항을 포함시킨 HS 4단위의 세번변경기준과 누적기준을 많이 이용하면서도 가공공정기준도 상대적으로 많이 이용하고 있다. 무엇보다도 PANEURO 유형의 가장 큰 특징은 수입산 원부자재 가치(MC)와 공장도거래(ex-works)가격을 기준으로 채택하고 있으며, 최소기준은 상대적으로 높고 누직조항도 양자누적을 비롯한 유사누적과 완전누적을 같이 적용하고 있다는 점이다.9)

한편 아시아의 경우에는 고유한 모델이 없으며, 협상상대국의 지역에 따라 NAFTA 유형과 PANEURO 유형이 혼합적으로 나타난다고 볼 수 있다. 우리나라와 일본은 NAFTA 모델의 영향을 받아 품목별 원산지결정기준을 세밀하게 기술하고 있는 반면, AFTA와 중-아세안 FTA에서는 부가가치기준을 주요 결정기준으로 사용하여 협정문이 상대적으로 간단하다. FTA 원산지규정의 유형별 비교를 살펴보면 [표 5-4]와 같다.

---

7) 무역굴절현상이란 높은 관세율이나 까다로운 원산지규정 등의 부담을 회피하기 위해 무역경로를 바꾸는 현상을 말한다.

8) 원산지규정의 행정비용은 특혜관세 혜택을 부여받기 위한 조건이 충족됨을 입증하는 과정에서 발생하는 비용으로, Koshinen(1983), Holmes and Shephard(1983), Cadet et al.(2002), Carrere and de Melo(2004), Kunimoto and Sawchuk(2005) 등은 복잡한 원산지증명과정과 관련하여 행정비용의 부담이 증대됨을 보였다. 특히 Cadet et al.(2002)은 자율증명제하에서도 원산지증명과정에 따른 행정비용의 부담이 작지 않음을 보였는데, NAFTA의 사례를 예로 들어 원산지규정에 관련된 행정비용이 멕시코의 대미 수출 가치의 약 2%에 달함을 보였다.

9) 김한성 · 조미진 · 정재완 · 김민성(2008), 한국 FTA 원산지규정의 특성 및 활용전략, p. 36.

표 5-4 FTA 원산지규정의 유형별 비교

구분	NAFTA 유형	PANEURO 유형	아시아지역
의의	• 미주지역에 적용 • FTAA의 원산지모델	EU 주변국가와 체결	• 아시아지역 국가간 주로 사용
특징	엄격 복잡하여 과도한 행정 비용 발생	역외국가에 엄격한 룰 적용으로 역내국가 보호 강함	역내보호수단이 약함
결정기준	• HS 2, 4, 6단위 변경기준 • RVC 방식 채택	• HS 4단위 변경 위주 • MC 방식 채택	• HS 2, 4, 6단위 혼재 • RVC, MC, VC 등 혼재
부가가치 계산방식	거래가격법과 순원가법(NC)	공장도가격(ex-works price)	FOB, ex-works 등
보완기준	누적, 미소(7%) 등	누적, 미소(10%), 불인정, 직접운송 등	NAFTA국가: 7% 아세안: 10%
누적기준	양자누적 위주	양자, 유사, 완전 누적	양자, 완전 등
롤업규정	자동차 제외	전 품목	혼합형
증명방식	자율증명	자율증명(인증수출자)	기관증명
주요국가	미국, 멕시코, 칠레, 캐나다	EC, EFTA, 터키, 체코 등 50여 개국	한국, 일본, 아세안

출처: 대외경제정책연구원, WTO 자료로 재구성

3) 내용별 분류

한편, 원산지규정은 실체적 내용과 절차적 내용으로 구분된다. 물품의 원산지 상품에 대한 정의, 완전생산 또는 실질적 변형 등 원산지결정기준, 불인정 공정, 누적, 최소허용수준, 간접재 등 보조기준, 영역원칙, 직접운송 등 실체적인 내용을 규정하는 것은 원산지규정에 해당한다.

자율증명 또는 기관증명과 같은 발급과 발급기관, 증명서의 효력, 특혜신청, 세관당국의 검증 및 특혜배제 등의 절차는 원산지절차로 구분된다. 어떤 협정에서는 원산지규정 장(chapter) 내에서 구분하여 절차규정을 포함하는 것도 있으며, 원산지규정과 원산지절차를 별도의 장(chapter)으로 구분하여 규정하고 있는 협정도 있다. 원산지규정과 원산지절차의 세부구성은 다음 [표 5-5]와 같다.

표 5-5 원산지규정 및 원산지절차 구성

<table>
<tr><th colspan="2">구분</th><th>종류</th></tr>
<tr><td rowspan="2">원산지
규정</td><td>일반기준</td><td>• 원산지상품 정의
완전생산, 역내가치(공제법, 집적법, 조정가치 등)
• 역내가공 및 충분가공(또는 단순가공)
• 직접운송(또는 환적)
• 보조기준(최소허용, 누적, 대체가능, 부속품, 세트, 장용기, 재수입, 수리 등)</td></tr>
<tr><td>품목별기준
(PSR)</td><td>• HS 일반 주 및 부・류・호의 주
• 세번변경기준, 부가가치기준, 가공공정기준
• 조합기준, 선택기준 등</td></tr>
<tr><td rowspan="2">원산지
절차</td><td>원산지증명</td><td>• 기관증명, 자율증명, 인증수출자 등
• 유효기간, 포괄증명,</td></tr>
<tr><td>특혜절차</td><td>• 신청절차, 수출입자 의무, 자료보관, 특혜배제
• 세관검증절차(간접검증, 직접검증, 혼합 등)</td></tr>
</table>

3 원산지규정의 엄격성

원산지의 품목별 기준(PSR)과 관련하여서 검토되는 것은 원산지규정의 엄격성과 통일성의 문제이다. 원산지의 엄격성은 원산지규정 충족의 용이성을 말하며, PSR의 엄격성이 낮으면 낮을수록 기업의 특혜적용 가능성이 높아지게 된다. 통일성은 PSR 규정형태의 통일성을 말하는데, 통일성은 동일한 FTA 내에서도 분석될 수 있지만 특히 의미가 있는 것은 여러 FTA를 체결하였을 때의 통일성의 문제이다. 통일성이 낮으면 기업의 입장에서는 원산지관리가 더욱 복잡해지기 때문에 기업의 원산지관리비용이 증가하게 된다. 이는 동일물품을 생산하여 여러 FTA 체약국으로 수출하는 경우 각 FTA에 따라 PSR이 다르면 각각 원산지관리를 해야 하는 어려움이 있기 때문에 엄격성이 높은 PSR을 고려해서 생산계획을 수립해야 하는 어려움이 발생하게 된다. 엄격성과 통일성은 이러한 측면에서 연관된다.

원산지규정의 엄격성은 Estevadeoardal(2000)에 의해 처음 계량적으로 분석되어 지수가 산출되었다. Estevadeoardal의 방법론은 여러 FTA 원산지규정의 엄격성지수를 측정하는 데 이용되고 있어 이 방법론을 이용하여 다른 국가들과의 FTA 원산지규정의 경직성의 비교가 가능하다. 이 방법은 주로 품목별 원산지기준(PSR)의 까다로움 정도를 파악하기 위해 항목별로 최소 1에서 최대 7까지의 지수를 부여하였다. 이 엄격성지수 요건은 [표 5-6]과 같다.[10]

| 표 5-6 | 엄격성지수 요건

엄격성지수(y*)	지수 요건
7	• CC < y* ≤ CC&TECH • WO
6	CH& RVC < y* ≤ CC
5	• CH < y* ≤ CH&RVC • 부가가치기준이 단일기준인 경우 RVC(>50%)
4	• CS&RVC < y* ≤ CH • 부가가치기준이 단일기준인 경우 RVC(50% 이하)
3	CS < y* ≤ CS&RVC
2	CI < y* ≤ &CS
1	y* ≤ yCI

주: CI는 HS 6단위 이상에서의 세번변경을 의미함.[11]
출처: Estevadeordal(2000), Estevadeordal and Suominen(2004) 참고

위에서 보듯이 엄격성지수는 기본적으로 세번변경기준을 중심으로 지수가 부여되었으며, 지수가 높을수록 원산지규정의 엄격성이 높아지는 것으로 본다. 먼저 2단위 세번변경기준(CC)이 4단위 세번변경기준(CH)보다 엄격하고, 4단위 세번변경기준은 6단위 세번변경기준(CS)보다 엄격하기 때문에 2단위, 4단위, 6단위 세번변경기준이 요구되는 경우 각각 6, 4, 2점이 부여된다. 그리고 세번변경기준에서 부가가치기준(RVC) 또는 가공공정기준(TECH)이 결합되는 경우 원산지규정이 더 엄격해지는 것으로 7, 5, 2점의 지수가 부여되었다. 또한 세번변경기준이 요구되지 않는 완전생산기준이 적용되는 품목에도 7점이 부여되었다.

상기 엄격성지수 요건을 이용하여 유럽과 미주지역 12개 FTA 원산지규정의 경직성을 비교 분석한 Estevadeordal and Suominen(2004)의 연구에서 나타난 엄격성지수는 NAFTA 방식의 FTA의 경우에는 평균 5.1, PANEURO 방식의 FTA의 경우에는

10) 대외경제정책연구원(2008), 한국 FTA 원산지규정의 특성 및 활용전략, p. 130.
11) CI는 7단위 이하 세번변경을 의미한다. 우리나라가 체결한 FTA에서는 사용된 바 없다.

평균 4.5로 분석된 바 있어 NAFTA 방식이 PANEURO 방식보다 더 엄격하고 복잡하여 과도한 행정비용이 발생하는 것으로 판단할 수 있다.12)

2015년 말까지 우리나라가 체결한 14개의 FTA에서의 나타나는 결정기준 유형을 PSR의 엄격성 지수에 맞춰 분류해 보면 [표 5-7]에서와 같다. 그간의 여러 연구에서 우리나라 PSR의 엄격성지수를 분석한 결과에 따르면, 평균 4.5 이상으로 나타나 PSR의 엄격성이 높은 수준이라고 할 수 있다.13) 엄격성지수별로 나타나는 원산지 결정기준 유형을 살펴보면 다음 [표 5-7]과 같다.

표 5-7 우리나라가 체결한 14개 FTA에 규정된 PSR 엄격성지수14)

엄격성지수	원산지결정기준 유형	
7	(1) WO	(2) TECH
	(3) RM	(4) CC＋ECTC＋RM
	(5) CC＋ECTC＋TECH	(6) CC＋ECTC＋TECH or CS*＋TECH
	(7) CC＋RM or RVC＋RM	(8) CC＋RM＋TECH or RVC
	(9) CC＋RVC	(10) CC＋TECH
	(11) CC＋TECH or RVC	(12) CC＋TECH or RVC＋TECHCH＋RM
	(13) CH＋RM or RVC	(14) CH＋RM or RVC＋RM
	(15) RM	(16) RVC＋RM
6	(1) CC	(2) CC or CH*
	(3) CC or CH*/CS*＋RVC	(4) CC or CH*＋RVC
	(5) CC or CH＋RVC	(6) CC or CS*
	(7) CC or CS*＋RVC	(8) CC or CS＋RVC
	(9) CC or RVC	(10) CC or RVC＋TECH
	(11) CC or TECH	(12) CC＋ECTC
	(13) CC＋ECTC or CH*＋RVC CC＋ECTC or CS*	

12) Estevadeordal and Suominen(2004), p.24.

13) 그간의 정인교 외(2005), 고영제(2008), 김한성 외(2008)의 원산지 엄격성 연구에서도 칠레, 싱가포르, EFTA, 아세안, 미국을 비교한 우리나라의 엄격성지수는 한미가 4.45로 가장 낮으며, 평균 5에 가까운 것으로 분석되었다.

14) 표에서 사용된 용어의 정의는 다음과 같다. WO: 완전생산기준, TECH: 가공공정기준, RM: 원재료에 대한 별도의 충족요건이 있는 경우, ECTC: 적용에서 제외하는 세번이 있는 경우, CC: 2단위 세번변경기준, CH: 4단위 세번변경기준, CS: 6단위 세 번변경기준, CI: 단위품목의 세번변경기준, RVC: 부가가치기준, CC*, CH*, CS*: 각 기준에 명시된 2~6단위에서의 세번변경이 필요한 경우, RVC*: 특정세번에 한해 부가가치기준을 적용하는 경우, RVC＞40%: 집적법을 기준으로(build up) 역내부가가치 40% 초과, RVC ≦ 40%: 동일조건으로 40% 이하

5	(1) CH or CH* +RVC (2) CH+ECTC or CH* +RVC (3) CH+ECTC or CH+RVC (4) CH+RVC (5) CH+RVC or CS* +RVC (6) CH+RVC or RVC (7) RVC(>40%)
4	(1) CH (2) CH or CS* +RVC (3) CH or CS+ECTC+RVC (4) CH or CS+RVC (5) CH or CS+TECH (6) CH or RVC (7) CH or RVC* (8) CH or RVC+TECH (9) CH or TECH or RVC (10) CH+ECTC (11) CH+ECTC or CS* (12) CH+ECTC or CS* or CS* +RVC (13) CH+ECTC or RVC (14) CH+ECTC or TECH (15) CS* or CH or RVC (16) RVC(≤C40%)
3	(1) CS* +RVC (2) CS+ECTC or CS+RVC* (3) CS+ECTC+RVC
2	(1) CS (2) CS or RVC (3) CS+ECTC
1	-

주: RM의 경우 원산지규정의 엄격성이 WO 수준과 동일하다는 판단하에 7점을 부여함.
출처: 국내외 선행연구들을 참고하여 저자가 작성

품목별 원산지규정(PSR)의 엄격성이 적절한지 여부는 해당 FTA 협정의 일반기준, 관련 산업구조, 국제경쟁력 및 원재료 등 교역 현황, 그리고 국가의 산업정책과 통상정책의 고려와 함께 PSR의 적정성에 대한 연구도 더 필요한 것으로 제시되고 있다.

Chapter 06

Free Trade Agreement
FTA 이해와 활용

FTA

우리나라 FTA의 원산지결정기준

1. FTA 원산지결정기준
2. 역내가공원칙
3. 불인정공정

Chapter 06. 우리나라 FTA의 원산지결정기준

1 FTA 원산지결정기준

FTA 협정의 원산지규정은 제1장에서 설명된 바와 같이 WTO 규범과 일치되게 운영되나, 특혜원산지규정으로서 협정의 체약국 간 품목별로 서로 다른 기준을 정할 수 있다.

모든 FTA 협정에서의 기본적인 원산지결정기준은 완전생산기준과 실질적 변형기준으로 나뉜다. 실질적 변형기준은 다시 세번변경기준, 부가가치기준, 가공공정기준(이를 특정공정기준이라고도 한다)으로 나누며, 통상 협정문 부속서에 품목별 원산지기준(PSR)을 두어 위 원칙을 조합 또는 선택적으로 사용토록 품목별로 개별기준을 정하고 있다. 이 외에도 단순가공의 범위, 최소허용기준(de minimis), 누적규정 등 보충적 규정을 두고 최종적으로 원산지를 결정하도록 하고 있다. 먼저 이 장에서는 우리나라가 체결한 FTA를 중심으로 실체적인 원산지기준인 완전생산기준과 실질적 변경기준에 대해 살펴보기로 한다.

1) 완전생산기준

완전생산기준(wholly obtained criterion)은 어떤 물품이 1개 국가에서 모든 생산과정을 거쳐서 생산된 경우에 적용하는 원산지결정기준이다.

주로 체약당사국, 또는 역내에서 채굴한 광산물, 재배 · 수확한 농산물, 수렵 또는 어로작업에 의해 획득한 물품 등이 그 주요 대상이다. 소 · 말 · 돼지 · 닭 등 산 동물의 경우에는 역내에서 번식되어 사육한 것이 해당된다.[1] 역외에서 수입한 씨앗(seed)을 재배하고, 이에서 수확된 농산물 및 원예작물은 원산지가 인정된다. 그리고 공해상에서 획득한 수산물에 대해서는 일부 협정에서는 서로 달리 정하고 있는 경우가 있으나, 대부분의 경우 구체적인 완전생산기준에 대해서는 큰 차이가 없으며, 우리나라가 체결한 FTA 협정상 완전생산기준을 설명하는 정의규정에서도 이를 확인할 수 있다.

표 6-1 우리나라가 체결한 협정상 완전생산품의 정의

FTA	내용
칠레	일방 또는 양 당사국의 영역 내에서만 완전하게 획득되거나 생산된 상품 the good is wholly obtained or produced entirely in the territory of one or both of the Parties
싱가포르	일방 또는 양 당사국의 영역 안에서만 완전하게 획득되거나 생산된 상품 wholly obtained or produced entirely in the territory of one or both of the Parties
EFTA	당사국에서 완전 획득된 상품 products wholly obtained in a Party
아세안	전적으로 수출국 영역 내에서 전부 완전 획득되거나 생산된 상품 a good which is wholly obtained or produced entirely in the territory of the exporting Party
인도	수출 당사국의 영역에서 완전하게 획득되거나 생산된 상품 goods wholly obtained or produced in the territory of the exporting Party
미국	전적으로 어느 한쪽 또는 양 당사국의 영역에서 완전하게 획득되거나 생산된 상품 a good wholly obtained or produced entirely in the territory of one or both of the Parties
EU	당사자 내에서 완전히 획득된 제품 products wholly obtained in a Party
페루	전적으로 어느 한쪽 또는 양 당사국의 영역에서 완전하게 획득되거나 생산된 상품 a good wholly obtained or produced entirely in the territory of one or both of the Parties
터키	당사국 내에서 완전히 획득된 제품 products wholly obtained in a Party

1) 캐나다에서 출생한 송아지를 미국에서 수입하여 일정기간 사육한 후 산 동물로 우리나라로 수입하는 경우 한-미 FTA에 의거 당해 수입 소의 원산지는 미국으로 인정되지 않는다는 의미이다(출생요건 위배).

호주	한쪽 또는 양 당사국의 영역에서 완전하게 획득된 상품 goods wholly obtained in the territory of one or both of the Parties
캐나다	전적으로 한쪽 또는 양 당사국의 영역에서 완전하게 획득되는 상품 goods wholly obtained and therefore originating in the territory of one or both of the Parties
중국	전적으로 당사국에서 완전하게 획득되거나 생산된 상품 good wholly obtained or produced entirely in a Party
베트남	당사국의 영역에서 완전하게 획득되거나 생산된 상품 goods wholly obtained or produced in the territory of a Party
뉴질랜드	당사국의 영역에서 완전하게 획득되거나 생산된 상품 goods wholly obtained or produced in the territory of a Party
콜롬비아 중미	전적으로 당사국의 영역에서 완전하게 획득되거나 생산된 상품 goods wholly obtained or produced in the territory of a Party
영국	당사자 내에서 완전히 획득된 제품 products wholly obtained in a Party

또한, 대표적으로 한-미 FAT에서의 완전생산기준이 적용되는 구체적인 물품은 살펴보면 다음과 같다.

한-미 FTA 완전생산기준

전적으로 어느 한쪽 또는 양 당사국의 영역에서 완전하게 획득되거나 생산된 상품이라 함은 다음을 말한다.

가. 어느 한쪽 또는 양 당사국의 영역에서 재배되고 수확 또는 채집된 식물 및 식물생산품
나. 어느 한쪽 또는 양 당사국의 영역에서 출생되고 사육된 살아 있는 동물
다. 어느 한쪽 또는 양 당사국의 영역에서 살아 있는 동물로부터 획득된 상품
라. 어느 한쪽 또는 양 당사국의 영역에서 수행된 수렵 · 덫사냥 · 어로 또는 양식으로부터 획득된 상품
마. 어느 한쪽 또는 양 당사국으로부터 추출되거나 채취된 가호 내지 라호에 포함되지 아니하는 광물과 그 밖의 천연자원
바. 어느 한쪽 당사국에 등록되거나 등기되고 그 당사국의 국기를 게양한 선박에 의하여, 어느 한쪽 또는 양 당사국의 영역 밖의 바다 · 해저 및 하부토양에서 잡힌 어류, 패류와 그 밖의 해양생물
사. 바호에 언급된 상품으로부터 가공선박에서 생산된 상품. 다만, 그러한 가공선박은 그 당사국에 등록되거나 등기되고 그 당사국의 국기를 게양하여야 한다.
아. 어느 한쪽 또는 양 당사국 영역 밖의 해저 또는 하부토양으로부터 당사국 또는 당사국의 인에 의하여 채취된 상품. 다만, 그 당사국은 그러한 해저나 하부토양을 개발할 수 있는 권리를 가지고 있어야 한다.

자. 우주에서 취득된 상품. 다만, 이 상품은 당사국 또는 당사국의 인에 의하여 획득되고 비당사국의 영역에서 가공되지 아니하여야 한다.
차. 다음으로부터 얻어진 폐기물 및 부스러기
  1) 어느 한쪽 또는 양 당사국 영역에서 이루어진 제조 또는 가공공정
  2) 어느 한쪽 또는 양 당사국 영역에서 수집된 중고품. 다만, 그 상품은 원재료 회수용으로만 적합한 것이어야 한다.
카. 어느 한쪽 또는 양 당사국의 영역에서 중고상품으로부터 파생되고 어느 한쪽 또는 양 당사국 영역에서 재제조 상품의 생산에 사용된 재생상품
타. 모든 생산단계에서, 가호 내지 차호에 규정된 상품 또는 그 파생품만으로 어느 한쪽 또는 양 당사국의 영역에서 생산된 상품

위의 기준을 살펴보면 완전생산기준이 적용되는 상품은 다음 3가지 유형으로 구분해 볼 수 있다. ① 1국 완전생산물품, ② 역내 완전생산물품, ③ 완전생산 간주물품이다.

첫째, 1국 완전생산물품은 어느 한 당사국 내에서 완전하게 획득되거나 생산된 물품이다. 예로 미국 내 광산에서 채굴된 광물이나, 수출당사국에서 생산된 종자를 파종하여 수출국 내에서 재배·수확한 쌀은 1국 완전생산물품이다.

둘째, 역내 완전생산물품은 양 당사국, 즉 협정당사자인 2개국 이상의 영역에서 완전생산된 물품이다. 이는 상대국의 완전생산물품을 재료로 하여 당사국이 완제품을 제조한 후 상대국으로 수출하는 경우에 해당될 수 있다. 예로 미국에서 출생한 송아지를 수입한 후 일정기간 사육한 후 도축하여 소고기를 미국으로 재수출하는 경우에 해당된다. 다만, 한-EFTA에서는 공정누적을 제한하거나, 한-아세안 FTA에서와 같이 별도의 품목별 원산지기준(PSR)에서 특정산품에 대하여 누적을 제한하는 경우가 있으므로 해당 물품의 PSR을 정확히 확인할 필요가 있다.

셋째, 완전생산 간주물품이다. 이는 실질적으로 완전생산이라고 할 수 없으나, 완전생산의 인정범위를 확대하여 예외적으로 완전생산물품으로 인정하는 것이다. 예로, 협정당사국의 선박이 영역 밖 공해상에서 획득한 어류는 완전생산된 것으로 간주한다. 또한 역내에서 수집되어 원재료 회수용으로 적합한 중고물품으로부터 얻어진 폐기물 또는 부스러기는 해당 중고물품이 당사국 원산지물품이 아닌 경우에도 당사국의 원산지물품으로 인정된다. 아울러 역내산으로 인정되는 것을 원료로 하여 역내에서 완전히 생산한 물품도 완전생산물품에 해당된다. 또한 우주로부터 떨어진

운석의 경우에도 당사국 국민이 획득하는 경우 완전생산물품으로 인정되는 경우도 있다.

수산물의 경우에는 특성상 영해, 배타적 경제수역 또는 공해상에서 어로행위가 발생하기 때문에 몇 가지 요건들을 요구하고 있다. 영해 내에서 획득한 것은 선박의 국적 여하를 막론하고 연안국을 원산지로 인정한다. 외국에서 치어를 수입하여 자국에서 양식(fish farming)한 수산물의 경우에도 원산지가 인정된다. 그러나 공해(outside territorial sea)상에서 획득한 수산물 또는 그 선상에서의 가공품의 경우 수산물을 획득한 선박이 자국선박인 때에 한하여 원산지를 인정한다. 자국선박을 인정하는 요건으로 기국요건(Flag of a Party)과 등록요건(Recorded with a Party)이 있으나, 협정별로 동시 충족을 요구하거나 기국요건 한 가지만을 규정하기도 한다. 기국요건만 규정된 경우에는 자국등록 선박이 아닌 임차선박을 이용하여 공해상에서 수산물을 획득하는 경우에도 원산지가 인정받을 수 있게 된다.

또 한편으로는 원산지 목적상 영역의 정의가 매우 중요하다. 특히 영해(territorial sea)와 관련해서는 영해, 배타적 경제수역(EEZ),[2] 공해를 구분해 볼 수 있다. 일반적으로 EEZ은 국제법상 영해에 포함시키지는 않는다. 그러나 협정별로 영역의 정의에서 EEZ를 영해에 포함하는 경우도 있고, 영역을 별도로 규정하지 않은 경우도 있다.

우리나라가 체결한 협정에서의 각 영역의 정의를 정리해보면 다음 [표 6-2]와 같다.

표 6-2 협정별 영역의 정의

영역	기본범위
우리나라	우리나라의 주권이 미치는 영토·영해 및 영공과 국제법 및 국내법에 따라 주권적 권리 또는 관할권이 행사되는 영해의 외측한계선에 인접하거나 외측한계선 밖(협정에서 정하는 경우만 해당한다)의 해저·해저층을 포함한 해양지역[3]
칠레	칠레의 주권이 미치는 영토·영해·영공 및 국제법과 칠레의 국내법에 따라 칠레의 주권적 권리 또는 관할권이 행사되는 배타적 경제수역과 대륙붕지역

2) 1982년 UN해양법에 의해 영해 밖 해안기선으로부터 200해리 안에 설정된 수역으로 독점적 권리를 행사할 수 있는 수역을 말한다.

3) 이 정의는 FTA관세특례법에 규정된 내용이나 각 FTA에서 영역을 규정한 것을 보면 우리나라 영역을 영토, 영해, 영공 이외에 '영해의 외측한계선에 인접한 해저·해저층을 포함한 해양지

싱가포르	싱가포르의 주권이 미치는 영토・영해(내륙수로를 포함한다) 및 영공과 영해 밖의 해양지역(해저 및 해저층을 포함한다) 중 천연자원의 탐사 및 개발을 위하여 국제법 및 싱가포르의 국내법에 따라 싱가포르가 주권적 권리 또는 관할권을 행사하는 지역
EFTA	아이슬란드공화국, 리히텐슈타인공국, 노르웨이왕국 및 스위스연방(이하 '유럽자유무역연합회원국'이라 한다)의 주권이 미치는 영토・영해 및 영공과 국제법 및 유럽자유무역연합회원국의 각 국내법에 따라 주권적 권리 또는 관할권이 행사되는 영해의 외측한계선에 인접하거나 외측한계선 밖의 해저・해저층을 포함한 해양지역
인도	인도의 주권이 미치는 영토・영해・영공 및 국제법과 인도의 국내법에 따라 인도의 주권적 권리 또는 관할권을 행사하는 대륙붕과 배타적 경제수역을 포함한 해양지역
페루	페루의 국내법과 국제법에 따라 페루의 주권, 주권적 권리 또는 관할권이 행사되는 본토영역・도서(島嶼)・해양수역 및 그 상공
미국	50개의 주(州), 콜롬비아특별구[4]와 푸에르토리코[5]를 포함하는 미합중국의 관세영역, 미합중국과 푸에르토리코에 위치하는 대외무역지대 및 국제법과 미합중국의 국내법에 따라 미합중국이 해저 및 하부토양과 그 천연자원에 대하여 주권적 권리를 행사할 수 있는 미합중국 영해 밖의 지역
터키	터키의 주권이 미치는 영토・영해・영공 및 국제법에 따라 생물 또는 무생물 천연자원의 탐사, 개발 및 보전을 목적으로 터키가 주권적 권리 또는 관할권을 갖고 있는 해양지역
호주	호주의 주권이 미치는 영역[노퍽 섬, 크리스마스 섬, 코코스(킬링) 제도, 애쉬모어・카르티에 제도, 허드 섬・맥도널드 제도 및 코랄시 제도를 포함한다]과 국제법에 따라 호주가 주권적 권리 또는 관할권을 행사하는 영해, 접속수역, 배타적 경제수역 및 대륙붕
캐나다	캐나다의 주권이 미치는 영토・영공・내수 및 영해, 국제법과 캐나다의 국내법에 따른 배타적 경제수역 및 대륙붕
중국	육지, 내수, 영해 및 상공을 포함한 중국의 전체 관세영역, 그리고 중국이 국제법과 그 국내법에 따라 주권적 권리 또는 관할권을 행사할 수 있는 중국의 영해 밖의 지역
베트남	그 국내법과 국제법에 따라 베트남이 주권, 주권적 권리 또는 관할권을 행사하는 본토와 섬을 포함한 영토, 내수, 영해 및 영역 위의 상공, 영해 밖에 있는 대륙붕, 배타적 경제수역 및 대륙붕과 배타적 경제수역의 천연자원을 포함한 해양지역
뉴질랜드	뉴질랜드의 영역과 뉴질랜드가 국제법에 따라 천연자원과 관련하여 주권적 권리를 행사하는 배타적 경제수역, 해저 및 하층토를 말하나 토켈라우는 포함하지 아니한다.
콜롬비아	대륙 및 섬으로 된 콜롬비아의 영토, 콜롬비아의 상공과 해양 및 해저, 그리고 콜롬비아가 콜롬비아 헌법, 콜롬비아의 법 및 적용가능한 국제조약을 포함한 국제법에 따라 주권, 주권적 권리 또는 관할권을 행사하는 그 밖의 요소
중미	(엘살바도르, 온두라스, 파나마) 자국 주권하의 육지, 해양 및 상공, 그리고 자국이 국제법과 그 국내법에 따라 주권적 권리 및 관할권을 행사하는 배타적 경제수역 및 대륙붕(코스타리카, 니카라과) 자국의 국내 법규와 국제법에 따라 코스타리카(니카라과) 공화국의 영역

역'으로 규정한 것도 있고(한-칠레, 한-싱가포르, 한-페루 FTA), '주권적 권리 또는 관할권이 행사되는 영해 이외의 해양지역'으로 규정한 것(한-아세안, 한-EFTA, 한-인도, 한-EU, 한-미 FTA)도 있다. 이 두 가지는 영역개념에서 상당한 차이가 있다.

한편 우리나라가 체결한 FTA별로 영해, 역내선박 인정요건, 영해 밖 채취상품, 폐기물 · 부스러기 · 중고품 · 재생품, 완전생산품 최종규정 등 완전생산기준에 관련된 주요 내용을 정리해 보면 [표 6-3]과 같다. 대부분의 내용은 유사하나, 일부 규정은 당사국의 정치 · 경제 · 사회 · 문화적 차이 등으로 조금씩 차이가 있는 부분이 있으므로 협정별로 유의할 필요가 있다.

표 6-3 완전생산기준 협정별 주요 내용 비교

구분	요건	주요 협정별 당사국
영해 범위	EEZ 포함	칠레, 인도, 미국, 페루, 호주, 캐나다, 뉴질랜드, 베트남, 중국, 콜롬비아, 중미
	EEZ 불포함	싱가포르, 한국6)
역내선박 인정요건	등록주의+기국주의	칠레, 싱가포르, 아세안, 인도, 미국, 페루, 호주, 캐나다, 뉴질랜드, 베트남, 콜롬비아, 중미, 영국 EU/터키(소유요건 추가)
	기국주의	EFTA
영역(영해) 밖 바다 어획물	등록주의+기국주의	칠레, 싱가포르, 아세안, 인도, 미국, 페루, 호주, 캐나다, 뉴질랜드, 베트남, 중국, 콜롬비아, 중미, 영국 EU/터키(소유요건 추가)
	기국주의	EFTA
영역(영해) 밖 채취상품	등록주의+기국주의	칠레, 싱가포르, 아세안, 인도, 미국, 페루, 호주, 캐나다, 뉴질랜드, 베트남, 중국, 콜롬비아, 중미, 영국 EU/터키(소유요건 추가)
	기국주의	EFTA
우주에서 취득한 물품	당사국인 획득요건	칠레, 싱가포르, 아세안, 미국, 호주, 캐나다, 베트남, 콜롬비아
	미규정	EFTA, 페루, 인도, EU, 터키, 뉴질랜드, 중국, 중미, 영국
폐기물, 부스러기, 중고품, 재생품	중고품 폐기물	칠레, 싱가포르, EFTA, 아세안, 인도, 페루, 호주, 캐나다, EU, 터키, 베트남, 중국, 콜롬비아, 중미, 영국
	재생상품요건	미국, 캐나다

4) 콜롬비아특별구는 미국의 수도인 워싱턴 D.C.를 말한다.

5) 푸에르토리코는 미국과 연합한 자치연방제로 국가원수는 미국 대통령이다. 행정권은 1952년에 제정된 헌법에 따라 총독에게 주어진다. 1947년부터 공선지사제(公選知事制)가 실시되었고 1950년대에 들어와서는 자치정부로 이행하였다. 1952년부터는 국방 · 외교 · 통화 이외의 내정(內政)을 섬 주민들에게 완전히 이양, 미국의 자치령이 되었다.

6) 우리나라의 경우, 영해의 범위에 EEZ를 명문적으로 포함하지는 않으나, 완전생산기준 정의에

완전생산품 최종규정	완전생산품	EFTA, 아세안, 페루, EU, 베트남, 중국, 콜롬비아, 중미, 영국
	완전생산품의 파생품	칠레, 싱가포르, 인도 미국, 터키, 호주, 캐나다, 뉴질랜드

완전생산기준은 산업분야에 관계없이 적용되지만, 그 특성상 천연산품, 광산물, 농수산물에서 많이 나타나고, 공산품은 상대적으로 적게 나타난다. 공산품의 경우, 재료조달 또는 생산공정의 글로벌화로 인해 완전생산기준을 적용하기 어려우나 역내에서 천연산품 등의 원재료를 조달하여 공산품을 생산하는 경우에 얼마든지 완전생산기준 적용이 가능하다. 예로, 역내에서 나고 자란 양의 털로 짠 직물이나, 역내에서 나고 자란 소에서 짠 우유로 만든 치즈 등이 이에 해당한다.

이와 같이 완전생산기준은 생산공정이 역내에서 수행되어야 하는 공정에 초점을 맞춘 역내가공원칙이나 개성공단과 같은 역외의 지역을 역내생산물로 인정하는 역외가공, 역내에서 충분한 정도의 공정을 거칠 것을 요구하는 충분가공원칙 등과 연관되어 적용된다.

2) 실질적 변형기준

2개국 이상에서 투입된 원재료를 가지고 완제품을 생산하는 경우, 실질적 변형이 발생한 국가를 원산지로 본다. 실질적 변형 여부를 판단하는 기준으로 세번변경기준, 부가가치기준, 가공공정기준 등 3개 기준을 사용하고 있다고 설명한 바 있다. 물품의 특성에 따라 세번변경기준 또는 부가가치기준을 단독으로 사용하거나, 양 기준을 선택할 수 있는 선택기준(alternative rule)이나, 또는 양 기준을 조합하여 모두 충족해야 원산지를 인정하는 조합기준(combination rule/hybrid rule)이 사용되기도 한다.

세번변경기준은 국제무역에서 거래되는 상품의 품목분류체계(HS)에 따라 분류되는 기준으로 HS품목번호가 바뀌면 상품의 본질적 특성이 바뀌는 것으로 인정하여 원산지를 결정한다. 부가가치기준은 상품의 제조 · 생산 과정에서 일정한 수준 이상의 부가가치가 발생된 국가를 원산지로 인정한다. 가공공정기준은 각 상품을 형성하는 주요 공정(specific manufacturing)을 제시하고, 당해 공정이 수행된 국가를 원

서 국제법에 따른 관할권이 행사되는 지역인 EEZ를 포함하고 있는 협정도 있다.

산지로 인정하는 방식으로 주로 섬유·의류제품, 곡물류 등 특정제품에 사용된다. 우리나라의 FTA에서 사용하고 있는 실질적 변형기준의 체계를 정리하면 아래와 같다.

그림 6-1 | FTA 협정에서의 실질적 변형기준체계

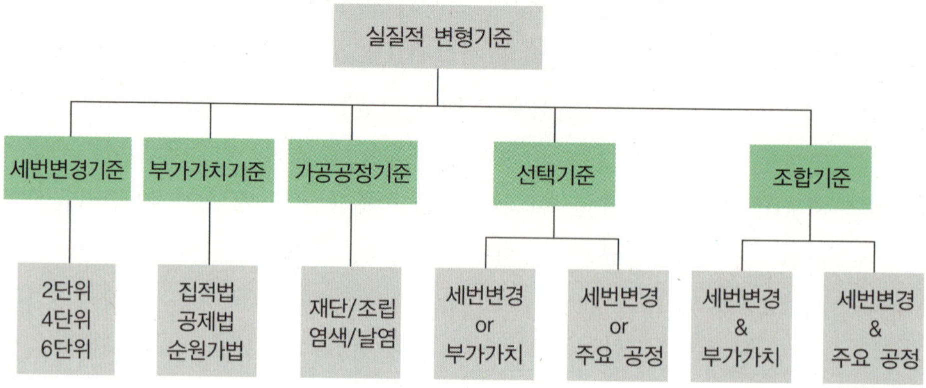

대표적으로 우리나라가 최초로 체결한 한-칠레 FTA에서의 다양한 원산지결정체계를 살펴보면 다음과 [표 6-4]와 같다.

표 6-4 | 한-칠레 FTA에서의 실질적 변형기준

<table>
<tr><th colspan="3">원산지결정기준</th><th>적용품목(예시)</th></tr>
<tr><td rowspan="3">세번변경 기준</td><td colspan="2">2단위(CC)</td><td>제1류~제16류, 제25류, 제26류, 제46류 등 동물, 식물, 광물 제품</td></tr>
<tr><td colspan="2">4단위(CTH)</td><td>코코아, 펄프, yarn, 철판 등</td></tr>
<tr><td colspan="2">6단위(CTSH)</td><td>라이터, 냉장고 등</td></tr>
<tr><td rowspan="2">부가가치 기준</td><td colspan="2">공제법 45%(직접법 30%)</td><td>트랙터, 버스, 승용차 등</td></tr>
<tr><td colspan="2">부가가치 80%(공제법)</td><td>혼합과실(제2008.92소호), 혼합주스</td></tr>
<tr><td rowspan="6">선택기준</td><td rowspan="3">CC</td><td>or 부가가치</td><td>망간과 그 제품(제8111호)</td></tr>
<tr><td>or (CTH+부가가치)</td><td>선박, 광섬유, 안경 등</td></tr>
<tr><td>or (CTSH+부가가치)</td><td>조명기구(제9405호)</td></tr>
<tr><td rowspan="3">CTH</td><td>or 부가가치</td><td>염화비닐 등 제28류~제30류 화공약품</td></tr>
<tr><td>or (CTH+부가가치)</td><td>방적기(제8445호) 등</td></tr>
<tr><td>or (CTSH+부가가치)</td><td>증기터빈(제8406호) 등 기계류</td></tr>
</table>

조합기준	CC＋부가가치	밀가류(제1101호) 등 제분공업제품
	CTH＋부가가치	조제식품, 휴대폰, TV
	CTSH＋부가가치	원자로(8401), 진공청소기(8509)
	CC＋제조가공공정	의류(제61류~63류)

출처: 성윤갑(2007), FTA 원산지 해설

(1) 세번변경기준(Change in Tariff Classification Criterion: CTC)

세번변경기준은 국제표준인 HS를 근거로 하고 있어 객관적이고 예측가능성이 높아 가장 보편적으로 사용되고 있는 원산지 결정기준이다. 세번[7]이 변경된다는 것은 그 재료로부터 생산된 물품이 실질적으로 다른 물품이 되었다는 의미이다. 즉, 역외 원재료의 일부 혹은 전부를 사용하여 완성품을 제조하였을 때 원재료의 세번과 완성품의 세번이 다르다는 뜻이며, 이 경우 이 완성품을 제조한 국가 또는 지역을 원산지로 인정하는 것을 말한다.

세번변경수준은 HS번호를 기준으로 2단위(Chapter; 류), 4단위(Heading; 호) 또는 6단위(Sub-heading; 소호)[8]로 달리 적용될 수 있는데 품목별 구체적인 수준은 각 FTA에 따라 다를 수 있다. 이는 체약국 간의 투자 · 교역관계, 산업구조 및 경쟁력 등에 따라 FTA 대상국별로 원산지기준을 달리 정하고 있기 때문이다.

세번변경기준은 2단위 변경기준(CC)이 가장 엄격하며, 4단위 변경기준(CTH)이 이보다는 덜 엄격하고, 6단위 변경기준(CTSH)이 가장 완화된 기준이다. 일반적으로 원산지기준을 결정할 때 국내경쟁력이 취약한 농수산물 또는 민감 산업물품의 경우 2단위 또는 4단위 위주의 비교적 엄격한 원산지기준을 사용하는 데 비하여 수출경쟁력이 뛰어난 제품의 경우 6단위 변경기준을 사용한다. 따라서 FTA 협정에서 품목별로 동일한 원산지기준을 정하기 때문에 체약상대국 간 서로 상반되게 자국의 경쟁력이 있는 품목은 6단위로, 자국의 경쟁력이 약한 품목은 2단위 기준을 채택하려는 경향을 보이게 되고, 결과적으로 협상에 의해 원산지결정기준이 정해진다.

세번변경기준 적용의 예로서 A국에서 수입한 원재료인 철판(HS7220)을 절단 또는 프레싱하여 세숫대야를 만든다고 하자. 이 경우 세숫대야는 HS분류체계에 의하

7) 세번(稅番)이란 HS 품목분류체계에서 분류코드(code)를 세수개념에서 부르는 다른 말이다.
8) 2단위를 CC, 4단위를 CTH 또는 CH, 6단위를 CTSH 또는 CS로 약칭하여 부르고 있다.

여 HS7324로 분류된다. 원재료와 완성품의 세번을 살펴보면 앞의 2단위가 72에서 73으로 변경되었기 때문에 CC기준을 충족하며, 원산지결정기준이 CTH라면 이도 충분히 충족하는 것으로서 이 상품은 A국의 원산지상품이 되는 것이다.

4단위 변경의 예로는 A국가가 설탕(HS1701)으로부터 캔디(HS1704)를 만드는 경우, 캔디에 대한 원산지기준이 2단위 변경인 CC인 경우에는 이를 제조한 A국이 원산지가 되지 못하며, 4단위 기준 이하의 경우에만 A국이 원산지국가로 인정받게 되는 경우를 들 수 있다. 따라서 동 물품에 대해 CTH기준이 적용된다면 HS1704호로 분류되는 캔디는 A국의 원산지상품이 된다.

또 다른 예로, 볶지 않은 커피 원두(HS0901.11)를 볶는 가공, 일명 로스팅을 거치는 경우 볶은 커피는 HS0901.21호로 분류된다. 이 경우 4단위까지는 HS0901로 동일하며, 이후 6단위가 11에서 21로 변경되기 때문에 6단위 변경(CTSH)에 해당된다. 따라서 어떤 FTA 협정에서 로스팅을 실질적 변형을 가하는 가공으로 인정하지 않아 원산지결정기준을 CTH로 정하는 경우, 로스팅을 하는 국가는 원산지국가로 인정받지 못하게 된다. 그러나 한-미 FTA에서는 커피의 경우 6단위 변경을 인정하고 있어 이 경우 볶은 커피는 원산지상품으로 인정받을 수 있다. 세번변경기준 적용의 예를 살펴보면 다음 [표 6-5]와 같다.

표 6-5 세번변경기준 적용의 예

제조가공내용	변경 정도	원산지기준	결정결과
철판(HS7220) → 세숫대야(HS7324) 고무나무(HS06) → 천연고무(HS40)	CC	CTH	충족
설탕(HS1701) → 사탕(HS1704)	CTH	CTH	충족
커피(HS0901.11) → 볶은 커피(HS0901.21)	CTSH	CTH	불충족

그러나 HS 품목분류체계가 지니는 한계로 인해 물품의 특성에 따라 세번변경기준만을 활용하기 어려운 경우가 있다. 이는 주로, 첫째, HS 해석에 관한 통칙 제2호 나목의 규정에 따라 미조립 또는 분해된 상태로 수입되었으나 완전 또는 완성된 물품으로 분류되는 물품과 둘째, 당해 물품과 당해 물품의 생산에 사용된 비원산지 재료가 동일한 호(4단위) 또는 소호(6단위)에 해당하는 경우에 나타난다. 예로, HS체계상 유모차와 그 부분품은 동일한 호 또는 소호(HS8715.00)에 분류되며, 항공기

발진장치와 그 부분품도 동일한 호 또는 소호(HS8805.10)에 분류된다. 이러한 물품의 경우 부분품을 수입하여 완제품을 만들어도 세번은 전혀 변경되지 않는다. 이와 같은 문제점을 해소하기 위하여, 한-칠레의 경우에서는 국내 제조과정에서 발생한 부가가치가 60%를 넘는 경우에는 세번변경 여부와 관계없이 원산지를 인정하고 있다. 다른 협정들에서는 품목별 원산지규정에서 부가가치기준을 선택적으로 적용하거나 조합하여 이를 적용하고 있다.

다른 한편으로는 역내가공 또는 무역의 증진을 위해 엄격한 규정을 적용하기도 한다. 세번변경기준에서 특정 류, 호, 또는 소호에 해당하는 재료를 사용한 경우에는 원산지를 불인정하거나, 특정요건 이상으로 사용하거나 사용하지 않도록 하는 조건을 사용하기도 한다. 위에서 언급한 캔디의 경우에도 한-EU FTA에서는 CTH를 기준으로 하되, '해당 물품에 사용된 제17류에 해당하는 모든 비원산지 재료의 가격이 해당 물품의 공장도가격의 30%를 초과하지 아니한 것에 한정한다'라고 조합된 규정을 사용하고 있으며, 설탕 이외에 비원산지 재료로서 물엿(HS1702)이 사용된 경우 물엿의 가격이 완성품의 공장도가격의 30%를 넘지 않아야 캔디가 원산지상품으로 인정된다. 또, HS2402호의 담배의 경우에는 CTH를 채택하면서 HS2401호의 잎담배로부터의 제조는 인정하나, 유사한 기타 담배에 해당하는 HS2403호(기타 담배나 담배 추출물)에서 변경된 재료는 제외토록 하는 요건을 정하고 있기도 하다.

이러한 요건들은 세번변경기준 적용에 따르는 한계와 모순점을 극복하면서 결과적으로 원산지 인정범위를 확대하여 역내산 물품의 교역을 촉진하는 장점이 있다.

위의 예시에서 보았듯이 세번변경기준에 따른 원산지의 결정과 밀접한 관계가 있는 것이 품목분류이다. 세번변경기준을 정확히 적용하기 위해서는 품목분류에 대한 이해가 선행되어야 한다.

품목분류란 국가 간 거래되는 수출입물품에 대해 상품의 분류를 통일함으로써 국제무역을 촉진시킬 목적으로 관세협력이사회(CCC)에서 1983년 6월 14일 채택되어 1988년 1년 1일부터 시행된 '통일상품명 및 부호체계에 관한 국제협약(The International Convention on Harmonized Commodity Description and Coding System)'에 의한 분류를 말한다.

HS는 과거 1939년도 국제연맹 주관하에 제정된 '제네바관세품목표'에서 1959년

벨기에의 수도 브뤼셀에 설립된 관세협력이사회(Customs Cooperation Council: CCC)가 제정한 관세율표인 BTN(Brussels Tariff Nomenclature)을 거쳐, 1976년 관세 부과를 목적으로 만든 품목분류표인 관세협력이사회품목분류표(Customs Cooperation Council Nomenclature: CCCN)가 시행되다가 1988년부터 CCCN과 SITC[9]를 모체로 하여 관세, 통계, 운송 등에 공용으로 사용하기 위해 '통일상품명 및 부호체계'로 발전하게 되었다.

HS협약의 제정목적은 ① 국제간의 수출입 무역을 촉진과 원활화, ② 특정한 자료의 수집, 비교 및 분석, ③ 국제무역에서 상품의 이동에 따른 분류체계의 변화에서 발생하는 비용의 감소, ④ 국제무역서류의 표준화 및 자료전달의 용이, ⑤ 무역 관련 다양한 이해관계자들이 사용할 수 있는 공통된 품목분류표(Code)의 제공 등이라고 할 수 있다. 현재 HS는 국제적으로 거래되는 상품분류체계의 통일성을 기하기 위해 180여 개 국가가 가입하고 있는 세계관세기구(WCO)에서 국제표준으로 정하고 있는 통일규칙으로서 WCO 회원국을 포함하여 전 세계 약 200여 개 국가가 수출입상품 거래에 있어서 HS를 사용하고 있다. 따라서 국제적으로 세번변경기준에 따른 원산지의 확인에 있어서 동일한 원칙, 즉 일관성을 유지할 수 있다.

HS는 대분류로서 총 22개의 부(Section)로 구성되어 있으며, 이하 기본 분류원칙으로 재질과 기능에 따른 중분류인 1~2단위를, 가공단계별로 소분류인 3~4단위를, 그리고 상기기준에 입각하여 무역량 등을 고려하여 세분류인 5~6단위를 정하고 있다. 이하 세세분류에 해당하는 7~10단위는 통계부호로서 각국의 경제목적에 따라 자발적으로 분류한다.

WCO에서 제6차 개정에 따라 2017년부터 시행된 HS2017에는 HS 2단위를 구성하는 류(Chapter)로서 1류부터 97류까지, 류의 하위에 HS 4단위를 구성하는 호(Heading)가 1,222개, 호의 하위에 HS 6단위를 구성하는 소호(Sub Heading)가 5,387개로 세분류되어 있다. 제7차 개정에 따른 HS 2022는 2022년 1월부터 적용된다.

이하 각 국가별로 소호의 하위로 통계부호의 개념으로 세세분류[10]를 하고 있으며, 우리나라의 경우에는 4단위를 추가하여 총 10단위로서 분류한다. 따라서 HS 10

9) SITC(Standard International Trade Classification): UN이 1938년 무역통계의 국제적 비교를 위하여 제정한 국제표준무역분류표로 미국과 캐나다에서 주로 사용

10) EU는 8단위, 일본은 9단위, 중국, 미국은 10단위 등 다양한 국가코드를 사용하고 있다.

단위는 HSK(HS of Korea)로 부르고 있으며, HSK2021은 총 12,241개의 통계부호로 구성되어 있다. 이는 세분화된 통계분류 필요 등에 따라 수시로 개정이 이루어지고 있다.

표 6-6 HS 국제표준 및 국내코드 구조

품목번호(HS)			국내코드	품명(호의 용어)
류	호	소호	HSK	
01	01			살아 있는 말·당나귀·노새와 버새
01	01	2		말
01	01	21		번식용
01	01	21	1000	농가사육용
01	01	21	9000	기타

FTA를 활용하는 무역에 있어서 품목분류(HS)는 매우 중요하다. 체약국 간 배타적인 특혜를 부여하는 FTA에서 가장 중요한 개념은 특혜가 부여되는 원산지상품인지를 확인하는 일인데 바로 이 원산지결정기준이 HS를 기초로 되어 있다. 그렇기 때문에 특정상품에 대하여 원산지기준이 무엇인지 알기 위해서 가장 먼저 선행되어야 하는 일이 바로 해당 상품의 상품분류코드, 즉 HS를 결정하는 일이다.

FTA 특혜관세 혜택의 여부는 협정에서 제시하는 상품에 대한 조건들을 분석하고, 수출하는 물품과 그 수출물품에 소요되는 원재료에 대한 HS분류를 통해 원산지기준을 충족하는지 확인하는 전문적 기술을 요하고 있다. 또한 FTA 원산지확인은 최종수출자만의 문제가 아니라 특정한 원재료의 사용을 제한하거나 요구하는 원산지기준에서 보듯이 사용된 재료의 HS번호를 확인하고, 해당 원산지기준에 적합한지 여부를 확인하기 위해 Local 거래의 경우에 부품공급업체도 HS를 확인해야 하기 때문에 품목분류는 FTA 원산지확인과 불가분의 관계로서 가장 기본적인 업무라고 할 수 있다.

HS를 분류하기 위한 법적 구속력을 지닌 기본요소는 'HS 해석에 관한 통칙(General Rule)' 1~6, 부·류·소호의 주(Notes), 호의 용어(Terms of the Headings), 소호의 용어(Terms of the Subheadings)이다. 그 외에 참고자료로서 HS해설서(Explanatory Notes), 품목분류의견서(Compendium of classification opinion) 등이

있다. HS분류표에서는 부 · 류 · 절의 표제(Titles)가 있으나 통칙 1에서 이는 참조의 편의상 설정된 것으로 법적 구속력이 없다고 규정하고 있다.

HS가 국제표준으로서 거의 모든 국가들이 사용하고 있으며, 위에 언급한 통칙, 주(Notes), 호 및 소호의 용어와 해석에 관한 참고서로서 해설서와 분류의견서 등이 있어 하나의 상품에 대해 대부분은 동일한 품목분류를 하는 것이 일반적이나, 때로는 각국의 역사적 차이 및 규정에 대한 해석상이로 인해 동일한 물품에 대하여 국가 간 상이한 분류가 일어나며, 이러한 상이한 HS분류가 원산지결정기준 적용의 차이를 가지고 오기 때문에 FTA 특혜적용의 배제 또는 국가 간 분쟁의 요소가 되기도 한다.

이러한 상이 사례로서, 제3국산 천연흑연(HS2504.10)을 수입하여 분말화 또는 혼합과정을 거쳐 흑연을 제조 · 생산한 경우, HS분류원칙에 대한 해석이 서로 상이하여 완성품을 수출국인 A국은 3824호로, 수입국인 B국은 HS2504.10으로 분류한 경우 해당 완성품은 원산지결정기준인 세번변경기준을 충족하지 못하는 사례가 발생하게 된다. 이를 표로 정리해 보면 [표 6-7]과 같다.

표 6-7 HS결정 및 해석에 대한 상이 사례

구분	원재료 (천연흑연)	완성품 (흑연)	원산지기준 (CTH)	근거
A국	HS2504	HS3824	충족	제25류 주1에서 "배소한 것, 하소한 것, 혼합한 것은 이 류에서 제외한다"는 규정에 의거 품질이 다른 흑연을 서로 혼합하였으므로 제3824호에 분류
B국	HS2504	HS2504	불충족	서로 다른 품질의 천연흑연 혼합 시 천연흑연이라는 화학적 조성(탄소: C)의 특성에는 변화가 없으므로 제2504호에 그대로 분류

※ HS분류상 호 · 소호의 용어
1. HS2504.10: 천연흑연
2. HS3824.90: 따로 분류되지 않는 화학공업의 조제품

이와 같이 FTA 협정의 이행과정에서 품목분류에 대한 FTA 체약상대국 간 다른 해석이 가능하므로 세번변경기준의 판단은 일방의 체약국만의 문제가 아닌 양 체약당사국 간의 문제에 해당된다.

참고로 세번변경기준 여부를 결정하는 실무절차는 다음과 같다.[11)]

세번변경기준결정 실무절차

1. 원산지결정 대상물품과 거래 파악

해당 물품의 거래내역을 파악하고, 거래 흐름도를 작성하여 전체적으로 부분품 제조국에서 완제품 제조국 및 수출대상국 간의 흐름을 볼 수 있도록 한다. 그리고 해당 물품의 상세설명도를 검토한다.

2. 적용할 원산지결정기준 및 규정 파악

해당 물품의 거래상대국의 FTA 협정에 의한 원산지결정기준을 확인하고, 완전생산기준인지, 실질적 변형기준에 해당되는 물품인지를 파악하고, 품목별 원산지기준에 의해 세번변경기준, 부가가치기준, 가공공정기준 또는 이들의 조합기준이나 선택기준에 해당하는지 파악한다. 그리고 보충적 기준인 미소기준, 불인정기준, 누적기준, 간접재료, 대체가능물품, 운송용 포장재료, 부분품 및 포장재료, 역외가공 등 기준 및 규정을 검토한다.

3. 원재료, 부분품 및 완제품에 대한 품목분류번호 확인

1단계: 원재료 명세서(Bill of Material: BOM)를 토대로 주요 구성품 및 부분품(중간재) 등을 구분한다.

2단계: 주요 파트별로 상세 제조공정과 이에 소요되는 원재료 리스트를 확인한다.

3단계: 각 부분품(원재료)의 생산국가별로 품목번호별로 분류하고 확인한다.
- 품목번호는 수입신고필증, 송품장, 구매내역서, Local L/C 등을 확인한다.

4단계: 완제품의 품목분류 자료를 확인한다.

4. 해당 물품에 대하여 원산지결정을 위한 서류 등 관련 서류를 확보하여 확인한다.

5. 원산지결정

- 미소기준, 누적기준, 기타 원산지결정 관련 보충적 기준을 검토한다.
- 2단위, 4단위, 6단위 및 보충적 기준 해당 여부를 적용하여 원산지를 결정한다.

(2) 부가가치기준(value added criterion)

부가가치기준은 어떤 물품의 생산과정에서 역내에서 일정한 수준 이상의 부가가치를 발생시킨 국가 또는 지역을 원산지로 인정하는 방법이다. 1개국 이상에서 생산된 물품의 경우에도 협정당사국의 영역에서 기준에 부합하는 일정수준 이상의 부가가치를 생성하면 원산지를 부여하는 것이기 때문에 물리적인 실질적 변형과는 거리가 있을 수 있으나, 창출된 경제적 가치를 기준으로 실질적 변형 여부를 판단하는 것으로, 원산지의 개념에서 보면 가장 부합한 기준이라고 할 수 있다.

11) 성윤갑(2007), FTA 원산지 해설, p.79.

각 FTA마다 그 비율은 세번변경기준과 마찬가지로 양국 간의 교역관계, 경쟁력 등을 고려하여 협상에 의하여 결정되기 때문에 그 가치비율 산출에 필요한 기준가격, 산정공식 및 원산지를 인정하는 품목별 부가가치비율 등은 각각 다르다.

국제적으로 부가가치기준으로 주로 사용되는 기준으로서 역내산 가치 또는 역외산 가치 비율을 정하는 기준으로 구분할 때 ① 원산지를 부여하는 데 요구되는 역내산 재료의 최소 포함비율을 정하는 부품가액(Value of Parts: VP)기준과 국내 또는 역내의 총가치함량을 정하는 역내가치함량(Regional Value Content: RVC)기준인 DC(Domestic Value added)기준, ② 역외산 부품 및 원재료의 금액이나 수량이 일정기준 이하로 사용된 경우 원산지자격을 부여하는 수입산 함량(Import Content: MC)기준이 있다.

가. 역내가치비율

역내가치비율(RVC)은 역내가치함량을 백분율로 표시하는 것으로, 계산방법에 따라 공제법, 집적법,[12] 순원가법으로 나누어진다. 공제법과 집적법을 적용하는 품목이 따로 정해져 있는 것은 아니다. 그러나 순원가법은 특정물품에 대하여 사용되고 있는데 한-미 FTA 경우에는 자동차 및 그 부분품으로 한정되어 있다.

먼저 공제법(Build-down Method: BD)은 상품가격에서 역외산, 즉 비원산지재료가치를 공제한 금액이 상품가격에서 차지하는 비율로 산출한다. 따라서 원산지재료비의 비율이 낮으나 가공비 비율이 높은 경우에 적용하면 유리하다. 공식은 다음과 같다.

$$\text{역내부가가치비율(RVC)} = \frac{\text{상품가격} - \text{비원산지재료가치(VNM)}}{\text{상품가격(AV)}} \times 100\%$$

* VNM(Value of Non-originating Materials): 해당 상품의 생산에 사용된 비원산지 원재료의 가격

* AV(Adjusted Value): 조정가격으로, 역내재화 취득 시 지불된 가치에서 운임, 보험료, 포장비, 및 그 외 운송소요된 비용 및 제세를 등을 고려대상인 상품의 관세가격으로부터 제외하여 조정된 가격

12) 공제법은 간접법, 집적법은 직접법이라고도 한다.

집적법(Build-up Method: BU)은 상품가격에서 역내산, 즉 원산지재료가치가 차지하는 비율로 산출한다. 따라서 원산지재료비의 비중이 높은 경우에 적용하면 유리하다. 공식은 다음과 같다.

$$역내부가가치비율(RVC) = \frac{원산지재료가치(VOM)}{조정가격(AV)} \times 100\%$$

* VOM(Value of Originating Materials): 해당 상품의 생산에 사용된 원산지재료의 가격
* AV(Adjusted Value): 조정가격

상기 두 방법의 계산방법의 차이로 인해 공제법을 사용한 경우 그 비율이 45% 이상이며, 집적법을 사용한 경우에는 그 비율이 30% 이상으로서 두 방법 간에 약 15%p 차이가 나고 있다. 위의 공식에서 상품가격 또는 조정가격으로 표현되어 있으나, 단순히 FOB 또는 관세가격으로 정한 협정도 있다. 그러나 한-미 FTA 협정에서의 조정가격의 정의를 보면, 가격목적상 국제협약의 하나인 관세평가협정 제1조 내지 제8조, 제15조 및 이들 조항의 주해에 따라 산정된 가격으로, 필요시 당사국의 국내법에 따라 이미 제외되지 않은 수출국으로부터 수입국까지 상품을 국제적으로 운송하는 데 발생하는 모든 운송, 보험 및 관련 서비스 비용, 부과금 및 경비를 제외하여 조정한 가격을 말한다고 규정되어 있다.

순원가법(Net Cost Method: NC)은 상품생산에 상용된 순원가에서 비원산지재료의 가치를 공제한 금액이 순원가에서 차지하는 비율로 산출하는 것으로 공제법의 일종이다. 순원가란 총비용에서 판매촉진을 위한 비용, 로열티, 운송 및 포장비용, 허용범위를 넘는 이자비용 등을 뺀 것을 말한다. 통상 순원가법은 특정비용이 제외되기 때문에 공제법보다는 그 비율이 약 10%p 정도 낮게 나타난다. 현재 순원가법이 사용되는 것은 한-미 FTA에서 자동차류에 한정되어 있다.[13] 그 공식은 다음과 같다.

13) 순원가법은 HS분류체계에 의거 HS8407.31~HS8407.34(엔진), HS8408.20(디젤엔진), HS8409(엔진부품), HS8701~8705(자동차), HS8706(샤시), HS8707(차체), 및 HS8708(자동차부품)에만 적용된다.

$$역내부가가치비율(RVC) = \frac{순원가-비원산지재료가치(VNM)}{순원가(NC)} \times 100\%$$

* VNM(Value of Non-originating Materials): 해당 상품의 생산에 사용된 비원산지 원재료의 가격
* NC(Net Cost): 총비용에서 판촉마케팅, 로열티, 운송 및 포장비용, 이자비용 등을 뺀 가격

나. MC(Import Contents)법

MC법은 RVC에서 역내가치의 비율을 산출하는 것과는 달리 비원산지재료비가 상품가격에서 일정비율 이하일 것을 규정하는 방식이다. 우리나라가 체결한 FTA에서는 EFTA, EU, 터키와의 FTA에서 채택하고 있다. MC법의 산출공식은 다음과 같다.

$$부가가치비율(MC) = \frac{비원산지재료가치(VNM)}{공장도가격(EXW)} \times 100\%$$

* VNM(Value of Non-originating Materials): 해당 상품의 생산에 사용된 비원산지 원재료의 가격
* EXW(Ex-Works Price): 제품의 공장도가격에서 환급되는 모든 내국세를 공제한 가격

다. 협정별 부가가치기준

우리나라가 체결한 각 협정에서의 부가가치기준과 비율, 산출공식 및 가격기준은 다음 [표 6-8]과 같다.

표 6-8 협정별 부가가치기준 비교

FTA	부가가치기준과 비율	산출공식	가격기준
칠레	RVC(45~80%)	공제법/집적법	조정가격
싱가포르	RVC(45~55%)	공제법	관세가격
EFTA	MC(30~60%)	MC	EX-works
아세안	RVC(35~60%)	공제법/집적법	FOB
인도	RVC(25~40%)	공제법	FOB
미국	RVC(35~60%)	공제법/집적법 순원가법	조정가치
EU	MC(20~50%)	MC	EX-works
페루	RVC(20~50%)	공제법/집적법	FOB

터키	MC(20~50%)	MC	EX-works
호주	RVC(30~40%)	공제법/집적법	조정가치
캐나다	RVC(35~65%)	공제법/집적법 순원가법	조정가치 또는 Ex-works
중국	RVC(40~60%)	공제법	FOB
베트남	RVC(40~60%)	공제법/집적법	FOB
뉴질랜드	RVC(30~40%)	공제QJQ/집적법	FOB
콜롬비아	RVC(20~50%)	공제법/집적법	조정가치
중미	RVC(20~50%)	공제법/집적법	FOB
영국	MC(20~50%)	MC	EX-works

우리나라가 체결한 FTA를 보면 기업의 편의를 위하여 대표적인 부가가치계산공식으로 공제법과 집적법의 두 가지 계산방법을 선택하도록 한 경우도 있으나 이 경우 원산지규정을 복잡하게 함으로써 오히려 혼란을 야기한다는 문제점도 있어 어떤 협정에서는 공제법만 도입된 경우도 있다. 또한 그 비율도 협정별로 다양하게 나타나고 있음을 확인할 수 있다. 가격기준에 있어 RVC 산출방식의 경우에도 조정가격, 관세가격, FOB를 다양하게 인정하고 있다. MC법에서는 모두 공장도가격(Ex-works)이 사용되고 있다.

위에서 설명한 부가가치 계산공식에서 보면 실제 비원산지재료가치(VNM)와 원산지재료의 가치(VOM)를 산출하는 있어서 일반적으로 인정되는 회계원칙(GAAP)[14]에 근거한 정확한 산출이 이루어져야 한다. 부가가치기준에서 사용되는 재료비는 그 상품에 물리적으로 결합된 직접 추적이 가능한 직접재료비를 적용한다. 실무에서는 구입되는 원재료의 가격에 대하여 원재료 및 제품가격의 등락, 환율의 변동 또는 회계기준에 따라 물품별로 그 가격에 차이가 발생할 수 있어 회계시스템 등에 의거하여 원재료의 표준단가를 사용하고 있다.

부가가치비율 산출과 관련하여 전반적으로 상품의 생산단계별 원가구성을 살펴

14) '일반적으로 인정되는 회계원칙'이란 용어는 WTO 관세평가협정에서 등장하는 것으로 '특정 시기에 특정국내에서 의견일치가 인정되거나 실질적이고 권위있는 지지를 받고 있는 회계원칙'을 말한다. 우리나라의 경우 주식회사의 외부감사에 관한 법률의 규정에 따라 (사)한국회계연구원이 설치한 회계기준위원회의 심의·의결을 거쳐 제정한 '회계처리기준'이 협의의 GAAP가 된다. 넓은 의미에서는 내국세법의 규정에 따라 회계처리한 경우도 GAAP의 개념에 포함되는 것으로 본다. 김기인, 관세평가정해(한국관세무역개발원, 2009), pp.58~59.

보면 [그림 6-2]와 같다.

그림 6-2 단계별 원가구성

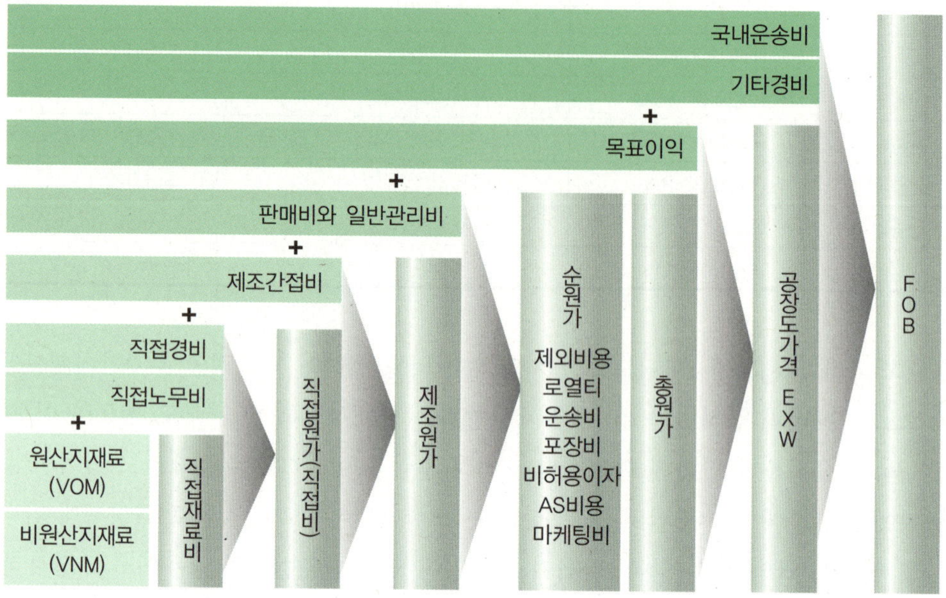

1) 직접재료비: 특정제품 생산 시 투입된 원재료 중 추적 가능한 원가로서 원산지재료 또는 비원산지재료의 가치
   - VNM: Value of Non-originating Materials(비원산지재료비)
   - VOM: Value of Originating Materials(원산지재료비)
2) 직접노무비: 특정제품 생산 시 투입된 노무비 중 직접적으로 추적이 가능한 원가
   예) 제품생산 라인에 직접 참여한 생산직 종업원의 급여 등
3) 직접경비: 특정제품에 직접 투입된 비용 중 직접재료비, 직접노무비를 제외한 원가
   예) 해당 제품의 설계비, 특허사용료 등
4) 직접원가: 제품생산에 직접적으로 사용된 원가로서 직접재료비, 직접노무비, 직접경비를 합한 금액, 즉 제품생산에 직접적으로 사용하여 추적이 가능한 원가
5) 제조간접비: 제품생산에 투입된 간접재료비, 간접노무비, 간접경비를 포괄
   - 간접재료비: 윤활유, 통합제조공정에 사용된 소모성 공구 비용 등
   - 간접노무비: 공장장 등 공장전체 업무를 보는 직원의 임금 등
   - 간접경비: 가스, 수도료, 전기료, 공장전체의 감가상각비 등
6) 제조원가: 직접원가와 제조간접비를 합한 금액으로 제품생산에 투입된 모든 비용
7) 판매비와 일반관리비: 제조분야가 아닌 사무분야 및 영업분야 관련한 모든 인건비와 물건비로 판매비는 영업사원의 급여, 전기 · 통신비, 감가상각비, 광고료 등을 지칭하며 및 관리비는 관리직 급여, 전기 · 통신비, 감가상각비 등을 포괄하는 금액
8) 순원가 및 총원가: 제조원가와 판매비 · 일반관리비를 합하여 총원가를 구성하며, 총원가에서 로열티, 마케팅비용 등 위에서 열거한 제외비용을 뺀 금액
9) 공장도가격(EXW): 총원가에서 기업의 목표이익을 더해 공장에서 출하되는 가격
10) 본선인도가격(FOB): 공장도가격에서 국내운송비, 보험료 등 기타 경비를 더하여 수출하기 위해 본선에 인도할 때까지의 모든 비용을 포함한 가격

지금까지 살펴본 바와 같이 부가가치기준은 FTA 협정에 따른 부가가치비율 산출공식, 조정가치 등 가격에 대한 개념으로 관세평가협정, 상품의 기준가격에 대한 개념으로 Incoterms, 제품원가 · 비용 · 이윤 등에 관하여 회계원칙 등 다양한 분야에 대한 이해가 필요하기 때문에 적용하는 데 기술적인 전문성이 요구된다. 부가가치기준과 관련된 여러 개념들에 대한 전반적인 관계를 그림으로 정리하면 [그림 6-3]과 같다.

그림 6-3 ▌부가가치기준의 구조적 개념

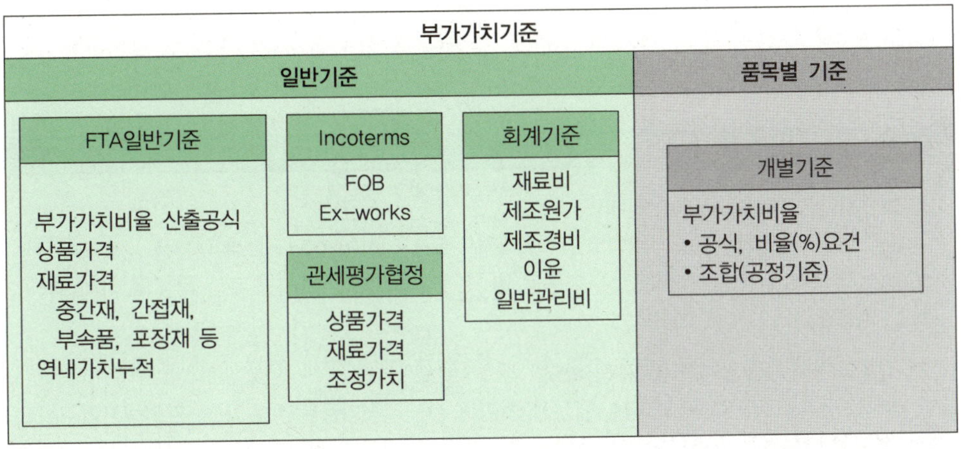

부가가치기준을 위한 재료비의 계산방법과 관련하여 각 협정별로 수입재료, 국내조달재료 등 매입경로별로 재료비를 계산하는 방식과, 비원산지재료와 원산지재료 등 원재료 지위에 따라 구분하는 방식과, 이를 혼합하는 계산하는 방식 등이 있다.

매입경로별로 재료비를 계산하는 경우에도 구입경로와 재료의 원산지지위와는 무관하다. 수입한 재료 중에서도 원산지결정기준을 충족하여 원산지재료가 있을 수 있고, 국내조달의 경우에도 원산지결정기준을 불충족하여 비원산지재료로 볼 수 있으므로 정확한 원산지확인을 통해 원산지재료 여부를 결정해야 한다. 가장 기본적으로는 수입재료의 경우에는 과세가격을 기준으로 하고, 국내 구매한 경우에는 공급자에게 지급한 가격이 원재료의 가격이 된다. 우리나라의 경우 수입물품의 과세가격은 CIF를 기준으로 하고 있어, 수입한 비원산지재료의 과세가격은 CIF를 채택하고 있는 것이 일반적이나, 미국, 칠레와 같이 FOB를 기준으로 하고 있는 나라와의 협정에서는 과세가격에서 국제운송비를 뺀 금액을 재료비로 계상한다. 수입한 원산지재료의 경우에는 한-아세안 FTA와 같이 수입물품의 과세가격에 국내운송비용을 포함하기도 한다. 다만, 정확한 가격을 알 수 없는 경우에는 당사국 내에서 지급한 최초로 확인 가능한 가격으로 하는 것이 일반적이다.

또한, 역내부가가치비율의 계산에는 위에서 설명한 상품가격 및 재료가격의 산출방법 이외에도 비원산지재료를 포함하여 중간재를 생산하여 완성품 제조에 투입한 경우 이 중간재 전체를 원산지재료로 볼 것인지(roll-up), 체약국 간 누적을 적용할 것인지 등 일명 보충적 기준과 함께 고려해야 한다. 보충적 개념에 대해서는 후술하기로 한다.

참고로 해당 물품의 부가가치기준을 결정하는 실무절차는 다음과 같다.[15)]

부가가치기준 결정실무절차

1. 원산지결정 대상물품과 거래 파악

해당 물품의 거래내역을 파악하고, 거래 흐름도를 작성하여 전체적으로 부분품 제조국에서 완제품 제조국 및 수출대상국 간의 흐름을 볼 수 있도록 한다. 그리고 해당 물품의 상세설명도를 검토한다.

2. 적용할 원산지결정기준 및 규정 파악

해당 물품의 거래상대국의 FTA 협정에 의한 원산지결정기준을 확인하고, 완전생산기준인지, 실질적 변형기준에 해당되는 물품인지를 파악하고, 품목별 원산지기준에 의해 세번변경기준, 부가가치기준, 가공공정기준 또는 이들의 조합기준이나 선택기준에 해당하는지 파악한다. 그리고 보충적 기준인 소기준, 불인정기준, 누적기준, 간접재료, 대체가능물품, 운송용 포장재료, 부분품 및 포장재료 등 기준 및 규정을 검토한다.

3. 부분품에 대해 가격 확인

- 부분품 가격은 아래 단계별로 파악한다.
  - 1단계: 원재료 명세서(Bill of Material: BOM)를 토대로 주요 구성품 및 부분품(중간재) 등을 구분한다.
  - 2단계: 주요 파트별로 상세 제조공정과 이에 소요되는 원재료 리스트를 확인한다.
  - 3단계: 각 부분품(원재료)의 생산지 및 가격에 대한 내용을 확인한다. 각 부분품 가격을 원산지기준에 따른 제품가격기준, 즉 FOB, Ex-works 등으로 환산한다.
- 노무비, 경비, 이윤 등을 제조원가명세서 등 회계자료로 확인한다.
- 수입 완제품에 대하여 취득가격을 확인한다.

4. 해당 물품에 대하여 원산지결정을 위한 서류 등 관련 서류를 확보하여 확인한다.

15) 성윤갑(2007), FTA 원산지 해설, p.140.

5. 원산지결정
- 재료비 계상기준을 우선 검토: 수입재료, 국내구입재료, 직접생산재료, 간접재료의 수입함량(MC), 국내가치함량(DC) 등 계산, 중간재료의 roll-up, roll-down 검토
- 이윤 및 일반경비 계산기준 검토
- 제품가격기준 검토: FOB, Ex-works, 조정가격 등 협정별 검토
- 보조기준 추가 검토: 재료비누적, 완전누적 등 협정별 검토, 기타 원산지결정 관련 보충적 기준 검토(대체가능물품, 공구, 포장, 세트 등)
- 공제법, 집적법, 순원가법 등에 따라 부가가치충족 여부를 결정한다.

지금까지 살펴본 부가가치기준에 대하여 원산지결정방법을 아래의 몇 가지 사례를 통해서 살펴보자.

부가가치기준에 의한 원산지결정 사례

1. 한-EFTA FTA에 의한 부가가치기준

[상품거래] 아래와 같이 휴대폰(HS8517.12)을 생산하여 노르웨이로 수출하고자 한다.

구분	HS	원산지	가격(원)
재료비	8534.10	한국	600
	8517.70	중국	200
	8532.21	일본	200
	8517.70	대만	400
	8523.29	독일	100
	소계		1,500
노무비 및 경비			450
제조이윤			200
수출 시 국내운송비			100
FOB 가격			2,250

[원산지기준] 한-EFTA FTA에 따른 휴대폰(HS8517.12)의 원산지결정기준

다음 각 호의 어느 하나에 해당하는 것에 한정한다.

① 다른 호에 해당하는 재료로부터 생산된 것

② 해당 물품의 생산에 사용된 모든 비원산지재료의 가격이 해당 물품의 공장도거래가격의 50%를 초과하지 아니한 것

[원산지결정절차]

① 한-EFTA FTA의 부가가치기준 원산지결정의 기준은 MC법 적용

- 동 물품의 공장도거래가격(Ex-works)은 FOB가격에서 수출 시 국내운송비를 차감한 2,150원임(2,250 - 100)
- 동 물품의 비원산지재료의 가치: 중국, 일본, 대만, 독일산 원재료의 총가격으로 900원임(200 + 200 + 400 + 100)

$$\text{부가가치비율(MC)} = \frac{\text{비원산지재료가치(VNM): 900}}{\text{공장도가격(EXW): 2,150}} \times 100\%$$

- MC: 41.8%

② 따라서 원산지결정기준에 따라 MC 41.8%로 50%를 초과하지 않기 때문에 동 휴대폰의 원산지는 한국이다.

2. 한-아세안 FTA에 의한 부가가치기준

[상품거래] 아래와 같이 원자재 수급을 변경하여 헤드폰(HS8518.30)을 생산하여 베트남으로 수출하고자 한다.

구분	HS	원산지	가격(원)
재료비	8523.30	한국	600
	8518.30	중국	200
	8518.30	베트남	200
	8518.30	대만	300
	8523.29	독일 → 베트남*	200
	소계		1,500
노무비 및 경비			450
제조이윤			200
수출 시 국내운송비			100
FOB 가격			2,250

[원산지기준] 한-아세안 FTA에 따른 헤드폰(HS8518.30)의 원산지결정기준

다른 소호에 해당하는 물품이 제8518.30호에 해당하는 물품으로 변경된 것, 또는 역내가치포함비율이 상품의 FOB 가격의 40% 이상인 것

[원산지결정절차]

① 세번변경이 일어나지 않은 비원산지재료가 있어 세번변경기준 불충족

② 한-아세안 FTA의 부가가치기준 원산지결정의 기준은 집적법 적용

- 동 물품의 FOB가격은 2,250원임

• 동 물품의 원산지재료의 가치: 한국, 베트남산 원재료의 총가격으로 1,000원임(600+200+200)

$$부가가치비율(RVC) = \frac{원산지재료가치(VOM)}{상품가격(FOB)} \times 100\%$$

$$RVC = \frac{1,000}{2,250} \times 100\% = 44.4\%$$

* 만일 원재료 구매처를 독일 → 베트남으로 전환하지 않은 경우에 원산지재료의 가치는 총 800원으로 RVC 비율은 35.5%(800/2,250)가 되어 기준 불충족

③ 따라서 집적법에 의해 44.4%를 차지하고 있어 부가가치기준 40%를 초과하기 때문에 동 헤드폰의 원산지는 한국이다.

3. 한-미 FTA에 의한 부가가치기준

[상품거래] 아래와 같이 자동차부품(HS8708.29)을 생산하여 미국으로 수출하고자 한다.

구분	HS	원산지	가격(원)
재료비*	8708.99	독일	2,000
	8518	일본	2,000
	8518.30	미국	1,000
	8302	한국	1,000
	8501	미국	700
	소계		6,700
노무비 및 경비			700
제조이윤			300
공제비용(마케팅비, 로열티 등)			200
총원가			7,900

* 비원산지재료 수입 시 지불한 내륙운송비 200원이 포함되어 있음.

[원산지기준] 한-미 FTA에 따른 자동차부품(HS8708.29)의 원산지결정기준

다른 소호에 해당하는 물품에서 제8708.10호 내지 제8708.99호에 해당하는 물품으로 변경된 것; 또는 아래의 역내부가가치가 발생한 것

① 집적법 35% 이상 또는

② 공제법 55% 이상 또는

③ 순원가법 35% 이상

[원산지결정절차] 부가가치기준은 적용공식에 따라 결과가 다름

① 한-미 FTA의 경우 제품가격은 조정가격으로 7,900원,
원산지재료의 가격은 누적기준을 적용하여 2,700원(1,000 + 1,000 + 700),
비원산지재료의 가격은 3,800원(2,000 + 2,000 - 200)임

② 공제법 적용 시

$$\text{역내부가가치비율(RVC)} = \frac{\text{조정가치} - \text{비원산지재료가치(VNM)}}{\text{조정가치(AV)}} \times 100\%$$

$$\text{RVC} = \frac{7{,}900-3{,}800}{7{,}900} \times 100\% = 51.8\%$$

③ 집적법 적용 시

$$\text{역내부가가치비율(RVC)} = \frac{\text{원산지재료가치(VOM)}}{\text{조정가치(AV)}} \times 100\%$$

$$\text{RVC} = \frac{2{,}700}{7{,}900} \times 100\% = 34.1\%$$

④ 순원가법 적용 시

$$\text{역내부가가치비율(RVC)} = \frac{\text{순원가} - \text{비원산지재료가치(VNM)}}{\text{순원가(NC)}} \times 100\%$$

• 순원가: 총원가 − 공제비용 = 7,900 − 200 = 7,700

$$\text{RVC} = \frac{7{,}700-3{,}800}{7{,}700} \times 100\% = 50.6\%$$

⇒ 공제법, 집적법 적용 시 부가가치기준을 불충족하나, 순원가법을 적용 시 기준을 충족함에 따라 동 자동자 부품의 원산지는 한국이다.

(3) 가공공정기준(Specific Manufacturing or Processing Operation Criterion)

가공공정기준은 생산물품의 제조가공공정에서 해당 물품의 주요한 특성을 발생시키는 가공 또는 공정을 수행한 국가를 원산지로 인정하는 방식이다. 각 품목별로 해당 가공 또는 공정을 지정하는 포지티브(positive list)방식과 특정한 공정만 수행하거나 특정한 재료를 비원산지재료로 사용하는 경우 원산지를 불인정하는 네거티브(negative list)방식이 있다.

가공공정기준은 실질적 변형의 취지를 가장 잘 살릴 수 있다는 장점은 있으나, 생산기술의 변경 등을 반영해야 하는 점이 있어 대부분의 FTA에서는 가공공정기준을 제한적으로 사용하고 있으며, 세번변경기준이나 부가가치기준과 함께 조합기준으로 쓰이는 경우가 많다. 주로 어류, 식물성 생산품, 석유화학제품, 플라스틱, 섬유 · 의류제품 등에서 채택되어 사용되고 있다. 이 경우 다른 기준과 가공공정기준을 선택할 수 있도록 규정되어 있으나, 섬유 · 의류제품의 경우에는 주로 세번변경기준 또는 부가가치기준과 동시에 충족하는 조합기준이 사용된다.

대표적인 가공공정기준이 적용되는 섬유 · 의류제품을 구체적으로 살펴보면 다음과 같다. 섬유제품의 일반적인 제조공정은 면, 모, 실크, 합성수지 등 원료에서 방사 공정을 거쳐 섬유(fiber)를 생성하고, 방적공정을 거쳐 원사(yarn)를, 직조·편직 공정을 거쳐 직물(fabric)을 생산한 후, 염색·재단·봉제 등의 공정을 거쳐 의류(apparel)를 생산한다. 섬유·의류에 대한 가공공정기준으로 주로 2단위 세번변경기준과 함께 공정단계에 맞춰 원사기준(yarn forward), 직물기준(fabric forward) 또는 재단·봉제 요건 등을 채택하는 경우가 많다. 섬유류의 가공공정단계별 구조를 살펴보면 [그림 6-4]와 같다.

그림 6-4 | 섬유류 가공공정단계

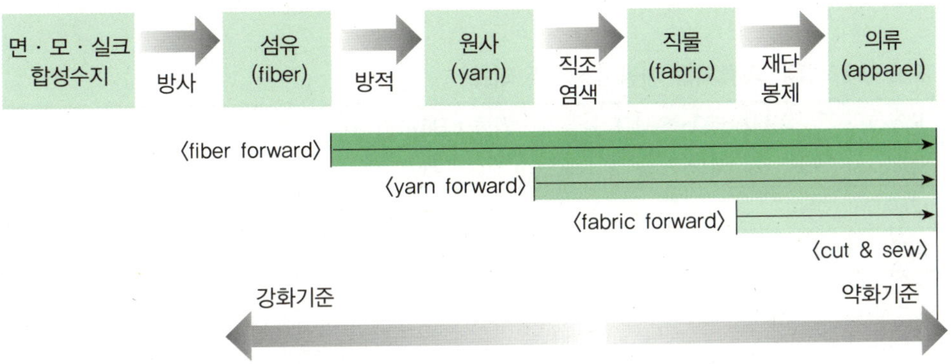

[그림 6-4]에서 보듯이 의류제품을 기준으로 볼 때, 직조공정에 의한 직물기준(fabric forward)보다 가공공정의 초기단계에 해당하는 방적공정에 의한 원사기준(yarn forward)을 요구하는 것이 훨씬 강화된 원산지결정기준라고 할 수 있다. 직물 또는 의류에 있어서 원사기준이 적용되면 협정당사국 원산지 '실'을 사용하여 직물을 제직하거나, 해당 직물로 재단·봉제 등을 거쳐 의류를 생산하는 경우에 생산된 제품의 원산지를 인정할 수 있다. 즉 원사 제조단계부터 모든 가공공정을 수행해야 하는 것이다. 한-미 FTA 측면에서는 중국산 원사를 수입해서 의류를 제조하여 미국으로 수출하는 경우에는 FTA 특혜를 받을 수 없다. 다만 동 의류가 중국으로 수출되는 경우에는 한-중 FTA상의 협정당사국의 지위를 갖게 되므로 FTA 특혜를 수혜할 수 있게 된다.

우리나라가 체결한 FTA에서는 칠레, 미국과의 FTA에서 의류의 공통 기본원칙으로 원사기준(yarn forward)을 채택하고 있으며, 한-EU는 직물은 원사기준(yarn forward), 의류는 직물기준(fabric forward)으로 구분하여 채택하고 있다. 인도는 직물기준을 단일하게 채택하고 있다. 반면, 싱가포르, 아세안, EFTA와의 FTA에서는 직물의 원산지에 관계없이 재단·봉제공정을 거치면 의류제품의 원산지를 인정한다. 한-EFTA FTA는 직물의 경우에는 염색공정과 날염공정을 거친 것을 원산지로 인정한다. 이렇듯 섬유·의류제품에 대한 가공공정기준은 각 협정별로 해당산업의 경쟁력 등 구조에 따라 다양하게 나타나고 있다. 또한 섬유·의류와 관련한 세탁, 꿰매기, 다림질, 표백, 방수 공정 등은 불인정공정에 해당되어 원산지결정에 영향을 미치지 않는다. 각 FTA별 섬유·의류제품의 주요 공정기준을 비교하면 다음 [표 6-9]와 같다.

[표 6-9] 섬유·의류제품 가공공정기준 비교

FTA	직물(HS50~60류)	의류(HS61~62류)	비고
칠레	CTH	CC + 직물 + 재단/봉제	yarn forward(의류)
싱가포르	CTH	CC + 재단/봉제	–
EFTA	CC	CC	–
아세안	CTH or 염색/날염 or RVC 40%	(CC + 재단/봉제) or RVC 40%	–
인도	CTH + RVC 40%	직물기준	–
미국	CC/CTH	CC + 재단/봉제 + Lining 요건	yarn forward 기본원칙
EU	CC	직물기준	yarn forward(직물) fabric forward(의류)
페루	CC/CTH	CC + 재단/봉제	yarn forward
터키	CC	직물기준	yarn forward(직물) fabric forward(의류)
호주	CTH or 염색/날염	CC	–
캐나다	CC/CTH or 염색/날염	CC + 재단/봉제	
중국	CC/CTH or RVC 40%	CC or RVC 40%	–
베트남	CTH or 염색/날염 or RVC 40%	(CC + 재단/봉제) or RVC 40%	–
뉴질랜드	CC/CTH	CC	–
콜롬비아	CC/CTH	CC	yarn forward(직물)
중미	CC/CTH/CTSH	CC + 재단/봉제	yarn forward(직물)

영국	CC	직물기준	yarn forward(직물) fabric forward(의류)

참고로 해당 물품의 가공공정기준을 결정하는 실무절차를 살펴보면 다음과 같다.[16)]

가공공정기준결정 실무절차

1. **원산지결정 대상물품과 거래 파악**
   해당 물품의 거래내역을 파악하고, 거래 흐름도를 작성하여 전체적으로 부분품 제조국, 완제품 제조국 및 수출대상국 간의 흐름을 볼 수 있도록 한다. 그리고 해당 물품의 상세설명도를 검토한다.

2. **적용할 원산지결정기준 및 규정 파악**
   해당 물품의 거래상대국의 FTA 협정에 의한 원산지결정기준을 확인하고, 완전생산기준인지, 실질적 변형기준에 해당되는 물품인지를 파악하고, 품목별 원산지기준에 의해 세번변경기준, 부가가치기준, 가공공정기준 또는 이들의 조합기준이나 선택기준에 해당하는지 파악한다. 그리고 보충적 기준인 소기준, 불인정기준, 누적기준, 간접재료, 대체가능물품, 운송용 포장재료, 부분품 및 포장재료 등 기준 및 규정을 검토한다.

3. **제조공정단계 확인**
   제조공정단계별로 파악한다.
   1단계: 제조공정도에 의거 주요 공정도를 파악한다.
   2단계: 제조공정도에 의거 규격별 구성품 및 주요 파트를 구분한다.
   3단계: 주요 파트별로 상세 제조공정과 부분품내역(part-list)을 대조 확인한다.
   4단계: 주요 공정투입별 원재료를 확인하고 생산지, 가격, HS를 확인한다. 가격은 수입품은 수입신고필증, 국내거래부품은 거래계약서, 구매영수증, 로컬L/C는 구매단가 등을 확인한다.

4. **원산지결정**
   - 포지티브방식과 네거티브방식을 검토
     - 섬유·의류의 경우에는 세번변경+재단 또는 편직, 봉제 또는 조립 공정이 역내에서 수행되었는지를 요구
     - 모자(HS6505)의 경우, 세번변경+특정재료의 비원산지산 사용금지를 요구한다.
   - 보조기준 추가 검토: 공정누적 등 협정별 검토
   - 기타 원산지결정 관련 보충적 기준 검토: 대체가능물품, 공구, 포장, 세트 등

16) 성윤갑(2007), FTA 원산지 해설, p.140.

- 세번변경기준 또는 부가가치기준과의 조합기준 여부 등 종합적으로 검토하여 원산지 충족 여부를 결정한다.

지금까지 품목별 원산지기준으로서 실질적 변형기준인 세번변경기준, 부가가치기준, 가공공정기준의 개념, 결정방법 및 실무절차까지 살펴보았다. 이들 기준에 대하여 장·단점 및 주요 특징을 표로 정리해 보면 [표 6-10]과 같다.

표 6-10 원산지품목별 기준의 장·단점 및 주요 특징

기준	장점	단점	특징
세번변경기준	• 원산지결정조건이 HS번호 의거함에 따라 일관적이고 객관적임 • 원재료와 완제품 간의 HS 변경 여부 확인이 신속·정확 • 입증과 예측가능성이 높음	• HS 품목분류체계상 가공단계별 배열되어 있지 않은 품목은 적용하는 데 어려움이 있음 • 국가별로 상이한 HS분류를 하는 경우 분쟁의 소지가 있음 • 국제적인 HS개정사항을 정기적으로 반영할 필요가 있음	HS단위가 세분화될수록 완화된 기준으로 평가
부가가치기준	• 기준이 간단·명료함 • 개별품목 적용보다 일반적 기준으로 규정하기 편리	• 일반회계원칙(GAAP)에 의한 회계시스템 구축 필요 • 자의적인 원가조작이 가능할 뿐만 아니라 국별로 회계기준이 상이할 경우 마찰 소지가 있음 • 기술개발비용·유통비용·상표비용 등도 원가에 포함되므로 실제 생산활동이 없는 경우에도 원산지가 인정되는 모순이 발생하여 역외산 물품의 우회수입 유발 • 환율, 제품 및 원재료의 가격등락에 따라 원산지가 변동가능성이 있어 불안정	부가가치비율이 높을수록 엄격
주요공정기준	• 원산지결정기준이 정확하고 명백함 • 실질적 변형을 잘 반영	• 빠른 속도로 출현하는 새로운 제품의 생산공정을 반영하기 곤란 • 가공에 대한 상세한 기록이 요구됨	여러 가공단계를 요구할수록 엄격

2 역내가공원칙

지금까지 위에서 완전생산기준과 실질적 변경기준에 대해 구체적으로 살펴보았다. 원산지상품인지 여부를 판정하는 주요 기준으로 완전생산과 실질적 변형을 살펴보는 세번변경기준, 부가가치기준, 가공공정기준을 살펴보았지만, 이러한 원산지상품의 요건과 밀접한 것이 역내가공원칙 또는 역내생산원칙이다. 이는 또한 완전생산기준에서 설명한 영역의 원칙과 동일한 관계라고도 볼 수 있다.

역내가공원칙이란 어떤 물품이 원산지지위를 획득하기 위한 조건이 당사국에서 중단 없이 충족되어야 한다는 원칙이다. 완전생산기준은 협정당사국의 영역 내에서 완전하게 획득되고, 생산되어야 할 것을 요구하고, 비원산지 재료를 사용한 원산지상품 생산도 역내에서 이루어질 것을 요구하고 있다.

그러나 글로벌 아웃소싱의 확대 등 산업의 분업화 구조가 고도화되어 가는 현재의 세계무역환경 속에서 일정한 조건하에 역외지역에서의 생산을 인정하는 사례가 늘어가고 있다.

1) 역외가공의 개념

역외가공(outward processing)은 개정교토협약 부속서 K 원산지규정에서 "어느 관세영역 내에서 유통 중에 있는 물품이 역외에서의 제조 · 가공 또는 수선을 위하여 일시 수출되었다가 재수입되는 세관절차를 의미한다"고 규정하고 있다.

FTA 협정하에서의 좀 더 구체적인 절차를 살펴보면, FTA 기본원칙인 역내가공원칙에 대한 예외로서, FTA 협정당사국의 영역 내에서 생산된 원재료 또는 부품을 역외에 소재하는 해외공장 등에서 가공하고 다시 역내로 재수입하여 최종완성품을 생산한 후 FTA 협정상대국으로 수출하는 것을 의미한다. 이와 같은 방식을 OP방식이라 부르며 대부분의 경우가 이에 해당한다. 그러나 실제 원산지 여하를 불문하고 당사국에서 선적되어 수출되는 일정상품에 대해 역내산으로 인정하는 ISI(Integrated Sourcing Initiatives)방식을 채택하기도 한다. 이 방식은 한-싱가포르에서 나타나고 있다.

이러한 역외가공규정의 인정은 국토면적이 협소하거나, 또는 지역적으로 인접하여 원재료 및 반제품이 자유롭게 이동될 수 있는 지형적 특수성과 수평적 산업구조가 형성된 지역에서 주로 사용될 수 있다. 대표적인 국가로서 싱가포르의 경우 아세안연합의 국가로서 주변 인접국가인 인도네시아의 빈탄, 바탐섬 등에 공장을 설치하고, 완제품 생산공정의 일부를 수행하고 있어 역외가공이 발달한 곳이다. 또한 EU와 지리적 인접성과 경제통합 정도가 높은 EFTA의 경우에도 생산활동 과정에서 원재료 및 반제품의 이동이 매우 빈번하게 일어나는 환경이 조성되어 있어 역외가공을 인정하고 있다. 그리고 우리나라의 경우에도 정치적으로 남북한 관계개선 및 북한의 저렴한 노동력을 이용하기 위해 개성공단을 설립하여 이 지역에서 생산된 물품을 역외가공 대상물품으로 인정받도록 하고 있다.

2) 역외가공의 원산지결정

일반적으로 자국에서 생산한 재료라 하더라도 일단 외국으로 수출되었다가 재수입된 경우에는 관세법상 외국물품 또는 비원산지 재료로 간주한다. 그러나 역외가공을 인정하는 경우에는 일정부분 원산지를 인정받을 수 있다. 따라서 역외가공을 인정받지 못하는 경우와 인정받는 경우에는 원산지결정이 완전히 달라진다.

지금은 중단된 개성공단과 관련한 규정을 보기로 한다. 개성공단의 역외가공을 인정하고 있는 한-아세안 FTA의 경우에 아래와 같은 거래내역을 기초로 할 때, 우리나라가 중국에서 수입한 원재료와 국내에서 제공하는 원재료를 개성공단으로 반출하여 반제품을 만들고, 다시 국내로 반입하여 완성품을 생산하여 아세안으로 재수출한다면, 개성공단에서의 역외가공을 인정하는 경우에는 역내에서 생산된 부가가치가 역내부가가치기준을 충족하게 되어 최종생산품이 원산지상품으로 인정받게 된다.

역외가공 인정 여부에 따른 원산지결정

[거래내역]

- (1단계) 중국산 원재료 수입(부가가치 20%) + 국산 원재료 투입(부가가치 25%)
- (2단계) 개성공단 부분품 제조(부가가치 25%)
- (3단계) 완성품 생산(부가가치 30%)

[원산지결정] 역내부가가치 45% 기준 적용 시

- (역외가공 불인정): 전체 완성품 가격 100%에서 완성품 생산에 투입한 부가가치 30%로 기준 불충족(3단계 30%)
- (역외가공 인정): 전체 완성품 가격 100%에서 국산원재료 투입 25%, 개성공단 제조 25%, 완성품 생산 30%로 총 80%로 기준 충족(1단계 + 2단계 + 3단계)

우리나라가 체결한 각 협정에서 역외가공으로 인정되는 대상물품, 구체적인 요건 및 적용방법은 각각 상이하다. 적용물품도 협정에 따라 다르며, 원산지를 인정하는 역외산과 역내산의 재료비율도 달리 규정되어 있다. 또한 협정에 구체적인 물품을 지정하여 제한적으로 인정하고 있는 협정도 있으나, 세부적인 역외가공지역, 품목에 대해서 한반도 역외가공지역위원회에서 결정하기로 한 협정도 있다. 각 협정별로 그 내역을 정리하면 다음 [표 6-11]과 같다.

한-싱가포르 FTA의 경우 대상지역은 한반도 및 개성공단으로 특정된다.[17] 따라서 개성공단 이외의 금강산특구, 나진 · 선봉자유무역지대 등 북한의 다른 지역도 포함이 된다. 한-EFTA FTA의 경우에는 포괄적 역외가공방식으로 규정하였기 때문에 아무런 지역제한이 없다. 따라서 개성공단뿐만 아니라 기타 북한지역과 중국, 동남아 등 다른 나라에서 생산한 것도 대상이 되며, 직접운송요건만 충족시키면 되기 때문에 가장 적용범위가 넓다.

17) 한-싱가포르 FTA 협정문 부석서의 제4조 제3항에 따르면, "개성공단과 한반도의 다른 공단에서 생산된 상품은 상기목록에 포함되는 것으로 한다"라고 명시되어 있다.

표 6-11 협정별 역외가공 특례조항 비교

FTA	허용 여부	지역	물품요건	품목
칠레	×			
싱가포르	○	개성공단(ISI) 양 당사국(OP)	비원산지재료가격 40% 이하 원산지재료가격 45% 이상 * 원재료 수출자 및 역외가공품 재수입자 동일요건	130개 품목 (HS 10단위기준)
EFTA	○	모든 지역	비원산지재료가격 40% 이하 역내산재료비가격 60% 이상 * 최종제품의 EXW가격의 10% 이하	153개 품목 (HS 6단위기준)
아세안/베트남	○	개성공단	비원산지재료가격 40% 이하 역내산재료비가격 60% 이상	국별 100품목
인도	○	개성공단	비원산지재료가격 40% 이하 역내산재료비가격 60% 이상	108개 품목
페루	○	개성공단	비원산지재료가격 40% 이하	100개 품목
뉴질랜드	○	개성공단	* 한반도 역외가공위원회에서 구역, 품목 설정	
미국, EU, 터키, 호주, 캐나다, 뉴질랜드, 영국, 중미	–	* 한반도 역외가공위원회 설립 후 논의		
중국	○	개성공단	비원산지재료가격 40% 이하 역내산재료비가격 60% 이상	310개 품목

우리나라가 체결한 FTA 협정에서 개성공단 생산품에 대한 원산지특례조항은 경제적인 실익보다 개성공단 생산품을 북한산이 아닌 한국산으로 인정받을 수 있는 국제협정상의 근거를 마련하였다는 데 더 큰 의의가 있다고 볼 수 있다. 이러한 내용들은 궁극적으로 한반도 정세의 변화에 따른 남북간 협력의 확대 또는 통일단계에서 우리나라가 기왕에 체결한 FTA를 어떻게 운용해 갈 것인가와 관련해 시사하는 바가 적지 않다.

3 불인정공정

1) 개념

어떤 상품이 생산과정에서 새로운 상품 또는 원산지상품으로 인정받기 위해 실질적 변형이 발생하는 충분한 정도의 공정이나 가공을 요구하고 있다. 충분한 정도의 공정이나 가공의 여부는 각 협정에서 정한 품목별 기준을 충족한 경우라고 이해된다.

다만, 모든 품목별로 해당 상품의 실질적인 변형을 일으키는 공정 또는 가공 정도를 정확히 나열하는 것은 어려운 일이며, 새로운 제조공법의 등장과 새로운 상품의 등장을 고려해 볼 때 사실상 불가능한 일일 것이다.

따라서 불인정공정(non-qualifying operation)이란 품목별 원산지규정이 정하는 요건을 충족시킨 경우에도 충분한 가공이라도 인정하기 어려운 단순·경미한 공정을 거쳐서 생산된 물품의 경우에는 해당 물품을 원산지상품으로 인정하지 않는 제도를 말하며, 최소공정기준(minimal operation)이라고도 부른다. 한-아세안 FTA에서는 어느 당사국 영역의 원산지상품은 규정된 단순공정 이상의 공정이 수행되지 않고 다른 당사국으로 수출되었을 때에는 처음의 원산지지위를 유지한다고 정의하고 있다.

2) 세번변경의 한계

세번변경기준은 HS번호의 변경이 실질적 변형이 일어나는 것을 전제로 한 원산지결정기준이다. 그러나 단순한 가공을 통해서도 실질적 변형 없이 HS번호가 변경되는 경우가 있기 때문에 이를 보완할 필요가 있다. 예로 [표 6-12]에서 멸치(HS0301)를 수입하여 건조과정을 거쳐 마른 멸치(HS1006)를 생산하거나, 쌀(HS1006)을 수입하여 분쇄공정을 거쳐 가공한 쌀가루(HS1102)를 생산하는 것은 실질이 변경되지 않으면서도 2단위 세번변경이 일어난다. 이런 문제는 HS분류체계에 기인하고 있으며 이러한 구조는 다양한 HS품목군에서 발견된다. 따라서, 이와 같이 건조나 제분 등 비교적 단순·경미한 가공작업만으로 원산지를 인정받아 우회수입이나 관세를 회피하는 부당한 특혜를 받지 않도록 제재를 취하고 있는 것이 불인정공정규정이다. 불인정공정으로 인한 다양한 세번변경 사례는 다음 [표 6-12]와 같다.

표 6-12 불인정공정으로 인한 세번변경 사례

투입원료	생산공정	생산제품
멸치(0301)	건조	마른 멸치(0305)
쌀(1006)	제분	쌀가루(1102)
화강암(2516)	분쇄	자갈(2517)
석회석(2521)	분쇄・열처리	시멘트(2523)
페니실린(3003)	포장	소매용 페니실린(3004)
원목(4403)	절단	제재목(4407)
안경테(9003)/안경렌즈(9001)	조립	안경(9004)

출처: 한국경제연구원(2005)

3) 협정별 근거

우리나라가 체결한 협정별로 별도로 규정된 불인정공정규정을 구체적으로 살펴보면 [표 6-13]과 같다.

표 6-13 협정별 불인정공정

FTA	협정내용
칠레 제4.13조	1. 상품은 다음의 이유만으로 원산지상품으로 간주되지는 아니한다. 가. 운송 또는 저장목적상 좋은 상태로 상품을 보전시키는 작업이나 공정 나. 선적이나 운송을 촉진시키는 작업이나 공정 또는 다. 판매를 위한 상품의 포장이나 전시에 관계된 작업이나 공정 2. 제1항의 작업이나 공정은 특히 다음을 포함한다. 가. 환풍, 통풍, 건조, 냉장, 냉동 나. 세탁, 세척, 체질, 진동, 선택, 분류 또는 등급화, 선별, 혼합, 절단 다. 탈피, 탈각 또는 박편, 탈곡, 뼈제거, 분쇄나 압착, 연질화 라. 부서지거나 파손된 부분으로부터 먼지를 제거, 기름 도포, 녹 방지나 그 밖의 보호재료 도포 마. 시험이나 측정, 대량선적의 분류, 포장상태로 조립, 표시부착, 제품이나 포장의 상표부착이나 특유의 표시, 포장, 포장해체나 재포장 바. 물 또는 그 밖의 수성・이온・염화용액에 의한 희석 사. 상품의 단순조립, 세트구성

칠레 제4.13조	아. 염화, 가당 자. 동물의 도살 차. 분해, 그리고 카. 이러한 작업 또는 공정의 하나 또는 그 이상의 조합
싱가포르 제4.16조	이 장의 규정에 불구하고, 상품은 특히 다음을 포함한 일정한 작업 또는 공정을 거친다는 이유만으로 제4.2조의 원산지상품의 요건을 충족하는 것으로 간주되지는 아니한다. 가. (건조·냉동·염수장 보관과 같이) 운송 및 저장기간 동안 양호한 상태로 상품을 보존시키기 위한 작업과 그 밖의 유사한 작업 나. 포장의 변경 및 포장상태의 해체 및 조립 다. 제품 또는 그 포장의 의장·상표 및 그 밖의 유사한 구별 표시 부착 라. 분해 마. 시험 또는 측정 바. 병·통·상자에 넣기 및 그 밖의 간단한 포장 작업 사. 탈피·탈각 또는 박편·탈곡·뼈제거·분쇄 또는 압착 및 연질화를 포함한 단순절단 아. 단순혼합 자. 완전한 제품을 구성하기 위한 부품의 단순조립 차. 단순한 물품의 세트 구성 카. 동물의 도살 타. 품질 검사 또는 분쇄 파. 부서지거나 파손된 부분으로부터 먼지 제거, 녹방지를 위한 기름칠, 페인트 또는 그 밖의 보호재료의 도포 하. 염화 또는 가당 거. 물 또는 그 밖의 수성·이온·염화 용액에 의한 희석 너. 대량선적의 분류, 그리고 더. 상기 가호 내지 너호까지 규정된 둘 이상의 작업의 조합
EFTA 제6조	1. 제2항을 저해함이 없이, 이 부속서 제5조의 요건을 충족하는지 여부에 관계없이, 다음의 공정은 원산지 상품의 지위를 부여하기에 불충분한 작업 또는 가공으로 간주된다. 가. 운송 및 저장기간 동안 상품을 좋은 상태로 유지하기 위한 보존작업 나. 포장의 변경 및 포장의 해체와 조립 다. 세탁, 세척과 먼지, 녹, 기름, 페인트 또는 그 밖의 막의 제거 라. 섬유류에 대한 다림질 또는 압착 마. 단순한 페인팅 및 광택 작업 바. 탈각, 부분 또는 전체 표백, 연마, 곡물 및 쌀의 도정 사. 당류 착색 및 각설탕 작업 아. 과일, 견과류 및 채소에 대한 탈피, 씨제거, 탈각 자. 연마, 단순 분쇄 또는 단순절단 차. 체질, 선별, 분류, 등급화, 매칭(물품 세트의 구성을 포함한다) 카. 병·캔·플라스크·가방·케이스 및 상자에 단순히 넣기, 카드 또는 판에 붙이는 것 및 그 밖의 모든 단순한 포장작업 타. 상표·라벨·로고 및 그 밖의 유사한 구별표시를 상품 또는 상품의 포장에 부착하거나 인쇄 파. 다른 종류인지의 여부에 관계없이 상품의 단순한 혼합 하. 완전한 물품을 구성하기 위한 부품의 단순한 조립 또는 상품의 부품으로의 분해

EFTA 제6조	거. 단순한 시험 및 측정 너. 동물의 도살 또는 더. 가호 내지 너호에 규정된 작업의 둘 이상의 조합
아세안 제8조	1. 이 부속서의 어떠한 조항에도 불구하고, 다음의 공정이 어느 당사국 영역에서 단독 또는 결합으로만 수행된 경우, 그 상품은 당사국 영역의 원산지 상품으로 간주되지 아니한다. 가. 운송 혹은 저장 중에 상품을 우수한 상태로 보존하기 위한 보존공정 나. 포장의 변경, 포장의 해체 및 조합 다. 먼지, 산화물, 기름, 페인트 또는 그 밖의 막의 단순한[1] 세척, 세정, 제거 라. 단순한 도장 및 광택 공정 마. 곡물 및 쌀의 탈각, 부분 또는 전체 표백, 연마 및 도정 바. 당류 채색 또는 각설탕 공정 사. 단순한 껍질 벗기기, 씨제거, 또는 탈각 아. 연마, 단순한 분쇄 또는 단순한 절단 자. 채질, 선별, 구분, 등급 분류, 등급화, 매칭 차. 병, 캔, 플라스크, 가방, 케이스, 상자에 단순히 담기, 카드 또는 판자에 고정하기 및 모든 다른 단순한 포장 공정 카. 표식, 라벨, 로고 및, 상품 또는 그 포장에 식별 표지와 같은 것의 첨부 또는 인쇄 타. 다른 종류 간이건 아니건 생산품의 단순한 혼합[2] 파. 완전한 물품을 구성하기 위한 그 부품의 단순한 조합 또는 생산품을 부품으로 해체하기 하. 단순한 실험 또는 측정 거. 동물의 도축[3] 1) '단순한'이란 그 활동을 수행하기 위하여 특별히 생산되거나 설치된 특별한 기술, 기계, 기기 또는 장비를 필요로 하지 아니하는 활동을 말한다. 2) '단순한 혼합'이란 그 활동을 수행하기 위하여 특별히 생산되거나 설치된 특별한 기술, 기계, 기기 또는 장비를 필요로 하지 아니하는 활동을 말한다. 그러나 단순한 혼합은 화학반응을 포함하지 아니한다. 3) '도축'이란 동물의 단순한 도살 및 이에 연이어 이루어진 저장과 운송을 목적으로 한 절단, 냉장, 냉동, 염장, 건조 또는 훈제와 같은 과정을 의미한다. 2. 어느 당사국 영역의 원산지상품은, 수행된 공정이 제1항에 규정된 이상의 공정이 수행되지 않은 다른 당사국으로 수출되었을 때 처음의 원산지지위를 유지한다.
인도 제3.6조	1. 이 장의 규정에도 불구하고 상품은, 다음의 작업 또는 공정을 거친다는 이유만으로 제3.4조의 원산지상품의 요건을 충족하는 것으로 간주되지는 아니한다. 가. 상품이 운송기간 동안 양호한 상태로 유지되는 것을 보장하는 보존작업[1] 나. 포장의 변경, 그리고 포장상태의 해체 및 조립 다. 먼지·산화물·기름·페인트 또는 그 밖의 막의 세척·세정 또는 제거 라. 단순한[2] 도장 및 광택 공정 마. 체질·선별·구분·분류·등급화 또는 물품의 세트 구성을 포함한 매칭 바. 단순결합공정·라벨링·프레싱·세탁 또는 드라이크리닝·포장 공정 또는 이들의 조합 사. 종횡 재단 및 감침질, 또는 특정한 상업적 목적으로 의도된 것으로 즉시 식별가능한 직물의 스티칭 또는 오버로킹 아. 끈·띠·구슬·코드·고리 및 아일릿 같은 장식품을 함께 재봉하거나, 봉합하거나, 잇거나, 붙이는 트리밍 및/또는 결합

인도 제3.6조	자. 원사・직물 또는 그 밖의 섬유 물품에 대한 탈색・방수・디케이팅・수축・머서라이징 또는 이에 준하는 공정 같은 하나 또는 그 이상의 완성공정 차. 곡물 및 쌀의 탈각・부분 또는 전체 표백・연마 및 도정 카. 당류 채색 또는 각설탕 공정 타. 탈피・씨제거 및 탈각 파. 박편・파쇄・압착・썰기・연질화 및 뼈제거 하. 연마・단순한 분쇄 또는 단순한 절단 및 재포장 거. 병・캔・플라스크・가방・케이스・상자에 단순한 담기, 카드 또는 판자에 고정하기 및 그 밖의 모든 단순한 포장 공정 너. 표식・라벨・로고 및 이와 유사한 상품 또는 그 포장에 식별표시와 같은 것의 첨부 또는 인쇄 더. 다른 종류인지 여부에 관계없이 상품의 단순한 혼합[3] 러. 완전한 물품을 구성하기 위한 그 부품의 단순한 조립 또는 상품을 부품으로 해체 머. 단순한 시험 또는 측정 버. 상품의 특성을 물질적으로 변화시키지 아니하는 물 또는 다른 성분으로 단순 희석 서. 동물의 도축, 또는 어. 가호부터 서호까지에 언급된 두 개 또는 그 이상의 공정의 조합 2. 제1항의 의미 내에서 해당 상품에 이루어진 작업 또는 가공이 불충분한 것으로 간주되는지 여부를 결정하는 경우 그 상품에 대하여 당사국에서 행하여진 모든 공정이 고려된다. 1) 보존작업은 건조・냉동・염장・통풍・펼침・냉장・소금 또는 이산화유황에 담기・손상된 부분의 제거 및 그 밖의 유사한 작업을 포함한다. 2) '단순한'이란 그 활동을 수행하기 위하여 특별히 생산되거나 설치된 특별한 기술・기계・기기 또는 장비를 필요로 하지 아니하는 활동을 말한다. 3) '단순한 혼합'이란 그 활동을 수행하기 위하여 특별히 생산되거나 설치된 특별한 기술・기계・기기 또는 장비를 필요로 하지 아니하는 활동을 말한다. 그러나 단순한 혼합은 화학반응을 포함하지 아니한다. 화학반응이란 생화학 공정을 포함, 분자 내부결합을 깨뜨려서 새로운 내부결합을 형성하거나 분자 내의 원자의 공간의 배열을 변경시킴으로써 새로운 구조의 분자를 만들어내는 공정을 의미한다.
터키 제6조	가. 운송되고 보관되는 동안 제품이 양호한 상태로 유지되도록 보장하는 보존공정 나. 포장상태의 변경, 포장의 해체 및 조립 다. 세탁, 세척, 그리고 먼지, 녹, 기름, 페인트 또는 그 밖의 막의 제거 라. 섬유의 다림질 또는 압착 마. 단순한[1] 페인팅 및 광택 공정 바. 곡물 및 쌀의 탈각, 부분 또는 전체 표백, 연마 및 도정 사. 당류 착색이나 착향 또는 각설탕 공정, 결정당의 부분 또는 전체 제분 아. 과일, 견과류 및 채소에 대한 탈피, 씨 제거 및 탈각 자. 연마, 단순분쇄 또는 단순절단 차. 감별, 체질, 선별, 분류, 등급화 또는 매칭(물품 세트의 구성을 포함한다.) 카. 병, 캔, 플라스크, 가방, 케이스 또는 상자에 단순히 넣기, 카드 또는 판에 붙이는 것, 그리고 그 밖의 모든 단순포장공정 타. 마크, 라벨, 로고 및 그 밖의 유사한 구별표시를 제품 또는 제품의 포장에 부착하거나 인쇄하는 것 파. 다른 종류인지 여부에 관계없이 제품의 단순한 혼합,[2] 모든 재료와 설탕의 혼합

터키 제6조	하. 완전한 물품을 구성하는 부품의 단순한 조립 또는 제품의 부품으로의 분해 거. 시험 또는 측정 너. 가호부터 거호까지에 명시된 둘 이상의 공정의 조합, 또는 더. 동물의 도살 2. 해당 제품에 행해진 작업 또는 가공이 제1항의 의미상 불충분한 것으로 간주되는지 여부를 결정할 때, 그 제품에 대하여 당사자 내에서 행해진 모든 공정이 함께 고려된다. 1) '단순한'이란 활동을 수행하기 위하여 특별히 생산되거나 설치된 특별한 기술, 기계, 도구 또는 장비가 필요하지 아니하는 활동을 기술한다. 2) '단순한 혼합'은 화학적 반응을 포함하지 아니한다. 화학적 반응이란, 생화학 가공을 포함하여, 분자 간 결합의 파괴 및 새로운 분자 간 결합의 형성, 또는 분자 내 원자의 공간배열 변화를 통하여 새로운 구조를 가진 분자를 생기게 하는 가공을 말한다.
페루 제3.5조	1. 이 장에 따른 요건이 충족되는지와 관계없이, 다음의 공정은 원산지 상품지위 부여의 목적상 불인정 공정으로 간주된다. 가. 운송되고 보관되는 동안 상품이 양호한 상태로 보존되도록 보장하기 위한 공정 나. 포장상태의 변경 또는 포장의 해체 또는 조립 다. 세척, 세탁, 먼지・녹・기름・페인트 또는 그 밖의 막의 제거 라. 직물의 다림질 또는 압착 마. 단순한 페인팅 그리고 광택 공정 바. 곡물 및 쌀의 탈각, 부분 또는 전체 표백, 연마 및 도정 사. 병・캔・플라스크・가방・케이스・상자에 단순히 넣기, 카드 또는 판에 붙이기, 그리고 그 밖의 모든 단순한 포장공정 아. 다른 종류인지와 관계없이, 제품의 단순한 혼합 자. 완전한 물품을 구성하기 위한 부품의 단순한 조립 또는 상품의 부품으로의 분해 차. 동물의 도살 또는 카. 가호부터 차호까지의 규정에 명시된 둘 이상의 공정의 조합 2. 해당 상품에 행해진 공정이 제1항에 따른 의미에서의 불인정 공정으로 간주되는지를 결정할 때에는, 그 상품에 대해 당사국에서 행해진 모든 공정이 함께 고려된다. 3. 이 조의 목적상, 가. 단순한이란 활동을 수행하기 위해 특별한 기술이나 특별히 생산 또는 설치된 기계, 도구 또는 장비를 필요로 하지 않는 작업을 말한다. 나. 단순한 혼합이란 활동을 수행하기 위해 특별한 기술이나 특별히 생산 또는 설치된 기계, 도구 또는 장비를 필요로 하지 않는 작업을 말하나, 화학반응은 포함하지 않는다. 그리고 다. 화학반응이란 분자 내 결합이 깨지고 새로운 분자 내 결합 생성에 의하거나 분자 내 원자의 공간배열을 변경함으로써 새로운 구조를 가진 분자가 되는 공정(생화학공정을 포함한다)을 말한다.
호주 제3.12조	1. 이 장의 그 밖의 규정에도 불구하고, 다음의 공정 또는 처리 중 하나 이상을 거친다는 이유만으로 상품이 원산지 상품으로 간주되지 아니한다. 가. 운송되고 보관되는 동안 제품이 양호한 상태로 유지되도록 보장하는 보존공정 나. 포장의 변경, 포장물의 해체 및 조립 다. 세탁, 세척 또는 먼지・녹・기름・페인트 또는 그 밖의 막의 제거 라. 연마, 단순분쇄 또는 파쇄 또는 단순절단

호주 제3.12조	마. 병 · 캔 · 플라스크 · 가방 · 케이스 또는 상자에 단순히 넣기, 카드 또는 판에 붙이기, 그리고 그 밖의 모든 단순한 포장공정 바. 마크, 라벨, 로고 및 그 밖의 유사한 구별표시를 제품 또는 제품의 포장에 부착하거나 인쇄하는 것 사. 분해 또는 아. 어떠한 물리적 변화도 없는 상품의 단순한 재분류 2. 상품에 대하여 당사국의 영역에서 수행되는 모든 공정과 처리는 그 상품에 가하는 공정과 처리가 제1항의 범위 내에 해당하는지 여부를 결정할 때 함께 고려된다.
캐나다 제3.3조	충분한 생산 1. 한쪽 또는 양 당사국의 영역에서 부속서 3-가의 상품에 대하여 규정된 요건이 전적으로 충족되고 이 장의 그 밖의 모든 적용 가능한 요건이 충족되는 경우 그 상품은 충분한 생산을 거친 것으로 간주되고 이에 따라 원산지 상품으로 간주된다. 2. 부속서 3-가에도 불구하고, 통일상품명 및 부호체계 제1류부터 제21류까지, 제3901호부터 제3915호까지, 또는 제50류부터 제63류까지의 상품을 제외하고 다음의 경우에 해당하는 상품은 충분한 생산을 거친 것으로 간주되고 이에 따라 원산지 상품으로 간주된다. 가. 그 상품과 그 상품의 생산에 사용된 하나 이상의 비원산지재료가 동일한 소호 또는 더 이상 소호로 세분화되지 않는 동일한 호로 분류되기 때문에 그 상품이 부속서 3-가의 요건을 충족할 수 없는 경우, 그리고 나. 그 상품과 동일한 소호 또는 더 이상 소호로 세분화되지 않는 호로 분류되는 비원산지재료의 가치가 그 상품의 거래가격 또는 공장도가격의 55퍼센트를 초과하지 않는 경우
중국 제3.7조	1. 상품이 부속서 3-가에 규정된 품목별 원산지규정을 충족하는지와 관계없이, 상품의 본질적 특성에 최소한으로 기여하는 다음의 공정 또는 가공은 그 자체만으로 또는 조합하여 원산지 지위를 부여하지 아니한다. 가. 운송되고 보관되는 동안 상품이 양호한 상태로 보존되도록 보장하기 위한 공정 나. 완전한 물품을 구성하는 부품의 단순한 조립 또는 제품의 부품으로의 분해 다. 포장의 변경, 포장물의 해체 및 조립 라. 세척 · 세탁, 먼지 · 녹 · 기름 · 페인트 또는 그 밖의 막의 제거 마. 방직용 섬유의 다림질 또는 압착 바. 단순한 페인팅 및 광택 공정 사. 곡물 및 쌀의 탈각, 부분 또는 전체 표백, 연마 및 도정 아. 당류 착색이나 착향 또는 각설탕 공정, 결정당의 부분 또는 전체 제분 자. 과일, 견과류 및 채소에 대한 탈피, 씨 제거 및 탈각 차. 연마, 단순분쇄 또는 단순절단 카. 감별, 체질, 선별, 분류, 등급화 또는 매칭(물품 세트의 구성을 포함한다), 쪼개기, 구부리기, 감기 또는 풀기 타. 병, 캔, 플라스크, 가방, 케이스 또는 상자에 단순히 넣기, 카드 또는 판에 붙이기, 그리고 그 밖의 모든 단순한 포장 공정 파. 마크, 라벨, 로고 및 그 밖의 유사한 구별표시를 제품 또는 제품의 포장에 부착하거나 인쇄하는 것 하. 다른 종류인지 여부에 관계없이 제품의 단순한 혼합, 모든 재료와 당류의 혼합 거. 시험 또는 측정 너. 상품의 특성을 실질적으로 변경하지 아니하는 다른 물질이나 물로 단순희석 더. 건조, 염장(또는 염수장), 냉장 또는 냉동

중국 제3.7조	러. 동물의 도살 또는 머. 가호부터 러호까지에 규정된 둘 이상의 공정의 조합 2. 해당 상품에 행해진 작업 또는 가공이 제1항의 의미 내에서 최소 공정 또는 가공으로 간주되는지 여부를 결정하는 경우, 그 상품에 대하여 당사국에서 수행된 모든 공정이 함께 고려된다. 3. 양 당사국은 그 밖의 공정을 최소 공정 또는 가공으로 합의할 수 있다.
베트남 제3.7조	1. 이 장의 어떠한 규정에도 불구하고, 당사국 영역에서 다음의 공정이 그 자체로만 또는 결합되어 수행된 경우, 상품이 그 당사국 영역의 원산지상품으로 간주되지 아니한다. 가. 운송되고 보관되는 동안 상품이 양호한 상태로 유지되도록 보장하는 보존공정 나. 포장의 변경, 포장물의 해체 및 조립 다. 단순한 세탁, 세척, 먼지・녹・기름・페인트 또는 그 밖의 막의 제거 라. 섬유의 다림질 또는 압착 마. 단순한 페인팅 및 광택 공정 마. 곡물 및 쌀의 탈각, 부분 또는 전체 표백, 연마 및 도정 사. 당류 착색 또는 각설탕 공정 아. 단순한 탈피, 씨 제거, 또는 탈각 자. 연마, 단순분쇄 또는 단순절단 차. 감별, 체질, 선별, 분류, 등급화 또는 매칭 카. 병, 캔, 플라스크, 가방, 케이스, 상자에 단순히 넣기, 카드 또는 판에 붙이기 그리고 그 밖의 모든 단순한 포장공정 타. 마크, 라벨, 로고 및 그 밖의 이와 유사한 구별 표시를 제품 또는 제품의 포장에 부착하거나 인쇄하는 것 파. 다른 종류인지 여부에 관계없이 제품의 단순한 혼합 하. 완전한 물품을 구성하는 부품의 단순한 조립 또는 제품의 부품으로의 분해 거. 단순한 시험 또는 측정 또는 너. 동물의 도살 2. 한쪽 당사국 영역의 원산지상품은, 다른 쪽 당사국으로부터 수출되었을 때, 제1항에 언급된 것 이상의 공정이 수행되지 아니하였을 경우, 최초의 원산지지위를 유지한다.
뉴질랜드 제3.14조	이 장의 그 밖의 규정에도 불구하고, 다음의 공정 또는 절차 중 하나 이상을 거친다는 이유만으로 상품 또는 재료가 원산지상품 또는 원산지재료로 간주되지 아니한다. 가. 운송되고 보관되는 동안 상품이 양호한 상태로 유지되도록 보장하는 보존공정 나. 포장의 변경, 포장물의 해체 및 조립 다. 병, 캔, 플라스크, 가방, 케이스, 상자에 단순히 넣기, 카드 또는 판에 붙이기 그리고 그 밖의 모든 단순한 포장공정 라. 세탁, 세척, 먼지・녹・기름・페인트 또는 그 밖의 막의 제거 마. 연마, 단순분쇄 또는 파쇄 또는 단순절단 바. 마크, 라벨, 로고 및 그 밖의 이와 유사한 구별 표시를 제품 또는 제품의 포장에 부착하거나 인쇄하는 것, 또는 사. 완전한 물품을 구성하기 위하여 물품의 부품을 단순히 조립하거나 상품을 부품으로 분해하는 것

중미 제3.5조	이 장에 따른 요건이 충족되는지 여부와 관계없이, 다음의 공정은 원산지 상품 지위 부여를 위한 불인정 공정으로 간주된다. 가. 운송 및 보관 중 상품이 양호한 상태로 보존되도록 보장하기 위한 공정 나. 포장의 변경 또는 포장물의 해체 또는 조립 다. 세탁, 세척, 먼지, 녹, 기름, 페인트 또는 그 밖의 막의 제거 라. 방직용 섬유의 다림질 또는 압착 마. 단순한 페인팅 및 광택 공정 바. 곡물 및 쌀의 탈각, 부분 또는 전체 표백, 연마 및 도정 사. 병, 캔, 플라스크, 가방, 케이스, 상자에 단순히 넣기, 카드 또는 판에 붙이기, 그리고 그 밖의 모든 단순한 포장 공정 아. 다른 종류인지 여부와 관계없이 제품의 단순한 혼합 자. 완전한 물품을 구성하는 물품 부품의 단순한 조립 또는 제품의 부품으로의 분해 차. 동물의 도살 카. 건조, 염장(또는 염수장), 냉장 또는 냉동 타. 상품 또는 그 포장에 표장, 라벨, 로고 및 이와 유사한 그 밖의 구별표시의 부착 파. 과일, 견과류 및 채소에 대한 탈피, 씨 제거 및 탈각 하. 연마, 단순 분쇄 또는 단순 절단 거. 감별, 체질, 선별, 분류, 등급화, 또는 너. 가호부터 거호까지 규정된 둘 이상의 공정의 조합 2. 이 조의 규정은 당사국들의 원산지 재료로 생산된 원산지 상품에는 적용되지 아니한다. 3. 이 조의 목적상 가. 단순한이란 특별한 기술이나 그 활동을 수행하기 위하여 특별히 생산되거나 설치된 기계, 기기 또는 장비를 필요로 하지 아니하는 활동을 말한다. 그리고 나. 단순한 혼합이란 특별한 기술이나 그 활동을 수행하기 위하여 특별히 생산되거나 설치된 기계, 기기 또는 장비를 필요로 하지 아니하는 활동을 말한다. 다만, 화학반응은 포함하지 아니한다.
EU 영국 제6조	1. 제2항을 저해함이 없이, 다음의 공정은 제5조의 요건이 충족되는지 여부에 관계없이 원산지 제품의 지위를 부여하기에 불충분한 작업 또는 가공으로 간주된다. 가. 운송되고 보관되는 동안 제품이 양호한 상태로 유지되도록 보장하는 보존 공정 나. 포장상태의 변경, 포장의 해체 및 조립 다. 세탁, 세척, 그리고 먼지, 녹, 기름, 페인트 또는 그 밖의 막의 제거 라. 섬유의 다림질 또는 압착 마. 단순한 페인팅 및 광택 공정 바. 곡물 및 쌀의 탈각, 부분 또는 전체 표백, 연마 및 도정 사. 당류 착색이나 착향 또는 각설탕 공정, 결정당의 부분 또는 전체 제분 아. 과일, 견과류 및 채소에 대한 탈피, 씨 제거 및 탈각 자. 연마, 단순 분쇄 또는 단순 절단 차. 감별, 체질, 선별, 분류, 등급화 또는 매칭(물품 세트의 구성을 포함한다) 카. 병, 캔, 플라스크, 가방, 케이스 또는 상자에 단순히 넣기, 카드 또는 판에 붙이는 것, 그리고 그 밖의 모든 단순 포장 공정 타. 마크, 라벨, 로고 및 그 밖의 유사한 구별 표시를 제품 또는 제품의 포장에 부착하거나 인쇄하는 것 파. 다른 종류인지 여부에 관계없이 제품의 단순한 혼합, 모든 재료와 설탕의 혼합

EU 영국 제6조	하. 완전한 물품을 구성하는 부품의 단순한 조립 또는 제품의 부품으로의 분해 거. 시험 또는 측정 너. 가호부터 거호까지에 명시된 둘 이상의 공정의 조합, 또는 더. 동물의 도살 2. 해당 제품에 행해진 작업 또는 가공이 제1항의 의미상 불충분한 것으로 간주되는지 여부를 결정할 때, 그 제품에 대하여 당사국 내에서 행해진 모든 공정이 함께 고려된다.

이상에서 살펴보았듯이 불인정공정에 해당하는 작업들에 대해 단순한 작업은 불인정공정으로 취급받는다. 단순조립, 단순혼합, 단순한 페인팅 등 통상, '단순한'이라 함은 일반적으로 특정작업을 수행하기 위하여 특별히 생산되거나 설치된 특별한 기술, 기계, 도구 또는 설비가 필요하지 아니하는 활동을 말한다. 아세안, 인도, 페루, 중미 등과의 FTA 협정에서는 단순한 혼합의 범위에 화학공정은 제외한다고 구체적으로 규정하고 있다. 화학반응이란 분자 내 결합이 깨지고 새로운 분자 내 결합 생성에 의하거나 분자 내 원자의 공간배열을 변경함으로써 새로운 구조를 가진 분자가 되는 공정(생화학공정을 포함한다)을 말한다. 여타 협정에서 구체적으로 규정되지 않았다 하더라도, 이와 같이 물리적 혼합의 범위를 벗어나서 혼합에 의하여 새로운 물품으로 변환되는 화학적 혼합은 개념상 단순한 범위를 벗어난 것으로 이해되고 있다. 그러나 '단순한'의 범위에 대해 물품에 따라 해석의 여지가 많다. 한-아세안 협정에서 도축을 동물의 단순한 도살 및 이에 연이어 이루어진 저장과 운송을 목적으로 한 절단, 냉장, 냉동, 염장, 건조 또는 훈제와 같은 과정을 의미한다고 구체적으로 정의하고 있으며, 대부분의 협정에서 이러한 도축 또는 도살을 단순한 공정으로 규정하고 있다. 그러나 한-미 FTA에서는 도축공정을 충분공정으로 인정하고 있다. 따라서 캐나다산의 소를 미국에서 도축공정을 거친 후 우리나라에 수출하는 경우 한-미 FTA에 의해 원산지상품으로 인정받을 수 있다.

한-미의 경우에는 원산지규정 본문에 불인정공정에 대한 별도의 규정이 없는 대신 품목별 기준에서 해당 품목별로 일부 불인정공정을 규정하고 있다. 한-캐나다 협정의 경우에는 전적으로 PSR을 적용하여 불인정공정 여부를 판단하되, 특정품목군(제1~21류, 제50~63류)을 제외하고는 비원산지재료가 더 이상 세분화되지 않는 소호에 분류됨에 따라 세번변경기준을 충족할 수 없거나, 더 이상 세분화되지 않는 소호에 분류되는 비원산지재료의 가치가 거래가격 또는 공장도가격의 55%를 초과하지 않는 경우에 충분한 공정으로 인정하고 있다.

한편, 한-아세안 FTA에서와 같이 섬유류에 대한 불인정공정을 부록으로 다음과 같이 별도 규정하고 있는 것도 있다.[18] 끝단 봉제, 탈색, 방수 등 단순한 최종공정을 수행할 목적과 유사한 공정 등은 불인정 공정으로 규정하고 있으며, 자수상품의 전체 면적의 5% 미만에 해당하는 자수 또는 자수 상품의 총중량 5% 미만에 해당하는 자수로 단순공정에 해당하는 비율을 규정하고 있다.

> 제50류 내지 제63류 상품의 원산지지위 판정의 목적상, 상품은 다음의 공정이 당사국의 영역에서 그 자체로만 수행된 경우에는 역내부가가치기준 및 세번변경기준을 포함한 제5조(품목별 원산지 기준)의 요건이 충족되었는지 여부와 관계없이, 그 당사국의 원산지 상품으로 간주되지 아니한다.
>
> 가. 단순결합공정, 라벨링, 다림질 또는 프레싱, 세탁 또는 드라이 크리닝, 또는 포장 공정, 또는 이들의 결합
>
> 나. 종횡 제단 및 끝단 봉제, 특정상업 목적으로 의도된 것으로 즉시 식별가능한 직물의 스티칭 또는 오버로킹
>
> 다. 끈, 밴드, 구슬, 코드, 고리 그리고 아이랫과 같은 장식품을 깁고, 누비고, 잇고 부친 트리밍 그리고/또는 결합
>
> 라. 탈색, 방수, 디케이팅, 줄임, 머서라이징 또는 단지 최종공정을 수행할 목적의 유사한 공정
>
> 마. 자수상품의 전체 면적의 5% 미만에 해당하는 자수 또는 자수 상품의 총중량 5% 미만에 해당하는 자수

18) 부록 3: 한-아세안 FTA 부속서 3에 대한 해석 주석 제2조

Chapter 07

FTA

FTA 특혜적용 전제요건

1. 거래당사자요건
2. 품목요건
3. 직접운송요건
4. 원산지증명요건

Chapter

07. FTA 특혜적용 전제요건

FTA는 기본적으로 양자 간 또는 지역 간 배타적인 특혜를 부여함으로 이러한 특혜를 적용받기 위한 기본 전제요건들이 있다. 기본적인 요건으로서 ① 거래당사자요건, ② 원산지상품요건, ③ 직접운송요건 ④ 원산지증명요건 등이 있다. 이 장에서는 우리나라가 체결한 FTA에서의 특혜적용 전제요건 등에 대해서 살펴보기로 한다.

1 거래당사자요건

FTA는 원칙적으로 체약당사국 간에 발생하는 거래에 대하여 특혜를 부여한다. 체약당사국 간에 발생되는 거래란 체약당사국에 거주하는 자연인 또는 법인이 물품을 수출하고, 다른 당사국에 소재하는 자연인 또는 법인이 그 물품을 수입하는 거래를 말한다.

또한 당사국은 협정 적용의 주체가 되는데 양자 간의 FTA인 경우에는 거래당사국이 명확하겠으나, EU, 아세안, 중미 등과 같은 복수국가와의 FTA에서는 그 개념이 상이하게 나타날 수 있다. EU는 협정에서 유럽공동체(EU) 전체를 하나의 당사국으로 보아, EU 역내에서 생산되고 원산지기준을 충족하는 물품은 FTA 특혜대상으로 인정받는다. 즉 EU 역내에서 수출국과 선적국이 다르더라도 EU 당사국에서의 수출로 인정받는다. 한-아세안 협정에서는 각각의 회원국이 당사국의 지위를 갖으나 아세안 전체를 당사국으로 보지 않는다. 그러나 한-중미 협정에서는 정의규정에서 협정상 효력이 있는 5개국을 당사국으로 규정하고 있으나, 협정의 적용범위는 각 국가를 개별적으로 적용하는 것으로 거래당사자는 각 당사국에 거주하는 자를 의미하고 있으며, 원산지결정은 원산지 누적규정을 통해 최종 생산국을 원산지 국가로 인정하고 있다.

FTA에서 거래당사자에 해당하는 자연인 또는 법인은 거래관계에서 수출자, 수입자, 생산자를 의미한다. 한-EU, 한-중국 협정 등에서는 수출자에 대한 정의가 없는 경우도 있으나 일반적인 해석으로서 여러 FTA 협정에서와 같이 당사국의 영역에 소재하면서 그 상품을 수출하는 자연인 또는 법인으로 이해하고 있다.

거래당사자요건을 상호 계약관계인 수출입자와 해당 물품의 실질적인 생산자 두 가지로 나누어서 보면 수출입자는 수출국 및 수입국 내에 소재하고, FTA 특혜를 위한 원산지 관련 기록 및 자료를 보관할 의무를 갖는다. 또한 세관당국의 원산지검증 시 피검증자이며, 자료제출 의무자가 된다. 실질적인 물품의 생산자는 해당 물품 또는 재료의 생산에 관련된 모든 기록 및 자료를 실질적으로 보관 및 확인할 의무가 있다.

거래당사자와 관련하여 주의가 필요한 것은 3자 간 무역에 의하여 협정당사국이 아닌 비당사국, 즉 제3국에 소재한 자가 송품장을 발행하는 경우이다. 이를 제3국 발행송장이라고 하는데, 이 경우 동 물품을 수출하는 당사국의 수출자는 해당 원산지증명서에 3국 송품장 여부를 표기하거나(한-아세안, 한-인도), 비고란에 3국 송장 여부, 회사명과 주소를 기재하고 있다. 자율발급 또는 비정형 서식을 채택하고 있는 EFTA, EU, 터키와의 FTA의 경우에는 제3자가 송품장을 발급한다 하더라도, 원산지신고문안은 당사국 내 수출자가 작성해야 한다는 조건이 있다.

각 협정별로 협정본문 또는 원산지규정 정의규정에서 언급된 당사자와 관련된 규정은 [표 7-1]과 같다. 협정에 따라 수출자, 생산자, 수입자의 정의, 그리고 제3국 또는 당사국으로 정의한 것이 있는 것과 그렇지 않은 것 등이 다양하게 나타난다.

표 7-1 협정별 거래당사자의 정의

FTA	협정내용
칠레	• 수출자라 함은 제5.4조에 따라, 상품이 수출되는 당사국의 영역 내에 소재하면서 그 상품을 수출하고, 그 당사국의 영역 내에서 그 상품수출에 대한 기록유지의 의무를 지는 인을 말한다. • 생산자라 함은 상품을 재배, 채굴, 사육, 수확, 어로, 덫사냥, 수렵, 제조, 가공 또는 조립하는 인을 말한다. • 수입자라 함은 제5.4조 제5항에 따라, 상품이 수입되는 당사국의 영역 내에 소재하면서 그 상품을 수입하고, 그 당사국의 영역 내에서 그 상품의 수입에 대한 기록유지의 의무를 지는 인을 말한다.
싱가포르	생산자라 함은 상품을 재배・채굴・사육・수확・어로・재생산 및 번식・덫사냥・수렵・제조・가공・조립 또는 분해하는 인을 말한다.
EFTA	• '당사국'이라 함은 대한민국, 아이슬란드, 노르웨이, 스위스를 말한다. 스위스와 리히텐슈타인 간 관세동맹에 따라, 리히텐슈타인을 원산지로 하는 상품은 스위스를 원산지로 간주한다. • '수출자'라 함은 상품이 수출되는 당사국의 영역에 소재하면서 그 상품을 수출하는 인을 말한다. • '수입자'라 함은 상품이 수입되는 당사국의 영역에 소재하면서 그 상품을 수입하는 인을 말한다. • '생산자'라 함은 상품을 재배, 채굴, 수확, 어로, 덫사냥, 수렵, 제조, 가공 또는 조립하는 인을 말한다.
아세안	'제3국'이라 함은 수입당사국 또는 수출당사국이 아닌 당사국 또는 비당사국을 말한다.
인도	생산자란 상품을 재배・채굴・사육・수확・어로・재생산 및 번식・덫사냥・수렵・제조・가공・조립 또는 분해하는 인을 말한다.
EU	•양 당사자란 한편으로는 대한민국을 말하며, 다른 한편으로는 유럽연합조약 및 유럽연합의 기능에 관한 조약에서 도출된 그들 각각의 권한 범위에 서 유럽연합이나 그 회원국 또는 유럽연합 및 그 회원국(이하 '유럽연합 당사자'라 한다)을 말한다.
페루	• 수출자란 일방 당사국의 영역에 위치하여 상품을 수출하는 인을 말한다. • 생산자란 당사국의 영역에서 상품의 생산에 종사하는 인을 말한다. • 수입자란 당사국의 영역에 위치하여 상품을 수입하는 인을 말한다.
미국	• 수출당사국이라 함은 그 영역으로부터 섬유 또는 의류상품이 수출되는 당사국을 말한다. • 수입당사국이라 함은 그 영역으로 섬유 또는 의류상품이 수입되는 당사국을 말한다.
호주	• 수출자란 당사국의 영역에 소재하며 상품을 수출하는 인을 말한다. • 생산자란 당사국의 영역에서 상품의 생산에 종사하는 인을 말한다.
중국	생산자란 당사국의 영역에서 상품의 생산에 종사하는 인을 말한다.
뉴질랜드	• 수출자란 당사국의 영역에 소재하며 상품을 수출하는 인을 말한다. • 생산자란 당사국의 영역에서 상품의 생산에 종사하는 인을 말한다.
중미	• '당사국'이란 당사국이란 이 협정이 효력이 있는 모든 국가를 말한다. '다른 쪽 당사국'이란, 이 협정에 달리 규정된 경우를 제외하고, 한국의 경우, 중미공화국들 중 하나, 그리고 중미공화국들의 경우 한국을 말한다.

	• 수출자란 일방 당사국의 영역에 위치하여 상품을 수출하는 인을 말한다. • 생산자란 당사국의 영역에서 상품의 생산에 종사하는 인을 말한다. • 수입자란 당사국의 영역에 위치하여 상품을 수입하는 인을 말한다.
영국	•양 당사국이란 한편으로는 대한민국을 말하며, 다른 한편으로는 영국을 말한다.

2 품목요건

FTA 특혜를 받기 위한 두 번째 전제조건으로 품목요건이 있다. 품목요건의 첫 번째 조건은 각 협정에서 정한 특정한 품목에 한하여 적용된다는 것이다. 이러한 품목요건은 각 협정의 양허표에 나타난다.

FTA는 WTO 양 체약당사국 간 상당한 수준의 관세철폐를 통해 자유무역을 지향하는 지역무역협정이라고 정의하고, 모든 품목의 관세철폐를 목표로 한다고 할 수 있다. 그러나 실제로는 일반양허품목 이외에 민감품목, 초민감품목, 양허제외 등 협정별로 다양한 협상원칙(modality)에 따라 협정대상품목이 정해진다. 예로, 우리나라의 경우에는 대부분의 협정에서 쌀 및 쌀 관련 16개 품목은 양허제외를 하고 있다.

품목요건의 두 번째 조건은 원산지물품요건이다. 이는 양허표에서 정한 품목이라도 협정에서 정한 원산지규정을 충족하는 경우에 특혜대상이 된다는 것이다. 이는 앞 장에서 설명한 원산지규정의 일반규정과 품목별 규정을 모두 충족하는 물품을 말하며, 결론적으로는 해당 물품의 원산지가 FTA 체약당사국이어야 한다는 요건이다.

각 협정별로는 원산지상품이라는 규정으로 원산지결정기준에 대해서 포괄적으로 규정하고 있다.

3 직접운송요건

FTA 특혜를 위한 세 번째 전제요건은 운송요건이다. 이는 다른 말로 직접운송원칙이라고 부르며, 해당 물품이 수출당사국을 출발하여 운송 도중 제3국을 거치지 않고 수입국으로 직접운송된 경우에 한하여 특혜를 부여하는 원칙이다.

그러나 국제무역에 있어서 운송상의 이유 또는 국제물류체계상 제3국을 거쳐서 운송되는 경우는 매우 빈번하다. 따라서 해당 물품이 비당사국, 즉 제3국을 거치더라도 제3국에 있는 동안 원상태를 유지하거나, 환적 등 운송에 필요한 작업 이외의 다른 작업이 없는 경우 등 일정한 조건을 충족하는 경우 수출당사국에서 수입당사국으로 직접운송된 것으로 인정하고 있다.

협정에 따라, 원산지규정상에 직접운송규정을 정의하고, 제3국 경유 시 예외가 인정되는 작업범위 및 금지조항을 두고 있는 것(미주형)과 직접운송규정을 두지 아니하고, 제3국에서의 허용작업만을 규정하는 경우(PANEURO형)가 있다. 우리나라가 체결한 FTA에서도 EU, 터키 등 PANEURO방식의 원산지규정에서는 직접운송을 엄격하게 규정하는 편이다.[1] 다만, 대부분의 협정에서 제3국에 체류하는 동안 제3국 세관의 통제 아래(under customs control), 즉 세관의 보세구역 내에 보관되어 있어야 한다는 규정을 포함하고 있다. 따라서 제3국에서 내수용으로 일단 통관된 경우에는 다시 한국으로 재판매되더라도 원산지를 인정하지 아니한다.

직접운송절차의 위반은 특혜적용 전제조건의 위반사항이므로, 원산지에 대한 검증절차를 거칠 필요가 없이 특혜 배제를 할 수 있다는 점에서 주의가 필요하다. 왜냐하면 제3국인 경유국에서의 원산지 둔갑 등의 사실 확인 등이 곤란하며, 협정의 범위를 벗어나는 제3국은 해당 협정의 원산지규정에 의한 검증대상이 되지 못하기 때문에 사전에 조건을 충족하지 못하는 경우 특혜를 배제하고 있는 것이다. 이러한 직접운송원칙을 두는 이유는 운송경로를 통해 역내산으로 둔갑한 역외산 물품의 우

1) 한-EU FTA에서는 직접운송원칙과 관련하여, 제3국에서 허용작업은 운송상의 상품보관을 위한 작업으로 제한하는 것은 동일하나, 단일탁송화물(single consignment)의 경우에만 직접운송이 가능한 것으로 규정하고 있어, 당초부터 통과선하증권이 발행되지 않은 화물에 대해서는 직접운송 예외적용을 받지 못하고 있다.

회 수출입을 방지하는 데 목적이 있다. 즉 원천적으로 무역굴절을 예방하는 하나의 수단이라고 할 수 있다.

한-아세안 협정에서는 다른 협정에 비해 좀 더 엄격하게 직접운송의 예외적용 범위를 상세히 규정하고 있다. 제3국 경유 시에 직업운송으로 인정되는 범위로서 ① 오직 지리적 이유 또는 운송상의 이유로 경유하는 것, ② 경유국 내에서 거래 또는 소비되지 아니하였을 것, ③ 상품이 하역, 재선적 또는 그 상품을 좋은 상태로 유지하는 데 요구되는 공정 이외의 공정은 배제 등의 요건을 충족해야 한다.

지리적 이유 또는 운송상의 이유로 경유하는 것을 실제적으로 명확히 증명하기는 어렵다. 다만 운송상의 이유로 미리 수출국에서 제3국 경유가 명백한 경우 화물이 수출국에서 출발할 때부터 선박회사를 통해 통과선하증권(Through B/L)[2]을 발급받아 이를 세관당국에 제시하면 대부분의 협정에서 직접운송의 예외를 적용받을 수 있다. 실무적으로 통과선하증권은 복합운송선하증권(Combined Transport B/L 또는 Multimodal transport B/L)으로 발행되고 있다.

다음으로 경유국 내에서 거래 또는 소비나 거래 또는 교역되지 않아야 함을 규정하고 있는데 '거래 또는 소비'의 범위를 명확히 정의하고 있지는 않다. 통상은 경유국 내에서 수입국으로의 운송을 위하여 보세구역 내에 장치된 상태로 있는 경우에는 거래 또는 소비가 이루어지지 않았다고 볼 수 있다. 따라서 경유국에서 수입통관 절차가 진행된 경우라면 이는 경유 국내에서의 소비가 이루어진 경우로 볼 수 있다. 이와 관련하여 또 한 가지 생각해 보아야 할 것은 경유국에서의 BWT(Bonded Warehouse Transaction) 거래이다. 제3국 BWT 거래란 경유국에 소재한 보세창고(bonded warehouse)에 물품을 보관하면서 수요에 따라 수입업자에게 판매하는 거래 형태이다. 주로 거리가 먼 거래국 간 수출용 원자재를 원활히 보급할 목적으로 이루어지는데 국제물류의 발달로 지역별 물류센터를 건설하고 이를 통해 해당 지역으로 원자재 등을 제공하는 형태로 이루어지고 있다. 이 경우, 수출국에서 최종목적지가 정해지지 않은 가운데 경유국에서 세관관할하에 보세창고에서 저장되었다가 수출계약이 이루어지고 수입국으로 물품이 운송되는 경우, 이를 직접운송의 예외로

2) 운송화물을 목적지까지 운송하는 도중에 다른 선박으로 환적하는 경우나 육상운송과 해상운송을 연결하여 운송할 경우에 최초의 운송업자가 전 구간의 운송에 대하여 책임을 지고 일괄발행하는 운송증명서를 말한다.

볼 것인지는 협정별로 달리 적용된다. 즉 제3국에서의 탁송품[3]의 분리 등을 허용하는 협정이나 직접운송규정을 두지 않고 있는 협정의 경우에는 BWT 거래가 인정되는 것으로 해석 · 적용하고 있으나, 그렇지 않은 경우에는 BWT 거래는 제3국 내에서 거래 또는 교역이 일어난 것에 해당하는 것으로 보고 이를 부인하는 등 협정별로 해석상에 여지가 남아 있다.

또한 이러한 제3국에서 세관당국의 통제 또는 감독하에 있었음을 증명하고, 제3국에서 허용된 작업 이외의 작업은 일어나지 않았다는 입증서류를 제출토록 하고 있다. 대표적인 입증서류로 비가공증명서(non-manipulation certificate)가 있다. 이러한 단순경유 또는 세관당국 통제사실의 입증서류는 해당 물품이 비당사국을 출발한 이후에는 입수가 어려우므로 수출자 또는 운송회사와 사전에 협의하여 관련 서류를 준비할 수 있도록 하는 것이 중요하다. 한-중 FTA는 홍콩을 경유하는 경우, 세관의 보세구역이 없고, 자유무역항인 홍콩의 특성을 고려하여 화물이 홍콩지역에 반입되기 1일 전에 미리 신청하여야 증명서 발급이 가능한 경우가 있어 사전준비가 필요하다. 한편 한-영 FTA는 그간 EU와의 무역관계를 고려해 EU를 경유하여 운송되는 것도 3년간 한시적으로 직접운송된 것으로 인정하고 있다.

우리나라가 체결한 협정별 직접운송규정을 보면 다음과 같다.

표 7-2 | 협정별 직접운송 규정

FTA	직접운송규정	제3국 허용작업	제한조건	제3국 세관통제	BWT 인정
칠레	×	하역, 재선적, 포장, 재포장 상품보존공정 운송필요공정		○	○
싱가포르	○	하역, 재선적 상품보존공정		○	○
EFTA	○	하역, 재선적 탁송품 분리 상품보존공정		○	○

3) 탁송품(consignment)이란 수출자로부터 수하인에게 일시에 송부된 제품이거나 수출자로부터 수하인으로의 선적과 관련된 하나의 운송서류에 의하여 다루어지는 상품 또는 그러한 운송서류가 없는 경우 하나의 송장에 의하여 다루어지는 상품을 말한다.

아세안	○	하역, 재선적 상품보존공정	통과선하증권 거래·소비 불인정	×	×
인도	○	하역, 재선적 상품보존공정	거래·소비 불인정	○	×
미국	×	하역, 재선적 상품보존공정		○	○
EU	○	하역, 재선적 상품보존공정	단일탁송화물	○	×
페루	○	하역, 재선적 상품보존공정	거래·교역 불인정	○	×
터키	○	하역, 재선적 상품보존공정	단일탁송화물	○	×
호주	○	하선, 재선적 보관, 재포장, 재라벨링 운송목적분리 상품보존공정		○	○
캐나다	×	하선, 재선적 운송목적분리 상품보존공정	거래·소비 불인정	○	×
중국	○	하역, 분리, 재선적 상품보존공정	일시보관 3개월	○	×
베트남	○	하역, 재선적 상품보존공정		○	×
뉴질랜드	○	하선, 재선적 보관, 재포장, 재라벨링 운송목적분리 상품보존공정		○	○
콜롬비아	○	하선, 재선적 운송목적분리 상품보존공정	거래·소비 불인정	○	×
중미	○	하선, 재선적, 재포장 상품보존공정	단일탁송화물 비가공증명서	○	×
영국	○	하역, 재선적 상품보존공정	단일탁송화물	○	×

4 원산지증명요건

FTA 특혜를 위한 네 번째 전제요건은 원산지증명요건이다. 물품의 원산지는 원산지증명서(certificate of origin) 등 적법한 서류로써 증명되어야 한다. 이를 원산지증빙서류라고 하는데 원산지를 증명하는 서류인 원산지증명서와 그 밖에 원산지확인을 위하여 필요한 서류, 정보를 포괄하고 지칭한다.

원산지증명서는 발급주체에 따라서 권한 있는 기관이 발급하는 기관발급과 수출자, 생산자 또는 수입자가 발급하는 자율발급이 있다. 한-아세안, 한-인도, 한-싱가포르, 한-중국 FTA에서는 기관발급제를 채택하고 있으며, 한-칠레, 한-미, 한-EU 등에서는 자율발급제를 선택하고 있다. 또한 한-페루, 한-호주의 경우에는 기관발급과 자율발급을 혼용하고 있는 경우도 있다. 협정별 원산지증명방식은 다음 [표 7-3]과 같다.

표 7-3 협정별 원산지증명방식

FTA	발급방식	발급주체	서식	유효기간	제출면제
칠레	자율발급	수출자	통일서식	2년	$1,000
싱가포르	기관발급	기관	개별서식	1년	$1,000
EFTA	자율발급	수출자, 생산자	원산지신고서	1년	
아세안/베트남	기관발급	기관	통일서식	12개월	$200
인도	기관발급	기관	통일서식	12개월	국내법
미국	자율발급	수출자 생산자 수입자	규정양식 없음 한: 권고서식	4년	$1,000
EU	자율발급	인증수출자	원산지신고서	1년	소포 한: $1,000 EU: €500
페루	기관 또는 자율발급	기관 또는 인증수출자	통일서식 원산지신고서	1년	$1,000
터키	자율발급	수출자	원산지신고서	1년	EU와 동일
호주	한:자율 호:자율/기관	한:수출(생산)자 호:기관/수출(생산)자	규정양식 없음 권고서식	2년	$1,000

캐나다	자율발급	수출자, 생산자	표준서식	2년	$1,000
중국	기관발급	기관	통일서식	1년	$700
뉴질랜드	자율발급	수출자, 생산자	원산지신고서 권고서식	2년	$1,000
콜롬비아 중미	자율발급	수출자, 생산자	통일서식	1년	$1,000
영국	자율발급	인증수출자	원산지신고서	1년	EU와 동일

기관발급의 경우에는 특정한 서식을 지정하여 발급하고 있으며, 자율발급의 경우에는 한-미와 같이 자율서식 또는 권고서식을 운영하거나, 인증수출자에 의한 자율발급을 운영하는 한-EU에서는 원산지증명서 양식이 아닌 원산지신고서(origin declaration)로 원산지를 증명하고 있다. 한-EU에서의 원산지신고서 문안은 송품장, 인도증서 또는 그 밖의 상업서류에 다음과 같이 기재한다.

한-EU FTA 원산지신고문안

[한국어] 이 서류(세관인증번호 ________)의 적용대상이 되는 제품의 수출자는, 달리 명확하게 표시되는 경우를 제외하고, 이 제품은 ________ 의 특혜원산지제품임을 신고한다.

[영 어] "The exporter of the products covered by this document (customs authorization No. ________) declares that, except where otherwise cleary indicated, these products are of ________ preferential origin"

원산지증빙서류로서 원산지증명이 이루어진 후에도 이를 근거로 특혜관세를 적용하는 세관당국의 입장에서는 원산지증명서의 정확성 여부에 대한 확인이 필요하다. 원산지증명서 자체의 진위 여부와 원산지증명서상의 물품과 수입물품과의 동일성을 확인하는 두 가지로 나눠볼 수 있는데, 원산지증명 자체의 정확성 확인을 위해 기관발급의 경우에는 협정에서 정한 요건을 갖추었는지 여부, 원산지증명서 발급번호체계가 정확한지, 발급기관의 인장 · 서명이 협정당사국 간 상호 통보된 것과 동일한지, 원산지증명서의 정보와 증빙서류의 정보가 일치하는지 여부를 확인한다. 자율발급의 경우에는 협정에서 정한 원산지증명요건을 갖추었는지, EU에서와 같이 인증수출자 번호체계가 정확한지 여부를 기초적으로 확인한다.

원산지증명서와 수입물품과의 동일성 확인은 상업송장 등 물품정보와 원산지증명서의 물품정보가 동일한지 확인하고, 필요한 경우 해당 물품의 수출자 또는 생산자가 실제 생산시설 등을 갖추고 생산하는지 여부를 취득한 기업정보 등을 통해 확인할 수 있다.

실제로 원산지증명에 대한 주요 위반 사례로는 ① 원산지증명서 발급주체 위반, ② 원산지증명서 위변조, ③ 원산지증빙서류 위변조 ④ 원산지신고서 요건 위반, ⑤ 제3자 송장 위반 등 다음 [표 7-4]에서와 같이 다양한 형태로 나타나고 있다.[4]

| 표 7-4 | 원산지증명 주요 위반 유형

유형	위반내용
원산지증명서 발급주체 위반	• 한-아세안 FTA에 한-싱가포르 원산지증명서 제출 • 제3국 발행 상업서류에 3국에서 원산지신고문안 기재 • 제3국 소재 자연인 또는 법인이 원산지증명서 발급
원산지증명서 위변조	• 수출국 정부의 수출제한품목 등의 이유로 원산지증명서 발급이 불가능하자 수출자 또는 수입자가 원산지증명서 위조 • 한-미 FTA는 수입자 자율발급이 가능함에 따라, 수입자가 인터넷 등에서 확인한 원산지표시만으로 원산지증명서 발급
원산지증빙서류 위변조	• 원산지증명서와 상업송장 등 기타 상업서류의 물품명과 불일치하나 상업서류를 조작
원산지신고서 요건 위반	• 허위의 인증수출자번호 기재 • 한-EU FTA에 근거, 우리나라 수출에 대한 인증수출자 자격을 아직 취득하지 못하였으나 기존의 인증수출자 번호를 기재 • 비인증수출자가 작성한 원산지신고서에 수출자 성명, 서명 등 누락
제3자 송장 위반	• 제3자 송장발생 거래임에도 제3차 송장표시를 하지 않고, 제3자 발행송장의 수출자 등을 변조 • 송장발급 국가, 발급자 정보 미기재

원산지증명의 확인과 관련하여 대표적으로 인증수출자에 의한 자율발급체계를 유지하고 있는 EU의 국가별 인증번호체계를 살펴보면 다음과 같다. EU의 경우에는 인증수출자와 유사한 EORI number[5]라는 EU 지역 내 통관고유부호를 기재하여 원산지증명이 부인되는 경우가 있으므로 이를 사전에 확인할 필요가 있다.

4) 관세청(2010), FTA 원산지검증 매뉴얼, p.220.

5) Economic Operators Registration and Identification Number로서 EU 국가별, 개별세관별로 수출자/수입자를 EU 역내에서 하나로 통합하여 운영하고 있는 통관고유번호에 해당한다.

| 표 7-5 | EU 인증수출자 번호체계

국가명	인증코드 예시	인증코드 체계	비고
그리스 (Greece)	GR/01/1234/2004	국가(2)/세관부호(2)*/인증번호(4)/인증연도(4)	*세관코드 1–10
네덜란드 (Netherland)	NL/361/02/1234	국가(2)/세관관서(3)/인증연도(2)/인증번호(3~4)	
덴마크 (Denmark)	DK/51/04/237/00638 DK/04/000638	국가(2)/세관부호(2)/연도(2)/인증표시코드(3)*/인증번호(5) 국가(2)/연도(2)/인증번호(6)	*237/239 ※모두 유효
독일 (Germany)	DE/4711/EA/0007	국가(2)/세관부호(4)/EA/인증번호(4)	
라트비아 (Latvia)	LV/100/2006	국가(2)/인증번호(1–3)/인증연도(4)	
루마니아 (Romania)	RO/DRVBV/025	국가(2)/세관코드(5)*/인증번호(3)	*4자리(DRVB)도 있음
룩셈부르크 (Luxembourg)	LU/ORDL/256	국가(2)/ORDL/인증번호(3)*	*1–500 (국가인증, national) 501–999 (단일인증, single)
리투아니아 (Lithuania)	LT/VMO/011	국가(2)/세관코드(3)*/인증번호(3)	*문자(2)+숫자(1)
말타(Malta)	MT/D/000	국가(2)/D/인증번호(3)	
벨기에 (Belgium)	BE 74	국가(2)/인증번호(1~4)	
불가리아 (Bulgaria)	BG/1223/009/08	국가(2)/세관부호(4)/인증번호(3)/인증연도(2)	
사이프러스 (Cyprus)	CY/NIC/000	국가(2)/세관부서명(3)/일련번호(3)	
산마리노공화국 (Republic of San Marino)	SM/SM001/00/0000	국가(2)/세관부호(5)/인증번호(2)/최초 인증연도(4)	
스웨덴(Sweden)	SE/SHF/123456	국가(2)/세관관서(3)*/인증번호(6)	*Mö지역은 2자리
스페인(Spain)	ES/28/0001/98	국가(2)/지역코드(2)/인증번호(4)/인증연도(2)	
슬로바키아 (Slovak Republic)	SK/1050/010/05	국가(2)/세관관서(4)/인증번호(3)/인증연도(2)	

슬로베니아(Slovenia)	SI/123/03	국가(2)/인증번호(3)/인증연도(2)	
아일랜드(Ireland)	IE/05/06	국가(2)/인증번호(2)/인증연도(2)	
에스토니아(Estonia)	EE/001/2001	국가(2)/인증번호(3)/인증연도(4)	
영국(United Kingdom)	GB 12345/06	국가(2)/인증번호(5)/인증연도(2)	
오스트리아(Austria)	AT/100/015	국가(2)/세관부호(3)/인증번호(3)	
이태리(Italy)	IT/001/RM1/06 IT/001/RM2/06 IT/001/BO/11 IT/002/MXP/13	국가(2)/인증번호(3)/지역번호(2-3)*/인증연도(2)	*지역(2)+숫자(1) MXP는 3자리
체코(Czech Republic)	CZ/02/0001/04	국가(2)/세관(2)*/인증번호(4)/인증연도(2)	
포르투갈(Portugal)	PT/000/P	국가(2)/인증번호(3)/지역번호(P or L)	
폴란드(Poland)	PL/042010/0001	국가(2)/세관관서(6)/인증번호(4)	
프랑스(France)	FR 003160/0025	국가(2)/세관부호(6)/인증번호(4)	
핀란드(Finland)	FI/50/110 FI/8/36 FI/0/2014	국가(2)/인증번호/지역세관번호(3) 국가(2)/인증번호/Åland지역(2) 국가(2)/인증번호/인증연도(4)	
헝가리(Hungary)	HU123450N8000000000	국가(2)/세관부호(5)/0/level코드(N or E)/인증연도(1)/인증번호(9)	N: National E: Community

Chapter 08

Free Trade Agreement

FTA 이해와 활용

FTA

보충적 원산지결정기준

1. 미소기준(de minimis) 또는 최소허용기준(tolerance rule)
2. 누적기준(accumulation or cumulation)
3. 롤업(roll-up) 또는 흡수조항(absorption)
4. 대체가능물품(fungible goods)
5. 간접재 또는 중립재(neutral elements)
6. 부속품, 예비부품, 공구
7. 소매판매용 포장 · 용기
8. 운송(수송) 포장 · 용기
9. 세트물품
10. 재수입물품
11. 전시용품

Chapter

08. 보충적 원산지결정기준

FTA 원산지는 기본적으로 앞서 살펴본 것과 같이 원산지결정기준의 기반을 이루는 완전생산기준과 실질적 변형기준에 의하여 주로 결정된다. 그러나 품목별 기준의 엄격성 또는 원산지결정과정의 복잡성을 완화하고자 분야별 특례규정을 둠으로써 FTA로 인한 체약당사국 간의 경제통합효과를 극대화하고 있다.

실질적 변형기준을 보충하는 요소로서, ① 미소기준, ② 누적기준, ③ 롤업(roll-up), ④ 대체가능물품, ⑤ 간접재, ⑥ 부속품, 예비부품, 공구, ⑦ 소매판매용 포장 · 용기, ⑧ 운송(수송) 포장 · 용기, ⑨ 세트물품, ⑩ 재수입물품, ⑪ 전시용품 등이 있다. 이 장에서는 이들 보충적 원산지결정기준을 살펴보기로 한다.

1 미소기준(de minimis) 또는 최소허용기준(tolerance rule)

미소기준이란 어떤 물품의 생산 과정에서 당해 물품생산에 사용된 모든 비원산지 원재료의 비중(가격 또는 중량)이 협정에서 규정한 수준 이하인 경우에는 그 물품을 원산지상품으로 인정하는 기준을 말한다. 이는 주로 세번변경기준을 채택한 경우에 적용된다. 세번변경기준이 적용되는 물품의 경우에는 품목별 원산지결정기준에 따라 세번이 일정수준, 즉 2단위, 4단위 또는 6단위 이상 변경되어야 원산지가 인정된다. 그러나 미미한 금액 또는 수량의 비원산지재료가 세번변경요건을 충족하지 못하여 특혜관세 혜택을 적용받지 못하는 경우 체약당사국 간 FTA효과를 저해할 수 있다. 이를 방지하기 위하여 일정기준 이하로 비원산지재료가 세번변경요건을 충족하지 못하였더라도 원산지기준을 충족한 것으로 간주하는 것이 미소기준 또는 최소허용기준이다.

간략한 예를 들면, 역외산 밍크칼라(HS4303.10, 가격비중 8%)와 자국산 밍크반제품(HS4303.10, 가격비중 92%)을 원재료로 하여 밍크코트(HS4303.10, 가격비중 100%)를 생산하는 경우, 비원산지재료인 수입산 밍크칼라와 완성품인 밍크코트의 세번이 HS4303으로 4단위 세번변경기준을 충족하지 않더라도 수입산의 가격비중이 8%에 불과하므로 미소기준 10%를 적용하는 경우 원산지가 인정된다. 이 경우 미소기준이 7%만 인정되는 경우에는 원산지가 인정되지 않는다.

| 표 8-1 | 미소기준 적용 시 개념도

구분	세번	가격	역외산 가격비중	미소기준	원산지결정
〈반제품〉 역내산 밍크반제품	HS4303.10	92$	8$/100$ = 8% (역외산/완제품)	7%	불인정
〈부분품〉 역외산 밍크칼라	HS4303.10	8$		8%	인정
〈완제품〉 밍크코트	HS4303.10	100$		10%	인정

우리나라가 체결한 각 협정별로 미소기준을 살펴보면 미소기준 비율은 일반품목의 경우 8~10%로 나타나고 있으며, 섬유류의 경우에는 7~10% 수준이며, EU와 터키의 경우에 30%까지 허용되는 품목이 있다. 협정별 미소기준을 정리해 보면 다음 [표 8-2]와 같다.

| 표 8-2 | 협정별 미소기준

FTA	가격기준			중량기준
	일반	농수산물	기준가격	섬유
칠레	8%	제1~24류 CTSH 충족하면 적용가능	조정가격	8%

싱가포르	10%	제1~14류 제외 제15~24류 CTSH 충족하면 적용가능	관세가격	8%
EFTA	10%	제1~24류 CTSH 충족하면 적용가능	공장도가격	10%
아세안	10%	10%	FOB	10%
인도	10%	제1~14류 제외 제15~24류 10% 적용	FOB	7%
미국	10%	제1~24류 CTSH 충족하면 적용가능 (일부제외)	조정가격	7%
EU 터키 영국	10%	10%	공장도가격	8~30% 일부가격기준
페루 중미	10%	제1~14류 제외 제15~24류 10% 적용	FOB	10%
호주	10%	제1~14류 CTSH 충족하면 적용가능	조정가격	10%
캐나다	10%	제1~21류 CTSH 충족하면 적용가능	공장도가격	10%
중국	10%	10%	FOB	10%
뉴질랜드	10%	10%	FOB	10%
콜롬비아	10%	제1~24류 CTSH 충족하면 적용가능(15류 제외)	조정가격	10%

각 협정별 미소기준을 고려한 원산지결정 사례를 살펴보면 다음과 같다.

미소기준 적용에 따른 원산지결정 사례

1. 생산 개요

한국의 A사가 완제품 K(HS8708)를 생산하기 위한 재료내역이 아래와 같고, 해당 물품의 원산지결정기준은 '다른 호에 해당하는 물품에서 변경된 것'이고 동 제품의 조정가격(FOB)은 85,000원, Ex-works 가격은 76,000원에 해당

재료명	HS	단가(원)	원산지
a	8708	33,000	한국
b	3926	16,300	호주
c	8708	7,700	콜롬비아
d	3907	6,000	중국
합계	8708	63,000	

2. 원산지 여부 검토

① 원산지결정기준: 해당 물품은 '다른 호에 해당하는 물품에서 변경된 것'으로 표현하고 있어 4단위(CTH) 세번변경기준에 해당된다. 그러나 4단위가 동일한 비원산지 '재료 C'가 있어 원산지기준 비충족

② 미소기준 적용: 비원산지 '재료 C'의 가치 7,700원이 각 협정에서 규정하고 있는 미소기준을 초과하지 않으면 원산지물품으로 인정

- FOB 85,000원에서 비원산지재료 7,700원이 차지하는 비율(7,700/85,000)은 9%이다. 따라서 미소기준이 10%인 경우에는 원산지를 인정하고, 미소기준이 8%인 경우에는 원산지를 인정받지 못한다.
- Ex-Works 76,000원에서 비원산지재료 7,700원이 차지하는 비율(7,700/76,000)은 10.1%이다. 따라서 미소기준이 10%인 경우에는 원산지를 인정받지 못한다.

3. 협정별 원산지 판정 결과

칠레	아세안, 인도, 미국, 호주 등 여타 FTA	EFTA, EU, 터키(Ex-works 기준)
8%	10%	10%
불충족	충족	불충족

지금까지 살펴본 미소기준과 관련하여 지역적으로 대표되는 한-칠레, 한-싱가포르, 한-아세안, 한-페루 한-EU, 한-미국, 한-중 협정의 원산지규정을 정리하면 다음 [표 8-3]과 같다.

| 표 8-3 | 협정별 미소기준규정

FTA	내용
칠레 제4.6조	최소허용수준 1. 부속서 4에 따라 세번변경이 이루어지지 아니한 상품은 그 상품의 생산에 사용된 세번변경이 이루어지지 않은 모든 비원산지재료의 가치가 제4.3조에 따라 산정된 상품의 조정가격의 8퍼센트를 초과하지 않는다면 원산지상품으로 간주된다.

칠레 제4.6조	2. 비원산지재료가 이 조하에서 원산지 판정을 받고 있는 상품의 소호와는 다른 소호에 규정되어 있지 아니하는 한, 제1항은 통일상품명 및 부호체계의 제1류 내지 제24류에 규정된 상품의 생산에 사용된 비원산지재료에는 적용되지 아니한다. 3. 통일상품명 및 부호체계의 제50류 내지 제63류에서 규정된 상품 중 상품의 세번을 결정하는 그 상품의 구성요소의 생산에 사용되는 특정섬유 또는 방사가 부속서 4에 규정된 적용 가능한 세번변경이 이루어지지 않았기 때문에 원산지제품이 아니라고 판정되는 경우에도 그 구성요소에서 차지하는 모든 섬유나 방사의 총무게의 비율이 그 구성요소의 총무게의 8퍼센트 이하일 경우에는 원산지로 간주된다. De Minimis 1. A good that does not undergo a change in tariff classification pursuant to Annex 4, shall be considered originating if the value of all non-originating materials used in its production that do not undergo change in tariff classification does not exceed eight per cent of the adjusted value of the good determined pursuant to Article 4.3. 2. Paragraph 1 shall not apply to a non-originating material used in the production of a good provided for in Chapters 1 through 24 of the Harmonized System, unless the non-originating material is provided for in a different subheading from that of the good for which the origin is being determined under this Article. 3. A good provided for in Chapters 50 through 63 of the Harmonized System that does not originate because certain fibres or yarns used in the production of the component of the good that determines the tariff classification of the good do not undergo the applicable change in tariff classification set out in Annex 4, shall nonetheless be considered to originate if the total weight of all such fibres or yarns in that component is not more than eight percent of the total weight of that component.
싱가포르 제4.10조	최소허용수준 1. 부속서 4A에 따라 세번변경이 이루어지지 아니한 상품은 다음의 경우 원산지상품으로 간주된다. 가. 그 상품의 생산에 사용된, 필요한 세번변경이 이루어지지 아니한 모든 비원산지재료의 가치가 그 상품의 관세가격의 10퍼센트를 초과하지 아니할 것, 그리고 나. 그 상품이 원산지상품으로서의 자격을 갖추기 위하여 이 장에 규정된 그 밖의 모든 다른 적용 가능한 기준을 충족할 것 그러나 그러한 비원산지재료의 가치는 그 상품에 대한 모든 적용 가능한 역내가치포함 비율 요건을 위하여 비원산지재료의 가치에 포함된다. 2. 제1항의 규정은 다음에 적용되지 아니한다. 가. 통일상품명 및 부호체계 제1류 내지 제14류에 규정된 상품의 생산에 사용된 비원산지재료, 그리고 나. 비원산지재료가 이 조의 규정에 따라 원산지 판정을 받고 있는 상품의 소호와는 다른 소호에 규정되어 있지 아니하는 한, 통일상품명 및 부호체계 제15류 내지 제24류에 규정된 상품의 생산에 사용된 비원산지재료 3. 통일상품명 및 부호체계 제50류 내지 제63류에 규정된 상품 중 상품의 세번을 결정하는 그 상품의 구성요소의 생산에 사용되는 특정섬유 또는 방사가 부속서 4A에 규정된 적용 가능한 세번변경이 이루어지지 아니하였기 때문에 원산지제품이 아니라고 판정되는 경우에도, 그 구성요소에서 차지하는 모든 섬유나 방사의 총무게의 비율이 그 구성요소의 총무게의 8퍼센트 이하일 경우에는 원산지로 간주된다.

싱가포르 제4.10조

De Minimis

1. A good that does not undergo a change in tariff classification pursuant to Annex 4A shall be considered as originating if:
   (a) the value of all non-originating materials used in its production that do not undergo the required change in tariff classification does not exceed ten (10) percent of the customs value of the good; and
   (b) the good meets all other applicable criteria set forth in this Chapter for qualifying as an originating good. The value of such non-originating materials shall, however, be included in the value of non-originating materials for any applicable regional value content requirement for the good.
2. Paragraph 1 shall not apply to:
   (a) a non-originating material used in the production of a good provided for in Chapters 1 through 14 of the Harmonized System; and
   (b) a non-originating material used in the production of a good provided for in Chapters 15 through 24 of the Harmonized System unless the non-originating material is provided for in a different subheading from that of the good for which the origin is being determined under this Article.
3. A good provided for in Chapters 50 through 63 of the Harmonized System that is not an originating good, because certain fibres or yarns used in the production of the component of the good that determines the tariff classification of the good do not undergo an applicable change in tariff classification set out in Annex 4A, shall nonetheless be considered as originating if the total weight of all such fibres or yarns in that component is not more than eight (8) per cent of the total weight of that component.

아세안 제10조

최소허용수준

1. 세번변경이 일어나지 아니한 상품은 다음을 조건으로 원산지상품으로 간주된다.
   가. 통일상품 및 부호체계 제50류 내지 제63류에 규정되어 있지 아니한 상품에 대해서는, 세번변경이 일어나지 아니한 그 생산에 사용된 모든 비원산지재료의 가격이 그 상품의 FOB 가격의 10퍼센트를 초과하지 아니할 것
   나. 통일상품 및 부호체계 제50류 내지 제63류에 규정된 상품에 대해서는, 세번변경이 일어나지 아니한 그 생산에 사용된 모든 비원산지재료의 중량이 그 상품의 총중량의 10퍼센트를 초과하지 아니할 것
   그리고 가호 및 나호에 특정된 상품은 원산지 상품으로서 자격을 갖추기 위해 이 부속서상 규정된 모든 다른 기준을 충족한다.
2. 그러나 제1항에 규정된 비원산지재료의 가격은 그 상품에 대한 모든 적용가능한 RVC 요구조건에 대한 비원산지재료의 가격에 포함된다.

De Minimis

1. A good that does not undergo a change in tariff classification shall be considered as originating if:
   (a) for a good, other than that provided for in Chapters 50 through 63 of the Harmonized System, the value of all non-originating materials used in its production that do not undergo the required change in tariff classification does not exceed ten (10) percent of the FOB value of the good;

아세안 제10조	(b) for a good provided for in Chapters 50 through 63 of the Harmonized System, the weight of all non-originating materials used in its production that do not undergo the required change in tariff classification does not exceed ten (10) percent of the total weight of the good; and the good specified in sub-paragraph (a) and (b) meets all other applicable criteria set forth in this Annex for qualifying as an originating good. 2. The value of non-originating materials referred to in paragraph 1 shall, however, be included in the value of non-originating materials for any applicable RVC requirement for the good.
페루 제3.7조	**최소허용수준** 1. 다음의 경우, 부속서 3가에 따라 세번변경이 이루어지지 않은 상품이라 할지라도, 그 상품의 생산에 사용되었으며 적용되는 세번변경이 이루어지지 않은 모든 비원산지재료의 가치가 제3.3조에 따라 결정된 그 상품의 가치의 10퍼센트를 초과하지 않는 경우에는 원산지상품으로 간주된다. 가. 그러한 비원산지재료의 가치가 모든 적용가능한 역내가치포함비율요건을 위해서 비원산지재료의 가치에 포함되었을 것. 그리고 나. 그 상품이 이 장의 그 밖의 모든 적용되는 요건을 충족할 것 2. 제1항은 HS 제1류부터 제14류까지와 제50류부터 제63류까지에 분류된 상품에 적용되지 아니한다. 당사국의 영역에서 생산되고 HS 제50류부터 제63류까지에 분류된 상품은, 그 상품의 세번 분류를 결정하는 구성요소의 생산에 사용되고, 적용되는 세번변경을 거치지 않은 모든 비원산지 섬유 또는 원사의 총중량이 그 상품 중량의 10퍼센트를 초과하지 않는 경우, 원산지상품으로 간주된다. De Minimis 1. A good that does not undergo a change in tariff classification in accordance with Annex 3A shall nonetheless be considered to be originating if the value of all non-originating materials that have been used in its production and do not undergo the applicable change in tariff classification does not exceed 10 percent of the value of the good, determined in accordance with Article 3.3 if: (a) the value of such non-originating materials is included in the value of non-originating materials for any applicable regional value content requirement; and (b) the good satisfies all other applicable requirements in this Chapter. 2. Paragraph 1 shall not apply to goods classified in Chapters 1 through 14 and in Chapters 50 through 63 of the HS. A good classified in Chapters 50 through 63 of the HS, produced in the territory of a Party, shall be considered an originating good if the total weight of all non-originating fibers or yarns used in the production of the component that determines the tariff classification of that good, that do not undergo the applicable change in tariff classification, does not exceed 10 percent of the weight of the good.
EU 제5조	**충분하게 작업 또는 가공된 제품** 2. 제1항에도 불구하고, 부속서 2의 목록에 규정된 조건에 따라 제품의 생산에 사용되어서는 아니되는 비원산지재료가 그럼에도 불구하고 사용될 수 있다. 다만, 가. 비원산지재료의 총가치가 그 제품의 공장도가격의 10퍼센트를 초과하지 아니한다. 그리고

나. 비원산지재료의 최대가치에 대하여 부속서 2의 목록에 제시된 비율이 이 항의 적용으로 인해 초과되지 아니한다.

3. 제2항은 HS의 제50류부터 제63류까지에 해당하는 제품에 대하여 적용되지 아니한다.
4. 제1항부터 제3항까지는 제6조의 규정을 조건으로 적용된다.

Sufficiently Worked or Processed Products

2. Notwithstanding paragraph 1, non-originating materials which, according to the conditions set out in the list in Annex II, should not be used in the manufacture of a product may nevertheless be used, provided that:
   (a) their total value does not exceed 10 percent of the ex-works price of the product; and
   (b) any of the percentages given in the list in Annex II for the maximum value of non-originating materials are not exceeded through the application of this paragraph.
3. Paragraph 2 shall not apply to products falling within Chapters 50 to 63 of the HS.
4. Paragraphs 1 through 3 shall apply subject to the provisions of Article 6.

Article 5

EU 제5조

[주석 5]

5.1. 목록에 제시된 제품에 대해 이 주석에 대한 참조가 있는 경우, 제3열에 규정된 조건은 이 제품의 생산에 사용되고 합산되는 경우 사용된 모든 기초 방직 재료의 총중량의 10 퍼센트 이하를 나타내는 어떠한 기초 방직 재료에도 적용되지 아니한다(아래의 주석 5.3 및 5.4도 참조).

5.2. 그러나 주석 5.1에 언급된 최소허용치는 단지 둘 이상의 기초 방직재료로부터 만들어진 혼방 제품에만 적용될 수 있다. 다음은 기초 방직재료이다.

- 견
- 양모
- 조수모
- 섬수모
- 마모
- 면
- 제지 원료 및 종이
- 아마
- 대마
- 황마 및 기타 방직용 인피 섬유
- 사이잘삼 및 기타 아게부류의 방직용 섬유
- 코코넛, 아바카, 라미 및 기타 식물성 방직용 섬유
- 합성 인조 필라멘트
- 재생 또는 반합성 인조 필라멘트
- 전도성 필라멘트
- 합성 인조 스테이플 섬유
- 재생 또는 반합성 인조 스테이플 섬유
- 폴리에테르의 연질 조각을 분할한 폴리우레탄으로 만들어진 사(짐프한 것인지 여부를 불문한다)

- 폴리에스테르의 연질 세그먼트로 분할한 폴리우레탄으로 만들어진 사(짐프한 것인지 여부를 불문한다)
- 알루미늄 호일의 심 또는 플라스틱 필름의 심(알루미늄 파우더의 도포 여부를 불문하고 폭이 5밀리미터를 초과하지 아니하며, 투명하거나 색깔이 있는 접착제로 두 겹의 플라스틱 필름 사이에 끼워진 것을 말한다)으로 이루어진 스트립을 결합한 제5605호의 제품(금속드리사)
- 제5605호의 기타 제품

예:

제5203호의 면섬유 및 제5506호의 합성 스테이플 섬유로부터 만들어진 제5205호의 사는 혼방사이다. 그러므로 원산지 규정(화학재료 또는 방직용 펄프로부터의 생산을 필요로 한다)을 충족하지 아니하는 비원산지 합성 스테이플 섬유는 사용될 수 있다. 다만, 총중량이 사의 중량의 10퍼센트를 초과하지 아니하는 경우에 한한다.

예:

제5107호의 양모사와 제5509호의 합성 스테이플 섬유사로부터 만들어진 제5112호의 모직물은 혼방직물이다. 따라서, 원산지규정(화학재료 또는 방직용 펄프로부터의 생산을 필요로 한다)을 충족하지 아니하는 합성사 또는 원산지규정(카드 또는 코움을 하지 아니하거나 달리 방적처리를 위해 준비되지 아니한 천연섬유로부터의 생산을 필요로 한다)을 충족하지 아니하는 양모사 또는 그 둘의 결합은 사용될 수 있다. 다만, 그들의 총중량이 직물 중량의 10퍼센트를 초과하지 아니하는 경우에 한한다.

EU 제5조

예:

제5205호의 면사와 제5210호의 면직물로부터 만들어진 제5802호의 터후트직물은 면직물 그 자체가 두 개의 별도의 호에 분류된 사로부터 만들어진 혼방직물이거나 사용된 면사 자체가 혼방인 경우에만 혼방제품이다.

예:

해당 터후트직물이 제5205호의 면사 및 제5407호의 합성직물로부터 만들어진 경우, 사용된 사는 명백히 두 개의 별도의 기초 방직재료이고 따라서 터후트직물은 그 자체로 혼방제품이다.

5.3. "폴리에테르의 연질 세그먼트로 분할된 폴리우레탄으로 만들어진 사(짐프한 것인지 여부를 불문한다)"를 결합하는 제품의 경우, 최소허용치는 이 사에 대해 20퍼센트이다.

5.4. "알루미늄 호일의 심 또는 플라스틱 필름의 심(알루미늄 파우더의 도포 여부를 불문하고 폭이 5밀리미터를 초과하지 아니하며, 투명하거나 색깔이 있는 접착제로 두 겹의 플라스틱 필름 사이에 끼워진 것을 말한다)으로 이루어진 스트립"을 결합한 제품의 경우, 최소허용치는 이 스트립에 대해 30퍼센트이다.

[주석 6]

6.1. 목록에서 이 주석에 대한 참조가 있는 경우, 해당 완성된 제품에 대하여 목록의 제3열에 규정된 규정을 충족하지 아니하는 방직재료(안감과 심감은 예외)가 사용될 수 있다. 다만, 그 방직재료가 그 제품의 호와 다른 호에 분류되고, 그 방직재료의 가치가 그 제품의 공장도 가격의 8퍼센트를 초과하지 아니하는 경우에 한한다.

EU 제5조	6.2. 주석 6.3을 저해함이 없이, 제50류에서 제63류까지에 분류되지 아니하는 재료는, 그 재료가 직물을 포함하는지 여부를 불문하고 직물제품의 생산에 자유롭게 사용될 수 있다. 예: 목록의 규정이 특정 직물물품(바지와 같은)에 대해 사가 사용되어야 한다고 규정하는 경우, 이는 단추와 같은 금속 물품의 사용을 금지하지 아니한다. 그 이유는 단추가 제50류부터 제63류까지에 분류되지 아니하기 때문이다. 같은 이유로, 이는 지퍼가 통상적으로 직물을 포함하고 있음에도 불구하고 지퍼의 사용을 금지하는 것은 아니다. 6.3. 부가가치기준이 적용되는 경우, 제50류부터 제63류까지에 분류되지 아니하는 재료의 가치는 결합된 비원산지재료의 가치를 산정할 때 고려되어야 한다.
미국 제6.6조 제4.2조	**최소허용수준** 1. 부속서 6-나에 규정된 경우를 제외하고, 각 당사국은 부속서 6-가에 따라 세번변경이 이루어지지 아니한 상품이라고 할지라도, 그 상품의 생산에 사용되었으며 적용가능한 세번변경이 이루어지지 아니한 모든 비원산지재료의 가치가 그 상품의 조정가치의 10퍼센트를 초과하지 아니하는 경우에는 원산지상품으로 규정한다. 다만, 그러한 비원산지재료의 가치는 적용가능한 역내가치포함비율요건을 위하여는 비원산지재료의 가치에 포함되어야 하고 그 상품이 이 장의 그 밖의 모든 적용가능한 요건을 충족하여야 한다. De Minimis 1. Except as provided in Annex 6-B, each Party shall provide that a good that does not undergo a change in tariff classification pursuant to Annex 6-A is nonetheless originating if the value of all non-originating materials that have been used in the production of the good and do not undergo the applicable change in tariff classification does not exceed ten percent of the adjusted value of the good, provided that the value of such non-originating materials shall be included in the value of non-originating materials for any applicable regional value content requirement and that the good meets all other applicable requirements in this Chapter. **최소허용수준** 7. 섬유 또는 의류상품이 그 상품의 품목분류를 결정하는 구성요소의 생산에 사용된 어떤 섬유원료 또는 원사가 부속서 4-가에 규정된 적용가능한 세번변경을 거치지 아니하기 때문에 원산지상품이 아니더라도, 그러한 섬유원료 또는 원사의 총중량이 구성요소의 총중량의 7퍼센트를 초과하지 아니하는 경우에는 원산지상품으로 간주된다. 앞 문장에도 불구하고, 그 상품의 품목분류를 결정하는 그 상품의 구성요소에 탄성사가 들어 있는 상품은 그러한 원사가 어느 한쪽 당사국 영역에서 완전하게 형성되고 마무리된 경우에만 원산지상품으로 간주된다. De Minimis 7. A textile or apparel good that is not an originating good because certain fibers or yarns used in the production of the component of the good that determines the tariff classification of the good do not undergo an applicable change in tariff classification set out in Annex 4-A shall nonetheless be considered to be an originating good if the total weight of all such fibers or

yarns in that component is not more than seven percent of the total weight of that component. Notwithstanding the preceding sentence, a good containing elastomeric yarns in the component of the good that determines the tariff classification of the good shall be considered to be an originating good only if such yarns are wholly formed and finished in the territory of a Party.

한-미 FTA 부속서 6-나(최소허용기준 적용제외품목)

제6.6조(최소허용기준규정)는 다음에는 적용되지 아니한다.

가. 통일상품명 및 부호체계 제3류에 규정된 상품의 생산에 사용된 것으로서 통일상품명 및 부호체계 제3류에 분류된 비원산지재료

나. 통일상품명 및 부호체계 제4류에 규정된 상품의 생산에 사용되는 것으로서, 통일상품명 및 부호체계 제4류에 분류된 비원산지재료 또는 제1901.90호나 제2106.90호에 분류되는 비원산지 낙농 조제품으로서 고형 우유를 무게기준으로 10퍼센트를 초과하여 포함하는 것

다. 통일상품명 및 부호체계 제4류에 분류된 비원산지재료 또는 제1901.90호에 규정된 비원산지 낙농 조제품으로서 고형 우유를 무게기준으로 10퍼센트를 초과하여 포함하는 것으로서 다음 상품의 생산에 사용되는 것: 제1901.10호에 분류된 유아 조제품으로서 고형우유를 무게기준으로 10퍼센트를 초과하여 포함하는 것, 제1901.20호에 분류된 혼합물 및 가루반죽으로서 소매로 판매되지 아니하고 유지방을 무게기준으로 25퍼센트를 초과하여 포함하는 것, 제1901.90호 또는 제2106.90호에 규정된 낙농 조제품으로서 고형우유를 무게기준으로 10퍼센트를 초과하여 포함하는 것, 제2105호, 제2202.90호에 규정된 우유를 포함한 음료, 또는 제2309.90호에 규정된 동물사료로서 고형우유를 무게기준으로 10퍼센트를 초과하여 포함하는 것

미국 제6.6조 제4.2조

라. 통일상품명 및 부호체계의 제0703.10호, 제0703.20호, 제0709.59호, 제0709.60호, 제0710.21호-제0710.80호, 제0711.90호, 제0712.20호, 제0712.39호, 제0713.10호 또는 제0714.20호에 규정된 상품의 생산에 사용된 통일상품명 및 부호체계 제7류에 분류된 비원산지재료

마. 제10.06호, 제11.02호, 제11.03호, 제11.04호 또는 제1901.20호 또는 제1901.90호에 규정된 상품의 생산에 사용된 제10.06호로 분류되는 비원산지재료, 또는 통일상품명 및 부호체계의 제11류의 비원산지 쌀제품

바. 제2009.11호 내지 제2009.39호에 규정된 상품의 생산, 또는 제2106.90호 또는 제2202.90호에 규정된 농축 또는 비농축, 미네랄 또는 비타민으로 강화된 단일의 과일이나 야채의 과일주스 또는 야채주스에 사용된 제08.05호 또는 제2009.11호 내지 제2009.39호에 규정된 비원산지재료

사. 제20.08호로 분류된 상품의 생산에 사용된 통일상품명 및 부호체계 제8류 또는 제20류에 규정된 비원산지 복숭아, 배 또는 살구

아. 제15.01호 내지 제15.08호, 제15.12호, 제15.14호 또는 제15.15호에 규정된 상품의 생산에 사용된 통일상품명 및 부호체계 제15류에 규정된 비원산지재료

자. 제17.01호 내지 제17.03호에 규정된 상품의 생산에 사용된 제17.01호에 규정된 비원산지재료

차. 제1806.10호에 규정된 상품의 생산에 사용된 통일상품명 및 부호체계 제17류에 규정된 비원산지재료, 그리고

미국 제6.6조 제4.2조	카. 가호 내지 차호와 부속서 6-가의 품목별 원산지규정에 규정된 경우를 제외하고, 비원산지재료가 원산지가 결정되고 있는 상품과 다른 소호에 규정되지 아니하는 한, 통일상품명 및 부호체계 제1류 내지 제24류에 규정된 상품의 생산에 사용된 비원산지재료
	최소허용수준 부속서 3-가에 규정된 세번변경요건을 충족하지 아니하는 상품은 그럼에도 불구하고 다음의 경우 원산지상품이 될 것이다. 가. 1) 통일상품명 및 부호체계의 제15류부터 제24류까지 그리고 제50류부터 제63류까지에 규정된 것을 제외한 상품에 대해서는, 필요한 세번변경이 이루어지지 아니한 그 상품의 생산에 사용된모든 비원산지재료의 가치가 그 상품의 본선인도가격(FOB)의 10퍼센트를 초과하지 아니하는 경우 2) 통일상품명 및 부호체계(HS)의 제15류부터 제24류까지에규정된 상품에 대해서는, 비원산지재료가 이 호에 따라 원산지가 결정되는 상품의 소호와 다른 소호에 규정된다는 것을 조건으로, 필요한 세번변경이 이루어지지 아니한 그 상품의 생산에 사용된 모든 비원산지재료의 가치가 그 상품의 본선인도가격의 10퍼센트를 초과하지 아니하는 경우, 또는 3) 통일상품명 및 부호체계(HS)의 제50류부터 제63류까지에 해당하는 상품에 대해서는, 필요한 세번변경이 이루어지지 아니한 그 상품의 생산에 사용된 모든 비원산지재료의 중량이 그 상품의 총중량의 10퍼센트를 초과하지 아니하는 경우, 또는 필요한 세번변경이 이루어지지 아니한 그 상품의 생산에 사용된 모든 비원산지재료의 가치가 그 상품의 본선인도가격의 10퍼센트를 초과하지 아니하는 경우, 그리고 나. 그 상품이 이 장의 그 밖의 모든 적용가능한 기준을 만족하는 경우
중국 제3.8조	Article 3.8: De Minimis A good that does not satisfy a change in tariff classification requirement provided in Annex 3-A will nevertheless be an originating good if: (a) (i) for a good, other than that provided for in Chapters 15 through 24 and Chapters 50 through 63 of the HS Code, the value of all non-originating materials used in the production of the good that did not undergo the required change in tariff classification does not exceed 10 per cent of the FOB value of the good; (ii) for a good provided for in Chapters 15 through 24 of the HS Code, the value of all non-originating materials used in the production of the good that did not undergo the required change in tariff classification does not exceed 10 per cent of the FOB value of the good, provided that the non-originating material is provided for in a different subheading from that of the good for which the origin is being determined under this subparagraph; or (iii) for a good provided for in Chapter 50 through 63 of the HS Code, the weight of all non-originating materials used in its production that did not undergo the required change in tariff classification does not exceed 10 per cent of the total weight of the good, or the value of all non-originating materials used in the production of the good that did not undergo the required change in tariff classification does not exceed 10 per cent of the FOB value of the good; and (b) the good meets all other applicable criteria of this Chapter.

2 누적기준(accumulation or cumulation)

어떤 물품의 최종생산자가 FTA 체약상대국의 원재료를 사용하여 물품을 생산한 경우 그 원재료를 원산지재료로 간주하여 그 가치를 누적하는 것을 누적기준이라고 한다. 누적규정을 활용하여 역내산 재료를 사용할 수 있어 역내가공산업이 촉진되며, 역내 간 교역과 투자가 활성화됨으로써 FTA 시장통합의 효과를 창출하게 된다. 원산지 개념에서는 원산지영역이 확대되는 효과가 나타난다.

누적은 투입요소 측면에서 재료누적과 공정누적이 있다. 재료누적은 FTA 협정 상대국의 재료를 당사국의 재료로 인정하는 것이며, 공정누적은 상대국에서 이루어진 공정을 당사국에서 수행된 것으로 간주하는 것을 말한다. 재료누적에 의해서는 세번변경기준 또는 부가가치기준 충족이 용이하며, 공정누적에 의해서는 가공공정기준을 쉽게 충족할 수 있게 된다.

누적의 형태에 따라 양자누적(bilateral cumulation), 완전누적(full cumulation) 및 유사누적(diagonal cumulation)의 세 가지 형태가 있다. 양자누적은 협정상대국 간 원산지상품이나 재료를 누적하는 것이며, 완전누적은 체약국이 다수국가인 경우, 역내국가 내에서 수행되는 모든 재료와 공정을 모두 누적한다. 이때 체약국 내 원산지 상품인 재료뿐만 아니라 비원산지재료에 대해서도 그 재료생산에 투입된 모든 재료나 공정, 즉 복수 체약국이 창출한 모든 부가가치를 누적하여 최종역내생산국에서 이루어진 것으로 누적하는 것이다. 유사누적은 복수국가가 동일한 원산지규정을 통해 복수의 FTA로 연계될 경우, 관련 회원국으로 제한하여 공급된 재료를 역내산으로 간주하는 누적을 말한다. 주로 PANEURO지역의 원산지규정에서 나타난다.

지역적 범위에 따라서는 양국누적과 다국누적으로 나누어 볼 수 있다. 양국누적은 협정당사국인 1+1인 상호 간 누적이며, 다국누적은 한-아세안, 한-EFTA에서와 같이 체약당사국이 여러 국가로 구성된 1+n 방식이나 n+n 방식을 말한다. 그러나 한-EU FTA의 경우에는 EU를 하나의 당사국으로 인정하고 있으므로 양국누적에 해당한다고 할 수 있다. 아세안의 경우에도 옥수수가루(HS1102.20)의 경우에는 품목별기준에서 '수출한 국가(exporting party)에서 생산될 것'으로 규정되어 아세안이 다수국가로 구성되어 있으나, 수출국과 수입국 양국 간의 누적만 인정하고 있는 등 다국누적을 배제하는 품목도 있다는 점을 유의할 필요가 있다.

또한 다국누적의 특례로서, 4개국으로 구성된 EFTA와의 FTA에서는 A회원국의 원산지물품을 B회원국으로 반입한 후 원상태 또는 실질적인 추가가공 없이 C회원국으로 다시 수출하는 경우에는 원산지는 당초 이 물품의 원산지인 A국이 된다. 또한 B국에서 A국산 물품과 B국산 물품을 혼용한 경우에는 과세가격을 기준으로 A국산 물품과 B국산 물품 중 더 높은 가격을 가진 물품의 원산지로 결정한다. 따라서 노르웨이 물품을 스위스로 반입한 후 원상태로 우리나라에 수출하는 경우에는 노르웨이가 원산지가 되며, 만약 스위스에서 스위스산 물품과 혼합한 경우에 스위스산 물품의 가격이 더 높다면 그 물품의 원산지는 스위스가 된다.

우리나라가 체결한 FTA에서 나타나는 누적의 유형을 정리해 보면 다음 [표 8-4]와 같다.

표 8-4 우리나라 FTA 누적의 유형

FTA	칠레, 싱가포르, 미국, 페루, 호주, 캐나다, 뉴질랜드,	EFTA 중미, 영국[1]	아세안, 베트남	인도, EU, 터키, 중국
재료누적	○	○	○	○
공정누적	○	○	△(의류)	×
양국/다국	양국	다국	양국/다국	양국

양자누적에 대한 간단한 예로서, 한국기업이 EU로부터 원재료비중이 약 70%인 모노리식 집적회로(IC)를 수입하여 복합구조칩 집적회로(MCP)를 생산하는 경우, 두 물품의 HS는 8541.31로 동일하여 세번변경기준을 적용할 수 없다. 그러나 한-EU FTA에서 해당 물품은 비원산지재료가치가 45%를 초과하지 않는 경우 부가가치기준을 충족하는 기준이므로 모노리식 집적회로를 역내산으로 누적하게 되면 원산지물품으로 인정받을 수 있게 된다. 다음은 좀 더 복잡한 형태의 거래에 있어서의 누적기준을 활용하여 역내국가 내에서 수행되는 부가가치를 누적함으로써 원산지를 인정받는 사례를 설명하고 있다.

1) 한-영 FTA 경우에 발표일로부터 3년간 한시적으로 EU산 원재료, 가공공정 누적을 인정한다.

누적기준 적용사례 1

1. 거래내역

A국의 생산자P는 미완성의 베어링 링(HS8482.99)을 역외국에서 수입하여, 추가가공을 거쳐 완성품의 베어링 링(HS8482.99)을 생산한다. 생산자 P는 역내 B국의 생산자 P'에게 판매하고, 생산자 P'는 추가가공을 거쳐 베어링(HS8482.10)을 생산하여 역내국 C국으로 수출한다.

〈베어링 링의 가격〉

구분	가격(W)
재료비	900
– 원산지재료비(x)	150
– 비원산지재료비(수입, m)	750
제조경비(v)	350
판매 및 일반관리비(s)	200
이윤	50
제품가격	1,500

2. 원산지결정기준

8482.10 ~ 8482.80	가. 다른 소호에 해당하는 물품(제8482.10호 내지 제8482.80호 및 제8482.99호의 것을 제외하다)에서 제8482.10호 내지 제8482.80호에 해당하는 물품으로 변경된 것 또는 나. 다른 호에 해당한는 물품에서 변경된 여부와 관계없이 제8482.99호에 해당하는 물품에서 제8482.10호 내지 제8482.80호에 해당하는 물품으로 변경된 것. 다만, 아래의 역내부가가치가 발생한 것에 한한다. 1. 집적법 40% 이상, 또는 2. 공제법 50% 이상
8482.99	다른 호에 해당하는 물품에서 제8482.91호 내지 제8482.99호에 해당하는 물품으로 변경된 것

3. 원산지결정: 누적 활용 시 원산지 충족

① 완성품 베어링 링은 세번변경기준을 충족하지 못하여 원산지상품으로 인정받지 못함

② 생산자 P'가 생산한 베어링은 세번변경기준은 충족하지만, HS8482.10 원산지결정기준 '나'에 의거하여 부가가치기준도 충족하여야 함

③ 생산자 P'가 부담한 부가가치를 누적하지 않고 공제법으로 계산하는 경우, 49.15%에 해당되어 불충족

* RVC = (2,950–1,500)/2,950×100% = 49.15%

④ 공정누적을 활용하여 생산자 P가 부담한 부가가치를 누적하여 공제법으로 계산하는 경우 74.13%에 해당되어 기준을 충족하므로 HS8482.10 베어링은 B국의 원산지상품으로 인정됨

* RVC = (2,900−750)/2900×100% = 74.13%

〈베어링의 가격: 생산자A의 재료비용을 누적하지 않은 경우〉

구분	가격(W)
재료비	1,950
원산지재료비(y)	450
비원산지재료비	1,500
제조경비(w)	750
판매 및 일반관리비(t)	200
이윤	50
제품가격	2,950

〈베어링의 가격: 생산자A의 재료비용을 누적하여 가격을 재산정하는 경우〉

구분	가격(W)	계산식
재료비	1,350	
원산지재료비(x+y)	600	(450+150)
비원산지재료비(m)	750	
제조경비(v+w)	1,100	(750+350)
판매 및 일반관리비(s+t)	400	(200+200)
이윤	50	
제품가격	2,900	

한편, 우리나라는 생산공정의 역내 누적을 입증하는 방안으로서 국내제조확인서 제도를 도입하여 국내에서 발생한 생산공정을 누적하여 FTA 특혜적용이 가능토록 하는 누적규정의 활용사례를 살펴보자. 국내제조확인서란 수출물품의 생산에 사용되는 재료를 생산하거나 공급하는 자가 생산자 또는 수출자에게 해당 물품을 국내에서 특정공정을 수행하여 제조한 사실을 확인해 주는 서류로서 FTA특례법 시행규칙에서 규정하고 있는 원산지증빙서류의 하나이다.

누적기준 적용사례 2

1. 거래내역

브라질산 원명(HS5201)을 수입하여 A사가 면사(HS5205)를 제조하고, 한국에서 B사가 면직물(HS5208)을 제조하여 미국으로 수출한다.

원면 (HS5201)	수입 →	A사: 면사 (HS5205)	→	B사: 면직물 (HS5208)	→	미국 수출

2. 원산지결정기준

HS5402	CC
HS5208	CTH (HS5205호에서의 변경은 제외)

3. 원산지결정: 국내제조확인서를 통한 생산공정 누적 활용 시 원산지 충족

국내제조 확인제도 미적용	① 원재료 원면은 브라질산 ② 한국의 A사가 제조한 면사는 CC, 2단위 기준을 충족하지 못하여 원산지기준 불충족 ③ 한국의 B사가 제조한 면직물은 A사의 면사(HS5205)에서 면직물(HS5208)로 CTH, 4단위 변경은 충족하였으나, HS5205호에서의 변경이므로 불인정 ④ 따라서 한국산 원산지가 인정되지 않는 면직물의 미국 수출은 특혜대상이 아님
국내제조 확인제도 적용 시	① 원재료 원면은 브라질산. ② 한국의 A사와 B사의 공정을 누적 적용하여 최종 미국에 수출하는 B업체가 A업체의 생산공정을 누적 ③ 원재료 원면(HS5201)에서 면직물(HS5208)로 변경되었으므로 CTH, 4단위 변경이 이루어졌으며, HS5205호에서의 변경이 아니므로 한국산 원산지 인정 ④ 한국산 원산지가 인정되는 면직물의 미국 수출은 특혜대상임

지금까지 살펴본 누적기준과 관련하여 대표적으로 한-미국, 한-EFTA, 한-EU, 한-아세안, 한-중미 협정의 원산지규정을 정리하면 다음 [표 8-5]와 같다.

| 표 8-5 | 협정별 누적기준규정

FTA	협정내용
미국 제6.5조	누적 1. 각 당사국은 어느 한쪽 당사국의 원산지상품이나 재료가 다른 쪽 당사국의 영역에서 상품에 결합된 경우, 다른 쪽 당사국을 원산지로 간주하도록 규정한다. 2. 각 당사국은 상품이 하나 이상의 생산자에 의하여 어느 한쪽 또는 양 당사국의 영역 내에서 생산된 경우 그 상품은 원산지상품임을 규정한다. 다만, 그 상품은 제6.1조 요건과 이 장의 그 밖의 모든 적용가능한 요건을 충족하여야 한다. Accumulation 1. Each Party shall provide that originating goods or materials of one Party, incorporated into a good in the territory of the other Party, shall be considered to originate in the territory of the other Party. 2. Each Party shall provide that a good is originating where the good is produced in the territory of one or both of the Parties by one or more producers, provided that the good satisfies the requirements in Article 6.1 and all other applicable requirements in this Chapter.
EFTA 제3조	원산지 누적 1. 제2조의 규정에 불구하고 이 부속서의 의미 내에서 제6조에 규정된 것 이상의 작업이나 가공을 거친 경우, 타방 당사국을 원산지로 하는 재료는 일방 당사국의 원산지 재료로 간주한다. 2. 이 부속서의 의미 내에서 일방 당사국에서 타방 당사국으로 수출되어 타방 당사국을 원산지로 하는 상품은 동일한 상태로 재수출되었거나 제6조에 규정된 것 이상의 작업이나 가공을 거치지 아니하고 재수출된 경우 그 원산지를 유지한다. 3. 제2항의 목적상, 2개국 이상의 당사국을 원산지로 하는 다수의 재료가 사용되고 동 재료가 제6조에 규정된 것 이상의 작업이나 가공을 수출 당사국에서 거치지 아니한 경우, 원산지는 최고 과세가격의 재료에 의하여 결정되거나, 재료의 과세가격을 알 수 없거나 확인할 수 없는 경우 그 수출당사국에서 지급한 가장 높은 최초 확인가능한 가격의 재료에 의하여 결정된다. Cumulation of Origin 1. Notwithstanding Article 2, materials originating in another Party within the meaning of this Annex shall be considered to be materials originating in the Party concerned, provided that they have undergone working or processing going beyond that referred to in Article 6. 2. Products originating in another Party within the meaning of this Annex, which are exported from one Party to another, shall retain their origin when exported in the same state or without having undergone in the exporting Party working or processing going beyond that referred to in Article 6. 3. For the purpose of paragraph 2, where materials originating in two or more of the Parties are used and those materials have undergone working or processing in the exporting Party not going beyond that referred to in Article 6, the origin is determined by the material with the highest customs value or, if this is not known and cannot be ascertained, with the highest first ascertainable price paid for that material in that Party.

아세안 제7조	누적 이 부속서에 달리 규정되지 아니하는 한, 어느 당사국의 영역의 원산지 상품이, 특혜관세대우를 받을 수 있는 최종재의 재료로 다른 당사국의 영역에서 사용된 경우, 그 최종재의 작업 또는 가공이 발생한 그 다른 당사국 영역의 원산지상품으로 간주된다. Accumulation Unless otherwise provided for in this Annex, a good originating in the territory of a Party, which is used in the territory of another Party as material for a finished good eligible for preferential tariff treatment, shall be considered to be originating in the territory of the latter Party where working or processing of the finished good has taken place.
EU 제3조	원산지 누적 제2조에도 불구하고, 다른 쪽 당사자를 원산지로 하는 재료를 결합하여 당사자 내에서 제품이 획득된 경우, 그러한 제품은 그 당사자가 원산지로 간주된다. 다만, 수행된 작업 또는 가공이 제6조에서 언급된 공정을 넘어서는 경우에 한한다. 그러한 재료는 충분한 작업 또는 가공을 거쳤을 필요는 없다. Cumulation of Origin Notwithstanding Article 2, products shall be considered as originating in a Party if such products are obtained there, incorporating materials originating in the other Party, provided that the working or processing carried out goes beyond the operations referred to in Article 6. It shall not be necessary that such materials have undergone sufficient working or processing.
중미 제3.6조	누적 1. 코스타리카, 엘살바도르, 온두라스, 니카라과, 파나마 또는 한국의 영역을 원산지로 하는 상품이나 재료가 코스타리카, 엘살바도르, 온두라스, 니카라과, 파나마 또는 한국의 영역 내에서 최종재의 재료로 사용되는 경우, 그 상품이나 재료는 그 최종재의 작업 또는 가공이 발생한 후자의 영역의 원산지 상품으로 간주된다. 2. 한국과 최소 1개의 중미 공화국은 양 당사국 모두 무역협정을 체결한 제3국3과 원산지를 누적하기 위한 목적으로 원산지 규정의 규약을 개선할 가능성을 고려할 수 있다. 주1) 제1항의 이행을 목적으로, 원산지 누적은 동일한 품목별원산지규정을 가진 공화국들 간에만 적용된다. 주3) '제3국'이란 한국과 중미 공화국들을 제외한 모든 국가를 말한다. ACCUMULATION. 1. Originating goods or materials from the territory of Costa Rica, El Salvador, Honduras, Nicaragua, Panama or Korea, which are used in the territory of Costa Rica, El Salvador, Honduras, Nicaragua, Panama or Korea as a material for a finished good, shall be considered to be originating from the territory of the latter where the working or processing of the finished good has taken place. 2. Korea and at least one of the Republics of Central America may consider the possibility of developing protocols of Rules of Origin for the purposes of accumulating origin with third countries3 with which both Parties have trade agreements.

3 롤업(roll-up) 또는 흡수조항(absorption)

롤업은 제품생산에 투입하기 위하여 비원산지재료와 원산지재료를 사용하여 중간재(intermediate materials)를 만들고, 이를 다시 최종제품을 생산하는 데 부품으로 사용하는 경우, 동 중간재가 원산지결정기준을 충족하여 원산지물품으로 인정되는 경우 중간재 전체의 가격을 원산지재료비에 계상할 수 있는 것을 말한다. 중간재를 제조할 때 비원산지재료가 투입되더라도 생산된 중간재가 원산지결정기준을 충족하게 되면 중간재 제조에 사용된 비원산지재료의 가격까지 포함한 전체가격을 원산지재료비로 흡수하기 때문에 이를 흡수조항이라고도 부르며, 이를 중간재규정이라고도 한다.

이 중간재규정은 중간재를 생산하는 자가생산자가 외부로부터 중간재를 공급받아 완제품 생산에 사용하는 외부조달자에 비하여 불리한 대우를 받지 않도록 하기 위해서이다. 비원산지재료를 사용하여 생산한 중간부품가격 전체를 역내부가가치로 계상할 수 있어 역내부가가치비율을 높이는 데 유리하므로 역내산 재료의 사용과 역내가공을 촉진하는 효과가 있다.

이와 반대로 롤다운(roll-down)은 역외산, 즉 비원산지재료를 수입하고 역내산 부품과 결합하여 중간재를 만든 경우, 해당 중간재가 원산지결정기준을 충족하지 못하여 원산지재료로 인정받지 못하는 경우에 투입된 역내산 부품까지 모두 역내산으로 인정받지 못하게 되는 것을 말한다.

간단한 예시로서, 한국산 합성수지와 러시아산 합성수지를 원재료로 사용하여 중간재인 케이스를 제조하는 경우 중간재 케이스의 결정기준인 CTH 조건을 충족하게 되어 중간재 케이스 전체를 원산지물품으로 인정하여 최종재 생산에 전체가격을 흡수(roll-up)할 수 있으나, 한국산 합성수지 일부와 러시아산 반제품 케이스를 원재료로 하여 중간재인 케이스를 제조 시에는 CTH 조건을 충족하지 못해 중간재 전체를 비원산지물품으로 보아 roll-down 된다. 이를 표로 살펴보면 다음 [표 8-6]과 같다.

표 8-6 중간재 roll-up 예시

	원재료/가격	원산지	중간재	판정	최종제품	결과
사례 1	합성수지A/150	한국	케이스/200 CTH	기준 충족	자동차 부분품 FOB 40% 이상	중간재가격 roll-up
	합성수지B/50	러시아				
사례 2	합성수지A/50	한국	케이스/200 CTH	기준 불충족		중간재가격 roll-down
	케이스/150	러시아				

중간재규정은 원산지재료로 지위를 획득한 재료에 한정하여 적용되므로 완제품의 원산지결정기준이 부가가치기준인 경우에 주로 적용된다.

현재 우리나라가 체결한 15개 협정 중 아세안, 인도를 제외하고 모두 중간재를 인정하고 있다. 다만 칠레, 싱가포르, 미국은 자가생산한 경우에만 롤업(roll-up)을 인정하고 있으며, EFTA, 페루, 터키, EU 등은 자가생산품뿐 아니라 역내생산품까지도 폭넓게 인정하고 있다.

아세안과 인도와의 FTA는 중간재규정이 없으나, 아세안은 국내법에서 이를 인정해 주고 있는 반면, 인도는 국내법에서도 중간재규정을 인정하지 않고 있다.

중간재규정을 활용한 원산지결정은 다음 사례에서 구체적으로 확인할 수 있다.

중간재규정을 활용한 결정사례 1[2)]

1. 생산개요

역내국 소재 생산자 P는 원산지재료와 비원산지재료를 사용하여 재료 A를 생산하고, 그 자가생산 재료A를 사용하여 상품 B를 생산

2. 품목별 원산지결정기준

- 상품 B: 역내부가가치기준(집적법: 35%)
- 재료 A: 세번변경기준

3. 재료 A의 생산비용

재료비	가격(원)
원산지재료비	1,000
비원산지재료비	7,500
노무비 및 제조경비	1,500
판매 및 일반관리비	500

이윤	100
합계	10,600

4. 상품 B의 가격구성

재료비	가격(원)
원산지재료비	13,600
– 자가생산 재료	10,600
– 기타 재료	3,000
비원산지재료의 가격	5,500
노무비 및 제조경비	6,500
이윤 및 일반경비	2,500
국내운송비	100
합계	28,200

5. 원산지결정

재료 A 생산에 사용된 모든 비원산지재료가 세번변경이 이루어져 재료 A가 원산지물품으로 인정된다면 재료 A의 생산에 사용된 비원산지재료비는 상품 B의 역내부가가치 산정 시 상품 B의 비원산지재료비에 포함되지 않음. 따라서 재료 A의 재료비 10,600원은 모두 상품 B의 원산지 재료비로 계산

$$집적법 = \frac{VOM}{AV} \times 100\%$$

$$= \frac{13,600}{28,200} \times 100\% = 48.23\%$$

따라서 상품 B의 역내부가가치는 48.23%이므로 35% 기준을 충족하므로 원산지상품으로 인정됨

※ 재료 A에 대한 중간재 비지정 시

- 재료 A의 생산비용 중 원산지 재료비 1,000만원이 상품 B의 역내부가가치 산정시 상품 B의 원산지재료비로 계산

$$집적법 = \frac{VOM}{AV} \times 100\%$$

$$= \frac{4,600}{28,200} \times 100\% = 14.18\%$$

- 따라서 상품 B의 역내부가가치는 14.18%이므로 35% 기준을 충족하지 못하므로 원산지 상품으로 인정받지 못함

중간재규정을 활용한 결정사례 2

1. 생산개요

한 · 미 FTA에 의거 역내/역외산 중간부품을 이용하여 자동차를 만들어 수출하는 경우

- A사가 중국으로부터 카본블랙과 타이어코드를 이용하여 타이어를 생산하여 자동차생산에 투입

2. 품목별 원산지결정기준

- 부가가치기준 공제법 55% 적용

3. 부품의 비용

<table>
<tr><th></th><th>중간부품(가격)</th><th>중간재 미적용</th><th>중간재 적용</th><th>완성제품</th></tr>
<tr><td>역내공급</td><td>철강코일 (1,000)
엔진 (2,000)
미션 (1,000)</td><td>4,000</td><td rowspan="2">6,000</td><td rowspan="4">자동차
12,000</td></tr>
<tr><td rowspan="2">역외공급</td><td>타이어 (2,000)</td><td rowspan="2">7,000</td></tr>
<tr><td>오디어 (1,000)
기타부품 (4,000)</td><td>5,000</td></tr>
<tr><td></td><td>기타비용 (1,000)</td><td>1,000</td><td>1,000</td></tr>
</table>

4. 원산지결정

① 타이어 중간재 미적용 시 완제품 자동차의 원산지기준은 불충족

역내가치 = (12,000 − 7,000)/12,000×100% = 41.67%

② 타이어 중간재 적용 시 타이어 전체가격 2,000원이 원산지 재료로 인정되어 자동차의 원산지기준은 충족

역내가치 = (12,000 − 5,000)/12,000×100% = 58.33%

롤업 또는 중간재와 관련하여 대표적으로 한-칠레, 한-미국, 한-EU 협정의 원산지규정을 정리하면 다음 [표 8-7]과 같다.

2) 관세청(2010), FTA 원산지검증 매뉴얼, p.64.

표 8-7 협정별 중간재규정

FTA	협정내용
칠레 제4.1조 제4.4조	〈정의〉 중간재라 함은 자체 생산되어 상품의 생산에 사용되고 제4.4조에 따라 지정된 재료를 말한다. Intermediate material means a material that is self-produced and used in the production of a good, and designated pursuant to Article 4.4; 〈제4.4조 중간재〉 상품의 생산자는 제4.3조의 규정에 의한 역내가치포함 비율 산출의 목적상 그 생산에 사용된 모든 자체생산재료를 중간재로 지정할 수 있다. 이때, 그 중간재가 역내가치포함요건을 적용받는 경우에, 역내가치포함요건을 적용받는 다른 자체생산재료가 그 중간재 생산에 사용되었을 때 그 다른 재료 자체가 중간재로 지정되어서는 아니된다. Article 4.4: Intermediate Materials Any self-produced material that is used in the production of a good may be designated by the producer of the good as an intermediate material for the purpose of calculating the regional value content of the good under Article 4.3, provided that where the intermediate material is subject to a regional value-content requirement, no other self-produced material subject to a regional value-content requirement used in the production of that intermediate material may itself be designated by the producer as an intermediate material.
미국 제6.22 제6.3조	〈제6.22조 정의〉 자가생산된 재료라 함은 상품의 생산자에 의하여 생산되고 그 상품의 생산에 사용된 원산지재료를 말한다. material that is self-produced means an originating material that is produced by a producer of a good and used in the production of that good; 〈제6.3조 재료의 가치〉 자가생산재료의 가격은 다음을 합산하여 결정된다. 1) 일반경비를 포함하여, 재료의 생산에서 발생한 모든 비용, 그리고 2) 통상적인 거래과정에서 부가되는 이윤에 상당하는 이윤액 (c) for a material that is self-produced, (i) all the costs incurred in the production of the material, including general expenses and (ii) an amount for profit equivalent to the profit added in the normal course of trade.
EU 제5조	〈제5조 충분하게 작업 또는 가공된 제품〉 1. 제2조나호의 목적상, 완전하게 획득되지 아니한 제품은 부속서 2의 목록 또는 부속서 2-가에 규정된 조건이 충족되는 경우, 충분하게 작업 또는 가공된 것으로 간주된다. 이 협정의 적용대상이 되는 모든 제품에 대해서 부속서 2의 목록 또는 부속서 2-가에 규정된 조건은, 생산에 사용된 비원산지 재료에 수행되어야 하는 작업 또는 가공을 나타내며, 그러한 재료에 대해서만 적용된다. 따라서

	가. 비원산지재료가 충분한 작업 또는 가공을 거쳐 원산지제품이 되어, 그 제품이 그 이후 다른 제품의 생산에 사용되는 경우, 그 제품에 포함된 비원산지재료는 고려되지 아니한다. 그리고 나. 비원산지 및 원산지 재료가 가공을 거쳐 비원산지제품이 되어, 그 제품이 그 이후 다른 제품의 생산에 사용되는 경우, 그 제품에 포함된 비원산지재료만이 고려된다. 〈주해〉 3. 제5조 제1항 나호의 목적상, 비원산지재료의 가치는 비원산지재료를 생산하는 데 사용된 자가생산된 원산지재료를 포함한 원산지재료의 가치를 제품의 공장도가격에서 공제함으로써 획득될 수 있다. 4. 자가생산된 원산지재료의 가치는 재료의 생산으로 초래된 모든 비용과 무역의 일반과정에서 추가된 이윤과 동등한 이윤금액을 포함한다.
EU 제5조	Article 5: Sufficiently Worked or Processed Products 1. For the purposes of Article 2(b), products which are not wholly obtained are considered to be sufficiently worked or processed when the conditions set out in the list in Annex II or Annex II(a) are fulfilled. The conditions set out in the list in Annex II or Annex II(a) indicate, for all products covered by this Agreement, the working or processing which must be carried out on non-originating materials used in manufacturing and apply only in relation to such materials. It follows that if: (a) non–originating materials undergo sufficient working or processing, which results in an originating product, and when that product is used in the subsequent manufacture of another product, no account shall be taken of the non–originating material contained therein; and (b) non–originating and originating materials undergo processing, which results in a non–originating product, and when that product is used in a subsequent manufacture of another product, account shall be taken only of the non–originating materials contained therein.

4 대체가능물품(fungible goods)

대체가능물품은 물품의 본질적인 특성, 기능, 구조 등이 동일하여 원산지가 서로 다르더라도 상업적으로 대체하여 사용할 수 있는 물품 또는 재료(fungible goods and tools)를 말하며, 곡물, 과일, 석탄 등의 산물과 볼트, 너트, 베어링, 타이어 등 범용성 부분품이 이에 해당된다.

원산지결정 목적상 원산지물품과 비원산지물품은 구분하여 관리하는 것이 원칙이다. 그러나 원산지물품과 비원산지물품을 물리적으로 혼합하여 보관하거나 사용하는 경우, 회계원칙상 재고관리기법에 의하여 원산지를 결정할 수 있도록 하고 있다. 이는 상업적으로 원산지 구분의 실익이 없거나, 필요성이 낮고, 혼합 보관하는 사례가 많은 물품의 원산지결정을 용이하게 함으로써 원산지결정비용을 줄일 수 있다.

재고관리기법은 생산국에 일반적으로 인정되는 회계원칙에 따른 것을 말하며, 개별법, 선입선출법, 후입선출법, 평균법 등이 있다. 이 중 개별법은 각 재료를 구분하여 관리하는 것이므로 각 재료별로 해당 물품의 원산지를 적용하는 것이기 때문에 대체가능물품으로 보지 않는다. 대체관리에 해당하는 다른 기법들 가운데에서는 평균법이 가장 많이 사용되고 있다. 또한 생산자가 한 가지 기법을 선택하면 당해 회계연도 중에는 동일한 기법을 계속 적용하여야 한다.

선입선출법은 생산자가 취득하여 입고한 물품 중 먼저 입고된 물품이 먼저 출고된 것으로 보고 먼저 입고된 재료의 원산지 또는 가격 등을 기준으로 해당 물품의 원산지를 결정한다. 후입선출법은 생산자가 취득하여 입고한 물품 중 가장 최근에 입고된 물품이 먼저 출고된 것으로 보고 최근 입고된 재료의 원산지를 기준으로 해당 물품의 원산지를 결정한다. 평균법은 생산자가 물품을 생산할 당시 보관 중인 원산지재료 및 비원산지재료의 취득가격을 계산하여 취득가격이 많은 것을 기준으로 해당 물품 원산지를 결정한다. 이때 보관 중인 재료의 취득가격의 총합계액을 총수량으로 나눈 평균단가를 기준으로 계산한다.

우리나라가 체결한 협정별로는 상품 또는 재료를 대체가능물품으로 인정하고 있는 협정과 재료만 대체가능물품으로 인정하고 있는 협정도 있다. 다만, 협정에서 용어상 상품과 재료를 구분하고 있으나, 실무상 최종 상품의 제조를 위한 부품으로 사용되는 것을 전제하면 두 용어의 차이는 없다고 하겠다.

회계관리 측면에서는 한-EFTA 경우에 생산자의 증빙서류 보관책임 및 정보제공의무를 다른 FTA보다 엄격하게 요구하고 있으며, 재고관리기법 적용을 위해 세관당국의 사전승인제를 운영하도록 하고 있다.

표 8-8 협정별 대체가능물품규정

구분	상품 및 재료	재료
FTA	칠레 싱가포르, 미국, 페루, 호주, 캐나다, 뉴질랜드, 베트남, 콜롬비아, 중미	아세안, 인도, EFTA, EU, 터키, 중국, 영국

대체가능물품 규정은 대상물품의 종류를 제한하고 있지 않기 때문에 동일한 특성을 가지고 있다고 판단되는 물품의 경우에도 실제적으로 개별법을 운영하고 있거나, 재고관리방법이 적정하게 운영되지 못하여 검증단계에서 이를 증명하지 못하는 경우 원산지물품으로 인정받지 못하는 경우가 있으므로 회계원칙에 부합하는 회계시스템 운영 및 관리가 이루어져야 한다.

실무적으로는 재고관리기법별로 구분하여 회계처리가 되었는지, 회계연도 중 동일한 재고관리기법이 적용되고 있는지, 대체가능물품이 처음 구매부터 생산을 위한 투입 및 해당 생산품의 선적까지 재고관리시스템에 정확히 기록관리 되었는지가 확인되어야 하며, 관련 회계자료로서 증명되어야 한다.

대체가능물품과 관련하여 대표적으로 한-미, 한-EU 협정의 원산지규정을 정리하면 다음 [표 8-9]와 같다.

표 8-9 협정별 대체가능물품규정

FTA	협정내용
미국 제6.7조	**대체가능 상품 및 재료** 1. 각 당사국은 수입자・수출자 또는 생산자가 다음의 경우에 해당할 경우 상품에 대하여 특혜관세대우를 신청하는 수입자가 대체가능 상품 또는 재료가 원산지 상품이라고 신청할 수 있도록 규정한다. 가. 각 대체가능 상품 또는 재료를 물리적으로 분리한 경우, 또는 나. 생산이 이루어지는 당사국의 일반적으로 인정되는 회계원칙에서 인정되는, 또는 생산이 이루어지는 당사국에 의하여 달리 인정되는, 평균법, 후입선출법 또는 선입선출법과 같은 재고관리기법을 사용한 경우 2. 각 당사국은 특정 대체가능 상품 또는 재료에 대하여 제1항에 따라 선택된 재고관리기법이 그 재고관리기법을 선택한 인의 회계연도 동안 그 상품 또는 재료에 대하여 지속적으로 사용되도록 규정한다. **Fungible Goods and Materials** 1. Each Party shall provide that an importer claiming preferential tariff treatment for a good may claim that a fungible good or material is originating where the importer, exporter, or producer has: (a) physically segregated each fungible good or material; or

미국 제6.7조	(b) used any inventory management method, such as averaging, last-in-first-out (LIFO) or first-in-first-out (FIFO), recognized in the Generally Accepted Accounting Principles of the Party in which the production is performed or otherwise accepted by the Party in which the production is performed. 2. Each Party shall provide that the inventory management method selected under paragraph 1 for a particular fungible good or material shall continue to be used for that good or material throughout the fiscal year of the person that selected the inventory management method.
EU 제11조	재료 구분 회계 1. 동일하고 대체가능한 원산지 및 비원산지 재료가 제품의 생산에 사용되는 경우, 그러한 재료는 보관되는 동안 그 재료의 원산지에 따라 물리적으로 구분된다. 2. 제품의 생산에 사용된 동일하고 대체가능한 원산지 및 비원산지 재료의 재고를 구분하여 보관하는 데 상당한 비용 또는 중대한 어려움이 발생하는 경우, 그 생산자는 재고의 관리를 위하여 이른바 '구분 회계'기법을 사용할 수 있다. 3. 이 방법은 그 제품이 생산된 당사자에서 적용가능한 일반적으로 인정된 회계원칙에 따라 기록되고 적용된다. 4. 이 방법은 특정 참조기간 동안 재료가 물리적으로 구분되었을 경우보다 더 많은 제품이 원산지지위를 부여받지 아니하도록 보장할 수 있어야 한다. 5. 당사자는 이 조에서 규정된 재고관리기법의 적용이 관세당국의 사전승인을 조건으로 할 것을 요구할 수 있다. 이 경우에 관세당국은 적절하다고 판단되는 모든 조건하에 그러한 승인을 부여할 수 있으며, 관세당국은 승인의 이용을 감독하고 수혜자가 승인을 어떠한 방식으로든 부적절하게 사용하거나 이 의정서에 규정된 그 밖의 조건을 충족하지 못하는 경우 언제든지 승인을 철회할 수 있다. Accounting Segregation of Materials 1. Where identical and interchangeable originating and non-originating materials are used in the manufacture of a product, those materials shall be physically segregated, according to their origin, during storage. 2. Where considerable costs or material difficulties arise in keeping separate stocks of identical and interchangeable originating and non-originating materials used in the manufacture of a product, the producer may use the so-called 'accounting segregation' method for managing stocks. 3. This method is recorded and applied in accordance with the generally accepted accounting principles applicable in the Party where the product is manufactured. 4. This method must be able to ensure that, for a specific reference-period, no more products receive originating status than would be the case if the materials had been physically segregated. 5. A Party may require that the application of the method for managing stocks provided for in this Article is subject to a prior authorisation by customs authorities. Should this be the case, the customs authorities may grant such an authorisation subject to any conditions deemed appropriate and they shall monitor the use of the authorisation and may withdraw it at any time whenever the beneficiary makes improper use of it in any manner or fails to fulfil any of the other conditions laid down in this Protocol.

5 간접재 또는 중립재(neutral elements)

간접재(indirect material)란 어떤 물품의 생산, 시험 또는 검사과정에 사용되지만 그 물품에 물리적으로 결합되지 않는 물품 또는 그 물품의 생산과 관련된 건물의 유지나 설비의 작동에 사용되는 물품 등을 말한다. 생산과 관계없는 중립적인 생산요소라는 의미로 중립재(neutral elements)라고 부른다.

간접재는 물품의 생산에 소요된 '재료'로 보지 않는 것이 일반적이다. 따라서 간접재는 해당 생산물품의 원산지결정 시 고려되지 않는다. 구체적 방법으로는 간접재의 가격을 전혀 고려하지 않도록 하거나, 간접재를 생산국가에 관계없이 모두 원산지상품으로 간주하되, 세번변경기준 적용 시 간접재에 대한 세번변경 여부 확인 절차를 생략하거나, 부가가치기준의 경우 재료비에 계상하지 않고 제조간접비에 포함시킴으로써 부가가치 충족을 용이하게 하는 방법 등이 있다.

표 8-10 협정별 간접재규정 비교

간접재 지위	재료로 비간주	재료로 간주
FTA	싱가포르, 아세안, 인도, 미국, 페루, 캐나다, EFTA, EU, 터키, 뉴질랜드, 베트남, 중국, 콜롬비아, 중미, 영국	칠레, 호주

대부분의 협정에서 정하는 간접재는 그 종류가 유사하며 생산용, 시험용, 설비용 및 기타 재료로서 다음 [표 8-11]과 같다.

표 8-11 간접재의 종류

구분	내용
생산용 재료	• 연료 및 에너지, 촉매제와 용해제 • 공구, 금형 및 다이스 • 물품의 생산에 사용되는 윤활유, 그리스, 혼합물과 기타 필요한 재료 • 장갑, 안경, 신발, 의류, 안전장비 및 기타 이와 유사한 소모품
시험용 재료	• 물품의 시험 또는 검사에 사용되는 설비, 장치 및 기타 이와 유사한 것
설비용 재료	• 설비와 건물의 유지와 가동에 사용되는 예비 부분품과 재료, 윤활유, 그리스, 혼합물과 기타 필요한 재료
기타 재료	• 그 밖의 당해 물품의 생산에 사용되었음을 입증할 수 있는 모든 물품

간접재와 관련하여 대표적으로 한-미, 한-호주 협정의 원산지규정을 정리하면 다음 [표 8-12]와 같다.

표 8-12 협정별 간접재규정

FTA	협정내용
미국 제6.22조 제6.12조	간접재료라 함은 상품의 생산・시험 또는 검사에 사용되지만 그 상품에 물리적으로 결합되지는 아니하는 상품이나, 상품생산과 관련된 건물의 유지나 설비의 운영에 사용되는 상품으로서, 다음을 포함한다. 가. 연료 및 에너지 나. 도구・형판 및 주형 다. 설비 및 건물의 유지에 사용되는 예비부품과 재료 라. 생산에 사용되거나 설비 및 건물의 운영에 사용되는 윤활제・그리스・혼합물과 그 밖의 재료 마. 장갑・안경・신발・의류・안전장치・설비 및 보급품 바. 상품의 시험 또는 검사에 사용되는 설비・장치 및 보급품 사. 촉매제와 용해제, 그리고 아. 상품에 결합되지는 아니하나 그 상품 생산의 일부로 사용되었음이 합리적으로 입증될 수 있는 그 밖의 상품 indirect material means a good used in the production, testing, or inspection of a good but not physically incorporated into the good, or a good used in the maintenance of buildings or the operation of equipment associated with the production of a good, including: (a) fuel and energy; (b) tools, dies, and molds; (c) spare parts and materials used in the maintenance of equipment and buildings; (d) lubricants, greases, compounding materials, and other materials used in production or used to operate equipment and buildings; (e) gloves, glasses, footwear, clothing, safety equipment, and supplies; (f) equipment, devices, and supplies used for testing or inspecting the good; (g) catalysts and solvents; and (h) any other goods that are not incorporated into the good but whose use in the production of the good can reasonably be demonstrated to be a part of that production; **간접재료** 각 당사국은 제6.1조 가호, 나호 1목 및 다호에 따라 상품이 원산지 상품인지 여부를 결정하는 목적상 간접재료는 고려되지 아니하도록 규정한다. **Indirect Materials** Each Party shall provide that an indirect material shall be disregarded for the purpose of determining whether a good is originating pursuant to subparagraphs (a), (b)(i), and (c) of Article 6.1.

<table>
<tr>
<td>호주
제3.11조</td>
<td>간접재료
1. 상품이 원산지상품인지 여부를 결정하는 데 있어, 간접재료는 원산지재료로 취급된다.
2. 제1항의 목적상, '간접재료'란 상품의 생산에 사용되나, 그 상품에 물리적으로 결합되지도 아니하고 그 일부를 구성하지도 아니하는 물품을 말하며, 다음을 포함한다.
가. 연료 및 에너지
나. 도구, 형판 및 주형
다. 설비 및 건물의 유지에 사용되는 예비부품 및 재료
라. 생산에 사용되거나 설비 및 건물의 운영에 사용되는 윤활제, 그리스, 혼합물 및 그 밖의 재료
마. 장갑, 안경, 신발, 의류, 안전장비 및 보급품
바. 상품의 시험 또는 검사를 위하여 사용되는 설비, 장치 및 보급품
사. 촉매제 및 용제, 그리고
아. 상품에 결합되지는 아니하나 그 상품 생산의 일부로 사용되었음이 합리적으로 입증될 수 있는 그 밖의 모든 상품

Indirect Materials
1. In determining whether a good is originating, indirect materials shall be treated as originating.
2. For the purposes of paragraph 1, 'indirect materials' means articles used in the production of a good which are not physically incorporated into it, nor form part of it, including:
(a) fuel and energy;
(b) tools, dies and moulds;
(c) spare parts and materials used in the maintenance of equipment and buildings;
(d) lubricants, greases, compounding materials and other materials used in production or used to operate equipment and buildings;
(e) gloves, glasses, footwear, clothing, safety equipment and supplies;
(f) equipment, devices and supplies used for testing or inspecting the good;
(g) catalysts and solvents; and
(h) any other goods that are not incorporated into the good but whose use in the production of the good can reasonably be demonstrated to be a part of that production.</td>
</tr>
</table>

6 부속품, 예비부품, 공구

통상 기계, 기구, 장치 또는 차량 등은 본 상품과 함께 이들의 기계에 사용되는 부속품, 예비부품 및 공구가 같은 송품장에 의하여 거래된다. 이 경우 이 물품들이 해당 산업의 국제무역 관행상 통상의 부속품, 예비부품, 공구에 해당하며, 그 수량과 금액도 통상적으로 인정되는 수준인 경우에는 이를 본 상품의 원산지와 같이 물품으로 간주한다. 다만, 부속품 등이 별도로 거래되거나, 통상적으로 인정되는 가격과 수량을 초과하는 경우에는 동일한 원산지물품으로 인정되지 않는다.

협정별로는 본 상품의 원산지기준과 관계없이 대부분 인정되며, 본 상품의 원산지기준이 세번변경기준의 경우에는 대부분의 협정에서 부속품 등의 원산지를 고려하지 않은 반면, 부가가치기준의 경우에는 그 부속품 등도 그 원산지별로 부가가치를 계산하는 협정도 있다. 그러나 한-아세안에서는 이도 무시하고 있어 가장 폭넓게 예외를 인정하고 있다. 이를 협정별로 요약해 보면 다음 [표 8-13]과 같다.

| 표 8-13 | 협정별 부속품, 예비부품, 공구 적용기준 비교

구분	아세안, 캐나다, 베트남	칠레, 싱가포르, 미국, EFTA, 페루, EU, 터키, 인도, 호주, 뉴질랜드, 중국, 콜롬비아, 중미, 영국
세번변경기준	무시	무시
부가가치기준	무시	원산지별 구분계상

다만, 어떤 물품이 부속품 등에 해당하는지는 각 협정에서 별로도 규정하고 있지 않다. 따라서 부속품 등의 여부는 하나의 송품장에 의하여 통상적인 수준에서의 본 상품과 함께 공급하는 물품인지 등 해당 거래조건 등을 고려하여 판단하고 있다. 다만 통상적인 부속품으로 전자제품과 함께 동봉된 전원코드, 충전기, 매뉴얼 등이며, 예배부품으로는 집진장치, 예배 타이어, 볼트 및 너트가 해당되고, 공구 등에는 차량용 잭, 자전거 도구세트 등이 해당된다. 다만, 해당 상품의 주요 부품인 모터 등은 부속품으로 보지 않는다.

예로, 독일산 진공청소기가 원산지물품으로 인정되는 경우 통상 함께 포함된 중국산 3~4개의 집진봉지는 비록 비원산지물품이 아니라 할지라도 본 상품과 같이 독일산 원산지물품으로 간주되는 것이다. 그러나 별도로 집진봉지가 추가로 포함된 경우에는 이는 제외된다.

부속품, 예비부품 및 공구와 관련하여 대표적으로 한-아세안, 한-EU, 한-페루, 한-캐나다 협정의 원산지규정을 정리하면 다음 [표 8-14]와 같다.

표 8-14 협정별 부속품, 예비부품 및 공구규정

FTA	협정내용
아세안 제12조	**부속품 예비부품 및 공구** 상품과 함께 제공되는 부속품, 예비부품, 공구 및 사용설명서 또는 다른 안내물은 상품의 원산지를 판정함에 있어 고려되지 아니한다. 다만, 이러한 부속품, 예비부품, 공구 및 사용설명서 또는 다른 안내물이 수입당사국에 의하여 그 상품과 함께 분류되고 그 상품과 함께 관세가 징수되어야 한다. **Accessories, Spare Parts and Tools** The origin of accessories, spare parts, tools, and instructional or other informational materials presented with a good shall not be taken into account in determining the origin of the good, provided that such accessories, spare parts, tools, and instructional or other informational materials are classified with the good and their customs duties are collected with the good by the importing Party.
EU/ 터키 제8조	**부속품, 예비부품 및 공구** 일반 장비의 일부로서 그 가격에 포함되거나 송품장이 별도로 발부되지 아니하고 제품과 함께 인도된 부속품, 예비부품 및 공구는 해당 제품과 일체로 간주된다. **Accessories, Spare Parts and Tools** Accessories, spare parts and tools delivered with a product, which are part of the normal equipment and included in the price thereof or which are not separately invoiced, shall be regarded as one with the product in question.
페루 제3.10조	**부속품, 예비부품 및 공구** 수입 시 상품과 함께 인도된 부속품, 예비부품 또는 공구의 원산지는, 가. 그 상품이 세번변경 요건의 적용대상인 경우, 고려되지 아니한다. 그리고 나. 그 상품이 역내가치포함비율 요건의 적용대상인 경우, 그 상품의 역내가치포함비율을 산정할 때 각 경우에 맞게 원산지 또는 비원산지재료로 고려된다. 다만, 가. 그 부속품, 예비부품 또는 공구는, 송장에 명시되어 있거나 별개로 확인되는지와 관계없이, 그 상품과 별도로 송장이 발부되지 않아야 한다. 그리고 나. 그 부속품, 예비부품 또는 공구의 수량과 가치가 그 상품에 대해 통상적인 수준이어야 한다. **Accessories, Spare Parts, and Tools** The origin of the accessories, spare parts, or tools delivered with a good at the time of importation: (a) shall be disregarded if the good is subject to a change in tariff classification requirement; and (b) shall be taken into account as originating or non-originating materials, as the case may be, in calculating the regional value content of the good, if the good is subject to a regional value content requirement, provided that: (a) the accessories, spare parts, or tools are not invoiced separately from the good, regardless of whether they appear specified or separately identified in the invoice itself; and (b) the quantities and value of the accessories, spare parts, or tools are customary for the good.

캐나다 제3.11조	**부속품, 예비부품 및 공구** 상품의 표준 부속품, 예비부품 또는 공구가 상품의 부분을 형성하는 그러한 상품과 함께 인도된 부속품, 예비부품 및 공구는 그 상품이 원산지인 경우 원산지로 간주되며, 그러한 부속품, 예비부품 및 공구는 모든 비원산지 재료가 부속서 3-가에 규정된 적용가능한 요건을 거치는지 여부를 결정하는 데 있어 고려되지 아니한다. 다만, 가. 그 부속품, 예비부품 또는 공구는 그 상품과 별도로 송장이 발부되지 아니한다. 그리고 나. 그 부속품, 예비부품 또는 공구의 수량과 가치는 그 상품에 대하여 통상적인 수준이어야 한다 **Accessories, Spare Parts and Tools** Accessories, spare parts, and tools delivered with a good that form part of its standard accessories, spare parts, or tools are considered originating if the good originates and shall be disregarded in determining whether all the non-originating materials undergo the applicable conditions set out in Annex 3-A, provided that: (a) the accessories, spare parts, or tools are not invoiced separately from the good; and (b) the quantities and value of the accessories, spare parts, or tools are customary for the good.

7 소매판매용 포장 · 용기

일반적으로 소매용 상품의 경우 상품과 함께 구성되는 포장 및 용기 등은 본 상품과 함께 분류되고 있어 원산지결정에서도 이를 고려치 않는 것이 원칙이다. 이 물품도 부속품 등에서와 같이 본 상품이 세번변경기준인 경우 이를 무시하고 결정하며, 부가가치기준의 경우 예외를 인정하지 않으므로 각각의 원산지를 확인하여 본 상품의 원산지를 결정한다.

소매용 포장 · 용기에 대한 범위와 예시의 근거는 상품의 분류원칙을 정하고 있는 HS 해석에 관한 통칙(GIR) 제5호이다. 어떤 상품에 대하여 그 상품에 특정하여 사용되도록 제조되고, 그 상품과 함께 제시되고, 그것이 전체 상품의 본질적인 특성을 부여하지 않은 경우에 한하여 인정하고 있다. 이러한 것으로 보석함은 상자 자체로도 본질적인 상품으로 볼 수 있어 소매판매용 용기에서 제외되는 대표적인 품목이다. 또 LPG통과 같이 포장용기가 명백히 반복적으로 사용하기에 적합한 것도 제외된다. 분류원칙에 대해 다음 통칙 제5호를 참고하기 바란다.

| 소매판매용 포장·용기에 관한 HS분류 통칙 제5호 |

1. 다음에 규정된 물품에 대하여는 이 통칙 제1호 내지 제4호의 규정을 적용하는 외에 다음 사항을 적용한다.
   가. 사진기케이스·악기케이스·총케이스·제도기케이스·목걸이케이스 및 유사한 용기는 특정한 물품 또는 물품의 세트를 수용할 수 있도록 특정모양으로 되어 있거나 알맞게 제조되어 있으며 장기간 사용하기에 적합하고 그 내용물과 함께 제시되는 경우에는 그 내용물과 함께 정상적으로 판매되는 종류의 물품에 분류한다. 다만, 용기가 전체물품에 본질적인 특성을 부여하는 경우에는 그러하지 아니한다.
   나. 가의 규정에 해당하는 것은 그에 따르고 내용물과 함께 제시되는 포장재료와 포장용기는 이들이 그러한 물품의 포장용으로 정상적으로 사용되는 종류의 것에 한하여 그 물품과 함께 분류한다. 다만 그러한 포장재료 또는 포장용기가 명백히 반복적으로 사용하기에 적합한 것인 경우에는 그러하지 아니한다.

※ 본 상품과 함께 분류되는 포장재료 및 용기 예시

(a) 신변장식용품 상자와 케이스(제7113호)
(b) 전기면도기 케이스(제8510호)
(c) 쌍안경·망원경 케이스(제9005호)
(d) 악기의 케이스·상자 및 가방(예: 제9202호)
(e) 총케이스(예: 제9303호)
(f) 어떤 종류의 금속제 드럼이나 압축 또는 액화가스용의 철강제 용기(제7309호 내지 제7311호)

우리나라가 체결한 협정에도 표현상의 상이는 있으나 모두 세번변경기준에서는 세번변경요건 충족 여부를 불문하고 인정하고 있으며, 부가가치기준에서는 원산지별로 구분하여 계상하도록 하고 있다. 협정별로 비교하면 다음 [표 8-15]와 같다.

표 8-15 협정별 소매판매용 포장·용기 적용 비교

구분	칠레, 아세안, 인도, 칠레, 싱가포르, 미국, EFTA, 페루, EU, 터키, 호주, 뉴질랜드, 베트남, 중국, 콜롬비아, 중미, 영국	캐나다
세번변경기준	무시(세번변경요건 충족 여부 불문)	무시
부가가치기준	원산지별 구분계상	무시

소매판매용 포장·용기와 관련하여 대표적으로 한-미국, 한-캐나다 협정의 원산지규정을 정리하면 다음과 같다.

표 8-16 | 협정별 소매판매용 포장·용기 적용규정

FTA	협정내용
미국 제6.10조	소매판매를 위한 포장재료 및 용기 1. 각 당사국은 상품의 소매판매를 위한 포장에 사용되는 포장재료 및 용기는, 그 상품과 함께 분류되는 경우, 그 상품생산에 사용된 모든 비원산지재료가 부속서 4-가(섬유 또는 의류 상품에 대한 품목별 원산지규정) 및 부속서 6-가에 규정된 적용가능한 세번변경이 이루어지는지 여부를 결정하는 데 있어서 고려되지 아니하도록 규정한다. 2. 상품이 역내가치포함비율요건의 적용대상이 되는 경우, 제1항에 기술된 포장재료 및 용기의 가치는 그 상품의 역내가치포함비율의 산정에 있어서 각 경우에 맞게 원산지 또는 비원산지 재료로 고려된다. Packaging Materials and Containers for Retail Sale 1. Each Party shall provide that packaging materials and containers in which a good is packaged for retail sale shall, if classified with the good, be disregarded in determining whether all the non-originating materials used in the production of the good undergo the applicable change in tariff classification set out in Annex 4-A (Specific Rules of Origin for Textile or Apparel Goods) or Annex 6-A. 2. If a good is subject to a regional value content requirement, the value of packaging materials and containers described in paragraph 1 shall be taken into account as originating or non-originating materials, as the case may be, in calculating the regional value content of the good.
캐나다 제3.12조	소매용 포장재료 및 용기 제3.10조와 부속서 3-가에 규정된 경우를 제외하고, 상품의 판매를 위한 포장에 사용된 포장재료 및 용기는 모든 비원산지재료가 부속서 3-가에 규정된 적용 가능한 요건을 거치는지 여부를 결정하는 데 있어 고려되지 아니한다. Packaging Materials and Containers for Retail Sale Except as provided for in Article 3.10 and in Annex 3-A, packaging materials and containers in which a good is packaged for sale shall be disregarded in determining whether all the non-originating materials undergo the applicable conditions as set out in Annex 3-A.

8 운송(수송) 포장 · 용기

소매용 포장이 아닌 상품의 수송을 위하여 사용되는 포장재와 용기는 상품의 원산지를 결정하는 데 있어서 고려되지 않는다. 컨테이너, 파레트 등 나무박스가 여기에 해당된다.

협정별로는 명문적으로 원산지결정 시 이를 제외하도록 규정하고 있는 협정도 있고, EU, EFTA, 터키와 같이 유럽계 국가와의 FTA에서는 명문규정이 없는 협정도 있으나, 우리나라가 체결한 모든 협정에서는 국내법에 따라서 동일하게 적용되고 있다.

운송 포장 · 용기와 관련하여 대표적으로 본문규정으로 정의된 한-칠레, 한-호주 협정의 원산지규정을 정리하면 다음 [표 8-17]과 같다. 한-호주 FTA의 규정에서는 운송 및 수송용 포장 · 용기를 운송기간 중 상품의 보호를 위한 상품으로 정의하고, 소매용 포장 · 용기와는 구분된다고 규정하고 있다.

표 8-17 협정별 운송용 포장 · 용기규정

FTA	협정내용
칠레 제4.11조	상품의 수송을 위한 포장에 필요한 포장재료와 용기는 다음 사항을 결정함에 있어서 고려되지 아니한다. 가. 그 상품의 생산에 사용된 비원산지재료에 대해 부속서 4에서 규정된 적용가능한 세번변경이 이루어졌는지 여부, 그리고 나. 그 상품이 역내가치포함 요건을 충족시키는지 여부 Packing Materials and Containers for Shipment Packing materials and containers in which a good is packed for shipment shall be disregarded in determining whether: (a) the non-originating materials used in the production of the good undergo the applicable change in tariff classification set out in Annex 4; and (b) the good satisfies a regional value-content requirement.
호주 제 3.10조	**운송 및 수송을 위한 포장재료 및 용기** 1. 운송 및 수송을 위한 포장재료 및 용기는 상품이 원산지상품인지 여부를 결정할 때 고려되지 아니한다. 2. 제1항의 목적상, '운송 및 수송을 위한 포장재료 및 용기'란 운송기간 동안 상품을 보호하기 위하여 사용되는 상품을 말하며, 소매용으로 포장되는 포장재료 및 용기는 포함하지 아니한다.

호주 제 3.10조	Packing Materials and Containers for Transportation and Shipment 1. Packing materials and containers for transportation and shipment shall not be taken into account when determining whether a good is originating. 2. For the purposes of paragraph 1, 'packing materials and containers for transportation and shipment' means the goods used to protect a good during its transportation and does not include the packaging materials and containers in which the good is packaged for retail sale.

9 세트물품

세트물품이란 재포장 없이 소비자에게 직접 판매하도록 소매용으로 포장된 것으로 서로 다른 성질의 물품을 하나로 조합한 것을 말한다. 따라서 동일한 10개의 수저를 한 세트로 포장한 수저세트 등은 세트물품으로 보지 않는다.

세트물품의 원산지결정은 세트를 구성하는 각각의 물품별로 원산지를 결정하는 것이 원칙이나, 세트물품을 인정하고 있는 협정에서는 세트를 구성하는 비원산지물품의 가격이 세트물품의 거래가격의 일정비율을 초과하지 아니하는 때에는 세트물품 전체를 원산지물품으로 인정하는 것이 일반적이다. 그러나 우리나라가 체결한 FTA 중 칠레, 싱가포르, 아세안, 인도와의 FTA에서는 이를 인정하지 않고 있다. 세트물품에 대한 규정이 없는 경우에는 HS분류 통칙에 따라 품목분류를 하더라도, 세트를 구성하는 각각의 물품별로 원산지를 결정하여야 한다. HS분류 통칙에 따라 분류되지 아니하는 일반 세트물품은 각각의 품목별 원산지기준을 따라야 한다.

표 8-18 협정별 세트물품기준 비교

구분	칠레, 싱가포르, 아세안, 인도, 호주, 베트남	EFTA, EU, 터키, 캐나다, 영국	페루, 중국 중미	미국, 콜롬비아[3]	
				일반	섬유
세트물품 인정	×	○	○	○	○
인정비율	×	공장도가격 15% 이하	FOB 15% 이하	조정가치 15% 이하	관세가치 10% 이하

3) 한-콜롬비아 FTA에서는 섬유에 관한 별도의 세트물품 기준은 명시되어 있지 않다.

세트물품에 대한 기본적인 정의는 HS 해석에 관한 통칙 제3호에서 찾아볼 수 있다. 대표적인 품목으로는 이발세트, 피자세트 등이 있다.

| 세트물품에 관한 HS분류 통칙 제3호 |

'소매를 위하여 세트로 된 물품'이라 함은 다음의 요건을 갖춘 물품을 의미한다.

(a) 일견 서로 다른 호에 분류될 수 있을 것으로 보이는, 최소한 둘 이상의 서로 다른 물품으로 구성되어야 한다(예: 동일한 6개의 포크세트는 이 통칙이 의미하는 세트로 간주할 수 없다).

(b) 어떤 요구를 충족시키기 위해서나 또는 어떤 특정의 활동을 행하기 위해 함께 조합한 제품이나 물품으로 구성되어야 한다.

(c) 재포장 없이 소비자에게 직접 판매하는 데 적합한 방법으로 조합한 것이어야 한다(예: 상자 또는 케이스 속 또는 판위에 등).

이와 같은 '세트'의 경우, 구성요소 또는 함께 조합된 구성요소들에 따라 분류하여야 하는데, 전체로 볼 때 그들이 그 세트의 본질적인 특성을 부여하고 있는 것으로 간주될 수 있는 것이어야 한다.

세트물품과 관련하여 각 협정에서는 우선적으로 HS 통칙 3에 정의된 대로의 세트물품을 인정하고 있으며, 이 경우 모든 세트 구성요소가 원산지상품일 것을 전제하고 있다. 다만 예외로 각 협정에서 정한 가격기준에 따라 15% 또는 섬유의 경우 10%의 비율을 초과하지 않는 경우로 한정하고 있다. 대표적인 예로 EU, 페루, 미국과의 협정의 원산지규정을 정리하면 다음과 [표 8-19]와 같다.

| 표 8-19 | 협정별 세트물품규정

FTA	협정내용
EU 제9조	HS 통칙 3에 정의된 대로, 세트는 모든 구성제품이 원산지제품이고 세트와 그 제품 모두 이 의정서의 다른 모든 적용가능한 요건을 충족하는 경우 원산지제품으로 간주된다. 그럼에도 불구하고 세트가 원산지 및 비원산지 제품으로 구성되는 경우, 비원산지제품의 가치가 그 세트의 공장도 가격의 15퍼센트를 초과하지 아니하는 경우에 한하여, 그 세트는 전체가 원산지제품으로 간주된다. **Sets of Goods** Sets, as defined in General Rule 3 of the HS, shall be regarded as originating when all component products are originating, and both the set and the products meet all other applicable requirements in this Protocol. Nevertheless, when a set is composed of originating and non-originating products, the set as a whole shall be regarded as originating, provided that the value of the non-originating products does not exceed 15 percent of the ex-works price of the set.

페루 제3.9조	HS의 일반해석규칙 3에 정의된 바와 같은 세트는 그 세트의 모든 구성요소가 원산지상품인 때에는 원산지상품으로 간주된다. 그럼에도 불구하고, 세트가 원산지 및 비원산지 상품으로 구성된 때에는, 모든 비원산지상품의 가치가 제3.3조에 따라 결정된 세트의 총가치의 15퍼센트를 초과하지 않는 한, 세트 전체가 원산지상품으로 간주된다. Sets A set, as defined in General Rule 3 of the HS, shall be regarded as originating when all the components of the set are originating. Nevertheless, when a set is composed of originating and non-originating goods, the set as a whole shall be regarded as originating, provided that the value of the non-originating goods does not exceed 15 percent of the total value of the set, determined in accordance with Article 3.3.
미국 제6.9조 제4.2조	〈제6.9조 상품의 세트〉 1. 각 당사국은 상품이 통일상품명 및 부호체계의 일반해석규칙 3을 적용한 결과로 세트로 분류되는 경우, 세트 내의 각 상품이 원산지상품인 경우에만 그 세트가 원산지 상품이도록 규정한다. 2. 제1항에도 불구하고, 세트의 모든 비원산지상품의 가치가 그 세트의 조정가치의 15퍼센트를 초과하지 아니하는 경우, 상품의 세트는 원산지상품이다. Sets of Goods 1. Each Party shall provide that if goods are classified as a set as a result of the application of rule 3 of the General Rules of Interpretation of the Harmonized System, the set is originating only if each good in the set is originating. 2. Notwithstanding paragraph 1, a set of goods is originating if the value of all the non-originating goods in the set does not exceed 15 percent of the adjusted value of the set. 〈제4.2조 제8항(섬유 또는 의류세트)〉 8. 부속서 4-가에 규정된 품목별 원산지규정에도 불구하고, 통일상품명 및 부호체계의 일반해석규칙 3에 따라 소매용 세트를 구성하는 상품으로 분류될 수 있는 섬유 또는 의류상품은, 그 세트 내 각 상품이 원산지상품이거나 세트 내 비원산지상품의 총가치가 세트의 관세가치의 10퍼센트를 초과하지 아니하는 경우가 아닌 한, 원산지상품으로 간주되지 아니한다. 8. Notwithstanding the specific rules of origin set out in Annex 4-A, textile or apparel goods classifiable under General Rule of Interpretation 3 of the Harmonized System as goods put up in sets for retail sale shall not be regarded as originating goods unless each of the goods in the set is an originating good or the total value of the non-originating goods in the set does not exceed ten percent of the customs value of the set.

10 재수입물품

재수입물품이란 비당사국으로 수출되었다가 원상태로 해당 당사국으로 재수입되는 물품을 말한다. 이 경우 재수입된 물품의 대해서는 원산지를 그대로 인정하는 하도록 특례를 규정할 수 있다.

일반적으로 자국에서 생산된 물품이라도 일단 제3국으로 수출되면 외국물품으로 간주되며 제3국에서 다시 재수입되는 경우에는 원산지물품으로 인정되지 않는다. 그러나 일부 협정에서는 이를 특례로 두어 재반입되는 상품이 수출된 상품과 동일하고, 즉 원상태이고, 재반입되는 상품이 수출되는 동안 양호한 상태로 보존하기 위하여 필요한 이상의 공정을 거치지 아니할 것으로 요건으로 하고 있다.

예로, 우리나라에서 생산한 전기제품을 아세안으로 수출하였는데, 아세안에서의 판매망 구축 등의 어려움으로 우리나라에 재수입한 물품에 대하여 EU에 재수출하는 경우 우리나라 원산지상품으로 인정받을 수 있다. 다만 동일성과 원상태 여부를 수입자가 입증하여야 하기 때문에 세관의 행정부담이 늘어나게 된다.

우리나라가 체결한 칠레, 싱가포르, 미국과의 FTA에서는 원상태 재수입물품에 대한 특례조항이 없어 재수입한 물품에 대해서는 원산지가 인정되지 않는다. 협정별 관련 규정을 요약하면 다음 [표 8-20]과 같다.

표 8-20 | 협정별 재수입물품 인정기준 비교

구분	칠레, 싱가포르, 미국, 호주, 캐나다, 뉴질랜드, 베트남, 중국	아세안, 인도, EFTA, 페루, EU, 터키, 콜롬비아, 중미, 영국
재수입인정	특례규정 없음	재수입 인정(동일성・원상태)

재수입물품과 관련하여 대표적으로 인도, EU와의 FTA 원산지규정을 정리하면 다음 [표 8-21]과 같다.

표 8-21 협정별 재수입물품규정

FTA	협정내용
인도 제3.13조	2. 제3.7조에 규정된 경우를 제외하고, 다음에 대하여 해당 수입당사국의 법과 규정에 따라 관세당국에 충분히 입증될 수 없는 경우 당사국에서 비당사국으로 수출된 원산지상품은 재반입 시 비원산지상품으로 간주된다. 가. 재반입된 상품이 수출된 상품과 동일할 것, 그리고 나. 재반입된 상품이 수출되는 동안 양호한 상태로 보존하기 위하여 필요한 것 이상의 공정을 거치지 아니할 것 2. Except as provided for in Article 3.7, an originating product exported from a Party to a non-Party shall, when returned, be considered to be non-originating unless it can be demonstrated to the satisfaction of the customs authority in accordance with laws and regulations of the importing Party concerned that: (a) the returning product is the same as that exported; and (b) the returning product has not undergone any operation beyond that necessary to preserve it in good condition while being exported.
EU/터키 제12조	2. 제3조에 규정된 경우를 제외하고, 다음 사항이 관세당국이 만족할 정도로 입증될 수 없다면, 당사자로부터 비당사자로 수출된 원산지제품이 재반입될 경우 비원산지제품으로 간주되어야 한다. 가. 재반입되는 상품이 수출된 상품과 동일할 것, 그리고 나. 재반입되는 상품이 비당사자 내에 있는 동안이나 수출되는 동안 양호한 상태로 보존하기 위해 필요한 것 이상의 공정을 거치지 아니하였을 것 2. Except as provided for in Article 3, where originating goods exported from a Party to a non-party return, they must be considered as non-originating, unless it can be demonstrated to the satisfaction of the customs authorities that: (a) the returning goods are the same as those exported; and (b) they have not undergone any operation beyond that necessary to preserve them in good condition while in that non-party or while being exported.

11 전시용품

전시용품이란 FTA 체약당사국의 물품으로서 제3국에서의 전시를 위하여 판매한 물품이 전시기간 중 또는 전시기간 종료 후 다른 하나의 FTA 당사국으로 수입되는 물품을 말하며, 이에 대해 원산지 혜택을 부여하는 것이다.

전시용품에 대한 특혜적용은 전시물품이 전시기간 동안 세관의 통제하에 전시, 외국물품 판매목적의 박람회 등 전람회에 전시, 전시회 이외의 목적으로 사용되지 않아야 하는 등 엄격한 요건을 필요로 하고 있다. 또한 전시용품에 대한 원산지증명서가 수입국의 관세당국에 제출되어야 하며, 해당 전시회 등의 명칭 및 장소가 표시되어야 한다. 또한 필요한 경우 전시회를 개최한 제3국의 정부당국에서 증명하는 추가 증빙서류 제출이 요구될 수 있다.

이러한 전시용품에 대한 특례는 FTA 체약상대국이 아닌 제3국으로부터의 수입이므로 직접운송의 예외로 볼 수 있다. 협정의 직접운송원칙에서 예외로 규정하고 있다.

우리나라가 체결한 FTA에서는 아세안과 터키의 FTA에서 나타나고 있다. 이를 정리하면 다음 [표 8-22]와 같다.

표 8-22 협정별 전시용품 규정

FTA	협정내용
아세안 제20조	1. 부속서 3 제9조에 불구하고, 제3국에서의 전시를 위하여 수출 당사국의 영역으로부터 발송되고 전시기간 중 또는 전시후에 일방 당사국으로의 수입을 위하여 판매된 물품에 대해 원산지 규정 부속서의 요건을 충족하는 것을 조건으로, 특혜관세대우를 부여한다. 다만, 다음의 각 호의 사항이 수입당사국의 관세당국이 만족할 수 있도록 입증하여야 한다. 가. 수출자가 그 물품을 수출당사국의 영역으로부터 전시회가 개최된 국가로 발송하고, 그 물품을 그 국가에서 전시한 사실 나. 수출자가 수입당사국의 화주에게 그 물품을 판매하거나 인도한 사실 다. 물품이 전시회 기간 중 또는 전시회 직후에 전시목적으로 발송된 상태로 수입당사국의 영역으로 발송한 사실 2. 제1항의 이행목적상, 수입당사국의 관련 정부당국에 원산지증명서 원본을 제공하여야 한다. 전시회의 명칭 및 장소가 표시되어야 한다. 물품의 확인 및 그 전시상태에 대한 증빙으로, 전시회를 개최한 국가의 관련 정부당국이 발급한 원산지증명서를 제19조 라호에 규정된 증빙서류와 함께 요구할 수 있다. 3. 제1항은 전시물품이 전기기간 동안 세관의 통제하에 있는 경우, 외국물품 판매목적의 모든 무역, 농업 또는 공예품 전시회, 박람회 또는 이와 유사한 전람회, 또는 상점 내 또는 사업장 내 전시에 적용된다. Rule 20 1. Notwithstanding Rule 9 of Annex 3, a good sent from the territory of the exporting Party for exhibition in another country and sold during or after the exhibition for importation into the territory of a Party shall be granted preferential tariff treatment on the condition that the good meets the requirements as set out in Annex 3, provided that it is shown to the satisfaction of the customs authority of the importing Party that: (a) an exporter has dispatched the good from the territory of the exporting Party to the country

아세안 제20조	where the exhibition has been held and has exhibited it there; (b) the exporter has sold the goods or transferred it to a consignee in the territory of the importing Party; and (c) the good has been consigned during the exhibition or immediately thereafter to the territory of the importing Party in the state in which it was sent for the exhibition. 2. For the purposes of implementing paragraph 1, a Certificate of Origin shall be provided to the relevant government authorities of the importing Party. The name and address of the exhibition shall be indicated. As an evidence for the identification of the good and the conditions under which it was exhibited, a certificate issued by the relevant government authorities of the country where the exhibition took place together with supporting documents prescribed in sub-paragraph (d) of Rule 19 may be required. 3. Paragraph 1 shall apply to any trade, agricultural or crafts exhibition, fair or similar show or display in shops or business premises with a view to the sale of foreign good and where the good remains under customs control during the exhibition.
터키 제12조	전시 1. 비당사국 영역에서 전시를 위하여 발송되고 전시 후에 어느 한쪽 당사국으로의 수입을 위하여 판매된 원산지제품은 수입 시 이 협정의 혜택을 받는다. 다만, 다음의 각 호의 사항이 관세당국이 만족할 수 있도록 입증되어야 한다. 가. 수출자가 그 제품을 어느 한쪽 당사국으로부터 전시회가 개최된 국가로 운송하고, 그 제품을 그 국가에서 전시한 사실 나. 수출자가 어느 한쪽 당사국의 인에게 그 제품을 판매 또는 달리 처분한 사실 다. 제품이 전시회 기간 중 또는 전시회 직후에 전시를 위하여 발송된 상태로 운송된 사실, 그리고 라. 제품이 전시를 위하여 운송된 후 전시회에서 전시 이외의 목적으로 사용되지 아니한 사실 2. 원산지증명은 제16조 내지 제23조에 따라 작성되어야 하고 수입당사국에서 적용가능한 절차에 따라 수입당사국의 관세당국에 제출되어야 한다 전시회의 명칭 및 주소는 원산지증명에 표시되어야 한다. 필요한 경우, 제품이 전시되었던 상태에 대한 추가 증빙서류를 요구할 수 있다. 3. 제1항은 전시기간 동안 전시제품이 세관의 통제하에 있는 외국제품 판매를 목적으로 하여 개인적인 목적으로 개최되지 아니한, 또는 사업장 내 모든 무역, 산업, 농업 또는 공예품 전시회, 박람회 또는 유사한 공개 전시에 적용된다. EXHIBITIONS 1. Originating products, sent for exhibition in the territory of a non-party and sold after the exhibition for importation in either Party, shall benefit on importation from this Agreement, provided that it is shown to the satisfaction of the customs authorities that: (a) an exporter has consigned these products from either Party to the country in which the exhibition is held and has exhibited them there; (b) the products have been sold or otherwise disposed of by that exporter to a person in either Party; (c) the products have been consigned during the exhibition or immediately thereafter in the state in which they were sent for exhibition; and (d) the products have not, since they were consigned for exhibition, been used for any

터키 제12조	purpose other than demonstration at the exhibition. 2. A proof of origin must be made out in accordance with Articles 16 through 23 and submitted to the customs authorities of the importing Party in accordance with the procedures applicable in the importing Party. The name and address of the exhibition must be indicated thereon. Where necessary, additional documentary evidence of the conditions under which the products have been exhibited may be required. 3. Paragraph 1 shall apply to any trade, industrial, agricultural or crafts exhibition, fair or similar public show or display, which is not organised for private purposes in shops or business premises with a view to the sale of foreign products, and during which the products remain under customs control.

Chapter 09

Free Trade Agreement
FTA 이해와 활용

FTA

FTA관세특례법 총론

1. FTA관세특례법의 개요
2. FTA관세특례법에서 사용되는 용어의 정의
3. 자유무역협정의 발효와 FTA관세특례법

Chapter

09. FTA관세특례법 총론

FTA 이해와 활용

1 FTA관세특례법의 개요

'자유무역협정(FTA)의 이행을 위한 관세법의 특례에 관한 법률'[1]은 우리나라와 개별국가 또는 유럽연합(EU)과 같은 경제공동체와 체결되는 자유무역협정의 효율적이고 원활한 국내 이행을 위해 2005년 제정되어 2006년 3월 2일 한-싱가포르 FTA 발효와 동시에 시행되었다. 기본적으로 FTA관세특례법은 관세법 규정에 대한 특례를 규정한 법률로, FTA의 이행절차법적 성격을 갖고 있다. 이 법 제1조에 규정된 법 제정의 목적은 [표 9-1]과 같이 정리된다.[2]

1) 약칭하여 'FTA관세특례법'이라 한다. 이하 특별한 경우를 제외하고 이 책에서 '법' 또는 'FTA관세특례법'이라 할 때는 동법을 의미하는 것이며, '영'은 동법시행령을, '규칙'은 동법시행규칙을, '고시'는 동법령의 하위규정인 관세청장의 '자유무역협정의 이행을 위한 관세법의 특례에 관한 법률 사무처리에 관한 고시'를, '인증고시'는 '자유무역협정 원산지인증수출자 운영에 관한 고시'를, '세칙'은 '자유무역협정에 따른 원산지검증 운영에 관한 시행세칙'을 각각 지칭하는 것으로 사용하고 있다.

2) 2005년 12월 이 법률을 제정할 때 제시된 입법이유는 "자유무역협정에 포함되는 체약상대국에서 수입하는 물품에 대한 특혜세율, 국내산업피해구제를 위한 긴급관세조치, 원산지조사절차, 체약상대국 간 관세협력에 관한 사항 등을 국내법체계로 수용하고 자유무역협정의 이행을 위하여 필요한 '관세법'에 대한 특례를 정함으로써 대한민국정부와 싱가포르공화국정부 간의 자유무역협정을 비롯하여 향후 체결되는 자유무역협정이 원활하게 이행될 수 있도록 하고, 체약상대국과의 교역활동을 적극 지원하려는 것"으로 설명되었다.

표 9-1 FTA관세특례법의 제정목적

제정목적		결과
1. 우리나라가 체결한 FTA에 규정된 관세법의 특례에 해당하는 관세의 부과 · 징수, 감면, 통관 등이 원활하게 이행되도록 함 2. 관세법의 특례사항은 아니나 FTA 상대국과의 관세행정 협조에 필요한 사항을 정하여 FTA가 원활히 이행되도록 함	⇨	국민경제 발전에 이바지

FTA는 국회의 비준동의를 받기 때문에 조약으로서 법률과 동일한 효력을 갖는다. 그러므로 성격상 별도의 입법조치가 없더라도 국내에서 바로 적용될 수 있다. 그러나 FTA가 특정사안의 일반적인 원칙만 규정하고 있는 경우도 있고, 국내법령으로 협정의 이행에 필요한 사항을 정하도록 위임하는 경우도 있기 때문에 이와 관련한 국내법령 제정의 필요성이 대두된다. 또, 협정에서 정한 사항이 국내법령과 상충되는 경우 어떻게 처리할 것인지를 명확하게 해 두는 것도 효율적인 FTA 이행에 도움이 된다. 그렇다 해도 FTA 이행과 관련된 법령의 제정을 FTA가 체결될 때마다 별도로 하기는 어렵다. 다수의 FTA가 체결되면서 매번 새로운 법령을 제정한다면 법령의 체계가 너무 복잡해질 우려가 있기 때문이다. 따라서 FTA의 이행, 특히 상품무역에 있어서 관세특혜 부여와 관련하여 필요한 이행관리를 위한 별도의 특례법이 필요하다고 보아 이 법률이 제정된 것이다. 이에 따라 2004년 1월 1일 발효된 한-칠레 FTA의 이행을 위해 '한-칠레 FTA관세특례법'은 2010년 3월 1일부터 FTA관세특례법에 흡수 · 폐지되었다. 각국의 사례를 보면 우리나라와 같이 별도의 이행관련법을 제정하여 운영하는 경우도 있고, FTA를 조약 자체로서 그대로 적용하는 경우도 있다.

2 FTA관세특례법에서 사용되는 용어의 정의

FTA관세특례법과 동법시행규칙에는 입법해석으로서 동 법령에서 사용되는 용어에 대해 규정하고 있다(법 제2조 및 규칙 제2조). 이들 용어는 관세법에서 사용하는 용어를 특별히 다르게 정의하고 있는 것은 아니다. 다만, FTA라는 특수한 상황에 맞게 사용하기 위해 설정한 것이다. FTA관세특례법에서 사용되는 용어 중 따로 정의규정을 두고 있지 아니한 용어는 관세법에서 규정한 정의를 따르되, 관세법에도 따로 정의규정이 없을 때는 사전적 정의에 따라 문리적으로 해석하여야 한다.

1) 자유무역협정

FTA관세특례법에서 자유무역협정은 '우리나라가 체약상대국(締約相對國)과 관세의 철폐, 세율의 연차적인 인하 등 무역의 자유화를 내용으로 하여 체결한 1994년도 관세 및 무역에 관한 일반협정 제24조에 따른 국제협정과 이에 준하는 관세의 철폐 또는 인하에 관한 조약·협정'을 말한다. 1994년 관세 및 무역에 관한 일반협정 제24조[3]는 WTO 협정의 적용영역과 관세동맹 및 자유무역지대에 대해 규정하고 있다. WTO 협정은 회원국이 동 협정을 수락한 관세영역에 적용되지만 관세동맹과 자유무역지대에 대해서는 예외를 인정한다. 여기서 관세영역이란 '해당 영역과 그 밖의 영역 간 무역의 상당한 부분에 대하여 독립관세 또는 그 밖의 통상규칙을 유지하고 있는 영역'으로 정의한다. 즉, 독립된 관세 또는 독립된 통상규칙의 존재 여부로서 관세영역을 구분한다.[4] 관세동맹이란 '2개 혹은 그 이상의 관세영역을 단일관세영역으로 대체한 것'을 말하고, 자유무역지대란 '구성영역 간 동 구성영역 원산품의 모든 무역에 대해 관세 및 그 밖의 상업적 제한이 적용되지 않는 2개 혹은 그 이상의 관세영역의 집단'을 말한다.[5] 즉, 관세동맹은 협정국 간 독립된 관세 또는 독립된 통상규칙이 완전히 통합되어 하나로 대체되는 것을 말하고, 자유무역지대는 협정국 간 관세 또는 통상규칙의 부분적인 통합이 이루어지는 것을 말한다. 자유무역협정은 이와 같은 자유무역지대의 설치를 위한 협정이다. 1994년 GATT는 이러한 관세동맹 또는 자유무역지대의 목적이 구성영역 간 무역을 촉진

3) 이 규정은 1947년에 GATT가 제정될 당시부터 있었던 규정이다. 1994년 우루과이라운드가 타결되어 WTO체제가 출범하면서 기존의 GATT는 '1994년 GATT'로서 WTO 설립협정 부속서의 하나로 흡수되었다. 구체적으로 '1994년 GATT'는 1947년 10월 30일자 GATT로서 WTO 협정의 발효 이전에 발효한 법률문서에 의해 정정, 개정 또는 수정된 규정과, WTO 협정의 발효일 이전에 1947년도 GATT 하에서 발효한 각종 법률문서의 규정을 말한다(1994년 GATT 제1조 참조).

4) 1994년 GATT 제24조 제2항

5) 1994년 GATT 제24조 제8항. 자유무역지대 구성을 위한 협정이 자유무역협정(FTA)이다.

하는 데 있고, 이와 같이 보다 밀접한 경제적 통합을 이룩함으로써 무역의 자유화를 증대하는 것이 바람직하다는 점을 인정하였다. 아울러 다음과 같은 조건이 충족되는 한 자유무역지대의 설치를 인정한다고 밝히고 있다.[6)]

> 자유무역지대의 각 구성영역에서 계속 실시해 왔고, 또한 동 자유무역지대의 설치 시에 해당 지역에 포함되지 않는 WTO 회원국 또는 해당 협정의 당사국이 아닌 WTO 회원국과의 무역에서 적용되는 관세 또는 그 밖의 상업적 제한이 자유무역협정의 체결 이전 동 구성영역에서 적용되어 온 관세 그 밖의 상업적 제한보다 더 높거나 더 규제적이어서는 아니된다.

자유무역지대의 형성 이전과 이후에 적용되는 관세 및 그 밖의 상업적 규제의 일반적인 수준 평가는 관세 및 과징금의 경우 가중평균관세율 및 관세징수액에 대한 전반적인 평가에 기초한다. 이때 고려대상이 되는 관세 및 과징금은 실행관세율이다.[7)] 관세동맹이나 자유무역지대를 구성한 국가는 WTO에 정기적으로 당해 협정의 운영에 관하여 보고해야 한다. '1994년 GATT'에서 관세동맹과 자유무역지대의 설치를 인정한다는 것은 관세동맹협정 또는 자유무역협정에 의한 배타적인 특혜부여를 인정한다는 의미다. 다시 말해 GATT의 기본원칙 가운데 하나인 최혜국대우(MFN)를 의무로서 요구하지 않는다는 것이다.[8)]

2) 체약상대국

FTA관세특례법에서 체약상대국이란 '우리나라와 자유무역협정을 체결한 국가(국가연합 · 경제공동체 또는 독립된 관세영역을 포함한다)'를 말한다. 여기에서 국가연합은 자유무역지대로 구성된 관세영역집단을 의미하고(예: 아세안), 경제공동체는 관세동맹 혹은 그 이상의 경제통합[9)]을 통해 구성된 관세영역집단을 의미한다

6) 관세동맹의 경우에도 이와 동일한 조건을 적용한다.
7) 1994년 GATT 제24조의 해석에 관한 양해 제2조
8) 반면 정보기술협정(ITA)과 같이 WTO 회원국 일부 간에 체결된 협정에 의한 관세인하는 WTO 협정에 따른 MFN원칙이 적용되어 ITA에 참여하지 않은 모든 WTO 회원국에도 동 협정에 의한 관세인하규정이 적용된다.
9) 관세동맹 이상의 경제통합체로는 공동시장, 경제동맹, 완전한 경제통합체 등이 있다. 자유무역

(예: 유럽연합). '국가'의 사전적 의미는 '일정한 영토(영해와 영공을 포함)와 거기에 사는 사람들로 구성되고, 주권(主權)에 의한 하나의 통치조직을 가지고 있는 사회집단'이다. 독자적 관세영역이 곧 독자적인 국가를 의미하는 것은 아니다. 주권을 가진 국가가 아니지만 독자적 관세영역을 구성하고 있는 곳도 있기 때문이다. 예를 들어 홍콩과 마카오는 각각 독자적인 관세영역[10]이지만 각 영역이 독립된 국가는 아니다. 국가연합이나 경제공동체는 독자적 관세영역이 경제적 측면에서 통합되는 것으로 구성된다. 경제통합단계로 볼 때 국가연합은 집단을 구성한 관세영역 간 관세 및 그 밖의 상업적인 제한의 철폐를 목적으로 하지만 그 밖의 주권은 관세영역에 따라 독자적으로 행사된다. 경제공동체는 이에 참여하는 관세영역의 통합뿐 아니라 통합 정도에 따라 영역 간 생산요소 이동의 제한을 철폐하기도 하고, 재정 또는 금융정책을 통합체에 위임하여 공동으로 수행하기도 한다. 통합 정도에 따라 주권이 통합 행사되는 정도 또한 달라지는 것이다.

3) 관세당국

FTA관세특례법에서 관세당국은 '관세 관련 법령을 관장하고 자유무역협정 중 관세분야에 해당하는 규정의 이행을 관장하는 당국'을 말한다. 어느 나라나 관세법을 비롯해 여러 법령이 있기 마련인데, 이러한 법령을 직접 맡아서 하는 기관, 즉 당국은 정해져 있다. 그러나 모든 나라의 기관명칭이 같은 것은 아니다. 법령을 맡는 기관도 시기에 따라 달라지기도 한다. 자유무역협정은 상품무역에 관한 것뿐 아니라 서비스무역, 정부조달, 지식재산권 등 다양한 분야를 망라하여 체결될 수 있으므로 이 협정을 직접 맡아서 하는 당국도 여럿이 될 수밖에 없다. 자유무역협정 중 관세분야에 해당하는 규정은 협정관세율, 통관절차, 원산지 등과 관련된 것들이다. 우리나라의 관세당국은 관세법령과 자유무역협정 중 관세분야에 해당하는 규정을 관장하는 기획재정부장관 · 관세청장 · 세관장이다. 각 자유무역협정에는 체약상대국의 관세당국에 대해 터키(관세무역부), 호주(관세 및 국경보호부 또는 그 승계기관), 중

협정은 관세동맹보다 아랫단계의 경제통합체이다.

10) 따라서 홍콩과 마카오는 각각 WTO 회원국으로 가입하고 있고, 독자적으로 FTA 등 경제통합체를 구성할 수 있다.

국(해관총서 또는 그 승계기관)과 같이 특정기관을 명시한 경우도 있지만 대개 '당사국의 법에 따라 관세법령의 운영을 책임을 지는 당국' 정도로 규정하고 있다. FTA의 이행에서 관세당국은 원산지의 증명, 협정관세의 적용, 원산지검증 등의 업무를 수행한다.

4) 원산지

FTA관세특례법에서 원산지란 '관세의 부과·징수 및 감면, 수출입물품의 통관 등을 할 때 협정에서 정하는 기준에 따라 물품의 생산, 가공, 제조 등이 이루어진 것으로 보는 국가'를 말한다. 이는 관세특혜의 부여를 목적으로 하는 원산지 개념이다. 국내법상 관세법, 대외무역법 등에도 원산지규정이 있다. 그러나 이들 법령에 규정된 원산지규정과 자유무역협정상의 원산지규정은 비록 사용되는 용어가 유사하거나 혹은 같을지라도 그 목적도 다르고, 내용도 같지 않다는 점을 유의할 필요가 있다. '제조 등'이라 표시한 이유는 생산이나 가공, 제조가 아닌 다른 사유, 이를테면 특정한 공정의 수행 등을 기초로 원산지가 판단될 수 있기 때문이다.

5) 원산지증빙서류

FTA관세특례법에서 원산지증빙서류란 '우리나라와 체약상대국 간의 수출입물품의 원산지를 증명하는 서류(이를 '원산지증명서'라 한다)와 그 밖에 원산지확인을 위하여 필요한 서류·정보 등'을 말한다. 그 밖에 원산지확인을 위해 필요한 서류나 정보로는 수출용원재료를 수출물품 생산자에게 공급하는 자가 작성하여 원재료와 함께 수출물품 생산자에게 제공하는 원산지확인서, 국내제조확인서 등이 있다.

6) 영역

FTA관세특례법에서 영역(territory)이란 FTA가 적용되는 지리적 범위를 의미하는 것으로, 제6장의 [표 6-2]와 같다.

7) 그 밖의 용어에 대한 정의

그 밖에 FTA관세특례법시행규칙에서 정한 용어의 정의는 [표 9-2]와 같다.

표 9-2 용어의 정의

용어	정의
류 · 호 · 소호	관세법 시행령 제98조 제1항에 따라 기획재정부장관이 고시하는 관세 · 통계통합 품목분류표(이를 '통합품목분류표'라 한다)에 따른 품목분류상의 2단위 · 4단위 또는 6단위의 품목번호
재료	다른 물품의 생산에 사용되는 원재료 · 구성물품 · 부분품 또는 부속품
생산	재배 · 채굴 · 수확 · 어로 · 번식 · 사육 · 수렵 · 제조 · 가공 · 조립 또는 분해 등의 과정을 거쳐 물품을 획득하는 행위
원산지물품, 원산지재료	자유무역협정과 FTA관세특례법시행규칙에 따라 당해 물품 또는 재료의 원산지가 우리나라 또는 체약상대국으로 인정되는 물품 또는 재료
비원산지물품, 비원산지재료	자유무역협정과 FTA관세특례법시행규칙에 따라 당해 물품 또는 재료의 원산지가 우리나라 또는 체약상대국으로 인정되지 아니하는 물품 또는 재료
대체가능물품	원산지물품과 비원산지물품이 상업적으로 동일한 질과 특성을 가지고 상호 대체사용이 가능한 물품(재료를 포함)
완전생산기준	당해 물품의 전부를 생산한 국가를 원산지로 인정하는 기준
세번변경기준	당해 물품이 2개국 이상에 걸쳐 생산된 경우로서 당해 물품의 통합품목분류표상의 품목번호와 당해 물품의 생산에 사용된 비원산지재료의 품목번호가 일정단위 이상이 다른 경우 당해 물품을 최종적으로 생산한 국가를 원산지로 인정하는 기준
부가가치기준	당해 물품이 2개국 이상에 걸쳐 생산된 경우 당해 물품에 대하여 일정수준 이상의 부가가치를 창출한 국가를 원산지로 인정하는 기준
공장도거래가격	물품을 생산공장에서 반출하는 때에 해당 물품의 생산자에게 실제로 지급하였거나 지급하여야 하는 가격으로서 그 물품이 수출될 때 환급되는 내국세를 공제한 가격
본선인도가격	해당 물품을 본선에 인도하는 조건으로 실제로 지급하였거나 지급하여야 할 가격으로서 최종선적항 또는 선적지까지 운송하는 데 소요되는 운송비를 포함한 가격
조정가격	관세법에 따라 결정된 수입물품의 과세가격에서 수입항까지의 운임 · 보험료, 기타 국제적 운송에 관련되는 비용을 제외한 가격
영해	자유무역협정에서 다르게 정하는 경우를 제외하고는 해양법에 관한 국제연합협약에 따라 결정된 기선으로부터 12해리 이내의 수역으로서 국제법 및 각 체약당사국의 국내법에 따라 주권이 미치는 수역
원산지포괄증명	장기간에 걸쳐 반복적으로 선적되거나 수입신고되는 동종동질의 물품에 대하여 각 협정에서 정하는 기간 동안 최초의 원산지증명서를 반복하여 사용하는 것

3 자유무역협정의 발효와 FTA관세특례법

1) 자유무역협정의 발효

FTA는 산업통상자원부의 통상교섭본부장실[11]이 중심이 되어 추진된다.[12] 협정대상국과의 협상에는 협정내용과 관련되는 각 부처가 참여한다. 우리나라가 체결하고 있는 FTA는 통상정책적으로 처음부터 '포괄적이고 높은 수준의 FTA 추진'을 기조로 하여 왔기 때문에 모든 FTA가 상품무역에 관한 것뿐 아니라 서비스무역, 전자상거래, 투자, 조달, 지식재산권, 기술장벽, 경쟁정책 등도 망라하는 포괄적 형태로 체결되었다. 따라서 해당 업무를 관장하는 각 부처가 동시에 협상에 참여하고 있다. 협상이 모두 타결되면 자유무역협정추진위원회(위원장: 통상교섭실장)의 심의를 거쳐 대외경제장관회의(위원장: 경제부총리)와 국무회의(의장: 대통령)의 의결을 통해 조약안이 확정된 다음 국회로 이송된다.

국회는 국회법이 정한 절차에 따라 이 조약안에 대해 비준동의[13]를 하게 된다. 비준동의가 완료되어 조약이 발효하게 되면 그 조약은 국내법과 동일한 법적 효력을 갖는다. 조약이 발효될 때 조약에서 국내법으로 따로 정하도록 한 사항은 소관부처별로 각 법령의 제정과 개정을 통해 보완된다. FTA관세특례법은 FTA 중 상품무역에 관한 사항과 관련하여 각 FTA에서 국내법으로 따로 정하도록 한 사항을 규정하거나, 각 FTA에 공통되는 사항을 알기 쉽게 정리한 것이다. 상품무역에 관한 사항은 협정상대국에서 수입하는 물품에 대한 협정관세율의 적용과 관련되는 것들이다.

11) 통상교섭본부장실에는 통상정책국, 통상협력국, 통상교섭실, 신통상질서전략실, 무역투자실이 있는데 FTA 추진업무는 대체로 통상교섭실에서 이루어진다.

12) 통상정책을 추진하는 체계는 나라마다 차이가 있다. 일본과 같이 산업담당부처가 각각 통상정책을 담당하는 분산형도 있고, 미국처럼 무역대표부(USTR)라는 별도의 통상전담부서가 운영되는 집중형도 있으며, 호주처럼 외교부가 대외통상교섭업무를 담당하는 일체형도 있다. 우리나라는 2013년부터 분산형과 집중형을 절충한 형태를 취하고 있다.

13) 헌법 제60조 제1항에 의하면 국회는 상호 원조 또는 안전보장에 관한 조약, 중요한 국제조직에 관한 조약, 우호통상항해조약, 주권의 제약에 관한 조약, 강화조약, 국가나 국민에게 중대한 재정적 부담을 지우는 조약 또는 입법사항에 관한 조약의 체결·비준에 대한 동의권을 가진다. 비준동의는 국회 재적의원 과반수의 출석과 출석의원 과반수의 찬성으로 이루어진다.

2) FTA관세특례법과 다른 법률의 관계

FTA관세특례법은 관세법에 우선하여 적용한다. FTA관세특례법에서 정하지 아니한 사항에 대해서는 관세법에서 정하는 바에 따른다(법 제3조 제1항). FTA관세특례법에서 정하고 있는 관세법의 주요 특례사항은 FTA별로 정해지는 원산지의 결정과 증명에 관한 사항, 협정관세의 부과 · 징수 및 감면과 관련한 사항, 원산지조사에 관한 사항, 그리고 일부 수출입물품의 통관 및 이들과 관련한 처벌사항 등이다. 이러한 특례사항에 대해서는 FTA관세특례법이 우선 적용되지만 특례가 따로 규정되지 아니한 관세의 부과 · 징수, 감면, 환급, 외국물품의 관리, 수출입통관 등은 관세법의 규정이 모두 그대로 적용된다. 그러므로 예를 들어 관세의 부과 · 징수에 있어 비록 FTA관세특례법에 의해 협정관세가 적용된다 하더라도 납부기한, 가산세의 부과 등은 관세법의 규정이 적용된다. 만일 FTA관세특례법 또는 관세법이 FTA와 상충되는 경우에는 협정을 우선하여 적용한다(법 제3조 제2항).

FTA관세특례법은 관세법의 특례를 규정한 것이기 때문에 동법과 관세법이 상충할 때는 당연히 FTA관세특례법이 우선되어야 한다. 그러나 FTA가 국회의 비준동의를 받은 조약이기 때문에 법률과 동등한 효력을 가지게 되고, 관세법과 FTA가 상충되는 내용이 있을 때는 법적용의 일반원칙[14]인 신법(新法)우선의 원칙에 따라 나중에 제정된 법이나 나중에 체결된 조약이 우선 적용되어야 한다. FTA관세특례법과 FTA 간에도 같은 원칙이 적용되어야 하나 FTA관세특례법에는 FTA관세특례법 또는 관세법이 FTA와 상충되는 경우 이러한 일반원칙을 따르지 않고 FTA를 우선하여 적용하도록 명시하였다.[15]

14) 수많은 법규들 가운데 어떤 법을 우선적으로 적용하여야 하는지, 법의 내용들이 상호 충돌하는 때에는 어떤 법규를 먼저 해석해야 하는지가 문제가 되는데, 이 문제를 해결하기 위해 법에는 적용과정에 일정한 순서와 법칙이 존재한다. 법적용의 일반원칙으로는 ① 상위법우선의 원칙, ② 특별법(특례법)우선의 원칙, ③ 신법우선의 원칙, ④ 법률불소급의 원칙 등이 있다.

15) 이 규정에 의하면 FTA가 우선하는 것은 FTA관세특례법 또는 관세법과 FTA가 상충될 때이다. 또 FTA관세특례법은 관세법에 대한 특례만을 규정하고 있기 때문에 수출용원재료에 대한 관세 등 환급에 관한 특례법과 FTA가 상충될 때는 법의 일반원칙인 신법우선의 원칙이 그대로 적용되어야 할 것으로 해석된다.

3) FTA관세특례법의 품목번호 및 품목명과 관세법령과의 관계

FTA관세특례법시행령에는 다수의 [별표]를 두어 각 협정별 협정관세율과 특별긴급관세율 등을 규정하고 있다. 이 [별표]를 보면 먼저 품목번호 및 품명을 규정한 다음 관세율을 표시한다. 여기서 품목번호 및 품명은 관세법 [별표]의 규정에 따른 관세율표와 관세법시행령 제98조 제1항의 규정에 따라 기획재정부장관이 고시하는 관세 · 통계통합품목분류표에 따른 것이다(영 제30조). 관세율표는 '통일상품명 및 부호체계에 관한 국제협약(약칭 HS협약)'에 따라 물품의 품목을 분류하여 해당되는 품목번호와 품명(관세품목명)을 정하고 있다.

관세율표에서 관세율은 6단위 분류를 기준으로 정하고 있다. 이때 품목의 분류와 품명의 표시는 [표 9-3]의 예시와 같이 4단위인 호(Heading)까지는 HS 품목분류표와 동일하고, 6단위의 경우 관세율을 세분하여 정할 필요가 있는 경우 해당 6단위에 해당하는 물품들을 구분하여 관세율을 정하고, 그렇지 않은 경우는 HS 품목분류표의 분류에 따라 관세율을 정하고 있다.

| 표 9-3 | 관세율표의 형태(제0101호의 경우)

번호		품명	세율(%)
호	소호		
0101		살아 있는 말 · 당나귀 · 노새 · 버새	
0101	2	말	
0101	21	번식용	
		1. 농가 사육용	무세
		2. 기타	8
0101	29	기타	8
0101	30	당나귀	8
0101	90	기타	8

기획재정부장관이 고시하는 관세 · 통계통합품목분류표는 관세율표의 6단위 구분을 기초로 이를 10단위까지 세분하여 각각 분류번호와 품명을 정해 관세 및 통계목적으로 사용하도록 한 것이다. 한편 FTA관세특례법 또는 동법시행령에 의해 사용되는 각종 신청서 그 밖의 서식은 기획재정부령으로 정한 것도 있으나 그 외의 것은 FTA관세특례법시행령의 위임에 따라 관세청장이 정하여 고시한다(영 제31조).

Chapter 10

Free Trade Agreement

FTA 이해와 활용

FTA

FTA에 근거한 원산지의 결정과 증명

1. 원산지의 결정
2. 원산지의 사전심사
3. 원산지증명
4. 원산지확인제도
5. 원산지인증수출자제도

Chapter

10. FTA에 근거한 원산지의 결정과 증명

1 원산지의 결정

원산지는 그 기준을 어떻게 정하느냐에 따라 원산지에 대한 판단이 달라질 수 있다. 특혜목적 또는 비특혜목적을 막론하고 원산지결정기준은 해당 물품의 전부를 한 국가(영역) 내에서 생산한 경우 적용하는 완전생산기준과, 2개 이상의 국가(영역) 내에서 생산한 경우 적용하는 실질적 변형기준으로 규정된다. 실질적 변형기준은 다시 세번변경기준, 부가가치기준, 가공(또는 특수)공정기준 등으로 세분된다. 대개 FTA에는 이들 기준을 각각 규정하거나, 복합하여 규정하는 형태를 취한다. FTA관세특례법에는 원산지결정기준과 관련해 다음과 같은 규정을 두고 있다.

법 제7조(원산지결정기준) ① 협정 및 이 법에 따른 협정관세의 적용, 수출입물품의 통관 등을 위하여 물품의 원산지를 결정할 때에는 협정에서 정하는 바에 따라 다음 각 호의 어느 하나에 해당하는 국가를 원산지로 한다.

1. 해당 물품의 전부를 생산·가공 또는 제조한 국가
2. 해당 물품이 둘 이상의 국가에 걸쳐 생산·가공 또는 제조된 경우에는 다음 각 목의 어느 하나에 해당하는 국가
   가. 해당 물품의 품목번호('통일상품명 및 부호체계에 관한 국제협약'에 따른 품목분류표상의 품목번호를 말한다. 이하 같다)가 그 물품의 생산·가공 또는 제조

에 사용되는 재료 또는 구성물품의 품목번호와 일정단위 이상 다른 경우 해당 물품을 최종적으로 생산·가공 또는 제조한 국가
나. 해당 물품에 대하여 일정수준 이상의 부가가치를 창출한 국가
다. 해당 물품의 생산·가공 또는 제조의 주요 공정을 수행한 국가
3. 그 밖에 해당 물품이 협정에서 정한 원산지 인정요건을 충족시킨 국가

법 제7조 제1항의 제1호에서 해당 물품의 전부를 생산·가공 또는 제조한 국가를 원산지로 인정하는 것은 '완전생산기준'을 적용함을 의미한다. 제2호는 실질적 변형기준을 적용함을 의미하는데, 이를 세부적으로 구분하면 '가'목은 세번변경기준을, '나'목은 부가가치기준을, '다'목은 가공공정기준을 각각 적용함을 의미한다. 제3호의 '그 밖에 FTA에서 정한 원산지 인정요건'으로는 제1호와 제2호의 기준을 복합적으로 적용하거나, 보충기준 등을 적용하는 것을 말한다. 관세청장 또는 세관장은 수입자가 이러한 요건을 입증하지 못하는 경우에는 해당 물품의 원산지를 인정하지 아니한다. 수입자가 요건을 입증한다 함은 협정관세의 적용과 관련하여 수입자가 원산지증명서를 세관장에게 제시하거나 또는 제출하여야 한다는 것과, 관세청장 또는 세관장의 원산지의 검증이 있을 경우 해당 원산지증명서에 기재된 내용이 사실임을 입증하여야 한다는 것을 의미한다.

우리나라에서 발효된 FTA별 원산지의 결정기준은 FTA관세특례법 제7조 제3항의 위임을 받아 FTA관세특례법시행규칙(제4조)에 [별표]로 규정되어 있다. 여기에 규정된 원산지결정기준은 FTA의 원산지 관련 규정을 그대로 옮겨 놓거나 협정국에 위임한 사항을 추가로 규정한 정도에 그칠 뿐 실질적으로 원산지의 결정에 영향을 미치는 새로운 내용을 추가하고 있는 것은 아니다. FTA관세특례법시행규칙의 원산지결정기준의 자세한 내용은 이 책의 제6장을 참조하기 바란다. 관세법에도 원산지 결정기준을 두고 있으나(관세법 제229조) FTA관세특례법시행규칙 제4조의 원산지결정기준 및 FTA관세특례법이 관세법에 우선된다는 규정에 따라(법 제3조) FTA 이행과 관련한 원산지의 결정은 FTA관세특례법시행규칙의 규정이 적용되어야 한다. 또한 대외무역법에도 원산지결정에 관한 규정이 있지만 이는 FTA의 이행과는 무관하다.

2 원산지의 사전심사

1) 원산지사전심사제도의 의의

FTA와 관련한 원산지의 결정은 원산지를 결정하고자 하는 품목 자체에 대한 정보와 지식뿐 아니라 상품의 품목분류, 관세평가, FTA에 규정된 다양한 원산지결정기준 등에 대한 전문적인 지식이 있어야 하므로 쉽지 않다. 따라서 FTA관세특례법에는 무역원활화를 목적으로 다음과 같이 원산지사전심사규정을 두어 관세청장이 이와 관련한 행정서비스를 제공하도록 하였다.

> **법 제31조(원산지 등에 대한 사전심사)** ① 협정관세의 적용에 대한 기초가 되는 사항으로서 제7조에 따른 원산지결정기준의 충족 여부 등 대통령령으로 정하는 사항에 대하여 의문이 있는 자(체약상대국의 수출자 및 생산자와 그 대리인을 포함한다)는 해당 물품의 수입신고를 하기 전에 관세청장에게 대통령령으로 정하는 서류를 갖추어 그 의문사항을 미리 심사(이하 '사전심사'라 한다)하여 줄 것을 신청할 수 있다. 다만, 협정에서 사전심사에 관한 사항을 정하지 아니한 경우에는 그러하지 아니하다.

일반적으로 FTA에는 FTA에 규정된 원산지규정의 적정한 집행을 목적으로 사전심사제도 운영을 협정국의 의무로서 명시하고 있다. FTA관세특례법의 이 규정은 이들 규정을 포괄하여 규정한 것이다. 특정물품의 원산지결정기준의 충족 여부 등에 대해 관세청장 또는 관세청장으로부터 권한을 위임받은 기관장이 신청을 받아 사전심사를 하고 그 결과를 신청인에게 통보해 줄 경우 이는 '과세관청의 공적견해표명'에 해당이 된다. 따라서 적용되는 FTA에 별도로 명시적 보호규정을 두고 있지 않더라도 관세법 제6조에 규정된 신의성실의 원칙 적용대상이 될 수 있다. 즉, 사전심사를 통보받은 수입자나 수출자, 또는 생산자가 관세청장이 통보해 준 사전심사내용을 신뢰하여 그에 따라 원산지를 결정한 경우 보호를 받을 수 있는 것이다.[1)]

---

1) 해당 물품에 대해 사전심사결과 통보된 대로 원산지를 결정하여 원산지증명서를 발급하고, 수입자가 이 원산지증명서를 사용해 협정관세를 적용한 경우 관세당국의 사후검증에서 원산지가 다른 것으로 판정되더라도 이미 적용한 협정관세가 부인되지 않는다.

2) 사전심사의 대상

사전심사를 신청할 수 있는 사항은 다음 각 호의 어느 하나에 해당하는 것에 한한다(영 제37조).

① 당해 물품 및 당해 물품의 생산에 사용된 재료의 원산지에 관한 사항
② 당해 물품 및 당해 물품의 생산에 사용된 재료의 품목분류 · 가격 또는 원가결정에 관한 사항
③ 당해 물품의 생산 · 가공 또는 제조과정에서 발생한 부가가치의 산정에 관한 사항
④ 해당 물품에 대한 관세의 환급 · 감면에 관한 사항
⑤ 해당 물품의 원산지표시에 관한 사항
⑥ 협정세율 중 일정수량에 대하여 더 낮은 세율(동일한 물품에 대하여 수량기준에 따라 2 이상의 세율을 정한 경우 그 중 낮은 세율을 말한다. 이를 '한도수량 내 협정관세율'이라 한다)이 적용되도록 양허된 물품이 있는 경우로서 수량별 차등협정관세의 적용에 관한 사항
⑦ 그 밖에 협정관세의 적용 또는 관세면제에 대한 기초가 되는 사항으로 기획재정부령이 정하는 사항[2)]

수출입물품의 통관이나 수입물품에 대한 관세부과 등과 관련한 사전심사제도는 관세의 과세가격결정, 상품의 품목분류, 감면세, 원산지표시 등과 관련해 관세법에 여러 가지가 각각 규정되어 있다. FTA관세특례법의 사전심사대상 및 내용을 살펴보면 관세법에 규정된 각종 사전심사제도의 내용을 망라하고 있을 뿐 아니라 FTA 이행과 관련한 원산지의 결정에 필요한 판단내용들도 포함하고 있어 종합적인 성격을 가진다는 것을 알 수 있다. 즉, 사전심사의 대상은 협정관세 적용대상이 되는 물품뿐 아니라 그 물품을 생산하는 데 사용된 재료들까지 포함되고, 이들의 원산지결정과 관련된 품목분류, 가격 또는 원가, 부가가치산정 등의 사항 및 협정관세 적용대상 물품에 대한 환급, 감면, 원산지표시에 대한 사항도 함께 사전심사를 신청할 수 있게 하였다.

2) 이와 관련하여 현재 기획재정부령으로 별도로 정한 사항은 없다.

3) 사전심사 신청권자

수출입하고자 하는 물품이 FTA에 규정된 원산지결정기준을 충족하는지 여부 등에 대해 사전심사를 신청할 수 있는 당사자는 다음과 같다.

① 해당 물품의 수입자와 수입자의 대리인
② 해당 물품의 체약상대국 수출자와 그 대리인
③ 해당 물품의 체약상대국 생산자와 그 대리인

무역에서는 일반적으로 생산자가 자기가 생산한 물품을 수출하므로 생산자인 동시에 수출자가 되지만, 생산자와 수출자가 다른 경우도 있다. 다른 생산자의 물품 또는 유통 중인 물품을 구매하여 수출할 수도 있기 때문이다. 사전심사를 대신 신청할 수 있는 수입자, 수출자 또는 생산자의 대리인은 변호사나 관세사가 될 수 있다.[3] FTA관세특례법에서 규정하고 있는 사전심사는 우리나라가 수입국인 물품에 대해 가능한 것이므로[4] 체약상대국의 수출자 및 생산자가 대리인을 정할 경우 우리나라에서 대리권을 행사할 수 있는 변호사 또는 관세사를 위촉하여야 한다.

4) 사전심사 신청시기와 신청기관

사전심사는 해당 물품의 수입신고를 하기 이전에 하여야 한다. 물품이 우리나라에 도착되어 있는지 여부는 무관하다. 그러므로 필요하다면 무역계약단계나 거래물품의 운송과정에서 사전심사신청도 가능하다. FTA관세특례법(제31조)에는 사전심사를 관세청장에게 신청하도록 규정하였으나, 이 사전심사권 가운데 일부는 관세청 소속기관인 관세평가분류원장에게 위임되어 있다(영 제52조). 따라서 사전심사는 해당 권한을 행사하는 기관에 신청하여야 한다. 사전심사권의 행사내용을 정리하면

---

3) 변호사는 변호사법(제3조)에 의해, 관세사는 관세사법(제2조)에 의해 이러한 대리행위가 가능하다. 변호사나 관세사가 아닌 자가 이들이 할 수 있는 업무를 대신하고 보수나 그 밖의 이익을 분배받는 것은 금지된다(변호사법 제34조 및 관세사법 제3조).

4) 한-칠레 FTA를 예로서 보면 원산지사전판정과 관련해 "각 당사국은 자국의 영역으로 상품이 수입되기 이전에 상품의 수입자, 수출자나 생산자가 제시한 사실과 상황에 기초하여 다음 사항에 관한 사전판정서를 자국의 주무당국을 통하여 자국영역 내의 수입자 또는 타방 당사국 영역 내의 수출자나 생산자에게 신속히 발급한다"고 규정하고 있다(한-칠레 FTA 제5.9조 참조).

[표 10-1]과 같다.

표 10-1 사전심사권의 행사

구분	업무내용
관세청장	다음 사항에 대한 원산지 등에 대한 사전심사, 사전심사결과의 통지 및 이의제기의 처리, 사전심사서 내용의 변경 및 변경내용의 통지 ① 해당 물품에 대한 관세의 환급ㆍ감면에 관한 사항 ② 해당 물품의 원산지표시에 관한 사항 ③ 제3조에 따른 수량별 차등협정관세의 적용에 관한 사항
관세평가분류원장	다음 사항에 대한 원산지 등에 대한 사전심사, 사전심사결과의 통지 및 이의제기의 처리, 사전심사서 내용의 변경 및 변경내용의 통지 ① 당해 물품 및 당해 물품의 생산에 사용된 재료의 원산지에 관한 사항 ② 당해 물품 및 당해 물품의 생산에 사용된 재료의 품목분류ㆍ가격 또는 원가결정에 관한 사항 ③ 당해 물품의 생산ㆍ가공 또는 제조과정에서 발생한 부가가치의 산정에 관한 사항 ④ 그 밖에 협정관세의 적용 또는 관세면제에 대한 기초가 되는 사항으로 기획재정부령이 정하는 사항[5]

5) 사전심사의 신청

사전심사신청서는 신청자가 직접 제출하거나 우편으로 제출할 수 있다. 신청을 할 때 제출하여야 할 것은 해당 물품의 견본과 사전심사신청서(고시 제50조 별지 제21호 서식), 그리고 첨부서류다. 사전심사신청서에는 다음과 같은 내용을 기재하도록 하고 있다.

① 신청인ㆍ수입자 및 수출자(수출자와 생산자가 동일인이 아닌 경우에는 생산자를 포함하되, 생산자를 알지 못하는 경우에는 그러하지 아니하다)
② 당해 물품의 품명ㆍ규격ㆍ품목번호 및 가격
③ 당해 물품의 생산에 사용된 재료별 품명ㆍ품목번호ㆍ가격 및 원산지
④ 당해 물품의 제조공정(필요한 경우에 한한다)
⑤ 사전심사를 원하는 구체적인 내용
⑥ 그 밖에 관세청장이 정하는 사항

5) 이와 관련하여 현재 기획재정부령으로 별도로 정한 사항은 없다.

■ 자유무역협정의 이행을 위한 관세법의 특례에 관한 법률사무처리에 관한 고시
[별지 제21호 서식]

처리기간 90일

사전심사신청서

1. 신청인	□ 수입자 □ 관세사 (성명, 주소, 국가, 전화번호, 팩스번호, 이메일주소)
2. 수입자	(성명, 주소, 국가, 전화번호, 팩스번호, 이메일주소)
3. 수출자 또는 생산자	(알 수 있는 경우 성명, 주소, 국가)

4. 신청물품

품명	HS번호(6단위)	조정가격($)	물품설명
			구성, 생산과정, 용도 및 견본(가능한 경우)

5. 원재료 내역

원재료 품명	HS번호(6단위)	가격($)	원산지(결정근거)	생산과정
• • •				

6. 사전심사 신청내용

① 물품이 원산지자격을 갖추고 있는지 여부 □
② 비원산지재료가 세번변경이 일어났는지 여부 □
③ 물품이 역내부가가치요건을 만족하는지 여부 □
④ 생산과정에서 사용된 원재료 또는 물품의 조정가격의 계산을 위한 적절한 방법 □
⑤ 중간재 가치의 계산을 위하여 합리적으로 비용을 할당하는 적절한 방법 □
⑥ 수리 또는 개조 후 재반입하는 물품이 면세처리될 자격이 있는지 여부 □
⑦ 기타 □ (상세 기재)

7. 물품의 법적 지위
(다음 중 해당사항이 있을 경우 표시를 하고, 물품의 성상을 나타내는 간단한 설명자료 첨부)

① 원산지검증 □
② 행정적 심사 또는 불복청구 □
③ 사법적 또는 준사법적 심사 □
④ 사전심사요청 □

이 신청서에 기재한 모든 내용과 진술은 자신이 알고 있는 최상의 지식과 신뢰로 작성한 것으로서 진실하고 정확한 것임을 보증합니다. 만약 허위나 잘못 기재한 경우 관련법에 의해 처벌되거나 협정관세의 적용이 배제될 수 있음을 알고 있습니다.

신청인 서명 ______________________ 작성일자 ______________

신청인과의 관계 ______________________(신청인 대신 작성한 경우)

※ 만약 기재할 사항이 많은 경우 다른 용지를 첨부하시기 바랍니다.

[Form 21]

Processing Time	90days

KOREA–○○○ FREE TRADE AGREEMENT
An application for Advanced Ruling of Origin

1. Applicant *(full name, address, country, phone number, fax number, e-mail address)*

2. Importer *(full name, address, country, phone number, fax number, email address)*

3. Exporter(or Producer) *(full name, address, country) (if known)*

4. The good subject to advanced ruling

Name of the good	HS Code(6 digit)	Adjusted Value(U$)	Description of the good
			composition, production process, use of the good and sample(if practicable)

5. List of Materials which are used in the production of the good

Material list	HS No (6 digit)	Price(U$)	Origin (Basis of determination)	Production Process

6. Type of the request for the advanced ruling

① Whether a good qualifies as an originating good □
② Whether materials imported undergo an applicable change in tariff classification □
③ Whether a good satisfies a regional value-content requirement □
④ The appropriate method for value for calculating the adjusted value of the good or of the materials used in the production of the good □
⑤ The appropriate method for reasonably allocating costs for calculating the value of an intermediate material □
⑥ Whether a good that re-enters after repair or alteration qualifies for duty-free treatment □
⑦ Others □ (specify)

7. Status of the good *(Mark Yes or No and if yes, attach a brief statement setting forth the status or disposition of the matter)*

As to whether the issue that is the subject of the request for an advance ruling is or has been the subject of
① a verification of origin □
② an administrative review or appeal □
③ a judicial or quasi-judicial review □
④ a request for an advanced ruling □

I certify that all the information and statement I have filled up on this form are true and correct to the best of my knowledge and belief. I understand that any false and misrepresentation may result in the punishment in accordance with the relevant laws and regulations or denial of preferential tariff treatment to the good.

Applicant's Signature ____________________ Date of Issue____________
Relationship to applicant ____________________
(if prepared on behalf of applicant)

※ Please attach an additional sheet if you need more space to continue our answers

사전심사신청서에 첨부하여 제출하여야 할 서류는 거래계약서 · 원가계산서 · 원재료내역서 · 공정명세서 등 신청내용에 대한 심사에 필요한 서류이다. 사전심사 수수료는 물품당 3만 원이다. 신청인은 이 신청수수료를 국고수납은행에 납부하고 신청하여야 한다. 사전심사기관장은 제출된 서류가 미비하여 원산지결정기준의 충족 여부 등의 신청사항을 심사하기가 곤란하다고 인정되는 때에는 5일 이상 20일 이내의 기간을 정하여 보정을 요구할 수 있다. 신청인이 보정에 필요한 기간과 사유를 명시한 문서로 기간연장을 요청하는 경우 사전심사기관(부서)장은 이를 고려하여 보정기간을 다시 정하여야 한다. 만일 다음 각 호의 어느 하나에 해당하는 경우에는 사전심사의 신청을 반려할 수 있다(영 제37조 및 고시 제51조).

① 사전심사기관장의 보정요구에 응하지 아니한 경우
② 당해 물품과 동일한 물품에 대하여 원산지에 관한 조사가 진행되고 있는 경우
③ 사전심사의 신청내용과 동일한 사안에 대하여 이의신청 · 심사청구 · 심판청구 또는 소송제기 등의 불복절차가 진행 중인 경우
④ 해당 신청이 수입신고 후에 신청되었음이 확인되는 경우
⑤ 해당 협정별 사전심사 신청대상이 아닌 경우
⑥ 신청자격이 없는 신청인이 신청한 경우

6) 심사 및 심사결과의 통보

사전심사기관장은 사전심사의 신청을 받은 날부터 90일 이내에 심사를 종료하고 그 결과를 '사전심사서(고시 제53조의 별지 제23호 서식)'로 신청인에게 통보하여야 한다. 보정을 요구한 경우 그 보정기간은 심사기간에 산입하지 않는다. 심사과정에서 전례가 없는 사항 등의 사유로 사전심사 담당부서에서 원산지를 결정하는 것이 곤란하다고 판단되는 경우나 동일물품에 대한 이전의 원산지 결정내용을 변경하여야 할 것으로 판단되는 경우 사전심사기관(부서)장은 관세법 시행령 제236조의4에 따라 원산지확인위원회에 상정하여 처리할 수 있다. 사전심사기관장이 사전심사 신청인에게 사전심사서를 교부할 때에는 그 심사결정의 이유를 함께 알려야 한다. 사전심사기관장은 사전심사서를 통지한 날부터 30일 이내에 사전심사의 주요 내용을 관세청장이 지정하는 정보통신망에 게시하여야 한다.

7) 사전심사결과에 대한 이의제기

사전심사결과에 이의가 있는 자는 그 결과를 통지받은 날부터 30일 이내에 심사기관장에게 이의를 제기할 수 있다. 이러한 이의제기는 심사에 신중을 기하도록 하기 위한 제도적 장치이다. 이는 구체적인 처분이 있기 이전단계에서 행해진 사전심사결과 자체에 대한 것으로, 구체적인 행정처분이 있고 난 후에 제기하는 이의신청이나 심사청구, 또는 심판청구와 같은 행정심판청구와는 다른 것이다. 이의제기에 대한 검토와 결정도 해당 부서에서 직접 처리하고 민·관의 위원으로 구성되는 관세심사위원회 등을 거치지 않는다.[6] 사전심사의 결과에 대하여 이의를 제기하려는 자는 다음 각 호의 사항이 기재된 신청서에 이의제기 내용을 확인할 수 있는 자료와 사전심사서의 사본을 첨부하여 사전심사기관장에게 제출하여야 한다. 신청서류는 우편으로 제출할 수도 있다.

① 이의를 제기하는 자의 성명과 주소 또는 거소
② 사전심사서를 받은 날짜와 사전심사의 내용
③ 해당 물품의 품명 및 품목번호
④ 이의제기의 요지와 내용

심사기관장이 이의제기를 받은 때에는 이를 심사하여 이의제기를 받은 날부터 30일 이내에 그 결정내용을 상대방에게 통지하여야 한다. 심사기관장은 이의제기의 내용이나 절차가 적합하지 아니하거나 보정할 수 있다고 인정되는 때에는 20일 이내의 기간을 정하여 보정하여 줄 것을 요구할 수 있다. 보정할 사항이 경미한 때에는 직권으로 보정할 수도 있다. 심사기관장이 보정을 요구하는 때에는 보정할 사항, 보정을 요구하는 이유, 보정할 기간, 그 밖의 필요한 사항 등을 기재한 문서로써 하여야 한다. 구두로 하는 보정요구는 인정되지 아니한다. 이때의 보정기간도 원칙적으로 이의제기의 심사결정기간에 산입하지 않는다. 이의제기 내용을 심사한 결과 사전심사 결정을 변경한 때는 새로운 사전심사서를 교부한다.

6) 이의제기를 하였으나 받아들여지지 아니하여 신청인이 통보된 심사결정내용과 달리 원산지결정 등을 하여 협정관세를 적용하였고, 과세관청이 이를 발견하여 심사결정된 내용과 같이 시정하는 행정처분을 하였다면 행정처분이 있은 다음 그 처분의 위법 부당을 이유로 이의신청이나 심사청구 또는 심판청구의 행정심판을 제기할 수 있다.

- 자유무역협정의 이행을 위한 관세법의 특례에 관한 법률사무처리에 관한 고시 [별지 제23호 서식]

승인번호	

사전심사서

신청인	성명		국적	
	주소		전화번호	
수입자	성명		국적	
	주소		전화번호	
수출자 (또는 생산자)	성명		국적	
	주소		전화번호	
신청내용				

신청물품	품명	HS번호(6단위)	규격 등 물품설명

결정내용 및 이유	

자유무역협정의 이행을 위한 관세법의 특례에 관한 법률 제14조 제2항의 규정에 의하여 원산지 등 사전심사에 대하여 아래와 같이 통지합니다.

년 월 일

관 세 청 장 (인)

※ 유의사항

수입신고시 이 심사서의 품명, 규격과 수입신고서 및 실제 물품의 품명, 규격이 일치하여야 합니다.

210㎜×297㎜[일반용지 60g/㎡(재활용품)]

[Form 23]

Approval No.	

<table>
<tr><td colspan="6">Advance Ruling</td></tr>
<tr><td rowspan="2">Applicant</td><td>Name</td><td colspan="2"></td><td>Country</td><td></td></tr>
<tr><td>Address</td><td colspan="2"></td><td>Telephone</td><td></td></tr>
<tr><td rowspan="2">Importer</td><td>Name</td><td colspan="2"></td><td>Country</td><td></td></tr>
<tr><td>Address</td><td colspan="2"></td><td>Telephone</td><td></td></tr>
<tr><td rowspan="2">Exporter
(or Producer)</td><td>Name</td><td colspan="2"></td><td>Country</td><td></td></tr>
<tr><td>Address</td><td colspan="2"></td><td>Telephone</td><td></td></tr>
<tr><td colspan="2">Content</td><td colspan="4"></td></tr>
<tr><td colspan="2" rowspan="2">Goods</td><td>Name</td><td>HS No.(6digit)</td><td colspan="2">Description of Goods</td></tr>
<tr><td></td><td></td><td colspan="2"></td></tr>
<tr><td colspan="2">Decision and Basis</td><td colspan="4"></td></tr>
<tr><td colspan="6">I notify you of the advance ruling of the origin pursuant to Article ○.○ of the Korea-○○○ FTA
Date(yy/mm/dd)
The Commissioner of Korea Customs Service (signature)</td></tr>
<tr><td colspan="6">※ Remark
<u>This advnace ruling is applied to the identical goods in name and description with advnce ruling.</u></td></tr>
</table>

■ 자유무역협정의 이행을 위한 관세법의 특례에 관한 법률사무처리에 관한 고시 [별지 제24호 서식]

※ [ ]에는 해당되는 곳에 ✓표를 합니다.

처리기간	30일

사전심사결과 이의신청서

<table>
<tr><td rowspan="6">청구인</td><td>상호(법인명)</td><td></td><td>사업자등록번호</td><td></td></tr>
<tr><td>성명(대표자)</td><td></td><td>주민등록번호</td><td>*개인에 한함</td></tr>
<tr><td>주 소</td><td colspan="3"></td></tr>
<tr><td rowspan="3">청구담당자</td><td>(직함)</td><td colspan="2">(이메일)</td></tr>
<tr><td>(성명)</td><td colspan="2">(휴대전화번호)</td></tr>
<tr><td>(전화번호)</td><td colspan="2">(팩스번호)</td></tr>
<tr><td rowspan="3">청구대상</td><td>심 사 부 서</td><td></td><td>결정번호
/결정일자</td><td></td></tr>
<tr><td>품명 / 규격
품 목 번 호</td><td colspan="3"></td></tr>
<tr><td>심 사 내 용</td><td colspan="3"></td></tr>
<tr><td colspan="2">이의제기
요지 및 이유</td><td colspan="3">* 이의제기 이유를 기재 또는 첨부(제출)</td></tr>
</table>

자유무역협정의 이행을 위한 관세법의 특례에 관한 법률 및 동법시행령 제19조에 따라 위와 같이 이의신청합니다.

20××년 월 일

청구인 (서명 또는 인)

관세청장 귀하

210㎜×297㎜[일반용지 60g/㎡(재활용품)]

8) 사전심사서의 효력

사전심사서의 유효기간은 정해져 있지 않다. 그러므로 판단의 기초가 된 사항이 변동되지 않는 한 사전심사서 내용도 유효하다. 세관장은 사전심사서와 물품의 내용이 동일한 경우 사전심사서의 반복사용 여부를 불문하고 사전심사서를 인정한다. 다만 다음 각 호의 어느 하나에 해당하는 경우 사전심사서의 효력은 상실된다.

① 사전심사 후 수입신고 전에 협정 또는 관계법령의 개정이나 사전심사의 기초가 되는 사실 또는 상황이 변경되어 사전심사의 내용이 변경된 사정을 반영하지 못하게 되는 경우

② 신청인이 허위의 자료를 제출하거나 사전심사에 필요한 자료를 제출하지 아니하여 사전심사에 중대한 착오가 있는 경우

③ 사전심사의 신청내용과 동일한 사안에 대한 이의신청 · 심사청구 · 심판청구 또는 소송제기 등을 받은 권한 있는 기관 또는 법원의 최종결정 또는 판결이 당해 사전심사의 내용과 다르게 된 경우

세관장은 사전심사서와 물품의 내용이 동일한 경우에는 사전심사서의 반복사용 여부를 불문하고 사전심사서를 인정할 수 있다. 이 경우 '물품의 내용'이라 함은 수출자 또는 생산자를 포함하여 사전심사서와 당해 수입물품이 동일한 경우를 말한다(고시 제55조).

9) 사전심사서 내용의 변경과 적용의 유예

사전심사기관장은 협정에서 정하는 바에 따라 사전심사서의 근거가 되는 사실관계 또는 상황의 변경 등 다음 사유가 있는 경우에는 사전심사서의 내용을 변경할 수 있다(영 제39조).

① 사전심사서의 근거가 되는 사실관계 또는 상황이 변경된 경우

② 협정 또는 관계법령의 개정에 따라 당해 물품의 원산지결정기준이 변경되거나 원산지결정의 기초가 되는 품목분류 등이 변경된 경우

③ 사전심사 대상물품 또는 재료의 품목분류, 부가가치비율의 산정 등에 착오가

있는 경우

④ 신청인이 허위의 자료를 제출하거나 사전심사에 필요한 자료를 제출하지 아니하여 사전심사에 중대한 착오가 있는 경우

⑤ 사전심사의 신청내용과 동일한 사안에 대한 이의신청·심사청구·심판청구 또는 소송제기 등을 받은 권한 있는 기관 또는 법원의 최종결정 또는 판결이 당해 사전심사의 내용과 다르게 된 경우

사전심사서의 내용을 변경할 때에는 신청인에게 그 변경내용을 통지하여야 한다. 사전심사서의 내용을 변경한 경우에는 그 변경일 후에 수입신고되는 물품에 대하여 변경된 내용을 적용한다. 그러나 사전심사서의 내용 변경이 자료제출 누락 또는 거짓자료 제출 등 신청인에게 책임이 있는 사유로 인한 것인 경우에는 해당 사전심사와 관련하여 그 변경일 전에 수입신고된 물품에 대해서도 소급하여 변경된 내용을 적용한다. 수입자는 이러한 변경 통보를 받은 날부터 30일 이내에 통관지세관장에게 세액정정·세액보정신청 또는 수정신고를 하여야 한다. 이 경우 관세법에 규정된 세액정정·세액보정신청 또는 수정신고에 관한 규정이 준용된다(고시 제56조).

특례로서 다음 3개 FTA와 관련하여 사전심사의 내용을 신뢰한 선의의 수입자(체약상대국의 수출자 및 생산자를 포함한다)가 변경된 사전심사서의 내용을 적용받을 경우 손해가 발생할 것임을 기획재정부령으로 정하는 바에 따라 입증한 때에는 사전심사서의 내용이 변경된 날부터 각 호에서 정한 기간을 초과하지 아니하는 범위에서 변경 전의 사전심사서의 내용을 적용할 수 있다.

① 한-칠레 FTA: 90일

② 한-싱가포르 FTA: 60일

③ 한-캐나다 FTA: 90일

사전심사서의 적용은 손해 발생을 이유로 유예될 수 있다. 변경된 사전심사서의 내용을 적용받을 경우 손해가 발생할 것임을 입증하고자 하는 수입자는 다음 각 호의 서류를 사전심사서의 변경내용을 통지받은 날(사전심사서 변경내용의 통지대상자가 아닌 자의 경우에는 사전심사서의 내용이 변경된 사실을 안 날)부터 15일 이내에 심사기관장에게 제출하여야 한다. 적용유예 신청서류에 대한 보정 및 반려에

대하여는 사전심사신청 시와 동일한 규정을 준용한다.

① 다음 각 목의 사항이 기재된 사전심사변경 적용유예신청서
  가. 신청인의 성명 · 주소 및 사업자등록번호
  나. 변경내용을 통지받은 날(사전심사서 변경내용의 통지대상자가 아닌 자의 경우에는 사전심사서의 내용이 변경된 사실을 안 날)
  다. 사전심사서 변경일 이후에 수입되었거나 수입될 예정인 물품의 품명 · 수량 및 금액과 수입시기 또는 수입예정시기
② 수입거래계약서 또는 이에 갈음하는 서류
③ 예상되는 손해내역과 그 증빙서류

사전심사서의 적용 유예신청을 받은 심사기관장은 신청일부터 7일 이내에 이를 심사하여 타당하다고 인정하면 사전심사서 변경적용을 유예할 것임을 신청인에게 통지하여야 한다.

10) 원산지확인위원회

수출입물품의 원산지의 확인 등과 관련해 사전확인, 사전확인에 대한 이의제기 및 변경 등에 관한 사항 중 관세청장이 부의하는 사안을 심의하기 위하여 관세법(영 제236조의4)에는 관세청에 원산지확인위원회를 두도록 하였다. 원산지확인위원회는 원산지 확인 등과 관련해 의사결정이 쉽지 아니한 사항에 대해 민 · 관의 전문가들이 참여하여 심의를 진행하고 의사를 결정함으로써 보다 공정하고 합리적인 결정을 도모하기 위한 것이다. 관세법에 규정된 원산지규정보다 FTA관세특례법에 규정된 원산지규정이 훨씬 복잡하고 까다로운데, FTA관세특례법에 의한 원산지규정의 사전심사에서도 이 규정이 준용된다. 따라서 사전심사나 사전심사에 대한 이의제기 및 변경 등에 관한 사항 중 관세청장이 부의하는 사안은 원산지확인위원회에 상정하여 심의할 수 있다. '상정하여 심의할 수 있다'고 하였기 때문에 원산지확인위원회의 상정 및 심의 여부는 필수적인 절차요건이 아니라 관세청장의 임의 결정사항에 해당된다. 원산지확인위원회의 구성과 운영의 주요내용은 [표 10-2]와 같다.

표 10-2 원산지확인위원회의 구성과 운영

구분	내용
위원회 구성	위원장 1명을 포함하여 20명 이상 30명 이하의 위원
위원	다음 각 호의 1에 해당하는 자 중에서 관세청장이 임명 또는 위촉 1. 관계중앙행정기관에서 원산지 관련 업무를 담당하는 공무원 2. 관세청 · 관세평가분류원 · 중앙관세분석소 또는 세관에서 원산지 관련 업무를 담당하고 있는 공무원 3. 그 밖에 원산지업무에 관하여 학식과 경험이 풍부한 자
위원장	관세청에서 원산지업무를 관장하는 고위공무원단에 속하는 공무원
간사	위원회의 간사는 관세청의 5급 이상 공무원 또는 고위공무원단에 속하는 일반직 공무원 중에서 위원장이 지명
의결	위원장을 포함한 재적위원 과반수의 출석과 출석위원 과반수의 찬성으로 의결
자문위원	회의의 원활한 운영을 위하여 위원회에 상정된 물품의 원산지확인업무와 관련된 의견을 듣기 위하여 관련 학계 · 연구기관 또는 협회 등에서 활동하는 자를 관세청장이 자문위원으로 위촉할 수 있음

3 원산지증명

1) 원산지증명제도의 의의

FTA에서 원산지증명이란 특정물품의 통관, 관세의 부과, 감면세 등과 관련해 동 물품의 원산지를 확인하고, 이를 서류로써 증명하는 것을 말한다. 그 서류를 원산지증명서(Certificate of Origin: C/O)라 하는데, 원산지증명서와 그 밖에 원산지 확인을 위하여 필요한 서류 · 정보 등을 '원산지증빙서류'라 한다. 성격상 원산지증명서는 거래 물품의 수출국에서 작성/발급되고, 수입국에서 증명용으로 사용되므로 무역서류의 하나로 수출자가 수입자에게 송부하게 된다. 차별적인 특혜부여를 본질로 하는 FTA에서 특혜부여의 전제로서 원산지증명은 필수적이다. 체약상대국산인지 여부는 해당 물품이 FTA에 규정된 원산지결정기준에 충족되도록 생산, 가공, 제조 등이 이루어진 것인지 여부로 판단한다.

원산지증명서에는 일반적인 원산지증명서 외에 단순가공공정만을 수행한 것을 입증하는 '가공원산지증명서(Processing Certificate of Origin)', 국제 운송과정에서 특정지역을 단순히 경유한 사실을 입증하기 위한 '재수출/환적원산지증명서(Re-export/Transshipment Certificate of Origin)', 수출당사국이 발행한 원산지증명서를 근거로 경유하는 수출당사국이 발행하는 '연결원산지증명서(Back to Back Certificate of Origin)'[7] 등이 있다. 이들 원산지증명서는 일반원산지증명서를 보충하는 성격을 갖는다.

2) 원산지증명서의 발급주체

자료를 통해 원산지결정기준의 충족 여부를 확인하고, 그 원산지기준이 충족됨을 원산지증명서류로 확인하여 표시하는 당사자, 즉 원산지증명서 발급자는 수출자나 수입자 등 무역거래에 참여하는 당사자인 경우도 있고, 관련된 정부기관 또는 그로부터 위임/위탁을 받은 기관인 경우도 있다. 원산지증명서를 누가 발급할 것인지는 FTA에 명시된다. 무역거래당사자에 의한 증명을 자율증명이라 하고, 관련된 기관에 의한 증명을 기관증명이라 한다.

자율증명과 기관증명 두 제도를 절충한 중간방식으로 제한적 자율증명방법도 있다. FTA에 따라서는 기관증명제도와 자율증명제도를 병행하기도 한다. 정부기관이 사전에 인정한 자만이 자율증명을 할 수 있도록 제한하는 방식도 이러한 형태의 하나이다. 자율증명제도는 증명서류의 발급이 간편하고, 그에 따른 비용발생이 적다는 장점이 있는 반면 허위증명 가능성이 상대적으로 높다는 단점이 있다. 기관증명제도는 정부기관 또는 그로부터 위임/위탁을 받은 기관이 발급함에 따라 공신력이 상대적으로 높은 반면 증명서 발급에 시간과 비용 발생이 커지는 단점이 있다. 제

7) 연결원산지증명서는 한-아세안 FTA에 규정되어 있다. 이 원산지증명서는 해당 물품이 다른 국가를 경유하여 운송될 경우 발급될 수 있다. 증명서의 발급자는 중간경유 당사국의 원산지증명서 발급기관이다. 발급기관은 해당 물품이 그 영역을 통과하는 동안 생산자/수출자의 신청이 있을 때 이 원산지증명서를 발급하는데, 발급요건은 ① 정당한 원산지증명서의 원본을 제출하고, ② 중간경유 당사국의 수입자와 중간경유 당사국에서 연결원산지증명서 발급을 신청하는 자가 동일하며, ③ 수입당사국의 검증요청이 있을 경우 이에 응할 것 등이다(한-아세안 FTA 부록 1, 원산지규정을 위한 원산지증명운영절차 제7조).

한적 자율증명방법은 양자의 장점을 살리고자 하는 의도에서 채택된다. FTA별 원산지증명서의 발급주체를 정리하면 [표 10-3]과 같다.

표 10-3 원산지증명서의 발급주체

<table>
<tr><th>구분</th><th>FTA</th><th colspan="2">원산지증명서 발급주체</th></tr>
<tr><td rowspan="9">자율
발급</td><td rowspan="2">한-칠레[8)]</td><td>한국</td><td>수출자</td></tr>
<tr><td>칠레</td><td>수출자</td></tr>
<tr><td rowspan="3">한-EFTA</td><td>한국</td><td>수출자 또는 생산자</td></tr>
<tr><td>스위스를 제외한
EFTA 국가</td><td>수출자 또는 생산자</td></tr>
<tr><td>스위스(치즈 제외)</td><td>수출자 또는 생산자</td></tr>
<tr><td rowspan="2">한-EU</td><td>한국</td><td>6,000유로 이상 물품은 원산지인증수출자, 6,000유로 미만 물품은 모든 수출자[9)]</td></tr>
<tr><td>EU</td><td>6,000유로[10)] 이상 물품은 원산지인증수출자, 6,000유로 미만 물품은 모든 수출자</td></tr>
<tr><td rowspan="2">한-미국</td><td>한국</td><td>수출자, 생산자, 수입자</td></tr>
<tr><td>미국</td><td>수출자, 생산자, 수입자</td></tr>
</table>

8) 칠레와의 협정에 따라 수출자와 생산자가 동일하지 않는 경우 수출자는 생산자가 작성 · 제출한 원산지통보서에 근거하여 원산지증명서를 작성한다. 단, 휴 · 폐업 등의 사유로 생산자에게 원산지통보서를 제출받기 곤란한 경우에는 생산자 서면진술서나 생산자 · 생산장소 · 생산공정 및 거래계약서 등 원산지를 확인할 수 있는 객관적인 자료나 사실에 근거하여 원산지증명서를 작성하여야 한다. 이와 관련된 서식은 고시(제24조)에 [별지 제11호 서식]과 [별지 제12호 서식]으로 정해두고 있다.

9) 한-EU FTA에서 수출자와 생산자가 다를 경우 수출자는 생산자에게 제공한 진술서를 포함해 원산지요건의 충족을 증명하는 서류를 기초로 원산지신고서를 작성하고, 그 기초가 된 모든 서류를 보관하여야 하며 수출당사자의 관세당국이 요청하는 경우 언제라도 제출할 수 있어야 한다(원산지제품의 정의 및 행정협력의 방법에 관한 의정서 제16조 제3항).

10) 이 경우 물품의 총가격은 단일 운송서류(운송서류가 없는 경우에는 송품장을 말한다)에 의하여 단일 수출자로부터 단일 수하인에게 송부된 물품의 총가격(단일 수출자로부터 단일 수하인에게 동시에 송부된 물품이 여러 개인 경우에는 동시에 송부된 물품 가격의 합계를 말한다)을 기준으로 계산한다(규칙 제7조 제2항). 관세청장은 EU당사자와의 원산지 관련 의정서 제25조에 따라 유럽연합 집행위원회가 매년 10월 15일까지 우리나라에 통보하는 6천 유로에 상당하는 유럽연합당사자의 자국통화로 환산된 금액을 관세청장이 지정하는 정보통신망에 지체 없이 게시하여야 한다. 게시한 금액은 게시한 해의 다음 해 1월 1일부터 12월 31일까지 적용된다(규칙 제7조 제3항 및 제4항).

<table>
<tr><td rowspan="18">자율
발급</td><td rowspan="2">한-페루[11]
(2016.8.1. 이후)</td><td>한국</td><td>수출자 또는 생산자</td></tr>
<tr><td>페루</td><td>수출자 또는 생산자</td></tr>
<tr><td rowspan="2">한-터키</td><td>한국</td><td>수출자</td></tr>
<tr><td>터키</td><td>수출자</td></tr>
<tr><td rowspan="2">한-호주</td><td>한국</td><td>수출자 또는 생산자</td></tr>
<tr><td>호주</td><td>수출자 또는 생산자</td></tr>
<tr><td rowspan="2">한-캐나다</td><td>한국</td><td>수출자 또는 생산자</td></tr>
<tr><td>캐나다</td><td>수출자 또는 생산자</td></tr>
<tr><td rowspan="2">한-콜롬비아</td><td>한국</td><td>수출자 또는 생산자</td></tr>
<tr><td>콜롬비아</td><td>수출자 또는 생산자</td></tr>
<tr><td rowspan="2">한-뉴질랜드</td><td>한국</td><td>수출자 또는 생산자</td></tr>
<tr><td>뉴질랜드</td><td>수출자 또는 생산자</td></tr>
<tr><td rowspan="2">한-중미</td><td>한국</td><td>수출자 또는 생산자</td></tr>
<tr><td>중미</td><td>수출자 또는 생산자</td></tr>
<tr><td rowspan="2">한-영</td><td>한국</td><td>6,000유로 이상 물품은 원산지인증수출자, 6,000유로 미만 물품은 모든 수출자</td></tr>
<tr><td>영국</td><td>6,000유로 이상 물품은 원산지인증수출자, 6,000유로 미만 물품은 모든 수출자[12]</td></tr>
<tr><td rowspan="2">한-싱가포르</td><td>한국</td><td>세관, 자유무역지역관리원, 상공회의소·대한상공회의소</td></tr>
<tr><td>싱가포르</td><td>싱가포르 관세당국</td></tr>
<tr><td rowspan="14">기관
발급</td><td rowspan="2">한-EFTA</td><td>한국</td><td>해당 없음</td></tr>
<tr><td>스위스(치즈)</td><td>스위스연방 농업국이 인증한 기관</td></tr>
<tr><td rowspan="11">한-아세안</td><td>한국</td><td>세관, 상공회의소·대한상공회의소</td></tr>
<tr><td>브루나이</td><td>브루나이 외교통상부</td></tr>
<tr><td>캄보디아</td><td>캄보디아 상무부</td></tr>
<tr><td>인도네시아</td><td>인도네시아 통상부</td></tr>
<tr><td>라오스</td><td>라오스 상공회의소</td></tr>
<tr><td>말레이시아</td><td>말레이시아 국제통상산업부</td></tr>
<tr><td>미얀마</td><td>미얀마 상무부</td></tr>
<tr><td>필리핀</td><td>필리핀 세관</td></tr>
<tr><td>싱가포르</td><td>싱가포르 세관</td></tr>
<tr><td>태국</td><td>태국 상무부</td></tr>
<tr><td>베트남</td><td>베트남 통상부</td></tr>
</table>

11) 한-페루 FTA 발효 이후 5년이 되기 전(2016.7.31.까지)에는 기관발급 또는 원산지인증수출

기관 발급	한-인도	한국	세관, 상공회의소·대한상공회의소
		인도	인도수출검사위원회
	한-호주	한국	해당 없음
		호주	호주 상공회의소, 호주 산업협회
	한-중국	한국	세관, 상공회의소·대한상공회의소
		중국	중국국가질량감독검험검역총국 또는 중국국제무역촉진위원회
	한-베트남	한국	세관, 상공회의소·대한상공회의소
		베트남	베트남 산업무역부

출처: 각 FTA 및 FTA관세특례법시행규칙 제7조 및 제8조

[표 10-3]에서 한-EFTA의 경우 기본적으로 자율증명제도를 채택하고 있으나 스위스산 치즈만이 예외적으로 기관증명제도를 채택하였다. 한-페루 FTA의 경우는 협정이 발효된 후 5년 동안(2016.7.31.까지) 기관증명제도와 자율발급제도가 병행되었으나, 그 이후부터는 자율증명제도가 적용되고 있다. 한-호주 FTA의 경우 한국에서 호주로 수출되는 물품은 자율증명제도만 적용되나, 호주에서 한국으로 수출되는 물품은 수출자의 선택에 따라 자율증명제도를 적용할 수도 있고, 기관증명제도를 적용할 수도 있다. 우리나라에서 기관증명제도를 적용할 때 증명서발급기관이란 세관,[13] 자유무역지역관리원(자유무역지역의 지정 및 운영에 관한 법률에 따른 자유무역지역에 입주한 기업체가 신청하는 경우에 한한다) 및 상공회의소법에 따라 설립된 상공회의소와 대한상공회의소[14]를 말한다(규칙 제8조 제1항). 그런데 한-

자가 자율발급(2천 달러 이하는 수출자가 자율발급)하는 것으로 운영되었다.

12) 유로화 외에 영국의 자국통화(파운드)로 작성된 경우에는 관세청장이 6천유로에 상당환산하여 게시하는 금액을 말한다.

13) 정부조직법(제28조)에는 관세의 부과·감면 및 징수와 수출입물품의 통관 및 밀수출입단속에 관한 사무를 관장하기 위하여 기획재정부장관 소속 중앙행정기관으로 관세청을 두도록 하였고, 관세청과 그 소속기관직제(대통령령 제27145호)에는 전국을 34개의 구역으로 구분하여 각각 하나의 세관을 두어 이를 관할하도록 하였다. 세관은 해당 지방에서 관세청장 관장사무 중 일부 사무를 분장한다. 세관의 명칭은 다음과 같다(동 직제 제22조). 인천세관, 서울세관, 부산세관, 대구세관, 광주세관, 평택세관, 김포공항세관, 인천공항국제우편세관, 수원세관, 안산세관, 안양세관, 천안세관, 청주세관, 성남세관, 파주세관, 김해공항세관, 용당세관, 양산세관, 창원세관, 마산세관, 경남남부세관, 진주세관, 울산세관, 구미세관, 포항세관, 속초세관, 동해세관, 광양세관, 목포세관, 대전세관, 여수세관, 군산세관, 제주세관, 전주세관. 일부 세관에는 세관비즈니스센터를 따로 두기도 하는데, 전국에 16개가 있다.

14) 상공회의소는 상공업자의 경제적·사회적 지위를 높이고 상공업의 경쟁력을 강화함으로써

싱가포르 FTA에서는 자유무역지역에 입주한 기업들에 한해 자유무역지역관리원에서 원산지증명서를 발급할 수 있게 하였으나, 한-아세안 FTA나 한-인도, 한-페루, 한-중, 한-베트남 FTA에서는 비록 자유무역지역 입주기업이라 하더라도 자유무역지역관리원에서 원산지증명서를 발급받을 수 없고, 세관에서 발급받을 수 있다.

수출자[15)]나 생산자가 원산지증명서를 자율발급하는 경우 증명서 작성자가 증명서에 서명함이 원칙이다. 다만 한-EFTA FTA에서 원산지인증수출자가 상업송장 또는 이를 갈음하는 서류에 기재된 사항에 대한 서면확인서를 관세청장 또는 세관장에게 사전에 제출한 경우에는 원산지증명서의 서명을 생략할 수 있다. 한-EU FTA에서도 원산지인증수출자가 상업송장 또는 이를 갈음하는 서류에 기재된 사항에 대한 서면확인서를 관세청장 또는 세관장에게 사전에 제출한 경우에는 원산지증명서의 서명을 생략할 수 있다. 한편, 한-미 FTA와 한-콜롬비아 FTA에서는 서명을 요건으로 하고 있지 않다(규칙 제7조 제2항). 또한 한-페루, 한-미, 한-콜롬비아, 한-호주 FTA에서는 원산지증명서를 서면뿐 아니라 전자적 방식으로도 작성할 수 있게 명시하였다.

3) 원산지증명서의 유효기간

어떤 증명서류에도 유효기간이 있기 마련이다. 원산지증명서에도 유효기간이 정해져 있다. FTA를 보면 유효기간을 정함에 있어 서명일(the date on which

---

국민경제의 발전에 이바지함을 목적으로 하는 법인이다. 상공회의소법에 따라 특별시·광역시·특별자치도·시·군(광역시의 군은 제외)의 행정구역을 관할구역으로 하여 회원 자격이 있는 30인 이상이 발기하고, 발기인을 포함하여 회원 자격이 있는 100인 이상의 동의를 받아 창립총회에서 정관을 작성한 후 산업통상자원부장관의 인가를 받아 설립된다. 행정구역은 통합되거나 분할되어 상공회의소가 설립될 수 있다. 2016년 12월 현재 72개의 지역상공회의소와 이들 상공회의소가 공동으로 설립한(상공회의소법 제34조) 대한상공회의소가 있다. 서울지역에는 대한상공회의소 외에 서울상공회의소가 있고, 각 구별로 25개의 상공회가 설치되어 있다.

15) 수출자가 곧 판매자를 의미하는 것은 아니다. 판매자는 제3국에 소재할 수도 있으나 수출자는 물품이 선적되는 국가에 소재한다. 판매자와 수출자가 동일인일 경우 일반적으로 판매자가 송품장과 포장명세서를 발행하지만, 동일인이 아닐 경우 판매자는 송품장을, 수출자는 포장명세서를 발행하게 된다.

Certificate was signed, 한-칠레 FTA 제5.2조, 한-호주 FTA 제3.16조, 한-캐나다 FTA 제4.1조 등)부터 기산하는 것으로 표현한 경우도 있고, 발급일(the date of issue, 한-싱가포르 FTA 제5.2조, 한-아세안 '원산지규정을 위한 원산지증명운영절차' 제10조, 한-EU FTA 제19조, 한-미 FTA 제6.15조, 한-페루 FTA 제4.3조 등)부터 기산하는 것으로 표현한 경우도 있다. 이 표현방식은 증명방식이 기관발급제인가 혹은 자율발급제인가에 따라 달라지는 것이 아니며, 서명일을 발급일로 본다 하여 해석상 무리는 없을 것이다.

FTA별 원산지증명서의 유효기간은 [표 10-4]와 같다.

표 10-4 원산지증명서의 유효기간

FTA	C/O의 유효기간
한-칠레	서명일부터 2년
한-싱가포르	발급일부터 1년
한-아세안	발급일부터 1년. 단, 잘못 발급된 원산지증명서를 대체하기 위하여 재발급되는 원산지증명서의 경우에는 당초 발급된 원산지증명서의 발급일부터 12개월
한-EFTA	발급일부터 1년
한-페루	발급일부터 1년. 다만, 원산지증명서에 기재된 물품이 비당사국 관세당국의 관할하에 일시적으로 보관된 경우에는 2년
한-EU	발급일부터 1년
한-인도	발급일부터 1년
한-미국	발급일부터 4년
한-터키	발급일부터 1년
한-호주	기관발급의 경우는 발급일부터 2년, 자율발급의 경우는 서명일부터 2년
한-캐나다	서명일부터 2년
한-콜롬비아	서명일부터 2년
한-뉴질랜드	서명일부터 2년
한-중국	발급일부터 1년
한-베트남	발급일부터 1년. 단, 잘못 발급된 원산지증명서를 대체하기 위하여 재발급되는 원산지증명서의 경우에는 당초 발급된 원산지증명서의 발급일 다음 날부터 1년
한-중미	서명일부터 1년
한-영국	발급일부터 1년

출처: 각 FTA 및 FTA관세특례법시행령 제6조

4) 원산지증명서 기재사항과 증명에서 사용하는 언어

원산지증명서의 기재사항 및 기재방법은 협정에서 다르게 규정하는 경우를 제외하고는 다음 각 호와 같다(영 제6조 제1항).

① 해당 물품의 수출자 · 품명 · 수량 · 원산지 등 기획재정부령이 정하는 사항이 기재되어 있을 것. 여기서 기획재정부령이 정하는 사항이란 원산지증명서식에 규정된 사항이다.

② 영문으로 작성될 것

③ 원산지증명서 작성대장이 비치되어 발급내역이 관리되고, 원산지증명서에 서명할 자가 지정되어 있으며, 그 서명할 자가 서명하여 발급할 것

국내법 규정상 원산지증명서 작성 시 사용할 언어는 위 제2항에서와 같이 영어가 원칙이다. 그러나 일부 FTA에는 영어 이외의 다른 언어를 사용하여 원산지증명서를 발급할 수 있도록 규정하고 있다. 이 경우는 당연히 영어가 아닌 해당 언어를 사용해 작성한 원산지증명서도 유효하다. 각 FTA에서 원산지증명서 작성에서 사용가능한 언어로 명시한 내용을 보면 [표 10-5]와 같다.

| 표 10-5 | 원산지증명서 작성에서 사용가능한 언어

FTA	사용가능한 언어	해당 FTA의 근거조항
한-칠레	영어	제5.2조 제3호
한-싱가포르	영어	제5.2조 제6호
한-아세안	영어	부록 1(원산지규정을 위한 원산지증명 운영절차) 제15조 제3호
한-EFTA	영어	부속서 1(제2.2조에 규정된 원산지규정 및 통관절차) 제15조 제3호
한-페루	영어	제4.1조 제3호
한-EU	23개 언어본 중 하나[16]	부속서 3(원산지제품의 정의 및 행정협력의 방법에 관한 의정서) 제16조 제4호
한-인도	영어	제4.4조 제1호
한-미국	한국: 한국어/영어, 미국: 영어	제6.15조 제6호
한-터키	영어	원산지규정 및 원산지절차에 관한 의정서 제17조 제3호
한-호주	영어	제3.15조 제2호

한-캐나다	한국: 한국어/영어, 캐나다: 영어/불어	제4.1조
한-콜롬비아	영어	제3.18조 제2호
한-뉴질랜드	영어	제3.19조 제4호
한-중국	영어	제3.15조 제2호
한-베트남	영어	제3.14조 제3호
한-중미	영어	제3.17조 제4호
한-영국	한국어 또는 영어	원산지제품의 정의 및 행정협력의 방법에 관한 의정서 제16조 제4호

출처: 각 FTA 및 FTA관세특례법시행령 제6조

5) 원산지증명서의 서식

(1) 원산지증명의 형태

원산지증명서는 협정국 간 통일규정으로서 서식이 정해져 있는 경우도 있고, 협정국이 각각 정하는 경우도 있으며, 아예 서식 자체를 별도로 정해두지 않은 경우도 있다. 서식이 정해져 있지 않은 경우는 수출자가 수입자에게 송부하는 상업서류 등에 정해진 원산지신고문안을 기재하는 것으로 원산지증명을 한다. 한-EU와 한-EFTA, 그리고 한-터키 FTA에서 이와 같은 형태로 원산지를 증명한다. FTA에서 상업서류가 무엇을 의미하는지는 어느 FTA에서도 따로 정의하고 있지 않다. 일반적으로 무역에서 상업서류란 수출자가 물품을 선적한 후 수입자를 위하여 수입자 소재지의 은행 앞으로 송부하는 각종 서류를 말한다. 여기에는 상업송장, 운송서류, 보험서류, 포장명세서, 영사송장, 세관송장, 원산지증명서, 검사증명서 등이 있다. 따라서 이들 상업서류에 정해진 내용이 기재된 경우 그 서류가 원산지신고서로, 이를 원산지를 증명하는 데 사용될 수 있는 것이다. 상업서류를 작성 또는 발급하는 주체는 거래상황에 따라 달라질 수 있다. 일반적으로 상업송장과 포장명세서는 판매자이자 수출자가 작성하지만, 해당 물품을 수출자가 아닌 제3국 소재자가 판매할 경우 상업송장은 판매자가 작성하지만 포장명세서는 수출자가 작성하게 된다. 운송서류는 운송인이,

16) 23개 언어본은 다음과 같다. 한국어 본, 불가리아어 본, 스페인어 본, 체코어 본, 덴마크어 본, 독일어 본, 에스토니아어 본, 그리스어 본, 영어 본, 프랑스어 본, 이탈리아어 본, 라트비아어 본, 헝가리어 본, 몰타어 본, 네덜란드어 본, 폴란드어 본, 포르투갈어 본, 루마니어 본, 슬로베니아어 본, 슬로바키아어 본, 핀란드어 본, 스웨덴어 본

보험서류는 보험자가, 검사증명서는 검사기관이 각각 발행하므로 이들 또한 수출자와 동일인이 되기 어렵다. 그러므로 수출자가 원산지신고서 문안을 기재하는 것은 다른 특별한 사정이 없는 한 상업송장이거나 포장명세서가 될 수밖에 없을 것이다.

원산지증명서와 원산지신고서는 이론적으로는 다른 개념이다. 이는 한-칠레 FTA의 규정을 보면 명확하게 구분된다.[17] 한-칠레 FTA에서는 수입자가 수출자에 대해 원산지증명서(Certificate of Origin)를 발급하도록 요구하고, 수출자가 그 상품의 생산자가 아닐 경우 수출자가 다음의 내용을 기초로 원산지증명서를 작성하고 이에 서명하도록 하였다.

① 상품이 원산지상품으로서의 자격을 갖추고 있는지 여부에 대한 자신의 지식
② 상품이 원산지상품으로서의 자격을 갖추고 있다는 생산자의 서면 진술에 대한 자신의 합리적인 신뢰
③ 생산자가 작성한 원산지신고서[18]

즉, 원산지신고서는 거래물품의 생산자와 수출자가 다를 경우 수출자가 원산지증명서를 발급할 수 있게 물품의 생산자가 발급해 주는 서류이다. 우리나라에서는 현재 원산지확인서와 국내제조확인서가 이러한 용도로 사용되고 있다. 그런데 한-EU, 한-EFTA, 한-터키, 한-영국 FTA에서는 원산지증명서란 용어 대신 원산지신고서(Origin Declaration: O/D) 양식을 통해 원산지증명을 하도록 하였다. 이때 원산지신고서는 EU나 EFTA, 또는 터키, 영국에 소재하는 수출자가 작성하는 것으로,[19] 원산지 관련 문안이 기록된 송품장 또는 그 밖의 상업서류로 갈음될 수 있다. 협정관세를 적용할 때는 이를 제출하는 것으로 원산지를 증명하도록 하였기 때문에 이 원산지신고서가 곧 원산지증명서의 역할을 하는 것이다.[20] 이 경우 원산지신고서는 곧 원산지증명서라 부를 수 있을 것이다. 실무에서도 통상 원산지증명서라 부른다.[21]

---

17) 한-칠레 FTA 제5.2조 제4항
18) 이 원산지신고서의 서식도 한-칠레 FTA에는 별도로 규정(대한민국정부와 칠레공화국정부 간의 자유무역협정 제3장, 제5장의 해석, 적용 및 운영에 관한 통일규칙 부속서 3가)하고 있다.
19) 여기에서 수출자란 한-EU FTA에서는 인증수출자를 의미하나 한-EFTA와 한-터키 FTA에서는 인증여부를 불문하고 수출자를 의미한다.
20) 한-EFTA FTA 부속서 1(제2.2조에 규정된 원산지규정 및 통관절차) 제15조 제1항
21) 이하 이 책에서도 필요에 따라 한-EU, 한-EFTA, 한-터키 FTA에 따라 수출자가 발급한 원

(2) 원산지신고서를 이용한 원산지증명

한-EFTA, 한-EU, 한-터키, 한-영국 FTA에 규정된 원산지를 증명하기 위한 원산지신고서 양식을 보기로 한다. 먼저, 한-EFTA FTA에서 원산지신고서는 상품에 대해 충분히 세부적으로 기술하여 해당 상품임을 확인할 수 있고, 수출자와 수출자의 주소 및 전화번호가 확인되는 송품장 또는 그 밖의 상업서류로 갈음할 수 있다.[22] 여기에서 원산지신고서란 다음과 같은 내용을 송품장 또는 그 밖의 상업서류에 포함하여 작성한 것을 의미한다.[23] 그 밖에 상업서류로 대표적인 것이 포장명세서(Packing List)이다. 어떤 상업서류에 원산지를 기술하더라도 원산지신고의 주체는 수출자이므로 해당 상업서류를 수출자가 작성한 경우에만 유효한 원산지신고서로 인정될 것이다.

[한-EFTA FTA의 원산지신고 문안]

"The exporter of the products covered by this document (customs authorization No______[1]) declares that, except where otherwise clearly indicated, these products are of______[2] preferential origin."

장소 및 일시[3]
수출자의 서명 및 서명인의 성명[4]
특기사항[5]

작성요령

1) 원산지신고서가 인증수출자에 의해 작성된 경우 인증수출자의 인증번호를 기재한다. 인증수출자에 의해 작성되지 않은 경우 괄호 안의 내용을 생략하거나, 공란으로 둔다.
2) 상품의 원산지를 기재한다. KR(한국), IS(아이슬란드), NO(노르웨이), CH(스위스)와 같이 ISO-알파-2단위 코드를 사용할 수도 있다.
3) 장소 및 일시가 송품장 등에 포함되어 있는 경우 이 부분 기재는 생략될 수 있다.
4) 인증수출자의 서명은 요구되지 않는다. 서명면제 시 서명인의 성명도 기재를 생략한다.
5) 특기할 사항이 있는 경우 기재한다. 예를 들어 당사국 원재료가 수출되고 다시 수입되는 경우 '부속서 Ⅰ의 부록 4(영역원칙의 면제)의 규정이 적용된다'라고 기재한다.

산지증명서류에 대해 원산지신고서 또는 원산지증명서라는 용어를 혼용한다.

22) 한-EFTA FTA 부속서 Ⅰ(제2.2조에 규정된 원산지규정 및 통관절차) 제15조

23) 한-EFTA FTA 부속서 Ⅰ(제2.2조에 규정된 원산지규정 및 통관절차)의 부록 3

한-EU FTA에 규정된 원산지신고도 해당 제품이 확인될 수 있도록 충분히 상세하게 그 제품을 기술하는 송품장, 인도증서 또는 그 밖의 상업서류상의 수출자에 의해 행해질 수 있다. 이때 수출자란 인증수출자를 의미한다. 다만, 전체가격이 6,000유로를 초과하지 않는 원산지제품을 포함하는 하나 이상의 포장으로 구성되는 탁송화물(consignment)[24]의 수출자는 인증수출자가 아니어도 원산지신고서를 작성할 수 있다.[25] 원산지신고서는 수출당사자의 법령에 따라 송품장, 인도증서 또는 다른 상업서류에 다음과 같은 문안을 타자로 치거나, 스탬프로 찍거나, 인쇄함으로써 수출자에 의해 작성될 수 있다. 신고서가 수기로 작성되는 경우에는 잉크를 사용하여 대문자로 작성하여야 한다.

[한-EU FTA의 원산지신고 문안]

"The exporter of the products covered by this document (customs authorization No______[1]) declares that, except where otherwise clearly indicated, these products are of______[2] preferential origin."

장소 및 일자[3]
수출자의 서명 및 서명인의 성명[4]
특기사항

작성요령

1) 인증수출자의 인증번호를 기재한다.
2) 상품의 원산지를 기재한다.
3) 장소 및 일자에 관한 정보가 문서 자체에 포함되는 경우 생략될 수 있다.
4) 수출자의 서명이 요구되지 아니하는 경우, 서명자의 이름도 면제된다는 의미다.

한-터키 FTA에 의한 원산지신고서도 송품장, 인도증서 또는 다른 상업서류에 다음과 같은 문안을 타자로 치거나, 스탬프로 찍거나, 인쇄함으로써 수출자에 의해 작성될 수 있다. 신고서가 수기로 작성되는 경우에는 잉크를 사용하여 대문자로 작성하여야 한다. 원산지신고서는 반드시 영어로만 작성되어야 하며, 신고서에는 신고

24) 여기에서 '탁송화물'은 '송부되는 화물' 정도의 의미를 갖는 것으로 원산지증명의 대상이 되는 수출품들을 의미하는 것으로 해석된다.
25) 한-EU FTA, '원산지제품'의 정의 및 행정협력의 방법에 관한 의정서 제16조

서를 작성한 장소 및 일자와 수출자의 서명 및 신고서에 서명하는 사람의 이름이 명확히 기재되어야 한다.[26] 원산지신고서를 발급하는 자는 원산지증명서 작성대장을 비치하고 발급내역을 관리하여야 한다. 또한 원산지신고서에 서명할 자를 지정하고, 그 서명할 자가 서명하여 발급해야 한다.

[한-터키 FTA의 원산지신고 문안]

"The exporter of the products covered by this document declares that, except where otherwise clearly indicated, these products are of______[1] preferential origin."

장소 및 일자[2]

수출자의 서명 및 서명인의 성명[3]

작성요령

1) 제품의 원산지를 표시한다.
2) 장소 및 일시가 송품장 등에 포함되어 있는 경우 이 표시는 생략될 수 있다.
3) 수출자의 서명 및 신고서에 서명하는 서명인의 성명을 명확히 기재하여야 한다.

[한-영국 FTA의 원산지신고 문안][27]

"The exporter of the products covered by this document (customs authorization No______[1]) declares that, except where otherwise clearly indicated, these products are of______[2] preferential origin."

장소 및 일자[3]

수출자의 서명 및 서명인의 성명[4]

특기사항

작성요령

1) 인증수출자의 인증번호를 기재한다.
2) 상품의 원산지를 기재한다.

---

26) 한-터키 FTA, '원산지규정 및 원산지 절차에 관한 의정서' 제17조 및 부속서 3

27) 한글로 작성할 경우 문안은 다음과 같다. "이 서류(세관인증번호...)의 적용대상이 되는 제품의 수출자는, 달리 명확하게 표시되는 경우를 제외하고, 이 제품은...의 특혜원산지 제품임을 신고한다."

3) 장소 및 일자에 관한 정보가 문서 자체에 포함되는 경우 생략될 수 있다.
4) 수출자의 서명이 요구되지 아니하는 경우, 서명자의 이름도 면제된다는 의미다.

(3) 통일된 원산지증명 서식에 의한 원산지증명

가. 서식의 형태

한-EFTA, 한-EU, 한-터키 FTA를 제외한 FTA에서 원산지증명은 정해진 서식을 사용한다(법 제11조, 규칙 제15조). 법령에 규정된 서식은 [표 10-6]과 같다.

| 표 10-6 | 통일규정으로 정해져 있는 원산지증명서 서식

FTA	근거	구분
한-칠레	제8호 서식	한국과 칠레에서 발행하는 C/O
한-싱가포르	제9호 서식	싱가포르에서 발행하는 C/O
	제10호 서식	한국에서 발행하는 C/O
한-EFTA	제11호 서식	스위스가 발행하는 치즈의 C/O
한-아세안	제12호 서식	한국과 아세안에서 발행하는 C/O(을지는 13호 서식 사용)[28]
한-인도	제14호 서식	한국과 인도에서 발행하는 C/O
한-페루	제16호 서식	한국과 페루에서 발행하는 C/O[29]
한-미국	제17호 서식	한국과 미국에서 발행하는 C/O
한-콜롬비아	제18호 서식	한국과 콜롬비아에서 발행하는 C/O
한-호주	제19호 서식	한국과 호주에서 발행하는 C/O
한-캐나다	제20호 서식	한국과 캐나다에서 발행하는 C/O
한-뉴질랜드	제21호 서식	한국과 뉴질랜드에서 발행하는 C/O
한-베트남	제22호 서식	한국과 베트남에서 발행하는 C/O(을지는 23호 서식 사용)
한-중국	제24호 서식	한국과 중국에서 발행하는 C/O
한-중미	별지 제24호의 2서식	한국과 중미국가들에서 발행하는 C/O

출처: FTA관세특례법시행규칙 제15조 별지 서식

28) 한-아세안과 한-베트남 FTA에서 만일 HS품목번호가 다른 여러 종류의 물품이 동시에 수입될 때는 을지 서식을 추가하여 사용한다.
29) 한-페루 FTA에서 2016년 7월 31일 이전 발급된 원산지증명서는 제15호 서식이, 2016년 8월 1일 이후 작성되는 원산지증명서는 제16호 서식이 적용된다.

■ 자유무역협정의 이행을 위한 관세법의 특례에 관한 법률 시행규칙 [별지 제8호 서식]

칠레와의 협정에 따른 원산지증명서의 서식

<table>
<tr><td colspan="5">KOREA-CHILE FREE TRADE AGREEMENT
CERTIFICATE OF ORIGIN

Issuing Number:</td></tr>
<tr><td colspan="5">1. Exporter(Name and Address)

Tax ID No.</td></tr>
<tr><td colspan="2">2. Producer(Name and Address)

Tax ID No.</td><td colspan="3">3. Importer(Name and Address)</td></tr>
<tr><td>4. Description of Good(s)</td><td>5. HS No</td><td>6. Preference Criterion</td><td>7. Regional Value Content</td><td>8. Country of origin</td></tr>
<tr><td></td><td></td><td></td><td></td><td></td></tr>
<tr><td colspan="5">9. Remarks:</td></tr>
<tr><td colspan="5">10. Certification of Origin
I certify that:
• The information on this document is true and accurate and I assume the responsibility for providing such representations, I understand that I am liable for any false statements or material omissions made on or in connection with this document.
• I agree to maintain and present upon request, documentation necessary to support this certificate, and to inform, in writing, all persons to whom the certificate was given of any changes that could affect the accuracy or validity of this certificate.
• The goods originated in the territory of the Parties, and comply with the origin requirements specified for those goods in KOREA-CHILE FREE TRADE AGREEMENT, and there has been no further production or any other operation outside the territories of the Parties in accordance with Article 4, 12 of the Agreement.</td></tr>
<tr><td colspan="2">Authorized Signature</td><td colspan="3">Company Name</td></tr>
<tr><td colspan="2">Name(Print or Type)</td><td colspan="3">Title</td></tr>
<tr><td colspan="2">Date(MM/DD/YY)</td><td colspan="3">Telephone / Fax / E-mail</td></tr>
</table>

210mm×297mm[백상지 80g/m²(재활용품)]

■ 자유무역협정의 이행을 위한 관세법의 특례에 관한 법률 시행규칙 [별지 제9호 서식]

싱가포르와의 협정에 따른
싱가포르 관세당국이 발급하는 원산지증명서

<table>
<tr><td colspan="2">1. Exporter:</td><td rowspan="3">REPUBLIC OF SINGAPORE

KOREA-SINGAPORE FREE TRADE AGREEMENT

PREFERENTIAL CERTIFICATE OF ORIGIN

NO.
NO UNAUTHORIZED ADDITION/
ALTERATION MAY BE MADE TO THIS CERTIFICATE</td></tr>
<tr><td colspan="2">2. Consignee:</td></tr>
<tr><td colspan="2">3. Departure Date:</td></tr>
<tr><td colspan="2">4. Vessel's Name/Flight No.:</td><td rowspan="4">8. DECLARATION BY THE EXPORTER
We hereby declare that the details and statements provided in this Certificate are true and correct.

Signature:
Name:
Designation: Stamp
Date:</td></tr>
<tr><td colspan="2">5. Port of Discharge:</td></tr>
<tr><td colspan="2">6. Country of Final Destination:</td></tr>
<tr><td colspan="2">7. Country of Origin of Goods:</td></tr>
<tr><td>9. Marks & Numbers</td><td>10. No. & Kind of Pakages:

Description of Goods:
(include brands names if necessary)
HS Subheading:
Origin Criterion:</td><td>11. Quantity & Unit</td></tr>
<tr><td colspan="3">12. CERTIFICATION BY THE COMPETENT AUTHORITY

We hereby certify that evidence has been produced to satisfy us that the goods specified above originate in the country shown in box 7.</td></tr>
</table>

210mm×297mm[백상지 80g/㎡(재활용품)]

■ 자유무역협정의 이행을 위한 관세법의 특례에 관한 법률 시행규칙 [별지 제10호 서식]

싱가포르와의 협정에 따른 대한민국의 원산지증명서

<table>
<tr><td colspan="3">1. Exporter</td><td colspan="3" rowspan="2">Reference No.:

KOREA-SINGAPORE FREE TRADE AGREEMENT
PREFERENTIAL TARIFF
CERTIFICATE OF ORIGIN</td></tr>
<tr><td colspan="3">2. Importer</td></tr>
<tr><td colspan="3">3. Departure Date:</td><td colspan="3">4. Vessel's Name/Flight No.:</td></tr>
<tr><td colspan="6">5. Port of Discharge and Route:</td></tr>
<tr><td colspan="3">6. Country of Final Destination:</td><td colspan="3">7. Country of Origin:</td></tr>
<tr><td>8. Item Number</td><td>9. Description of Goods</td><td>10. HS No.</td><td>11. Marks & Numbers</td><td>12. Quantity & Unit</td><td>13. Origin Criterion</td></tr>
<tr><td></td><td></td><td></td><td></td><td></td><td></td></tr>
<tr><td colspan="3">14. Declaration by the exporter

The undersigned hereby declares that the above details and statements are correct; that all the goods were produced in ____________________
____
(Country)
and that they comply with the origin requirements specified for these goods in the KOREA-SINGAPORE FREE TRADE AGREEMENT for the goods exported to
____
(Importing Country)</td><td colspan="3" rowspan="2">15. Certification

It is hereby certified that the good originated in the territory of Korea, and comply with the origin requirements specified for those goods in KOREA-SINGAPORE FREE TRADE AGREEMENT

Place and Date:

Signature and Stamp of Certifying Authority</td></tr>
<tr><td colspan="3">Place and Date:
Signature of Authorized Signatory</td></tr>
</table>

210mm×297mm[백상지 80g/㎡(재활용품)]

■ 자유무역협정의 이행을 위한 관세법의 특례에 관한 법률 시행규칙 [별지 제11호 서식]

'대한민국과 스위스연방 간의 농업에 관한 협정'에 따른 스위스 치즈 원산지증명서

<table>
<tr><th colspan="2">Certificate of Authenticity</th></tr>
<tr><td>1. Exporter (full name and address)
(수출자)</td><td>CERTIFICATE
for cheese designated as
....
(Code......... of the Harmonized System Nomenclature)
Nr. ORIGINAL</td></tr>
<tr><td>2. Consignee(full name and address)
(수하인)</td><td>3. Authorized Organization
(증명기관)</td></tr>
<tr><td>Notes</td><td>4. Number and date of the invoice
(상업송장번호 및 발행일자)</td></tr>
<tr><td rowspan="2">5. Marks and numbers–Number and nature of the packages
(포장의 표시 및 일련번호)</td><td>6. Gross weight (kg)
(총중량)</td></tr>
<tr><td>7. Net weight (kg)
(순중량)</td></tr>
<tr><td colspan="2">8. Visa of the Authorized Organization
(증명기관의 인증)

It is certified that the above mentioned invoice contains the designated Swiss cheese in conformity to the description in Appendix to Annex I of the Free Trade Agreement on Agricultural products between the Republic of Korea and Switzerland.
(위에서 언급된 송품장은 '대한민국과 스위스연방 간의 농업에 관한 협정'의 부속서 I의 부록에 따라 지정된 스위스 치즈를 포함하고 있음을 증명합니다.)</td></tr>
<tr><td colspan="2">Place and date:
(발행일자 및 장소)   Signature:
(서명)   Seal of the Authorized Organization:
(증명기관 직인)</td></tr>
<tr><td colspan="2">9. Reserved for the customs authorities of the Republic of Korea
(대한민국 세관용)</td></tr>
</table>

210mm×297mm[백상지 80g/㎡(재활용품)]

■ 자유무역협정의 이행을 위한 관세법의 특례에 관한 법률 시행규칙 [별지 제12호 서식]

아세안회원국과의 협정에 따른 원산지증명서의 서식

(앞쪽)

<table>
<tr><td colspan="6">Original(Duplicate/Triplicate)</td></tr>
<tr><td colspan="3">1. Goods Consigned from(Exporter's business name, address, country)</td><td colspan="3" rowspan="2">Reference No.

KOREA-ASEAN FREE TRADE AREA
PREFERENTIAL TARIFF CERTIFICATE OF ORIGIN
(Combined Declaration and Certificate)
FORM AK
Issued in ________
(country)
See Notes Overleaf</td></tr>
<tr><td colspan="3">2. Goods Consigned to(Consignee's name, address, country)</td></tr>
<tr><td colspan="3">3. Means of transport and route(as far as known)

Departure date:
Vessel' s name/Aircraft etc.:
Port of Discharge</td><td colspan="3">4. For Official Use
☐ Preferential Treatment Given Under KOREA-ASEAN FREE TRADE Area Preferential Tariff
____
☐ Preferential Treatment Not Given(Please state reason/s)
____

____
Signature of Authorized Signatory of the Imparting Country</td></tr>
<tr><td>5. Item number</td><td>6. Marks and numbers on packages</td><td>7. Number and type of packages, description of goods(including quantity where appropriate and HS number of the importing country)</td><td>8. Origin Criterion(See Notes overleaf)</td><td>9. Gross weight or other quantity and Value(FOB only when RVC criterion is used)</td><td>10. Number and date of Invoices</td></tr>
<tr><td></td><td></td><td></td><td></td><td></td><td></td></tr>
</table>

<table>
<tr>
<td>11. Declaration by the exporter
The undersigned hereby declares that the above details and statements are correct; that all the goods were produced in
....
(Country)
and that they comply with the origin requirements specified for these goods in the KOREA–ASEAN Free Trade Area Preferential Tariff for the goods exported to
....
(Importing Country)
....
Place and Date.
Signature of authorized Signatory</td>
<td>12. Certification
It is hereby certified, on the basis of control carried out, that the declaration by the exporter is correct
....
Place and Date, Signature and Stamp of Certifying Authority</td>
</tr>
<tr>
<td colspan="2">13. ☐ Third Country Invoicing ☐ Exhibition ☐ Back – to – Back CO</td>
</tr>
</table>

210mm×297mm[백상지 80g/㎡(재활용품)]

■ 자유무역협정의 이행을 위한 관세법의 특례에 관한 법률 시행규칙 [별지 제13호 서식]

아세안회원국과의 협정에 따른 원산지증명서의 서식(을지)

<table>
<tr><td colspan="6">Original(Duplicate/Triplicate)
(Additional Page)
Reference No.</td></tr>
<tr><td>5.
Item number</td><td>6.
Marks and numbers on packages</td><td>7.
Number and type of packages, description of goods
(including quantity where appropriate and HS number of the importing country)</td><td>8.
Origin Criterion
(See Notes overleaf)</td><td>9.
Gross weight or other quantity and Value
(FOB only when RVC criterion is used)</td><td>10.
Number and date of Invoice</td></tr>
<tr><td></td><td></td><td></td><td></td><td></td><td></td></tr>
<tr><td colspan="3">11. Declaration by the exporter
The undesigned hereby declares that the above details and statement are correct; that all goods were produced in
....
(Country)
and that they comply with the origin requirements specified for these goods in the KOREA-아세안 Free Trade Area Preferential Tariff for the goods exported to
....
(Importing Country)
....
Place and date,
signature of authorised signatory</td><td colspan="3">12. Certification
It is hereby certified, on the basis of control carried out, that the declaration by the exporter is correct
....
Place and date, signature and stamp of certifying authority</td></tr>
<tr><td colspan="6">13. □ Third Country Invoicing □ Exhibition □ Back-to-Back CO</td></tr>
</table>

210mm×297mm[백상지 80g/㎡(재활용품)]

■ 자유무역협정의 이행을 위한 관세법의 특례에 관한 법률 시행규칙 [별지 제14호 서식]

인도와의 협정에 따른 원산지증명서의 서식

Certificate of Origin
Korea–India Comprehensive Economic Partnership Agreement
Original (Duplicate/Triplicate/Quadruplicate)

<table>
<tr><td colspan="2">1. Exporter (name, address, country, e–mail address, telephone number, fax number)</td><td colspan="3" rowspan="2">Reference No.:
KOREA–INDIA COMPREHENSIVE ECONOMIC PARTNERSHIP AGREEMENT
PREFERENTIAL CERTIFICATE OF ORIGIN
(Combined Declaration and Certificate)

Issued in ________(country)_________</td></tr>
<tr><td colspan="2">2. Producer (name, address, country)
(optional)</td></tr>
<tr><td colspan="2">3. Importer (name, address, country)
(optional)</td><td colspan="3">5. For Official Use</td></tr>
<tr><td colspan="2">4. Means of transport and route (optional)
Departure date:
Vessel's name/Aircraft etc.:
Port of Discharge:</td><td colspan="3">6. Remarks</td></tr>
<tr><td>7. HS Code (6 digit)</td><td>8. Description of goods, including quantity</td><td>9. Gross weight and value (FOB)</td><td>10. Origin criterion</td><td>11. Number and date Invoices</td></tr>
<tr><td></td><td></td><td></td><td></td><td></td></tr>
<tr><td colspan="2">12. Declaration by the exporter

The undesigned hereby declares that the above details and statement are correct; that all goods were produced in
............(Country)...........
and that they comply with the origin requirements specified for these goods in the KOREA–INDIA Comprehensive Economic Partnership Agreement for the goods exported to
..........(Importing Country)........

....
Place and date, signature of authorised signatory</td><td colspan="3">13. Certification

It is hereby certified, on the basis of control out, that the declaration by the exporter is correct

....
Place and date, signature and stamp of issuing authority</td></tr>
<tr><td colspan="5">14. □ Third country invoicing(name, address, country)</td></tr>
</table>

210mm×297mm[백상지 80g/㎡(재활용품)]

■ 자유무역협정의 이행을 위한 관세법의 특례에 관한 법률 시행규칙 [별지 제15호 서식]

페루와의 협정 부속서 4-가-1에 따른 원산지증명서의 서식

CERTIFICATE OF ORIGIN
ORIGINAL

<table>
<tr><td colspan="3">1. Exporter's name and address:</td><td colspan="3" rowspan="3">Certificate No.:

CERTIFICATE OF ORIGIN
Form for Korea–Peru FTA

Issued in ___________
(see Overleaf Instruction)</td></tr>
<tr><td colspan="3">2. Producer's name and address:</td></tr>
<tr><td colspan="3">3. Consignee's name and address:</td></tr>
<tr><td colspan="3">4. Means of transport and route(as far as known):

Departure Date:
Vessel/Flight/Train/Vehicle No.:
Port of loading:
Port of discharge:</td><td colspan="3">5. Remarks:</td></tr>
<tr><td>6. Item number (Max 20)</td><td>7. Number and kind of packages; description of goods</td><td>8. H8 code (8ix digit code)</td><td>9. Origin criterion</td><td>10. Gross weight, quantity (Quantity Unit) or other measures (litters, m³, etc.)</td><td>11. Number and date of invoices</td></tr>
<tr><td colspan="4">12. Declaration by the exporter

The undersigned hereby declares that the above details and statement are correct, that all goods were produced in

(Country)
and that they comply with the origin requirements specified in the FTA for the goods exported to

(Importing Country)

Place and date, signature of authorized signatory

(장소 및 날짜, 권한 있는 서명권자의 서명)</td><td colspan="2">13. Certification

On the basis of control carried out, it is hereby certified that the information herein is correct and that the goods described comply with the origin requirements specified in the Korea–Peru FTA.

Place and date, signature and stamp of authorized body

(장소 및 날짜, 수임기관의 서명 및 소인)</td></tr>
</table>

210mm×297mm[백상지 80g/㎡(재활용품)]

■ 자유무역협정의 이행을 위한 관세법의 특례에 관한 법률 시행규칙 [별지 제16호 서식]

페루와의 협정 부속서 4-나에 따른 원산지증명서의 서식

(앞쪽)

<table>
<tr><td colspan="6">KOREA–PERU FREE TRADE AGREEMENT</td></tr>
<tr><td>1. Exporter's Name and Address:

Telephone: Fax:

E-Mail</td><td colspan="5">2. Blanket Period:

YYYY MM DD YYYY MM DD
From:_______/____/____ To:_______/____/____</td></tr>
<tr><td>3. Producer's Name and Address:

Telephone(optional):

E-Mail(optional):</td><td colspan="5">4. Importer's Name and Address:

Telephone: Fax:

E-Mail:</td></tr>
<tr><td>5. Description of Good(s)</td><td>6. HS Tariff Classification</td><td>7. Origin Criterion</td><td>8. Producer</td><td>9. Value Test</td><td>10. Country of Origin</td></tr>
<tr><td></td><td></td><td></td><td></td><td></td><td></td></tr>
<tr><td colspan="6">11. Remarks:</td></tr>
<tr><td colspan="6">I certify that:
– The information in this document is true and accurate and I assume the responsibility for proving such representations. I understand that I am liable for any false statements or material omissions made on or in connection with this document.
– I agree to maintain, and present upon request, documentation necessary to support this Certificate, and to inform, in writing, all persons to whom the Certificate was given of any changes that would affect the accuracy or validity of this Certificate.
– The goods originate in the territory of one or both Parties and comply with the origin requirements specified for those goods in the Korea – Peru Free Trade Agreement.

This Certificate consists of________ pages, including all attachments.</td></tr>
<tr><td colspan="2">12. Authorized signature:</td><td colspan="4">Company:</td></tr>
<tr><td colspan="2">Name:</td><td colspan="4">Title:</td></tr>
<tr><td colspan="2">YYYY MM DD
Date:_______/____/____</td><td colspan="2">Telephone:</td><td colspan="2">Fax:</td></tr>
</table>

210mm×297mm[백상지 80g/㎡(재활용품)]

■ 자유무역협정의 이행을 위한 관세법의 특례에 관한 법률 시행규칙 [별지 제17호 서식]

미합중국과의 협정에 따른 원산지증명서의 서식

<table>
<tr><td colspan="6">Certificate of Origin
Korea-US Free Trade Agreement</td></tr>
<tr><td rowspan="5">1. Exporter
(수출자)</td><td>Name(성명)</td><td></td><td colspan="3" rowspan="5">2. Blanket Period
(원산지 포괄증명기간)

YYYY MM DD / YYYY MM DD
(년) (월) (일) / (년) (월) (일)
From:____/____/____ To:____/____/____
(부터) (까지)</td></tr>
<tr><td>Address(주소)</td><td></td></tr>
<tr><td>Telephone(전화)</td><td></td></tr>
<tr><td>Fax(팩스)</td><td></td></tr>
<tr><td>E-mail(전자주소)</td><td></td></tr>
<tr><td rowspan="5">3. Producer
(생산자)</td><td>Name(성명)</td><td></td><td rowspan="5">4. Importer
(수입자)</td><td>Name(성명)</td><td></td></tr>
<tr><td>Address(주소)</td><td></td><td>Address(주소)</td><td></td></tr>
<tr><td>Telephone(전화)</td><td></td><td>Telephone(전화)</td><td></td></tr>
<tr><td>Fax (팩스)</td><td></td><td>Fax(팩스)</td><td></td></tr>
<tr><td>E-mail(전자주소)</td><td></td><td>E-mail(전자주소)</td><td></td></tr>
<tr><td colspan="6">5. 원산지증명대상물품내역</td></tr>
<tr><td>Serial No.
(연번)</td><td>Description of Good(s)
(품명 · 규격)</td><td>Quantity & Unit
(수량 및 단위)</td><td>HS No.
(품목번호 HS 6단위)</td><td>Preference Criterion[1)]
(원산지결정기준)</td><td>Country of Origin
(원산지 국가)</td></tr>
<tr><td></td><td></td><td></td><td></td><td></td><td></td></tr>
<tr><td colspan="6">6. Observations:
(특이사항)</td></tr>
<tr><td colspan="6">I certify that:
본인은 다음 사항을 확인합니다.
– The information in this document is true and accurate and I assume the responsibility for proving such representations.
I understand that I am liable for any false statements or material omissions made on or in connection with this document.
상기 서식에 기재된 내용은 사실이고 정확하며, 기재된 사항에 대한 책임은 본인에게 있습니다. 이</td></tr>
</table>

<table>
<tr><td colspan="3">증명서 또는 이와 관련한 허위 진술 또는 중대한 사실 누락에 대해서는 본인에게 책임이 있음을 확인합니다.
– I agree to maintain, and present upon request, documentation necessary to support this Certificate, and to inform, in writing, all persons to whom the Certificate was given of any changes that would affect the accuracy or validity of this Certificate.
본인은 이 증명서를 입증하는 데 필요한 문서를 보관하며, 요청이 있을 경우 이를 제출할 뿐 아니라, 이 증명서의 정확성이나 유효기간에 영향을 미치는 여타 변동사항에 대해서 이 증명서를 받은 관계자들에게 서면으로 통보할 것에 동의합니다.
– The goods originate in the territory of one or both Parties and comply with the origin requirements specified for those goods in the Korea–United State of America Free Trade Agreement.
해당 물품은 대한민국과 미합중국 간의 자유무역협정에 따른 원산지결정기준을 충족하고 있음을 확인합니다.
This Certificate consists of _____ pages, including all attachments.
이 증명서는 첨부서류를 포함하여 총___장으로 구성되어 있습니다.</td></tr>
<tr><td>7. Authorized Signature
(서명권자의 서명)</td><td colspan="2">Company
(회사명)</td></tr>
<tr><td>Name
(작성자 성명)</td><td colspan="2">Title
(직위)</td></tr>
<tr><td>YYYY MM DD
(년) (월) (일)
_____/____/____</td><td>Telephone
(전화번호)</td><td>Fax
(팩스번호)</td></tr>
</table>

1) Originating goods in accordance with Article 6.1(a) of the Agreement(미합중국과의 협정 제6.1조 가호에 따른 원산지물품): WO
   Originating goods in accordance with Article 6.1(b) of the Agreement(미합중국과의 협정 제6.1조 나호에 따른 원산지물품): PSR
   Originating goods in accordance with Article 6.1(c) of the Agreement(미합중국과의 협정 제 6.1조 다호에 따른 원산지물품): PE

* 수입자, 생산자란은 기재 생략 가능하며, 한글본과 영문을 선택하여 사용할 수 있음.

210mm×297mm[백상지 80g/㎡(재활용품)]

■ 자유무역협정의 이행을 위한 관세법의 특례에 관한 법률 시행규칙 [별지 제18호 서식]

콜롬비아와의 협정에 따른 원산지증명서의 서식

(앞쪽)

<table>
<tr><td colspan="6">CERTIFICATE OF ORIGIN
KOREA–COLOMBIA FREE TRADE AGREEMENT</td></tr>
<tr><td colspan="2">1. Exporter's Name and Address:
Telephone: Fax:
E–mail:</td><td colspan="4">2. Blanket Period:
YYYY MM DD YYYY MM DD
From:_______/___/___ To:_______/___/___</td></tr>
<tr><td colspan="2">3. Producer's Name and Address:
Telephone(optional):
E–mail(optional):</td><td colspan="4">4. Importer's Name and Address:
Telephone: Fax:
E–Mail:</td></tr>
<tr><td>5. Description of Good(s)</td><td>6. HS Tariff Classification #</td><td>7. Origin Criterion</td><td>8. Producer</td><td>9. Value Test</td><td>10. Country of Origin</td></tr>
<tr><td></td><td></td><td></td><td></td><td></td><td></td></tr>
<tr><td colspan="6">11. Remarks:</td></tr>
<tr><td colspan="6">I certify that:
– The information in this document is true and accurate and I assume the responsibility for proving such representations. I understand that I am liable for any false statements or material omissions made on or in connection with this document.
– I agree to maintain, and present upon request, documentation necessary to support this Certificate, and to inform, in writing, all persons to whom the Certificate was given of any changes that would affect the accuracy or validity of this Certificate.
– The goods originate in the territory of one or both Parties and comply with the origin requirements specified for those goods in the Korea–Colombia Free Trade Agreement.

This Certificate consist of ________ pages, including all attachments.</td></tr>
<tr><td colspan="3">12. Authorized Signature:</td><td colspan="3">Company:</td></tr>
<tr><td colspan="3">Name:</td><td colspan="3">Title:</td></tr>
<tr><td colspan="3">YYYY MM DD
Date:_______/___/___</td><td colspan="2">Telephone:</td><td>Fax:</td></tr>
</table>

210mm×297mm[백상지 80g/㎡(재활용품)]

▪ 자유무역협정의 이행을 위한 관세법의 특례에 관한 법률 시행규칙 [별지 제19호 서식]

호주와의 협정에 따른 원산지증명서의 서식 (앞쪽)

<table>
<tr><td colspan="4">Korea–Australia Free Trade Agreement
Certificate of Origin
1. Issuing Number:</td></tr>
<tr><td colspan="2">2. Exporter–Name and contact details:</td><td colspan="2">3. Blanket Period for multiple shipment:
From: (DD/MM/YYYY) To: (DD/MM/YYYY)</td></tr>
<tr><td colspan="2">4. Producer–Name and contact details (optional field):</td><td colspan="2">5. Importer–Name contact details (optional field):</td></tr>
<tr><td colspan="2">6. Description of good(s) (including quantity, invoice number or other unique reference number where appropriate)</td><td>7. Harmonized System code (six digits):</td><td>8. Preference criterion:</td></tr>
<tr><td colspan="4">9. Observations(optional field):</td></tr>
<tr><td colspan="4">10. Declaration:
I certify that:
– The information in this document is true and accurate and I assume the responsibility for proving such representations. I understand that I am liable for any false statements or material omissions made on or in connection with this document.
– I agree to maintain, and present upon request, documentation necessary to support this Certificate, and to inform, in writing, all persons to whom the Certificate was given of any changes that would affect the accuracy or validity of this Certificate.
– The goods originate in the territory of one or both Parties and comply with the origin requirements specified for those goods in the Korea–Australia Free Trade Agreement.
– This Certificate consist of ________ pages, including all attachments.</td></tr>
<tr><td colspan="2">11. Signature:</td><td colspan="2">Company or Authorised Body:</td></tr>
<tr><td colspan="2">Name:</td><td colspan="2">Title:</td></tr>
<tr><td colspan="2">Date:</td><td colspan="2">Contact details:</td></tr>
</table>

210mm×297mm[백상지 80g/㎡(재활용품)]

■ 자유무역협정의 이행을 위한 관세법의 특례에 관한 법률 시행규칙 [별지 제20호 서식]

캐나다와의 협정에 따른 원산지증명서의 서식

(앞쪽)

<table>
<tr><td colspan="6">Certificate of Origin
Korea–Canada Free Trade Agreement</td></tr>
<tr><td>1. Exporter's Name and Address:

Telephone: Fax:

E–mail:

Reference No.</td><td colspan="5">2. Blanket Period:

From:____/___/___
YYYY MM DD

To:____/___/___
YYYY MM DD</td></tr>
<tr><td>3. Producer's Name and Address:

Telephone: Fax:

E–mail:

Reference No.</td><td colspan="5">4. Importer's Name and Address:

Telephone: Fax:

E–mail:

Reference No.</td></tr>
<tr><td>5.
Description of good(s)</td><td>6.
HS Tariff Classification #</td><td>7.
Preference Criterion</td><td>8.
Producer</td><td>9.
Value Test</td><td>10.
Country of Origin</td></tr>
<tr><td></td><td></td><td></td><td></td><td></td><td></td></tr>
<tr><td colspan="6">I certify that:
– the information in this document is true and accurate and I assume the responsibility for proving such representations. I understand that I am liable for any false statements or material omissions made on or in connection with this document.
– I agree to maintain, and present upon request, documentation necessary to support this Certificate, and to inform, in writing, all persons to whom the Certificate was given of any changes that would affect the accuracy or validity of this Certificate.
–The goods originate in the territory of one or both Parties and comply with the origin requirements specified for those goods in the Korea Canada Free Trade Agreement.
–This Certificate consists of _____ pages, including all attachments.</td></tr>
<tr><td>11. Authorized signature:</td><td colspan="5">Company:</td></tr>
<tr><td>Name:</td><td colspan="5">Title:</td></tr>
<tr><td>Date:_____/___/___
YYYY MM DD</td><td colspan="5">Telephone: Fax:</td></tr>
</table>

210mm×297mm[백상지 80g/㎡(재활용품)]

▪ 자유무역협정의 이행을 위한 관세법의 특례에 관한 법률 시행규칙 [별지 제21호 서식]

뉴질랜드와의 협정에 따른 원산지증명서의 서식 (앞쪽)

<table>
<tr><td colspan="6">Origin Declaration
Korea–New Zealand Free Trade Agreement</td></tr>
<tr><td>1. Exporter's Name and Address:
Telephone: Fax:
E–Mail:
Reference No.</td><td colspan="5">2. Blanket Period:
YYYY MM DD YYYY MM DD
From:_______/___/___ To:_______/___/___</td></tr>
<tr><td>3. Producer's Name and Address:
Telephone: Fax:
E–Mail:
Reference No.</td><td colspan="5">4. Importer's Name and Address:
Telephone: Fax:
E–Mail:</td></tr>
<tr><td>5. Description of good(s)</td><td>6.
HS Tariff Classification</td><td>7.
Preference Criterion</td><td>8.
Producer</td><td>9.
Value Test</td><td>10.
Country of origin</td></tr>
<tr><td></td><td></td><td></td><td></td><td></td><td></td></tr>
<tr><td colspan="6">11. Observations:</td></tr>
<tr><td colspan="6">I certify that:
– The information in this document is true and accurate and I assume the responsibility for proving such representations. I understand that I am liable for any false statements or material omissions made on or in connection with this document.
– I agree to maintain, and present upon request, documentation necessary to support this declaration, and to inform, in writing, all persons to whom the declaration was given of any changes that would affect the accuracy or validity of this declaration.</td></tr>
<tr><td colspan="6">– The goods originate in the territory of one or both of the Parties and comply with the origin requirements specified for those goods in the Korea–New Zealand Free Trade Agreement.
This declaration consists of ______ pages, including all attachments.</td></tr>
<tr><td colspan="3">12. Authorized signature:</td><td colspan="3">Company:</td></tr>
<tr><td colspan="3">Name:</td><td colspan="3">Title:</td></tr>
<tr><td colspan="3">YYYY MM DD
Date:_______/___/___</td><td colspan="3">Telephone: Fax:</td></tr>
</table>

210mm×297mm[백상지 80g/㎡(재활용품)]

■ 자유무역협정의 이행을 위한 관세법의 특례에 관한 법률 시행규칙 [별지 제22호 서식]

베트남과의 협정에 따른 원산지증명서의 서식

(앞쪽)

<table>
<tr><th colspan="6">Original(Duplicate/Triplicate)</th></tr>
<tr><td colspan="3">1. Goods Consigned from
(Exporter' s business name, address, country)</td><td colspan="3" rowspan="2">Reference No.

KOREA–VIETNAM FREE TRADE AGREEMENT
PREFERENTIAL TARIFF CERTIFICATE OF ORIGIN
(Combined Declaration and Certificate)
FORM KV

Issued in ______________ (country)

See Notes Overleaf</td></tr>
<tr><td colspan="3">2. Goods Consigned to
(Consignee's name, address, country)</td></tr>
<tr><td colspan="3">3. Means of transport and route
(as far as known)

Departure date

Vessel's name/Aircraft etc.

Port of Discharge</td><td colspan="3">4. For Official Use
☐ Preferential Treatment Given Under Korea–Viet Nam Free Trade Agreement
____
☐ Preferential Treatment Not Given (Please state reason/s)
____
....
Signature of Authorized Signatory of the Importing Country</td></tr>
<tr><td>5.
Item number</td><td>6.
Marks and numbers on packages</td><td>7.
Number and type of packages, description of goods (including quantity where appropriate and HS code of the good in the importing country)</td><td>8.
Origin Criterion (See Overleaf Notes)</td><td>9.
Gross weight or other quantity and Value (FOB only when RVC criterion is used)</td><td>10.
Number and date of Invoices</td></tr>
<tr><td></td><td></td><td></td><td></td><td></td><td></td></tr>
<tr><td colspan="3">11. Declaration by the exporter
The undersigned hereby declares that the above details and statement are correct, that all goods were produced in
....
(Country)
and that they comply with the origin requirements specified for these goods in the Korea–Viet Nam Free Trade Agreement for the goods exported to
....
(Importing Country)
....
Place and date, signature of authorized signatory</td><td colspan="3">12. Certification
It is hereby certified, on the basis of control carried out, that the declaration by the exporter is correct.

....
Place and date, signature and stamp of certifying authority</td></tr>
<tr><td colspan="6">13. Remarks</td></tr>
</table>

210mm×297mm[백상지 80g/㎡(재활용품)]

■ 자유무역협정의 이행을 위한 관세법의 특례에 관한 법률 시행규칙 [별지 제24호 서식]

중국과의 협정에 따른 원산지증명서의 서식

ORIGINAL

(앞쪽)

<table>
<tr><td colspan="4">1. Exporter's name and address, country:</td><td colspan="3" rowspan="3">Certificate No.:

CERTIFICATE OF ORIGIN
Form for Korea-China FTA

Issued in ____________
(see Overleaf Instruction)</td></tr>
<tr><td colspan="4">2. Producer's name and address, country:</td></tr>
<tr><td colspan="4">3. Consignee's name and address, country:</td></tr>
<tr><td colspan="4">4. Means of transport and route (as far as known):

Departure Date:

Vessel/Flight/Train/Vehicle No.:

Port of loading:

Port of discharge:</td><td colspan="3">5. Remarks:</td></tr>
<tr><td>6.
Item number (Max 20)</td><td>7.
Marks and Numbers on packages</td><td>8.
Number and kind of packages; description of goods</td><td>9.
HS code (Six-digit code)</td><td>10.
Origin criterion</td><td>11.
Gross weight, quantity (Quantity Unit) or other measures (liters, m³, etc.)</td><td>12.
Number and date of invoice</td></tr>
<tr><td colspan="4">13. Declaration by the exporter:

The undersigned hereby declares that the above details and statement are correct, that all the goods were produced in

(Country)

and that they comply with the origin requirements specified in the FTA for the goods exported to

(Importing country)

Place and date, signature of authorized signatory</td><td colspan="3">14. Certification:

On the basis of control carried out, it is hereby certified that the information herein is correct and that the goods described comply with the origin requirements specified in the Korea-China FTA.

Place and date, signature and stamp of authorized body</td></tr>
</table>

210mm×297mm[백상지 80g/㎡(재활용품)]

■ 자유무역협정의 이행을 위한 관세법의 특례에 관한 법률 시행규칙 [별지 제24호의2서식]

중미 공화국들과의 협정에 따른 원산지증명서의 서식

(앞쪽)

<table>
<tr><td colspan="6">FREE TRADE AGREEMENT BETWEEN THE REPUBLIC OF KOREA AND THE REPUBLICS OF CENTRAL AMERICA</td></tr>
<tr><td>1. Exporter's Name and Address:
Telephone: Fax (optional):
E-Mail:</td><td colspan="5">2. Blanket Period:
YYYY MM DD YYYY MM DD
From: / / / To: / / /</td></tr>
<tr><td>3. Producer's Name and Address:
Telephone:
E-Mail:</td><td colspan="5">4. Importer's Name and Address:
Telephone: Fax (optional):
E-Mail:</td></tr>
<tr><td>5. Description of Good(s)</td><td>6.
HS Tariff Classification#</td><td>7.
Origin Criterion</td><td>8.
Producer</td><td>9.
RVC</td><td>10.
Country of Origin</td></tr>
<tr><td></td><td></td><td></td><td></td><td></td><td></td></tr>
<tr><td colspan="6">11. Remarks:</td></tr>
<tr><td colspan="6">I certify that:
- The information in this document is true and accurate and I assume the responsibility for proving such representations. I understand that I am liable for any false statements or material omissions made on or in connection with this document.
- I agree to maintain, and present upon request, documentation necessary to support this Certificate, and to inform, in writing, all persons to whom the Certificate was given of any changes that would affect the accuracy or validity of this Certificate.
- The goods originate in the territory of one Party and comply with the origin requirements specified for those goods in the Free Trade Agreement between the Republic of Korea and the Republics of Central America.
This Certificate consists of pages, including all attachments.</td></tr>
<tr><td colspan="2">12. Authorized signature:</td><td colspan="4">Company:</td></tr>
<tr><td colspan="2">Name:</td><td colspan="4">Title:</td></tr>
<tr><td colspan="2">YYYY MM DD
Date: / / /</td><td colspan="4">Telephone:
Fax(optional):</td></tr>
</table>

210mm×297mm[백상지(80g/m²)]

나. 증명서의 작성방법

원산지증명서는 협정에서 다르게 규정하지 않았으면 해당 물품의 선(기)적 단위(B/L 등)를 원칙으로 하는 수출신고 기준으로 발급 또는 작성 · 서명하여야 한다. 따라서 하나의 무역계약으로 거래되는 물품일지라도 여러 건의 원산지증명서가 발행될 수 있다. 다만, 하나의 원산지증명서에 수출신고서의 각 품목번호별로 구분하여 작성 · 발급할 수 있으며, 수출물품을 분할 또는 동시 포장하여 적재하는 경우에는 선하증권 또는 항공운송장별로 원산지증명서를 발급 또는 작성 · 서명할 수 있다(고시 제4조).

6) 원산지증명 절차

(1) 기관증명 원산지증명서의 발급

가. 원산지증명서 발급기관

원산지증명서 발급기관이란 협정과 법령이 정하는 방법과 절차에 따라 원산지국가의 수출물품에 대하여 그 물품의 원산지를 확인하고 원산지증명서를 발급하는 권한을 부여받은 기관을 말한다. 고시(제6조 별표 1)에는 수출물품의 원산지증명서 발급기관을 [표 10-7]과 같이 정해 두고 있다.

표 10-7 | 수출물품의 원산지증명서 발급기관(2017년 1월 현재)

구분	발급기관
세 관	34개 세관 및 16개 세관비즈니스센터
상공회의소	상공회의소법에 따라 설립된 75개 상공회의소 및 대한상공회의소

증명서 발급기관 중 세관은 관세청장이 지정하는 인장을, 상공회의소는 대한상공회의소장이 지정한 인장을 원산지증명서 발급용 인장으로 사용한다.

나. 증명서 발급의 신청

원산지증명서는 해당 협정에서 정하는 자와 그 증명권자로부터 권한을 서면으로 위임받은 자가 발급을 신청할 수 있다(고시 제7조). 원산지증명서를 발급받고자 할 때는

[별지 제3호 서식]의 원산지증명서 발급신청서에 다음 각 호의 서류를 첨부하여 증명서 발급기관에 제출하여야 한다(영 제10조). 다만, 원산지인증수출자는 첨부서류의 제출을 생략할 수 있다.

① 수출신고의 수리필증 사본(증명서 발급기관이 수출사실 등을 전산으로 확인할 수 있는 경우에는 제출을 생략할 수 있다) 또는 이에 갈음하는 다음 각 목의 어느 하나에 해당하는 서류. 이 경우 수출신고가 수리되기 전에 원산지증명서의 발급을 신청한 자는 수출신고가 수리된 후에 제출할 수 있다.

가. 자유무역지역에서 생산된 물품의 경우에는 자유무역지역의 지정 및 운영에 관한 법률 시행령(제19조)에 따른 국외반출신고서 사본

나. 개성공업지구에서 생산된 물품의 경우에는 관세법시행령(제226조)에 따른 보세운송신고서 사본

다. 우편물 · 탁송품 및 별송품의 경우에는 영수증 · 선하증권 사본 또는 그 밖에 체약상대국으로 수출하였거나 수출할 것임을 나타내는 서류

② 송품장 또는 거래계약서

③ 원산지확인서(최종물품에 대한 원산지확인서로서 해당 물품의 생산자와 수출자가 다른 경우로 한정한다)

④ 원산지소명서(별지 제4호의 서식). 다만, 수출자와 생산자가 다른 경우 생산자는 원산지소명서를 증명서 발급기관에 직접 제출할 수 있다.

증명서 발급기관장은 원산지인증수출자로부터 공급받은 원재료 또는 제품을 추가 가공 없이 수출하는 자에 대하여는 원산지증명서 발급신청서 및 원산지확인서를 제외한 그 밖의 서류의 제출과 원산지의 확인절차를 생략할 수 있다. 신청인이 제출한 서류로 다음 각 호의 요건을 확인할 수 있는 경우에는 '원산지소명서에 기재된 내용을 입증할 수 있는 서류 · 정보'의 제출을 생략할 수 있다(고시 제9조).

① 원산지증명서 발급 신청물품이 발급신청일로부터 1년 이내에 발급받은 원산지증명서의 물품과 동일하고 수출국이 동일한 경우

② 원산지결정에 영향을 미칠 수 있는 실질적 내용이 원산지증명서 발급신청물품의 원산지소명서에 기재된 것과 발급신청일로부터 1년 이내에 발급받은 원산지증명서의 원산지소명서에 기재된 것과 동일한 경우

③ 원산지증명서 발급신청인이 원산지증명서 발급신청 시 제1호나 제2호의 요건에 해당되는 것을 확인할 수 있는 원산지증명서의 발급번호(Reference No)를 제출하는 경우

원산지증명서를 기관에서 발급받고자 할 때는 원칙적으로 수출신고가 수리된 다음 수출물품의 선적이 완료되기 전까지[30] 원산지증명서 발급신청을 하여야 한다. 그러나 수출자의 과실 · 착오 그 밖의 부득이한 사유로 인하여 수출물품의 선적이 완료되기 전까지 원산지증명서의 발급을 신청하지 못한 자는 수출물품의 선적일부터 1년 이내에 원산지증명서의 발급을 신청할 수 있다. 증명서 발급기관이 원산지증명서를 선적 후 발급하는 경우에는 선적 후 발급 사실을 명시한 스탬프를 날인하여 발급한다. 이 경우 아세안회원국과의 협정에 따른 원산지증명서를 선적 시 또는 선적일로부터 근무일수 3일 이내(선적일을 포함한다)에 발급할 때와 인도와의 협정에 따른 원산지증명서를 선적 시 또는 선적일로부터 근무일수 7일 이내(선적일을 포함한다)에 발급할 때에는 선적 후 발급 스탬프를 날인하지 아니한다.

원산지증명서 발급신청 시 제출되는 원산지소명서에 기재된 내용을 입증할 수 있는 서류 · 정보는 다음 각 호의 서류를 말한다(고시 제10조).

① 세번변경기준을 적용하는 물품은 세번변경 관련 입증서류(예: 원료구입명세서, 자재명세서(BOM), 생산공정명세서, 사용자매뉴얼, 홍보책자 등)
② 부가가치기준을 적용하는 물품은 비원산지재료, 원산지재료 및 수출물품의 가격관련 입증서류(예: 자재명세서(BOM), 원료구입명세서, 원료수불부, 원가산출내역서 등)
③ 원산지(포괄)확인서 및 국내제조(포괄)확인서
④ 그 밖에 해당 물품의 생산자 · 생산장소 · 생산공정 등 원산지의 확인이 객관적으로 가능한 서류

30) 관세법에는 수출신고가 수리된 물품은 원칙적으로 수출신고가 수리된 날부터 30일 이내에 선박이나 항공기 등의 운송수단에 적재하도록 하였다. 이 기간은 신청에 의해 연장될 수 있다(관세법 제251조).

■ 자유무역협정의 이행을 위한 관세법의 특례에 관한 법률 시행규칙 [별지 제3호 서식]

원산지증명서 발급신청서

* 작성방법을 읽고 작성하여 주시기 바라며, [ ]에 해당되는 곳에 ✓표시를 합니다. (4쪽 중 제1쪽)

<table>
<tr><td colspan="2">신청번호</td><td colspan="2">접수일자</td><td colspan="2">처리기간 뒤쪽 참조</td></tr>
<tr><td colspan="2">① 신청구분</td><td colspan="2">[ ]신규발급
[ ]정정발급( )</td><td colspan="2">[ ]재발급( )
[ ]소급발급(선적 후 발급)</td></tr>
<tr><td rowspan="2">② 신청인</td><td>구분</td><td colspan="2">[ ]생산자
[ ]관세사</td><td colspan="2">[ ]수출자
[ ]기타( )</td></tr>
<tr><td colspan="3">상호(대표자)</td><td colspan="2">사업자등록번호</td></tr>
<tr><td colspan="2">③ 원산지인증수출자</td><td colspan="4">[ ]비해당 [ ]해당 [인증번호:]</td></tr>
<tr><td colspan="2">④ 적용 FTA 협정</td><td colspan="4">한 – FTA</td></tr>
<tr><td colspan="2" rowspan="2">⑤ 수출자</td><td colspan="2">상호(대표자)</td><td colspan="2">사업자등록번호</td></tr>
<tr><td colspan="2">주소</td><td colspan="2">전화/E-mail</td></tr>
<tr><td colspan="2" rowspan="2">⑥ 생산자</td><td colspan="2">상호(대표자)</td><td colspan="2">사업자등록번호</td></tr>
<tr><td colspan="2">주소</td><td colspan="2">전화/E-Mail</td></tr>
<tr><td colspan="2" rowspan="2">⑦ 수입자</td><td colspan="2">상호</td><td colspan="2">대표자</td></tr>
<tr><td colspan="2">주소(국가)</td><td colspan="2">전화번호</td></tr>
</table>

<table>
<tr><td colspan="11">⑧ 수출물품 내역 및 원산지결정기준</td></tr>
<tr><td colspan="3">수출신고번호(수리일자)</td><td colspan="4">(연/월/일)</td><td colspan="3">금액(FOB USD)</td><td></td></tr>
<tr><td rowspan="2">수출신고 필증란 번호</td><td rowspan="2">품목 번호 (HS)</td><td rowspan="2">품명 · 규격</td><td rowspan="2">금액 (USD)</td><td colspan="6">원산지결정기준 및 충족 여부</td><td rowspan="2">부가가치 비율 및 비율계산</td></tr>
<tr><td>완전 생산</td><td>역내 완전 생산</td><td>세번 변경</td><td>부가 가치</td><td>특정 공정</td><td>기타</td></tr>
<tr><td>/</td><td></td><td></td><td></td><td>[ ]</td><td>[ ]</td><td>[ ]</td><td>[ ]</td><td>[ ]</td><td>[ ]</td><td></td></tr>
<tr><td>/</td><td></td><td></td><td></td><td>[ ]</td><td>[ ]</td><td>[ ]</td><td>[ ]</td><td>[ ]</td><td>[ ]</td><td></td></tr>
</table>

<table>
<tr><td>⑨ 운송수단/선(편)명</td><td>[ ]선박 [ ]항공기 [ ]기타/</td><td>⑩ 재항(출항일자)</td><td></td></tr>
<tr><td>⑪ 목적국/항구</td><td>/</td><td>⑫ 포장종류부호/개수</td><td>/</td></tr>
<tr><td>⑬ 총중량</td><td></td><td>⑭ 송품장 번호/알자</td><td>/</td></tr>
<tr><td>⑮ 원산지증명서 특례</td><td>[ ]제3국 송품장
[ ]연결원산지증명서</td><td colspan="2">[ ]전시
[ ]개성공업지구 생산물품</td></tr>
</table>

'자유무역협정의 이행을 위한 관세법의 특례에 관한 법률 시행규칙' 제6조 제1항에 따라 위와 같이 원산지증명서의 발급을 신청합니다.

년 월 일

신청인: 상호 [대표자명] (서명 또는 인)

○○세관장(○○상공회의소 회장) 귀 하

210mm×297mm [백상지 80g/㎡(재활용품)]

(4쪽 중 제2쪽)

첨부서류	〈신규발급〉 1. 수출신고필증 사본(전산으로 확인할 수 있는 경우에는 제출을 생략할 수 있습니다) 또는 이에 갈음하는 다음 각 목의 어느 하나에 해당하는 서류 가. 자유무역지역에서 생산된 물품의 경우에는 국외반출신고서 사본 나. 개성공업지구에서 생산된 물품의 경우에는 보세운송신고서 사본 다. 우편물 · 탁송품 및 별송품의 경우에는 영수증 · 선하증권 사본 또는 그 밖에 체약상대국으로 수출하였거나 수출할 것임을 나타내는 서류 2. 송품장 또는 거래계약서 3. 원산지확인서(최종물품에 대한 원산지확인서로서 생산자와 수출자가 다른 경우로 한정합니다) 〈재발급〉 1. 재발급 신청사유서 〈정정발급〉 1. 원산지증명서 원본 2. 정정발급 신청사유서 3. 정정사유 입증서류	수수료 7,000원 (다만, 세관장 발급 시 면제)

(4쪽 중 제3쪽)

원산지증명서 발급신청서 작성방법		
항목	작성요령	작성례
① 신청구분	• '신규발급', '재발급', '정정발급' 또는 '소급발급' 중 해당 란에 [✓] 표시 – 재발급, 정정발급 뒤 괄호 안에는 구 신청번호 기재	• 신규발급의 경우 [✓]신규발급 [ ]재발급 [ ]정정발급 [ ]선적 후 발급
② 신청인	• '생산자', '수출자', '관세사' 또는 '기타' 중 해당 란에 [✓] 표시 • 상호(대표자): 사업자등록상의 상호, 대표자를 기재 • 사업자등록번호: 사업자등록증상의 사업자등록번호 기재	• 수출자가 신청하는 경우 [ ]생산자 [✓]수출자 [ ]관세사 [ ]기타 • ○○물산(주) 홍○○ • 123-45-67890
③ 원산지 인증 수출자	• '비해당' 또는 '해당' 중 해당 란에 [✓] 표시 • 해당되는 경우 원산지인증수출자 인증번호 기재 • 해당되지 않는 경우에는 미기재	• 해당되는 경우 [ ] 비해당 [✓] 해당 [인증번호:]
④ 적용 FTA 협정	• 수입국가와 체결된 FTA의 명칭을 기재	• 한-아세안 FTA
⑤ 수출자	• 상호(대표자): 사업자등록증상의 상호, 대표자를 기재 • 사업자등록번호: 사업자등록증상의 사업자등록번호 기재 • 주소: 사업자등록증상의 사업장 주소 기재 • 전화/E-mail: 발급신청부서(담당자)의 전화번호 및 신청부서 공용(또는 담당자) E-Mail	• ○○물산(주) 홍○○ • 123-45-67890 • □□시 ○○구 △△대로 123 • 02-123-4567/ ○○○@abcd.com

⑥ 생산자	• 상호(대표자): 사업자등록증상의 상호, 대표자를 기재 • 사업자등록번호: 사업자등록증상의 사업자등록번호 기재 • 주소: 사업자등록증상의 사업장 주소 기재 • 전화/E-Mail: 발급신청부서(담당자)의 전화번호 및 신청부서 공용(또는 담당자) E-Mail	• ○○상사(주) 김△△ • 234-56-78910 • □□시 ○○구 △△로 • 031-123-4567/ ○○○@bcde.com
⑦ 수입자	• 상호(대표자): L/C(또는 계약서)상의 신청자(applicant) 상호 기재 • 대표자: L/C(또는 계약서)상의 신청자(applicant) 회사의 대표자 기재 • 주소: L/C(또는 계약서)상의 신청자(applicant) 주소 기재 • 전화번호: L/C(또는 계약서)상의 신청자(applicant) 전화번호 기재	• ○○ Corporation • John △△ • 55 Newton Road #10 ○○ house • 65-1234-5678
⑧ 수출물품 내역 및 원산지 결정기준	• 수출신고번호(수리일자): 수출신고필증상의 신고번호 및 신고수리일자 기재 • 금액(FOB USD): 수출신고필증상의 총신고가격을 미화로 기재 • 수출신고필증란 번호: 수출신고필증상의 란 번호 기재(란번호/총란수)	• 010-10-13-12345678 (13/01/01) • USD 12,000 • 총 5란 중 3란 품목의 경우: 3/5
※ 수출품목의 개수(수출신고필증상의 란 수)가 총 3개 이상인 경우에는 HS, 품명, 규격 및 금액은 기재를 생략할 수 있습니다.	• 품목번호(HS): HS 6단위 기재 • 품명·규격: 수출신고필증상의 품명·규격 기재 • 금액(USD): 수출신고필증상의 해당 란 신고가격을 신고환율로 환산하여 미화로 기재 • 원산지결정기준 : 해당 수출품목의 원산지결정기준 모두 선택 • 부가가치비율 및 비율계산: 부가가치기준 적용품목에 한하여 적용	• 0304.31 • Tilapias(Oreochromis spp.) • USD 12,000 • 세번변경 및 부가가치기준이 동시에 적용되는 경우 원산지결정기준 및 충족 여부 완전생산 [ ] 세번변경 [ ] 부가가치 [ ] 결합기준 [ ] 특정공정 [ ] 역외가공 [ ] 기타 [ ] • 부가가치 50% 기준인 경우 – 55%(USD10,000-USD4,500)/USD10,000
⑨ 운송수단/선(편)명	• '선박', '항공기' 또는 '기타' 중 해당 란에 [✓] 표시 • 선명 또는 편명 기재	• [✓] 선박 [ ]항공기 [ ]기타 • KE 123
⑩ 적재항(출항일자)	• 수출물품의 적재항(또는 적재예정항), 출항일자(또는 출항예정일) 기재	• 부산항(2016/07/01)
⑪ 목적국/항구	• 수출물품의 최종목적국 및 항구 기재	• 베트남/하노이항

⑫ 포장종류 부호/개수	• 수출물품의 포장종류 부호와 포장개수를 기재	• CS/1,000
⑬ 총중량	• 수출물품의 총중량 기재	• 1,000Kg
⑭ 송품장 번호/일자	• 송품장번호와 발급일자 기재	• ABC123456/2016.07.01
⑮ 원산지 증명서 특례	• '제3국 송품장', '전시', '연결원산지증명서'또는 '개성공업지구 생산물품' 중 해당하는 경우 란에 [✓] 표시	[✓] 제3국 송품장 [ ] 전시 [ ] 연결원산지증명서 [ ] 개성공업지구 생산물품 (4쪽 중 제4쪽)
*처리기간	1. 현지확인이 필요한 경우: 10일(공휴일, 토요일 및 근로자의 날을 제외합니다) 이내 2. 위 제1호 외의 경우: 3일(공휴일, 토요일 및 근로자의 날을 제외합니다) 이내	

■ 원산지제도 운영에 관한 고시 [별지 제15호 을지서식]

※ [ ]에는 해당되는 곳에 ✓표시를 합니다.

신청번호	

수출물품 내역 및 원산지결정기준

수출신고 필증란 번호	HS	품명·규격	금액 ($)	원산지결정기준					부가가치 비율 및 비율계산	특혜 기준
				완전 생산	역내 완전 생산	세번 변경	부가 가치	특정 공정		
				[ ]	[ ]	[ ]	[ ]	[ ]		
				[ ]	[ ]	[ ]	[ ]	[ ]		
				[ ]	[ ]	[ ]	[ ]	[ ]		
				[ ]	[ ]	[ ]	[ ]	[ ]		
				[ ]	[ ]	[ ]	[ ]	[ ]		
				[ ]	[ ]	[ ]	[ ]	[ ]		
				[ ]	[ ]	[ ]	[ ]	[ ]		
				[ ]	[ ]	[ ]	[ ]	[ ]		
				[ ]	[ ]	[ ]	[ ]	[ ]		
				[ ]	[ ]	[ ]	[ ]	[ ]		
				[ ]	[ ]	[ ]	[ ]	[ ]		
				[ ]	[ ]	[ ]	[ ]	[ ]		
				[ ]	[ ]	[ ]	[ ]	[ ]		
				[ ]	[ ]	[ ]	[ ]	[ ]		
				[ ]	[ ]	[ ]	[ ]	[ ]		
				[ ]	[ ]	[ ]	[ ]	[ ]		

210mm×297mm[백상지 80g/㎡(재활용품)]

■ 자유무역협정의 이행을 위한 관세법의 특례에 관한 법률 시행규칙 [별지 제4호 서식]

원산지소명서

※ 작성방법을 읽고 작성하여 주시기 바라며, [ ]에는 해당되는 곳에 '✓'를 기재합니다. (2쪽 중 제1쪽)

수출자 · 생산자				
1. 수출자	상 호		사업자등록번호	
	성 명		전화/팩스번호	
	주 소 (전자우편주소)			
2. 생산자	상 호		사업자등록번호	
	성 명		전화/팩스번호	
	주 소 (전자우편주소)			

물품명세				
3. 품명/규격			4. 품목번호(HS No.)	
5. 물품가격	가격조건	공 장 도가격(EXW) [ ] 본선인도가격(FOB) [ ]	6. 원산지결정기준	
	금 액		7. 자유무역협정명칭	
8. 주요생산 공 정				

원재료명세서						
9. 연번	10. 재료명	11. 품목번호 (HS No.)	12. 원산지	13. 가 격		14. 공급자 (생산자)
				수 량	가 격	
15. 합 계		원산지재료(국산)				
		비원산지재료(수입산)				
		합 계				

원산지인정요건 검토			
16. 완전생산기준 충족 여부	예 [ ] 아니오 [ ]	17. 세번변경기준 충족 여부	예 [ ] 아니오 [ ]
18. 부가가치기준 충족 여부	예 [ ] 아니오 [ ]	(부가가치비율 : %)	
19. 결합기준	예 [ ] 아니오 [ ]	20. 특정공정기준	예 [ ] 아니오 [ ]
21. 역외가공기준	예 [ ] 아니오 [ ]	22. 최소기준 적용 여부	예 [ ] 아니오 [ ]
23. 누적기준 적용 여부	예 [ ] 아니오 [ ]	24. 직접운송 여부	예 [ ] 아니오 [ ]
25. 기 타	예 [ ] 아니오 [ ]	26. 원산지 결정	충족 [ ] 불충족 [ ]

'자유무역협정의 이행을 위한 관세법의 특례에 관한 법률 시행규칙' 제10조 제1항에 따라 작성·제출합니다.

작 성 자 : (서명 또는 인)
직 위 :
상 호 및 주 소 :
작 성 일 : 년 월 일

○○세관장(○○상공회의소 회장) 귀하

210mm×297mm[백상지 80g/㎡(재활용품)]

(2쪽 중 제2쪽)

<table>
<tr><th colspan="2">작성방법</th></tr>
<tr><th>항목</th><th>작성내용</th></tr>
<tr><td>1. 수 출 자</td><td>• 물품을 실제로 수출한 자의 회사명, 사업자등록번호, 대표자 성명, 전화 및 팩스번호, 회사주소(전자우편주소 포함)를 기재합니다.</td></tr>
<tr><td>2. 생 산 자</td><td>• 물품을 수출한 국가에서 실제로 생산한 자의 회사명, 사업자등록번호, 대표자 성명, 전화 및 팩스번호, 회사주소(전자우편주소 포함) 등을 기재합니다. 생산자가 다수인 경우에는 별지에 기재합니다.</td></tr>
<tr><td>3. 품명/규격</td><td>• 물품의 품명, 모델명, 규격 및 상표명 등을 기재합니다.
예) TV: ○am○○ng ○○-1234; ○○ TV
• 품명은 송품장에 적은 것과 같아야 합니다.</td></tr>
<tr><td>4. 품목번호
(HS No.)</td><td>• 물품의 품목번호(6단위)를 기재합니다.</td></tr>
<tr><td>5. 물품가격</td><td>• 가격조건: 본선인도가격(FOB) 또는 공장도거래가격(EXW) 중 해당하는 것에 "✓"를 기재합니다.
• 금액: 물품의 거래가격을 기재합니다. 통화단위는 송품장에 적은 것과 같아야 합니다.</td></tr>
<tr><td>6. 원산지
결정기준</td><td>• 물품의 원산지를 결정하는 데 적용된 기준을 아래 표에서 정한 방법으로 기재합니다.
<table>
<tr><th>원산지결정기준</th><th>기재방법</th></tr>
<tr><td>가. 완전생산 물품</td><td>- WO</td></tr>
<tr><td>나. 세번변경기준
- 2단위 세번변경기준
- 4단위 세번변경기준
- 6단위 세번변경기준</td><td>
- CC
- CTH
- CTSH</td></tr>
<tr><td>다. 부가가치기준
- 공제법을 적용한 경우
- 집적법을 적용한 경우
- 역외산재료 최대허용법을 적용한 경우
- 순원가법을 적용한 경우</td><td>
- BD
- BU
- MC
- NC</td></tr>
<tr><td>라. 결합기준
- 세번변경기준과 부가가치기준 등 두 가지 이상의 원산지결정기준을 동시에 충족한 경우</td><td>- CC(CTH 또는 CTSH) + BD(BU, MC 또는 NC)
- CC(CTH 또는 CTSH) + SP
- BD(BU, MC 또는 NC) + SP
- CC(CTH 또는 CTSH) + BD(BU, MC 또는 NC) + SP</td></tr>
<tr><td>마. 특정공정기준</td><td>- SP</td></tr>
<tr><td>바. 역외가공기준(개성공단 생산물품)</td><td>- OP</td></tr>
<tr><td>사. 기타기준</td><td>- Other</td></tr>
</table>
• 결합기준 기재 시 부가가치기준을 동시에 적용하는 경우 부가가치비율을 함께 기재합니다.
예) - 세번변경기준과 공제법으로 부가가치 비율이 35% 이상: CTH + BD 35%
- 집적법으로 부가가치 비율이 30% 이상일 것과 특정공정기준이 동시에 적용될 경우: BU 30% + SP</td></tr>
</table>

7. 자유무역 협정명칭	• 해당 물품에 적용할 자유무역협정 명칭을 기재합니다. 예) 적용협정이 아세안과의 협정일 경우: 한-아세안 FTA
8. 주요 생산 공정	• 물품의 주요 제조과정 및 공정방법을 기재합니다. 예) 면사를 수입하여 직물을 가공한 후 의류를 제조하는 경우 ① 직조: 면사 85%, 합성사 15%로 면직물 제조(3m×100m) ② 날염: 면직물에 국내 ○○업체가 생산한 염료로 염색 ③ 재단 및 봉제: 남성용 셔츠 제작(50Pcs)
9. 연 번	• 물품의 생산에 사용된 원재료의 일련번호를 기재합니다. – 사용된 원재료가 다수일 경우 별지에 기재합니다.
10. 재 료 명	• 물품의 생산에 사용된 원재료의 품명을 기재합니다.
11. 품목번호 (HS No.)	• 원재료의 품목번호(6단위)를 기재합니다.
12. 원산지	• 원재료의 원산지국가명을 기재합니다.
13. 가격	• 물품의 생산에 사용된 원재료의 수량과 가격을 적습니다. 다만, 그 물품이 세번변경기준 적용품목인 경우에는 기재하지 않아도 됩니다.
14. 공급자 (생산자)	• 원재료의 공급자(생산자)의 상호 · 주소 · 전자우편주소 · 전화 및 팩스번호를 기재합니다.
15. 합계	• 재료 중 원산지재료와 비원산지재료의 가액과 그 합계액을 기재합니다.
16.~25. 원산지기준	• 물품의 원산지결정에 적용된 기준의 충족 여부를 기재합니다. 예) 부가가치기준을 충족할 경우 '예 [✓]'로 기재합니다. • 19~23 란에 '예 [✓]'로 기재한 경우 세부 내역을 별지에 작성하여 첨부하여야 합니다
26. 원산지 결정	• 이 원산지소명서에 적은 내용으로 원산지결정이 가능한 경우에는 '충족'에, 불충분한 경우에는 '불충족'에 '✓'를 기재합니다.

다. 신청내용의 심사

원산지증명서의 발급신청을 받은 증명서발급기관은 다음 각 호의 사항을 신청 건별로 심사하여야 한다(고시 제11조 제1항).

① 원산지증명서 신청인이 신청자격이 있는지 여부

② 원산지증명서 발급신청일이 선적일부터 1년이 경과되었는지 여부

③ 체약상대국의 협정관세 적용품목인지 여부

④ 체약상대국의 원산지결정기준 충족 여부

⑤ 원산지증명서 발급신청서가 기재요령과 일치하는지 여부

⑥ 원산지증명서 발급신청서류 구비 여부

그러나 다음 각 호에 해당하는 자가 원산지증명서 발급을 신청하는 경우에는 매 1년마다 1년의 기간 동안 심사를 생략할 수 있다(고시 제11조 제2항).

① 원산지인증수출자(인증받은 물품과 동일한 경우에 한함)
② 법규준수도 우수업체: 수출입안전관리 우수공인업체(AEO) AA등급 이상
③ 최근 1년 이내 원산지조사결과 '이상 없음'으로 확인된 업체

원산지증명서를 발급하는 기관은 제출된 서류로 해당 물품이 원산지결정기준에 적합한지를 확인한 다음 원산지증명서를 발급한다. 그러나 제출된 서류로 적합 여부를 확인할 수 없다고 인정하는 경우에는 원산지소명서에 기재된 내용을 입증할 수 있는 서류·정보 및 국내제조확인서의 제출을 원산지증명서 발급을 신청한 자에게 요청할 수 있다. 이 경우 요청을 받은 자는 해당 서류를 증명서 발급기관에 제출하여야 한다. 만일, 수출자와 생산자가 다른 경우에는 생산자가 해당 서류를 증명서 발급기관에 직접 제출할 수 있다.[31)]

라. 현지확인

서류에 의한 확인 외에 다음 각 호의 어느 하나에 해당하는 경우 원산지증명기관은 원산지증명서를 발급하기 위하여 신청인의 주소·거소·공장 또는 사업장 등을 방문하여 원산지의 적정 여부를 확인(이를 '현지확인'이라 한다)할 수 있다. 다만, 원산지인증수출자의 경우에는 그 확인을 생략할 수 있다(규칙 제10조 제2항).

① 국내 생산시설이 없는 자가 원산지증명서 발급을 최초로 신청한 경우
② 해당 물품을 직접 생산하지 아니하는 자가 원산지증명서 발급을 최초로 신청한 경우
③ 원산지증명서 신청 오류의 빈도, 협정·법·영 및 규칙의 준수도, 생산공장의 유무, 제조공정 및 물품의 생산특성 등을 고려하여 관세청장이 정하여 고시하는 현지확인기준에 해당하는 자가 신청한 경우
④ 속임수 또는 부정한 방법으로 원산지증명서의 발급을 신청한 것으로 의심되는 경우
⑤ 체약상대국의 관세당국으로부터 원산지의 조사를 요청받은 수출자 또는 생산자가 신청한 경우

31) 생산자가 해당 서류를 증명서 발급기관에 직접 제출할 수 있도록 한 것은 생산과 관련된 기업의 정보보호가 필요한 경우 이를 보장하기 위한 것이다.

⑥ 그 밖에 신청자가 제출한 서류만으로 원산지를 확인하기 곤란하다고 인정하는 경우

증명서 발급신청인은 증명서발급기관이 통지한 현지확인 기간에 현지확인을 받기 곤란한 경우에는 연기하려는 기간과 사유를 증명서 발급기관에게 통보하고 현지확인의 연기를 요청할 수 있다. 현지확인을 실시하는 세관장은 현지확인장소가 관할구역이 아닌 경우에는 그 장소를 관할하는 세관장에게 현지확인을 의뢰할 수 있다. 상공회의소장 또는 대한상공회의소장은 원산지증명서 발급을 위하여 현지확인이 필요할 때에는 관세청장이 정하는 바에 따라 세관장에게 현지확인을 요청하여야 한다(규칙 제10조 제5항). 상공회의소장 또는 대한상공회의소장이 현지확인을 요청하려는 경우 구체적인 사유와 확인요청사항을 기재한 현지확인요청서에 원산지증명서 발급신청서류를 첨부하여 원산지증명서 발급신청인의 사업장을 관할하는 세관장에게 현지확인을 요청하여야 한다(고시 제13조). 이러한 현지확인 요청을 받은 세관장은 요청받은 사실을 즉시 관세청장에게 보고하여야 하며 그 요청을 받은 날부터 7일(공휴일 · 토요일 및 근로자의 날을 제외한다) 이내에 현지확인을 완료해야 한다.

마. 증명서신청의 취하

원산지증명서를 발급신청한 자가 그 신청을 취하하려는 경우에는 해당 증명서 발급기관장에게 발급 전까지 원산지증명서 발급취하신청서로 발급취하를 신청할 수 있다. 원산지증명서 발급취하신청을 받은 증명서 발급기관장은 신청인이 단순실수로 원산지증명서 발급을 신청한 경우 등 취하신청이 타당하다고 인정하는 경우에는 그 발급신청을 취하할 수 있다(고시 제18조).

바. 신청의 반려 또는 조사의뢰

증명서 발급기관은 원산지증명서 신청서류 심사 또는 수출물품의 원산지확인결과에 따라 다음 각 호와 같이 처리한다.

① 다음 각 목의 어느 하나에 해당하는 경우: 신청서류 반려

가. 원산지증명서 발급요건을 충족하지 못한 경우

나. 보정요구에 응하지 않은 경우

다. 현지확인을 거부하는 경우

② 고의나 허위로 원산지증명서 발급을 신청한 경우: 범칙조사 또는 범칙조사의뢰

사. 증명서의 발급과 재발급

증명서 발급기관이 원산지증명서 발급신청을 받은 때에는 원산지결정기준에 적합한지의 여부를 확인한 후 신청을 받은 날부터 다음 각 호의 구분에 따른 기간 이내에 원산지증명서를 발급하여야 한다(규칙 제10조 제6항).

① 현지확인이 필요한 경우: 10일(공휴일 · 토요일 및 근로자의 날을 제외한다) 이내

② 제1호 외의 경우: 3일(공휴일 · 토요일 및 근로자의 날을 제외한다) 이내

증명서 발급기관은 제출된 서류가 미비한 경우에는 5일 이상 10일 이내의 기간을 정하여 보정을 요구할 수 있다. 증명서발급기관은 수출물품에 대하여 원산지증명서 1회 발급을 원칙으로 한다. 증명서발급기관이 원산지증명서를 발급할 때에는 원본 1부와 부본 2부(인도와의 협정은 3부)를 작성하여 신청인에게 원본 1부와 부본 1부(인도와의 협정은 2부)를 교부하고 증명서 발급기관이 부본 1부를 보관하여야 한다(고시 제14조).

원산지증명서를 발급받은 자가 분실 · 도난 · 훼손 및 그 밖의 부득이한 사유로 원산지증명서의 재발급을 신청하거나 원산지증명서의 기재내용에 잘못이 있어 원산지증명서의 정정을 신청하는 경우에는 원산지증명서를 재발급 또는 정정발급할 수 있다. 재발급 또는 정정발급을 신청하려는 자는 원산지증명서 발급신청서에 다음 각 호의 구분에 따른 서류를 첨부하여 당초 원산지증명서의 발급을 신청한 증명서발급기관에 제출하여야 한다.

① 재발급의 경우: 재발급신청사유서

② 정정발급의 경우: 원산지증명서 원본, 정정발급신청사유서, 정정사유를 입증할 수 있는 서류

원산지증명서를 재발급받으려는 자는 원산지증명서 발급신청서에 재발급신청사유서와 원산지증명서 제4부본(인도와의 협정만 해당)을 첨부하여 당초 원산지증명서 발급기관에 제출하여야 한다. 원산지증명서를 재발급하는 경우에는 다음과 같은

재발급 스탬프를 날인하여 발급한다.

CERTIFIED TRUE COPY

증명서 발급기관은 아세안회원국과의 협정에 따라 수출자 또는 생산자가 잘못 발급된 원산지증명서를 대체하기 위한 원산지증명서의 재발급을 신청한 경우에는 원산지증명서를 재발급할 수 있다. 이 경우 증명서발급기관은 당초 발급한 원산지 증명서의 발급일자를 확인하여 재발급하는 원산지증명서에 기재하여야 한다.

원산지증명서를 발급받은 자가 수출신고 수리필증의 정정, 원산지증명서의 오탈자, 수량, 품목번호 등의 착오, 누락, 또는 기재오류 등을 이유로 원산지증명서를 정정하려는 때에는 다음 각 호의 서류를 증명서 발급기관에 제출해야 한다(고시 제16조).

① 원산지증명서 발급신청서

② 원산지증명서 원본(다만, 아세안회원국과의 협정에 따른 원산지증명서의 경우 사본 제출이 가능하며, 사본 제출 시에는 정정신청일로부터 30일 내에 원본을 제출하여야 한다.)

③ 정정사유를 입증할 수 있는 객관적인 서류

신청을 받은 증명서발급기관은 정정사유가 타당한 경우에는 원산지증명서를 정정하여 원산지증명서를 발급한다. 증명서발급기관이 제출받은 원산지증명서의 원본을 정정하는 경우에는 다음 각 호와 같이 협정에서 정하는 방법을 따라야 한다.

① 아세안회원국 및 인도와의 협정: 수정하려는 글자 중앙에 선을 긋고 정정하며, 정정한 곳에 서명권자의 서명과 발급기관 인장을 날인

② 증명서 발급기관은 아세안회원국과의 협정에 따른 원산지증명서의 경우 이미 발급된 원산지증명서를 대체하여 재발급할 수 있으며 이 경우 발급일자는 기존 원산지증명서와 동일하게 기재하여야 한다.

③ 그 밖의 협정: 수정하려는 글자 중앙에 선을 긋고 정정하며, 정정한 곳에 발급기관 인장을 날인

아. 증명서 발급기관의 행정관리

증명서 발급기관은 원산지증명서 발급과 관련해 원산지증명서 발급대장에 다음

각 호의 사항을 기재 · 관리하여야 한다.

① 발급번호 및 발급일자
② 원산지증명서 발급신청자
③ 수출신고의 번호 및 수리일자
④ 품명 · 품목번호(6단위) · 수량 · 금액 및 원산지
⑤ 수출자, 생산자 또는 공급자
⑥ 수입자 및 수입국명
⑦ 당해 물품에 적용된 협정의 명칭 및 원산지결정기준

증명서발급기관은 원산지증명서 발급대장, 원산지증명서의 발급신청서류 원본 또는 사본을 5년간 보관하여야 한다. 증명서발급기관은 기획재정부장관, 관세청장 또는 증명서발급기관이 자체적으로 실시하는 원산지증명서의 발급과 관련된 교육(품목분류, 물품가격의 산정 및 FTA관세특례법시행규칙에 따른 원산지결정기준을 포함한다)을 받은 소속직원을 우선해 원산지증명서 발급담당자로 지정해야 한다.

자. 증명서 발급수수료

원산지증명서를 발급할 때 납부해야 하는 원산지증명서 발급수수료는 건당 7천원 범위 내에서 증명서 발급기관이 정하는 바에 따른다. 다만, 세관장이 원산지증명서를 발급하는 경우에는 원산지증명서 발급수수료를 면제한다(규칙 제16조). 현재 상공회의소도 FTA 원산지증명서 발급수수료를 받지 않는다.[32]

(2) 자율증명 원산지증명서의 발급

자율증명 원산지증명서의 발급은 발급권자가 보유한 수출물품에 대한 원산지기준 확인 관련 자료를 기초로 원산지증명서를 작성하여 서명하는 것이므로 법령에서 증명서의 발급시한이나 증명내용의 확인방법, 재발급 등에 대해 따로 규정하고 있지는 않다. 다만, 수출자 · 생산자 또는 수입자가 원산지증명서를 자율적으로 발급하는 경우에는 원산지확인서, 원산지소명서 또는 그 밖에 원산지를 확인할 수 있는 서류 ·

32) 그러나 상공회의소가 일반원산지증명서를 발급할 때는 회원은 무료로, 비회원은 7,000원(EDI는 3,500원)의 수수료를 받는다. APTA나 GSTP, TNDC 또는 GSP와 관련된 원산지증명서는 회원, 비회원 모두 1,500원의 수수료를 받는다.

정보 등을 근거로 하여 원산지증명서를 작성할 수 있다(규칙 제14조)고 규정하여 근거에 입각한 원산지증명서 발급을 명시하고 있다.33) 또한 원산지증명서의 작성대장을 비치하고 다음 각 호의 사항을 기재 · 관리하도록 하였다(규칙 제14조 제2항).

① 작성번호 및 작성일자

② 수출입신고번호 및 수출입신고수리일자(생산자의 경우에는 기재를 생략할 수 있다)

③ 품명 · 품목번호(6단위) · 수량 · 금액 및 원산지

④ 원산지증명서를 작성하는 수출자, 생산자 또는 수입자의 거래상대방에 대한 다음 각 목의 사항

가. 수출자: 생산자 또는 공급자(생산자 또는 공급자가 따로 있는 경우에 한정한다) 및 체약상대국의 수입자 · 수입국명

나. 생산자: 수출자 또는 물품을 공급받는 자

다. 수입자: 체약상대국의 수출자 · 수출국명

⑤ 해당 물품에 적용된 협정의 명칭 및 원산지결정기준

실무적으로 자율증명 원산지증명서 발급자는 고시 [별지 제9호] 서식의 원산지증명서 서명카드를 비치하여 관리하고, 원산지증명서를 발급할 때마다 규칙 [별지 제7호] 서식의 원산지작성대장에 발급사실을 기재하는 것으로 관리하여야 한다. 만일 서명권자를 변경하거나 추가하려는 때에는 원산지증명서 서명카드에 새로운 서명권자의 서명 · 부서명 · 직책 · 성명 · 지정일자 및 사유를 기재하여야 하며 종전의 서명권자에 대하여는 서명권한 해제일자 및 사유를 각각 기재해야 한다(고시 제23조). 생산자(재료생산자)가 다음 각 호의 서류를 작성 · 제공한 경우에도 이러한 규정이 준용된다(고시 제25조).

① 원산지(포괄)확인서

② 국내제조(포괄)확인서

③ 원산지소명서

33) 이와 같은 원산지증명의 근거서류들은 증명서 발급일로부터 5년간 보관하여야 한다. 만일 검증에서 관련 자료 미보관이 확인되면 검증대상이 된 원산지증명서에 의해 처리된 관세특혜가 배제되는 불이익이 따른다.

■ 자유무역협정의 이행을 위한 관세법의 특례에 관한 법률사무처리에 관한 고시 [별지 제9호 서식]

원산지증명서 서명카드

일련 번호	서명	부서명	직책	성명	지정일자 및 사유	해제일자 및 사유

210mm×297mm[일반용지 60g/㎡(재활용품)]

■ 자유무역협정의 이행을 위한 관세법의 특례에 관한 법률 시행규칙 [별지 제7호서식]

원산지증명서 작성대장

※ 작성방법을 읽고 작성하여 주시기 바랍니다.

1.작성번호	2.작성(서명)일	3.수출·입신고번호 및 수리일	4.품명	5.품목번호(HS No.)	6.수량/금액	7.원산지	8.거래상대방	9.자유무역협정명칭	10.원산지결정기준	11.비고

작성방법

항목	작성내용
1.작성번호	○ 원산지증명서를 작성하는 자가 자체적으로 관리하는 작성번호를 기재합니다.
2.작성(서명)일	○ 원산지증명서의 작성(서명)일을 기재합니다.
3.수출입신고번호 및 수리일	○ 세관에 신고한 수출신고번호와 수출신고 수리일을 기재합니다. ○ 수입자가 원산지증명서를 발행한 경우에는 수입신고번호와 수입신고 수리일을 기재합니다. ○ 수출자가 원산지증명서를 발행한 경우에는 수출신고번호화 수출신고 수리일을 기재합니다. ○ 생산자의 경우 생략 가능합니다.
4.품명	○ 원산지증명서 작성대상 물품의 품명을 기재합니다.
5.품목번호(HS No.)	○ 원산지증명서 작성대상 물품의 품목번호(HS No.)를 6단위로 기재합니다.
6.수량/금액	○ 해당물품의 총 수량, 금액을 기재합니다.
7.원산지	○ 해당물품의 원산지를 기재합니다.
8.거래상대방	○ 작성·관리하는 자에 따라 다르게 기재합니다. – 수출자: 생산자 또는 공급자(생산자 또는 공급자와 수출자가 다른 경우에 한함) 및 수입자·수입국명 – 생산자: 수출자 또는 물품을 공급받는 자 – 수입자: 수출자·수출국명
9.자유무역협정명칭	○ 해당 원산지증명서의 자유무역협정 명칭을 기재합니다. – 체약상대국이 칠레인 경우: 한-칠레 FTA
10.원산지결정기준	○ 해당 수출물품이 충족하는 원산지결정기준(완전생산, 세번변경, 부가가치, 결합기준, 특정공정, 역외가공, 기타)을 기재합니다. 예) 세번변경기준과 부가가치기준이 등 두 가지 이상의 원산지결정기준이 동시에 적용되는 경우에 결합기준을 기재합니다.
11.비고	○ 원산지증명서 발급시 특이사항을 기재합니다. – 송품장이 비당사국에서 작성되는 경우: 제3국 송품장

210mm×297mm[백상지 80g/㎡(재활용품)]

7) 원산지증빙서류의 수정

수출자 또는 생산자가 체약상대국의 협정관세를 적용받을 목적으로 원산지증빙서류를 작성 · 제출한 후 해당 물품의 원산지에 관한 내용에 오류가 있음을 알았을 때에는 협정에서 정하는 바에 따라 그 사실을 세관장(해당 물품에 대한 수출신고를 수리한 세관장을 말한다) 및 원산지증빙서류를 제출받은 체약상대국의 수입자에게 각각 통보하여야 한다. 통보시한은 원산지증빙서류를 작성한 수출자 또는 생산자가 해당 물품의 원산지에 관한 내용에 오류가 있음을 안 날부터 30일이다(규칙 제19조). 이 경우 세관장은 그 사실을 관세청장이 정하는 바에 따라 체약상대국의 관세당국에 통보하여야 한다(법 제14조). 원산지증빙서류를 작성 · 제출한 수출자 또는 생산자가 해당 물품의 원산지에 관한 내용에 오류가 있음을 통보하는 때에는 다음 각 호의 사항이 기재된 수정통보서를 작성하여야 한다(영 제9조).

① 수출자 · 생산자 및 체약상대국의 수입자
② 수출신고번호 및 수출신고일자
③ 원산지증명서의 발급번호 및 발급일자
④ 당해 물품의 품명 · 규격 및 수량
⑤ 오류내용 및 정정사항

수입자는 체약상대국의 물품에 대한 원산지증빙서류를 작성한 사람이나 해당 물품에 대한 수입신고를 수리한 세관장으로부터 원산지증빙서류의 내용에 오류가 있음을 통보받은 경우로서 그 오류로 인하여 납세신고한 세액 또는 신고납부한 세액에 과부족(過不足)이 있을 때에는 기획재정부령으로 정하는 기간 이내에 세액정정 · 세액보정신청, 수정신고 또는 경정청구를 하여야 한다. 이 경우 세액정정, 세액보정, 수정신고 또는 경정에 관하여는 관세법을 준용한다(법 제14조 제2항). 여기서 '기획재정부령으로 정하는 기간'이란 수입자가 원산지증빙서류의 내용에 오류가 있음을 통보받은 날부터 30일 이내로서 관세청장 또는 세관장으로부터 해당 물품에 대하여 서면조사통지를 받기 전 날까지다.

8) 원산지증빙서류 등의 보관

수입자 · 수출자 및 생산자는 협정 및 FTA관세특례법에 따른 원산지의 확인, 협정관세의 적용 등에 필요한 것으로서 [표 10-8]에 해당하는 서류는 정해진 기간(협정에서 정한 기간이 5년을 초과하는 경우에는 그 기간) 동안 보관하여야 한다(법 제15조, 영 제10조). 이들 서류는 관세청장이 정하는 바에 따라 마이크로필름 · 광디스크 등 자료전달매체를 이용하여 보관할 수 있다. 만일 이와 같은 증빙서류를 보관하지 않고 있어 원산지검증이 불가능하게 될 경우 관련되는 증빙서류를 사용한 협정관세 적용은 배제되고 그 관세차액도 징수된다.[34]

| 표 10-8 | 보관대상 원산지증명서류 등

구분	보관기간
1. 수입자가 보관해야 하는 서류	
가. 원산지증명서(전자문서를 포함한다) 사본[35]	협정관세의 적용을 신청한 날의 다음 날부터 5년
나. 수입신고필증	
다. 수입거래 관련 계약서	
라. 지식재산권거래 관련 계약서	
마. 수입물품의 과세가격결정에 관한 자료	
바. 수입물품의 국제운송 관련 서류	
사. 사전심사서 사본 및 사전심사에 필요한 증빙서류(사전심사서를 교부받은 경우에 한한다)	
2. 수출자가 보관하여야 하는 서류	

34) **[행정심판 결정례]** 미국의 수출자는 쟁점물품의 수출 시 제3자로부터 구매한 ○○○이 혼입되지 않았고 쟁점물품의 원산지는 수출자의 농장에서 완전생산된 물품이라는 주장이나, 처분청이 제출한 수출자의 구매내역에 따르면 청구인이 쟁점물품을 수입신고한 2012.6.26.~2012.11.30. 수출자가 제3자로부터 ○○○을 구매한 사실이 확인되는 점, 수출자가 직접 농장에서 생산한 물품과 제3자로부터 구매한 물품을 구분하여 관리하였음을 입증할 수 있는 증빙 등을 제출하지 못하여 한-미 FTA 제6.17조에서 정한 기록유지요건을 충족하지 못한 것으로 보이는 점 등에 비추어 쟁점물품에 대한 협정세율의 적용을 배제한 이 건 처분에 달리 잘못이 없다고 판단된다(조세심판원 2014관0284, 2015.1.28. 결정).

35) 협정에 따라 수입자의 증명 또는 인지에 기초하여 협정관세 적용신청을 하는 경우로서 수출자 또는 생산자로부터 원산지증명서를 발급받지 아니한 경우에는 그 수입물품이 협정관세의 적용대상임을 증명하는 서류를 말한다.

<table>
<tr><td>가. 체약상대국의 수입자에게 제공한 원산지증명서(전자문서를 포함한다) 사본 및 원산지증명서 발급신청서류(전자문서를 포함한다) 사본</td><td rowspan="8">원산지증명서의 작성일 또는 발급일부터 5년. 다만, 체약상대국이 중국인 경우에는 한-중 FTA 제3.20조에 따라 3년</td></tr>
<tr><td>나. 수출신고필증</td></tr>
<tr><td>다. 당해 물품의 생산에 사용된 원재료의 수입신고필증(수출자의 명의로 수입신고한 경우에 한한다)</td></tr>
<tr><td>라. 수출거래 관련 계약서</td></tr>
<tr><td>마. 당해 물품 및 원재료의 생산 또는 구입 관련 증빙서류</td></tr>
<tr><td>바. 원가계산서・원재료내역서 및 공정명세서</td></tr>
<tr><td>사. 당해 물품 및 원재료의 출납・재고관리대장</td></tr>
<tr><td>아. 생산자[해당 물품의 생산에 사용된 재료를 공급하거나 생산한 자(이하 '재료생산자'라 한다)를 포함한다]가 해당 물품의 원산지증명을 위하여 작성한 후 수출자에게 제공한 서류</td></tr>
<tr><td colspan="2">3. 생산자가 보관하여야 하는 서류</td></tr>
<tr><td>가. 수출자 또는 체약상대국의 수입자에게 당해 물품의 원산지의 증명을 위하여 작성・제공한 서류</td><td rowspan="4">수출자의 경우와 동일</td></tr>
<tr><td>나. 수출자와의 물품공급계약서</td></tr>
<tr><td>다. 수출자가 보관하여야 하는 다목 및 마목 내지 사목의 규정에 따른 서류</td></tr>
<tr><td>라. 재료생산자가 해당 재료의 원산지증명을 위하여 작성한 후 생산자에게 제공한 서류</td></tr>
</table>

4 원산지확인제도

1) 원산지(포괄)확인서의 발급

수출물품의 생산에 사용되는 재료 또는 최종물품을 생산하거나 공급하는 자는 생산자 또는 수출자의 요청이 있는 경우 해당 재료 또는 최종물품의 원산지를 확인하여 작성한 서류(전자문서를 포함하며, 이를 '원산지확인서'라 한다)를 생산자 또는 수출자에게 제공할 수 있다(규칙 제12조). 원산지증명서 발급을 신청하거나 원산지증명서를 발급하는 자는 생산자 또는 수출자다. 그런데 생산자 또는 수출자가 수출물품 생산에 사용되는 원재료를 국내에서 제3자로부터 공급받거나 최종물품을 구매한 경우 공급받은 그 원재료 또는 최종물품의 원산지가 어디인지 확인할 수 있어야 수출물품의 원산지증명서 발급신청이나 원산지증명서 발급 자체가 가능하다. 이를 가능하도록 해당 원재료가 역내산임을 증명해 주는 서류가 원산지확인서이다. 물론 수출물품 생산에 사용되는 원재료를 외국에서 수입하여 사용한 경우 해당국이 FTA협정체결국이면 원산지증명서를 입수하여 원산지확인서와 같은 용도로 사용할 수 있다.[36)]

원산지확인서는 매 거래건별로 발급됨이 원칙이나 수출물품의 생산에 사용되는 재료 또는 최종물품을 동일한 생산자 또는 수출자에게 장기간 계속·반복적으로 공급하는 재료 또는 최종물품 생산자 등은 생산자 또는 수출자의 요청이 있는 경우 원산지포괄확인서를 작성하여 제공할 수 있다. 원산지포괄확인서가 제공된 경우 물품공급일로부터 12개월을 초과하지 않는 범위에서 최초의 원산지확인서를 반복하여 사용할 수 있다. 전자문서일 경우에도 또한 같다. 원산지포괄확인서 발급제도는 반복적인 원산지확인서 발급업무를 간소화시키기 위해 도입된 것이다. 법령에서는 원산지(포괄)확인서에 대해 수출물품의 재료 또는 최종수출물품을 생산하거나 공급하는 자가 수출물품의 생산자 또는 수출자의 요청에 따라 '제공할 수 있다'라고 하고 있기 때문에 원산지확인서의 제공이 물품공급자의 법적 의무사항인 것은 아니다. 따라서 수출물품의 생산자 또는 수출자가 물품공급자에게 원산지확인서 제공을 요청하였으나 물품공급자가 이를 거부하더라도 법률 위반으로 제재의 대상이 되지는 아니한다.[37)] 원산지확인서 및 원산지포괄확인서는 [별지 제25호 서식]에 따른다.

36) 만일 원재료를 수입한 국가가 해당 물품을 수출할 예정인 FTA협정체결국일 경우 누적기준에 따라 해당 원재료는 역내산 원재료로 간주될 것이나, 수출예정국이 아닐 경우는 역외산 원재료로 간주되어야 한다. 이는 원산지증명서 발급 시 유의할 사항이다.

37) 수출물품 생산에 소요되는 원재료 또는 수출용물품 자체(이를 관세환급특례법에서는 수출용 원재료라 한다)를 수출자 또는 수출물품 생산자에게 공급하는 자는 원산지증명과 관련한 원산지(포괄)확인서 또는 국내제조(포괄)확인서 외에 관세환급과 관련하여 기초원재료납세증명서(약칭 기납증)나 분할증명서(약칭 분증), 또는 평균세액증명서(약칭 평세증)를 제공해 주어야 한다. 이들 증빙서류를 일괄하여 양도세액증명서라 한다. 양도세액증명서는 신청에 따라 세관장이 발급함이 원칙이지만 기납증은 관세사가 자율적으로 발급하기도 한다. 이러한 양도세액증명서 제공 또한 법적 의무사항은 아니다. 물품공급자의 양도세액증명서 제공이 가능하려면 물품구매자인 수출자 또는 수출물품 생산자(국내에서 여러 단계가 거래될 경우에는 매 단계 구매자)가 내국신용장이나 구매확인서 등을 물품공급자에게 발급해 주어야 한다. 이는 해당 물품이 내수용물품이 아니라 수출용에 공해지는 물품임을 입증할 수 있는 서류다. 그러나 원산지확인서 발급에 이와 같은 구매확인서나 내국신용장 존재가 반드시 필요한 것은 아니다. 물품공급자가 양도세액증명서를 구매자에게 제공한 경우 해당 증빙서류상의 양도세액

한편, 관세청장은 '농수산물 품질관리법 시행규칙(제47조 제7항)에 따른 농산물이력추적관리등록증, 수산물이력추적관리등록증 또는 그 밖에 이와 유사한 서류를 원산지확인서로 인정 · 고시할 수 있다.[38] 관세청장이 일정한 서류를 원산지확인서로 인정하려는 때에는 관련 기관의 장과 사전에 협의하여야 한다.

은 물품대금과 함께, 혹은 별도절차로 물품의 구매자가 공급자에게 지불하게 되지만 이 또한 법적인 의무사항은 아니다. 그러나 거래가격에 영향을 미치는 요소임은 분명하다.

38) 국내에서 농산물을 생산하는 자와 농산물을 유통 또는 판매하는 자(표시나 포장을 변경하지 아니한 유통 · 판매자는 제외)는 국립농산물품질관리원장에게 등록하고 이력추적관리를 할 수 있는데(농수산물품질관리법 제24조), 등록자에게는 농산물이력추적관리등록증이 교부된다. 이는 국산 농산물의 원산지를 확인할 수 있도록 함으로써 생산자를 보호하기 위한 조치다.

■ 자유무역협정의 이행을 위한 관세법의 특례에 관한 법률 시행규칙 [별지 제5호 서식]

원산지(포괄)확인서(Declaration of Origin)

※ 작성방법을 읽고 작성하여 주시기 바라며, [ ]에는 해당되는 곳에 '✓'를 기재합니다. (2쪽 중 제1쪽)

1. 발급번호(Reference No.):		
2. 공급하는 자 (Supplier)	상호(Company Name)	사업자등록번호(Business Registration No.)
	대표자성명(Name of Representative)	전화번호(Tel) 팩스번호(Fax)
	주소(Address) 전자우편주소(E-mail)	인증수출자 인증번호(Customs Authorization No.)
3. 공급받는 자 (Supplied to)	상호(Company Name)	사업자등록번호(Business Registration No.)
	대표자성명(Name of Representative)	전화번호(Tel) 팩스번호(Fax)
	주소(Address) 전자우편주소(E-mail)	

공급물품 명세서(Good(s) Statements)

4. 연번 (S/N)	5. 자유무역 협정 명칭 (Name of FTA)	6. 품목번호 (HS No.)	7. 품명 · 규격 [Description · Specification of Good(s)]	8. 수량 및 단위 (Quantity & Unit)	9. 원산지 결정기준 (Origin Criterion)	10. 원산지결정 기준 충족 여부 (Fulfillment of Origin Criterion)		11. 원산지 (Country of Origin)	12. 원산지포괄 확인기간 (년 월 일~ 년 월 일) [Blanket period (YYYY/MM/DD ~ YYYY/MM/DD)]
						충족 (Y)	미충족 (N)		
						[ ]	[ ]		
						[ ]	[ ]		
						[ ]	[ ]		
						[ ]	[ ]		
						[ ]	[ ]		

'자유무역협정의 이행을 위한 관세법의 특례에 관한 법률 시행규칙' 제12조에 따라 위와 같이 원산지를 확인합니다.

The undersigned hereby declares the origin of the good(s) in accordance with Article 12.1 of 「Enforcement Rules of Act on Special Cases of the Customs Act for the Implementation of Free Trade Agreements」.

작 성 자(Declarer) : (서명 또는 인)(Signature)

직 위(Title) :

상호 및 주소(Company Name/Address) :

작 성 일(Date) : 년 월 일(YYYY/MM/DD)

210mm×297mm[백상지 80g/㎡(재활용품)]

(2쪽 중 제2쪽)

<table>
<tr><th colspan="3">작성방법</th></tr>
<tr><th>항목</th><th colspan="2">작성내용</th></tr>
<tr><td>1. 발급번호</td><td colspan="2">• 원산지확인서를 발급하는 자가 자체적으로 관리하는 발급번호를 기재합니다.</td></tr>
<tr><td>2. 공급하는 자</td><td colspan="2">• 원산지확인서의 물품을 공급하는 자의 상호, 사업자등록번호, 대표자 성명, 전화 및 팩스번호, 주소, 전자우편주소를 기재합니다.
• 공급하는 자가 인증수출자인 경우, 인증수출자 인증번호를 기재합니다.</td></tr>
<tr><td>3. 공급받는 자</td><td colspan="2">• 원산지확인서의 물품을 공급받는 자의 상호, 사업자등록번호, 대표자 성명, 전화 및 팩스번호, 주소, 전자우편주소를 기재합니다.</td></tr>
<tr><td>4. 연번</td><td colspan="2">• 종류가 다른 물품이 여러 개일 경우 각 종류별로 연번을 기재합니다.</td></tr>
<tr><td>5. 자유무역협정 명칭</td><td colspan="2">• 해당 공급물품의 원산지결정기준을 적용한 자유무역협정(FTA)의 명칭을 기재합니다.
예) 한-칠레 FTA, 한-싱가포르 FTA, 한-EFTA FTA, 한-아세안 FTA, 한-인도 CEPA 등</td></tr>
<tr><td>6. 품목번호 (HS No.)</td><td colspan="2">• 공급물품의 품목번호(6단위)를 기재합니다.</td></tr>
<tr><td>7. 품명 · 규격</td><td colspan="2">•공급물품의 품명과 규격을 기재합니다.</td></tr>
<tr><td>8. 수량 및 단위</td><td colspan="2">• 원산지포괄확인이 아닌 경우 공급물품의 수량 및 단위를 기재합니다.</td></tr>
<tr><td rowspan="9">9. 원산지결정 기준</td><td colspan="2">• 물품의 원산지를 결정하는데 적용된 기준을 아래 표에서 정한 방법으로 기재합니다.</td></tr>
<tr><th>원산지결정기준</th><th>기재방법</th></tr>
<tr><td>가. 완전생산물품</td><td>– WO</td></tr>
<tr><td>나. 세번변경기준
– 2단위 세번변경기준
– 4단위 세번변경기준
– 6단위 세번변경기준</td><td>
– CC
– CTH
– CTSH</td></tr>
<tr><td>다. 부가가치기준
– 공제법을 적용한 경우
– 집적법을 적용한 경우
– 역외산재료 최대허용법을 적용한 경우
– 순원가법을 적용한 경우</td><td>– BD
– BU
– MC
– NC</td></tr>
<tr><td>라. 결합기준
– 세번변경기준과 부가가치기준 등 두가지 이상의 원산지결정기준을 동시에 충족한 경우</td><td>– CC(CTH 또는 CTSH) + BD(BU, MC 또는 NC)
– CC(CTH 또는 CTSH) + SP
– BD(BU, MC 또는 NC) + SP
– CC(CTH 또는 CTSH) + BD(BU, MC 또는 NC) + SP</td></tr>
<tr><td>마. 특정공정기준</td><td>– SP</td></tr>
<tr><td>바. 역외가공기준(개성공단 생산물품)</td><td>– OP</td></tr>
<tr><td>사. 기타기준</td><td>– Other</td></tr>
<tr><td>10. 원산지결정 기준 충족 여부</td><td colspan="2">• 원산지결정기준 충족 여부를 기재합니다.
예) 원산지인정요건을 충족한 경우 충족에 '✓'를 기재합니다.</td></tr>
<tr><td>11. 원산지</td><td colspan="2">• 원산지결정기준을 충족할 경우 'KR' 또는 '한국'으로 기재합니다.</td></tr>
<tr><td>12. 원산지포괄확인기간</td><td colspan="2">• 물품공급일로부터 12개월을 초과하지 않는 범위에서 반복하여 사용하려는 경우 그 반복사용기간을 기재합니다.
예) 2016.07.01 ~ 2018.06.30
※ 원산지포괄확인기간을 적지 아니한 때에는 단수원산지확인서로 봅니다.</td></tr>
</table>

2) 국내제조(포괄)확인서의 발급

원산지확인서를 발급해야 하는 물품, 즉 수출용원재료가 국내에서 제조가공이 있었음에도 불구하고 우리나라를 원산지로 또는 역내산으로 인정할 수 있는 기준을 충족하지 못하는 경우가 있다. 이때는 물품의 공급자가 원산지확인서 대신 국내제조확인서(별지 제6호 서식)를 발급할 수 있다(규칙 제13조). 국내제조(포괄)확인서도 원산지(포괄)확인서와 마찬가지로 수출물품의 원산지증명서를 발급하는 데 증빙자료로 사용된다. 수출물품의 원산지증명에서 국내제조확인서가 필요한 이유는 특정 원재료로부터 생산된 경우 비록 세번이 변경되더라도 원산지를 인정하지 않도록 한 규정이 있기 때문인데 [그림 10-1]의 사례로서 살펴보기로 한다.

그림 10-1 | 국내제조(포괄)확인서의 용도

수출입 및 생산공정	원면(HS 5201) *A업체가 인도에서 수입	→	면사(HS 5205) *A업체가 생산	→	면직물(HS 5208) *B업체가 생산	→	미국 수출
원산지 결정기준 (PSR)[39]	류의 변경(CC)		류의 변경(CC)		호의 변경(CTH). 단, 5205호로부터 변경은 제외		

* 해당 품목의 원산지결정기준은 한-미 FTA의 해당 품목에 대한 것이다.

[그림 10-1]과 같은 사례에서, A사가 B사에 면사(綿絲)를 생산하여 공급하였지만 A사는 B사에게 원산지확인서를 발급해 줄 수가 없다. 왜냐하면 한-미 FTA의 면사에 대한 원산지결정기준은 HS 2단위인 류의 변경이 있어야 하지만 A사는 원면을 수입하여 면사를 생산하여 HS 4단위만 변경되었기 때문이다. 따라서 면사는 역내

39) 한·미 FTA에 규정된 관련종목의 원산지규정은 다음과 같다(한-미 FTA 부속서 4-가, 섬유 또는 의류상품에 대한 품목별 원산지규정 제52류 참조).
- HS5201~5207: 다른 류에 해당하는 물품에서 제5201호 내지 제5207호에 해당하는 물품으로 변경된 것(제5401호 내지 제5402호, 제5403.20호, 제5403.33호 내지 제5403.39호, 제5403.42호 내지 제5405호, 또는 제5501호 내지 제5507호로부터의 변경은 제외한다).
- HS 5208호: 제5208호부터 제5212호까지 외의 다른 호에 해당하는 재료(제5106호부터 제5110호까지, 제5205호부터 제5206호까지, 제5401호부터 제5402호까지, 제5403.33호부터 제5403.39호까지, 제5403.42호부터 제5404호까지 및 제5509호부터 제5510호까지의 것은 제외한다)로부터 생산된 것.

산이란 원산지결정기준을 충족하지 못한다. 물론 예외적으로 해당 원면이 미국에서 수입된 것이라면 누적기준을 적용하여 원산지확인서 발급이 가능할 것이다. 만일 면사에 대해 원산지를 증명할 아무 서류가 없다면 B사는 면직물을 생산하여 미국에 수출하더라도 한-미 FTA에 의한 원산지증명서를 발급할 수 없다. 해당 면직물이 제5205호가 아닌 호로부터 변경될 정도의 국내가공이 있었다는 것을 입증할 서류가 있어야 B사가 원산지증명서를 발급할 수 있기 때문이다. 그러나 B사가 A사로부터 A사가 원면을 수입하여 면사를 생산하였다는 국내제조확인서를 제공받는다면 B사는 당초 수입된 것은 HS5201호의 원면이라는 것을 확인할 수 있으므로 이를 근거로 원산지증명서를 발급할 수 있고, 미국 수입자는 동 면직물에 대해 한-미 FTA에서 규정한 관세특혜를 받을 수 있게 된다.

국내제조확인서도 매 거래건별로 발급됨이 원칙이나 수출물품의 생산에 사용되는 재료 또는 최종물품을 동일한 생산자 또는 수출자에게 장기간 계속 · 반복적으로 공급하는 재료 또는 최종물품 생산자 등은 생산자 또는 수출자의 요청이 있는 경우 원산지(포괄)확인서에서와 같은 취지로 국내제조포괄확인서를 작성하여 제공할 수 있다. 국내제조포괄확인서도 물품공급일부터 12개월을 초과하지 아니하는 범위에서 반복하여 사용할 수 있다. 그러나 원산지확인서와는 달리 농산물이력추적관리등록증이나 수산물이력국적관리등록증은 국내제조(포괄)확인서로 인정되지 아니한다.

■ 자유무역협정의 이행을 위한 관세법의 특례에 관한 법률 시행규칙 [별지 제6호 서식]

국내제조(포괄)확인서(Declaration of Inward Processing)

※ 작성방법을 읽고 작성하여 주시기 바랍니다. (2쪽 중 제1쪽)

1. 발급번호(Reference No.):		
2. 국내제조포괄확인기간 (Blanket period)	년 월 일부터 년 월 일까지 (From YYYY/ MM/ DD to YYYY/ MM/ DD)	
3. 공급하는 자 (Supplier)	상호	사업자등록번호(Business Registration No.)
	대표자성명 (Name of Representative)	전화번호(Tel) 팩스번호(Fax)
	주소(Address) 전자우편주소(E-mail)	
4. 공급받는 자 (Supplied to)	상호(Company Name)	사업자등록번호(Business Registration No.)
	대표자성명 (Name of Representative)	전화번호(Tel) 팩스번호(Fax)
	주소(Address) 전자우편주소(E-mail)	

5. 공급물품 명세(Good(s) Statements)

연번 (S/N)	품목번호 (HS No.)	품명 · 규격 (Description · Specification of Good(s))	수량 및 단위 (Quantity & Unit)	가격 (Value)	주요 생산공정 (Production Process)

6. 재료 명세(Material Statements)

공급물품 연번 (S/N in Entry 5)	재료 연번 (S/N)	품목 번호 (HS No.)	원산지재료 해당 여부 (Originating Material(Y/N))	품명 · 규격 (Description · Specification of Good(s))	수량 및 단위 (Quantity & Unit)	가격 (Value)	비고 (Remarks)

'자유무역협정의 이행을 위한 관세법의 특례에 관한 법률 시행규칙' 제13조에 따라 위와 같이 국내제조 사실을 확인합니다.
The undersigned hereby declares the inward processing of the good(s) in accordance with Article 13.1 of 「Enforcement Rules of Act on Special Cases of the Customs Act for the Implementation of Free Trade Agreements」.

작 성 자(Declarer) : (서명 또는 인)(Signature)
직 위(Title) :
상호 및 주소(Company Name/Address) :
작 성 일(Date) : 년 월 일 (YYYY/MM/DD)

210mm×297mm[백상지 80g/㎡(재활용품)]

(2쪽 중 제2쪽)

작성방법	
항목	작성내용
1. 발급번호	• 국내제조(포괄)확인서를 발급하는 자가 자체적으로 관리하는 발급번호를 기재합니다.
2. 국내제조 포괄확인기간	• 물품공급일로부터 12개월을 초과하지 않는 범위에서 반복하여 사용하려는 경우 그 반복사용기간을 기재합니다. ※ 국내제조포괄확인기간을 적지 아니한 경우에는 단수 국내제조확인서로 봅니다.
3. 공급하는 자	• 물품을 실제로 공급하는 자의 상호, 사업자등록번호, 주소, 대표자 성명, 전화 및 팩스번호, 전자우편주소를 기재합니다.
4. 공급받는 자	• 국내제조(포괄)확인서상의 물품을 공급받는 자의 상호, 사업자등록번호, 주소, 대표자 성명, 전화 및 팩스번호, 전자우편주소를 기재합니다.
5. 공급물품명세	• 공급물품의 연번, 품목번호(HS No.) 6단위, 품명 · 규격, 수량 및 단위, 가격(원화로 기재) 및 주요 생산공정(물품의 주요 제조과정 및 공정방법)을 기재합니다.
6. 재료명세	• 5번 항목에 기재된 공급물품별로 그 속에 포함되어 있는 재료에 대하여 연번, 품목번호(HS No.) 6단위, 품명 · 규격, 수량 및 단위, 가격(원화로 기재) 등을 기재합니다. • 단, 공급물품의 생산에 사용된 재료 중 원산지의 확인에 필요한 재료의 내역만을 기재합니다(필요 시 원산지재료 내역만을 기재하거나 비원산지재료 내역만을 기재할 수 있습니다.). • 사용된 재료가 원산지재료에 해당할 경우 '원산지재료 해당 여부'란에 'Y', 아니면 'N'으로 기재합니다.

5 원산지인증수출자제도

1) 인증수출자제도의 개요

원산지인증수출자제도는 관세당국이 일정한 요건을 갖춘 수출자에게 원산지증명 능력이 있다고 보아 이를 '인증된 수출자(approved exporter)'로 지정해 주는 제도다. 인증수출자제도는 한-EU FTA에서 전체가격이 6,000유로를 초과하는 원산지제품에 대해서는 인증수출자만이 원산지신고서를 작성할 수 있도록 명시함에 따라 한-EU FTA를 앞두고 도입되었다. 인증수출자로 지정될 경우 [표 10-9]와 같이 한-EU FTA에 따른 원산지신고서 발급뿐 아니라 다른 여러 FTA에 의한 증명서 발급에서도 첨부서류 제출 생략 등의 몇 가지 혜택이 주어진다.

| 표 10-9 | 원산지인증수출자에 대한 혜택

FTA	일반	원산지인증수출자
한-EU, 한-영국	수출물품가격이 6,000유로 이하인 경우 수출자가 원산지증명서 자율 작성 · 서명	모든 수출물품에 대해 인증수출자가 원산지증명서 작성 가능. 서면확인서 사전제출 시 원산지증명서에 서명 생략 가능
	6,000유로를 초과하는 물품은 수출자가 원산지증명서 작성 불가	
한-아세안, 한-싱가포르, 한-인도, 한-중국, 한-베트남	원산지증명서 발급신청 시 첨부서류(수출신고수리필증 사본, 송품장 또는 거래내역서, 원산지소명서, 원산지확인서, 그 밖의 원산지증빙자료)를 함께 제출	원산지증명서 발급신청 시 첨부서류 제출 생략 가능
	증명서 발급 시 필요한 경우 현지확인	현지확인 생략 가능
한-EFTA	원산지신고서에 수출자의 서명이 필수요건(전자문서 이용 불가능)	서면확인서 사전제출 시 원산지신고서에 수출자의 서명 생략 가능
그 밖의 FTA	원산지인증수출자 지정과 무관[40]	

출처: 각 FTA 및 규칙 제7조, 제10조

인증수출자에는 업체별 원산지인증수출자와 품목별 원산지인증수출자가 있다.

40) 한-페루 FTA의 경우 발효일로부터 5년 이내(2016.7.31.까지)에는 미화 2,000달러를 초과하는 탁송품에 대해서는 원산지인증수출자만이 원산지증명서를 작성하고 서명할 수 있었으나 그 이후부터는 이러한 제한이 적용되지 않는다(규칙 제7조 제2항).

2) 업체별 원산지인증수출자제도

(1) 인증의 요건

자유무역협정 체약국에 수출을 하고 있거나 수출을 하려는 자는 원산지인증수출자로 인증을 신청할 수 있다. 관세청장 또는 세관장은 다음 각 호의 요건을 모두 갖춘 수출자를 '업체별 원산지인증수출자'로 인증할 수 있다(영 제7조).

① 원산지결정기준을 충족하는 물품(품목번호 6단위를 기준으로 한다)을 수출하거나 생산하는 자로서 원산지결정기준을 충족하는 물품을 수출하거나 생산함을 증명할 수 있는 전산처리시스템을 보유하고 있거나 그 밖의 방법으로 증명할 능력이 있는 자

② 원산지인증수출자 인증신청일 이전 최근 2년간 수출입물품의 원산지 또는 협정관세 적용의 적정 여부 등에 대한 서면조사 또는 현지조사를 거부한 사실이 없는 자

③ 원산지증명서 작성대장을 비치 · 관리하고 변호사, 관세사, 공인회계사나 원산지관리사 또는 원산지관리에 관한 교육을 이수한 자 등 관세청장이 정하는 요건을 충족한 자를 원산지관리전담자로 지정 · 운영하는 자

④ 원산지인증수출자 인증신청일 이전 최근 2년간 보관대상인 원산지증빙서류의 보관의무를 위반한 사실이 없는 자

⑤ 원산지인증수출자 인증신청일 이전 최근 2년간 속임수 또는 부정한 방법으로 원산지증명서를 발급신청하거나 작성 · 발급한 사실이 없는 자

(2) 인증신청세관

원산지인증수출자로 인증을 받으려는 자(통관업무를 대행하는 자를 포함한다. 이하 같다)는 법인 또는 사업장의 주소지를 관할하는 [표 10-10]에 따른 본부세관장 또는 직할세관장(평택세관)에게 사업장별로 또는 법인별로 인증을 신청하여야 한다(인증고시 제5조). 다만, 주소지를 관할하는 세관장 이외의 세관장에게 인증을 신청하려는 자는 인증신청세관 및 관할세관 변경신청(승인)서를 주소지 관할세관장에게 제출하여 변경할 수 있다.

표 10-10 원산지인증을 신청할 수 있는 세관

인증신청 및 관할세관	관할구역
인천세관	인천세관, 인천공항국제우편세관, 안산세관, 수원세관, 김포공항세관, 부평세관비즈니스센터의 관할구역
서울세관	서울세관, 안양세관, 파주세관, 청주세관, 성남세관, 천안세관, 구로세관비즈니스센터, 도라산세관비즈니스센터, 의정부세관비즈니스센터, 충주세관비즈니스센터의 관할구역
부산세관	부산세관, 양산세관, 북부산세관, 김해공항세관, 마산세관, 창원세관, 경남서부세관, 경남남부세관, 부산국제우편세관비즈니스센터, 진해세관비즈니스센터, 사천세관비즈니스센터, 통영세관비즈니스센터의 관할구역
대구세관	대구세관, 구미세관, 포항세관, 울산세관, 속초세관, 동해세관, 온산세관비즈니스센터, 고성세관비즈니스센터, 원주세관비즈니스센터의 관할구역
광주세관	광주세관, 군산세관, 목포세관, 광양세관, 여수세관, 제주세관, 전주세관, 대전세관, 완도세관비즈니스센터, 익산세관비즈니스센터, 대산세관비즈니스센터의 관할구역
평택세관	평택세관의 관할구역

인증을 신청하는 자가 다수의 사업장을 보유하고 있는 때에는 주된 사무소를 관할하는 세관에 일괄하여 인증을 신청할 수 있다. 인증신청을 접수한 세관장은 사업장 단위로 인증요건을 심사하고, 각각 인증번호를 부여하여야 한다. 다만, 법인사업자가 여러 사업장의 원산지 관리를 총괄하는 경우에는 법인단위로 심사하여 인증번호를 부여할 수 있다.

(3) 인증신청 시 제출할 서류

원산지인증수출자로 인증을 받으려는 자는 관세청 전자통관시스템(UNI-PASS)을 이용하여 인증신청서를 전자서류로 제출하여야 한다. 다만, 전자통관시스템을 갖추지 못한 경우에는 종이서류로 제출할 수 있다. 세관장이 종이서류를 제출받은 경우에는 해당 서류를 확인하여 전자통관시스템에 등록하여 처리하고 제출받은 서류는 별도로 보관·관리하여야 한다. 업체별 원산지인증수출자로 인증받으려는 자는 다음 각 호의 서류를 관세청장 또는 세관장에게 제출하여야 한다.

① [별지 제25호 서식]의 인증신청서

② 수출자가 수출 또는 생산하는 주요 품목(품목번호 6단위를 기준으로 한다)의 원산지소명서. 다만, 전산처리시스템을 보유하고 있는 자는 그 전산처리시스

템의 현황자료를 제출함으로써 원산지소명서를 제출하지 아니할 수 있다.[41)]

③ 원산지확인서(최종물품에 대한 원산지확인서로서 해당 물품의 생산자와 수출자가 다른 경우로 한정한다)[42)]

④ 원산지소명서에 기재된 내용을 입증할 수 있는 서류 · 정보 및 국내제조확인서(관세청장 또는 세관장이 필요하다고 인정하여 제출을 요구하는 경우로 한정한다)

(4) 인증심사

세관장은 업체별 원산지인증수출자로 인증을 받기 위해 신청한 자가 인증요건에 충족하는지를 [표 10-11]과 같은 인증고시 [별표 2]에 따라 심사하여야 한다. 인증심사는 제출된 서류를 확인하는 것으로 진행하지만 필요시 현지확인[43)]을 통해 심사를 한다. 관세청장 또는 세관장은 신청 시 제출받은 서류가 미비하거나 원산지 결정기준의 충족 여부를 심사하기가 곤란하다고 인정하면 심사에 앞서 보정을 요구하는 날부터 10일의 기간을 정하여 다음 각 호의 사항이 기재된 보정요구서를 송부하여 보정을 요구하거나 현지확인을 할 수 있다. 이 경우 보정기간은 심사기간에 포함하지 않는다.

① 보정기관

② 보정요구 이유

③ 보정할 사항

④ 보정에 응하지 않는 경우 처리내용

41) 전산처리시스템을 보유하고 있지 않은 경우에는 원산지관리 업무매뉴얼을 제출할 수 있다. (인증고시 제7조 제1항).

42) 수출자와 생산자가 다른 때에는 생산자가 수출자를 대신하여 원산지소명서와 원산지확인서류를 작성할 수 있으며, 생산자가 기업비밀 등의 사유로 수출자에게 제공하기 어려운 경우에는 세관장에게 직접 제출할 수 있다(인증고시 제8조).

43) 현지확인이란 세관장이 원산지인증수출자로 인증을 신청한 자 또는 원산지인증수출자의 사무실, 공장, 사업장 또는 주소지를 방문하여 인증요건과 원산지를 확인하는 것을 말한다(인증고시 제2조). 세관장이 현지확인을 할 때는 현지확인을 시작하기 10일 전까지 현지확인통보서를 송부한다. 세관장이 신청인과 합의하는 경우에는 현지확인 예정일 이전에도 현지확인이 가능하고, 세관장이 통지한 기간에 현지확인을 받기 곤란한 때는 현지확인의 연기를 신청할 수 있다(인증고시 제12조).

표 10-11 업체별 원산지인증수출자의 원산지 증명능력 및 확인서류 (인증고시 [별표 2])

주요 내용	세부 내용	확인서류
① 수출제품 및 원재료의 품목분류번호 및 원산지 관리	• 원재료의 품목분류번호 관리	시스템 설명서, 업무매뉴얼
	• 원재료의 원산지 관리 – 원산지확인서 · 국내제조확인서 등 원산지확인서류 확보	
	• 주요 원재료 공급업체의 관리 – 주요 원재료 공급업체 선정기준 및 리스트 – 원재료 공급업체 대상 원산지 교육 현황 및 계획 (외부 위탁교육 가능)	
② 생산(수출)물품에 적용되는 협정별 원산지기준 관리	• 해당 품목의 상대국 품목분류번호 관리 • 해당 품목의 협정별 원산지기준 관리 • 품목분류, 원산지기준 추가 · 변경 시 반영 기능	
③ 원산지 판정의 정확성 (주요 수출 · 생산품을 선별하여 확인)	• 주요 수출품목의 생산공정 확인 – 회사가 실존하고, 해당 품목의 생산시설을 갖추고 있는지 여부, 불인정공정 해당 여부 – 생산자로부터 최종수출물품을 공급받아 수출하는 경우 원산지확인서를 제출받았는지 여부 및 원산지확인서가 정확하게 작성되었는지 여부	제품 생산공정 설명서, 원산지확인서
	• 원산지소명서 작성능력 확인 1. 프로세스 적정 여부 확인 2. 주요 수출(생산)품목(5개 이내)에 대해 서류확인 – 원산지소명서 각 항목이 모두 기재되었는지 여부 – 원산지확인서 · 국내제조확인서 등 원산지확인서류가 정확하게 작성되고, 원산지소명서와 일치하는지 여부 – 원재료의 협정별 · 품목별 원산지기준이 정확한지 여부 – 수출품의 협정별 · 품목별 원산지기준이 정확한지 여부 – (부가가치기준 적용품목의 경우) 각 협정에서 정하는 재료비 가감요소가 정확하게 반영되었는지 여부 – 원산지 최종판정결과가 정확한지 여부	1. 프로세스 적정 여부 (시스템 설명서, 업무매뉴얼) 2. 서류작성 적정 여부 (품목별 소명서 및 소명자료)
④ 원산지 증빙자료 관리(검증 대비)	○ 시행령 제10조 제1항 제2호에 따른 수출자가 보관하여야 할 서류의 보관(전자서류, 스캔 가능) – 체약상대국의 수입자에게 제공한 원산지증명서 및 원산지증명서 발급신청서류 – 수출신고필증, 거래 관련 계약서 – 해당 물품 및 원재료의 생산 또는 구입 관련 증빙서류 – 원가계산서 · 원재료내역서 및 공정명세서 – 해당 물품 및 원재료의 출납·재고관리대장 등	시스템 설명서, 업무매뉴얼

(5) 원산지관리전담자의 지정

원산지인증을 받기 위해서는 원산지관리전담자를 지정하여야 한다. 원산지관리전담자란 각각 다음 각 호의 어느 하나에 해당하는 자를 말한다. 다만, 제2호에 해당하는 자는 해당 업체의 소속직원에 한정한다(규칙 제7조 제2항).

① 변호사, 관세사, 공인회계사

② 자격기본법 제19조 제1항에 따라 공인받은 원산지관리에 관한 자격이 있는 자(이에 해당하는 자는 국제원산지정보원이 시행하는 '원산지관리사' 자격시험에 합격한 자이다), 원산지관리에 관한 교육을 이수한 자 등 관세청장이 정하는 요건을 충족한 자

②에서 원산지관리에 관한 교육을 이수한 자로 관세청장이 정한 자는 다음에 해당하는 자를 말한다(인증고시 제9조 제2항 별표3).

• 원산지관리전담자 교육이수 점수
  - 업체별 원산지인증수출자 원산지관리전담자: 다음 항목의 총합이 20점 이상
  - 품목별 원산지인증수출자 원산지관리전담자: 다음 항목의 총합이 10점 이상

– 다 음 –

① 관세청장이 인정하는 FTA교육(세관장, 민간협회 및 공공기관에서 사전에 관세청장과 협의한 FTA교육을 말함) 이수실적: 시간당 2점

〈자유무역협정 관련 교육이수 인정기준〉

과목	내용	점수
자유무역협정(FTA)법령	• FTA 협정문 중 원산지규정 • FTA관세특례법령 및 관련 고시	시간당 2점(최대 4점)
원산지결정기준	• 원산지결정기준 이론 • 결정기준 판정 연습	시간당 2점(최대 6점)
품목분류	• 품목분류이론 • 산업별 품목분류 사례	시간당 2점(최대 6점)
인증수출자	• 인증수출자제도 • 인증수출자 지정 실무	시간당 2점(최대 6점)
원산지관리 실무	• 증명서 · 소명자료 작성 실무 • 업무매뉴얼 작성 · 사례 실무 • 전산관리시스템 실무	시간당 2점(최대 6점)
원산지에 관한 조사	• FTA 협정문 등 원산지조사 관련 규정 • 원산지증빙서류 등 보관 관련 규정	시간당 2점(최대 6점)

② 관세, 상품학, 자유무역협정 관련 자격증(원산지관리사 자격증은 제외) 소지자: 자격증 당 2점(최대 6점)
③ 관세청 또는 관세사 등(관세사, 회계법인, 컨설팅법인 등을 말함)으로부터 받은 자유무역협정 컨설팅 실적: 건당 5점(최대 15점)

원산지관리전담자와 관련 있는 자유무역협정 관련 교육은 각 세관 또는 민간협회나 공공기관에서 수시로 실시하고 있다.

(6) 인증서의 교부와 통보

인증신청을 받은 관세청장 또는 세관장이 심사결과 신청자가 그 요건을 충족한다고 인정될 경우 신청을 받은 날부터 20일 이내에 수출자에게 사업장 단위별로 [별지 제26호 서식]의 인증서를 교부한다. 아울러 그 사실을 지체 없이 관세청장은 증명서 발급기관에, 세관장은 관세청장 및 증명서 발급기관에 각각 통보하여야 한다. 이때, 관세청장 또는 세관장은 인증사실을 관세청장이 지정하는 정보통신망에 게재함으로써 통보에 갈음할 수 있다. 법인의 본점이 다수 사업장의 원산지관리를 총괄하는 경우에는 본점의 인증요건을 심사한 후 법인 단위로 인증번호를 부여할 수 있다. 이 경우 법인에 속하는 모든 사업장은 동일한 인증번호가 부여된 것으로 본다(인증고시 제12조의2).

(7) 업체별 원산지인증수출자의 인증유효기간

업체별 원산지인증수출자의 인증유효기간은 5년이다. 관할세관장은 인증유효기간 만료일 2개월 전까지 원산지인증수출자에게 인증유효기간 연장신청을 안내하여야 한다(인증고시 제16조). 인증유효기간을 연장하려는 자는 인증유효기간 만료 30일 전까지 인증한 관세청장 또는 세관장에게 인증유효기간의 연장을 FTA관세특례법 시행규칙 [별지 제25호 서식]으로 신청하여야 한다. 이 경우 연장신청을 받은 관세청장 또는 세관장은 그 내용을 심사하여 원산지인증수출자가 인증요건을 유지하고 있는 것으로 인정하면 그 인증유효기간을 5년간 연장할 수 있으며, 인증유효기간을 연장한 때에는 이를 지체 없이 관세청장은 증명서 발급기관에, 세관장은 관세청장 및 증명서 발급기관에 각각 통보하여야 한다. 원산지인증수출자가 유효기간의 연장신청을 하지 아니한 때에는 인증 유효기간이 만료되면 인증이 자동 상실된 것으로 보며, 다시 원산지인증수출자로 인증을 받으려는 자는 인증유효기간이 만료된 후 새로 인증을 받아야 한다.

원산지인증수출자는 원산지인증요건이 유지되고 있는지를 인증유효기간이 만료되기 1년 이내에 자율적으로 점검하고 그 결과를 인증일이 속하는 달의 말일까지 관할세관장에게 제출할 수 있으며, 그 결과가 이상이 없는 것으로 세관장이 확인한 경우에는 심사를 간이하게 하고 인증유효기간을 연장할 수 있다. 그러나 인증업무의 간소화를 위해 원산지인증수출자가 인증유효기간 만료일이 되기 전 1년 이내에 다음 각 호의 어느 하나에 해당되는 경우에는 자율점검을 하지 아니하고 인증유효기간 연장신청을 한 경우에도 세관장은 심사를 하지 아니하고 인증유효기간을 연장할 수 있다.

① 세관장이 수출물품에 대한 원산지조사를 실시한 결과 충족으로 판명된 경우
② 세관장이 인증사후관리대상으로 선정하여 현지확인을 실시한 결과 이상이 없는 것으로 판명된 경우

세관장은 자율점검결과를 확인한 결과 이상이 있는 경우에는 제출받은 날부터 30일 내에 검토의견을 회신하고 그 내용을 전자통관시스템에 등록하여야 하며 보완을 요구하고자 하는 때에는 보정요구절차를 준용한다.

(8) 관할세관

원산지인증수출자로 인증한 세관장은 원산지인증수출자가 그 인증요건을 유지하고 있는지를 점검하고 자율원산지 증명물품이 원산지결정기준을 충족하는지를 관리하여야 한다. 만일 원산지인증수출자가 관할세관을 변경하고자 할 때는 관할세관에 변경신청을 하여야 한다. 변경신청을 접수한 세관장은 특별한 사유가 없는 한 신청인에게 관할세관변경승인서를 교부한다(인증고시 제14조).

(9) 인증사항의 변경

업체별 원산지인증수출자는 상호 · 주소 · 대표자 성명 · 원산지관리전담자 등 인증사항이 변경된 때에는 그 변경사항을 지체 없이 [시행규칙 별지 제27호 서식]에 따라 관할세관장에게 신고하여야 한다. 다만, 다음 각 호의 어느 하나에 해당될 때

는 새로 인증을 받아야 한다(인증고시 제15조).

① 개인사업자의 경우 대표자 · 사업자등록번호가 변경된 경우

② 법인사업자의 경우 사업자등록번호가 변경되는 등 기업의 분할 · 인수합병 등으로 기업의 동일성 및 연속성이 인정되지 아니한 경우

변경신고를 받은 세관장은 변경신고를 받은 날부터 7일 이내에 그 신고내용을 확인하여 타당하다고 인정하면 원산지인증수출자 인증사항 변경신고수리서를 교부하고, 그 사실을 지체 없이 관세청장 및 증명서 발급기관에 각각 통보하여야 한다.

(10) 시정명령 및 인증의 취소

업체별 원산지인증수출자가 다음 어느 요건을 갖추지 못한 것이 확인되면 30일 이상의 기간을 주고 시정하도록 할 수 있다(규칙 제17조 제9항).

① 원산지결정기준을 충족하는 물품(품목번호 6단위를 기준)을 수출하거나 생산하는 자로서 원산지결정기준을 충족하는 물품을 수출하거나 생산함을 증명할 수 있는 전산처리시스템을 보유하고 있거나 그 밖의 방법으로 증명할 능력이 있는 자

② 원산지증명서 작성대장을 비치 · 관리하고 기획재정부령으로 정하는 원산지관리전담자를 지정 · 운영하는 자

시정요구를 받은 업체별 원산지인증수출자가 정당한 사유 없이 기간 내에 시정하지 아니하면 업체별 원산지인증수출자의 인증을 취소하고 지체 없이 관세청장은 업체별 원산지인증수출자 및 증명서 발급기관에, 세관장은 관세청장, 업체별 원산지인증수출자 및 증명서 발급기관에 각각 통보하여야 한다. 관세청장 또는 세관장은 업체별 원산지인증수출자가 다음 요건 중 어느 하나의 요건을 갖추지 못한 것이 확인되면 업체별 원산지인증수출자의 인증을 취소하고 지체 없이 관세청장은 업체별 원산지인증수출자 및 증명서 발급기관에, 세관장은 관세청장, 업체별 원산지인증수출자 및 증명서 발급기관에 각각 통보하여야 한다. 인증을 취소하려는 때에는 먼저 청문을 실시하여야 한다[44](규칙 제17조 제11항).

44) 세관장이 이러한 청문을 하고자 할 때는 청문 예정일 10일 전까지 청문 예정일을 지정하여

① 최근 2년간 원산지조사를 거부한 사실이 있는 경우
② 최근 2년간 서류의 보관의무(보관요구를 받고 시정한 경우는 제외)를 위반한 사실이 있는 경우
③ 최근 2년간 속임수 또는 부정한 방법으로 원산지증명서를 발급신청하거나 작성 · 발급한 사실이 있는 경우

(11) 인증서의 재발급

관세청장 또는 세관장은 업체별 원산지인증수출자 인증서를 발급받은 자가 분실 · 도난 · 훼손 그 밖의 부득이한 사유로 인증서의 재발급을 신청하는 경우에는 이를 재발급할 수 있다. 이 경우 재발급신청자는 원산지인증수출자 인증서 재발급 신청서(별지 제28호 서식)를 당초 원산지인증수출자로 인증한 관세청장 또는 세관장에게 제출하여야 한다.

(12) 원산지인증수출자에 대한 사후관리

세관장은 다음 각 호의 선별기준을 종합적으로 고려하여 사후관리대상업체를 선정하고 필요한 서류제출을 요구하거나 원산지인증수출자의 사무실, 생산공장 등 현지확인을 통하여 인증요건을 유지하고 있는지를 확인할 수 있다(인증고시 제17조 제1항).

① 국제원자재 가격의 급격한 변동 등 인증품목의 원산지결정에 영향을 미치는 요인이 발생한 경우
② 인증품목의 생산공정이 변경된 경우
③ 인증품목의 원산지결정기준이 변경된 경우
④ 세관의 위험관리 분석결과 원산지인증수출자가 위험관리 대상업체로 선정된 경우
⑤ 세관장이 원산지인증수출자의 인증사항 변경에 관한 정보 또는 첩보를 입수한 경우
⑥ 원산지인증수출자의 요청이 있는 경우

대상자에게 서면으로 통지하여야 한다. 청문통지를 받은 대상자 또는 대리인은 지정된 날에 출석하여 의견을 진술하거나 지정된 날까지 서면으로 의견을 제출할 수 있다. 대상자가 정당한 사유 없이 이에 응하지 아니하면 의견 제출을 포기한 것으로 본다(인증고시 제19조).

세관장이 사후관리를 위해 현지확인을 하고자 하는 때에는 현지확인을 시작하기 10일 전까지 신청인에게 미리 현지확인 통보를 하여야 한다. 현지확인 대상인 업체가 세관장이 통지한 기간에 현지확인을 받기가 곤란한 때는 세관장에게 현지확인 연기를 신청할 수 있다. 만일 인증수출자가 현지확인에 불응·방해하거나 정당한 사유 없이 자료제출을 거부하는 때에는 FTA관세특례법(제17조 제1항)에 따른 원산지에 관한 조사를 할 수 있다(인증고시 제17조 제4항). 현지확인을 실시한 세관공무원은 현지확인결과를 담당과장에게 보고하고 전자통관시스템에 등록한다.

■ 자유무역협정의 이행을 위한 관세법의 특례에 관한 법률 시행규칙 [별지 제25호 서식]

업체별 원산지인증수출자 인증(연장)신청서

※ 작성방법을 읽고 작성하여 주시기 바라며, [ ]에는 해당되는 곳에 ✓표시를 합니다. (2쪽 중 제1쪽)

※ 세관기재란(For Official Use Only)					
접수번호		접수일		처리기간	20일

1. 신청구분	신규인증 [ ] 인증유효기간 연장 [ ]			
2. 신청인	상호	(한글)	사업자등록번호	
		(영문)		
	주소	(한글)	대표자 성명	(한글)
		(영문)		(영문)
	전화번호		팩스번호	
	전자우편주소		인증번호 ※세관에서 기재	

3. 인증 요건	원산지결정기준을 충족하는 물품을 수출 또는 생산하는 자로서 전산처리시스템 또는 원산지증명능력 보유 여부	[ ]예 [ ]아니오
	신청일을 기준으로 이전 최근 2년간 원산지조사 거부 여부	[ ]예 [ ]아니오
	원산지증명서 작성대장 비치 및 관리 여부	[ ]예 [ ]아니오
	원산지관리전담자 지정 및 운영 여부	[ ]예 [ ]아니오
	신청일을 기준으로 이전 최근 2년간 서류의 보관의무 위반 여부	[ ]예 [ ]아니오
	신청일을 기준으로 이전 최근 2년간 속임수 또는 부정한 방법으로 원산지증명서를 발급신청 또는 작성 · 발급 여부	[ ]예 [ ]아니오

4. 주요 수출(생산)물품

연번	품목번호(HS No.)	품명	적용대상협정	원산지	원산지결정기준

5. 원산지관리전담자

연번	성명	직위	소속부서	전화번호	팩스번호	전자우편주소

'자유무역협정의 이행을 위한 관세법의 특례에 관한 법률 시행규칙' 제17조 제1항(제8항)에 따라 업체별 원산지인증수출자 인증(연장)을 신청합니다.

년 월 일

신 청 인: (서명 또는 인)

관세청장
귀 하
○○세관장

첨부서류	1. 수출 또는 생산하는 주요 품목의 원산지소명서(원산지증명을 위한 전산처리시스템 현황자료 제출 시 생략이 가능합니다) 2. 원산지확인서(최종물품에 대한 원산지확인서로서 생산자와 수출자가 다른 경우에 제출합니다) 3. 원산지소명서에 기재된 내용을 입증할 수 있는 서류 · 정보 및 국내제조확인서(관세청장 또는 세관장이 요구하는 경우에 제출합니다)	수수료 없 음

210mm×297mm[백상지 80g/㎡(재활용품)]

(2쪽 중 제2쪽)

<table>
<tr><th colspan="2">작성방법</th></tr>
<tr><th>항목</th><th>작성내용</th></tr>
<tr><td>1. 신청구분</td><td>• '신규인증' 또는 '인증유효기간 연장' 중 해당하는 것에 '✓'를 기재합니다.</td></tr>
<tr><td>2. 신청인</td><td>• 상호, 사업자등록번호, 주소, 대표자 성명, 전화 및 팩스 번호, 전자우편주소를 기재합니다.
※ 사업장이 다수인 업체가 사업장 단위로 신청을 하는 경우에는 각 사업장의 사업자등록번호를 기재해야 합니다.
※ 업체별 원산지인증수출자 영문인증서 발급을 원하는 경우 영문란을 기재합니다.</td></tr>
<tr><td>3. 인증요건</td><td>• 인증요건 해당란에 '✓'를 기재합니다.</td></tr>
<tr><td>4. 주요수출(생산)물품</td><td>• 물품의 품목번호(6단위)를 기재합니다.
• 품목번호(6단위)에 해당하는 주요 수출(생산)물품의 품명을 기재합니다.
• 해당 품목의 원산지결정기준을 적용한 자유무역협정(FTA)의 명칭을 기재합니다.
예) 한-칠레 FTA, 한-싱가포르 FTA, 한-EFTA FTA, 한-아세안 FTA, 한-인도 CEPA 등
• 물품의 원산지를 결정하는 데 적용된 기준을 아래 표에서 정한 방법으로 기재합니다.
<table>
<tr><th>원산지결정기준</th><th>기재방법</th></tr>
<tr><td>가. 완전생산물품</td><td>- WO</td></tr>
<tr><td>나. 세번변경기준
- 2단위 세번변경기준
- 4단위 세번변경기준
- 6단위 세번변경기준</td><td>
- CC
- CTH
- CTSH</td></tr>
<tr><td>다. 부가가치기준
- 공제법을 적용한 경우
- 집적법을 적용한 경우
- 역외산재료 최대허용법을 적용한 경우
- 순원가법을 적용한 경우</td><td>
- BD
- BU
- MC
- NC</td></tr>
<tr><td>라. 결합기준
- 세번변경기준과 부가가치기준 등 두 가지 이상의 원산지결정기준을 동시에 충족한 경우</td><td>- CC(CTH 또는 CTSH) + BD(BU, MC 또는 NC)
- CC(CTH 또는 CTSH) + SP
- BD(BU, MC 또는 NC) + SP
- CC(CTH 또는 CTSH) + BD(BU, MC 또는 NC) + SP</td></tr>
<tr><td>마. 특정공정기준</td><td>- SP</td></tr>
<tr><td>바. 역외가공기준(개성공단 생산물품)</td><td>- OP</td></tr>
<tr><td>사. 기타기준</td><td>- Other</td></tr>
</table>
• 원산지결정기준을 충족할 경우 'KR' 또는 '한국'으로 적습니다.</td></tr>
<tr><td>5. 원산지 관리전담자</td><td>• 원산지관리전담자의 성명, 직위, 소속부서, 전화 및 팩스번호, 전자우편주소를 기재합니다.</td></tr>
</table>

■ 자유무역협정의 이행을 위한 관세법의 특례에 관한 법률 시행규칙 [별지 제26호 서식] [국문본]

업체별 원산지인증수출자 인증서

CERTIFICATE OF COMPANY-SPECIFIC APPROVED EXPORTER

- 상　　　호(Name of Company):
- 주　　　소(Address):
- 대　표　자(Representative):
- 인 증 번 호(Customs Authorisation No.):
- 인증유효기간(Validity Period):

위 업체를 '자유무역협정의 이행을 위한 관세법의 특례에 관한 법률' 제12조 제1항에 따라 업체별 원산지인증수출자로 인증합니다.

We hereby certify that the above company is authorised as "Company-specific approved exporter" in accordance with Article 12.1 of 「The Act on Special Cases of the Customs Act for the Implementation of Free Trade Agreements」.

년　월　일
(yyyy/mm/dd)

관세청장
○○세관장

Commissioner of
Korea Customs Service
Head of ○ ○ Customs

직인 (to be sealed)

210mm×297mm[백상지 150g/㎡(재활용품)]

[영문본]

CERTIFICATE OF COMPANY–SPECIFIC APPROVED EXPORTER

- Name of Company :
- Address :
- Representative :
- Customs Authorisation No. :
- Validity Period :

We hereby certify that the above company is authorised as "Company–specific approved exporter" in accordance with Article 12.1 of 「The Act on Special Cases of the Customs Act for the Implementation of Free Trade Agreements」.

yyyy/mm/dd

Commissioner of
Korea Customs Service
Head of ○○ Customs

seal

210mm×297mm[백상지 150g/㎡(재활용품)]

3) 품목별 원산지인증수출자제도

(1) 인증의 요건

관세청장 또는 세관장은 업체별 원산지인증수출자가 아닌 자로서 다음 각 호의 요건을 모두 갖춘 수출자를 품목별 원산지인증수출자로 인증할 수 있다(영 제7조 제2호).

① 원산지결정기준을 충족하는 물품(품목번호 6단위를 기준으로 한다)을 수출하는 자

② 원산지증명서 작성대장을 비치 · 관리하고, 관세청장이 정하는 바에 따른 원산지관리전담자를 지정 · 운영하는 자

(2) 인증신청 시 제출할 서류

업체별 원산지인증수출자로 인증받으려는 자는 다음 각 호의 서류를 관세청장 또는 세관장에게 제출하여야 한다.

① [별지 제29호 서식]의 인증신청서

② 원산지인증신청품목(품목번호 6단위를 기준으로 한다)별 원산지소명서. 다만, 원산지인증수출자가 원산지를 확인한 물품을 공급받아 추가 가공 없이 수출하는 경우에는 제출을 생략할 수 있다.

③ 원산지확인서(최종물품에 대한 원산지확인서로서 해당 물품의 생산자와 수출자가 다른 경우만 해당한다)

④ 원산지소명서에 기재된 내용을 입증할 수 있는 서류 · 정보 및 국내제조확인서(관세청장 또는 세관장이 필요하다고 인정하여 제출을 요구하는 경우로 한정한다)

(3) 인증심사 및 인증서의 교부와 통보

품목별 원산지인증수출자로 인증받으려면 인증신청 품목(HS 6단위 기준)이 수출하고자 하는 협정의 원산지결정기준을 충족하여야 한다. 결국 종목별 원산지인증수출자는 FTA별로 인증되는 속성을 갖는다. 세관장은 원산지인증수출자로 인증받으려는 자가 인증요건에 충족하는지를 인증고시 [별표 4]에 따라 심사하여야 한다. [별표 4]에 규정된 심사 내용은 다음과 같다.

주요 내용	• 신청서에 기재된 HS 6단위 물품의 대표품목(HS 6단위별)을 선정하여 원산지결정기준 충족 여부 확인
세부 내용	• 생산공정 확인 – 회사가 실존하고, 해당 품목의 생산시설을 갖추고 있는지 여부 – 불인정 생산공정에 해당하는지 여부 – 생산자로부터 최종수출물품을 공급받아 수출하는 경우 원산지확인서를 제출받았는지 여부 및 원산지확인서가 정확하게 작성되었는지 여부
	• 원산지소명서 작성능력 확인 – 주요 수출(생산)품목(HS 6단위별) 선정 – 원산지소명서 각 항목이 모두 기재되었는지 여부 – 원산지확인서가 정확하게 작성되고, 원산지소명서와 일치하는지 여부 – 원재료의 협정별 · 품목별 원산지기준이 정확한지 여부 – 수출품의 협정별 · 품목별 원산지기준이 정확한지 여부 – (부가가치기준 적용품목의 경우) 각 협정에서 정하는 재료비 가감요소가 정확하게 반영되었는지 여부 – 원산지 최종 판정결과가 정확한지 여부
확인 서류	• 원산지소명서, 원산지확인서, 국내제조확인서, 제품생산공정설명서 등

(4) 품목별 원산지인증수출자의 인증유효기간

품목별 원산지인증수출자의 인증유효기간은 업체별 원산지인증수출자와 같이 5년으로 한다. 다만, 최근 2년간 원산지조사를 거부한 사실이 있거나, 최근 2년간 서류 보관의무(보관요구를 받고 시정한 경우는 제외한다)를 위반한 사실이 있는 자에 대해서는 관세청장이 정하는 바에 따라 인증유효기간을 달리 할 수 있다. 인증서의 재발급절차는 업체별 원산지인증수출자의 경우와 같다. 품목별 원산지인증수출자가 품목별이나 협정별로 여러 건의 인증을 보유하고 있는 경우에는 인증유효기간 연장을 일괄로 신청할 수 있다. 이 경우 가장 먼저 유효기간이 만료되는 인증의 유효기간 만료일 30일 전까지 일괄로 연장신청하여야 한다.

원산지인증수출자가 유효기간 연장신청을 하지 아니한 때에는 인증유효기간이 만료되면 인증이 자동 상실된 것으로 보며, 다시 원산지인증수출자로 인증을 받으려는 자는 인증유효기간이 만료된 후 새로 인증을 받아야 한다.

(5) 관할세관

품목별 원산지인증수출자에 대한 세관의 관할은 업체별 원산지인증수출자에 대한 것과 같다. 관할세관장은 품목별 원산지인증수출자가 그 인증요건을 충족하고 있는지를 점검하고 자율원산지증명물품이 원산지결정기준을 충족하는지를 관리해야 한다. 원산지인증수출자가 관할세관을 변경하고자 할 때의 절차도 업체별 원산지인증수출자의 경우와 동일하다.

(6) 인증사항의 변경

품목별 원산지인증수출자도 상호 · 주소 · 대표자 성명 · 원산지관리전담자 등 인증사항이 변경된 때에는 그 변경사항을 지체 없이 관할세관장에게 신고하여야 한다. 다만, 다음 각 호의 어느 하나에 해당될 경우 새로 인증을 받아야 한다.

① 개인사업자의 경우 대표자의 사업자등록번호가 변경될 경우
② 법인사업자의 경우 사업자등록번호가 변경되는 등 기업의 분할, 인수합병 등으로 기업의 동일성 및 연속성이 인정되지 아니하는 경우
③ 품목별 원산지인증수출자의 인증종목에 대한 품목번호 오류가 있거나 원산지결정기준 또는 인증품목의 변경 등 인증사항에 실질적인 변화가 있는 경우

(7) 시정명령 및 인증의 취소

관세청장 또는 세관장은 품목별 원산지인증수출자가 그 요건을 갖추지 못한 것이 확인되면 30일 이상의 기간을 주고 시정하도록 할 수 있으며, 품목별 원산지인증수출자가 정당한 사유 없이 기간 내에 시정하지 아니하면 품목별 원산지인증수출자의 인증을 취소하고 지체 없이 관세청장은 품목별 원산지인증수출자 및 증명서 발급기관에, 세관장은 관세청장, 품목별 원산지인증수출자 및 증명서 발급기관에 각각 통보하여야 한다. 관세청장 또는 세관장은 품목별 원산지인증수출자가 그 요건을 갖추지 못한 것이 확인되면 품목별 원산지인증수출자의 인증을 취소하고 지체 없이 관세청장은 품목별 원산지인증수출자 및 증명서 발급기관에, 세관장은 관세청장, 품목별 원산지인증수출자 및 증명서 발급기관에 각각 통보해야 한다. 인증취소를 위한 청문을 하고자 할 때에는 청문 예정일 10일 전까지 청문 예정일을 지정하여 대상자에게 서면으로 통지하여야 한다. 이 경우 대상자가 정당한 사유 없이 이에 응하지 아니하면 의견 제출을 포기한 것으로 본다는 뜻을 명시하여야 한다. 청문통지를 받은 대상자 또는 대리인은 지정된 날에 출석하여 의견을 진술하거나 지

정된 날까지 서면으로 의견을 제출할 수 있다. 청문대상자 또는 그 대리인이 출석하여 의견을 진술한 경우 세관공무원은 그 요지를 서면으로 작성하여 대상자 또는 그 대리인으로 하여금 이를 확인하게 한 후 서명날인하게 하여야 한다. 이러한 일련의 절차는 업체별 원산지인증수출자의 경우와 차이가 없는 것이다.

■ 자유무역협정의 이행을 위한 관세법의 특례에 관한 법률 시행규칙 [별지 제29호 서식]

품목별 원산지인증수출자 인증(연장)신청서

※ 작성방법을 읽고 작성하여 주시기 바라며, [ ]에는 해당되는 곳에 ✓표시를 합니다. (2쪽 중 제1쪽)

<table>
<tr><td colspan="6">※ 세관기재란(For Official Use Only)</td></tr>
<tr><td colspan="2">접수번호</td><td colspan="2">접수일</td><td colspan="2">처리기간 20일</td></tr>
<tr><td>1. 신청 구분</td><td colspan="5">신규인증 [ ] 인증유효기간 연장 [ ]</td></tr>
<tr><td rowspan="6">2. 신청인</td><td rowspan="2">상호</td><td>(한글)</td><td colspan="3" rowspan="2">사업자등록번호</td></tr>
<tr><td>(영문)</td></tr>
<tr><td rowspan="2">주소</td><td>(한글)</td><td rowspan="2">대표자 성명</td><td colspan="2">(한글)</td></tr>
<tr><td>(영문)</td><td colspan="2">(영문)</td></tr>
<tr><td colspan="2">전화번호</td><td colspan="3">팩스번호</td></tr>
<tr><td colspan="2">전자우편주소</td><td colspan="3">인증번호
※ 세관에서 기재</td></tr>
<tr><td rowspan="4">3. 인증 요건</td><td colspan="4">업체별 원산지인증수출자 여부</td><td>[ ]예 [ ]아니오</td></tr>
<tr><td colspan="4">원산지결정기준을 충족하는 물품의 수출 또는 생산 여부</td><td>[ ]예 [ ]아니오</td></tr>
<tr><td colspan="4">원산지증명서 작성대장 비치 및 관리 여부</td><td>[ ]예 [ ]아니오</td></tr>
<tr><td colspan="4">원산지관리전담자 지정 및 운영 여부</td><td>[ ]예 [ ]아니오</td></tr>
</table>

4. 원산지인증대상 신청물품

연번	품목번호(HS No.)	품명	적용대상협정	원산지	원산지결정기준

5. 원산지관리전담자

연번	성명	직위	소속부서	전화번호	팩스번호	전자우편주소

'자유무역협정의 이행을 위한 관세법의 특례에 관한 법률 시행규칙' 제18조 제1항(제7항)에 따라 품목별 원산지인증수출자 인증(연장)을 신청합니다.

년 월 일

신 청 인: (서명 또는 인)

관세청장
귀 하
ㅇㅇ세관장

첨부서류	1. 원산지인증 신청품목(품목번호 6단위 기준)별 원산지소명서(원산지인증수출자가 원산지를 확인한 물품을 공급받아 추가 가공 없이 수출하는 경우 제출 생략할 수 있습니다) 2. 원산지확인서(최종물품에 대한 원산지확인서로서 생산자와 수출자가 다른 경우에 제출합니다) 3. 원산지소명서에 기재된 내용을 입증할 수 있는 서류 · 정보 및 국내제조확인서(관세청장 또는 세관장이 요구하는 경우에 제출합니다)	수수료 없 음

210mm×297mm[백상지 80g/㎡(재활용품)]

(2쪽 중 제2쪽)

<table>
<tr><th colspan="3">작성방법</th></tr>
<tr><th>항 목</th><th colspan="2">작성내용</th></tr>
<tr><td>1. 신청구분</td><td colspan="2">• '신규인증' 또는 '인증유효기간 연장' 중 해당하는 것에 '✓'를 기재합니다.</td></tr>
<tr><td>2. 신청인</td><td colspan="2">• 상호, 사업자등록번호, 주소, 대표자 성명, 전화 및 팩스 번호, 전자우편주소를 기재합니다.
※ 품목별 원산지인증수출자 영문인증서 발급을 원하는 경우 영문란을 기재합니다.</td></tr>
<tr><td>3. 인증요건</td><td colspan="2">• 인증요건 해당란에 "✓"를 기재합니다.</td></tr>
<tr><td rowspan="10">4. 원산지 인증대상 신청물품</td><td colspan="2">• 물품의 6단위 품목번호(HS No.)를 기재합니다.
• 품목번호(6단위)에 해당하는 원산지인증대상 신청품목의 품명을 기재합니다.
• 해당 품목의 원산지결정기준을 적용한 자유무역협정(FTA)의 명칭을 기재합니다.
예) 한-칠레 FTA, 한-싱가포르 FTA, 한-EFTA FTA, 한-아세안 FTA, 한-인도 CEPA 등
• 물품의 원산지를 결정하는 데 적용된 기준을 아래 표에서 정한 방법으로 기재합니다.</td></tr>
<tr><th>원산지결정기준</th><th>기재방법</th></tr>
<tr><td>가. 완전생산물품</td><td>- WO</td></tr>
<tr><td>나. 세번변경기준
- 2단위 세번변경기준
- 4단위 세번변경기준
- 6단위 세번변경기준</td><td>
- CC
- CTH
- CTSH</td></tr>
<tr><td>다. 부가가치기준
- 공제법을 적용한 경우
- 집적법을 적용한 경우
- 역외산재료 최대허용법을 적용한 경우
- 순원가법을 적용한 경우</td><td>
- BD
- BU
- MC
- NC</td></tr>
<tr><td>라. 결합기준
- 세번변경기준과 부가가치기준 등 두 가지 이상의 원산지결정기준을 동시에 충족한 경우</td><td>- CC(CTH 또는 CTSH) + BD(BU, MC 또는 NC)
- CC(CTH 또는 CTSH) + SP
- BD(BU, MC 또는 NC) + SP
- CC(CTH 또는 CTSH) + BD(BU, MC 또는 NC) + SP</td></tr>
<tr><td>마. 특정공정기준</td><td>- SP</td></tr>
<tr><td>바. 역외가공기준(개성공단 생산물품)</td><td>- OP</td></tr>
<tr><td>사. 기타기준</td><td>- Other</td></tr>
<tr><td colspan="2">• 원산지결정기준을 충족할 경우 'KR' 또는 '한국'으로 기재합니다.</td></tr>
<tr><td>5. 원산지 관리전담자</td><td colspan="2">• 원산지관리전담자의 성명, 직위, 소속부서, 전화 및 팩스번호, 전자우편주소를 기재합니다.</td></tr>
</table>

■ 자유무역협정의 이행을 위한 관세법의 특례에 관한 법률 시행규칙 [별지 제30호 서식]
[국문본]

품목별 원산지인증수출자 인증서
CERTIFICATE OF PRODUCT–SPECIFIC APPROVED EXPORTER

• 상 호(Name of Company):

• 주 소(Address):

• 대 표 자(Representative):

• 인 증 번 호(Customs Authorisation No.):

• 인증유효기간(Validity Period):

원산지인증 물품내역(List of Certified Products)	
품목번호(4단위) [HS No.(4–digit)]	자유무역협정 명칭 (Name of FTA)

위 업체를 '자유무역협정의 이행을 위한 관세법의 특례에 관한 법률' 제12조 제1항에 따라 품목별 원산지인증수출자로 인증합니다.

We hereby certify that the above company is authorised as "Product–specific approved exporter" in accordance with Article 12.1 of 「The Act on Special Cases of the Customs Act for the Implementation of Free Trade Agreements」.

년 월 일
(yyyy/mm/dd)

관세청장
○○세관장

Commissioner of
Korea Customs Service
Head of ○○ Customs

직인
(seal)

210㎜×297㎜[백상지 120g/㎡(재활용품)]

[영문본]

CERTIFICATE OF PRODUCT-SPECIFIC APPROVED EXPORTER

• Name of Company:

• Address:

• Representative:

• Customs Authorisation No.:

• Validity Period:

List of Certified Products	
HS No.(4-digit)	Name of FTA

We hereby certify that the above company is authorised as "Product-specific approved exporter" in accordance with Article 12.1 of 「The Act on Special Cases of the Customs Act for the Implementation of Free Trade Agreements」.

yyyy/mm/dd

Commissioner of
Korea Customs Service
Head of ○○ Customs

seal

210mm×297mm[백상지 120g/㎡(재활용품)]

4) 원산지관리사제도

(1) 제도의 개요

원산지인증수출자제도에서는 체계적 원산지관리 및 검증대비를 위해 원산지관리 전담자를 기업 내에 두도록 하고 있다. 이와 같은 원산지관리에 전문성을 갖춘 인력을 양성하기 위해 도입된 것이 원산지관리사제도이다.45) 이 자격시험을 시행하는 기관은 국제원산지정보원(http://www.origin.or.kr)이다.

(2) 원산지관리사 자격시험

원산지관리사 자격시험 시행기관인 국제원산지정보원은 인증수출자에게 요구되는 역량을 고려해 자격시험과목을 [표 10-12]와 같이 정해 시행하고 있다.

표 10-12 원산지관리사 자격시험 과목과 출제분야

구분	과목(문항수)	출제분야
1교시 (60분)	FTA 협정 및 법령 (객관식 25문항)	• FTA 이해 • FTA관세특례법 • 원산지증명제도와 원산지인증수출자제도 • 원산지조사 • 원산지사전심사 • 비밀유지의무, 불복신청, 위반자에 대한 제재 등
	품목분류실무 (객관식 25문항)	• HS 품목분류제도 • 관세율표 통칙 • 관세율표 각 부·류·주의 분류원칙과 품목분류 등
2교시 (60분)	원산지결정기준 (객관식 25문항)	• 원산지 개요 • FTA 특혜관세 적용조건 • 일반기준과 품목별 기준 등
	수출입통관실무 (객관식 25문항)	• 관세의 개요 • 관세법 일반 • 수출입통관 • 보세구역과 보세화물관리 등

45) 원산지관리사는 자격기본법 제17조에 의거한 민간자격이며, 동법 제19조에 의거하여 2012년 12월 27일 관세청으로부터 국가공인을 획득하였다.

원산지관리사 자격시험은 현재 매년 3회 실시하며, 응시연령이나 학력 등에 제한은 두지 않는다. 합격기준은 과목당 100점 만점기준으로 40점 이상, 평균점수가 60점 이상이다. 원산지관리사 자격시험의 난이도는 '정규대학 이상의 학력을 가지고, 기업의 원산지업무 전반에 대한 관리를 할 수 있는 능력을 갖춘 자' 정도이다. 국제원산지정보원은 '고교 졸업 이상의 학력을 가지고, 기업의 원산지실무를 수행할 수 있는 능력을 갖춘 자' 정도의 난이도로 출제하여 합격자에게 자격증을 주는 원산지실무사 시험도 운영하고 있다. 원산지실무사의 경우 FTA 원산지이론(25문항),[46] FTA 원산지실무(25문항) 2개 과목으로 출제하며 합격기준은 과목당 100점 만점기준으로 40점 이상, 평균점수가 60점 이상이다. 합격자는 원산지관리시스템 실무교육을 6시간 동안 필한 다음 합격증과 원산지관리시스템 실무교육 이수증을 함께 교부한다.

46) FTA 원산지이론 과목의 출제내용은 FTA의 개요(의의, 원산지, 법적 근거), 품목분류와 FTA 원산지기준, 수출입 통관과 FTA협정, 원산지 제도의 이해(원산지 제도, 표시 등), 원산지결정기준(적용요건, 기본원칙, 품목별 기준 등이고, FTA 원산지실무 과목의 출제내용은 원산지 결정기준 적용 사례에 대한 이해, 원산지판정을 위한 정보의 구분 및 수집, 원산지증명서의 작성, 인증수출자 심사자료의 작성과 정리, 원산지증명 관련 보관서류의 구분과 정리, 원산지정보관리시스템의 이해, 원산지정보 데이터의 구분과 작성, 작성된 원산지정보 데이터의 입력, 원산지관리시스템 활용 원산지증빙서류 작성, 원산지정보 및 원산지증빙서류의 전송 등이다(자세한 내용은 국제원산지정보원 홈페이지 참조).

Chapter

11

Free Trade Agreement

FTA 이해와 활용

FTA

협정관세의 적용

1. 협정관세의 규정
2. 협정관세의 적용절차
3. 수량별 차등협정관세의 적용
4. 협정관세의 적용제한
5. 협정관세의 적용보류
6. 가산세의 부과

Chapter

11. 협정관세의 적용

1 협정관세의 규정

1) 협정관세율

FTA의 협정관세는 FTA의 상품양허표로서, FTA의 일부로 규정된다. FTA관세특례법에서는 협정에 따라 체약상대국을 원산지로 하는 수입물품에 대하여 관세를 철폐하거나 세율을 연차적으로 인하하여 부과하여야 할 관세를 '협정관세'라 정의하였다(법 제4조). 관세법(제73조)에는 우리나라의 대외무역 증진을 위해 필요하다고 인정될 때 정부는 특정국가 또는 국제기구와 관세에 관한 협상을 할 수 있게 하였고, 특정국가와 협상할 때는 기본 관세율의 100분의 50 범위 내에서 관세를 양허할 수 있도록 하였다. 이러한 세율을 국제협력관세라 하는데 대상물품, 세율, 적용기간은 대통령령으로 정한다. FTA에 의한 협정관세는 특정국가와 협상을 통해 관세율이 정해진다는 점에서는 국제협력관세와 동일하나 기본 관세율을 무세화하는 것도 가능하며, 절차상 반드시 국회의 동의를 거쳐 확정된다는 점에서 차이가 있다. 이 협정관세율은 각 FTA에서 정한 바에 따라 FTA관세특례법시행령 [별표 1] 내지 [별표 17의3]으로 FTA별로 [표 11-1]과 같이 규정하고 있다.1)

1) 연차적 관세인하 등에 따라 이 협정관세율은 해마다 달라질 수 있다, 관세청 홈페이지의 FTA

표 11-1 협정관세율표(FTA관세특례법시행령 제2조 [별표])

해당되는 FTA	협정관세율표
한-칠레	[별표 1]
한-싱가포르	[별표 2]
한-EFTA	[별표 3]
한-아세안	[별표 4], 제외대상2): [별표 5]
한-인도	[별표 6]
한-EU	[별표 7]
한-페루	[별표 8], 제외대상3): [별표 9]
한-미국	[별표 10]4)
한-터키	[별표 11]
한-콜롬비아	[별표 12]
한-호주	[별표 13]
한-캐나다	[별표 14]
한-뉴질랜드	[별표 15]
한-베트남	[별표 16]
한-중국	[별표 17]
한-중미	[별표 17의 2]
한-영국	[별표 17의 3]

PORTAL에서 품목별, FTA별로 현행 협정세율을 파악할 수 있다.

2) 아세안회원국과의 협정 부속서 1의 제6항에 따라 [별표 4]의 세율이 적용되지 아니하는 아세안 회원국 및 물품을 [별표 5]에 규정해 두고 있다. [별표 5]에서 규정한 물품 중 상호대응세율 적용물품은 별도로 정해진 세율을 적용한다(영 제2조 제5항). 다음에 설명하는 상호대응세율에 관한 내용 참조.

3) 페루와의 협정 제2.3조 제3항에 따라 페루를 원산지로 하는 중고품(관세법 별표 관세율표의 호 또는 소호의 품명란에 '중고'로 표기된 것, 사용된 후 그 본래의 특성과 규격을 복구하거나 새 것이었을 때 지녔던 기능성을 복구하는 과정을 거쳐 재건 · 수리 · 재생 · 재제조된 것 또는 그 밖에 이와 유사한 물품을 말한다)에 대해서는 협정관세의 적용을 배제할 수 있으며, 적용을 배제하는 품목은 FTA관세특례법시행령 제3조의 [별표 9]로 따로 정해 두고 있다(영 제2조 제8항).

4) 다만, 자동차(품목번호 제8703호를 말한다)의 경우로서 미국과의 협정 부속서 22-가 제5항에 해당하는 경우에는 [별표 10]에도 불구하고 최혜국세율을 초과하지 아니하는 범위에서 관세율을 인상할 수 있으며, 그 적용품목 및 세율은 기획재정부장관이 별도로 정하여 고시한다(영 제2조 제9항).

FTA에는 이와 같은 협정관세 외에 산업보호와 관련해 덤핑방지관세, 상계관세, 긴급관세, 농림축산물에 대한 특별긴급관세 등에 대해 특례규정을 두고 있다.

2) 상호대응관세율

상호대응세율제도는 FTA 체약상대국이 자국 산업보호를 목적으로 관세철폐 양허를 하지 않고 상대적으로 높은 관세를 부과하는 품목(이를 '민감품목'이라고도 한다)을 상대국에 수출할 경우, 수입국도 FTA 협정에서 관세를 철폐하기로 약속한 품목이라 하더라도 상호주의에 따라 관세를 철폐하지 않거나 상대국 관세율 수준으로 관세를 부과하는 제도를 말한다. 우리나라가 체결한 FTA 가운데는 한-아세안 FTA에 상호대응관세율규정을 두고 있다. 아세안회원국과의 협정 부속서 1의 제6항에는 협정세율이 적용되지 않는 아세안회원국 및 물품을 별도로 정해 두었는데, 이는 FTA관세특례법시행령 [별표 5]에 수록되어 있다. 이 [별표 5]에서 규정한 물품 중 아세안회원국이 우리나라를 원산지로 하는 물품에 적용하는 관세율이 100분의 10 이하인 물품으로서 그 아세안회원국이 우리나라에 통보한 물품(이를 '상호대응세율 적용물품'이라 한다)에 대하여는 기획재정부장관이 정하여 고시한 날부터 관세법 제50조에 따른 적용세율(이를 '최혜국세율'이라 한다)을 초과하지 아니하는 범위에서 다음 각 호의 세율 중에서 높은 세율을 적용한다.

① 아세안회원국이 우리나라를 원산지로 하는 상호대응세율 적용물품과 같은 물품에 적용하는 관세율

② [별표 4]에서 규정하는 협정관세율

이 제도에 따라 아세안국가가 자국 산업보호 등을 목적으로 우리나라 수출품에 대해 높은 관세율을 적용하고 있는 민감품목 중 해당 품목이 우리나라로 수입될 경우 국내산업피해가 우려되는 품목에 대해 우리가 협정에서 아세안에 약속한 FTA 특혜관세 혜택을 부여하지 않고 FTA 미체결국에 적용되는 관세법 제50조에 따른 관세율을 적용한다. 다만, 아세안국가가 우리나라 수출품에 대해 적용하는 관세율이 10% 이하인 경우에는 우리나라도 아세안국가로부터 수입되는 동일물품에 대해서는 아세안국가와 동일한 관세율(상호대응세율)[5]을 적용한다.[6]

3) 용도세율

협정세율이 용도에 따라 서로 다른 세율로 규정되기도 한다. 이를 용도세율이라 한다. 용도세율은 기본세율뿐 아니라 대통령령이나 기획재정부령으로 정해지는 여러 탄력관세율에도 설정될 수 있다. 용도세율 적용물품이란 용도에 따라 세율을 다르게 정한 물품에서 그 세율이 낮은 쪽을 적용한 물품을 말한다. 협정관세인 용도세율을 적용하려는 자는 협정관세 적용절차와는 별개로 관세법 제83조(용도세율의 적용)에 정한 바에 따라 세관장의 승인을 받아야 한다(법 제4조 제2항). 관세법 제83조에는 용도세율의 적용을 받고자 하는 자는 당해 물품의 수입신고를 하는 때부터 당해 수입신고가 수리되기 전까지 그 품명 · 규격 · 수량 · 가격 · 용도 · 사용방법 및 사용장소를 기재한 신청서(용도세율 적용신청서)를 세관장에게 제출하여 승인을 받도록 하였다. 다만, 물품의 성질과 형태가 그 용도 외의 다른 용도에 사용할 수 없는 경우에는 이와 같은 승인절차가 요구되지 않는다. 용도세율이 적용된 물품은 그 수입신고의 수리일부터 3년의 범위에서 관세법시행령(제110조)으로 정하는 기준에 따라 관세청장이 정하는[7] 기간에는 해당 용도 외의 다른 용도에 사용하거나 양도할 수 없다. 만일 용도 외에 사용하거나 용도 외에 사용할 자에게 양도한 경우는 처벌 대상이 된다. 다만, 다음 각 호의 어느 하나에 해당하는 경우에는 그러하지 아니하다.

① 미리 세관장의 승인을 받은 경우

② 물품의 성질과 형태가 그 용도 외의 다른 용도에 사용할 수 없는 경우

용도세율로 규정된 협정세율 적용물품에 대한 전반적인 사후관리는 관세법의 용

5) 현재 아세안국가의 관세율이 10% 이하인 품목에 대해서는 최혜국세율(MFN 세율)보다 낮은 아세안국가의 관세율이 적용되고 있다.

6) 상호대응세율 적용물품과 관세율은 기획재정부장관이 '자유무역협정의 이행을 위한 관세법의 특례에 관한 법률 시행령 제2조 제5항의 규정에 의한 상호대응세율표'로서 별도 고시한다.

7) 관세청장이 정한 '사후관리에 관한 고시'에 의하면 관세법 제83조에 따라 용도세율의 적용승인을 받은 물품으로서 사후관리대상은 동 고시 [별표 1의 가]에 해당하는 물품이다. 다만, 관세법 별표 관세율표 제84류부터 제97류까지에 해당하는 물품 중 수입신고를 수리한 때 품목당 과세가격이 1,000만 원 미만인 것은 사후관리대상에서 제외한다. 용도 외 사용이나 양도 등이 금지되는 사후관리기간은 부분품 및 원재료는 3월, 기계 · 기구 · 시설용품은 내용연수에 따라 그 내용연수가 5년 이상인 경우는 3년, 4년 이상인 경우는 2년, 그 외는 모두 1년이다. 사후관리에 관한 고시 제3조 및 제5조 참조.

도세율 관련 규정에 따른다. 따라서 용도세율 적용물품의 설치와 사용장소 반입, 장부비치, 용도 외 사용에 따른 차액관세 징수, 멸실 또는 폐기 시의 조치 등의 규정도 관세법의 규정을 적용한다.

2 협정관세의 적용절차

1) 협정관세의 적용신청

(1) 수입신고수리전 신청원칙

협정관세를 적용받으려는 수입자는 수입신고가 수리되기 전까지 [별지 제1호 서식]의 협정관세적용신청서를 세관장에게 제출하는 것으로 협정관세의 적용을 신청하여야 한다[8](법 제8조 제1항). 이 경우 수입자는 신청할 때에 유효한 원산지증빙서류를 갖추고 있어야 하며, 세관장이 요구하면 제출하여야 한다. 따라서 수입자는 송품장 등의 무역서류와 함께 수출자로부터 원산지증명서를 입수하여야 한다. 만일 수입자가 세관장이 요구한 원산지증빙서류를 제출하지 아니하거나, 수입자가 제출한 원산지증빙서류만으로 해당 물품의 원산지를 인정하기가 곤란한 경우에는 협정관세를 적용하지 아니한다. 수입자가 협정관세의 적용을 신청할 당시에 갖추어야 할 원산지증명서는 수입신고일을 기준으로 원산지증명서 유효기간[9] 이내의 것이어야 한다. 이 경우 다음 각 호의 구분에 따른 기간은 원산지증명서 유효기간을 계산할 때 제외한다(영 제4조 제6항).

① 유효기간이 지나기 전에 물품이 수입항에 도착한 경우: 물품이 수입항에 도착한 날의 다음 날부터 해당 물품에 대한 협정관세 적용을 신청한 날까지의 기간

② 천재지변 등 불가항력에 따른 운송지연, 그 밖에 이에 준하는 사유가 발생한

8) 통상 수입신고를 할 때 협정관세적용신청서를 수입신고서와 함께 제출한다. 그 외에도 관세감면신청서, 합의세율적용신청서, 용도세율적용신청서 등이 함께 제출될 수 있다.

9) 제10장에서 살펴본 바와 같이 원산지증명서의 유효기간은 FTA에 따라 다를 수 있는데 원산지증명서 발급일 또는 서명일로부터 1년 내지 4년이다.

경우: 그 사유가 발생한 날의 다음 날부터 소멸된 날까지의 기간

(2) 수입신고수리후 신청

수입신고수리전 신청원칙에도 불구하고 예외적으로 수입신고가 수리되기 전까지 협정관세의 적용을 신청하지 못한 수입자는 해당 물품의 수입신고수리일부터 1년 이내에 협정관세 적용을 신청할 수 있다(법 제9조). 이때 수입신고가 수리되기 전까지 협정관세 적용을 신청하지 못한 데 대해 특별한 이유가 요구되는 것은 아니다. 수입자가 수리 후 협정관세 적용을 신청할 때에는 수입신고수리전 협정관세 적용신청시와 동일한 [별지 제1호 서식]의 협정관세 적용신청서에 다음 각 호의 서류를 첨부하여 세관장에게 제출하여야 한다(영 제5조 및 고시 제35조). 이 경우 원산지증명서의 유효기간 계산방법은 수입신고수리전 협정관세 적용신청 시와 같다.

① 보정신청에 필요한 서류 또는 경정청구서(수입통관사무처리에 관한 고시에 따라 경정청구내역을 기재한 수입·납세신고정정신청서를 말한다)

② 원산지증명서 원본(협정에서 다르게 정하는 경우에는 협정에 따른다)

③ 원산지증빙서류(세관장이 요구하는 경우에만 해당한다)

협정관세의 사후신청과 관련해 그동안 논란이 적지 않았는데 관세청은 2021.3.18. 다음과 같은 '협정관세 사후적용 등에 관한 업무처리 지침'을 마련하여 사후적용 신청이 보다 용이할 수 있게 규제를 완화한 바 있다.

협정관세 사후적용 등에 관한 업무처리 지침

(2021.3.18. 관세청 자유무역협정집행기획담당관실)

Ⅰ. 목적

□ 본 지침은 FTA관세법 제9조에서 규정한 협정관세 사후적용 업무 등의 집행과 관련한 처리절차를 명확히 하는데 목적이 있음

Ⅱ. 적용 대상

□ FTA관세법 제8조 제1항, 제9조 제1항 및 제2항의 규정에 따라 수입자가 협정관세의 적용을 신청하여 협정관세를 적용받았으나, 협정관세 적용요건 위반, 원산지증빙서류의

오류, HS번호 등 협정관세 적용 내역의 변경으로 인해 협정관세 적용을 재신청하거나 협정관세 적용신청서의 정정 여부에 대한 판단이 필요한 물품

Ⅲ. 업무처리 지침

1. 일반원칙

□ 협정관세를 적용받았으나 원산지증빙서류 미소지 등 협정관세 적용 요건을 갖추지 못하여 세액의 보정·수정 등을 통해 부족세액을 납부한 수입자는 협정관세 사후적용을 신청할 수 있는 '수입신고 수리전까지 협정관세 적용신청을 하지 못한 수입자'로 볼 수 있음

□ 세관장은 협정관세를 적용받은 수입물품에 대해 보정·수정·경정 등 관세법 제38조의2 또는 제38조의3의 규정에 따른 세액의 정정과 관련한 신청을 받은 경우에는 원산지 결정에 영향을 미치는 내역이 변경되었는지 여부를 확인하여야 하며, 이를 위해 수입자에게 FTA관세법 제16조에 따라 원산지증빙서류 등의 제출을 요구하거나, 협정관세 적용신청서를 정정하도록 안내할 수 있음

2. 협정관세 적용의 재신청: 세액의 정정으로 협정관세 적용 신청이 취소되어, 협정관세 사후적용을 신청할 수 있는 경우

가. 적용대상 사례

1) 수입자가 유효한 원산지증빙서류를 갖추지 아니하고 협정관세 적용을 신청하여 적용받은 경우
   * (예시1) 협정관세 적용신청 시 원산지증명서가 발급되지 않았거나, 수입자가 이를 소지하지 아니한 경우
   * (예시2) 협정관세 적용신청 시 해당하는 협정상의 원산지증명서가 아닌 다른 원산지증명서를 소지한 경우

2) 이미 적용받은 협정이 아닌 다른 협정으로 협정관세 적용을 받고자 하는 경우
   * (예시) 베트남에서 수입된 물품에 대해 한-아세안 FTA에 따른 협정관세를 적용받았으나, 이를 취소하고 한-베트남 FTA를 적용받고자 하는 경우

3) 1) 또는 2)에 해당하지 않더라도 수입자가 부족세액을 납부하여 적용받은 협정관세를 취소하고 다시 협정관세를 적용받고자 하는 경우

나. 협정관세 사후적용 절차

1) 수입자는 관세법 제38조의2 또는 제38조의3의 규정에 따른 보정·수정·경정 등의 절차를 통해 부족세액과 함께 FTA관세법 제36조에 따른 가산세를 납부

2) 수입자는 해당 물품의 수입신고 수리일로부터 1년 이내에 적용받고자 하는 협정의 유

효한 원산지증명서를 갖추어 FTA관세법 제9조 제1항에 따라 협정관세 사후적용을 신청할 수 있으며, 이 경우 세관장은 같은 조 제4항 및 제5항에 따라 처리

3) 협정관세 사후적용에 따라 납부할 관세가 없거나, 관세의 감액이 발생하는 경우 수입자는 이에 해당하는 가산세의 전부 또는 일부의 환급을 신청할 수 있음

3. 협정관세 적용신청서의 정정 등

3-1. 협정관세 적용을 신청하여 적용받았으나 원산지결정에 영향을 미치는 내역의 변경 등으로 협정관세 적용신청서를 정정하는 경우

가. 적용대상 사례

1) 수입자가 원산지증빙서류 또는 협정관세 적용신청 내역의 오류를 체약상대국의 수출자나 세관장에게 통보받거나, 이를 확인하고 보정·수정·경정 등의 절차를 통해 부족세액을 납부하는 경우
2) 수입자가 협정관세 적용신청서의 기재사항 중 수입자, 수출자 및 생산자의 정보에 해당하는 내용이 변경되었음을 알고 FTA관세법 시행령 제4조 제4항에 따라 세관장에게 변경사항을 통보하는 경우
3) 협정관세를 적용받은 물품에 대해 세관장이 수입자가 신고한 HS번호와 다른 HS번호를 적용한 결과, 원산지증명서 HS번호의 원산지결정기준이 변경된 HS번호의 원산지결정기준을 충족하지 못하거나 충족 여부를 확인하기 곤란한 경우(세율차 발생 여부 무관)

* (예시) 수입신고 시 협정관세 적용을 신청한 물품이 수리 후 분석대상으로 지정되어 분석한 결과 수입신고한 HS번호와 다른 HS번호로 결정되는 경우

※ 변경된 HS번호로 원산지증명서에 기재된 HS번호에 따른 원산지결정기준을 충족하는지 여부 확인 방법은 「품목분류번호 해석 상이 등에 따른 업무처리 지침(2020. 8. 4. 개정)」 참조

나. 협정관세 적용신청 내역 변경 신청 및 심사 절차

1) 협정관세 적용신청 내역을 변경하고자 하는 수입자는 FTA특례고시 별지 제1호 서식의 협정관세 적용신청 정정 신청서(전자문서)와 함께 원산지증명서를 포함한 관련 증빙서류를 세관장에게 제출
2) 세관장은 제출받은 서류를 심사*하여 협정관세를 적용받은 수입물품이 해당 협정, 법령 등에서 정한 협정관세 적용 요건을 충족함이 인정되는 경우에는 협정관세 적용신청 정정을 승인

* FTA특례고시 제11조~제13조, 제18조 및 제19조 규정을 준용

3) 세관장은 협정관세 적용신청 정정신청서를 심사하는 과정에서 수입자에게 제출받은 원산지증명서가 FTA관세법 시행규칙 제21조 제5항에 따른 보완 요구 대상에 해당하는

경우에는 5일 이상 45일 이내의 기간을 정하여 보완을 요구하여야 함

〈FTA관세법 시행규칙 제21조 제5항에 따른 보완요구 대상 원산지증명서〉

1. 인증수출자의 인증번호가 체약상대국으로부터 통보받은 인증수출자 번호체계와 일치하지 않는 경우
2. 원산지증명서 작성자의 주소가 체약상대국이 아닌 다른 국가로 기재된 경우
3. 협정관세를 적용받은 수입신고 내역과 일치하지 않는 경우
4. 원산지증명서의 기재사항이 협정 및 법에서 정한 기재방법과 상이한 경우

4) 세관장은 수입자가 제출한 자료로 원산지 등 해당 협정과 법령에서 정한 요건을 충족한다고 인정하기 어렵거나, 수입자가 세관장의 자료제출 및 보완요구 등을 이행하지 아니한 경우 협정관세 적용을 배제하거나, 관할세관 원산지조사 부서에 검증의뢰할 수 있음

5) 세액의 변경과 관련한 사안에 대해서는 관세법 제38조의2 또는 제38조의3의 규정에 따른 보정·수정·경정 등의 절차를 준용

3-2. 협정관세를 적용받은 물품의 수입신고 내역 등이 변경되더라도 수입물품의 원산지결정에 영향을 미치지 않는 경우

가. 적용대상 사례

1) 수입자가 협정관세를 적용받은 물품에 대해 세관장이 신고한 HS번호와 다른 HS번호를 적용하였으나, 수입물품의 원산지 결정에는 영향을 미치지 않는 경우(세율차 발생 여부 무관)
   * (예시) 협정관세를 적용받은 수입물품에 대해 HS번호 6단위 이하가 변경되어 적용되는 협정관세율이 달라지는 경우
   ※ 변경된 HS번호로 원산지증명서에 기재된 HS번호에 따른 원산지결정기준을 충족하는지 여부 확인 방법은 「품목분류번호 해석 상이 등에 따른 업무처리 지침(2020. 8. 4. 개정)」 참조

2) 수입신고 내역의 변경, 원산지증명서의 기재 오류 등이 해당물품의 원산지 결정에 영향을 미치지 아니하는 경미한 사항임이 송품장 등의 무역서류로서 확인되는 경우
   * (예시1) 수입신고서의 품명, 규격, 과세가격 등이 변경되었으나, 물품의 원산지 결정에 영향을 미치지 않는 경우
   * (예시2) 원산지증명서의 품목별 원산지결정기준이 "CC"로 기재되어 있으나, 협정에서 정하는 해당 물품의 품목별 원산지결정기준이 "CTH"인 경우

나. 처리 절차

1) 세관장은 수입물품의 원산지 지위에 합리적 의심이 없는 경우 수입자에게 원산지증빙서류 또는 협정관세 적용신청 정정신청서등의 제출을 요구하지 아니함
2) 세액의 변경과 관련한 사안에 대해서는 관세법 제38조의2 또는 제38조의3의 규정에 따른 보정·수정·경정 등의 절차를 준용

Ⅳ. 시행일자

□ 이 지침은 협정관세 사후적용 신청 대상 해석과 관련한 회신 공문(기획재정부 자유무역협정관세이행과-92(2021.3.4.)호)이 시행된 날 이후 협정관세 사후적용 신청(결정·경정 포함)하는 수입물품에 대해 적용함
□ 「자유무역협정관세 재적용 처리 방법」(2014.11.5.), 「자유무역협정관세 적용 관련 업무처리 지침」(2015.6.25.), 「1국 2개 협정 적용 수입물품에 대한 협정관세 사후적용 업무처리 지침」(2018.8.14.)은 본 지침의 시행에 따라 폐지함

협정관세의 사후 적용을 신청한 수입자는 해당 물품에 대하여 이미 납부한 세액의 보정(補正)을 신청하거나 경정(更正)을 청구할 수 있다. 세액의 보정신청 또는 경정청구를 받은 세관장은 그 신청이나 청구를 받은 날부터 2개월 이내에 협정관세의 적용 및 세액의 보정이나 경정 여부를 신청인 또는 청구인에게 통지하여야 한다. 만일 협정관세 적용신청서 및 원산지증빙서류의 기재사항을 확인하여 세액을 보정하거나 경정하는 것이 타당하다고 인정할 때에는 그 세액을 보정하거나 경정하여야 한다. 세액의 보정신청·경정청구 및 환급절차 등에 관하여는 관세법의 규정이 준용된다.

(3) 소액물품의 협정관세 적용신청

과세가격이 미화 1천 달러(협정에서 금액을 달리 정하고 있는 경우에는 그에 따른다) 이하로서 협정에서 정하는 범위 내의 물품(다만, 수입물품을 분할하여 수입[10]하는 등 수입물품의 과세가격이 미화 1천 달러를 초과하지 아니하도록 부정

10) 여기에서 '수입물품을 분할하여 수입'하는 것이란 ① 하나의 선하증권 또는 항공화물운송장으로 반입된 물품을 분할하여 수입신고하는 경우와, ② 입항일을 기준으로 같은 날짜에 같은

한 방법을 사용하여 수입하는 경우를 제외)의 협정관세 적용신청은 수입자가 수입신고서에 다음 각 호의 사항을 기재하여 세관장에게 제출하는 것으로 간이하게 할 수 있다(고시 제32조).

① 수입신고서 19번('원산지증명서 여부')란에 'X' 표시
② 수입신고서 46번('원산지')란에 상품의 원산국 국가부호 기재
③ 수입신고서 50번('세율')란에 FTA관세율 구분부호 기재

이와 같은 소액물품의 협정관세 적용신청에 대해 세관장은 해당 물품이 자유무역협정에서 정하는 소액물품에 해당하는지 여부와, 원산지와 협정관세율 및 관세율 구분부호 일치 여부, 직접운송 관련 서류 구비 여부 등을 확인한 다음 이상이 없을 경우 협정관세를 적용 처리한다(고시 제33조 제1항).

해외공급자로부터 두 건 이상의 물품을 반입하여 수입신고하는 경우를 말한다(고시 제33조 제2항).

■ 자유무역협정의 이행을 위한 관세법의 특례에 관한 법률 시행규칙 [별지 제1호 서식]

협정관세 적용신청서(갑지)

※ 작성방법을 읽고 작성하여 주시기 바라며, [ ]에는 해당되는 곳에 '✓'를 기재합니다. (5쪽 중 제1쪽)

※ 세관기재란(For Official Use Only)			
접수일자		처리기간	즉시
1. 수입신고번호			
2. 수입자	상호	성명	
	주소	전화번호	
	전자우편주소	팩스번호	
	사업자등록번호	통관고유부호	
3. 수출자	상호	성명	
	주소 및 국가	전화번호	
		팩스번호	
4. 생산자	상호	성명	
	주소	전화번호	
		팩스번호	
5. 란 번호			
6. 품명 · 모델 · 규격		7. 신청일	
8. 원산지증빙 서류 종류	원산지증명서 [ ] 사전심사서 [ ] 동종동질물품 [ ]		
9. 원산지증명서 발급 · 작성주체	기관 [ ] 자율(수출자) [ ] 자율(생산자) [ ] 자율(수입자) [ ]		
10. 원산지		11. 기관명 및 종류	국가기관 [ ] 상공회의소 [ ] 비국가기관(기타) [ ]
12. 발급 · 작성번호		13. 발급 · 작성일	
14. 총순중량		15. 적출국	
16. 적출항		17. 출항일	18. 환적국
19. 환적항		20. 환적일	
21. 연결원산지 증명서발급국가		22. 제3국송품장 발급국가	
23. 원산지인증 수출자번호		24. 협정적용 순중량	
25. 분할차수		26. 품목번호 (HS No.)	27. 협정관세율 (관세율구분부호)
28. 원산지결정 기준	완전생산기준 [ ] 결합기준 [ ] 기타원산지기준 [ ]	세번변경기준 [ ] 특정공정기준 [ ] 자율발급 [ ]	부가가치기준 [ ] 역외가공기준 [ ]

'자유무역협정의 이행을 위한 관세법의 특례에 관한 법률' 제8조 · 제9조에 따라 위와 같이 협정관세적용 신청을 합니다.

년 월 일

신청인: (서명 또는 인)

○○세관장 귀 하

210mm×297mm[백상지 80g/㎡(재활용품)]

■ 자유무역협정의 이행을 위한 관세법의 특례에 관한 법률 시행규칙 [별지 제1호 서식]

협정관세 적용신청서(을지)

(5쪽 중 제2쪽)

5. 란 번호			
6. 품명 · 모델 · 규격			
7. 신청일			
8. 원산지증빙서류 종류	원산지증명서 [ ] 사전심사서 [ ] 동종동질물품 [ ]	원산지증명서 [ ] 사전심사서 [ ] 동종동질물품 [ ]	원산지증명서 [ ] 사전심사서 [ ] 동종동질물품 [ ]
9. 원산지증명서 발급 · 작성주체	기 관 [ ] 자율(수출자) [ ] 자율(생산자) [ ] 자율(수입자) [ ]	기 관 [ ] 자율(수출자) [ ] 자율(생산자) [ ] 자율(수입자) [ ]	기 관 [ ] 자율(수출자) [ ] 자율(생산자) [ ] 자율(수입자) [ ]
10. 원산지			
11. 기관명			
기관종류	국가기관 [ ] 상공회의소 [ ] 비국가기관(기타) [ ]	국가기관 [ ] 상공회의소 [ ] 비국가기관(기타) [ ]	국가기관 [ ] 상공회의소 [ ] 비국가기관(기타) [ ]
12. 발급 · 작성번호			
13. 발급 · 작성일			
14. 총순중량			
15. 적출국			
16. 적출항			
17. 출항일			
18. 환적국			
19. 환적항			
20. 환적일			
21. 연결원산지증명서발급국가			
22. 제3국 송품장 발급국가			
23. 원산지 인증수출자 번호			
24. 협정적용 순중량			
25. 분할차수			
26. 품목번호(HS No.)			
27. 협정관세율(관세율구분부호)			
28. 원산지결정기준	완전생산기준 [ ] 세번변경기준 [ ] 부가가치기준 [ ] 결합기준 [ ] 특정공정기준 [ ] 역외가공기준 [ ] 기타원산지기준 [ ] 자율발급 [ ]	완전생산기준 [ ] 세 번변경기준 [ ] 부가가치기준 [ ] 결합기준 [ ] 특정공정기준 [ ] 역외가공기준 [ ] 기타원산지기준 [ ] 자율발급 [ ]	완전생산기준 [ ] 세번변경기준 [ ] 부가가치기준 [ ] 결합기준 [ ] 특정공정기준 [ ] 역외가공기준 [ ] 기타원산지기준 [ ] 자율발급 [ ]

210mm×297mm[백상지 80g/㎡(재활용품)]

(5쪽 중 제3쪽)

작성방법		
항목	작성내용	작성례
1. 신고번호	• 수입신고서의 수입신고번호를 기재	41234-56-7890123-
2. 수입자 - 상호 - 성명 - 주소 - 전화번호 - 팩스번호 - 전자우편주소 - 사업자등록번호 - 통관고유부호	• 원산지증명서 수입자 관련 사항을 기재 - '상호'는 반드시 원산지증명서 수입자의 상호를 기재. - 그 외의 항목은 물품양수도 등의 이유로 수입신고인이 원산지증명서 '수입자'의 관련 사항을 알 수 없는 경우에는 수입신고서의 '납세의무자'의 해당 항목을 기재	 - ○○통상(주) - 홍○○ - △△도 □□시 ○○구 ○○로 123 - 02-1234-5678 - 02-2345-6789 - ○○○@abcd.com - 123-45-6789 - ○○통상1234567
3. 수출자 - 상호 - 국가 - 성명 - 주소 - 전화번호 - 팩스번호	• 체결상대국의 수출자 관련사항을 기재 - 원산지증명서상의 회사명을 기재 - 원산지증명서상 수출자가 소재하는 국가명을 기재 (통계부호표 국가명 참조) - 원산지증명서상의 대표자 성명을 기재 - 원산지증명서상의 주소지를 기재 - 회사 또는 담당부서의 전화번호를 기재 - 회사 또는 담당부서의 팩스번호를 기재 (수입자가 아는 경우에 한합니다.)	 - ○○○○ Corporation - 칠레의 경우: CL - 미국의 경우: US - Jhon △△ - 12 ○○○○ Road #10 □□□□ Singapore - 68-1234-5678 - 68-1234-5679 * (국가코드)-(지역번호)-(전화번호) 순으로 기재
4. 생산자 - 상호 - 성명 - 주소 - 전화번호 - 팩스번호	• 체결상대국의 생산자 관련사항을 기재 - 회사명을 기재 - 대표자 성명을 기재 - 회사의 주소지를 기재 - 회사 또는 담당부서의 전화번호를 기재 - 회사 또는 담당부서의 팩스번호를 기재 * 생산자 관련 정보는 수출자와 생산자가 다른 경우로서 원산지증명서상에 생산자가 기재되어 있거나 수입자가 알고 있을 때에만 기재	 - □□□□ Corporation - Al △△ - 123 ○○○○ Road #12-34 □□□□ Singapore - 68-1234-9876 - 68-1234-9875 * (국가코드)-(지역번호)-(전화번호) 순으로 기재

<table>
<tr><td>5. 란 번호</td><td>• 협정관세 적용 신청 물품의 일련번호를 기재
– 적용 신청 물품이 다수일 경우 을지에 기재</td><td>– 001. 002, 003, · · · , 999</td></tr>
<tr><td>6. 품명 · 모델 · 규격</td><td>• 협정관세 신청 물품의 품명 · 모델 · 규격을 기재</td><td>– strength mount / ○○○mount / 12*34*56(mm)</td></tr>
<tr><td>7. 신청일</td><td>•협정관세 적용 신청일을 기재</td><td>– 2016/07/01</td></tr>
<tr><td>8. 원산지증빙서류 종류</td><td>• 원산지물품 확인 및 협정관세 적용신청의 해당 근거자료에 '✓'를 기재</td><td>– 원산지증명서를 소지하고 협정관세 적용신청을 하는 경우
원산지증명서[✓]
사전심사서 [ ]
동종동질물품[ ]</td></tr>
<tr><td>9. 원산지증명서 발급 · 작성주체</td><td>• 해당하는 원산지증명서 발급 · 작성 주체에 '✓'를 기재</td><td>– 싱가포르 세관에서 발급한 원산지증명서
기 관 [✓]
자율(수출자) [ ]
자율(생산자) [ ]
자율(수입자) [ ]
– 한-미 FTA 수출자가 자율 작성한 경우
기 관 [ ]
자율(수출자) [✓]
자율(생산자) [ ]
자율(수입자) [ ]</td></tr>
<tr><td>10. 원산지</td><td>• 원산지증명서류상의 원산지(국가부호)를 기재
– 원산지: FTA 원산지기준에 의하여 결정된 원산지
* 한-EU FTA 적용물품으로 원산지가 EU 당사국 내 어느 한 국가가 아닌 경우 'EU'로 기재 가능</td><td>– 원산지가 싱가포르인 경우: SG
– 원산지가 미국인 경우: US
* 국가부호: 국가별 ISO코드 (무역통계부호표 참조, '이하 동일')</td></tr>
</table>

(5쪽 중 제4쪽)

11. 기관명 및 종류	• 원산지증명서의 발급기관명을 기재 • 해당하는 원산지증명서 발급기관의 종류에 '✓'를 기재 * 9번 항목이 '기관'인 경우에만 기재	– 싱가포르 세관에서 원산지증명서를 발급 기관명 Singapore Customs 기관종류 국가기관 [✓] 상공회의소 [ ] 비국가기관(기타) [ ]
12. 발급 · 작성번호	• 원산지증명서의 발급 · 작성번호를 기재 * 다만, 사전심사서의 경우 승인번호를 기재 * 동종동질물품의 경우 해당 품목번호(HS No.)를 기재 * 띄어쓰지 않고 대문자로 기재 * 특수문자('–', '/' 등)는 생략 * 발급번호가 중복되는 경우 뒤쪽에 발급일을 기재 * 같은 날짜에 발급번호가 중복되는 경우에는 뒤쪽에 일련번호를 기재	– 자율발급인 경우 해당 서류번호를 기재 – 해당 서류번호가 없을 경우 송품장 번호를 기재 – VN–KR/02 71인 경우: 'VNKR0271' 'VNKR0271(20160701)' 'VNKR0271(2016070102)'
13. 발급 · 작성일	• 원산지증명서상의 발급일 또는 작성일을 기재 – 기관발급의 경우: 발급일을 기재 – 자율증명의 경우: 서명일을 기재 * 다만 사전심사서의 경우 승인일을 기재 * 동종동질물품의 경우 생략	– 발급일이 2016.7.1인 경우: 2016/07/01
14. 총순중량	• 원산지증명서상의 총순중량을 기재	– 100kg
15. 적출국	• 선하증권(B/L)상의 선적국을 기재 – 선적국의 국가부호를 기재	– 선적국이 미국인 경우: US
16.적출항	• B/L상의 선적항을 기재	– 적출항이 싱가포르 항구인 경우: Singapore
17. 출항일	• B/L상의 B/L 발행일을 기재	– B/L상의 발행일(Date of issue of B/L)이 2016.7.1인 경우: 2016/07/01
18. 환적국	• 최초 선적지 발행 B/L 또는 운송사의 운송정보를 통하여 확인된 환적국을 기재	– 싱가포르에서 출발하여 일본에서 환적한 경우: JP
19. 환적항	• 최초 선적지 발행 B/L 또는 운송사의 운송정보를 통하여 확인된 환적항을 기재	– 환적항이 요코하마 항구인 경우: Yokohama
20. 환적일	• 최초 선적지 발행 B/L 또는 운송사의 운송정보를 통하여 확인된 환적일을 기재	– 환적일이 2016.7.1인 경우: 2016/07/01

21. 연결원산지증명서 발급국가	• 한-아세안 FTA의 규정에 따라 생산국의 원산지증명서를 근거로 다른 체약상대국이 연결원산지증명서를 발급한 경우, 최초로 발급한 국가의 국가부호를 기재	– 베트남 원산지물품을 싱가포르에서 다시 수출하며 연결원산지증명서를 발행하는 경우:'VN'
22. 제3국 송품장 발급국가	• 제3국 송품장이 발급된 경우 발급된 국가의 국가부호를 기재	– 일본에서 제3국 송품장이 발행된 경우: 'JP'
23. 원산지인증 수출자번호	• 수출자가 원산지인증수출자인 경우 인증수출자 번호를 기재 * 특수문자('/', '–' 등)는 생략 * 공란은 제거합니다(붙여서 기재).	– IT-001-○○123인 경우: 'IT001○○123'
24. 협정적용 순중량	• 수입신고 물품 중 협정관세적용신청 물품의 순중량을 기재 – 원산지증명서를 분할하여 수입하는 경우 분할 수입신고하는 물품의 순중량을 기재	– 원산지증명서상의 윤활유 1,000kg 중 500kg에 대해 수입신고 및 협정관세 적용을 신청하는 경우: 500kg
25. 분할차수	• 원산지증명서의 물품을 분할하여 수입하는 경우 분할차수를 기재	– 2회차 분할신고 시: 2
26. 품목번호 (HS No.)	• 원산지증명서상의 품목번호 6단위를 기재 * 수입신고서의 품목번호와 원산지증명서상의 품목번호가 불일치할 경우에는 원산지증명서를 기준으로 기재 * 협정에 따라 원산지증명서상 품목번호를 기재하지 않아도 되는 경우 수입신고서상의 품목번호를 기재	– 원산지증명서상 품목번호 6단위: 2710.19
27. 협정관세율(관세율구분부호)	• 협정관세율(관세율구분부호)을 기재 – 적용받고자 하는 협정관세율과 해당 관세율구분부호를 기재	– 한-싱 자유무역협정세율이 0%인 항공기용 기관오일(2710.19-7110)를 수입한 경우: 0.0(FSG)

(5쪽 중 제5쪽)

28. 원산지결정기준	• 해당 원산지물품의 결정기준에 '✓'를 기재 * 세번변경기준과 부가가치기준이 등 두 가지 원산지결정기준이 동시에 적용되는 경우에 결합기준에 '✓'를 기재 * 자율발급 원산지증명 물품으로 원산지기준을 알 수 없는 경우에 자율발급에 '✓'를 기재	완전생산기준 [ ] 세번변경기준 [ ] 부가가치기준 [ ] 결 합 기 준 [✓] 특정공정기준 [ ] 역외가공기준 [ ] 기타원산지기준 [ ] 자 율 발 급 [ ]

2) 원산지증빙서류의 제출요구

(1) 증빙서류 제출요구 대상자

관세청장 또는 세관장은 협정에서 정하는 범위에서 원산지의 확인, 협정관세의 적용 등에 관한 심사를 하는 데 필요하다고 인정하는 경우에는 다음 각 호의 어느 하나에 해당하는 자에게 원산지증빙서류의 제출을 요구할 수 있다(법 제16조).

① 수입자

② 수출자 · 생산자(체약상대국에 거주하는 수출자 및 생산자를 포함한다)

③ 그 밖에 원산지 또는 협정관세의 적정 여부 등을 확인하기 위하여 필요한 자로서 기획재정부령으로 정한 다음 각 호의 어느 하나에 해당하는 자

가. 해당 물품의 생산에 사용된 재료를 공급하거나 생산한 자(체약상대국에 거주하는 자를 포함한다)

나. 해당 물품의 거래 · 유통 · 운송 · 보관 및 통관을 대행하거나 취급한 자

원산지증빙서류를 제출하도록 요구될 수 있는 대상은 내국인뿐 아니라 체약상대국에 거주하는 수출자 및 생산자, 그리고 해당 물품 생산에 사용된 재료를 공급하거나 생산한 자를 망라한다. 관세청장 또는 세관장이 체약상대국에 거주하는 수출자 등에게 원산지증빙서류 제출을 요구하는 경우는 직접검증으로 검증할 경우가 될 것이다. 간접검증의 경우는 필요하다면 체약상대국 검증당국이 이들에게 자료 제출을 요구할 것이기 때문이다.

(2) 증빙서류 제출의 요구대상

협정관세의 적용을 신청할 때에 수입자는 원산지증빙서류를 갖추고 있어야 하며, 세관장이 요구하면 제출하여야 한다. 그러나 다음 각 호의 어느 하나에 해당하는 물품에 대하여는 세관장이 원산지증빙서류의 제출을 요구할 수 없다(법 제8조 제2항, 영 제4조 제3항). 단, 관세청장 또는 세관장은 관세탈루의 우려가 있거나, 이와 유사한 경우로서 기획재정부령으로 정하는 사유[11]가 있는 경우에는 수입자에게 원산지증빙서류의 제출을 요구하여야 한다.

11) 현재 기획재정부령으로 따로 정한 사유는 없다.

① 과세가격이 미화 1천 달러(협정에서 금액을 달리 정하고 있는 경우에는 그에 따른다. 이하 이 호에서 같다) 이하로서 협정에서 정하는 범위 내의 물품. 다만, 수입물품을 분할하여 수입하는 등 수입물품의 과세가격이 미화 1천 달러를 초과하지 아니하도록 부정한 방법을 사용하여 수입하는 경우를 제외한다.

② 동종동질물품을 계속 반복적으로 수입하는 경우로서 당해 물품의 생산공정 또는 수입거래의 특성상 원산지의 변동이 없는 물품 중 관세청장이 정하여 고시하는 물품

③ 관세청장으로부터 원산지에 대한 사전심사를 받은 물품. 다만, 이 경우는 사전심사 시의 조건과 동일한 경우에 한한다.

④ 물품의 종류 · 성질 · 형상 · 상표 · 생산국명 또는 제조자 등에 따라 원산지를 확인할 수 있는 물품으로서 관세청장이 정하여 고시한 물품

위 제2항의 규정에 따라 관세청장이 원산지증빙서류 제출을 요구하지 않도록 고시한 물품은 [표 11-2]의 동종동질물품이다. 다만, 이때도 다음 각 호의 어느 하나에 해당하는 물품은 제외한다(고시 제34조 제1항).[12)]

① 원산지가 아닌 국가를 경유하여 운송된 물품

② 원산지가 아닌 국가에서 선적된 물품

③ 제3국 발행송장 대상물품[13)]

12) 세관장이 원산지증빙서류의 제출을 요구할 때에는 수입통관사무처리에 관한 고시에 따라 보완요구서를 수입자에게 통지하여야 한다. 수입자가 제출한 원산지증빙서류의 오 · 탈자 등 형식적이고 경미한 오류가 있으나 물품의 원산지 등 실질에 영향을 미치지 않는 경우 세관장은 그 서류의 효력 전체를 부인해서는 아니된다. 또한 원산지증빙서류의 경미한 오류를 송품장, 무역계약서 등으로 확인할 수 있는 경우에는 원산지증빙서류의 보완요구를 하지 아니할 수 있다(고시 제31조).

13) **[행정심판 결정례]** 쟁점물품의 원산지가 유럽연합(EU)으로 확인되고, '제3차 한 · EU FTA관세위원회' 회의에서 양당사자가 제3국 발행 송품장에 원산지신고서가 작성된 것을 유효한 원산지신고서로 인정한 점, 유럽연합에 소재한 쟁점 수출자가 제3국에 소재한 쟁점 판매자로부터 원산지신고문안이 기재된 송품장을 이메일로 받아 직접 출력(print out)하는 방식으로 원산지신고서를 작성한 것은 한-EU FTA에서 정한 유효한 원산지신고서 작성방법에 부합해 보이는 점 등을 종합할 때 쟁점물품에 대해 협정관세율 적용을 배제한 처분은 잘못이라 판단된다(조세심판원 2014관0311, 2016.10.28.결정).

| 표 11-2 | 동종동질물품에 대한 원산지증빙서류 제출면제물품

적용협정	HSK	품명 · 규격	원산지	원산지 결정기준
아세안 회원국과의 협정	2505100000	SILICA SAND(규사)	VN, MY	완전생산 기준
	2521001000	LIMESTONE(석회석)	VN, MY	
	2905173000	STEARYL ALCOHOL(알코올)	ID, PH	
	2922413000	L-LYSINE MONOHYDROCHLORIDE (아미노화합물)	ID	
	3823120000	OLEIC ACID(공업용 지방산)	MY, ID	
	4408319011	MALAYSIAN DIRIED VENEER (베니어용 단판)	MY	
	7403110000	COPPER CATHODE(정제구리)	PH	
	8001100000	TIN INGOT(주석)	MY, ID	
싱가포르와의 협정	2912193000	BUTYRALDEHYDE(유기화합물)	SG	
	2915600000	PENTANEDIOL MONOISOBUTYRATE (유기화합물)	SG	
	3206110000	TITANIUM DIOXIDE(안료)	SG	
	3707902920	DEVELOPERS(사진용 화학제품)	SG	
	3811210000	LUBRICATING OIL ADDITIVE (윤활유 첨가제)	SG	

(3) 증빙자료의 제출기간

관세청장 또는 세관장으로부터 서류제출을 요구받은 자는 다음 각 호의 구분에 따른 기간 이내에 제출하여야 한다(규칙 제21조 제2항).

① 페루와의 협정 제4.8조 및 뉴질랜드와의 협정 제3.24조에 따라 서류의 제출을 요구받은 자: 요구받은 날부터 90일

② 제1호 외의 자: 요구받은 날부터 30일. 다만, 관세청장 또는 세관장은 서류의 제출을 요구받은 자가 부득이한 사유로 서류제출기한의 연장을 신청하는 경우에는 30일을 초과하지 아니하는 범위에서 한 차례만 그 기한을 연장할 수 있다.

서류제출기한의 연기를 신청하려는 자는 서면조사의 통지를 받은 날부터 15일 이내에 다음 각 호의 사항이 기재된 서류제출기한 연기신청서를 관세청장 또는 세관장에게 제출하여야 한다.

① 희망하는 서류제출기한
② 제출할 서류의 목록
③ 연기신청의 사유

관세청장 또는 세관장은 서류제출기한의 연기신청을 받은 때에는 그 승인 여부 및 서류제출기한을 신청인에게 알려야 한다. 관세청장 또는 세관장은 제출받은 원산지증명서의 기재사항의 일부가 누락되었거나 오류 또는 흠이 있는 경우에는 5일 이상 30일 이내의 기간을 정하여 그 원산지증명서를 제출한 자에게 보정을 요구할 수 있다. 다만, 이러한 사항이 원산지결정에 영향을 미치지 아니하는 경미한 사항이라고 인정하는 경우에는 보정을 요구하지 아니한다(영 제21조 제5항).

3) 직접운송원칙 준수 여부의 확인

(1) 직접운송원칙의 개념과 규정

직접운송원칙은 FTA에 의해 관세특혜의 대상이 되는 물품은 원산지국에서 수입국으로 직접운송되어야 한다는 원칙이다. 직접운송원칙은 모든 FTA에 예외 없이 규정되고 있다. 그 이유는 상품이 원산지국을 출발하여 수입국으로 운송되는 과정에서 비원산지국 물품과 바뀌거나, 추가적인 가공 등으로 상품의 가치가 변경되는 경우 해당 물품에 특혜를 부여하는 것이 협정국 간의 배타적인 호혜무역을 본질로 하는 FTA 목표와 합치되지 않는다고 보기 때문이다. FTA관세특례법(법 제7조 제2항)에서도 완전생산기준이나 실질적 변형기준 등에 따라 특정국이 해당 물품의 원산지로 판정된 경우에도 해당 물품이 생산 · 가공 또는 제조된 이후에 원산지가 아닌 국가를 경유하여 운송되거나, 원산지가 아닌 국가에서 선적(船積)된 경우에는 원칙적으로 그 특정국을 물품의 원산지로 인정하지 않는다. 다만, 해당 물품이 원산지가 아닌 국가의 보세구역에서 운송 목적으로 환적(換積)되었거나 일시적으로 보관되었다고 인정되는 경우에는 원산지가 인정된다.

FTA에 규정된 직접운송원칙을 보면 그 내용에 다소의 차이가 있다. FTA에는 조항의 명칭을 한-칠레, 한-미, 한-캐나다 FTA의 경우와 같이 '통과'나 '환적'으로 표시한 경우도 있으나 그 외의 FTA에서는 모두 '직접운송'이라 명시하고 있다.

FTA에 규정된 직접운송원칙은 [표 11-3]과 같다.

| 표 11-3 | FTA별 직접운송원칙과 관련된 규정

FTA 조항	직접운송원칙의 규정
한-칠레 (제4.12조, 환적)	상품이 제4.2조(원산지상품)의 요건을 충족시키면서 생산되었다 하더라도 그 상품이 생산된 후 당사국 영역 밖에서 다음 경우에 해당될 경우에는 그 상품은 원산지상품으로 간주되지 아니한다. 가. 하역, 재선적, 상자포장, 포장과 재포장 또는 상품을 좋은 상태로 보존하거나 당사국의 영역까지 수송하기 위해 필요한 모든 다른 종류의 작업 이외의 추가적 생산이나 작업을 거친 경우, 또는 나. 비당사국의 영역 내의 세관당국의 통제 또는 감독하에 있지 않은 경우
한-싱가포르 (제4.15조, 직접운송)	상품이 제4.2조(원산지상품)의 요건을 충족시키면서 생산되었다 하더라도, 그 상품이 생산된 후 다음의 경우에 해당한다면 그 상품은 당사국의 원산지상품으로 간주되지 아니한다. 가. 상품이 타방 당사국의 영역으로 직접운송되지 아니한 경우, 또는 나. 상품이 이 협정상의 당사국이 아닌 국가의 영역을 통하여 운송되거나 환적된 경우 수입자가 제5.9조 '다'호에 규정된 요건14)을 충족시키지 못한 경우
한-EFTA (제14조, 직접운송)	1. 이 협정상 규정된 특혜대우는 이 부속서의 요건을 충족하고 대한민국과 유럽자유무역연합회원국 간 직접운송되는 상품에만 적용한다. 그러나 그 상품이 하역, 재선적, 탁송품의 분리, 또는 상품을 양호한 상태로 보존하기 위하여 마련된 작업을 제외한 작업을 거치지 아니할 경우, 비당사국의 영역을 경유하여 운송될 수 있다. 그 기간 동안 그 상품은 경유국 세관의 감시하에 있어야 한다. 2. 수입자는 관세당국의 요청 시 제1항에서 규정된 요건을 충족하였다는 적절한 증거를 수입당사국의 법령에 따라 관세당국에 제공한다. 3. 제1항의 적용의 목적상, 원산지상품은 대한민국 또는 유럽자유무역연합회원국 간 영역 외의 영역을 통과하는 파이프라인을 통하여 운송될 수 있다.

14) 한-싱가포르 FTA의 제5.9조 '다'호 내용은 다음과 같다.
상품이 이 협정상 당사국이 아닌 국가의 영역을 통하여 선적되거나 그 영역에서 환적된 경우 그 상품의 수입자가 수입당사국의 관세행정기관이 요청하는 다음을 제공하지 아니한 경우
① 상품이 비당사국의 영역에 있는 동안 세관의 통제하에 있었음을 수입당사국의 관세행정기관이 만족할 수 있는 수준으로 나타내는 세관관리문서의 사본
② 하역 · 재선적 · 크레이팅 · 포장 · 재포장 또는 상품을 양호한 상태로 유지하는 데 필요한 그 밖의 작업 이외의 작업을 비당사국에서 거치지 아니하였음을 입증하는 것으로서 비당사국의 관세행정기관 또는 그 밖의 관련기관이 제공하는 정보, 또는
③ 하역 · 재선적 · 크레이팅 · 포장 · 재포장 또는 상품을 양호한 상태로 유지하는 데 필요한 그 밖의 작업 이외의 작업을 비당사국에서 거치지 아니하였음을 입증하는 것으로서 수입자가 제출하는 그 밖의 정보 또는 상업서류

한-아세안 (제9조, 직접운송)	1. 특혜관세대우는 이 부속서의 요건을 충족하고, 수출당사국과 수입당사국 영역 간에 직접운송된 상품에 적용된다. 2. 제1항의 규정에 불구하고, 상품이 수출당사국 및 수입당사국 영역이 아닌 하나 또는 그 이상의 경유하는 제3국을 경유하여 운송되더라도, 다음을 조건으로, 직접운송된 것으로 간주한다. 가. 그 경유가 지리적 이유로 또는 오직 운송요건에만 관련된 고려에 의하여 정당화될 것 나. 그 상품이 경유국에서 거래 또는 소비되지 아니하였을 것, 그리고 다. 그 상품이 하역, 재선적 또는 그 상품을 좋은 상태로 유지하는 데 요구되는 공정 외의 어떠한 공정도 거치지 아니하였을 것
한-미국 (제6.13조, 통과·환적)	각 당사국은 다음의 경우 원산지상품으로 간주하지 아니하도록 규정한다. 가. 그 상품이 하역·재선적 또는 상품을 양호한 상태로 보존하거나 당사국의 영역으로 운송하기 위하여 필요한 그 밖의 공정 이외에 양 당사국의 영역 밖에서 이후의 생산이나 그 밖의 어떠한 공정이라도 거치는 경우, 또는 나. 그 상품이 비당사국의 영역에서 세관당국의 통제하에 머물러 있지 아니하는 경우
한-인도 (제3.15조, 직접운송)	특혜관세대우는 이 장의 요건을 충족하고 수출당사국과 수입당사국의 영역 간에 직접적으로 수송된 상품에 적용한다. 제1항에도 불구하고, 상품이 수출당사국과 수입당사국의 영역 이외에 하나 또는 그 이상의 중간 제3국을 경유하여 수송되더라도 직접적으로 운송된 것으로 간주된다. 다만, 가. 그 상품이 경유국에서 거래 또는 소비되지 아니하였어야 한다. 나. 그 상품이 하역 및 재선적 또는 그 상품을 좋은 상태로 유지하는 데 요구되는 공정 이외의 어떤 공정도 거치지 아니하였어야 한다. 그리고, 다. 그 상품이 경유국에서 세관의 통제하에 남아 있었어야 한다.
한-EU (원산지규정 및 원산지 절차에 관한 의정서 제13조, 직접운송)	1. 이 협정에 규정된 특혜대우는 이 의정서의 요건을 충족하면서 양 당사자 간 직접적으로 운송되는 제품에만 적용된다. 그러나 단일탁송화물을 구성하는 제품은 상황이 발생하면 다른 영역에서 환적 또는 일시적으로 창고 보관되어 그 다른 영역을 통해 운송될 수 있다. 다만, 그 제품이 통과 또는 창고 보관하는 국가에서 자유로운 유통을 위해 반출되지 아니해야 하고, 하역, 재선적 또는 제품을 양호한 상태로 보존하기 위해 고안된 모든 공정 외의 공정을 거치지 아니해야 한다. 2. 제1항에 규정된 조건이 충족되었다는 증거는 수입당사자에 적용 가능한 절차에 따라 관세당국에 다음을 제출하여 제공된다. 가. 제3국에서 원산지 제품의 환적 또는 보관과 관련된 상황의 증거 나. 수출당사자에서 경유국을 통한 통과를 다루고 있는 단일 운송서류, 또는 다. 경유국의 관세당국이 발행한 다음의 증명서 1) 제품의 정확한 설명을 제공하는 것 2) 제품의 하역 및 재선적 일자, 그리고 적용 가능한 경우, 선박명 또는 사용된 다른 운송수단을 기재하는 것, 그리고 3) 제품이 경유국에 머물러 있는 그 상태를 증명하는 것

한-페루 (3.14조, 직접운송)	원산지상품이 그 원산지 지위를 유지하기 위해서는 그 원산지상품은 양 당사국 간 직접 운송되어야 한다. 제1항에도 불구하고, 다음의 상품은 수출당사국에서 수입당사국으로 직접 운송된 것으로 간주된다. 가. 비당사국의 영역을 통과하지 않고 운송된 상품, 그리고 나. 그러한 비당사국에서의 환적 또는 일시적 보관 여부와 관계없이, 하나 이상의 비상사국을 관세당국의 통제하에 경유하여 운송된 상품, 다만 그 상품은 1) 그러한 비당사국에서 거래되거나 교역되지 않아야 한다. 2) 그러한 비당사국에서 하역 및 재선적, 재포장 또는 그 상품을 양호한 상태로 유지하기 위해 필요한 공정 외의 어떠한 공정도 거치지 않아야 한다. 3. 제1항 및 제2항의 준수는 수입당사국의 관세당국에 다음 문서를 제출함으로써 증명된다. 가. 경유 또는 환적의 경우, 각 경우에 맞게, 원산지국가로부터 수입국으로의 운송을 증명하는 항공화물운송장, 선하증권 또는 복합 또는 결합운송문서와 같은 운송문서, 그리고 나. 보관의 경우, 각 경우에 맞게 원산지국가로부터 수입국으로의 운송을 증명하는 항공화물운송장, 선하증권 또는 복합 또는 결합운송문서와 같은 운송문서와 더불어 그 비당사국의 국내법령에 따라 이 작업을 승인한 관세당국 또는 그 밖의 권한 있는 당국이 발행한 문서
한-터키 (원산지규정 및 원산지 절차에 관한 의정서 제13조)	이 협정에 규정된 특혜대우는 이 의정서의 요건을 충족하면서 양 당사국 간 직접적으로 운송되는 제품에만 적용된다. 그러나 단일탁송화물을 구성하는 제품은 상황이 발생하면 다른 영역에서 환적 또는 일시적으로 창고보관되어 그 다른 영역을 통해 운송될 수 있다. 다만, 그 제품이 통과 또는 창고보관되는 국가에서 자유로운 유통을 위해 반출되지 아니해야 하고, 하역, 재선적 또는 제품을 양호한 상태로 보존하기 위해 고안된 모든 공청 외의 공정을 거치지 아니해야 한다. 2. 제1항에 규정된 조건이 충족되었다는 증거는 수입당사국에 적용 가능한 절차에 따라 관세당국에 다음 중 하나를 제출하여 제공된다. 가. 비당사국에서 원산지 제품의 환적 또는 보관과 관련된 상황의 증거 나. 수출당사국으로부터 경유국을 통한 통과를 다루고 있는 단일운송서류, 또는 다. 경유국의 관세당국이 발행한 다음의 증명서 1) 제품의 정확한 설명을 제공하는 것 2) 제품의 하역 및 재선적 일자, 그리고 적용 가능한 경우, 선박명 또는 사용된 다른 운송수단을 기재한 것, 그리고 3) 제품이 경유국에 머물러 있는 그 상태를 증명하는 것
한-호주 (제3.14조, 직접운송)	1. 원산지상품은 제3.1조에 따라 결정된 원산지 지위를 유지한다. 다만, 그 상품은 비당사국 영역을 통과하지 아니하고 수입당사국으로 직접운송되어야 한다. 2. 비당사국 영역을 통하여 운송되는 원산지상품은 다음의 경우에는 제3.1조에 따라 결정된 원산지지위를 유지하지 아니한다. 가. 그 상품이 하역, 재선적, 보관, 재포장, 재라벨링이나 운송상의 이유로 인한 화물 분리 또는 상품을 양호한 상태로 보존하거나 당사국 영역으로 운송하기 위하여 필요한 그 밖의 공정 이외에, 양 당사국의 영역 밖에서 어떠한 그 이후의 생산이나 그 밖의 공정을 거치는 경우, 또는 나. 그 상품이 비당사국의 영역에서 세관당국의 통제하에 머물러 있지 아니하는 경우

한-캐나다 (제3.16조, 통과 및 환적)	비당사국 영역을 통해 운송되는 원산지상품은 다음 사항을 입증하지 못하는 경우, 비원산지상품으로 간주된다. 가. 그 상품이 하역, 운송상 이유로 인한 분리, 재선적 또는 상품을 양호한 상태로 보존하기 위하여 필요한 그 밖의 모든 공정 이외에, 그 비당사국의 영역에서 어떠한 추가 생산이나 그 밖의 공정을 거치지 아니한다는 것 나. 그 상품이 한쪽 또는 양 당사국 영역 밖에서 세관 통제하에 있다는 것, 그리고 다. 그 상품이 그 비당사국의 영역에서 거래 또는 소비되지 아니하는 것
한-뉴질랜드 (제3.16조, 직접운송)	1. 원산지상품은 제3.2조에 따라 결정된 원산지지위를 유지한다. 다만, 그 상품은 비당사국 영역을 통과하지 아니하고 수입당사국으로 직접운송되어야 한다. 2. 비당사국 영역을 통하여 운송되는 원산지상품은 다음의 경우에는 원산지지위를 유지하지 아니한다. 가. 상품이 하역, 일시적 보관, 운송상의 이유로 인한 화물분리, 재선적 또는 상품을 양호한 상태로 보존하거나 수입당사국 영역으로 운송하기 위하여 필요한 그 밖의 공정 외에, 양 당사국의 영역 밖에서 어떠한 그 이후의 생산이나 그 밖의 공정을 거치는 경우[15], 또는 나. 그 상품이 비당사국의 영역에서 세관당국의 통제에서 벗어난 경우
한-베트남 (제3.8조 및 제3.23조)	제3.8조(직접운송) 1. 특혜관세대우는 이 장의 요건을 충족하면서 양 당사국의 영역 간에 직접운송되는 상품에 적용된다. 2. 제1항에도 불구하고, 상품이 양 당사국의 영역 외에 하나 또는 그 이상의 비당사국을 경유하여 운송되더라도, 다음의 경우, 직접운송되는 것으로 간주한다. 가. 그 통과가 지리적 이유로 또는 오직 운송요건에만 관련된 고려에 의하여 정당화되는 경우 나. 그 상품이 통과국에서 거래 또는 소비되지 아니하는 경우, 그리고 다. 그 상품이 하역 및 재선적 또는 그 상품을 양호한 상태로 유지하기위하여 요구되는 공정 외의 어떠한 공정도 거치지 아니한 경우 제3.23조(직접운송의 이행) 제3.8조 이행의 목적상, 수출당사국과 수입당사국 외에, 하나 이상의 중간경유국들의 영역을 통하여 운송이 이루어지는 경우, 다음 각 호의 서류를 수입당사국의 관련 정부당국에 제출한다. 가. 수출당사국의 영역에서 발급된 통과선하증권 나. 원산지증명서 다. 상품에 대한 상업송장 원본의 사본, 그리고 라. 제3.8조의 요건을 준수하였다는 증거로서 그 밖의 관련 증빙서류가있는 경우 그 서류

15) 여기에서 유지 및 보충작업은 수입당사국의 국내법 및 규정에 따라 그 당사국의 보세지역에서 수행될 수 있다.

한-중 (제3.14조, 직접운송)	1. 특혜관세대우를 주장하는 당사국의 원산지상품은 당사국 간 직접운송되어야 한다. 2. 상품이 하나 이상의 비당사국에서 환적 또는 임시보관을 하는지에 상관없이, 그 비당사국을 경유하여 운송되더라도, 다음을 조건으로, 직접운송된 것으로 간주한다. 가. 지리적 이유 또는 전적으로 운송상의 이유로 통과를 위한 상품의 반입은 정당화될 것 나. 그 상품이 그 비당사국에서 거래 또는 소비되지 아니할 것, 그리고 다. 그 상품이 하역, 운송상의 이유로 한 화물의 분리, 재선적 또는 그 상품을 양호한 상태로 보존하기 위하여 필요한 그 밖의 모든 공정 외에 비당사국에서 그 밖의 어떠한 공정도 거치지 아니할 것 상품이 이 항에 규정된 비당사국에서 일시보관되는 경우, 그 상품은 보관되는 동안 그 비당사국 세관당국의 통제하에 머물러 있어야 한다. 그 비당사국에서 상품이 보관되는 기간은 상품의 반입일부터 3개월을 초과하지 아니한다. 불가항력의 상황이 발생하는 경우, 그 비당사국에 상품이 보관되는 기간은 상품의 반입일부터 3개월을 초과할 수 있으나 6개월을 초과해서는 아니된다. 3. 제 3.14조 제2항의 목적상, 다음의 서류가 상품의 수입신고 시에 수입 당사국의 세관당국에 제출된다. 가. 통과 또는 환적의 경우에는, 항공화물운송장, 선하증권, 또는 수출당사국에서부터 수입당사국까지의 전체 운송경로가 포함된 복합운송이나 합병운송 서류, 그리고 나. 컨테이너를 보관 또는 하역하는 경우, 항공화물운송장, 선하증권, 또는 수출당사국에서부터 수입당사국까지의 전체 운송경로가 포함된 복합운송이나 합병운송 서류, 그리고 비당사국 세관당국이 제공하는 보충서류 수입국 세관당국은 그러한 보충서류를 발급할 수 있는 그러한 비당사국의 그 밖의 권한 있는 기관을 지정하고 그러한 지정에 대해 수입국 관세당국에 통보할 수 있다.
한-중미 (제3.14조, 직접운송)	1. 상품이 그 원산지 지위를 유지하기 위해서는 수출 당사국에서 수입 당사국으로 직접 운송된다. 2. 제1항에도 불구하고, 하나 이상의 당사국 또는 비당사국을 경유하여 운송되는 상품은 경유국에서의 환적 또는 일시 보관 여부와 관계없이 다음을 조건으로, 수출 당사국에서 수입 당사국으로 직접 운송된 것으로 간주된다. 가. 그 상품이 관세당국의 통제하에 있을 것, 그리고 나. 그 상품이 경유국에서 하역 및 재선적, 재포장 또는 그 상품을 양호한 상태로 유지하기 위하여 요구되는 공정 이외의 어떠한 공정도 거치지 아니할 것 3. 제2항에 규정된 조건이 충족되었다는 증거는 수입 당사국의 관세당국에 다음을 제출하여 제공된다. 가. 수출 당사국으로부터 경유국을 통한 통과를 다루고 있는 단일 운송서류 나. 경유국으로부터 수입당사국까지의 통과를 다루고 있는 운송서류와 다음을 포함하고 있는 경유국 관세당국이 발행한 증명서 1) 제품의 정확한 설명 2) 제품의 하역 및 재선적 일자, 그리고 적용 가능한 경우, 선박명 또는 사용된 다른 운송수단, 그리고 3) 제품이 경유국에 머물러 있는 그 상태, 또는 다. 이를 제공하지 못하는 경우, 제4장(통관 절차 및 무역원활화)에 설립된 원산지 규정 및 원산지 절차와 통관 절차 및 무역원활화 위원회에서 당사국들이 합의한, 수입 당사국의 관세당국을 만족시키는 모든 입증 서류

한-영국 (제13조 직접운송 원칙)	1. 이 협정에 규정된 특혜대우는 이 의정서의 요건을 충족하면서 양 당사국 간 또는 EU를 경유하여2 직접적으로 운송되는 제품에만 적용된다. 그러나 단일 탁송화물을 구성하는 제품은 상황이 발생하면 다른 영역에서 환적 또는 일시적으로 창고보관되어 그 다른 영역을 통해 운송될 수 있다. 다만, 그 제품이 통과 또는 창고보관하는 국가에서 자유로운 유통을 위해 반출되지 아니해야 하고, 하역, 재선적 또는 제품을 양호한 상태로 보존하기 위해 고안된 모든 공정 외의 공정을 거치지 아니해야 한다. 2. 제1항에 규정된 조건이 충족되었다는 증거는 수입 당사국에 적용 가능한 절차에 따라 관세당국에 다음을 제출하여 제공된다. 가. 제3국에서 원산지 제품의 환적 또는 보관과 관련된 상황의 증거 나. 수출 당사국에서 경유국을 통한 통과를 다루고 있는 단일 운송서류, 또는 다. 경유국의 관세당국이 발행한 다음의 증명서 1) 제품의 정확한 설명을 제공하는 것 2) 제품의 하역 및 재선적 일자, 그리고 적용 가능한 경우, 선박명 또는 사용된 다른 운송수단을 기재하는 것, 그리고 3) 제품이 경유국에 머물러 있는 그 상태를 증명하는 것

위 규정들을 살펴보면 세부 규정에서는 FTA마다 다소 차이가 있지만 직접운송원칙이 거래상품이 제3국을 경유하거나, 제3국에서 환적되는 것 자체를 금하고 있는 것은 아니다. 이는 모든 국가, 모든 출입항지 간 교통로가 다 형성되는 것이 아니기 때문에 경우에 따라서는 불가피하게 제3국을 경유하거나, 제3국에서 환적될 수밖에 없는 국제간 운송형편을 고려할 때 당연하다. 그러나 거래상품이 제3국을 경유하거나 환적된다 하더라도 그 과정에서 추가적인 생산이나 작업을 통해 부가가치가 증대되어서는 안 되고(FTA에 따라서는 소비되거나 거래되는 것도 금지), 경유 또는 환적과정은 해당 국가의 세관당국의 통제 또는 감독 아래 있어야 한다. 즉, 보세구역이나 이와 유사한 장소에서 경유 또는 환적이 이루어져야 한다는 것이다. 다만 작업이 하역이나 분리, 포장, 재포장, 보관 기타 상품을 양호한 상태로 유지하기 위해 필요한 정도로 이루어지는 것은 용인될 수 있다. 그리고 이러한 사실들은 증빙서류로서 입증되어야 한다.

(2) 직접운송원칙의 적용

앞에서 직접운송원칙의 예외로 해당 물품이 원산지가 아닌 국가의 보세구역에서 운송 목적으로 환적(換積)되었거나 일시적으로 보관되었다고 인정되는 경우에는 원산지가 인정될 수 있다고 하였는데 수입자가 그 요건을 입증하지 못하는 경우에는 해당 물품의 원산지를 인정하지 않는다.[16] 이와 관련해 FTA관세특례법시행규칙에서는 다음 각 호의 어느 하나에 해당하는 경우 관세청장 또는 세관장이 해당 물품에 대해 그 원산지를 인정하지 않도록 하였다(규칙 제5조).

① 원산지가 아닌 국가 또는 지역에서 생산 또는 작업과정이 추가된 경우. 다만, 수입항까지 국제운송에 필요한 하역 · 선적 · 포장에 필요한 작업이나 물품을 양호한 상태로 보존하는 데 필요한 작업과정이 추가된 경우는 제외한다.

② 해당 물품이 원산지가 아닌 국가 또는 지역의 관세당국의 통제 또는 감독하에 있지 아니한 경우

실무적으로 협정관세 적용을 신청하였을 때 해당 물품이 원산지가 아닌 국가의 보세구역에서 운송목적으로 환적(換積)되었거나 일시적으로 장치되었다고 인정되는 경우 수입자에게 다음 각 호의 서류를 제출받아 원산지를 확인한다(고시 제37조).

① 체약상대국부터 우리나라에 도착하기까지의 선하증권 등 운송서류

② 원산지가 아닌 국가의 보세구역에서 환적 또는 일시 장치되었음을 해당 국가의 세관 등 권한 있는 기관이 확인한 증명서

확인과정에서 다음 각 호의 어느 하나에 해당하는 경우 세관장은 체약상대국부터 우리나라에 도착하기까지의 선하증권 등 운송서류를 제출받아 우리나라까지의 운송에 필요한 합리적인 기간을 감안하여 원산지를 확인할 수 있다.[17] 확인한 결

16) **[행정심판 결정례]** 한-아세안 FTA 부속서상 중간 경유국의 영역을 통하여 운송이 이루어지는 경우에는 수출국에서 발행한 통과선하증권을 구비하도록 규정하고 있으나 컨테이너 봉인번호 등을 통하여 체약상대국으로부터 운송된 물품과 동일성이 확인되거나, 경유국 관세당국이 발급한 공적인 서류를 통하여 단순경유한 사실이 입증되는 경우에는 통과선하증권이 없는 경우라 하더라도 직접운송된 사실이 입증된 것으로 볼 수 있는 것처럼 FTA 지침의 내용상 오해될 소지가 일부 있는 것으로 보이는 점, 협정문에 대한 해석에 혼란이 있었던 한-아세안 FTA 시행 초기(2007년 6월)에 OOO세관 담당직원의 권고의견이 있어 이 건 처분이 있기 전까지 쟁점물품이 원산지국에서 직접 운송되었음을 입증하는 문구가 기재된 B/L을 제출하여 정상적으로 협정관세를 적용받아 왔다는 청구주장에 개연성이 있어 보이는 점, 경유국 세관의 단순경유를 입증하는 서류 및 경유국에서 발급된 B/L에 기재된 문구 등을 통하여 쟁점물품이 체약상대국으로부터 운송된 물품과 동일성이 확인되어 실체적으로 원산지가 증명되는 점 등에 비추어 청구법인의 납세의무 해태를 탓하기 어려운 정당한 사유가 있는 것으로 보이므로 가산세 부과처분은 잘못이 있는 것으로 판단된다. 같은 취지에서 청구법인에게 수정수입세금계산서의 발급을 제한할 귀책사유가 있다고 보기 어려우므로 수정수입세금계산서의 발급을 거부한 처분 또한 잘못이 있다고 판단된다(조세심판원 2016관0043, 2016.5.23.결정).

과 그 물품이 체약상대국으로부터 우리나라에 도착한 물품으로 원산지가 아닌 국가에서 세관의 통제하에 있었음이 확인된 경우에는 그 원산지를 인정한다.[18)]

① 선하증권이나 화물운송장상의 적출항이 체약상대국의 항구나 공항으로 기재되어 있고 도착항이 우리나라의 항구나 공항으로 기재되어 있는 경우

② 체약상대국이 내륙지국가(예: 스위스연방)로서 선하증권이나 화물운송장상의 수출자가 원산지증빙서류상의 수출자로 기재되어 있고, 적출항이 체약상대국의 인접국가 항구나 공항으로 기재되어 있고, 도착항이 우리나라의 항구나 공항으로 기재되어 있는 경우

17) **[행정심판 결정례]** 한-아세안 FTA 운영절차 제9조에서 제3국을 경유하여 운송된 경우 통과선하증권을 제출하도록 규정하고 있는데, 이 건은 운송구간별로 2개의 B/L이 각각 발행되었고, ○○○은 최초 운송업자인 ○○○ 아니라 수출자와 운송계약을 체결하여 ○○○에서 우리나라까지 쟁점물품을 운송하였으며, 최초 운송업자인 ○○○ 전 운송구간에 대한 운송책임을 지고 있는 것으로 보기 어려운 점 등에 비추어 통과선하증권이 제출되지 않았다는 이유로 한-아세안 FTA에서 규정한 직접운송원칙을 위배하였다고 보아 협정관세율의 적용을 배제하고 과세한 이 건 처분은 잘못이 없는 것으로 판단된다(조세심판원 2015관0297, 2016.6.29. 결정).

18) **[행정심판 결정례]** 청구법인은 한-EU FTA에서는 직접운송원칙의 예외를 인정받기 위한 요건으로 지리적·운송상의 이유를 규정하고 있지 않으나 그 요건이 적용된다고 하더라도 싱가포르와 같은 무역항에서 환적을 목적으로 경유한 것은 전형적인 운송상의 이유로 볼 수 있고, 쟁점물품은 최초수출자로부터 청구법인에게 인도될 때까지 물품의 동일성이 입증되고 동시에 송부된 제품으로서 단일탁송화물의 정의에 부합하므로 직접운송원칙의 예외에 해당한다고 주장하나, 한-EU FTA 원산지의정서 제13조에서 직접운송의 예외로 "단일 탁송화물을 구성하는 제품은 상황이 발생하면 다른 영역에서 환적 또는 일시적으로 창고보관되어 그 다른 영역을 통해 운송될 수 있다"고 규정하고 있고, 같은 원산지의정서 제1조 카항에서 탁송화물을 "수출자로부터 수하인에게 일시에 송부된 제품이거나, 수출자로부터 수하인으로의 선적에 대한 단일의 운송서류에 의하여, 또는 그러한 서류가 없는 경우 단일의 송품장에 의하여, 다루어지는 제품"으로 정의하고 있으므로, 쟁점물품이 단일 탁송화물의 정의에 부합한다면 직접운송원칙의 예외에 해당한다 할 것이나, 쟁점물품의 거래는 청구법인이 중계수출자인 OOO에 주문을 하면 OOO 최초수출자인 OOO에게 다시 주문하여 이를 OOO로 수입한 후 청구법인에게 재수출하는 형태로 이루어지는바, 쟁점물품이 최초수출자로부터 청구법인에게 인도되기까지 OOO와 청구법인 사이에 2개의 독립거래가 존재하고 각 거래에서 B/L, 송품장, 포장명세서 등이 2회에 걸쳐 발급되므로 쟁점물품을 단일의 운송서류 또는 송품장에 의하여 다루어지는 제품으로 보기 어려운 점, 쟁점물품이 위에서 살펴본 바와 같이 단일의 운송서류 또는 송품장에 의하여 다루어지는 제품이 아닌 이상 나머지 요건인 수출자로부터 수하인에게 일시에 송부되는 제품에 해당되어야 하나 쟁점물품은 최초수출자 OOO로부터 중계수출자 OOO에게 일단 송부되었다가 다시 OOO로부터 청구법인에게 다시 송부되는 물품이므로 수출자로부터 수하인에게 일시에 송부된 것으로 보기 어려운 점 등에 비추어 쟁점물품이 직접운송원칙의 예외에 해당한다고 보기 어렵다고 판단되므로 과세관청의 처분은 적법 타당하다(조세심판원 2015관0077, 2016.6.21. 결정).

4) 협정관세 적용 여부의 심사

세관장이 협정관세의 적용신청을 받은 경우에는 해당 물품이 협정관세 적용대상인지 여부에 대해 수입신고를 수리한 후에 심사한다. 즉, 사후심사를 원칙으로 하는 것이다. 다만, 관세채권을 확보하기가 곤란하거나 수입신고를 수리한 후 원산지 및 협정관세의 적정 여부를 심사하는 것이 부적당하다고 인정하여 기획재정부령으로 정한 다음 물품은 수입신고를 수리하기 전에 심사한다(법 제8조 제4항, 규칙 제6조).

① 협정관세 적용제한자가 생산 · 수출 또는 수입하는 물품
② 관세를 체납하고 있는 자가 수입하는 물품(체납액이 10만 원 미만이거나 체납기간이 7일 이내인 경우는 제외한다).[19)]

세관장은 수입자가 수입신고수리 전에 적용신청한 제출한 서류에 대하여 다음 각 호의 사항을 심사하여야 한다(고시 제29조 제1항).

① 협정관세 적용대상 품목인지 여부
② 원산지와 협정관세율 및 관세율 구분부호의 일치 여부
③ 협정관세 적용신청서가 기재요령에 맞게 작성되었는지 여부
④ 직접운송 관련 서류 구비 여부
⑤ 그 밖에 협정관세 적용신청의 형식적 요건 확인을 위해 필요한 사항

그러나 수입신고수리후 협정관세 적용을 신청한 경우 세관장은 위의 사항 외에 다음 사항에 대해서도 심사하여야 한다(고시 제36조 제1항).

① 수입신고수리일부터 1년이 경과되었는지 여부
② 협정관세 적용신청서가 기재요령에 맞게 작성되었는지 여부
③ 수입신고수리후 협정관세 신청 관련 서류의 구비 여부
④ 경정청구내역의 세액계산이 정확한지 여부
⑤ 원산지증명서가 협정 및 법령의 규정에 따른 양식 및 기재요령과 일치하는지

19) 관세를 체납하고 있는 자가 수입하는 물품에 대한 협정관세 적용절차 등에 대하여는 협정관세 적용제한자 규정을 준용한다. 이 경우 '협정관세 적용제한자를 지정한 세관장'은 '수입자의 주소지를 관할하는 본부세관 또는 직할세관장(자유무역협정 원산지조사업무 담당부서)'으로 본다(고시 제41조).

여부

3 수량별 차등협정관세의 적용

1) 한도수량 내 협정관세율

협정세율 중 일정수량에 대하여 더 낮은 세율을 정해 두는 경우가 있다. 동일한 물품에 대하여 수량기준에 따라 둘 이상의 세율을 정한 경우 그 중 낮은 세율을 '한도수량 내 협정관세율'이라 한다. 한도수량 내 협정관세율을 적용받고자 하는 자는 주무부장관 또는 그 위임을 받은 자의 추천을 받은 후 해당 추천서를 수입신고 수리 전까지 세관장에게 제출하여야 한다. 한편, 주무부장관이 유럽연합당사자, 미합중국 및 중국과 적용수량의 배정방안에 대하여 협의하는 경우 그 협의결과가 한도수량 내 협정관세율 적용에 영향을 미치는 사항이면 기획재정부장관에게 통보하여야 한다(영 제3조 제4항 및 규칙 제3조 제2항).

2) 선착순배정

한도수량이 정해진 협정관세율 가운데 기획재정부령으로 정한 다음 물품에 대해서는 한도수량 내 협정관세율이 적용되도록 양허된 물품의 수량(이하 '적용수량'이라 한다)을 선착순(보세구역에 해당 물품을 장치한 후 수입신고한 날을 기준)의 방법으로 배정하고, 적용수량에 달하는 날에는 남은 적용수량을 그날 수입신고되는 수량에 비례하여 배정한다(영 제3조 제2항, 규칙 제10조의2).

① 유럽연합당사자와의 협정 부록 2-가-1에 따른 유럽연합당사자를 원산지로 하는 넙치류(영 [별표 6] 품목번호 0303.34-0000호 및 0303.39-0000호의 넙치류로 한정한다)

② 미국과의 협정 부록 2-나-1에 따른 미합중국을 원산지로 하는 넙치류(영 [별표 6의4] 품목번호 0303.34-0000호 및 0303.39-0000호의 넙치류로 한정한다), 명태(영 [별표 6의4] 품목번호 0303.67-0000호 및 0303.69-9000호의 명

태로 한정한다) 및 민어[영 [별표 6의4] 품목번호 0303.89-9091호의 민어(미크로포고니아스 운둘라투스)로 한정한다]

③ 뉴질랜드와의 협정 부록 2-가-1에 따라 뉴질랜드를 원산지로 하는 홍합(영 [별표 15] 품목번호 1605.53-9000호의 홍합으로 한정하고, 연도별 한도수량 물량의 100분의 50으로 한정한다)

④ 중국과의 협정 부록 2-가-1에 따른 중국을 원산지로 하는 눈다랑어[영 [별표 17] 품목번호 0303.44-0000호의 눈다랑어(터너스 오베세스)로 한정한다], 소라(영 [별표 17] 품목번호 1605.59-2090호의 소라로 한정한다) 및 해파리(영 [별표 17] 품목번호 1605.63-9000호의 해파리로 한정한다)

⑤ 영 제3조 제4항에 따라 기획재정부장관이 주무부장관의 통보를 받아 고시하는 물품. 이때 "기획재정부령으로 정하는 체약상대국"이란 유럽연합당사자, 미합중국, 중국 및 영국을 말한다.

선착순의 방법으로 차등협정관세를 적용하는 물품은 관세법 제154조에서 정하는 보세구역에 장치한 이후 수입신고되는 물품을 대상으로 한다(고시 제42조). 즉, 관세법에 규정된 입항전수입신고제도를 통해 신고하는 물품은 그 대상에서 제외된다. 선착순을 적용하는 방식은 수량별 차등협정관세 적용물품이 적용수량에 도달하는 날의 전날까지는 선착순으로 수입신고하는 물품에 적용하며, 그 적용수량은 해당 수입신고가 수리될 때의 수량으로 한다(고시 제43조). 적용수량에 도달한 날에 수입신고된 물품은 남은 잔여수량을 수입신고수리된 수량에 비례하여 각각 배분한다(고시 제44조). 만일 이와 같이 배분한 이후에도 잔여수량이 있는 경우에는 적용수량에 도달한 날의 다음날 순서대로 위 방식에 따라 배분한다. 남은 잔여수량을 배분한 날부터는 배분하기 전에 선착순으로 수입신고하는 물품에 적용하던 관세율로는 수량을 증가하여 정정할 수 없다. 통관지세관장은 배분되어 조정된 수량을 수입자에게 통지하여야 하며 수입자는 관세법 제38조의2에서 정하는 바에 따라 세액을 보정하여야 한다. 이 경우 가산이자는 같은 조항 제5항 제2호에 해당[20]하는 것으로 보아 징수하지 아니한다(고시 제45조). 관세청장은 배분절차가 완료되는 날까지

20) 여기에 해당하는 것은 신고납부한 세액의 부족 등에 대하여 납세의무자에게 정당한 사유가 있는 경우로 보아 기간이자 성격의 가산세를 면제하는 것이다.

품목별 총수량 · 사용수량과 잔여수량을 관세청 홈페이지를 통해 게시하여야 한다(고시 제46조).

4 협정관세의 적용제한

1) 협정관세 적용제한의 사유

협정에서 다르게 규정한 경우를 제외하고 세관장은 다음 각 호의 어느 하나에 해당하는 경우에는 해당 수입물품에 대하여 협정관세를 적용하지 아니할 수 있다(법 제35조 제1항, 영 제44조). 협정관세의 적용배제처분을 하는 때에는 관세법 제118조 제1항의 규정에 따라 그 내용을 미리 수입자에게 서면으로 통지하여야 한다.21) 협정관세 적용을 배제하는 경우 세관장은 납부하여야 할 세액 또는 납부하여야 할 세액과 납부한 세액의 차액을 부과 · 징수하여야 한다.

① 정당한 사유 없이 수입자, 체약상대국의 수출자 또는 생산자(이하 이 조에서 '체약상대국 수출자 등'이라 한다)가 관세청장 또는 세관장이 요구한 자료를 지정된 기간 이내에 제출하지 아니하거나22) 거짓으로 또는 사실과 다르게 제출한 경우. 다만, 원산지증빙서류의 기재사항을 단순한 착오로 잘못 기재한 것으로서 원산지결정에 실질적인 영향을 미치지 아니하는 경우는 제외한다.

---

21) **[행정심판 결정례]** 쟁점건의 원산지신고서는 한-EU FTA에 따른 인증수출자가 아닌 제3자에 의해 발행되었고, 그 발행자가 한-EU와 FTA 관련 없음이 명백하므로 구FTA관세특례법 시행규칙 제16조(현행규칙 제21조 제5항)에 따른 보정의 대상으로 보기도 어려운 점 등에 비추어 제출된 원산지신고서의 효력을 부인하여 한-EU FTA협정관세 적용을 배제하고 과세한 처분은 잘못이 없다(조세심판원 2015관0309, 2016.6.10. 결정).

22) **[행정심판 결정례]** 청구법인은 쟁점물품을 수입하면서 수출자가 작성한 원산지증명서를 제출하고 협정세율(0%)을 적용받았다. 처분청은 수입자가 제출한 원산지증명서만으로 쟁점물품에 대한 원산지확인 등이 곤란하다고 보아 2008.9.11. 쟁점물품 수출자 및 생산자에게 원산지검증을 위한 관련 자료의 제출을 요청하였으나 수출자 및 생산자는 서면조사질의서를 받은 날부터 30일이 경과하도록 회신하지 아니하였다. 이에 처분청은 2009.3.18. 쟁점물품에 대해 협정관세 적용을 배제하고 청구법인에게 관세 등을 부과하였는바, 이는 적법한 처분으로 판단된다(조세심판원 2009관0087, 2010.7.26. 결정).

② 관세청장 또는 세관장이 체약상대국의 관세당국에 원산지의 확인을 요청한 사항에 대하여 체약상대국 관세당국이 기획재정부령으로 정한 기간 이내에 그 결과를 회신하지 아니한 경우 또는 세관장에게 신고한 원산지가 실제 원산지와 다른 것으로 확인되거나 회신내용에 원산지의 정확성을 확인하는 데 필요한 정보가 포함되지 아니한 경우

③ 서면조사 또는 현지조사 결과 세관장에게 신고한 원산지가 실제 원산지와 다른 것으로 확인되거나 수입자 또는 체약상대국 수출자 등이 제출한 자료에 원산지의 정확성을 확인하는 데 필요한 정보가 포함되지 아니한 경우[23)]

④ 체약상대국 수출자 등이 관세청장 또는 세관장의 서면조사에 대하여 기획재정부령으로 정하는 기간 이내에 회신하지 아니한 경우 또는 관세청장 또는 세관장의 현지조사에 대한 동의 요청에 대하여 지정된 기간 이내에 동의 여부에 대한 통보를 하지 아니하거나 특별한 사유 없이 동의하지 아니하는 경우

⑤ 현지조사를 할 때 체약상대국 수출자 등이 정당한 사유 없이 원산지증빙서류의 확인에 필요한 장부 또는 관련 자료에 대한 세관공무원의 접근을 거부하거나 협정에서 정한 원산지증빙서류를 보관하지 아니한 경우

⑥ 사전심사를 신청한 수입자가 사전심사의 결과에 영향을 미칠 수 있는 자료를 고의로 제출하지 아니하였거나 거짓으로 제출한 경우 또는 사전심사서에 기재된 조건을 이행하지 아니한 경우

⑦ 그 밖에 관세청장 또는 세관장이 원산지의 정확성 여부를 확인할 수 없는 경우로서 다음 사유에 해당되는 경우

가. 원산지조사대상자의 부도 · 폐업 · 소재불명 또는 그 밖에 이에 준하는 불가

23) **[행정심판 결정례]** 처분청은 2012.6.4. 원산지결정기준 충족 여부를 확인하기 위하여 청구법인에 대해 원산지 서면조사를 실시한 후, 서면조사결과만으로는 원산지를 확인하기 곤란하다고 판단하여 2013.1.4. 수출국에 원산지요건 충족 여부에 대한 검증을 요청하였고, 수출국은 2013.6.25. 쟁점물품에 대하여 수출자 사무실의 화재로 인한 원산지증빙자료의 소실을 이유로 쟁점물품에 대한 검증이 불가능함을 통보하였다. 청구법인은 수출자의 사무실 화재로 인한 불가항력으로 검증을 위한 자료 미제출은 FTA관세특례법 제16조 제1항 제1호에서 정한 '정당한 사유'가 있는 경우에 해당된다는 주장이나, 처분청이 수출국의 회신내용에 원산지의 정확성을 확인하는 데 필요한 정보가 포함되어 있지 않다고 보아, '한-아세안 FTA 원산지증명절차' 제17조(특혜관세 대우의 배제) 및 FTA관세특례법 제16조(협정관세의 적용제한) 제1항 제2호의 규정에 따라 쟁점물품에 대한 협정관세 적용을 배제한 것은 적법하다(조세심판원 2014관0171, 2014.8.21. 결정).

피한 사유로 인하여 관세청장 또는 세관장의 원산지에 관한 조사가 불가능하게 된 경우

나. 수출입물품에 대한 원산지 또는 협정관세 적용의 적정 여부 등에 대한 확인에 필요한 서면조사 또는 현지조사 대상자가 관세청장 또는 세관장의 서면조사 또는 현지조사를 거부·방해 또는 기피한 경우

위의 제2항에서 기획재정부령으로 정한 회신기간은 [표 11-4]와 같다.24)

표 11-4 체약당사국의 원산지조사결과 회신기간

대상국	회신기한
EFTA	관세청장 또는 세관장이 원산지의 확인을 요청한 날부터 15개월
아세안	아세안회원국의 관세당국이 원산지조사요청을 접수한 날부터 2개월. 다만, 관세청장 또는 세관장이 필요하다고 인정하는 경우에는 아세안회원국과의 협정 부속서 3 부록 1 제

24) **[행정심판 결정례 1]** 처분청이 한-EU FTA에 따라 2013.3.26. 검증수행기관에 대하여 쟁점물품의 원산지확인을 요청하면서 검증결과를 10개월 이내에 제공해 줄 것을 요청하였으나, 검증수행기관은 그로부터 그 회신기간인 2014.1.26.까지 결과를 회신하지 아니하다가 2014.3.21. 검증결과를 회신한 점, 검증수행기관은 '사무실 이전에 따른 심각한 기술상 문제 등이 한-EU FTA에 따른 예외적인 경우에 해당한다'는 사유서를 통지하였으나 이는 검증수행기관 내부의 사정으로 이를 한-EU FTA 원산지의정서 제27조 제7호에서 정한 예외적인 경우로 보기 어려운 점, 한-EU FTA, 한-EU FTA 원산지의정서 및 FTA특례법상 원산지 사후검증 시 회신기간이 임박하였음에도 회신이 없는 경우 세관장이 검증결과의 회신을 독촉할 의무가 없어 보이는 점 등에 비추어 처분청이 쟁점물품에 대하여 한-EU FTA 협정세율을 배제하여 관세 등을 과세한 처분은 달리 잘못이 없다고 판단된다(조세심판원 관0424 2015.3.11.결정).
[행정심판 결정례 2] 프랑스 관세당국이 처분청이 쟁점물품의 원산지확인을 요청한 날(2013.5.8)로부터 10개월의 회신기한(2014.3.8)을 2개월 이상 경과한 2014.5.13. 쟁점물품의 '원산지신고서는 유효하다'는 회신을 한 점, 세관장은 FTA특례법 제16조 제1항에 따라 원산지확인을 요청한 사항에 대하여 회신기한 이내에 그 결과를 회신하지 아니한 경우 협정관세의 적용을 배제할 수 있는 점 등에 비추어 회신기한을 2개월 이상 경과하여 회신이 이루어진 이 건에 대하여 처분청이 협정관세 적용을 배제한 처분은 잘못이 없다고 판단된다. 이 건은 프랑스 관세당국의 원산지검증결과가 회신기간을 경과하여 도착하였으나 원산지가 프랑스임이 확인되어 원산지기준을 충족하였고, 처분청의 과세처분은 프랑스 관세당국의 회신기간 경과를 근거로 하고 있으나 그 회신기간 경과책임은 청구인의 과실로 보기 어려운 면이 있는바, 원산지검증결과 회신지연을 이유로 협정관세 적용을 배제하고 양허관세 미추천세율을 적용함에 따라 발생한 부족세액에 대하여 납세의무자인 청구인의 의무해태를 탓하기 어려워 보이므로 협정관세 적용배제에 따른 처분청의 가산세 부과처분은 잘못이 있는 것으로 판단된다(조세심판원 2015관0020, 2015.5.8.결정).

	14조 제1항 라목에 따라 해당 조사요청이 접수된 날부터 6개월의 범위에서 그 기간을 연장할 수 있다.
인도	인도의 증명서 발급기관이 원산지조사요청을 접수한 날부터 3개월. 다만, 관세청장 또는 세관장이 필요하다고 인정하는 경우에는 인도와의 협정 제4.11조 제1항 라목에 따라 해당 조사요청이 접수된 날부터 6개월의 범위에서 그 기간을 연장할 수 있다.
EU	관세청장 또는 세관장이 원산지의 확인을 요청한 날부터 10개월
페루	페루의 관세당국이 원산지조사요청을 접수한 날부터 150일
미국	관세청장 또는 세관장이 원산지의 확인을 요청한 날부터 12개월
터키	관세청장 또는 세관장이 원산지의 확인을 요청한 날부터 10개월
콜롬비아	관세청장 또는 세관장이 원산지의 확인을 요청한 날부터 150일
호주	관세청장 또는 세관장이 호주의 증명서 발급기관에 원산지의 확인을 요청한 날부터 30일. 다만 호주와의 협정 제3.23조 제2항에 따라 관세청장 또는 세관장은 호주의 증명서 발급기관이 회신기간의 연장을 요청한 경우에는 30일을 초과하지 아니하는 범위에서 그 기한을 연장할 수 있다.
베트남	베트남의 원산지증명서 발급기관이 원산지조사요청을 접수한 날의 다음 날부터 6개월
중국	중국의 관세당국이 원산지조사요청을 접수한 날부터 6개월
중미	중미 공화국들의 권한 있는 당국이 원산지확인 요청을 접수한 날의 다음 날부터 150일
영국	관세청장 또는 세관장이 원산지의 확인을 요청한 날부터 10개월

2) 차액관세 징수 시 적용되는 관세부과의 제척기간

신청에 의해 협정관세를 적용하였으나 심사결과 협정관세 적용을 배제하기로 결정된 경우 이미 납부한 협정관세에 의한 관세액과 협정관세를 배제한 관세율에 의한 관세액의 차이를 징수하게 된다. 이때 납부하여야 할 세액 또는 납부하여야 할 세액과 납부한 세액과의 차액은 원칙적인 관세의 부과제척기간에 해당하는 과거 5년 이내의 것[25]으로 한정된다(법 제35조 제2항). 과거 5년이라는 부과제척기간의 기산일은 다음과 같다(영 제46조).

① 수입신고수리 전에 협정관세의 적용을 신청한 때에는 그 적용신청을 한 날

② 수입신고의수리일 이후에 협정관세의 적용을 신청한 때에는 그 적용신청을 한 날

25) 관세법상 관세부과의 제척기간도 '해당 관세를 부과할 수 있는 날부터 5년'으로 규정하고 있다. 그러나 부정한 방법으로 관세를 포탈하였으나 환급 또는 감면을 받은 경우에는 관세를 부과할 수 있는 날부터 10년까지가 부과제척기간이다(관세법 제21조 제1항).

협정관세 적용 배제와 관련한 부과제척기간 적용에서 관세 부과제척기간의 예외를 규정하고 있는 관세법 제21조 제2항 각 호에 해당하는 경우 예외적으로 [표 11-5]에 해당하는 각각의 기간 내에 경정 등 필요한 처분을 할 수 있다.

표 11-5 예외적 부과제척기간의 적용

예외적 부과제척기간의 적용사유	경정 등의 처분가능 시한
이의신청, 심사청구 또는 심판청구에 대한 결정이 있은 경우	결정·판결이 확정되거나 회신을 받은 날부터 1년
감사원법에 따른 심사청구에 대한 결정이 있은 경우	
행정소송법에 따른 소송에 대한 판결이 있은 경우	
관세법 제313조에 의한 압수물품의 반환결정이 있은 경우	
관세법과 FTA관세특례법 및 조약·협정 등이 정하는 바에 따라 양허세율의 적용여부 및 세액 등을 확정하기 위하여 원산지증명서를 발급한 국가의 세관이나 그 밖에 발급권한이 있는 기관에게 원산지증명서 및 원산지증명서확인자료의 진위 여부, 정확성 등의 확인을 요청하여 회신을 받은 경우	
다음과 같이 경정청구를 하여 그 결정을 통지받은 경우 가. 납세의무자가 신고납부한 세액이 과다한 것을 알게 되어 경정청구한 경우 나. 과세표준 및 세액의 계산근거가 된 거래 또는 행위 등이 그에 관한 소송에 대한 판결 등에 의하여 다른 것으로 확정되어 납부한 세액이 과다한 것을 알게 되어 경정청구한 경우 다. 국제조세조정에 관한 법률에 따라 관할 지방국세청장 또는 세무서장이 해당 수입물품의 거래가격을 조정하여 과세표준 및 세액을 결정·경정 처분하거나 같은 법에 따라 국세청장이 해당 수입물품의 거래가격과 관련하여 소급하여 적용하도록 사전승인을 함에 따라 그 거래가격과 관세법에 따라 신고납부·경정한 세액의 산정기준이 된 과세가격 간 차이가 발생하여 경정청구한 경우	결정통지일로부터 2개월
국제조세조정과 관련한 세관장의 통지에 이의가 있어 기획재정부장관에게 국세의 정상가격과 관세의 과세가격 간의 조정을 신청하여 그 결정통지를 받은 경우	결정통지일로부터 2개월

3) 협정관세 적용제한자의 지정과 해제 절차

세관장은 협정에서 정하는 바에 따라 최근 5년간 2회 이상 반복적으로 원산지증빙서류의 주요 내용을 거짓으로 작성하거나 잘못 작성한 체약상대국 수출자 등을 아예 협정관세 적용제한자로 지정할 수 있다(법 제37조). 대통령령으로 정하고 있는 협정관세 적용제한자의 지정과 해제 절차는 다음과 같다.

(1) 의견진술기회의 부여

세관장은 협정관세 적용제한자를 지정하고자 하는 때에는 30일의 기간을 정하여 그 지정대상자에게 구술 또는 서면에 의한 의견진술기회를 부여하여야 한다. 이 경우 지정된 기일까지 의견진술이 없는 경우에는 의견이 없는 것으로 본다(영 제48조).

(2) 협정관세 적용제한자의 지정

세관장이 적용제한자를 지정하는 때에는 그 지정사실과 함께 다음 각 호의 사항을 관세청장에게 보고한 후 관세청장이 지정하는 정보통신망에 게시하여야 하며, 필요한 경우 관할세관의 게시판에 게시할 수 있다.

① 적용제한자의 성명 및 주소

② 협정관세 적용제한 물품의 품명 · 모델 · 규격 · 품목번호 및 수출국

③ 협정관세 적용제한의 기간 및 사유

협정관세 적용제한자 지정보고를 받은 관세청장은 그 사실을 즉시 지정대상자 및 체약상대국의 관세당국에 통보하여야 한다. 적용제한자 지정의 효력은 세관장이 그 지정사실을 관세청장이 지정하는 정보통신망에 게시한 날부터 발생한다. 협정관세 적용제한물품에 대해서는 수입신고를 수리하기 전에 세관장이 협정관세의 적용요건에 관해 심사를 하여야 한다.

(3) 협정관세 적용제한과 예외적 적용

세관장은 협정관세 적용제한자로 지정된 자가 수출 또는 생산하는 동종동질의 물품 전체에 대하여 대통령령으로 정하는 바에 따라 5년(협정에서 정한 기간이 5년을 초과하는 경우에는 그 기간)의 범위에서 협정관세를 적용하지 아니할 수 있다(법 제37조 제2항). 그러나 세관장은 수입신고되는 물품별로 원산지 등 협정관세의 적용요건을 심사하여 그 요건을 충족하는 경우에는 협정관세를 적용할 수 있도록 하였기 때문에 수입자는 협정관세 적용제한자가 수출 · 생산 또는 수입하는 물품에 대해 원산지 등 협정관세 적용요건을 충족한 원산지증빙서류를 갖추고 있는 경우 통관지세관장에게 협정관세 적용신청을 할 수 있다. 통관지세관장은 협정관세 적용신청 물품에 대하여 수입신고수리 전에 다음 각 호의 사항을 심사하여 원산지 등 협정관

세 적용요건을 충족한 것으로 확인되는 경우에는 협정관세를 적용할 수 있다(고시 제40조).

① 협정관세 적용신청물품의 원산지요건 등 충족 여부
② 원산지결정기준 확인 및 원산지증빙자료 작성요령 준수 여부
③ 위 제1호 및 제2호의 내용을 입증할 수 있는 증빙자료의 적정 여부

통관지세관장은 협정관세 적용요건 등의 심사에 장시간이 필요한 경우에는 수입신고수리전반출을 승인할 수 있으며, 원산지조사가 필요한 경우에는 협정관세 적용제한자를 지정한 세관장에게 심사를 의뢰할 수 있다. 협정관세 적용제한자가 수입하는 물품에 대하여 협정관세를 적용하여 수입신고를 수리한 경우 통관지세관장은 관세청장과 협정관세 적용제한자를 지정한 세관장에게 보고(통보)하여야 한다.

(4) 협정관세 적용제한의 해제

협정관세 적용제한자로 지정된 자는 세관장에게 협정관세 적용제한자 해제신청서에 원산지증빙서류를 첨부하여 적용제한자 지정의 해제를 신청할 수 있다(법 제37조 제4항, 영 제49조). 신청을 받은 세관장은 그 내용을 심사하여 원산지증빙서류를 성실하게 작성하였다고 인정되는 경우 적용제한자 지정의 해제를 결정하여야 한다. 세관장이 적용제한자 지정의 해제를 결정한 때에는 그 사실을 관세청장에게 보고한 후 해제를 결정한 날부터 7일 이내에 관세청장이 지정하는 정보통신망에 게시하여야 하며, 필요한 경우 관할세관의 게시판에 게시할 수 있다. 관세청장이 적용제한자 해제보고를 받은 때에는 그 사실을 즉시 신청인 및 체약상대국의 관세당국에 통보하여야 한다. 적용제한자 지정의 해제의 효력은 세관장이 그 해제사실을 관세청장이 지정하는 정보통신망에 게시한 날부터 발생한다.

■ 자유무역협정의 이행을 위한 관세법의 특례에 관한 법률 시행규칙 [별지 제39호 서식]

협정관세 적용제한자 지정해제 신청서
(Application for Release of Suspension of Preferential Tariff Treatment)

<table>
<tr><td colspan="6">※ 세관기재란(For Official Use Only)</td></tr>
<tr><td colspan="3">신청번호(Application No.)</td><td colspan="3">접수일(Date of Receipt)</td></tr>
<tr><td rowspan="2">신청인
(Applicant)</td><td colspan="3">성명(Full Name)</td><td colspan="2">전화/팩스번호(Tel/Fax)</td></tr>
<tr><td colspan="3">주소 및 국가(Address and Country)</td><td colspan="2">전자우편주소(E-mail)</td></tr>
<tr><td rowspan="2">수입자
(Importer)</td><td colspan="3">성명(Full Name)</td><td colspan="2">전화/팩스번호(Tel/Fax)</td></tr>
<tr><td colspan="3">주소(Address)</td><td colspan="2">전자우편주소(E-mail)</td></tr>
<tr><td rowspan="2">적용제한
(Suspension)</td><td colspan="5">적용제한 지정일(Date of Suspension of Preferential Treatment)
년 월 일(yyyy/mm/dd)</td></tr>
<tr><td colspan="5">적용제한 기간(Period of Suspension of Preferential Treatment)
년 월 일(yyyy/mm/dd) ~ 년 월 일(yyyy/mm/dd)</td></tr>
<tr><td rowspan="2">적용제한물품
(Good(s)
Subject to
Suspension)</td><td>품명
(Description)</td><td>규격 및 모델
(Specification & Model)</td><td colspan="2">품목번호(6단위)
[HS No.(6-digit)]</td><td>수출국
(Exporting Country)</td></tr>
<tr><td></td><td></td><td colspan="2"></td><td></td></tr>
<tr><td>해제신청 사유
(Reason of
Application)</td><td colspan="5"></td></tr>
<tr><td colspan="6">'자유무역협정의 이행을 위한 관세법의 특례에 관한 시행령' 제49조 제1항에 따라 위와 같이 협정관세 적용제한자 지정의 해제를 신청합니다.
I hereby apply for release of suspension of preferential tariff treatment in accordance with Article 49.1 of 「Enforcement Decree The Act on Special Cases of the Customs Act for the Implementation of Free Trade Agreements」.
신청일(Application Date): 년 월 일(yyyy/mm/dd)
신청인 성명(Applicant's Name): 서명 또는 인(Signature)
○○세관장 귀하
ATTN: Head of ○○ Customs</td></tr>
</table>

자르는 선

접수번호 (Receipt No.)	

위와 같이 협정관세 적용제한 지정의 해제 신청을 접수하였습니다.
The above application has been received.

접수일(Date of Receipt): 년 월 일(yyyy/mm/dd)

○○세관장 (직인)
(seal)

Head of ○○ Customs

210mm×297mm[백상지 80g/m²(재활용품)]

4) 한-아세안 FTA에 의한 협정관세의 적용제한

FTA관세특례법시행령 제45조 제1항에는 한-아세안 FTA에 규정되어 있는 협정관세 적용제한의 예외적 규정을 정해 두고 있다. 아세안에서 수입되면서 협정관세를 적용받은 물품과 관련하여 세관장은 수입자가 허위 또는 사실과 다르게 작성 또는 발급된 원산지증명서를 제출함을 이유로 협정관세의 적용배제처분을 한 때에는 그 처분을 한 날부터 2월 이내에 대상물품·적용배제이유 및 법적 근거를 기재한 서류와 수입자가 제출한 원산지증명서를 관세청장이 정하는 방법에 따라 해당 원산지증명서를 발급한 아세안회원국의 권한 있는 당국에 통보하여야 한다. 아세안회원국의 권한 있는 당국은 세관장이 통보를 한 날부터 2월 이내에 원산지증명서의 기재사항이 단순한 착오로 잘못 기재된 것으로서 원산지결정에 실질적인 영향을 미치지 아니하였음을 세관장에게 소명할 수 있다. 세관장은 그 소명이 이유 있다고 인정한 때에는 그 사실을 수입자에게 통지하고 이미 부과·징수한 세액을 환급하여야 한다. 이 경우 세액의 경정 및 관세의 환급에 대하여는 관세법 제46조(관세환급금의 환급규정) 및 제47조(과다환급관세의 징수) 규정을 준용한다. 그러나 관세환급 시 관세법 제48조(관세환급가산금) 규정은 적용하지 않는다.

5) 한-미 FTA에 의한 섬유 관련 물품에 대한 협정관세 적용제한

FTA관세특례법시행령 제45조 제2항에는 한-미 FTA에 규정되어 있는 섬유 관련 물품에 대한 협정관세 적용제한의 예외적 규정을 두었다. 이에 따르면 관세청장 또는 세관장이 미국에서 수입된 섬유 관련 물품에 대하여 "관세청장 또는 세관장이 체약상대국의 관세당국에 원산지의 확인을 요청한 사항에 대해 체약상대국의 관세당국이 기획재정부령으로 정하는 기간 이내에 그 결과를 회신하지 아니하였음을 이유로 하거나, 또는 세관장에게 신고한 원산지가 실제 원산지와 다른 것으로 확인되거나 회신 내용에 원산지의 정확성을 확인하는 데 필요한 정보가 포함되지 아니하였음"을 이유로 협정관세의 적용을 배제하는 경우에는 그 내용을 미국의 관세당국에 통보하여야 한다.

5 협정관세의 적용보류

1) 협정관세 적용보류대상

세관장은 원산지조사를 하는 경우 일정기간 동안 조사대상자가 추가로 수입하는 동종동질의 물품에 대하여 협정관세의 적용을 보류할 수 있다. 이는 조사 결과에 따라 협정관세 적용이 배제될 수 있음을 감안하여 효율적으로 업무를 진행할 수 있도록 하기 위함이다. 이 경우 그 보류대상은 해당 조사대상물품의 동일한 수출자 또는 생산자로부터 수입하는 물품에 한정한다(법 제21조). 적용보류대상은 다음과 같다(영 제17조).

① 세관장이 원산지증빙서류의 작성 또는 협정관세의 적용신청에 관하여 불성실 혐의가 있다고 인정하는 경우
② 원산지증빙서류를 속임수 또는 그 밖의 부정한 방법으로 작성 또는 발급받았거나 탈세 등의 혐의를 인정할 만한 자료 또는 구체적인 제보가 있는 경우
③ 그 밖에 세관장이 수집한 증거, 자료 등으로 수입자, 생산자 또는 수출자의 신고 또는 신청내용이 원산지결정기준을 충족하지 못한 것으로 인정하는 경우

원산지조사는 관세청장이나 세관장이 필요하다고 보아 이를 직접 실시하거나 체약상대국에 검증을 요청하는 경우도 있고, 체약상대국의 원산지 검증요청에 따라 실시하는 경우도 있다. 협정관세 적용 보류조치가 될 수 있는 것은 관세청장이나 세관장이 필요하다고 보아 원산지조사를 직접 실시하거나 체약상대국에 검증을 요청한 경우만이다.

2) 협정관세의 적용보류절차

세관장이 협정관세의 적용을 보류할 수 있는 기간은 수입자에게 서면조사를 통지한 날부터 원산지조사결과를 통지한 날까지다(규칙 제26조). 세관장이 협정관세의 적용을 보류하고자 하는 때에는 조사대상 수입자에게 '협정관세 적용보류통지서'

(별지 34호 서식 참조)로 그 내용을 통보하고, 협정관세 적용보류 사실을 관세청장에게 보고하여야 한다.

3) 협정관세 적용이 보류된 물품의 납세

협정관세 적용보류 통지를 받은 수입자는 협정관세 적용보류기간 동안에는 관세법 제50조의 규정에 따른 세율, 즉 협정관세를 제외한 관세율 중 관세법 제50조의 순서에 따라 결정된 관세율을 적용하여 납세신고를 하고 해당 세액을 납부하여야 한다. 이때 협정관세 적용보류자가 수입하는 물품에 대한 협정관세는 다음 각 호에 정하는 방식으로 적용한다(고시 제39조).

① 적용보류된 물품과 동종동질의 물품을 수입하는 경우: 관세법 제50조에 따른 세율(자유무역협정세율 제외)을 적용

② 적용보류된 물품과 동종동질이 아닌 물품을 수입하는 경우: 수입신고수리전 또는 수입신고수리후 1년 이내에 협정관세 적용신청

만일 협정관세 적용보류 통지를 받은 수입자가 협정관세 적용이 보류된 물품에 대하여 협정관세를 적용받으려는 경우에는 협정관세 적용신청을 함께 하여야 한다. 즉, 협정관세 적용보류 대상물품이라 하더라도 수입신고 시 또는 수입신고가 수리된 후 1년 이내에 협정관세 적용신청을 하여야 조사결과 협정관세 적용보류 해제대상으로 판명될 경우 협정관세가 적용될 수 있는 것이다.

4) 협정관세 적용보류의 해제

세관장이 원산지조사를 한 결과 수입자가 신고한 내용이 원산지결정기준을 충족한 것으로 확인되는 경우에는 협정관세를 적용받지 못한 물품에 대한 세액을 경정하고 관세를 환급하여야 한다. 이 경우 세액의 경정 및 관세의 환급에 관하여는 관세법의 수정 및 경정규정(제38조의3)과 관세환급금의 환급(제46조) 및 관세환급가산금(제48조) 규정을 준용한다.

6 가산세의 부과

세관장은 협정관세를 적용받은 물품에 대해 부족한 관세액을 징수할 때에는 다음 각 호의 금액을 합한 금액을 가산세로 징수한다(법 제36조 및 영 제47조).

① 부족세액의 100분의 10에 상당하는 금액. 다만, 다음에 해당하는 부당한 방법으로 협정관세의 적용을 신청하여 부족세액이 발생한 경우에는 해당 부족세액의 100분의 40에 상당하는 금액으로 한다.

가. 수입자가 원산지증명서를 거짓으로 작성하거나 위조 · 변조하는 것

나. 수입자가 관세의 과세표준 또는 세액계산의 기초가 되는 사실의 전부 또는 일부를 은폐하기 위하여 원산지증빙서류 등 세액심사에 필요한 자료를 파기하는 것

다. 그 밖에 협정관세를 적용받기 위하여 부정한 행위를 하는 것

② 부족세액에 가목에 따른 일수에 나목에 따른 이자율을 곱하여 계산한 금액

가. 관세법에 따른 당초 납부기한(협정관세 사후적용을 신청한 수입자에 대하여 가산세를 징수하는 경우에는 관세를 환급한 날을 말한다)의 다음 날부터 수정신고일 또는 납세고지일까지의 일수

나. 금융회사 등이 연체대출금에 대하여 적용하는 이자율 등을 고려하여 대통령령으로 정한 1일 10만분의 25의 율

그러나 가산세는 다음의 경우 가산세를 징수하지 아니한다. 이때 면제되는 가산세는 위 ①항과 ②항의 가산세 모두이다.

① 수입자가 원산지증빙서류의 내용에 오류가 있음을 통보받은 경우로서 원산지조사의 통지를 받기 전에 수정신고를 하는 경우. 다만, 수입자에게 귀책사유가 없는 경우로 한정한다.

② 관세청장 또는 세관장이 체약상대국의 관세당국에 원산지확인을 요청한 사항에 대하여 체약상대국의 관세당국이 기획재정부령으로 정하는 기간 이내에 그 결과를 회신하지 아니한 경우

③ 체약상대국의 수출자 또는 생산자가 관세청장 또는 세관장이 요구한 자료를

지정된 기간 내에 제출하지 아니하거나 거짓으로 또는 사실과 다르게 제출한 경우 등으로서 부족세액의 징수와 관련하여 수입자에게 정당한 사유가 있는 경우26)

협정관세 적용과 관련한 가산세의 징수에서 FTA관세특례법령에서 정하지 아니한 사항에 대해서는 관세법(제42조의2) 및 동법시행령(제39조 제2항부터 제5항까지)의 규정을 적용한다.

26) **[행정심판결정례]** 원산지검증 결과 협정관세 적용이 배제되면서 가산세가 부과된 건과 관련한 심판청구에서 조세심판원은 다음과 같은 결정을 내린 바 있다. ① "쟁점물품에 대한 원산지 검증 결과 원산지결정기준을 충족하지 못하는 것으로 확인된 점, 청구법인은 쟁점물품의 거래당사자 및 생산방식 등을 고려할 때 쟁점물품이 RVC 기준을 충족하지 못한다는 사실을 충분히 알 수 있었을 것으로 보이며, 특히 이 건 거래는 제3국 송장 거래이므로 RVC 계산시 더욱 주의가 필요함에도 청구법인이 이를 제대로 확인하였다고 보기 어려운 점 등에 비추어 이 건 세관장이 가산세 부과처분 및 가산세 면제 신청을 거부한 처분은 잘못이 없는 것으로 판단된다"(조심 2019관0127, 2020.5.25). ② "자율점검 요청 이전인 청구법인은 쟁점수출자와 주고받은 이메일에서 쟁점물품의 원산지 결정기준이 PSR임을 서로 확인하였는데 이는 원산지의 실질적 요건 확인과 관련된 것으로 보이는 점, 쟁점물품의 원산지 결정기준은 CTH이므로 이 기준을 충족하는지를 판단하기 위해서는 자재명세 등의 자료가 필수적이기는 하나, 일반적으로 수출자(제조자)가 영업비밀로 관리하는 이러한 자료를 특수관계 없는 수입자가 수출자로부터 제공받는 것에는 현실적인 어려움이 있을 것으로 보이고, 실제로 청구법인은 쟁점수출자에게 이러한 자료를 요청하였으나 이를 받지 못한 것으로 나타나는 점 등에 비추어 결과적으로 쟁점물품에 대한 협정관세 적용이 배제되어 부족세액이 발생하였더라도 청구법인에게는 가산세를 면제할 정당한 사유가 있는 것으로 보이므로, 결국 이 건 가산세 부과처분은 잘못이 있는 것으로 판단된다"(조심 2019관0093, 2019.12.12).

Chapter 12

Free Trade Agreement

FTA 이해와 활용

FTA

FTA 피해구제를 위한 관세조치

1. FTA 무역으로 인한 피해의 구제
2. 긴급관세조치
3. 덤핑방지관세조치
4. 상계관세조치
5. 대항조치

Chapter

12. FTA 피해구제를 위한 관세조치

1 FTA 무역으로 인한 피해의 구제

무역으로 인해 산업피해가 발생하는 경우는 덤핑이나 보조금을 활용하는 것과 같은 불공정무역행위로 인한 경우도 있으나, 공정하게 이루어지는 무역이라 할지라도 양국 간 경쟁력의 차이 등 여러 요인으로 인해 특정 품목의 수입이 급증하여 피해가 발생할 수 있다. FTA는 관세와 비관세 장벽을 완화하는 것이 주요 내용이므로 FTA를 하지 아니할 때보다 산업피해가 더 크게 발생할 가능성이 있게 된다. 일반적으로 무역으로 인한 산업피해에 대한 대응은 관세부과 또는 직접적인 수입제한조치로 수입을 억제하는 방법이 활용된다. 무역으로 인한 산업피해 방지와 관련해 '불공정무역행위 조사 및 산업피해구제에 관한 법률'이 별도로 제정되어 있으나 이 법률에 따라 무역위원회가 산업피해 구제를 위해 관세부과를 건의할 경우 구체적인 관세는 기획재정부장관이 관세법 또는 FTA관세특례법에 따라 부과하게 된다. 무역으로 인해 발생하는 피해를 구제하기 위해 관세법상 운용할 수 있는 탄력관세로는 덤핑방지관세, 상계관세, 긴급관세, 보복관세, 할당관세, 조정관세, 계절관세, 농림축산물에 대한 특별긴급관세 등이 있고 양허의 철회 등을 통한 구제도 가능하다. FTA관세특례법에 별도로 규정된 피해구제와 관련된 관세는 긴급관세, 농림축산물에 대한 특별긴급관세, 덤핑방지관세, 상계관세 등 4가지이고, 체약상대국의 불이익조치에 대한 대항조치를 할 수도 있다.

2 긴급관세조치

1) 긴급관세조치의 의의

정치 · 경제적인 여건의 예기치 아니한 사정의 발생으로 조약 적용에 있어 큰 어려움을 겪게 되는 경우가 발생할 수 있다. 이 경우 특별한 조치를 취하지 않으면 조약의 유지 자체가 위협을 받는 사태가 발생할 수 있다. 이러한 문제점을 고려해 조약의 일정한 규정을 준수하는 것이 조약 당사국의 기본 이익을 심각하게 손상시킬 우려가 있을 때 해당 국가에 대해 그 조약규정의 준수를 일시적으로 면제해 주는 규정을 가리켜 '세이프가드 조항(safeguard clause)' 또는 조약 자체를 보존하게 한다는 의미에서 '보존조항'이라 한다. 이러한 세이프가드 조항은 조약에서 정한 일정한 사정이 발생한 경우 조약당사자에 대해 자신의 조약상 의무에서 벗어날 수 있게 허용해 주는 규정이라는 점에서 '도피조항(escape clause)'이라고도 불린다. 세이프가드 조항에서 규정하는 조치는 수입을 직접적으로 제한하는 긴급수입제한조치와 관세율을 인상함으로써 수입을 억제하고자 하는 긴급관세 부과의 두 가지다. 세이프가드 조항은 미국의 요구에 따라 1947년 GATT(제14조)에 규정되었으며, 우루과이라운드에서 다자간협정의 하나로 '긴급수입제한조치협정'이 타결되어 WTO 협정의 하나로 발효되었다.[1] 우리나라 관세법에서도 제65조 내지 제68조에 이 협정의 내용을 그대로 수용하고 있다. 긴급수입제한조치협정에는 세이프가드조치를 적용할 수 있는 사정으로 "해당 수입물품이 동종 또는 직접 경쟁적인 상품을 생산하는 국내산업에 심각한 피해를 초래하거나 초래할 우려가 있을 정도로 국내생산에 비해 절대적 또는 상대적으로 증가된 물량과 조건하에 수입되고 있다고 판정될 경

1) WTO 협정에는 직접적인 수입제한조치와 긴급관세 부과 두 가지 모두를 인정하고, 회원국들이 조치의 선택에서 재량을 가지도록 하였다. 다만, 잠정세이프가드조치의 경우에는 반드시 관세인상방식을 취하도록 하였다.

우"로 명시하였다.[2] WTO 체제하에서 운영되는 FTA 또한 관세율의 철폐를 주목적으로 하므로 이러한 자유무역협정의 이행으로 인해 국내산업에 심각한 피해를 초래하거나 초래할 우려가 있을 경우 적정한 세이프가드조치가 필요할 수 있다. 따라서 FTA마다 그에 관한 규정을 두고 있다. WTO 협정에 의한 세이프가드 조치는 수입되는 상품에 대해 출처에 관계없이 적용되어야 함이 원칙이나[3] FTA 협정에 의한 세이프가드조치는 FTA를 체결한 협정상대국산의 특정 물품에 대해서만 적용된다는 점에서 본질적으로 차이가 있다.[4] 그 외 세부적인 부과방법과 절차에 있어서도 관세법의 규정과 다른 것들이 있기 때문에 FTA 관세특례법에서 별도의 규정을 두었다.

2) 긴급관세 부과의 요건

기획재정부장관은 협정에서 정하는 범위에서 체약상대국을 원산지로 하는 특정 물품의 수입증가로 인하여 같은 종류의 물품 또는 직접적인 경쟁관계에 있는 물품을 생산하는 국내산업의 심각한 피해 또는 국내시장의 교란이 발생하거나 발생할 우려(이를 '심각한 피해 등'이라 한다)가 있다고 조사를 통하여 확인한 경우에는 그 심각한 피해 등을 구제하기 위하여 필요한 범위에서 해당 물품에 대하여 협정관세의 연차적인 인하 적용을 중지하거나 세율을 인상하는 등의 조치(이를 '긴급관세조치'라 한다)를 할 수 있다(법 제22조 제1항).

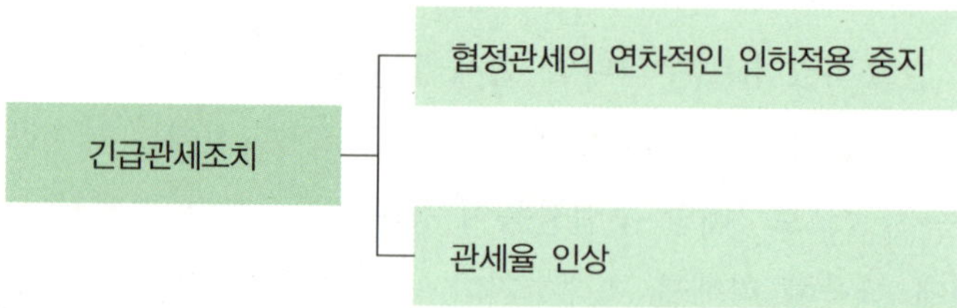

2) 긴급수입제한조치에 관한 협정 제2조
3) 긴급수입제한조치에 관한 협정 제3조. 우루과이라운드에서 선별적용 문제는 상당한 논란이 있었으나 결국 원산지에 관계없이 세이프가드조치를 적용하도록 함으로써 최혜국대우 원칙을 존중하는 형태를 취하였다.
4) WTO가 출범한 1995년 이후 수입물품에 대한 긴급관세부과는 2000.6.~2002.12. 사이 당시 WTO 회원국이 아니던 중국에서 수입되는 마늘에 대해 부과한 적이 있다.

3) 긴급관세조치의 절차

(1) 조사의 신청과 무역위원회의 조사

긴급관세조치를 위한 조사는 신청을 받아 무역위원회가 수행한다(영 제20조 제1항).[5] 조사신청을 누가 할 수 있는지에 대해서는 법령상 따로 규정된 바가 없으므로 '심각한 피해 등'과 직·간접적으로 관련이 있는 이해관계자나 해당 산업을 관장하는 주무부장관이 신청할 수 있을 것으로 해석된다.[6] 무역위원회는 조사를 시작하거나 신청인으로부터 조사의 신청을 받았지만 조사를 시작하지 아니하기로 결정하였을 때에는 그 사실을 기획재정부장관에게 즉시 통보하여야 한다. 아울러 조사를 시작하였을 때는 그 사실을 체약상대국 정부에 서면으로 통보하여야 한다(영 제20조 제2항).

(2) 긴급관세조치의 건의와 건의에 대한 조치

무역위원회가 조사한 결과 국내산업의 심각한 피해 또는 국내시장의 교란이 발생하거나 발생할 우려가 있는 것으로 판정하였을 때에는 다음 각 호의 사항이 기재된 서류를 첨부하여 기획재정부장관에게 긴급관세조치를 건의할 수 있다(영 제20조 제3항).

① 조사의 결과보고에 관한 사항
② 산업피해 유무의 판정내용 및 그 이유
③ 긴급관세조치의 건의내용 및 그 이유

---

5) 무역위원회는 불공정무역행위 조사 및 산업피해구제에 관한 법률 제27조에 의해 산업통상자원부에 설치되어 있다.

6) 불공정무역행위조사 및 산업피해구제에 관한 법률(제15조)에는 특정 물품의 수입 증가로 인한 국내산업피해의 조사신청과 관련하여 "특정한 물품의 수입 증가로 같은 종류의 물품 또는 직접적인 경쟁관계에 있는 물품을 생산하는 국내산업이 심각한 피해를 입고 있거나 입을 우려가 있으면 해당 국내산업에 이해관계가 있는 자 또는 그 국내산업을 관장하는 관계 중앙행정기관의 장은 무역위원회에 해당 특정 물품의 수입이 국내산업에 미치는 피해를 조사하여 줄 것을 신청할 수 있다"고 규정하여 세이프가드조치와 관련한 신청을 이해관계자와 관계 중앙행정기관의 장이 할 수 있도록 하였다. 여기에서 이해관계가 있는 자란 ① 해당 물품의 국내 생산량의 100분의 20 이상을 생산하는 자 또는 그 집단, ② 해당 물품의 국내 생산자수의 100분의 20 이상인 생산자집단. 다만, 농림수산업의 경우에는 해당 물품의 생산자수가 5인 이상인 생산자집단, ③ 산업별 노동조합 또는 해당 산업을 관장하는 관계 중앙행정기관의 장이 설립을 허가한 해당 물품의 국내생산자로 구성된 협회 또는 조합을 말한다.

수입량의 증가로 인한 피해구제와 관련해 무역위원회가 조사 결과 국내산업이 심각한 피해를 입고 있거나 입을 우려가 있다고 판정하면 그 판정일부터 1개월 이내에 관세율의 조정이나 수입물품 수량의 제한(불공정무역행위 조사 및 산업피해구제에 관한 법률에서는 이 두 가지를 '세이프가드조치'라 한다)을 관계 중앙행정기관의 장에게 시행을 건의할 수 있도록 하고 있는데, FTA관세특례법의 이 규정은 세이프가드조치 중 관세율 조정과 관련된 건의를 의미한다. 기획재정부장관은 무역위원회로부터 긴급관세조치를 건의받았을 때에는 건의받은 날부터 30일 이내에 긴급관세조치 여부 및 그 내용을 결정하여야 한다. 다만, 필요하다고 인정하는 경우에는 20일의 범위에서 그 결정기간을 연장할 수 있다. 해당 수입물품의 체약상대국 정부와 긴급관세조치에 관한 협의 등을 하는 데 걸린 기간은 기간을 계산할 때 산입하지 아니한다(영 제20조 제4항). 기획재정부장관은 긴급관세는 해당 국내산업의 보호 필요성, 국제통상관계, 긴급관세 부과에 따른 보상 수준 및 국민경제 전반에 미치는 영향 등을 검토하여 부과 여부와 그 내용을 결정한다. 긴급관세조치에 관하여는 관세법(제65조 제2항부터 제4항까지 및 제7항과 제67조)을 준용한다(법 제22조 제2항).

4) 긴급관세조치 대상물품과 세율

긴급관세조치 대상물품과 세율은 협정에 따라 [표 12-1]과 같은 차이가 있다(영 제22조).

표 12-1 | 긴급관세조치 대상물품과 세율의 범위

협정국	조치대상물품의 세율
싱가포르, EFTA, 아세안, 인도, 미국,[7] 중미공화국	다음 각 호의 어느 하나에 해당하는 조치를 할 수 있음. 이 경우 그 조치가 끝났을 때는 협정관세 또는 관세법에 규정된 세율을 적용함. 1. 협정관세에 따른 세율의 연차적인 인하 적용을 중지하고, 그 중지한 날에 적용되는 협정관세의 세율을 계속하여 적용하는 조치. 다만, 이 조치에 따른 세율이 해당 조치를 한 날의 최혜국세율보다 높은 경우에는 최혜국세율을 적용함.[8] 2. 긴급관세조치를 하는 날에 해당 물품에 적용되는 최혜국세율과 해당 체약상대국과의 협정발효일 전날에 해당 물품에 적용되는 최혜국세율 중에서 낮은 세율을 초과하지 아니하는 범위에서 세율을 인상하는 조치

7) 여기서 미국을 원산지로 하는 물품의 경우에는 섬유 관련 물품과 품목번호 제8703호 또는 제

칠레, EU, 페루, 터키, 콜롬비아, 베트남, 중국, 영국	다음 각 호의 어느 하나에 해당하는 조치를 할 수 있으며, 해당 조치가 끝났을 때는 협정관세 또는 관세법에 규정된 세율을 적용함. 1. 싱가포르 등의 1호 경우와 같음. 2. 긴급관세조치를 하는 날에 해당 물품에 적용되는 최혜국세율과 해당 체약상대국과의 협정에서 정한 기준세율 중에서 낮은 세율을 초과하지 아니하는 범위에서 세율을 인상하는 조치
미국,9) 호주, 캐나다 및 뉴질랜드	다음 각 호의 어느 하나에 해당하는 조치를 할 수 있으며, 해당 조치가 끝났을 때는 협정관세 또는 관세법에 규정된 세율을 적용함. 1. 싱가포르 등의 1호 경우와 같음. 2. 싱가포르 등의 2호 경우와 같음. 3. 계절에 따라 관세가 다르게 부과되는 물품의 경우 긴급관세조치를 하기 직전 계절별로 해당 물품에 적용되는 최혜국세율과 해당 체약상대국과의 협정이 발효되기 직전 계절별로 해당 물품에 적용되는 최혜국세율 중에서 낮은 세율을 초과하지 아니하는 범위에서 세율을 인상하는 조치

5) 긴급관세조치가 가능한 기간과 적용기간

기획재정부장관은 해당 체약상대국과의 협정에 따라 [표 12-2]와 같이 일정하게 정해진 기간 내에서만 긴급관세조치를 적용할 수 있다(영 제23조 제1항).

표 12-2 협정별 긴급관세조치가 가능한 기간

협정국	협정근거	긴급관세 부과가 가능한 기간
아세안	제9조	협정 발효일부터 각 물품에 대한 관세철폐가 이루어진 날 또는 마지막 단계의 세율인하가 이루어진 날 이후 7년이 되는 날까지
인도	제2.22조	협정 발효일부터 각 물품에 대한 관세철폐가 이루어진 날 또는 마지막 단계의 세율인하가 이루어진 날 이후 10년이 되는 날까지
EU	제3.2조	EU당사자의 동의를 받은 경우를 제외하고는 협정 발효일부터 각 물품에 대한 관세철폐가 이루어진 날 또는 마지막 단계의 세율인하가 이루어진 날 이후 10년이 되는 날까지)

8704호에 해당하는 자동차로 한정된다.

8) 이 규정에도 불구하고 기획재정부장관은 아세안회원국과의 협정 제9조 제7항에 따라 긴급관세조치의 대상이 되는 물품의 물량이 조사대상기간 동안 전체 아세안회원국으로부터 수입된 해당 물품의 물량의 100분의 3을 초과하지 아니하는 경우에는 그 물품에 대해서는 긴급관세조치를 할 수 없다(영 제22조 제2항).

9) 여기서 미국을 원산지로 하는 물품의 경우에는 섬유 관련 물품 및 자동차는 제외된다.

페루	제8.3조	협정 발효일의 다음 날부터 10년이 되는 날까지. 다만, 협정 발효일의 다음 날부터 관세철폐가 이루어진 날까지의 기간이 10년 이상인 물품의 경우에는 협정 발효일의 다음 날부터 해당 관세철폐가 이루어진 날 이후 5년이 되는 날까지
미국	제10.2조	섬유 관련 물품 및 자동차를 제외한 물품 : 미국의 동의를 받은 경우를 제외하고는 협정 발효일부터 10년이 되는 날까지. 다만, 협정 발효일부터 관세철폐가 이루어지는 날까지의 기간이 10년을 초과하는 물품의 경우는 협정 발효일부터 각 물품에 대한 관세철폐가 이루어지는 날까지
	제4.1조	섬유 관련 물품에 대한 과도기간(협정 발효일부터 관세철폐가 이루어지는 날 이후 10년이 되는 날까지)
	서한문 제4절	자동차에 대한 과도기간(협정 발효일부터 관세철폐가 이루어지는 날 이후 10년이 되는 날까지)
터키	제4.2조	터키의 동의를 받은 경우를 제외하고는 협정 발효일부터 10년이 되는 날까지
콜롬비아	제7.2조	협정 발효일부터 10년이 되는 날까지. 다만, 협정 발효일부터 관세철폐가 이루어지는 날까지 기간이 10년을 초과하는 물품의 경우는 협정 발효일부터 각 물품에 대한 관세철폐가 이루어지는 날까지
호주	제6.2조	협정 발효일부터 각 물품에 대한 관세철폐가 이루어진 날 또는 마지막 단계의 세율인하가 이루어진 날 이후 5년이 되는 날까지
캐나다	제7.4조, 제7.9조	협정 발효일부터 각 물품에 대한 관세철폐가 이루어진 날 이후 10년이 되는 날 또는 협정 발효일 이후 15년이 되는 날 중 먼저 도달한 날까지
뉴질랜드	제7.3조, 제7.1조	협정 발효일부터 각 물품에 대한 관세철폐가 이루어진 날 또는 마지막 단계의 세율인하가 이루어진 날 이후 5년이 되는 날까지
베트남	제7.2조, 제7.12조	협정 발효일부터 10년이 되는 날 또는 물품의 관세철폐기간이 10년을 초과하는 경우 협정발효일부터 그 물품의 관세철폐가 이루어지는 날까지
중국	제7.2조	중국의 동의를 받은 경우를 제외하고는 협정 발효일부터 10년이 되는 날 또는 물품의 관세철폐기간이 10년을 초과하는 경우 협정 발효일부터 그 물품의 관세철폐가 이루어지는 날까지
중미	제7.2조	중미 공화국들의 동의를 받은 경우를 제외하고는 같은 협정 제7.15조에 따른 과도기간(협정 발효일의 다음 날부터 10년이 되는 날까지를 말한다. 다만, 협정 발효일의 다음 날부터 관세철폐가 이루어진 날까지의 기간이 10년 이상인 물품의 경우에는 협정 발효일의 다음 날부터 해당 관세철폐가 이루어진 날 이후 3년이 되는 날까지를 말한다)
영국	제3.2조	영국의 동의를 받은 경우를 제외하고는 각 물품에 대한 과도기간(협정 발효일부터 각 물품에 대한 관세철폐가 이루어진 날 또는 마지막 단계의 세율인하가 이루어진 날 이후 10년이 되는 날까지를 말한다)

체약상대국을 원산지로 하는 수입물품에 대해 긴급관세조치를 할 때 그 적용기간은 잠정긴급관세조치 기간을 포함하여 [표 12-3]의 구분에 따른 기간을 초과할 수 없다(영 제23조 제2항). 재심사 결과에 따라 긴급관세조치 기간을 연장하는 경우 잠

정긴급관세조치 기간, 긴급관세조치 기간 및 그 연장기간을 포함한 긴급관세조치의 총기간 또한 정해진 기간을 초과할 수 없다(영 제23조 제3항). 이러한 기간들은 관세법에 의한 긴급관세부과 시 적용하는 기간보다는 짧다는 특징을 보인다.

| 표 12-3 | 긴급관세조치의 적용기간

원산지	긴급관세조치 적용기간	적용을 연장하는 경우의 총적용기간
싱가포르	2년	4년
EFTA 회원국	1년	3년
아세안 회원국	3년	4년
인도	2년	4년
EU 당사자	2년	4년
페루	2년	4년
미국	2년	섬유 및 자동차: 4년, 기타: 3년
터키	2년	3년
콜롬비아	2년	3년
호주	2년	3년
캐나다	2년	4년
뉴질랜드	2년	3년
베트남	2년	3년
중국	2년	4년
중미공화국	2년	4년
영국	2년	4년

기획재정부장관은 [표 12-3]에도 불구하고 긴급관세조치의 대상이 된 다음 각 호의 물품에 대해서는 제1항에 따른 과도기간이 지나면 긴급관세조치를 종료해야 한다. 다만, 제2호의 물품에 대하여 체약상대국의 동의를 받았으면 제1항에 따른 과도기간이 지나더라도 긴급관세조치를 종료하지 아니할 수 있다(영 제23조 제4항).

① 아세안회원국, 인도, 페루, 콜롬비아, 호주, 캐나다, 뉴질랜드, 베트남 및 중국을 원산지로 하는 물품과 미국을 원산지로 하는 섬유 관련 물품 및 자동차

② 유럽연합당사자, 터키 및 미국을 원산지로 하는 물품(섬유 관련 물품 및 자동차는 제외한다)

긴급관세조치를 함에 있어 협정에서 정하는 바에 따라 체약상대국을 원산지로 하는 동일 물품에 대해 FTA 관세특례법에 따른 긴급관세조치와 관세법(제65조)에 따른 긴급관세를 부과하는 조치를 동시에 적용할 수는 없다(법 제22조 제3항). 긴급관세는 부과조치 결정 시행일 이후 수입되는 물품에 한정하여 적용한다(관세법 제65조 제4항 준용). 잠정긴급관세를 부과할 때도 같다. 기획재정부장관이 긴급관세조치를 1년을 초과하여 적용하는 경우에는 일정한 기간의 간격을 두고 점진적으로 완화하는 조치를 취하여야 한다. 다만, 대통령령으로 정한 체약상대국인 싱가포르, 페루, 미국(자동차를 제외한 물품의 원산지가 미국인 경우로 한정), 터키, 콜롬비아, 호주, 뉴질랜드, 베트남, 중국, 중미국가 이외의 국가에 대해서는 예외로 할 수 있다(법 제22조 제4항, 영 제27조). 긴급관세조치를 취할 때는 그 대상물품, 세율, 적용기간, 적용수량과 그 밖에 필요한 사항은 협정에서 정하는 범위에서 기획재정부령으로 정하는데, 현재 긴급관세조치가 취해지고 있는 물품은 없다.

6) 긴급관세조치의 통보 및 협의

기획재정부장관은 긴급관세조치 여부 및 그 내용을 결정하기 전에 협정에서 정하는 바에 따라 해당 수입물품의 체약상대국 정부에 이를 통보하고 적절한 보상방법 등에 대하여 사전협의를 하여야 한다. 기획재정부장관은 협정에서 달리 규정한 사항이 없으면 기획재정부장관이 사전협의를 요청한 날부터 30일 이내에 협의가 이루어지지 아니할 때에는 긴급관세조치를 할 수 있다(영 제20조 제6항 및 제7항). 협정별 긴급관세조치 전 협의 내용은 [표 12-4]와 같다(영 제21조).

표 12-4 협정대상국별 긴급관세조치 전 협의규정

협정국	협정근거	협의 관련 내용
칠레	제3.12조	긴급관세조치와 관련된 사안을 자유무역위원회에 회부하여야 하고, 칠레의 요청이 있는 경우 자유무역위원회에서 협의하여야 함. 이 경우 협의기간은 요청일부터 30일 이내
싱가포르	제6.4조	긴급관세조치와 관련된 사안 및 무역보상방법에 대해 싱가포르와 협의해야 함.

EFTA	제2.11조	공동위원회에 서면으로 긴급관세조치와 관련된 사안을 지체 없이 통보해야 하며, 통보를 받은 날부터 30일 이내에 긴급관세조치와 관련된 사안 및 무역보상방법에 대해 공동위원회서 EFTA와 협의해야 함.
아세안	제9조	이행위원회에 긴급관세조치와 관련된 사안을 통보하여야 하며, 긴급관세조치와 관련된 사안 및 무역보상방법에 대하여 이행위원회에서 아세안과 협의해야 함.
인도	제2.23조	긴급관세조치와 관련된 사안 및 무역보상방법에 대하여 인도와 지체 없이 협의해야 함.
EU	제3.2조	긴급관세조치와 관련된 사안에 대하여 유럽연합당사자와 지체 없이 협의해야 함.
페루	제8.6조	무역위원회 조사보고서의 공개본 사본을 페루에 제공해야 하며, 페루의 요청이 있는 경우 긴급관세조치와 관련된 사안(조사의 개시, 잠정긴급관세조치, 긴급관세조치 및 그 연장과 관련된 통보자료와 무역위원회의 조사와 관련해 발표한 자료를 포함)에 대해 협의해야 함.
미국	제10.2조, 제4.1조	기획재정부장관은 물품 긴급관세조치를 하기 전에 그 내용을 미국에 서면으로 지체 없이 통보해야 하며, 미국이 협의를 요청하면 이에 응해야 함. 섬유 관련 물품에 대하여는 무역위원회가 조사를 시작하기 전에 조사절차 내용을 미국에 전달해야 함.
터키	제4.2조	긴급관세조치와 관련된 사안에 대해 터키와 지체 없이 협의해야 함.
콜롬비아	제7.2조	조사를 시작한 날부터 30일 이내에 콜롬비아와 협의해야 함.
호주	제6.2조	조사를 시작한 사실을 호주에 서면으로 통보해야 하고, 긴급관세조치를 하기 전까지 호주와 협의하여야 함.
캐나다	제7.2조	조사를 시작한 사실과 이와 관련한 협의의 요청을 캐나다에 서면으로 지체 없이 통보해야 함.
뉴질랜드	제7.3조	조사를 시작한 사실을 뉴질랜드에 서면으로 통보하여야 하고, 긴급관세조치를 하기 전까지 뉴질랜드와 협의해야 함.
베트남	제7.2조	조사를 시작한 사실과 이와 관련한 협의의 요청을 베트남에 서면으로 통보해야 함.
중국	제7.2조	조사를 시작한 사실을 서면으로 중국에 통보하여야 하고, 긴급관세조치를 하기 전까지 중국과 협의해야 함.
중미	제7.2조	조사를 시작한 사실을 해당 당사국에 서면으로 통보해야 하고, 조사를 시작한 날부터 30일 이내에 해당 당사국과 협의해야 함.
영국	제3.2조	긴급관세조치를 하기 전에 긴급관세조치와 관련된 사안에 대하여 영국과 지체 없이 협의해야 함.

7) 긴급관세조치 후의 무역보상 방법 협의

기획재정부장관은 칠레를 원산지로 하는 특정 농산물에 대하여 긴급관세조치를 한 경우에는 칠레와의 협정 제3.12조 제5항에 따라 적절한 무역보상 방법에 대하여 칠레와 협의하여야 한다(영 제25조). 또한 유럽연합당사자, 페루, 미국, 터키, 콜롬비아, 호주, 캐나다, 뉴질랜드, 베트남, 중국, 중미공화국 및 영국을 원산지로 하는 물품에 대하여 긴급관세조치를 한 경우에는 해당 체약상대국과의 협정에 따라 그 조치를 한 날부터 30일 이내에 적절한 무역보상방법에 대하여 체약상대국과 협의해야 한다. 미국과의 협정 제4.1조 제6항에 따라 미국을 원산지로 하는 섬유 관련 물품에 대하여 적절한 무역보상을 하는 경우 그 보상은 미국과 별도로 합의하는 경우를 제외하고는 섬유 관련 물품만을 대상으로 한다.

8) 잠정긴급관세조치

기획재정부장관은 긴급관세조치를 위한 조사가 시작된 물품에 대하여 그 조사기간에 발생하는 심각한 피해 등을 방지하지 아니하는 경우 회복하기 어려운 피해가 발생하거나 발생할 우려가 있다고 판단하면 조사가 끝나기 전에 심각한 피해 등을 구제하거나 방지하기 위하여 협정에서 정하는 범위에서 잠정적으로 긴급관세조치를 할 수 있다(법 제23조). 기획재정부장관은 무역위원회가 잠정긴급관세조치가 필요하다고 인정하여 해당 조치를 건의하는 경우 무역위원회의 건의가 접수된 날부터 30일 이내에 조치 여부 및 내용을 결정하여야 한다(영 제28조). 기획재정부장관은 잠정긴급관세조치를 시행하기 전에 그 사실을 체약상대국 정부에 미리 통보하여야 하며, 조치를 시행한 이후에는 즉시 체약상대국 정부와 협의를 시작하여야 한다. 잠정긴급관세조치의 기간은 200일(칠레를 원산지로 하는 수입물품은 120일을, 페루를 원산지로 하는 수입물품은 180일)을 초과할 수 없다. 기획재정부장관은 미국(자동차를 제외한 물품의 원산지가 미국인 경우로 한정한다), 콜롬비아, 캐나다, 베트남 및 중미공화국을 원산지로 하는 수입물품에 대해서는 조사를 시작한 날부터 45일이 지나기 전까지는 잠정긴급관세조치를 할 수 없다(영 제29조). 무역위원회는 수입물품에 대하여 조사의 예비판정이 이루어지기 전에 해당 긴급관세조치 신청서 공개본을 취득할 수 있는 방법을 관보에 게재하고, 관보에 게재한 날의 다음 날부터 20일 이상의 기간 동안 잠정긴급관세조치와 관련된 이해관계인에게 해당 조치에 대한 자료 및 의견을 제출할 수 있는 기회를 제공해야 한다. 잠정긴급관세조치 절차는 관세법규정을 준용한다.

9) 재심사제도

기획재정부장관은 필요하다고 인정되는 때에는 긴급관세의 부과결정에 대하여 재심사를 할 수 있으며, 재심사결과에 따라 부과내용을 변경할 수 있다. 재심사는 관세법의 관련 규정에 따라 진행되는데, 이때 기획재정부장관은 다음 각 호의 사항이 있는지를 검토해야 한다(영 제26조).

① 긴급관세조치 이후 그 조치의 내용변경이 필요하다고 인정할 만한 상황이 발생하였거나 발생할 가능성
② 긴급관세조치의 종료로 인하여 국내산업이 피해를 입을 우려
③ 그 밖에 품목분류의 변경 등 긴급관세조치의 대상물품 또는 그 적용 요건의 변동

10) 긴급관세조치의 재부과 금지

긴급관세조치규정에도 불구하고 재부과는 재한된다. 해당 체약상대국과의 협정에 따라 [표 12-5]의 구분에 따른 재부과 물품에 대해서는 긴급관세조치를 할 수 없다(영 제24조).

표 12-5 긴급관세조치의 재부과 금지대상

원산지	협정근거	재부과 금지대상
EFTA 회원국	제2.11조	그 적용기간이 종료된 날부터 3년이 지나지 아니한 경우
인도	제2.23조	그 조치가 끝난 날부터 그 적용기간에 해당하는 기간(적용기간이 2년 미만인 경우에는 2년)이 지나지 않은 경우
페루	제8.3조	그 조치가 끝난 날부터 그 적용기간에 해당하는 기간(적용기간이 1년 미만인 경우에는 1년)이 지나지 않은 경우

미국	제4.1조, 제10.2조	긴급관세조치가 끝난 물품과 같은 물품의 경우(자동차는 제외)
터키	제4.2조	긴급관세조치가 끝난 물품과 같은 물품의 경우
콜롬비아	제7.2조	
호주	제6.2조	
뉴질랜드	제7.3조	
베트남	제7.2조	
중국	제7.2조	긴급관세조치의 대상이었던 물품으로서 그 조치가 끝난 날부터 그 적용기간에 해당하는 기간(적용기간이 2년 미만인 경우에는 2년)이 지나지 아니한 경우
아세안	제9조	긴급관세조치가 끝난 날부터 그 긴급관세조치의 적용기간에 해당하는 기간(적용기간이 2년 미만인 경우에는 2년)이 지나기 전까지. 다만, 다음 각 호의 요건을 모두 갖춘 경우에는 180일 이내의 기간을 정하여 긴급관세조치를 할 수 있음. 1. 해당 물품에 대한 긴급관세조치가 시작된 날부터 1년이 지날 것 2. 긴급관세조치를 다시 시작하는 날부터 소급하여 5년 이내에 해당 물품에 대한 긴급관세조치가 2회 이내일 것
중미공화국	제7.2조	긴급관세조치의 대상이었던 물품으로서 그 조치가 끝난 날부터 그 적용기간에 해당하는 기간(적용기간이 2년 미만인 경우에는 2년)이 지나지 아니한 경우

11) 농림축산물에 대한 특별긴급관세조치와 관세법상 긴급관세 부과의 특례

농림축산물은 우루과이라운드(UR)에 따라 시장이 개방되면서 국내외 가격차이에 상당하는 율로 양허관세율을 정하였으나, 그럼에도 불구하고 농림축산물의 수입이 급증하거나 수입가격이 하락할 경우 특별긴급관세를 부과할 수 있도록 합의되었다. 이에 따라 관세법 제68조에 농림축산물에 대한 특별긴급관세규정을 두었고, 기획재정부령인 「관세법 제68조에 따른 특별긴급관세 부과에 관한 규칙」으로 다수 농림축산물에 특별긴급관세를 부과하고 있다.[10] FTA관세특례법에는 관세법에 의한 특별긴급관세와는 별도의 특별긴급관세규정을 두고 있다.

10) 2016년 말 현재 이 규칙에 따라 특별긴급관세가 부과되고 있는 것은 벼와 쌀 등 27개 품목(HS 10단위)에 수입량 급증을 이유로, 홍삼추출물 등 38개 품목(HS 10단위)에 수입가격 하락을 이유로 특별긴급관세를 부과하고 있다. 가장 특별긴급관세율이 높은 것은 곡물가루(HS1102.90-9000)에 대한 1,067%이다.

기획재정부장관은 체약상대국과의 협정에 따라 양허(讓許)한 특정 농림축산물의 수입물량이 일정한 물량(이를 기준발동물량이라 한다)을 초과하면 그 농림축산물에 대하여 대통령령으로 정하는 바에 따라 양허한 세율을 초과하여 관세를 부과하는 '특정 농림축산물에 대한 특별긴급관세조치'를 할 수 있다(법 제24조). 이에 따라 체약상대국을 원산지로 하는 특정 농림축산물에 대한 특별긴급관세조치를 적용할 물품, 같은 조에 따른 기준발동물량 및 세율은 FTA관세특례법시행령 제30조 및 [별표]로 규정되어 있다(영 제30조). [별표]에서 정한 세율이 특별긴급관세조치를 적용하는 날에 해당 물품에 적용되는 최혜국세율과 해당 체약상대국과의 협정이 발효되기 전날에 해당 물품에 적용되는 최혜국세율 중 낮은 세율을 초과하는 경우에는 그 낮은 세율을 적용한다. 기획재정부장관이 특별긴급관세조치를 하는 경우에는 다음 각 호의 조치를 동시에 할 수 없다. 다만, 미국 또는 콜롬비아를 원산지로 하는 특정 농림축산물에 대하여 특별긴급관세조치를 하는 경우에는 제1호 및 제2호의 조치를 동시에 할 수 없다.

① FTA 관세특례법에 따른 긴급관세조치
② 관세법(제65조)에 따른 긴급관세를 부과하는 조치
③ 관세법(제68조)에 따른 특별긴급관세를 부과하는 조치

관세청장은 기준발동물량이 초과되는 경우 즉시 그 내용을 기획재정부장관에게 통보하고 관세청장이 지정하는 정보통신망에 게재하여야 하며, 특별긴급관세조치에 따라 관세가 부과된 내용을 기획재정부장관에게 지체 없이 보고하여야 한다. 기획재정부장관은 특별긴급관세조치를 한 날부터 60일 이내에 그 사실과 그에 관계된 자료를 해당 체약상대국에게 서면으로 통보하여야 하며, 체약상대국이 특별긴급관세조치와 관련하여 서면으로 협의를 요청하면 협의하여야 한다.

기획재정부장관은 관세법(제65조 제1항)에도 불구하고 대통령령으로 정한 인도, 페루, 미국, 콜롬비아, 호주, 캐나다, 뉴질랜드 및 베트남을 원산지로 하는 물품의 수입증가가 같은 종류의 물품이나 직접적인 경쟁관계에 있는 물품을 생산하는 국내산업이 받는 심각한 피해 또는 심각한 피해를 받을 우려의 실질적인 원인이 아닌 것으로 조사를 통하여 확인되면 협정에서 정하는 범위에서 그 물품을 관세법(제65조 제1항)에 따른 긴급관세의 부과대상물품에서 제외할 수 있다(법 제25조 제1항, 영 제31조

제1항). 또한 관세법(제68조)에도 불구하고 대통령령으로 정한 미국 또는 중국을 원산지로 하는 농림축산물에 대해서는 협정에서 정하는 범위에서 관세법(제68조)에 따른 농림축산물에 대한 특별긴급관세 부과대상에서 제외할 수 있다(법 제25조 제2항, 영 제31조 제2항). 또 유럽연합당사자, 호주, 뉴질랜드 또는 영국을 원산지로 하는 특정 농림축산물로서 특별긴급관세조치를 하기 전에 계약이 체결되어 운송 중인 물품은 특별긴급관세조치의 적용 대상에서 제외한다. 이 경우 적용 대상에서 제외한 해당 물품의 수입량은 다음 이행연도의 특별긴급관세조치를 위한 기준발동물량을 계산할 때 산입할 수 있다(영 제30조).

3 덤핑방지관세조치

1) 덤핑방지관세조치의 의의

덤핑(Dumping)이란 용어가 영어에 등장한 것은 중세 이후부터로 이는 쓸모없는 물건, 일반적으로 폐물을 신속하게 치워버리는 행위를 묘사하는 데 사용되었다. 이 용어가 국제무역과 관련해 사용되기 시작한 것은 20세기 들어서부터로 흔히 그 원인을 불문하고 해외에서 싼 가격으로 상품을 판매하는 현상을 지칭하였다. 여기에는 당해 상품이 그 원산지국에서 품질이 나쁘다는 이유 등으로 불필요하여 단지 이를 처분할 목적으로 수출되는 것이라는 암시가 내포되어 있었다.[11] 그러나 현실적으로 무역에서의 덤핑은 시장의 약탈 등을 목적으로 의도적으로 행해지는 경우도 있고, 또 그러한 의도의 여부와 관계없이도 수입국 생산자에게 큰 피해가 발생하는 약탈적 결과를 초래할 수 있다. 이러한 약탈적 효과가 발생하는 한 덤핑은 반경쟁적이고 불공정한 것으로 간주되어 이에 대한 비난을 피할 수 없게 된다. 이에 따라 일찍이 1947년 GATT에서도 제Ⅵ조에 반덤핑규정을 두었고, 1967년 케네디라운드

11) Jacob Viner, *Dumping : A Problem in International Trade,* 1923. p.1. Beseler, J.F. and Williams, A.N., *Anti-Dumping and Anti-Subsidy Law : The European Communities,* Sweet & Maxwell, 1986, p.41.

(Kennedy Round)에서 이 규정을 더욱 명료화하는 'GATT 제6조의 이행에 관한 협정'이 체결되었으며, 도쿄라운드(Tokyo Round)[12]에서도 1967년의 협정을 좀 더 명료화하는 협정이 체결된 다음 우루과이라운드(Uruguay Round)에서도 종전 협정 가운데 정상가격 및 수출가격의 산정방법과 국내산업에 대한 실질적 피해의 결정에 관한 내용을 다시 수정한 '1994년 GATT 제6조의 이행에 관한 협정'(반덤핑협정)이 체결되었다. 우리나라 관세법은 관세법 제51조에서 제56조에 동 협정의 내용을 그대로 수용하여 덤핑방지관세규정을 두고 있다. 덤핑방지관세를 부과하기 위해서는 덤핑사실 및 덤핑물품의 수입으로 인한 실질적인 산업피해 여부 등에 대한 조사가 자세하게 이루어져야 하는데, 관세법에는 이와 관련한 자세한 법적 규정을 두고 있지만 FTA관세특례법에는 이에 대해 따로 규정하고 있지 않다. 다만, 협정국에서 수입되는 물품에 대해 덤핑방지관세를 부과함에 있어 관세법의 규정에 의한 덤핑방지관세 부과 절차와 관련하여 일부 예외규정을 정해 두고 있다.[13]

2) 덤핑방지관세 부과의 사전협의

정부는 체약상대국으로부터 수입된 물품에 대하여 관세법(제51조)에 따른 덤핑방지관세의 부과 요청을 받으면 국내산업의 피해를 조사하기 전에 체약상대국 정부에 그 사실을 통보하고 협의할 수 있다(법 제27조). 덤핑방지관세 부과에 대한 사전통보 및 협의규정은 FTA마다 차이가 있다. FTA법령에 규정된 사전통보 및 협의규정은 [표 12-6]과 같다(영 제33조).

---

12) 도쿄라운드는 1973년에서 1979년 사이에, 우루과이라운드는 1986년에서 1994년 사이에 진행되었다.

13) 관세법에 의한 덤핑방지관세는 다수 품목에 대해 부과되고 있다. 덤핑방지관세는 부과물품과 물품공급자를 정해 기획재정부령을 공포하여 부과하는데 2016년 말 현재 '미국·말레이시아·태국 및 일본산 에탄올아민에 대한 덤핑방지관세 부과에 관한 규칙' 등 14개 부령이 공포되어 시행되고 있다.

표 12-6 덤핑방지관세 부과의 통보와 협의

협정대상국	덤핑방지관세 조사 서면통보시기	협의기회 제공
EFTA회원국, 미국, 콜롬비아, 캐나다, 중미공화국	조사를 시작하기 전까지	조사를 시작하기 전까지
호주, 뉴질랜드	조사를 시작하기 전까지	조사를 시작한 직후까지
인도	조사를 시작하기 10일 전까지(토요일과 공휴일은 제외)	–
페루	조사개시 결정을 하였을 때	
EU 당사자, 터키, 영국	조사를 시작하기 15일 전까지	–
베트남	조사를 시작하기 15일 전까지	조사를 시작하기 전까지
중국	조사를 시작하기 7일 전까지	조사를 시작하기 7일 전까지

무역위원회는 중국과의 협정에 따라 현지조사 전 조사 대상정보의 일반적인 성격과 제공될 필요가 있는 정보를 중국의 관련 수출자 및 생산자에게 통보하여야 하며, 조사의 결과는 조사의 대상이 되는 중국의 관련 수출자 및 생산자에게 공개하여야 한다. 또한 EU당사자, 터키, 베트남 또는 중국과의 협정에 따라 EU당사자, 터키, 베트남 또는 중국으로부터 각각 수입된 물품에 대하여 그 수입으로부터의 피해를 누적적으로 평가하는 경우 수입물품 간 경쟁조건이나 수입물품과 국내 동종물품 간의 경쟁조건에 비추어 볼 때 그 평가가 적절한지에 관하여 특별한 주의를 기울여 검토하여야 한다. 무역위원회는 미국, 호주, 캐나다, 뉴질랜드, 베트남 또는 중국으로부터 수입된 물품에 대하여 덤핑 사실 등의 조사를 시작한 경우 관세법(제54조 제1항)에 따른 약속의 제의에 필요한 정보를 서면으로 미국 또는 미국 대사관, 호주, 캐나다 또는 캐나다 대사관, 뉴질랜드, 베트남 또는 베트남 대사관 및 중국 또는 중국 대사관에 제공하여야 한다.

기획재정부장관은 미국, 콜롬비아 또는 캐나다로부터 수입된 물품에 대하여 약속의 제의(미국 및 콜롬비아의 경우에는 가격수정에 관한 약속의 제의를 말한다)와 관련하여 미국, 콜롬비아 또는 캐나다의 수출자에게 협의 기회를 제공하여야 한다. 기획재정부장관은 호주, 뉴질랜드, 베트남 또는 중국으로부터 수입된 물품에 대하여 예비조사를 한 결과 해당 물품에 대한 덤핑사실과 그로 인한 관세법(제51조)에 따른 실질적 피해 등의 사실이 있는 것으로 판정된 경우 덤핑방지관세와 관련된 약속의 제의를 이용할 수 있다는 점을 호주, 뉴질랜드, 베트남 또는 중국의 수출자에게 통보하여야 한다. 기획재정부장관은 덤핑방지관세가 부과되고 있거나 약속의 제의가 시행되고 있는 EU당사자 또는 터키로부터 수입된 물품에 대하여 관세법(제56조 제1항)에 따른 재심사 결과 덤핑차액이 기획재정부령으로 정하는 금액(덤핑가격의 100분의 2에 해당하는 금액을 말함) 미만인 경우에는 덤핑방지관세 또는 약속을 종결하여야 한다.

무역위원회는 인도로부터 수입된 물품에 대한 재심사 결과 덤핑방지관세의 부과가 끝난 경우 부과가 끝난 날부터 1년 이내에는 인도에서 수입된 같은 물품에 대하여 덤핑 사실 등의 조사를 시작할 수 없다. 다만, 덤핑방지관세 부과 종료조치 이후 덤핑 또는 국내산업의 실질적 피해가 다시 발생한 경우나 덤핑에 따른 국내산업의 실질적 피해 또는 피해 우려를 방지하기 위하여 조사가 필요하다는 증거가 있는 경우에는 그러하지 아니한다. 무역위원회는 EU당사자, 터키 또는 베트남으로부터 수입된 물품에 대한 재심사 결과 덤핑방지관세의 부과가 끝난 경우에는 덤핑방지관세 부과가 끝난 날부터 1년 이내에는 EU당사자, 터키 또는 베트남을 원산지로 하는 같은 물품에 대하여 덤핑 사실 등의 조사를 시작할 수 없다. 다만, 조사를 시작하기 전에 사정이 변경되었음이 확인된 경우에는 그러하지 아니한다. 무역위원회는 중국으로부터 수입된 물품에 대한 재심사 결과에 따라 덤핑방지관세의 부과가 끝난 경우에는 그 부과가 끝난 날부터 12개월 이내에 중국으로부터 수입된 같은 물품에 대한 덤핑방지관세 부과에 필요한 조사신청을 받으면 주의를 기울여 검토하여야 한다.

4 상계관세조치

1) 상계관세조치의 의의

상계관세조치는 수출국에서 지급하는 보조금(subsidies)과 밀접한 관련이 있다. 보조금은 정책 당국이 특정한 정책목표 달성을 위해 산업 및 기업활동에 제공하는 각종 지원을 의미한다. 어떤 상품 전체의 국내 생산물에 대한 보조금은 흔히 '생산보조금' 또는 '국내보조금'으로 불리며, 수출품에만 전적으로 지급되는 보조금은 '수출보조금'이라 불린다. 특정산품에 대한 보조금의 지급은 타 회원국의 수출입에 유해한 영향을 주고 정상적인 경영 이익에 지장을 초래할 수 있기 때문에 이미 GATT 1947에서도 제6조에 수입국이 덤핑 및 보조금지급상품의 수입으로 인해 자국 산업이 실질적인 피해를 입거나 입을 우려가 있을 경우 별도의 관세를 부과할 수 있도록 규정한 바 있다. 그러나 이 규정이 너무 포괄적이고 모호하다는 지적에 따라 도쿄라운드에서는 'GATT 제6조, 제16조 및 제23조의 해석과 적용에 관한 협정'으로 독립된 협정으로 체결되었으며, 다시 우루과이라운드에서 보조금의 종류를 성격과 피해의 구제방법에 따라 명확히 구분하여 금지보조금, 조치가능보조금, 허용보조금 등으로 구분하는 등 보다 세밀한 규정으로 개정하여 '보조금 및 상계조치에 관한 협정'으로 체결되었다. 상계관세를 부과하기 위해서는 특정성이 있는 보조금의 지급사실 및 이러한 보조금을 지급받은 물품의 수입으로 실질적인 산업피해가 발생하였는지 등에 대한 조사가 자세하게 이루어져야 하는데, 관세법에는 이와 관련한 자세한 법적 규정을 두고 있지만 FTA관세특례법에는 이에 대해 따로 규정하고 있지 않다. 다만, 덤핑방지관세에 대한 규정과 유사하게 협정국에서 수입되는 물품에 대해 상계관세를 부과함에 있어 관세법의 규정에 의한 상계관세 부과 절차와 관련하여 일부 예외규정을 정해 두고 있다.[14)]

14) 관세법에 상계관세와 관련된 자세한 규정이 있지만 아직까지 우리나라가 상계관세를 부과한 적은 없다.

2) 상계관세 부과조치 시의 사전협의

정부는 체약상대국으로부터 수입된 물품에 대하여 관세법(제57조)에 따른 상계관세의 부과 요청을 받으면 국내 산업의 피해를 조사하기 전에 체약상대국 정부에 그 사실을 통보하고 협의할 수 있다(법 제28조). 무역위원회는 체약상대국으로부터 수입된 물품에 대하여 관세법(제57조)에 따른 상계관세 부과에 필요한 조사신청이 접수되면 기획재정부장관에게 그 내용을 지체 없이 통보하여야 한다. FTA법령에 규정된 상계관세 관련 사전통보 및 협의규정은 [표 12-7]과 같다(영 제34조).

▌표 12-7 ▌상계관세 부과의 통보와 협의

협정대상국	상계관세조사 서면통보시기	협의기회 제공
EU당사자, 페루, 미국, 터키, 콜롬비아, 호주, 캐나다, 뉴질랜드, 베트남, 중국, 중미공화국, 영국	조사를 시작하기 전까지	조사를 시작하기 전까지
EFTA 회원국	조사를 시작하기 30일 전까지	서면통보를 받은 날부터 10일 이내에 협의를 요청하는 경우 공동위원회에서 협의

무역위원회는 중국과의 협정에 따라 현지조사 전 조사 대상정보의 일반적인 성격 및 제공될 필요가 있는 정보를 중국의 관련 수출자 및 생산자에게 통보하여야 하며, 조사의 결과는 조사의 대상이 되는 중국의 관련 수출자 및 생산자에게 공개하여야 한다. 무역위원회는 유럽연합당사자, 터키, 베트남, 중국 또는 영국으로부터 수입된 물품에 대하여 피해를 통산하여 평가하는 경우에는 수입물품 간 경쟁조건 및 수입물품과 국내 동종물품 간의 경쟁조건에 비추어 볼 때 그 평가가 적절한지에 관하여 특별한 주의를 기울여 검토하여야 한다. 무역위원회는 미국, 호주, 캐나다, 뉴질랜드, 베트남 또는 중국으로부터 수입된 물품에 대하여 보조금 등의 지급과 실질적 피해 등의 사실에 관한 조사를 시작한 후에는 미국 대사관 또는 미국, 호주, 캐나다 대사관 또는 캐나다, 뉴질랜드, 베트남 또는 베트남 대사관 및 중국 또는 중국 대사관에 약속의 제의에 필요한 정보를 서면으로 통보하여야 한다.

기획재정부장관은 다음 각 호의 구분에 따른 약속의 제의에 대하여 체약상대국 또는 수출자에게 협의 기회를 제공하여야 한다.

① 미국: 관세법(제60조 제1항)에 따른 가격수정에 관한 약속의 제의 또는 미합중국과의 협정에 따른 물량에 대한 약속의 제의
② 콜롬비아: 관세법(제60조 제1항)에 따른 가격수정에 관한 약속의 제의
③ 캐나다: 상계관세와 관련된 약속의 제의

기획재정부장관은 호주, 뉴질랜드, 베트남 또는 중국으로부터 수입된 물품에 대하여 예비조사를 한 결과 관세법(제57조)에 따른 보조금 등의 지급과 그로 인한 실질적 피해 등의 사실이 있는 것으로 판정된 경우에는 해당 체약상대국과 상계관세 부과대상물품의 수출자에게 상계관세와 관련된 약속의 제의를 이용할 수 있다는 점을 통보하여야 한다. 기획재정부장관은 EU당사자, 페루 또는 터키로부터 수입된 물품에 대하여 상계관세를 부과할 때에는 보조금 등의 지급과 그로 인한 실질적 피해 등을 구제하기 위하여 필요한 범위에서 부과하여야 한다.

5 대항조치

FTA는 당사국 간의 합의에 따라 무역상 특혜를 부여함을 주요 내용으로 하고 있으나 경우에 따라 협정상대국이 이러한 합의를 무시하고 우리나라에서 수출된 물품에 대해 불이익한 조치를 하는 경우가 있다. 이 경우 이에 대항하는 적절한 조치가 필요하게 되는데, 이를 대항조치라 한다. FTA 관세특례법에는 정부는 우리나라를 원산지로 하는 특정물품에 대하여 체약상대국 정부가 다음 각 호의 어느 하나에 해당하는 조치를 하는 경우에는 체약상대국 정부와 해당 조치에 대한 체약상대국의 적절한 보상방법 등에 관하여 협의를 할 수 있다고 명시하고 있다(법 제26조).
① 협정에 따라 긴급관세조치 또는 잠정긴급관세에 해당하는 조치를 하는 경우
② 협정에 따른 관세철폐 또는 관세인하 등 관세양허 의무를 이행하지 아니하거나 지연하는 경우

협의를 진행하였으나 보상방법 등에 관하여 협정에서 다르게 규정하지 아니하는

한 협의가 이루어지지 아니하거나 협의 개시일부터 30일 이내에 합의가 이루어지지 아니하는 경우에는 협정에서 정하는 바에 따라 체약상대국의 조치에 상응하는 수준의 대항조치를 할 수 있다. 이러한 대항조치는 체약상대국의 조치에 대응하는 것으로서 필요한 범위로 한정한다. 한편, 인도, EU당사자, 터키, 콜롬비아, 캐나다, 베트남, 중국, 미국, 영국의 긴급관세조치에 대한 대항조치는 해당국의 긴급관세가 협정에 부합되도록 부과된 경우 그 긴급관세조치가 있었던 날부터 2년 이내에는 대항조치를 할 수 없다(영 제32조).

Chapter 13

Free Trade Agreement

FTA 이해와 활용

FTA

원산지조사

1. 원산지조사의 의의
2. 원산지조사의 방법
3. 수입물품에 대한 원산지조사
4. 수출물품에 대한 원산지조사

Chapter

13. 원산지조사

FTA 이해와 활용

1 원산지조사의 의의

원산지조사는 흔히 원산지검증(verification)이라고도 불린다(이 책에서는 두 가지 용어를 혼용한다).[1] 원산지조사의 개념은 좁은 의미와 넓은 의미의 두 가지가 있다.

좁은 의미로는 관세당국이 수출입물품과 관련하여 신고된 물품의 원산지가 협정 또는 국내법[2]에서 정한 원산지요건과 부합하는지 여부를 확인하고, 부합하지 아니할 경우 위반물품에 대해서는 시정 등의 조치를, 위반자에 대해서는 처벌이나 행정상 불이익을 주는 각종 처분과정을 의미한다. 이 경우 원산지조사는 원산지증명서의 진위 여부와, 사실관계 확인을 통한 원산지요건의 충족 여부를 중심으로 한다.

넓은 의미로는 좁은 의미의 개념에 더해 특혜 또는 비특혜의 규제대상인 수출입물품이 협정 또는 국내법에서 정한 특혜요건 또는 비특혜요건(거래당사자, 적용관

1) FTA에서도 검증이란 용어를 사용하나 법령에서는 대통령령에서 한-미 FTA의 섬유 관련 물품과 관련해 일부 이 용어를 사용하였을 뿐 원산지조사라는 용어를 주로 사용한다(영 제11조 내지 제19조 참조).

2) 여기에서 말하는 협정이란 원산지증명 및 확인이 필요할 수 있는 모든 협정을 의미한다. WTO 협정, 각 FTA, GSTP, TNDC, APTA 등이 여기에 해당한다. 국내법이란 원산지와 관련된 규정이 있는 모든 국내법을 말한다. 관세법, FTA관세특례법, 대외무역법, 남북교류협력에 관한 법률 등이 여기에 해당한다.

세율, 운송경로, 원산지표시위반 등)을 충족하였는지 여부를 확인하고, 그 요건이 충족되지 아니한 물품에 대해서는 시정 등의 조치를, 위반자에 대해서 처벌이나 행정상 불이익을 주는 각종 처분과정을 의미한다. 관세당국이 원산지조사를 벌이는 이유는 통관상 적법성을 실질적으로 확보하기 위해서다. 통관상 적법성은 통관단계에서 적용되는 다양한 법률이 규정한 바대로의 과세, 수출입통관을 정확하게 이행하는 것이다. 수출입물품에 대해 실질적인 적법성을 확보하기 위한 관세당국의 조사는 관세법에 의해 '관세조사'로 이루어진다[3](관세법 제110조). 그 중 특히 원산지와 관련된 조사를 FTA관세특례법(제17조)에서는 원산지조사(원산지검증)라 부르는 것이다. 원산지조사는 수입물품에 대해서 행해지기도 하고, 수출물품에 대해 행해지기도 한다. FTA관세특례법에 의한 수입물품과 관련한 원산지조사는 우회수입을 통한 불법적인 관세특혜의 향유나, 불법적인 비관세규제를 회피하는 것을 막음으로써 특정국과의 통상확대라는 통상정책의 실효성을 확보하고, 불공정무역행위를 방지하며, 재정수입의 손실과 국내산업피해를 막기 위한 것이다. 반면, 수출물품과 관련한 원산지조사는 주로 FTA 협정국의 요청에 따라 원산지검증을 이행함으로써 협정의 적정한 이행을 보장하는 데 목적이 있다. 어느 경우나 원산지검증 결과 원산지가 충족되지 아니하는 것으로 판정된 경우 최종적으로 수입국의 과세관청이 해당 물품에 대해 협정관세 적용을 배제하고 납세의무자인 수입자로부터 협정관세가 적용되지 아니할 경우의 관세율을 적용해 부족세액과 가산세를 징수하게 된다.

국내외 기업의 글로벌화가 가속화하면서 다국적기업들이 생산과 거래, 물류 등에서 다양한 형태로 경영활동을 전개하는 경우가 증가하고 있기 때문에 원산지의 판단이 쉽지 않은 경우가 늘어나고 있다. 또한 물류의 통합 등에 따라 의도적이거나 혹은 의도적이 아닌 우회수입 또한 증가하고 있다. 따라서 각국 관세당국의 원산지조사의 필요성도 날이 갈수록 높아지는 것으로 받아들여지고 있다. 관련 법령에서는 이러한 원산지에 관한 조사 관련 사무를 수행하기 위하여 불가피한 경우 관세청장 또는 세관장은 주민등록번호, 여권번호 또는 외국인등록번호가 포함된 자료를 처리할 수 있도록 허용하고 있다.

3) 관세조사는 '관세의 과세표준과 세액의 결정 또는 경정'을 위하거나 관세법 및 다른 법령에서 정하는 수출입 관련 의무 이행과 관련하여 적법성이 확보되고 있는지를 납세자를 방문 또는 서면으로 조사하는 것이다(관세법 제110조 및 제110조의2 참조).

2 원산지조사의 방법

1) 원산지조사 대상자

관세청장이나 세관장은 수출입물품의 원산지 또는 협정관세 적용의 적정 여부 등에 대한 확인이 필요하다고 인정하는 경우에는 다음 각 호의 어느 하나에 해당하는 자를 대상으로 원산지조사를 할 수 있다(법 제17조 제1항).

① 수입자

② 수출자 또는 생산자(체약상대국에 거주하는 수출자 및 생산자를 포함한다)

③ 원산지증빙서류 발급기관

④ 해당 물품의 생산에 사용된 재료를 공급하거나 생산한 자(체약상대국에 거주하는 자를 포함한다)

⑤ 해당 물품의 거래 · 유통 · 운송 · 보관 및 통관을 대행하거나 취급한 자

2) 직접검증과 간접검증

원산지조사는 이를 누가 실시하느냐에 따라 관세당국이 수출자나 생산자 등을 대상으로 직접조사(직접검증)하는 경우와, 수입국 관세당국이 체약상대국 관세당국에 조사를 의뢰하여 그 결과를 통보받는 간접조사(간접검증)의 두 가지가 있다. 어느 방법을 택할 것인가는 FTA에 명시되어 있다. FTA 체약상대국별 원산지조사 방법은 [표 13-1]과 같다.

표 13-1 FTA 상대국별 원산지검증 방법(규칙 제24조)

FTA 체약국	원산지조사 방법	해당 FTA의 근거
칠레	조사대상자를 직접 서면조사 또는 현지조사하는 방법 ⇨ 직접검증	협정 제5.8조
싱가포르	조사대상자를 직접 서면조사 또는 현지조사하는 방법 ⇨ 직접검증	협정 제5.7조

EFTA	체약상대국의 관세당국에 조사를 요청하는 방법. 이 경우 관세청장 또는 세관장은 필요하다고 인정하는 경우 EFTA 관세당국의 동의를 얻어 EFTA회원국의 원산지 조사절차에 소속공무원을 참관하게 할 수 있음 ⇨ 간접검증. 단, 체약상대국의 검증과정에 참관가능	협정 부속서 I의 제24조
아세안	아세안회원국의 증명서 발급기관에 조사를 요청하는 방법. 다만, 관세청장 또는 세관장은 아세안회원국의 증명서 발급기관의 조사결과가 적정하지 아니하거나 원산지의 정확성을 결정하는 데 필요한 정보가 포함되지 아니한 때에는 아세안회원국과의 협정 부속서 3의 부록 1 제15조에 따라 아세안회원국의 수출자 또는 생산자를 대상으로 현지조사를 할 수 있음 ⇨ 간접검증. 단, 필요시 직접검증 가능	협정 부속서 3의 부록 1
인도	인도의 증명서 발급기관에 조사를 요청하는 방법. 다만, 관세청장 또는 세관장은 인도의 증명서발급기관의 조사결과가 적정하지 아니하거나 원산지의 정확성을 결정하는 데 필요한 정보가 포함되지 아니한 때에는 인도와의 협정 제4.12조에 따라 인도의 수출자 또는 생산자를 대상으로 현지조사를 할 수 있음 ⇨ 간접검증. 단, 필요시 직접검증 가능	협정 제4.11조
EU	유럽연합당사자의 관세당국에 조사를 요청하는 방법. 이 경우 관세청장 또는 세관장은 필요하다고 인정하는 경우 유럽연합당사자 관세당국의 동의를 얻어 유럽연합당사자의 원산지 조사절차에 소속공무원을 참관하게 할 수 있음 ⇨ 간접검증. 단, 체약상대국의 검증과정에 참관가능	원산지 관련 의정서 제27조
페루	페루의 관세당국에 조사를 요청하는 방법 ⇨ 간접검증	협정 제4.8조
	페루 관세당국 공무원과 동행하여 페루의 수출자 또는 생산자를 대상으로 현지조사하는 방법 ⇨ 직접검증	협정 제4.8조
미국	조사대상자를 직접 서면조사 또는 현지조사하는 방법. 다만, 섬유 관련 물품에 대해서는 미합중국과의 협정 제4.3조 제3항부터 제6항까지의 규정에 따라 미합중국의 관세당국에 조사(미합중국의 관세당국과 함께 조사대상 사업장에 방문하는 것을 포함)를 요청하는 방법 ⇨ 직접검증. 단, 섬유 관련 물품은 간접검증과 직접검증 모두 가능	협정 제6.18조
터키	터키의 관세당국에 조사를 요청하는 방법. 이 경우 관세청장 또는 세관장은 필요하다고 인정하는 경우 터키 관세당국이 제시한 조건에 따라 터키의 원산지 조사절차에 소속공무원을 참관하게 할 수 있음 ⇨ 간접검증. 단, 체약상대국의 검증과정에 참관가능	원산지 관련 의정서 제25조
콜롬비아	콜롬비아의 관세당국에 조사를 요청하는 방법 ⇨ 간접검증	협정 제3.25조
	조사대상자를 직접 서면조사하는 방법 또는 콜롬비아 관세당국 공무원과 동행하여 콜롬비아의 수출자 또는 생산자를 대상으로 현지조사하는 방법 ⇨ 직접검증	협정 제3.25조

호주	호주의 증명서 발급기관에 조사를 요청하는 방법 ⇨ 간접검증	협정 제3.23조
	조사대상자를 직접 서면조사 또는 현지조사하는 방법 ⇨ 직접검증	협정 제3.23조
캐나다	조사대상자를 직접 서면조사 또는 현지조사하는 방법 ⇨ 직접검증	협정 제4.6조
뉴질랜드	조사대상자를 직접 서면조사 또는 현지조사하는 방법 ⇨ 직접검증	협정 제3.24조
베트남	베트남의 원산지증명서 발급당국에 조사를 요청하는 방법. 단, 사후검증 결과에 대해 만족스럽지 아니한 경우 베트남을 방문하여 검증하는 방법 ⇨ 간접검증. 단, 필요시 직접검증 가능	협정 제3.21조
중국	다음 차례에 따라 검증가능 가. 수입자로부터 수입된 상품의 원산지와 관련된 정보의 요청 나. 중국 세관당국에 상품의 원산지검증을 요청 다. 중국 세관당국에 수출자 또는 생산자에 대한 방문검증 요청 라. 양 당사국의 세관당국이 합의하는 그 밖의 그러한 절차 ⇨ 간접검증. 단, 필요시 직접검증 가능	협정 제3.23조
중미	다음 중 어느 한 가지 방법으로 검증가능 가. 조사대상자를 직접 서면조사하는 방법 또는 중미 공화국들의 권한 있는 당국의 공무원과 동행하여 중미 공화국들의 수출자 또는 생산자를 대상으로 현지조사하는 방법 나. 중미 공화국들의 권한 있는 당국에 원산지 확인을 요청하는 방법 ⇨ 직접검증 또는 간접검증.	협정 제3.24조
영국	영국의 관세당국에 원산지 확인을 요청하는 방법. 이 경우 관세청장 또는 세관장은 필요하다고 인정하면 영국 관세당국의 동의를 받아 영국의 원산지 확인절차에 소속 공무원을 참관하게 할 수 있음. ⇨ 간접검증. 단, 체약상대국의 검증과정에 참관가능	원산지 관련 의정서 제27조

3) 서면조사와 현지조사

원산지조사는 조사를 실시하는 공무원의 현장 출장 여부에 따라 서면조사와 현지조사로 구분될 수 있다. 서면조사란 조사를 실시하는 공무원이 자신의 사무실에서 조사대상자에 의해 제출된 자료로써 검증을 하는 것이다. 반면 현지조사는 조사대상자의 사무실이나 공장 등 현지에 출장하여 검증을 하는 것이다. 관세청장 또는 세관장이 수입물품의 원산지에 관한 조사를 할 때는 서면조사를 원칙으로 한다. 다만, 서면조사만으로 원산지증빙서류의 진위 여부와 그 정확성 등을 확인하기 곤란하거나 추가로 확인할 필요가 있는 때에는 현지조사를 할 수 있다(영 제11조 제1항).

4) 원산지조사에서 행하는 원산지결정기준의 충족여부 판단

원산지증명의 전제가 되는 해당 물품의 원산지가 FTA에 규정된 바에 따라 올바르게 결정되었는지를 확인하는 것이다. 이는 실무적으로 [표 13-2]와 같은 과정을 통해 확인된다. 이와 같은 확인과정은 수출물품이나 수출물품 생산에 소요된 원재료 각각에 대한 원산지결정기준 충족에서도 적용될 수 있다.

▌표 13-2 ▌ 원산지결정기준의 충족 여부 판단과정

단계	구분	확인사항
제1단계	원산지증명물품에 대한 검토	① 원산지증명물품의 세번확인
		② 원산지증명에 적용한 원산지결정기준의 확인
제2단계	원산지증명물품 생산 원재료의 검토	① 원산지증명물품 생산에 소요된 원재료의 종류 확인
		② 각 원재료의 원산지확인
		③ 국내공급원재료의 경우 공급자확인
		④ 각 원재료의 세번확인
		⑤ 각 원재료의 가격확인
제3단계	제조공정과정의 검토	① 역내가공인지, 역외가공이 추가되는지 확인
		② 생산자가 수출자인지 여부, 제3자 추가 생산 여부 확인
		③ 제조공정의 불인정공정 해당 여부 확인
제4단계	종합판단	원산지증명에서 적용한 원산지결정기준요건이 종합적으로 충족되었는지 여부

출처: 저자가 작성

제1단계에서 ①항은 통상 FTA의 원산지결정기준이 품목별로 정해져 있기 때문에[4] 원산지증명대상물품의 세번이 확인되어야 원산지결정기준이 무엇인지를 파악할 수 있기 때문이다. ②항은 해당 기업이 적용한 원산지결정기준이 무엇인지와 그와 같은 적용이 타당한 것인지를 품목별 원산지결정기준과 비교해 확인하는 과정이다. 일부 FTA의 품목별 원산지기준을 보면 세번변경기준과 부가가치기준을 선택적

4) 품목별 원산지결정기준을 PSR(Product Specific Rules)이라 한다.

으로 적용할 수 있게 하거나, 세번변경기준, 부가가치기준, 가공공정기준을 선택적으로 적용할 수 있게 한 경우도 있기 때문에 해당 기업이 선택의 여지가 있게 된다.

제2단계의 ①항은 업체의 BOM리스트를 참고하고, 재료명세서 등을 EPR전산자료, 기술적인 매뉴얼 등을 통하여 확인하는 것으로 파악한다. ②항에서 비원산지재료 또는 누적기준에 따라 원산지재료로 인정되는 협정체약국에서 수입된 원재료는 수입신고필증으로 확인이 가능하다. ③항에서 국내 원재료 공급자가 생산공급자인지, 단순공급자인지를 확인하여 단순공급자일 경우 실제생산자가 누구인지 확인되어야 한다. 이의 확인은 실제검증에서 상당히 어려운 부분에 해당한다. ④항의 경우 수입물품은 수입신고필증으로 세번확인이 용이할 것이나, 국내 공급원재료의 경우 세번이 정확하게 분류되었는지 따로 확인되어야 한다. ⑤항의 가격확인은 검증대상물품의 원산지결정기준으로 부가가치기준이 적용되었을 경우 원재료의 가격을 산정하여 반영해야 하기 때문이다.

제3단계에서 ①항은 생산과정에서 역외가공이 인정되는 FTA도 있고, 인정되지 않는 FTA도 있으므로, 인정되지 않는 경우라면 그 내용을 확인할 필요가 있게 된다. ②항은 원산지증명서 발급주체의 정당성을 확인하는 측면도 있지만 추가 생산이 이루어진다면 그 공정에 대한 검토가 필요하기 때문이다. ③항은 제조가공이 이루어지더라도 각 FTA에서 정한 불인정공정에 해당될 경우 원산지가 인정될 수 없기 때문이다. 마지막 제4단계는 앞서 진행된 3개 단계의 검토내용을 종합하여 원산지증명대상물품이 원산지기준을 충족한 것인지를 판단하는 것이다.

3 수입물품에 대한 원산지조사

1) 조사대상의 선정

어떤 경우에 해당하는 수입물품을 원산지조사 대상으로 삼을 것인가와 관련하여 FTA관세특례법 · 령 · 규칙에서는 구체적인 기준을 설정해 두고 있지 않으나 관세청장이 제정한 '원산지조사에 관한 훈령'에는 관세청장은 다음 각 호의 어느 하나에 해당하는 경우에는 수입물품에 대한 원산지조사를 세관장에게 지시할 수 있다고 규정하고 있다(훈령 제49조 제1항).5)

① 체약상대국으로부터 체약상대국 수출자가 발행한 원산지증명서에 대한 오류나 원산지기준 위반 등의 사항을 제공받은 경우
② 선별시스템을 통해 원산지 위반 위험이 높다고 인정되는 경우
③ 정보분석에 의한 기획조사를 지시하는 경우
④ 감사원, 검찰, 경찰 등 정부기관에서 원산지 위반 혐의에 대한 정보를 제공하거나 원산지조사를 요청한 경우
⑤ 수입물품의 원산지 위반 혐의에 대한 외부기관 및 외부인의 신뢰할 만한 제보가 있는 경우
⑥ 무작위로 선별하여 원산지조사를 지시하는 경우

세관장은 다음 각 호의 어느 하나에 해당하는 경우 수입물품에 대한 원산지조사에 착수할 수 있다(훈령 제49조 제2항).

① 관세청장의 지시가 있는 경우
② 정보분석 등을 통해 수입물품의 원산지 또는 특혜적용 절차의 오류나 위반 혐의를 인지한 경우
③ 통관, 심사 및 조사부서로부터 특혜적용 수입물품의 원산지조사를 의뢰받은 경우
④ 감사원, 검찰, 경찰 등 정부기관에서 원산지 위반 혐의에 대한 정보를 제공하거나 원산지조사를 요청한 경우나 수입물품의 원산지 위반 혐의에 대한 외부기관 및 외부인의 신뢰할 만한 제보가 있는 경우
⑤ 협정에서 정하는 무작위 선별방식에 의한 경우

세관장은 서면조사를 통지하기 전에 다음 각 호의 어느 하나에 해당하는 수입자

---

5) '원산지조사 운영에 관한 훈령'은 관세법령에 의한 원산지증명서 등의 확인요청 및 조사 관련 사항과 그 시행에 필요한 사항, 그리고 자유무역협정에 의한 협정관세의 적용과 원산지 적정 여부의 검증에 필요한 세부 기준 및 절차를 정해둔 것이다. 이 장에서 '훈령'이란 이 훈령을 말한다.

에게는 FTA 특혜적용 수입물품 원산지 자율점검안내서를 제공해 스스로 점검한 결과를 제출하게 할 수 있다.

① 수출입안전관리 우수 공인업체(AEO업체)

② 기업심사 운영에 관한 훈령에 따른 기업심사중인 업체

③ 관세법시행령(제135조의4)에 규정된 소규모 성실사업자

④ 업체별원산지인증수출자

⑤ 원산지증명서의 오류를 스스로 판단하여 치유할 수 있다고 세관장이 인정하는 업체

2) 조사의 개시

수입물품에 대한 원산지조사는 수입자를 대상으로 한 서면조사를 원칙으로 한다. 다만, 수입자를 대상으로 조사를 한 결과 원산지증빙서류의 진위 여부와 그 정확성 등을 확인하기 곤란하거나 추가로 확인할 필요가 있는 때는 다음 각 호의 어느 하나에 해당하는 자에 대한 서면조사 또는 현지조사가 가능하다(영 제11조 제3항).

① 체약상대국에 거주하는 수출자 또는 생산자

② 다음에 해당하는 자 중 체약상대국에 거주하는 자

가. 당해 물품의 생산에 사용된 재료를 공급하거나 생산한 자(체약상대국에 거주하는 자를 포함한다)

나. 당해 물품의 거래 · 유통 · 운송 · 보관 및 통관을 대행하거나 취급한 자

조사를 하는 때에는 필요한 최소한의 범위에서 조사를 하여야 하며, 다른 목적을 위하여 조사권을 남용해서는 아니된다. 원산지조사는 본부세관장(또는 평택직할 세관)이 수행함을 원칙으로 한다. 조사대상자의 사업장 소재지가 2개 이상으로 조사 관할세관이 2곳 이상인 경우에는 본사 또는 주사업장의 소재지를 관할하는 본부세관(또는 평택직할세관)에서 조사를 수행한다. 그러나 관세청장은 수출입물품의 특성과 업무량 등을 고려하여 필요하다고 인정하거나, 세관장의 요청이 있는 경우 원산지조사의 관할을 조정할 수 있다(훈령 제6조).

3) 조사의 통지와 자료 제출 요구

관세청장 또는 세관장이 원산지조사를 착수하고자 하는 때에는 조사대상자에게 조사통지서로서 다음 각 호의 사항을 조사대상자에게 미리 통지하여야 한다(규칙 제22조).

① 조사대상자 및 서면조사기간
② 조사대상 수출입물품
③ 조사이유
④ 조사할 내용
⑤ 조사의 법적 근거
⑥ 제출서류 및 제출기한
⑦ 조사기관, 조사자의 직위 및 성명
⑧ 그 밖에 관세청장이 필요하다고 인정하는 사항

관세청장 또는 세관장은 조사의 통지를 할 때에는 다음 각 호의 원산지증빙자료의 제출을 요구할 수 있다.

① 수입자, 수출자, 생산자가 각각 보관하여야 하는 서류
② 자유무역협정에 따른 원산지조사 운영에 관한 훈령 [별표 2]의 '원산지검증 표준 요구자료 목록표'에 기재된 자료 중 해당되는 자료
③ 원산지결정과 관련된 질문에 대한 답변서

②에서 말하는 원산지검증 표준 요구자료 목록표는 [표 13-3]과 같다.

▌표 13-3 ▌원산지조사 표준 요구자료 목록표([별표 2])

1. 공통사항 요구자료

구분	요구자료명	요구사유 및 확인할 사항	질의사항
업체개요	• 업체 현황, 소개서 [예시: 사업자등록증, 법인 등기부등본, 조직도, 임직원 현황] • 본사 · 지사 · 계열사 설명 자료(해당되는 경우)	• 검증대상업체의 명칭, 위치, 연락처 확인 • 업체 특성 파악 • 조직 · 인력 현황 확인 • 본사 · 지사 · 계열사 파악 (해당되는 경우)	‣ 업체명, 대표자 성명 ‣ 사업자등록번호, 업종 ‣ 주소, 전화, 팩스, 홈페이지 ‣ 조직도 · 임직원 현황 ‣ 본사 · 지사 · 계열사 존재 여부, 각각의 역할

생산능력	• 공장등록증 사본 • 공장별 생산물품 정보 • 생산설비 현황 정보 • 연간 생산량 정보	• 생산규모(능력) 확인 • 생산제품의 종류 확인	‣ 실제 생산 여부 ‣ 생산시설의 위치, 규모 ‣ 생산설비종류, 생산능력 ‣ 생산제품종류 및 생산량
원산지 관리 현황	• 원산지관리 조직 및 인력 현황 • 원산지관리 매뉴얼 • 원산지관리 시스템 설명자료 [예시: 매뉴얼, 메뉴구성도, 코드표, 개체관계도(ERD), 약어표]	• 원산지관리 수준 확인 • 원산지관리 주체 확인 • 원산지관리 체계 확인 (매뉴얼, 시스템 등)	‣ 원산지관리 전담조직 유무 ‣ 원산지관리자 소속, 직책, 성명, 연락처 ‣ 원산지관리 매뉴얼 유무 ‣ 원산지관리 시스템 유무, 구성 체계
검증대상 물품정보	• 검증대상물품 소개자료 [예시: 제품설명서, 카탈로그, 홍보자료 등] • 품목분류(HS) 근거자료 [예시: 제조공정도, 원재료명세서(BOM), 용도설명서, 품목분류사전심사서 등]	• 검증대상물품의 기능 · 용도 등 정보 확인 • HS 정확성 및 근거자료 확인	‣ 검증대상물품의 설명 ‣ 품목분류(HS)의 근거
거래관계	• 거래관계 증빙자료 [예시: 무역계약서, 구매요청서(P/O), 송품장(Invoice), 포장명세서(Packing List), 수출입신고서] • 운송경로 확인서류 [예시: 선하증권(B/L), AWB] • 원산지증명서(C/O)	• 거래당사자 파악 • 운송경로 파악 • 원산지증명 관계 파악	‣ 무역거래관계의 설명 ‣ 직접운송원칙 충족 여부 ‣ 원산지증명서 유효성

2. 완전생산기준 요구자료

구분	요구자료명	요구사유 및 확인할 사항	질의사항
농산물	① 수출자＝생산자 • 실제 생산자 및 농장의 증빙자료 [예시: 경작지등록자료, 조합원확인서류 등] • 생산능력 확인자료 [예시: 연간 생산량, 생산시설, 생산인력 등]	• 실제 생산자 여부 확인 • 생산 농장 현황 확인 • 생산사실 확인	‣ 검증대상물품의 실제 생산자에 대한 정보 요청 ‣ 검증대상물품의 실제 농장 현황자료 요청 ‣ 생산사실 확인자료 요청
	② 수출자≠생산자 • 생산지역(생산자)에서 집하지역(수출자)까지의 운송증빙자료, 거래증빙자료	• 생산지와 집하지 간 운송사실 확인 • 생산자와 수출자 간 거래사실 확인	‣ 생산자의 농장으로부터 수출자의 집하지까지의 운송증빙과 거래증빙자료 제출 요청

농산물	③ 역외산 대체가능물품(재료)이 존재하는 경우 • 역내산과 역외산 물품의 물리적 구분 증빙자료 또는 회계적 재고관리 증빙자료	• 집하지에서 역내산과 역외산 대체가능물품이 혼재되는 경우 구분 여부 확인	‣ 역외산 대체가능물품(재료)이 역내산 물품과 혼재하는 경우 양자를 구분할 수 있는 증빙자료 제출 요청
	• 생산공정 설명자료 [예시: 생산공정도, 생산설명서 등]	• 생산공정 확인	‣ 생산공정을 확인할 수 있는 자료 제출 요청
축산물	① 도축기준일 경우 • 도축사실을 확인할 수 있는 증빙자료 [예시: 검역증 등]	• 도축기준 충족 확인자료	‣ 도축사실을 확인할 수 있는 증빙자료 제출 요청
	② 완전생산기준일 경우 • 실제 생산자 및 목장의 증빙자료 [예시: 목장등록자료, 조합원 확인서류] • 생산능력 확인자료 [예시: 연간 생산량, 생산시설, 생산인력 등]	• 실제 생산자 여부 확인 • 목장 현황 확인 • 생산능력(규모) 확인	‣ 검증대상물품의 실제 생산자에 대한 정보 요청 ‣ 검증대상물품의 실제 농장 현황 자료 요청 ‣ 생산사실 확인자료 요청
	③ 역외산 대체가능물품(재료)이 존재하는 경우 • 역내산과 역외산 물품의 물리적 구분 증빙자료 또는 회계적 재고관리 증빙자료	• 집하지에서 역내산 물품과 역외산 대체가능물품이 혼재되는 경우 구분 여부 확인	‣ 역외산 대체가능물품(재료)이 역내산 물품과 혼재하는 경우 양자를 구분할 수 있는 증빙자료 제출 요청
	• 생산공정 설명자료 [예시: 생산공정도, 생산설명서 등]	• 생산공정 확인	‣ 생산공정을 확인할 수 있는 자료 제출 요청
수산물	• 원양 생산 증빙자료 [예시: 선박국적증명서, 원양어업허가증, 원양어획반입신고확인서 등]	• 원양에서 어로 · 양식 등 생산한 사실 확인	‣ 원양에서 어로 · 양식 등 생산한 증빙자료 제출 요청
	• 근해 생산 증빙자료 [예시: 어업허가증, 출하확인서류, 수산물수매확인서 등]	• 근해에서 어로 · 양식 등 생산한 사실 확인	‣ 근해에서 어로 · 양식 등 생산한 증빙자료 제출 요청
	• 생산공정 설명자료 [예시: 생산공정도, 생산설명서 등]	• 생산공정 확인	‣ 생산공정을 확인할 수 있는 자료 제출 요청

3. 세번변경기준 요구자료

구분	요구자료명	요구사유 및 확인할 사항	질의사항
원재료 구매 단계	① 수입 원재료 • 원재료 구매자료 [예시: 계약서, 수입신고필증, 송품장(Invoice), 선하증권(B/L), 포장명세서(Packing List), 대금지급자료 등] • 원재료의 원산지증빙자료 [예시: 원산지증명서(C/O)]	• 원재료의 구매사실 확인 • 원재료의 구매처 확인 • 원재료의 품목분류(HS)부호 확인 • 원재료의 원산지, 기록보관 규정 준수 여부 확인	‣ 원재료 구매자료 제출 요청 ‣ 원재료의 원산지증빙자료 제출 요청
	② 국내 조달 원재료 • 원재료 구매자료 [예시: 계약서, 거래명세서, 세금계산서, 구매확인서, 납품서, 입고증, 기납증, 분증, 내국신용장 등] • 원재료의 원산지증빙자료 [예시: 원산지확인서, 국내제조확인서]	• 원재료의 구매사실 확인 • 원재료의 구매처(원산지) 확인 • 원재료의 품목분류(HS)부호 확인 • 원재료의 원산지, 기록보관 규정 준수 여부 확인	‣ 원재료 구매자료 제출 요청 ‣ 원재료의 원산지증빙자료 제출 요청
	• 원재료 구매관련 회계증빙자료 [예시: 구매원장, 자재원장, 구매전표, ERP시스템 출력자료]	• BOM의 정확성 확인 • 구매증빙자료와의 일치성(구매목록, 공급처 등) 확인	‣ 원재료의 구매와 관련된 회계증빙자료 제출 요청
생산 단계 생산 단계	• 제조공정 설명자료 [예시: 제조공정도, 작업지시서, 공정이동표]	• 실제 제조 여부(지시자, 작업자, 작업부서) 확인 • 공정내역, 가공순서, 제조일자, 불인정공정 이상 공정 수행 여부 확인	‣ 제조공정을 설명할 수 있는 자료 제출 요청
	• 원재료 내역 증빙자료 [예시: BOM, 철강재의 경우 Mill Sheet 등]	• 원재료의 부품번호(코드), 품명, 규격, 소요량, 공급처, 원산지, HS 등 확인 • 제조공정도와의 연계성 확인	‣ 검증대상물품의 원재료 내역을 증빙할 자료 제출 요청
	• 검증대상물품 생산관련 회계증빙자료 [예시: 원재료수불부, 제품수불부, ERP시스템 출력자료]	• 원재료의 입출고 내역, 소요량 확인 • 생산증빙과의 일치성 확인	‣ 검증대상물품의 생산과 관련된 회계증빙자료 제출 요청

생산 단계 생산 단계	• 임가공증빙자료 [예시: 임가공거래계약서, 작업지시서, 임가공비지불증빙, 납품서, 국내제조확인서 등] • 유상사급 증빙자료 [예시: 구매전표, 구매원장, 매입처원장, 매출전표, 판매원장, 수불부 등] • 무상사급 증빙자료 [예시: 임가공비 전표 등]	• 임가공(유상사급/무상사급) 사실 확인	‣ 임가공에 해당하는 경우 그 증빙자료 제출 요청
	• 미소기준 충족 여부 증빙자료 [예시: 비원산지재료의 가격·중량이 기재된 BOM, 계산내역 등]	• 미소기준(최소허용기준) 적용의 적정성 여부 확인	‣ 미소기준을 적용한 경우 미소기준비율 산출내역과 그 증빙자료 제출 요청
판매 단계	• 검증대상물품의 판매증빙자료 [예시: 계약서, 수출신고필증, 송품장(Invoice), 선하증권(B/L), 항공화물운송장(AWB), 포장명세서(Packing List), 검역증, 대금영수증빙(신용장 등)]	• 검증대상물품의 판매사실, 판매처, 품명·규격·HS 등 확인	‣ 검증대상물품 판매 관련 증빙자료 제출 요청
	• 검증대상물품의 원산지증빙자료 [예시: 원산지증명서·작성대장, 원산지소명서, 서명카드]	• 검증대상물품의 원산지, 기록보관규정 준수 여부 확인	‣ 검증대상물품의 원산지증빙자료 제출 요청
	• 검증대상물품 판매 관련 회계증빙자료 [예시: 매출전표(A/R), 판매원장, ERP시스템 출력자료]	• 판매증빙과의 일치성 확인 (판매목록, 단가, 판매처 등)	‣ 검증대상물품의 판매와 관련된 회계증빙자료 제출 요청

4. 역내가치기준(부가가치기준) 요구자료

구분	요구자료명	요구사유 및 확인할 사항	질의사항
원재료 구매 단계	① 수입 원재료 • 원재료 구매자료 [예시: 계약서, 수입신고필증, 송품장(Invoice), 선하증권(B/L), 포장명세서(Packing List), 대금지급자료 등]	• 원재료의 구매사실 확인 • 원재료의 구매처 확인 • 원재료의 가격 확인	‣ 원재료 구매자료 제출 요청

구분	증빙자료	확인사항	요청사항
원재료 구매 단계	• 원재료의 원산지증빙자료 [예시: 원산지증명서(C/O)]	• 원재료의 원산지, 기록보관 규정 준수 여부 확인	• 원재료의 원산지 증빙자료 제출 요청
	② 국내 조달 원재료 • 원재료 구매자료 [예시: 계약서, 거래명세서, 세금계산서, 구매확인서, 납품서, 입고증, 기납증, 분증, 내국신용장 등] • 원재료의 원산지증빙자료 [예시: 원산지확인서, 국내제조확인서]	• 원재료의 구매사실 확인 • 원재료의 구매처(원산지) 확인 • 원재료의 품목분류(HS)부호 확인 • 원재료의 원산지, 기록보관 규정 준수 여부 확인	• 원재료 구매증빙자료 제출 요청 • 원재료의 원산지증빙자료 제출 요청
	• 원재료 구매 관련 회계증빙자료 [예시: 구매원장, 자재원장, 구매전표, 구매비용전표, ERP 시스템 출력자료]	• BOM의 정확성 확인 • 구매증빙자료와의 일치성(구매목록, 공급처 등) 확인	• 원재료의 구매와 관련된 회계증빙자료 제출 요청
생산 단계	• 제조공정 설명자료 [예시: 제조공정도, 작업지시서, 공정이동표]	• 실제 제조 여부(지시자, 작업자, 작업부서) 확인 • 공정내역, 가공순서, 제조일자, 불인정공정 이상 공정 수행 여부 확인	• 제조공정을 설명할 수 있는 자료 제출 요청
	• 원재료 내역 증빙자료 [예시: BOM, 철강재의 경우 Mill Sheet 등]	• 원재료의 부품번호(코드), 품명, 규격, 소요량, 공급처, 원산지, HS 등 확인 • 제조공정도와의 연계성 확인	• 검증대상물품의 원재료 내역을 증빙할 자료 제출 요청
	• 검증대상물품 생산 관련 회계증빙자료 [예시: 원재료/제품수불부, 노무비·제조간접비·기타경비·이윤내역, ERP 출력자료]	• 원재료의 입출고 내역, 소요량, 금액(단가) 확인 • 생산증빙과의 일치성 확인 • 생산에 투입된 원재료 가격의 정확성 확인	• 검증대상물품의 생산과 관련된 회계증빙자료 제출 요청
	• 임가공증빙자료 [예시: 임가공거래계약서, 작업지시서, 임가공비지불증빙, 납품서, 국내제조확인서 등] • 유상사급 증빙자료 [예시: 구매전표, 구매원장, 매입처원장, 매출전표, 판매원장, 수불부 등] • 무상사급 증빙자료 [예시: 임가공비 전표 등]	• 임가공(유상사급/무상사급) 사실 확인	• 임가공에 해당하는 경우 그 증빙자료 제출 요청

판매 단계	• 검증대상물품의 판매증빙자료 [예시: 계약서, 수출신고필증, 송품장(Invoice), 선하증권(B/L), 항공화물운송장(AWB), 포장명세서(Packing List), 검역증, 대금영수증빙(신용장 등)]	• 검증대상물품의 판매사실, 판매처, 품명 · 규격 · HS 등 확인	‣ 검증대상물품 판매 관련 증빙자료 제출 요청
	• 검증대상물품의 원산지기준 충족 증빙자료 [예시: 역내가치산출표, 원산지증명서 · 작성대장, 원산지소명서, 서명카드]	• 검증대상물품의 원산지, 기록보관규정 준수 여부 확인	‣ 검증대상물품의 원산지 기준 충족 증빙자료 제출 요청
	• 검증대상물품 판매 관련 회계증빙자료 [예시: 매출전표(A/R), 판매원장, 판매부대비용전표(운임 · 보험료 · 통관수수료), 표준원가정책, 실제원가결산자료, ERP시스템 출력자료]	• 판매증빙과의 일치성 확인(판매목록, 단가, 판매처 등)	‣ 검증대상물품의 판매와 관련된 회계증빙자료 제출 요청

5. 가공공정기준 요구자료

구분	요구자료명	요구사유 및 확인할 사항	질의사항
원재료 구매 단계	• 공정별 원재료 구매증빙자료 [예시: 거래명세표, 원재료 수불부, 발주서, 원단재고목록, 인수증, 납품명세서, 재고관리대장, 생산관리대장]	• 원재료의 구매사실 확인 • 원재료의 구매처 확인 • 원재료의 품명, 규격, 수량 확인	‣ 공정별 원재료 구매증빙자료 제출 요청
	• 원재료의 원산지증빙자료 [예시: 원산지증명서(C/O)]	• 원재료의 원산지, 기록보관규정 준수 여부 확인	‣ 원재료의 원산지증빙자료 제출 요청
	• 원사(Yarn)의 원산지 및 구매증빙자료 [예시: 원산지확인서, 구매관련자료(거래명세서, 세금계산서 등)]	• 원사기준 원산지판정방식(Yarn-forward)일 경우, 원재료인 원사의 원산지 확인	‣ 원사(Yarn)의 원산지 및 구매 증빙자료 제출 요청
	• 직물(Fabric)의 원산지 및 구매증빙자료 [예시: 원산지확인서, 구매관련자료(거래명세서, 세금계산서 등)]	• 직물기준 원산지판정방식(Fabric-forward)일 경우, 원재료인 직물(원단)의 원산지 확인	‣ 직물(Fabric)의 원산지 및 구매증빙자료 제출 요청

원재료 구매 단계	• 재단・봉제(cut and sew)공정을 위한 원재료의 원산지 및 구매증빙자료 [예시: 원산지확인서, 구매관련자료(거래명세서, 세금계산서 등)]	• 재단・봉제기준 원산지판정방식(cut and sew)일 경우, 원재료인 직물(원단)의 원산지 확인	‣ 직물(fabric)의 원산지 및 구매증빙자료 제출 요청
생산 단계	• 원재료 내역 증빙자료 [예시: BOM]	• 원재료의 부품번호(코드), 품명, 규격, 소요량, 공급처, 원산지, HS 등 확인 • 제조공정도와의 연계성 확인	‣ 검증대상물품의 원재료 내역을 증빙할 자료 제출 요청
	• 가공공정별 설명자료 [예시: 생산공정도(Flow Chart), 공정설명서, 공정사진, 국내제조확인서, 작업지시서, 생산일지, 생산관리대장, 입출고・재고관리대장]	• 공정의 순서 및 충분 가공 여부 확인 • 공정 수행 지역, 수행자(생산자) 확인 • 투입된 원재료와 생산된 상품의 규격・수량의 적정성 확인	‣ 가공공정의 개괄적 설명자료 요청 ‣ 공정의 각 단계별 수행주체(업체) 설명자료 요청 ‣ 원재료와 생산량의 적정성 확인자료 요청
	• 임가공증빙자료 [예시: 임가공거래계약서, 작업지시서, 임가공비지불증빙, 납품서, 국내제조확인서 등]	• 임가공, 외주가공이 있을 경우, 실제 생산주체 확인	‣ 임가공, 외주가공이 있었을 경우 계약 및 거래 증빙자료 제출 요청
판매 단계	• 검증대상물품의 판매증빙자료 [예시: 계약서, 수출신고필증, 송품장(Invoice), 선하증권(B/L), 항공화물운송장(AWB), 포장명세서(Packing List), 대금영수증빙(신용장 등)]	• 검증대상물품의 판매사실, 판매처, 품명・규격・HS 등 확인	‣ 검증대상물품 판매 관련 증빙자료 제출 요청
	• 검증대상물품의 원산지증빙자료 [예시: 원산지증명서・작성대장, 원산지소명서, 서명카드]	• 검증대상물품의 원산지, 기록보관규정 준수 여부 확인	‣ 검증대상물품의 원산지증빙자료 제출 요청
	• 검증대상물품 판매 관련 회계증빙자료 [예시: 매출전표(A/R), 판매원장, ERP시스템 출력자료]	• 판매증빙과의 일치성 확인(판매목록, 단가, 판매처 등)	‣ 검증대상물품의 판매와 관련된 회계증빙자료 제출 요청

조사대상자는 협정에서 달리 정하는 경우를 제외하고 원산지 증빙자료 제출 요청을 받은 날부터 30일 이내에 해당 자료를 제출하여야 한다. 다만, 부득이한 사유로 기한 내에 자료를 제출할 수 없는 경우에는 조사 통지를 받은 날부터 15일 이내

에 1회에 한하여 30일을 초과하지 않는 범위 내에서 자료제출기한 연기신청서를 제출할 수 있다. 세관장이 연기신청을 받은 때에는 그 승인 여부 및 연장기한을 '자료제출 기한 연기신청 결정통지서'로 통지한다. 세관장이 제출받은 자료가 미비한 때는 5일 이상 30일 이내의 기간을 정해 원산지증명서류 보완요구서로 보완을 요구할 수 있다.

4) 체약상대국 조사대상자에 대한 조사

세관장이 수입자를 대상으로 국내조사를 실시한 결과 필요하다고 인정하는 경우 국내조사를 완료한 날부터 30일 이내에 관세청장의 승인을 받아 체약상대국 검증기관에 원산지증빙서류의 진위 여부와 그 정확성 등에 대한 확인 요청을 하거나(협정에 간접검증만 허용되는 경우) 수출자, 생산자, 또는 해당 물품의 생산에 사용된 재료를 공급하거나 생산한 자를 대상으로 서면조사를 할 수(협정에 직접검증만이 허용되거나, 간접검증과 직접검증이 모두 허용되는 경우) 있다(영 제16조 및 훈령 제61조, 훈령 제65조).

세관장은 관세청장의 승인을 받은 경우 체약상대국의 관세당국 등에 다음 각 호의 서류를 첨부하여 국제 간접조사를 요청한다. 이 경우 국제특급우편(EMS) 및 전자우편(e-Mail)으로 국제 간접조사 요청서를 발송한다.

① 국제 원산지 간접조사 본청 대표 서한문

② 국제 원산지 간접조사 요청 서한문 및 질문서

③ 원산지증빙서류 사본

④ 국제 간접조사 요청 목록(원산지증빙서류가 다수일 경우)

세관장은 협정에서 정하는 바에 따라 공동조사 등을 하고자 하는 경우에는 관세청장의 승인을 받아 체약상대국의 관세당국에 요청한다. 이러한 참관 등은 체약상대국의 관세당국이 서면 또는 전자우편(e-Mail)으로 동의하는 경우에 가능하다. 관세청장은 체약상대국의 관세당국으로부터 동의를 받은 경우 참관 등의 절차, 일정 및 방법에 대한 사전협의와 참관팀을 구성할 수 있다.

세관장이 직접적으로 해외 현지조사를 하고자 할 때에도 '국제현지방문조사계획서'를 관세청장에게 제출하여 승인을 받아야 한다. 승인과정에서 관세청장은 조사팀의 구성과 조사일정, 조사대상자 및 조사대상 범위를 조정할 수 있다. 국제현지조사팀은 3명 이상 6명 이내의 인원으로 편성하고, 팀장은 5급 이상으로 한다(훈령 제68조). 세관장이 체약상대국의 조사대상자를 대상으로 직접 현지조사를 하는 경우에는 그 조사를 시작하기 전에 체약상대국의 조사대상자에게 조사 사유, 조사 예정기간 등을 통지하여 동의를 받아야 한다(법 제17조 제2항). 통지를 받은 체약상대국의 조사대상자는 관세청장 또는 세관장이 통지한 예정 조사기간에 조사를 받기가 곤란한 경우에는 그 통지를 한 관세청장 또는 세관장에게 조사의 연기를 신청할 수 있다. 만일 체약상대국의 조사대상자가 30일 이내에 그 동의 여부를 통보하지 아니하거나, 통보를 하였지만 동의하지 아니한 경우에는 현지조사를 할 수 없다(법 제17조 제4항 및 규칙 제23조 제3항).[6)]

관세청장 또는 세관장이 체약상대국의 조사대상자를 대상으로 서면조사 또는 현지조사를 할 때에는 수입자 및 체약상대국의 관세당국에 그 사실을 서면으로 통지하여야 한다. 이 경우 체약상대국의 관세당국에 대한 통지는 협정에서 정하는 경우에만 한다. 관세청장 또는 세관장이 현지조사를 하려면 조사를 시작하기 30일 전까지 조사대상자에게 다음 각 호의 사항을 통지하여야 한다(규칙 제23조).

① 조사대상자

② 조사대상 수출입물품

③ 조사예정기간 및 조사방법

④ 조사이유

⑤ 조사할 내용

⑥ 조사의 법적 근거

⑦ 조사에 대한 동의 여부 및 조사동의서 제출기한(조사에 동의하지 아니하거나 조사동의서 제출기한 이내에 동의 여부를 통보하지 아니하는 경우의 조치예정사항을 포함한다)

⑧ 조사기관, 조사자의 직위 및 성명

⑨ 그 밖에 관세청장 또는 세관장이 필요하다고 인정하는 사항

6) 이 경우 세관장은 당연히 협정관세 적용이 배제되므로 해당 물품의 수입자에게 협정관세를 적용하지 아니할 경우의 관세액과 협정관세 적용에 따른 관세액의 차액과 가산세를 부과하게 된다.

5) 조사의 연기신청

현지조사의 연기를 신청하려는 자는 조사연기신청서를 현지조사에 관한 사전통지를 받은 날부터 15일 이내에 그 통지를 한 관세청장 또는 세관장에게 제출하여야 한다(영 제12조). 현지조사의 연기신청은 1회만 할 수 있다. 이 경우 조사를 연기할 수 있는 기간은 사전통지를 받은 날부터 60일을 초과할 수 없다. 관세청장 또는 세관장은 조사의 연기를 승인할 때에는 그 사실을 조사대상자와 체약상대국의 관세당국에 통지하여야 한다. 다만, 체약상대국의 관세당국에 대한 통지는 협정에서 정하는 경우에만 한다.

■ 자유무역협정의 이행을 위한 관세법의 특례에 관한 법률 시행규칙 [별지 제32호 서식]

조사연기신청(승인)서
Application for(Approval of) Deferment of Verification Visit

<table>
<tr><td colspan="3">※ 세관기재란(For Official Use Only)</td></tr>
<tr><td colspan="3">승인번호(Approval No.)</td></tr>
<tr><td rowspan="3">신청인
(Applicant)</td><td>상호(Name of Company)</td><td>전화번호/팩스번호(Tel/Fax)</td></tr>
<tr><td>대표자 성명(Name of Representative)</td><td>전자우편주소(E-mail)</td></tr>
<tr><td colspan="2">주소(Address)</td></tr>
<tr><td>연기(희망)기한
(A Desired Period of Deferment)</td><td colspan="2">(yyyy/mm/dd ~ yyyy/mm/dd)</td></tr>
<tr><td>연기승인(신청)이유
(Reason of Application)</td><td colspan="2"></td></tr>
<tr><td colspan="3">주의사항 (Notice)</td></tr>
<tr><td colspan="3">현지조사 연기의 신청은 현지조사 통지의 접수일로부터 60일을 초과하지 않는 기간에 일회에 한하여 신청 가능합니다.
Application for deferment applies only once and the period of deferment shall not exceed 60 days from the date of acceptance of verification visit notice.</td></tr>
<tr><td colspan="3">'자유무역협정의 이행을 위한 관세법의 특례에 관한 법률' 제17조 제3항 규정에 의하여 현지조사연기를 신청하오니 승인하여 주시기 바랍니다.
I hereby apply for a deferment of verification visit in accordance with Article 17.3 of 「The Act on Special Cases of the Customs Act for the Implementation of Free Trade Agreements」.

신청일(Application Date): (yyyy/mm/dd)
신청인 성명(Applicant's Name): 서명 또는 인(Signature)
관세청장
○○세관장 귀하
ATTN: Commissioner of Korea Customs Service / Head of ○○ Customs</td></tr>
</table>

자르는 선

승인번호 (Approval No.)	

위 현지조사기간 현지조사연기신청을 승인합니다.
The above application for deferment of verification visit has been approved.

승인일(Approval Date): (yyyy/mm/dd)

관세청장
○○세관장 (직인)
Commissioner of Korea Customs Service (seal)
Head of ○○ Customs

210mm×297mm[백상지 80g/㎡(재활용품)]

6) 조사 시 전문가의 조력

원산지확인에 필요한 현지조사를 받는 조사대상자는 변호사나 관세사를 조사에 참관하게 하거나 의견을 진술하게 할 수 있다(법 제17조 제8항). 이는 조사대상자의 권익을 보호할 수 있도록 하기 위함이다. 관세법에도 관세조사 시 전문가의 조력을 받을 수 있는 규정을 두고 있지만(법 제112조), 조사대상자가 외국에 소재한 수출자와 생산자도 포함되기 때문에 FTA관세특례법에도 별도의 규정을 둔 것이다. 전문가의 조력을 받을 권리는 헌법 제12조 제4항 본문의 '누구든지 체포 또는 구속을 당한 때에는 즉시 변호인의 조력을 받을 권리를 가진다'는 규정과, 이에 근거한 체포·구속된 피의자의 변호인접견교통권과 동일한 취지의 권리다. 즉, 원산지조사를 받는 자가 과세관청과 대등한 지위에서 조사를 받을 수 있도록 보장함으로써 관세법 등 법률에 대한 전문지식의 결여로부터 오는 불이익을 보완할 수 있도록 한 것이다.

형사소송법상 변호사의 접견교통권은 피의자를 접견하고 서류 또는 물건을 수수할 수 있는 수준지만 FTA관세특례법이나 관세법에 규정된 전문가 조력규정은 조사에 입회하고 피조사자를 대신하여 의견을 진술할 수 있는 권리까지 허용되어 있기 때문에 권익보호 측면에서 진일보한 면이 있다.

7) 조사결과의 통지

관세청장 또는 세관장이 서면조사 또는 현지조사를 마치면 그 결과를 통지해야 한다. 조사결과와 그에 따른 결정내용은 협정에서 달리 정하지 않는 한 서면조사 또는 현지조사를 완료한 날부터 30일(아세안회원국과의 협정 제15조 및 인도와의 협정 제4.12조에 따른 현지조사 결과의 통지는 현지 방문일부터 6개월) 이내에 조사대상자(체약상대국의 조사대상자가 생산 또는 수출한 물품을 수입한 자를 포함한다) 및 체약상대국의 관세당국에 서면으로 통지하여야 한다. 이 경우 체약상대국의 관세당국에 대한 통지는 협정에서 정하는 경우에만 한다(법 제17조 제6항, 규칙 제25조). 원산지조사를 한 경우 그 조사결과를 통지하도록 한 것은 한편으로는 원산지조사로 인해 불안한 상태에 빠져 있는 피조사대상자의 권익을 보호하기 위한 것이지만 다른 한편으로는 피조사대상자가 조사결과를 살펴본 다음 이의제기를 할 수 있도록 하기 위해서이다.

8) 조사결과에 대한 이의제기

조사결과에 대한 관세청장 또는 세관장의 통지내용에 이의가 있는 조사대상자는 조사결과를 통지받은 날부터 30일 이내에 관세청장 또는 세관장에게 이의를 제기할 수 있다. 체약상대국의 조사대상자가 생산 또는 수출한 물품을 수입한 자도 마찬가지로 이의를 제기할 수 있다(법 제17조 제7항). 이러한 이의는 조사결과에 따른 처분이 있기 전 단계에서 조사결과 자체에 대해 제기하는 것으로, 협정관세의 배제와 같은 세관장의 구체적인 처분에 불복하여 제기하는 이의신청이나 심사청구 또는 심판청구와는 다른 것이다. 따라서 제기된 이의를 관세심사위원회와 같이 별도로 설치된 행정위위원회 등의 심의를 거쳐 결정하는 것은 아니고, 조사를 실시한 세관 또는 관세청에서 이를 검토하여 그에 대한 수용 여부를 결정한다.

원산지에 관한 조사결과에 대하여 이의를 제기하고자 하는 자는 이의제기신청서에 이의제기내용을 확인할 수 있는 자료를 첨부하여 관세청장 또는 세관장에게 제출하여야 한다. 관세청장 또는 세관장이 이의제기를 받은 때에는 이를 심사하여 이의제기를 받은 날부터 30일 이내에 그 결정내용을 상대방에게 통지하여야 한다. 관세청장이나 세관장은 만일 이의제기의 내용이나 절차가 적합하지 아니하거나 보정할 수 있다고 인정되는 때에는 20일 이내의 기간을 정하여 보정하여 줄 것을 요구할 수 있다. 다만, 보정할 사항이 경미한 때에는 직권으로 보정할 수도 있다. 이러한 보정기간은 30일이라는 심사결정기간에 산입하지 아니한다. 관세청장 또는 세관장이 보정을 요구할 때에는 다음 각 호의 사항을 기재한 문서로써 하여야 한다(영 제15조 제5항).

① 보정할 사항

② 보정을 요구하는 이유

③ 보정할 기간

④ 그 밖에 필요한 사항

■ 자유무역협정의 이행을 위한 관세법의 특례에 관한 법률 시행규칙 [별지 제33호 서식]

원산지조사결과 이의제기서
Protest for Origin Verification Result

※ 세관기재란(For official use only)		
접수번호 (Receipt No.)	접수일 (Date of receipt)	처리기간(Processing Period) 30일(30days)

이의제기인 (Protester)	성명(Full Name)	전화번호(Tel)
	주소(Address)	전자우편주소(E-mail)
조사결과 (Verification Result)	조사결과통지서 수령일(Date of Receipt of Verification Result Notice) (yyyy/mm/dd)	
	조사결정 내용(Brief Details of Determination of Verification)	
이의제기 (Protest)	이의제기 요지(Summary of Protest)	
	이의제기 내용(Details of Protest)	

'자유무역협정의 이행을 위한 관세법의 특례에 관한 법률' 제17조 제7항에 따라 위와 같이 원산지조사결과에 대한 이의를 제기합니다.
I hereby protest for origin verification result in accordance with Article 17.7 of 「The Act on Special Cases of the Customs Act for the Implementation of Free Trade Agreements」.

이의제기일(Date): 년 월 일(yyyy/mm/dd)

이의제기인 성명(Protester's Name): 서명 또는 인(Signature)

관세청장 / ○○세관장 귀하
ATTN: Commissioner of Korea Customs Service / Head of ○○ Customs

자르는 선

접수번호 (Receipt No.)	

위와 같이 이의제기를 접수하였습니다.
The above protest has been received.

접수일(Receipt Date): 년 월 일(yyyy/mm/dd)

관세청장 / ○○세관장 (직인)
Commissioner of Korea Customs Service (seal)
Head of ○○ Customs

210mm×297mm[백상지 80g/㎡(재활용품)]

4 수출물품에 대한 원산지조사

1) 조사의 개시

수출물품에 대해서도 원산지조사를 할 수 있는데, 원산지조사에 관한 훈령에는 관세청장이 다음 각 호의 어느 하나에 해당하는 경우 수출물품에 대한 원산지조사를 세관장에게 지시할 수 있다고 규정하고 있다(훈령 제32조).

① 체약상대국의 관세당국으로부터 원산지증빙서류의 진위 여부와 그 정확성 등에 대해 확인(정보제공 및 이의제기를 포함한다)을 요청받은 경우
② 체약상대국의 관세당국으로부터 원산지 공동조사를 요청받은 경우
③ 수출물품에 대해 원산지 위반 혐의 등을 인지한 경우
④ 감사원, 검찰, 경찰 등 정부기관에서 원산지 위반 혐의에 대한 정보를 제공하거나 원산지조사를 요청한 경우
⑤ 수출물품의 원산지 위반 혐의에 대한 외부기관 및 외부인의 신뢰할 만한 제보가 있는 경우

세관장은 관세청장으로부터 지시를 받거나 수출물품 원산지증빙서류의 오류 및 원산지 위반 혐의를 인지하거나 감사원, 검찰, 경찰 등 정부기관에서 원산지 위반 혐의에 대한 정보를 제공하거나 원산지조사를 요청한 경우, 또는 수출물품의 원산지 위반 혐의에 대한 외부기관 및 외부인의 신뢰할 만한 제보가 있는 경우에는 원산지조사에 착수할 수 있다.

체약상대국의 관세당국이 협정에서 정하는 범위에서 우리나라의 수출자 · 생산자를 대상으로 수출물품에 대한 원산지확인에 필요한 현지조사를 하는 경우에는(직접검증을 실시하는 경우다) 그 조사를 시작하기 전에 조사대상자에게 조사사유, 조사예정기간 등을 통지하여 조사대상자의 동의를 받아야 한다(법 제20조 제1항). 현지조사를 받는 조사대상자는 변호사 또는 관세사를 조사에 참관하게 하거나 의견을 진술하게 할 수 있다(법 제20조 제2항).

2) 조사방법

관세청장 또는 세관장이 수출물품에 대한 원산지 또는 협정관세 적용의 적정 여부 등에 대한 확인에 필요한 조사를 하는 때에는 서면조사의 방법으로 한다(영 제11조). 다만, 서면조사결과 원산지증빙서류의 진위 여부와 그 정확성 등을 확인하기 곤란하여 직접 확인할 필요가 있는 때에는 추가로 현지조사를 할 수 있다. 그러나 관세청장 또는 세관장은 조사대상자의 특성상 현지조사가 필요하다고 판단되는 경우에는 서면조사에 앞서 현지조사를 할 수 있다. 관세청장 또는 세관장이 서면조사를 하려는 때에는 다음 각 호의 사항을 조사대상자에게 미리 통지하여야 한다(규칙 제22조 제1항).

① 조사대상자 및 서면조사기간
② 조사대상 수출입물품
③ 조사이유
④ 조사할 내용
⑤ 조사의 법적 근거
⑥ 제출서류 및 제출기한
⑦ 조사기관, 조사자의 직위 및 성명
⑧ 그 밖에 관세청장이 필요하다고 인정하는 사항

관세청장 또는 세관장이 서면조사의 통지를 할 때에는 조사대상자에게 수입물품에 대한 조사의 경우와 마찬가지로 원산지결정과 관련되는 질문서 또는 원산지소명서의 작성 · 제출을 요구할 수 있다(규칙 제22조 제2항). 조사대상자가 제출한 서류가 미비한 때에는 5일 이상의 기간을 정하여 보정을 요구할 수 있다(규칙 제22조 제3항).

3) 조사결과의 통지

관세청장 또는 세관장은 체약상대국의 관세당국으로부터 수출물품에 대한 원산지의 조사요청이 있는 경우에는 [표 13-4]의 구분에 따른 기간 내에 조사를 실시하고 그 결과를 통지하여야 한다(영 제13조 제1항).[7] 이러한 회신기한은 각 협정에 규정되어 있는 것으로, 기한 내에 회신하지 아니할 경우 조사요청을 한 체약상대국은 우리나라에서 수출된 물품에 대해 협정관세 적용을 배제하게 된다.

표 13-4 우리나라 수출물품에 대한 원산지조사요청에 대한 조사결과 통지시한

해당 FTA	조사결과 통지시한
EFTA	조사요청일부터 15개월
아세안	조사요청을 접수한 날부터 2개월. 다만, 아세안회원국의 관세당국과 협의하여 아세안회원국과의 협정 부속서 3 부록 1 제14조 제1항 라목에 따라 해당 조사요청을 접수한 날부터 6개월의 범위에서 그 기간을 연장할 수 있음
인도	조사요청을 접수한 날부터 3개월. 다만, 인도의 관세당국과 협의하여 인도와의 협정 제4.11조 제1항 라목에 따라 해당 조사요청을 접수한 날부터 6개월의 범위에서 그 기간을 연장할 수 있음
EU	조사요청일부터 10개월
페루	조사요청을 접수한 날부터 150일
터키	조사요청일부터 10개월
콜롬비아	조사요청일부터 150일
베트남	조사요청을 접수한 날의 다음 날부터 6개월
중국	조사요청을 접수한 날부터 6개월
중미국가	조사 요청을 접수한 날의 다음 날부터 150일
영국	조사 요청일부터 10개월

조사결과의 통지는 다음 각 호의 사항이 기재된 조사결과서를 송부하는 방법으로 한다. 이 경우 관세청장이 필요하다고 인정하는 경우에는 조사대상자로부터 제출받은 원산지증빙서류 사본(조사대상자의 동의를 받은 경우로 한정한다)을 함께 송부할 수 있다(영 제13조 제2항).

① 조사요청국가 및 조사요청서 접수일자

② 조사대상자 및 조사기간

③ 조사대상 수출물품

④ 조사내용 및 조사결과(원산지의 적정 여부, 판단이유 및 적용법조를 포함한다)

7) 수입물품에 대해 관세청장이나 세관장이 한 원산지조사 요청에 대해 협정체약국 관세당국이 협정에서 정한 시한 내에 검증결과를 회신하지 아니한 경우에는 우리나라에서 협정관세의 적용을 배제한다.

⑤ 조사의 법적 근거
⑥ 조사기관 및 조사자의 직위 및 성명
⑦ 그 밖에 협정에서 정하고 있는 사항 및 조사를 요청한 관세당국이 요구한 사항

4) 미국의 요청에 따른 섬유 관련 물품에 대한 원산지조사 등

관세청장은 미국과의 협정 제4.3조 제3항에 따라 미국에 수출된 섬유 관련 물품에 대하여 미국의 관세당국으로부터 수출물품에 대한 원산지의 조사를 요청받았을 때에는 요청받은 날부터 6개월 이내에 원산지 등에 대한 조사를 완료하여야 한다(영 제14조 제1항). 관세청장은 조사를 완료하였을 때에는 관련 증빙자료 등을 포함하여 조사결과서를 미국의 관세당국에 통지하여야 한다. 관세청장이 원산지 등에 대한 조사를 할 때 미국의 관세당국으로부터 미국과의 협정 제4.3조 제6항에 따른 원산지검증요청(공동 현장방문 및 미국의 검증지원요청을 포함한다)이 있는 경우에는 특별한 사정이 없으면 이를 허락하여야 한다. 관세청장은 미국과의 협정 제4.3조 제6항에 따라 공동 현장방문을 할 때에는 관세법시행령 제139조(관세조사의 사전통지)에 따른 사전통지 없이 현장에서 조사통지를 할 수 있다.[8] 이 경우 조사대상자가 미국 관세당국의 현지조사에 동의하지 아니하는 경우에는 현지조사를 할 수 없다. 현지조사가 불가능할 경우 미국 관세당국은 해당 물품에 대해 협정관세 적용을 배제하게 될 것이다.

8) 이와 관련한 한-미 FTA의 관련 조항(제4.3조 제6항)의 내용은 다음과 같다. "… 수출당사국은 자국의 권한 있는 당국을 통하여 그 검증을 지원하는 것을 허락한다. 그러한 모든 방문은 수출자, 생산자 또는 그 밖의 당사자에게 사전통보 없이 이루어져야 한다(자국공무원이 그 당사자에게 사전통보를 제공한 경우 검증목적이 달성되지 아니할 것으로 추정한다). 수출당사국은 방문시점에 그 당사자로부터 현장방문의 수행에 대한 허락을 구한다." 이와 같이 사전통보를 엄격하게 제한하고 있는 것은 사실과 다른 증빙자료를 미리 조작해 둘 가능성을 차단하기 위한 것으로 한-미 FTA에서 섬유와 관련해서만 규정되어 있는 사항이다.

Chapter

14

Free Trade Agreement

FTA 이해와 활용

FTA

통관절차의 특례와 FTA 이행관리

1. 통관절차의 특례
2. 일시수입물품에 대한 관세의 면제
3. 상호협력
4. 비밀유지의무
5. 권한의 위임
6. 불복의 신청
7. 벌칙

Chapter

14. 통관절차의 특례와 FTA 이행관리

1 통관절차의 특례

관세청장은 협정에서 정하는 범위에서 체약상대국으로부터 수입되는 물품에 관하여 신속하고 간이한 통관절차를 적용할 수 있다(법 제29조). 관세법에 규정된 간이통관절차는 규정된 통관절차 중 일부나 전부를 생략하는 것으로 수입신고 및 납세신고를 생략하는 방법, 이러한 신고는 하되 첨부서류를 생략하는 방법, 수입신고 및 납세신고를 하되 기재사항의 일부를 생략하는 방법 등이 있다. FTA 관세특례법상 간이통관절차가 적용되는 것은 미합중국으로부터 수입되는 미화 200달러 이하의 특송물품이다(영 제35조).[1]

1) 관세법 제254조의2 및 동법시행규칙 제79조의2(탁송품의 특별통관)에는 자가사용물품 또는 면세되는 상용견품 중 물품가격이 미화 150달러 이하인 물품은 통관목록을 제출함으로써 수입신고를 생략할 수 있도록 규정하고 있다.

2 일시수입물품에 대한 관세의 면제

1) 면세대상물품

체약상대국에서 수입되는 것으로 재수출물품, 수리 또는 개조를 위해 수출입하는 물품, 상용견품(商用見品)이나 광고용품 등에 대해서는 다음과 같이 협정에서 정하는 범위에서 그 원산지에 관계없이 관세를 면제할 수 있다(법 제30조).

(1) 재수출물품의 면세

수입신고의 수리일부터 1년의 범위 안에서 세관장이 일시수입거래계약서 등 관련 서류, 수입사유, 당해 물품의 상태·내용연수 및 용도 등을 고려하여 인정하는 기간[2] 내에 다시 수출하기 위하여 일시적으로 수입하는 물품으로서 칠레·페루·미합중국·캐나다와의 협정에 따라 해당 체약상대국으로부터 수입되는 물품에 대해는 관세를 면제한다. 다만, 호주와의 협정에 따라 관세가 면제되는 물품은 다음 각 호 중 제6호의 물품에 한정한다(규칙 제30조 제1항).

① 언론장비, 텔레비전 방송용 장비, 소프트웨어, 방송·영화 촬영 장비 등 일시 입국하는 사람의 영업활동, 거래 또는 직업 수행에 필요한 전문장비
② 전시 또는 시연을 위한 물품(구성부품, 보조기구와 부속품을 포함한다)
③ 운동경기용 물품(시범용 및 훈련용 물품을 포함한다)
④ 상용견품
⑤ 물품 또는 용역을 판매하거나 임대하기 위하여 그 성질·작동 등을 보여주는 시연용 영상 또는 음향 기록매체. 다만, 일반대중을 위한 방송용은 제외한다.
⑥ 수리 또는 개조를 위한 물품

재수출물품으로서 면세대상이 되려면 다음 각 호의 요건을 모두 충족하여야 한다. 다만, 수리 또는 개조를 위한 물품은 이러한 요건 충족이 요구되지 않는다(규칙 제30조 제2항).

2) 이 경우 세관장은 부득이한 사유가 있다고 인정되는 때에는 1년의 범위에서 그 기간을 연장할 수 있다(영 제36조).

① 체약상대국의 국민 또는 체약상대국에 거주하는 자(칠레 · 캐나다로부터 수입되는 물품은 칠레 · 캐나다의 국민 또는 칠레 · 캐나다에 거주하는 자가 해당 물품을 반입하는 자여야 한다)의 영업활동, 거래 또는 직업 수행에 필요한 범위에서 사용되거나 직접적인 감독하에서 사용될 것
② 우리나라에서 판매 또는 임대되지 아니할 것
③ 재수출될 때까지 다른 물품과의 식별이 가능할 것
④ 사용목적을 고려하여 세관장이 타당하다고 인정하는 합리적인 수량 이내일 것

(2) 수리 또는 개조 등을 위해 수출입하는 물품의 면세

수리 또는 개조 등을 할 목적으로 칠레 · 페루 · 미합중국 · 호주 · 캐나다 · 콜롬비아 · 뉴질랜드 및 베트남과의 협정에 따라 수리 또는 개조를 위하여 해당 체약상대국으로 수출하였다가 다시 수입하는 물품에 대해서는 관세를 면제할 수 있다. 여기에서 말하는 '수리 또는 개조'의 범위에는 다음 각 호의 어느 하나에 해당하는 경우를 제외한다(규칙 제30조 제4항).

① 물품의 본질적인 특성을 파괴하거나 새로운 물품 또는 상업적으로 다른 물품을 생산하는 작업이나 과정
② 미완성 상태의 물품을 완성품으로 생산 또는 조립하는 작업이나 과정

수리 또는 개조 등을 할 목적으로 수출되었다가 수입되는 물품이라 하더라도 다음 각 호의 어느 하나에 해당하는 경우에는 관세를 면제하지 않는다(법 제8조 제2항).

① 관세법 또는 환급특례법에 따른 환급을 받은 경우
② 보세가공물품 또는 장치기간(藏置期間) 경과물품을 재수출 조건으로 매각함에 따라 관세가 부과되지 아니한 경우

(3) 상용견품이나 광고용품의 면세

칠레 · 페루 · 미합중국 · 호주 · 캐나다 · 콜롬비아 · 뉴질랜드 · 베트남 및 중국과의 협정에 따라 해당 체약상대국에서 수입되는 다음 각 호의 물품에 대해서는 관세를 면제할 수 있다. 다만, 뉴질랜드와의 협정에 한하여 제1호의 물품 중 담배는 제외하며, 제3호 물품은 미합중국, 콜롬비아 및 뉴질랜드로부터 수입되는 물품으로 한정한다(법 제30조 제1항 제3호, 규칙 제30조 제6항).

① 상용견품. 다만, 견품 이외의 용도로 판매되거나 사용되기에 부적합하도록 천공, 절단 등 견품화 처리가 된 물품 또는 관세법 시행규칙 제45조 제1항 제3호에서 정한 금액인 미화 250달러 이하인 물품[3]으로서 견품으로 사용될 것으로 인정되는 물품에 한정한다.

② 인쇄광고물. 다만, 소책자, 전단지, 상품목록 및 단체 발간 연감 등 품목번호 제49류에 분류되는 것으로서 물품 또는 용역의 판매를 촉진하거나 광고하기 위하여 무료로 제공되는 물품에 한정한다.

③ 미국에서 수입되는 미화 200달러 이하의 특송물품과 콜롬비아 또는 뉴질랜드에서 수입되는 미화 150달러 이하의 특송물품으로 수입신고가 생략되는 물품. 이 경우 물품의 용도 등은 따로 한정되지 않는다.

2) 일시수입물품의 관세면제절차

FTA에 의한 일시수입물품의 관세면제절차는 관세법시행령 제112조(수입신고수리전 관세감면신청 원칙) · 제114조(재수출기간의 연장신청) · 제115조 제1항(세관장의 재수출면세기간 결정) 및 제116조(재수출감면물품의 수출절차)의 규정을 준용한다. 일시수입물품의 관세감면과 관련하여 세관장은 [표 14-1]과 같이 일부 FTA의 일부 물품에 대해 담보를 제공하게 할 수 있다(규칙 제30조 제3항). 이 경우 관세법 제24조(담보의 종류),[4] 제25조(담보의 관세충당)[5] 및 제108조(사후관리)[6] 규정을 준용한다.

---

3) 관세법 제45조는 소액물품으로 면세대상이 되는 물품을 규정하고 있다. 동조 제1항 제3호에는 과세가격이 미화 250달러 이하인 물품으로서 견품으로 사용될 것으로 인정되는 물품을 면세대상으로 규정하였다.

4) 관세법 제24조에서 인정하는 담보의 종류는 금전, 국채 또는 지방채, 세관장이 인정하는 유가증권, 납세보증보험증권, 토지, 보험에 가입된 등기 또는 등록된 건물 · 공장재단 · 광업재단 · 선박 · 항공기 또는 건설기계, 세관장이 인정하는 보증인의 납세보증서 등이다.

5) 담보의 관세충당이란 담보를 제공한 납세의무자가 그 납부기한까지 해당 관세를 납부하지 아니하였을 때 세관장이 법령에 따라 그 담보를 해당 관세에 충당하는 것을 말한다.

6) 사후관리란 법률 · 조약 · 협정 등에 따라 용도세율을 적용받거나 관세의 감면 또는 분할납부를 승인받은 물품에 대해 세관장이 일정기간 동안 해당 조건의 이행 여부를 확인하는 것을 말한다. 만일 해당 조건이 이행되지 아니할 경우 용도세율의 적용이나 감면 또는 분할납부승인은 취소되고 해당 관세는 징수된다.

표 14-1 일시수입물품 중 담보제공이 요구될 수 있는 물품과 담보제공 요구범위

<table>
<tr><th>대상 FTA</th><th>대상물품</th><th>담보제공 요구범위</th></tr>
<tr><td>한-페루,
한-미,
한-콜롬비아,
한-뉴질랜드,
한-베트남,
한-중미</td><td>① 언론장비, 텔레비전 방송용 장비, 소프트웨어, 방송・영화 촬영장비 등 일시 입국하는 사람의 영업활동, 거래 또는 직업 수행에 필요한 전문장비
② 전시 또는 시연을 위한 물품(구성부품, 보조기구, 부속품 포함)
③ 상용견품
④ 물품 또는 용역을 판매하거나 임대하기 위하여 그 성질・작동 등을 보여주는 시연용 영상 또는 음향 기록매체. 다만, 일반대중을 위한 방송용은 제외
⑤ 운동경기용 물품(시범용 또는 훈련용 물품을 포함)</td><td rowspan="3">페루와 칠레의 경우에는 면제되는 세액(내국세 등을 포함)의 100분의 110, 그 이외의 경우에는 100분의 100)을 초과하지 아니하는 범위</td></tr>
<tr><td>한-칠레,
한-캐나다</td><td>위의 ① 내지 ③호에 해당하는 물품(단, 캐나다가 원산지인 물품은 제외)</td></tr>
<tr><td>한-중</td><td>위의 ① 내지 ④호에 해당하는 물품</td></tr>
</table>

3) 용도 외 사용의 제한 등

재수출면세규정에 따라 관세를 면제받은 물품에 대한 용도 외 사용의 제한 등에 관하여는 관세법 제97조(재수출면세) 제2항부터 제4항까지의 규정을 준용한다(법 제30조 제3항). 관세법 제97조에는 용도 외 사용과 관련하여 세관장의 승인을 받지 않고는 관세를 면제받은 물품은 재수출면세기간 중 정해진 용도 외의 다른 용도로 사용되거나 양도될 수 없도록 규정하고 있다. 또한 다음 각 호의 어느 하나에 해당하는 경우에는 수출하지 아니한 자, 용도 외로 사용한 자, 또는 양도를 한 자로부터 면제된 관세를 즉시 징수하며, 양도인으로부터 해당 관세를 징수할 수 없을 때에는 양수인으로부터 면제된 관세를 즉시 징수하게 하였다. 다만, 재해나 그 밖의 부득이한 사유로 멸실되었거나 미리 세관장의 승인을 받아 폐기하였을 때에는 예외적으로 관세를 징수하지 않는다.

① 관세를 면제받은 물품을 같은 항에 규정된 기간 내에 수출하지 아니한 경우
② 정해진 용도 외의 다른 용도로 사용하거나 해당 용도 외의 다른 용도로 사용하려는 자에게 양도한 경우

한편, 관세법 제97조 제4항에는 재수출면세된 물품 중 기획재정부령이 정한 물품7)이 지정된 기간 내에 수출되지 아니한 경우에는 500만 원을 넘지 아니하는 범위에서 해당 물품에 부과될 관세의 100분의 20에 상당하는 금액을 가산세로 징수하도록 규정하고 있다. FTA관세특례법에는 이와 관련하여 별도의 규정을 두고 있지 않으므로 재수출물품이 지정된 기간 내에 재수출되지 아니할 때는 당연히 해당 물품의 관세를 징수할 때 관세법의 가산세 징수규정이 적용된다.

7) 여기에 해당하는 물품은 다음과 같다(관세법 제97조 제4항 및 관세법시행규칙 제50조). 1. 수입물품의 포장용품. 다만, 관세청장이 지정하는 물품을 제외한다. 2. 수출물품의 포장용품. 다만, 관세청장이 지정하는 물품을 제외한다. 3. 우리나라에 일시입국하는 자가 본인이 사용하고 재수출할 목적으로 직접 휴대하여 반입하거나 별도로 반입하는 신변용품. 다만, 관세청장이 지정하는 물품을 제외한다. 4. 우리나라에 일시입국하는 자가 본인이 사용하고 재수출할 목적으로 직접 휴대하여 반입하거나 별도로 반입하는 직업용품 및 '신문 등의 자유와 기능보장에 관한 법률' 제26조에 따라 지국 또는 지사의 설치허가를 받은 자가 취재용으로 반입하는 방송용의 녹화되지 아니한 비디오테이프. 5. 관세청장이 정하는 시설에서 국제해운에 종사하는 외국선박의 승무원의 후생을 위하여 반입하는 물품과 그 승무원이 숙박기간중 당해 시설에서 사용하기 위하여 선박에서 하역된 물품. 6. 박람회 · 전시회 · 공진회 · 품평회 기타 이에 준하는 행사에 출품 또는 사용하기 위하여 그 주최자 또는 행사에 참가하는 자가 수입하는 물품 중 당해 행사의 성격 · 규모 등을 감안하여 세관장이 타당하다고 인정하는 물품. 7. 국제적인 회의 · 회합 등에서 사용하기 위한 물품. 8. 관세법 제90조 제1항 제2호에 따른 기관 및 국방과학연구소법에 따른 국방과학연구소에서 학술연구 및 교육훈련을 목적으로 사용하기 위한 학술연구용품. 9. 관세법 제90조 제1항 제2호에 따른 기관 및 국방과학연구소법에 따른 국방과학연구소에서 과학기술연구 및 교육훈련을 위한 과학장비용품. 10. 주문수집을 위한 물품, 시험용 물품 및 제작용 견품. 11. 수리를 위한 물품(수리를 위하여 수입되는 물품과 수리 후 수출하는 물품이 관세 · 통계통합품목분류표상 10단위의 품목번호가 일치할 것으로 인정되는 물품에 한한다). 12. 수출물품 및 수입물품의 검사 또는 시험을 위한 기계 · 기구. 13. 일시입국자가 입국할 때에 수송하여 온 본인이 사용할 승용자동차 · 이륜자동차 · 캠핑카 · 캬라반 · 트레일러 · 선박 및 항공기와 관세청장이 정하는 그 부분품 및 예비품. 14. 관세청장이 정하는 수출입물품 · 반송물품 및 환적물품을 운송하기 위한 차량. 15. 이미 수입된 국제운송을 위한 컨테이너의 수리를 위한 부분품. 16. 수출인쇄물 제작원고용 필름(빛에 노출되어 현상된 것에 한한다). 17. 광메모리매체 제조용으로 정보가 수록된 마스터테이프 및 니켈판(생산제품을 수출할 목적으로 수입되는 것임을 당해 업무를 관장하는 중앙행정기관의 장이 확인한 것에 한한다). 18. 항공기 및 그 부분품의 수리 · 검사 또는 시험을 위한 기계 · 기구. 19. 항공 및 해상화물운송용 파렛트. 20. 수출물품 사양확인용 물품. 21. 항공기의 수리를 위하여 일시 사용되는 엔진 및 부분품. 22. 산업기계의 수리용 또는 정비용의 것으로서 무상으로 수입되는 기계 또는 장비. 23. 외국인투자기업이 자체상표제품을 생산하기 위하여 일시적으로 수입하는 금형 및 그 부분품

3 상호협력

1) 정보교환 등의 협력

기획재정부장관은 협정(관세분야만 해당)의 운용에 관한 사항을 협의하기 위하여 협정에서 정하는 바에 따라 체약상대국 정부와 공동으로 협의기구를 구성하여 운영할 수 있다. 이 경우 기획재정부장관은 미리 산업통상자원부장관과 협의하여야 한다(법 제33조). 기획재정부장관은 체약상대국과 협정(관세분야로 한정)의 운용에 관한 사항의 협의와 협의기구의 운영을 위하여 관세협의전담관을 지정·운영할 수 있다(영 제41조 제3항).

관세청장은 협정을 통일적이고 효율적으로 시행하기 위하여 필요한 통관절차의 간소화, 다른 법률에 저촉되지 아니하는 범위에서의 정보교환, 세관기술의 지원, 그 밖에 다음 사항에 관하여 협정에서 정한 바에 따라 체약상대국의 관세당국과 협력할 수 있다. 관세청장은 체약상대국에서 수입된 물품에 대한 원산지 또는 협정관세 적용의 적정 여부를 확인하기 위하여 필요한 경우에는 협정에서 정하는 범위에서 다음 각 호의 행위를 할 수 있다(법 제33조 제2항, 영 제41조 제1항).

① 원산지의 확인에 필요한 상호 행정지원에 관한 사항
② 원산지와 관련되는 법령의 교환에 관한 사항
③ 서류 없는 통관절차의 구축, 전자무역환경의 증진 등 통관절차의 개선·발전에 관한 사항
④ 세관공무원과 통관종사자에 대한 교육·훈련에 관한 사항
⑤ 수출입물품의 원산지에 관한 조사에 필요한 정보교환
⑥ 그 밖에 체약국과 협의하여 설립한 관세협의기구에서 합의한 사항

한편, 관세청장은 체약상대국에서 수입된 물품에 대한 원산지 또는 협정관세 적용의 적정 여부를 확인하기 위하여 필요한 경우에는 협정에서 정하는 범위에서 다음 각 호의 행위를 할 수 있다(법 제33조 제3항).

① 체약상대국의 관세당국에 필요한 자료의 제공을 요청하는 행위
② 체약상대국과 동시에 원산지조사를 하는 행위

③ 체약상대국에 세관공무원을 파견하여 직접 원산지조사를 하게 하거나 체약상대국의 원산지조사에 참여하게 하는 행위
④ 체약상대국의 관세당국이 협정에 따라 원산지조사에 협력해 줄 것을 요청하는 경우 이를 수락하는 행위

관세청장은 원산지에 관한 조사의 협력의 절차·방법 및 범위 등 관세행정협력을 위하여 필요한 사항도 체약상대국의 관세당국과 협의할 수 있다(영 제41조 제2항). 관세청장은 체약상대국의 관세당국과 협력활동을 하거나 필요한 조치를 한 경우에는 30일 이내에 기획재정부장관에게 그 결과를 보고하여야 한다.

2) 관세상호협의의 신청

수출자 또는 생산자는 체약상대국의 관세당국으로부터 수출물품에 대하여 협정에 부합하지 아니하는 원산지결정 또는 과세처분을 받았거나 받을 우려가 있는 경우에는 체약상대국의 관세당국과의 관세상호협의를 신청할 수 있다(법 제34조 제1항). 수출물품에 대해 협정에 부합하지 않는 원산지결정이나 그 결정을 근거로 협정관세 적용을 배제하는 처분 등은 체약상대국 관세당국이 수입자를 대상으로 하여 하게 될 것이나, 이해관계자인 수출자나 생산자가 이를 관세당국에 알려 체약상대국 관세당국과 협의하여 시정할 수 있도록 하는 것이 이 조항의 취지이다. 수출자나 생산자가 체약상대국의 관세당국과 직접 협의를 할 수는 없는 것이기 때문에 수출자나 생산자의 신청을 받아 정부가 대신하여 체약상대국 관세당국과 협의를 하도록 한 것이다.

기획재정부장관이 관세상호협의의 신청을 받았을 때에는 다음 각 호의 어느 하나에 해당하는 경우를 제외하고는 체약상대국의 관세당국에 관세상호협의를 요청하여야 한다. 관세상호협의를 요청할 때 기획재정부장관은 미리 이와 관련하여 산업통상자원부장관과 협의하여야 한다. 관세상호협의에 앞서 산업통상자원부장관과 협의하도록 한 것은 산업통상자원부가 자유무역협정 체결을 위한 협상과 체결의 주무부서이기 때문이다.

① 원산지결정 또는 과세처분과 관련하여 국내 또는 국외에서 법원의 확정판결이

있은 경우

② 신청인이 관세회피를 목적으로 관세상호협의절차를 이용하려고 하는 사실이 인정되는 경우

③ 원산지결정 또는 과세처분이 있은 날부터 3년이 지난 후 신청한 경우

관세상호협의를 신청하고자 하는 자는 기획재정부령이 정하는 관세상호협의 신청서에 다음 각 호의 서류를 첨부하여 기획재정부장관에게 제출하여야 한다(영 제43조 제1항).

① 관세상호협의의 신청과 관련된 체약상대국의 원산지결정통지서 · 과세처분통지서 또는 이에 갈음하는 서류

② 신청인 또는 체약상대국에 있는 신청인의 대리인(신청인의 물품을 수입한 자 및 그 대리인을 포함한다)이 체약상대국의 권한 있는 당국에 불복쟁송을 제기한 경우 불복쟁송청구서

기획재정부장관은 신청내용을 검토한 결과 또는 직권으로 관세상호협의의 필요성이 있다고 인정할 때에는 산업통상자원부장관과의 협의를 거쳐 체약상대국의 관세당국에 필요한 시정조치를 요구할 수 있다. 만일 체약상대국의 관세당국이 시정조치를 요구받은 날부터 합리적인 기간 이내에 협의에 응하지 아니하거나, 시정조치의 요구를 수락하지 아니하는 때에는 체약상대국의 관세당국에 관세협의기구의 개최를 요청할 수 있다(영 제43조 제4항). 관세협의기구가 개최될 경우 여기에서 이 의제에 대해 논의하게 된다. 기획재정부장관은 체약상대국의 관세당국과 관세상호협의를 완료한 때는 그 결과를 협의가 완료된 날부터 30일 이내에 신청인에게 서면으로 통지한다. 이러한 협의의 성격 자체가 정책적인 결정사항이기 때문에 통지된 결과에 대해 신청인이 불복하여 우리 정부나 체약상대국 정부에 이의를 제기하거나 쟁송을 제기할 수는 없지만 신청인도 협의결과를 알 수 있게 그 결과를 알려주게 한 것이다. 기획재정부장관은 신속한 관세상호협의를 위하여 필요하다고 판단하는 경우에도 협정에서 정한 바에 따라 협의기구의 개최를 요청할 수 있다. 이 경우도 기획재정부장관은 미리 산업통상자원부장관과 협의하여야 한다.

■ 자유무역협정의 이행을 위한 관세법의 특례에 관한 법률 시행규칙 [별지 제37호 서식]

관세상호협의 신청서

※ [ ]에는 해당되는 곳에 ✓표시를 합니다.

<table>
<tr><td rowspan="5">신청인</td><td>상 호</td><td>사업자등록번호</td></tr>
<tr><td>대표자(성명)</td><td>생년월일</td></tr>
<tr><td>업 종</td><td>전화번호</td></tr>
<tr><td>해당 물품</td><td>품목번호(HS No.) 6단위</td></tr>
<tr><td colspan="2">소재지(주소)</td></tr>
<tr><td rowspan="3">국외 관련 기업</td><td>상 호</td><td>대표자(성명)</td></tr>
<tr><td colspan="2">소재지(주소 및 국가)</td></tr>
<tr><td colspan="2">신청인과의 관계
[ ]현지법인 [ ]본지사관계 [ ]현지수입업체 [ ]기타 (관계:)</td></tr>
<tr><td>상호협의 상대국</td><td colspan="2"></td></tr>
<tr><td colspan="3">원산지결정(예상) 또는 과세처분(예상) 내용 및 그 사실을 안 날</td></tr>
<tr><td colspan="3">상호협의 신청사유</td></tr>
<tr><td colspan="3">'자유무역협정의 이행을 위한 관세법의 특례에 관한 법률' 제34조 제1항에 따라 위와 같이 관세상호협의를 신청합니다.

년 월 일

신청인 (서명 또는 인)

기획재정부장관 귀하</td></tr>
</table>

<table>
<tr><td>첨부 서류</td><td>1. 관세상호협의 신청과 관련된 체약상대국의 원산지결정통지서 · 과세처분통지서 또는 이에 갈음하는 서류 1부
2. 신청인 또는 체약상대국에 있는 신청인의 대리인(신청인의 물품을 수입한 자 및 그 대리인을 포함함)이 체약상대국의 권한 있는 당국에 불복쟁송을 제기한 경우 불복쟁송 청구서 1부</td><td>수수료 없 음</td></tr>
</table>

210mm × 297mm[백상지 80g/㎡(재활용품)]

■ 자유무역협정의 이행을 위한 관세법의 특례에 관한 법률 시행규칙 [별지 제38호 서식]

관세상호협의 결과통지서

※ [ ]에는 해당되는 곳에 ✓표시를 합니다.

<table>
<tr><td rowspan="5">신청인</td><td>상 호</td><td>사업자등록번호</td></tr>
<tr><td>대표자(성명)</td><td>생년월일</td></tr>
<tr><td>업 종</td><td>전화번호</td></tr>
<tr><td>해당 물품</td><td>품목번호(HS No.) 6단위</td></tr>
<tr><td colspan="2">소재지(주소)</td></tr>
<tr><td rowspan="3">국외 관련 기업</td><td>상 호</td><td>대표자(성명)</td></tr>
<tr><td colspan="2">소재지(주소 및 국가)</td></tr>
<tr><td colspan="2">신청인과의 관계
[ ]현지법인 [ ]본지사관계 [ ]현지수입업체 [ ]기타 (관계:)</td></tr>
<tr><td rowspan="2">상호협의 상대국</td><td colspan="2">협의대상기관</td></tr>
<tr><td colspan="2">상호협의방법</td></tr>
<tr><td>상호협의 처리기간</td><td>상호협의 개시일
년 월 일</td><td>상호협의 종료일
년 월 일</td></tr>
<tr><td>상호협의 요청내용</td><td colspan="2"></td></tr>
<tr><td>상호협의 결과내용</td><td colspan="2"></td></tr>
<tr><td colspan="3">'자유무역협정의 이행을 위한 관세법의 특례에 관한 법률 시행령' 제43조 제5항에 따라 위와 같이 통지합니다.

년 월 일

기획재정부장관 (직인)
○ ○ ○ 귀하</td></tr>
</table>

210mm×297mm[백상지 80g/㎡(재활용품)]

3) 관계자료의 제출요청

기획재정부장관은 FTA관세특례법의 운영 및 협정의 후속조치를 위하여 필요하다고 인정하면 국가기관, 지방자치단체, 주요 경제단체 및 업종별 협회 · 조합 등 이해관계인에게 관세의 부과 · 징수 및 통관에 관련된 자료, 무역통계, 관련 산업의 현황자료나 그 밖에 필요한 자료의 제출을 요청할 수 있다(법 제41조). 요청을 받은 기관 · 단체 · 협회 및 조합의 장은 다른 법령에 특별한 규정이 있는 경우 외에는 정당한 사유가 없으면 요청에 협조하여야 한다.

4) EU 및 영국과의 상호협력 특례

기획재정부장관은 EU당사자와의 원산지 관련 의정서 제14조에 따라, 그리고 영국과의 원산지관련 의정서 제14조에 따라 매년 수출용 원재료에 대한 관세환급제도 관련 정보와 기획재정부령으로 정하는 수출입통계(수출입통계는 직전연도 1월 1일부터 12월 31일까지의 통계를 말한다)를 EU당사자 및 영국과 상호주의에 따라 교환하여야 한다(영 제42조 제1항). 여기에서 '기획재정부령으로 정하는 수출입통계'란 다음 각 호의 통계를 말한다(규칙 제35조).

① 품목번호 제8407호, 제8408호, 제8522호, 제8527호, 제8529호, 제8706호, 제8707호 및 제8708호에 해당하는 물품에 대한 10단위 수준의 국가별 수입통계
② 품목번호 제8703호, 제8519호, 제8521호 및 제8525호부터 제8528호까지에 해당하는 물품에 대한 10단위 수준의 국가별 수출통계
③ 그 밖에 유럽연합당사자 및 영국이 요청한 물품에 대한 수출입통계

관세청장은 수출입통계 등을 EU당사자 및 영국과 교환하려는 경우에는 교환일 1개월 전까지 기획재정부장관에게 보고하여야 한다. 기획재정부장관은 EU당사자 및 영국과 상호협력을 위하여 필요하다고 인정하는 경우에는 수출입통계 등을 제출할 것을 관세청장에게 요청할 수 있다.

4 비밀유지의무

1) 비밀유지의무자

세관공무원과 원산지증빙서류 발급권한기관에서 원산지증명서의 발급을 담당하는 직원은 수입자·수출자·생산자(체약상대국에 거주하는 수출자·생산자와 그 밖의 이해관계인을 포함한다) 또는 체약상대국의 권한 있는 기관이 협정 및 FTA관세특례법에서 정한 바에 따라 원산지의 결정, 관세의 부과·징수 또는 통관을 목적으로 제출한 자료로서 비밀취급자료로 지정된 자료를 자료제출자의 동의 없이 타인(체약상대국의 관세당국을 포함한다)에게 제공 또는 누설하거나 사용목적 외의 용도로 사용해서는 아니된다. 다만, 다음 각 호의 어느 하나에 해당하는 경우에는 그 사용목적에 맞는 범위에서 비밀취급자료를 제공할 수 있다(법 제38조 제1항).

① 국가기관이 관세에 관한 쟁송 또는 관세범의 소추(訴追)를 목적으로 비밀취급자료를 요구하는 경우

② 법원의 제출명령 또는 법관이 발부한 영장에 따라 비밀취급자료를 요구하는 경우

③ 세관공무원 상호 간에 관세의 부과·징수, 통관 또는 질문·검사상의 필요에 따라 제공하는 경우

④ 다른 법률에 따라 비밀취급자료를 요구하는 경우

2) 비밀취급자료의 지정요청

자료제출자는 관세청장, 세관장 및 발급권한기관의 장에게 자료를 제출할 때에 정당한 사유를 제시하여 해당 자료를 비밀취급자료로 지정하여 줄 것을 요청할 수 있다. 이 경우 요청을 받은 관세청장, 세관장 및 발급권한기관의 장은 특별한 사유가 없는 한 요청에 따라야 한다(영 제50조 제2항). 관세청장, 세관장 및 발급권한기관의 장은 다음 각 호의 어느 하나에 해당하는 자료로서 공개될 경우 자료를 제출한 자 또는 그 이해관계인의 이익이 침해될 우려가 있을 것으로 인정되는 자료에 대하

여는 자료제출자의 요청이 없더라도 해당 자료를 비밀취급자료로 지정하여야 한다.

① 제조원가
② 제조공정
③ 거래상대방의 성명, 주소 및 거래량
④ 협정에 따라 체약상대국의 관세당국으로부터 제공받은 원산지증빙서류
⑤ 그 밖에 관세청장 또는 세관장이 비밀로 취급하는 것이 타당하다고 인정하는 자료

비밀취급자료는 특별한 사정이 없는 한 제출받은 날부터 5년간 보관하여야 하며, 보관기간이 지나면 소각 또는 파쇄 등의 방법으로 폐기하여야 한다(영 제50조 제5항).

3) 체약국에 대한 비밀취급자료의 제공

관세청장 및 세관장은 체약상대국의 관세당국이 비밀취급자료 제공을 요청하는 경우에는 자료제출자에게 그 사실을 통보하고, 자료제공에 관한 동의를 받은 때에만 체약상대국의 관세당국에 해당 자료를 제공할 수 있다(영 제50조 제6항). 관세청장 및 세관장이 체약상대국의 관세당국에 비밀취급자료를 제공할 때에는 제공되는 자료의 비밀유지에 관한 보증서를 요구할 수 있다. 이 경우 체약상대국의 관세당국이 보증서 제공을 거부하면 자료제공을 거부할 수 있다.

5 권한의 위임

관세청장은 다음 권한을 관세평가분류원장[8]에게 위임한다(법 제42조, 영 제52조).

① 원산지 등에 대한 사전심사, 사전심사 결과의 통지 및 이의제기의 처리. 단,

8) 관세평가분류원은 관세청 소속기관으로 수출입물품에 대한 관세평가, 품목분류, 수출입물류안전기준개발업무 등을 담당하고 있다.

다음 사항에 대한 사전심사의 권한은 제외한다.

가. 해당 물품에 대한 관세의 환급 · 감면에 관한 사항

나. 해당 물품의 원산지표시에 관한 사항

다. 수량별 차등협정관세의 적용에 관한 사항

② 사전심사서 내용의 변경 및 변경내용의 통지. 다만, 위 제1항에서 제외된 사전심사권한사항에 대한 것은 제외한다.

6 불복의 신청

1) 불복신청권자

다음에 해당하는 체약상대국의 수출자 또는 생산자는 관세법 제119조에 따라 심사청구 또는 심판청구를 할 수 있다(법 제39조, 영 제51조).

① 칠레의 수출자 또는 생산자로서 칠레와의 협정 제5.10조에 따라 원산지결정의 대상이 된 물품에 대하여 원산지증명서를 작성하고 서명한 자 또는 FTA관세특례법 제14조 및 칠레와의 협정 제5.9조에 따라 원산지 사전심사를 받은 자

② 싱가포르의 수출자 또는 생산자로서 싱가포르와의 협정 제5.11조에 따라 원산지결정의 대상이 된 물품의 원산지증명서를 발급받았거나 원산지소명서류를 작성한 자 또는 싱가포르와의 협정 제5.8조에 따라 사전심사를 받은 자

③ 콜롬비아의 수출자 또는 생산자로서 콜롬비아와의 협정 제4.10조에 따라 원산지결정의 대상이 된 물품의 원산지증명서를 작성하고 서명한 자 또는 콜롬비아와의 협정 제4.9조에 따라 사전심사를 받은 자

④ 호주의 수출자 또는 생산자로서 호주와의 협정 제4.8조에 따라 원산지결정의 대상이 된 물품의 원산지증명서를 작성하고 서명하거나 신청한 자 또는 호주와의 협정 제4.7조에 따라 사전심사를 받은 자

⑤ 캐나다의 수출자 또는 생산자로서 캐나다와의 협정 제4.11조에 따라 원산지결정의 대상이 된 물품의 원산지증명서를 작성하고 서명한 자 또는 캐나다와의

협정 제4.10조에 따라 사전심사를 받은 자

2) 불복신청의 대상

체약상대국의 수출자 또는 생산자는 다음 각 호의 어느 하나에 관련되는 처분에 대하여 위법 또는 부당한 처분을 받거나 필요한 처분을 받지 못함으로써 권리 또는 이익의 침해를 당한 경우에는 관세법 제119조에 따라 심사청구 또는 심판청구를 할 수 있다(법 제39조).

① 원산지에 관한 조사
② 원산지 등에 대한 사전심사

FTA관세특례법에서 불복신청자를 체약상대국의 수출자 또는 생산자만 규정하고 있는 것은 우리나라의 수출자나 생산자, 수입자 등은 따로 규정하지 않아도 협정관세의 적용과 관련한 위법 또는 부당한 처분에 대해 관세법에 근거하여 심사청구 또는 심판청구를 제기할 수 있기 때문이다.

3) 불복 증거서류 및 증거물의 제출 등

관세법 제119조에 따른 심사청구 또는 심판청구의 재결청(이하 이 조에서 '재결청'이라 한다)은 청구인이 제기한 심사청구 또는 심판청구를 심의하는 데 필요하다고 인정하면 체약상대국의 수출자 또는 생산자에게 증거서류나 증거물을 재결청에 직접 제출하게 할 수 있다(법 제40조). 재결청은 청구인이나 체약상대국의 수출자 또는 생산자가 제출한 자료 중 비밀로 취급하여 줄 것을 요청받은 자료에 대해서는 자료제출자의 동의 없이 타인(체약상대국의 관세당국을 포함한다)에게 제공 또는 누설하거나 사용목적 외의 용도로 사용해서는 아니된다.

7 벌칙

1) 처벌의 대상과 처벌내용

행정법규는 그 행정목적을 달성하기 위해 여러 가지 의무규정을 두고 이를 위반하였을 때 처벌하도록 함으로써 의무의 실효성을 확보하도록 하고 있다. 이와 같이 행정법규상 의무위반에 대해 일반통치권에 의한 제재로서 처벌하는 것을 행정벌이라 한다. 행정벌은 징역, 벌금 등을 과하는 형벌과 과태료를 과하는 질서벌로 구분된다. 관세법령의 위반 또는 관세법령에 의한 명령에 위배하는 행위로 관세법에 의해 형사처벌 또는 통고처분되는 것을 관세범(關稅犯)이라 하고, 질서벌로서 처벌되는 것을 관세질서범이라 한다. 관세법에는 다양한 관세범과 관세질세범에 대한 처벌규정을 두고 있다(관세법 제268조의 2내지 제282조 참조). FTA관세특례법도 관세법령의 하나지만 관세법의 특례로서 FTA관세특례법을 위반한 자에 대해 [표 14-2]와 같이 처벌하도록 규정하고 있다(법 제44조). FTA관세특례법에는 관세법에 규정되지 않은 사항을 정해둔 것들이므로 그 위반자들을 규제하기 위해서이다.

| 표 14-2 | FTA관세특례법 위반자에 대한 처벌규정

죄명	범죄의 구성요건	처벌
비밀누설죄	비밀취급자료를 타인에게 제공 또는 누설하거나 목적 외의 용도로 사용한 자	3년 이하의 징역 또는 3천만 원 이하의 벌금
부정원산지증빙서류 발급(작성)죄	원산지증빙서류를 속임수 또는 그 밖의 부정한 방법으로 신청하여 발급받았거나 작성·발급한 자	2천만 원 이하의 벌금
용도 외 사용죄	용도세율 적용 물품 또는 관세면제물품을 해당 용도 외의 다른 용도에 사용하거나 양도한 자. 단, 세율이 낮은 용도와 동일한 용도에 사용하려는 자에게 양도한 자는 제외	
서류미보관죄	정당한 사유 없이 원산지증빙 관련 서류를 보관하지 아니한 자	
허위서류제출죄	관세청장 또는 세관장이 요청한 원산지증빙서류를 거짓으로 제출한 자	
	재수출면세물품을 해당 용도 외의 다른 용도에 사용하거나 양도한 자	

허위서류제출죄	원산지사전심사에 필요한 자료를 거짓으로 제출하거나 고의로 제출하지 아니한 자	
기관증명원산지증명서의 부정발급죄	협정 및 FTA관세특례법에 따른 원산지증빙서류를 속임수나 그 밖의 부정한 방법으로 발급한 세관공무원과 상공회의소 직원	
사실과 다른 원산지증명서류작성죄	협정 및 FTA관세특례법에 따른 원산지증빙서류를 사실과 다르게 신청하여 발급받았거나 작성·발급한 자. 단, 원산지증빙서류의 수정통보를 한 자는 제외	300만 원 이하의 벌금

[표 14-2]에 해당하는 범죄를 저지른 자에 대해서는 관세법 제278조(형법 적용의 일부배제)가 적용된다. 관세법 제278조에는 관세법에 따른 벌칙에 위반되는 행위를 한 자에게는 형법(제38조 제1항 제2호)[9] 중 벌금경합에 관한 제한가중규정을 적용하지 않도록 하였는데, FTA관세특례법 위반자에 대해서도 이러한 제한가중규정을 적용하지 않는다. 한편 관세법을 위반한 자 중 그 정상이 중하다고 인정되는 자에 대해서는 특정범죄가중처벌등에 관한 법률에 별도의 가중처벌규정을 두고 있으나(동법 제6조, 관세법위반행위의 가중처벌규정 참조), FTA관세특례법 위반자에 대해서는 가중처벌규정을 두고 있지 않다.

2) 양벌규정

범죄는 이를 실행한 행위자에게 그 행위를 이유로 하여 형벌을 과하는 것이 형법의 기본원칙이다. 그러나 행정법규에서는 업무주체인 법인 또는 개인의 종업원이나 사용인이 그 법인 또는 개인의 업무에 관하여 법규 위반행위를 한 경우 그 직접행위자인 종업원이나 사용인을 처벌하는 것뿐 아니라 해당 업무주체인 법인 또는 개인도 처벌하는 특례를 두고 있는 경우가 있다. 이를 양벌규정이라 한다. FTA관세특례법 위반자에 대해서도 관세법 위반자에 대해서도 양벌규정이 적용된다. 즉, 법인

9) 형법 제38조는 여러 개의 죄를 동시에 저지른 경합범을 동시에 판결할 때의 처벌규정으로, 동조 제1항 제2호의 내용은 다음과 같다. "각 죄에 정한 형이 사형 또는 무기징역이나 무기금고 이외의 동종의 형인 때에는 가장 중한 죄에 정한 장기 또는 다액에 그 2분의 1까지 가중하되 각 죄에 정한 형의 장기 또는 다액을 합산한 형기 또는 액수를 초과할 수 없다. 단 과료와 과료, 몰수와 몰수는 병과할 수 있다."

의 대표자나 법인 또는 개인의 대리인, 임직원, 사용인, 그 밖의 종업원이 그 법인 또는 개인의 업무에 관하여 [표 14-2]에 규정된 행위 중 비밀누설죄에 해당되는 행위를 제외[10]한 위반행위를 하면 그 행위자를 벌하는 외에 그 행위자가 소속된 법인 또는 개인[11]에게도 해당 조문의 벌금형을 과(科)한다. 다만, 법인 또는 개인이 그 위반행위를 방지하기 위하여 해당 업무에 관하여 상당한 주의와 감독을 게을리하지 아니한 경우에는 법인 또는 개인을 처벌하지 아니하다(법 제45조). 양벌규정을 두는 이유는 대리인 등의 행위로 인한 이익이 업무주체인 본인에게 귀속되므로 본인도 처벌한다는 취지도 있지만, 행정법규의 준수를 확보하기 위해 업무주체가 대리인 등을 철처하게 지휘·감독할 것을 요구하고 이러한 지휘감독을 소홀히 한 경우에는 본인을 처벌하도록 함으로써 행정법규의 위반을 미리 방지하려는 데 있다.

3) FTA관세특례법 위반사범의 처벌절차

FTA관세특례법 위반자에 대해서는 관세법 제283조부터 제319조까지 규정된 관세범에 대한 조사절차규정이 준용된다(법 제44조 제4항). 관세범에 대한 조사절차규정의 주요 내용은 [표 14-3]과 같다.

표 14-3 관세범 처벌절차의 주요 내용(관세법 규정)

관세법 조항	내용
제284조	관세범에 관한 사건은 관세청장이나 세관장의 고발이 없으면 검사는 공소를 제기할 수 없다. 다른 기관이 관세범에 관한 사건을 발견하거나 피의자를 체포하였을 때에는 즉시 관세청이나 세관에 인계하여야 한다.
제290조	세관공무원은 관세범이 있다고 인정할 때에는 범인, 범죄사실 및 증거를 조사하여야 한다.
제291조	세관공무원은 관세범 조사에 필요하다고 인정할 때에는 피의자·증인 또는 참고인을 조사할 수 있다.
제292조	세관공무원이 피의자·증인 또는 참고인을 조사하였을 때에는 조서를 작성하여야 한다.
제294조	세관공무원이 관세범 조사에 필요하다고 인정할 때에는 피의자·증인 또는 참고인의 출석을 요구할 수 있다.

10) 비밀누설죄는 범죄의 성격상 법인 또는 사용인에게 주의와 감독의무를 묻기가 어렵다고 보고 있기 때문이다.

11) 여기에서 개인이란 법인형태가 아닌 개인회사형태일 경우를 상정하고 있는 것이다.

제295조	세관공무원은 관세법에 관하여 '사법경찰관리의 직무를 수행할 자와 그 직무범위에 관한 법률'에서 정하는 바에 따라 사법경찰관리의 직무를 수행한다.
제296조	관세법에 따라 수색 · 압수를 할 때에는 관할지방법원 판사의 영장을 받아야 한다. 다만, 긴급한 경우에는 사후에 영장을 발급받아야 한다.
제297조	세관공무원은 관세범 조사에 필요하다고 인정할 때에는 선박 · 차량 · 항공기 · 창고 또는 그 밖의 장소를 검증하거나 수색할 수 있다.
제303조	세관공무원은 관세범 조사에 의하여 발견한 물품이 범죄의 사실을 증명하기에 충분하거나 몰수하여야 하는 것으로 인정될 때에는 이를 압수할 수 있다.
제309조	세관공무원은 조사 · 검증 · 수색 또는 압수를 할 때 필요하다고 인정하는 경우에는 국가경찰공무원의 원조를 요구할 수 있다.
제311조	관세청장이나 세관장은 관세범을 조사한 결과 범죄의 확증을 얻었을 때에는 그 이유를 구체적으로 밝히고 벌금이나 추징금에 해당하는 금액 또는 몰수에 해당하는 물품을 납부할 것을 통고할 수 있다.
제312조	관세청장이나 세관장은 범죄의 정상이 징역형에 처해질 것으로 인정될 때에는 즉시 고발하여야 한다.
제313조	관세청장이나 세관장은 압수물품을 몰수하지 아니할 때에는 그 압수물품이나 그 물품의 환가대금(換價代金)을 반환하여야 한다. 물품이나 그 환가대금을 반환받을 자의 주소 및 거소가 분명하지 아니하거나 그 밖의 사유로 반환할 수 없을 때에는 그 요지를 공고하여야 한다. 공고를 한 날부터 6개월이 지날 때까지 반환의 청구가 없는 경우에는 그 물품이나 그 환가대금을 국고에 귀속시킬 수 있다. 압수물품에 대하여 관세가 미납된 경우에는 반환받을 자로부터 해당 관세를 징수한 후 그 물품이나 그 환가대금을 반환해야 한다.
제314조	통고처분을 할 때에는 통고서를 작성하여야 한다. 통고서에는 처분을 받을 자의 성명, 나이, 성별, 직업 및 주소, 벌금에 상당한 금액, 몰수에 해당하는 물품 또는 추징금에 상당한 금액, 범죄사실, 적용 법조문, 이행 장소, 통고처분 연월일을 적고 처분을 한 자가 서명날인하여야 한다.
제315조	통고처분의 고지는 통고서를 송달하는 방법으로 하여야 한다.
제316조	관세범인이 통고서의 송달을 받았을 때에는 그 날부터 15일 이내에 이를 이행하여야 하며, 이 기간 내에 이행하지 아니하였을 때에는 관세청장이나 세관장은 즉시 고발하여야 한다. 다만, 15일이 지난 후 고발이 되기 전에 관세범인이 통고처분을 이행한 경우에는 그러하지 아니하다.
제317조	관세범인이 통고의 요지를 이행하였을 때에는 동일사건에 대하여 다시 처벌을 받지 아니한다.
제318조	관세청장이나 세관장은 다음 각 호의 어느 하나의 경우에는 제311조 제1항에도 불구하고 즉시 고발하여야 한다. 1. 관세범인이 통고를 이행할 수 있는 자금능력이 없다고 인정되는 경우 2. 관세범인의 주소 및 거소가 분명하지 아니하거나 그 밖의 사유로 통고를 하기 곤란하다고 인정되는 경우
제319조	관세범에 관하여는 이 법에 특별한 규정이 있는 것을 제외하고는 '형사소송법'을 준용한다.

4) 질서범에 대한 과태료 처분

법령의 의무위반 등이기는 하나 형법에 규정된 형벌이 아닌 질서벌에 해당되는 과태료 처분대상이 되는 것들이 있다.[12] FTA관세특례법에도 이와 같은 관세질서벌에 해당되는 과태료 처분대상을 정해 두고 있다. 과태료 처분도 원칙적으로 고의나 과실이 있어야 가능한 것이므로 처분에 앞서 고의나 과실이 있었는지가 확인되어야 한다.[13] 과태료 처분대상에 대해서는 양벌규정을 적용하지 않는다(관세법 제279조 제1항). 또한 관세질서벌인 과태료와 관세형벌은 다 같이 관세행정벌에 해당하므로 동일한 관세범에 대해 두 가지 벌칙을 모두 과할 수는 없다. FTA관세특례법에서는 [표 14-4]에 해당하는 자에 대해서는 과태료 처분을 하도록 하였다(법 제46조).

표 14-4 | 과태료 처분규정

위반사유	과태료
관세청장 또는 세관장이 원산지의 확인, 협정관세의 적용 여부 등의 심사를 위해 제출을 요구한 원산지증빙서류를 정당한 사유 없이 30일(페루와의 협정에 의한 경우는 90일) 이내에 서류를 제출하지 아니한 자	1천만 원 이하
관세청장 또는 세관장의 원산지 서면조사 또는 현지조사를 거부·방해 또는 기피한 자	
용도세율이 적용되는 협정관세물품을 승인을 받지 아니하고 세율이 낮은 용도에 사용한 자	500만 원 이하
용도세율이 적용되는 협정관세물품을 세율이 낮은 용도와 동일한 용도에 사용하려는 자에게 양도한 자	
일시수입물품에 대해 관세를 면제받아 용도 외에 사용한 자 중 해당 물품을 직접 수입한 경우에는 관세의 감면을 받을 수 있는 자에게 양도한 자	
체약상대국의 물품에 대한 원산지증빙서류를 작성한 사람이나 해당 물품에 대한 수입신고를 수리한 세관장으로부터 원산지증빙서류의 내용에 오류가 있음을 통보받은 수입자로서 이를 세관장에게 세액정정·세액보정신청, 수정신고 또는 경정청구를 하지 아니한 자	

12) 과태료의 부과·징수 및 재판 등에 관한 사항을 규정하는 것을 목적으로 한 법률이 질서위반행위규제법(2008년 제정)이다. 관세법이나 FTA관세특례법에 의한 과태료의 부과·징수도 이 법의 규정에 따라야 한다.

13) **[판례]** 질서위반행위규제법은 과태료의 부과대상인 질서위반행위에 대하여도 책임주의 원칙을 채택하여 제7조에서 "고의 또는 과실이 없는 질서위반행위는 과태료를 부과하지 아니한다"고 규정하고 있으므로, 질서위반행위를 한 자가 자신의 책임 없는 사유로 위반행위에 이르렀다고 주장하는 경우 법원으로서는 그 내용을 살펴 행위자에게 고의나 과실이 있는지를 따져보아야 한다(대법원 2011.7.14. 선고 2011마364 결정).

과태료는 세관장이 부과 · 징수한다. 세관장이 과태료를 부과할 때는 먼저 해당 위반행위를 조사확인한 뒤 10일 이상의 기간을 정해 과태료 처분대상자에게 의견진술기회를 부여해야 한다. 과태료 처분은 위반사실, 과태료금액, 이의제기 방법, 이의제기 기간 등을 서면으로 명시하여 이를 납부할 것을 처분대상자에게 통지하는 것으로 한다. 과세관청의 과태료 부과에 불복하는 당사자는 질서위반행위규제법 제17조 제1항에 따른 과태료 부과 통지를 받은 날부터 60일 이내에 해당 행정청에 서면으로 이의제기를 할 수 있다(질서위반행위규제법 제20조). 과태료 처분을 받은 자가 이의를 제기한 때에는 세관장은 14일 이내에 이에 대한 의견 및 증빙서류를 첨부하여 관할법원에 그 사실을 통보해야 한다(질서위반행위규제법 제21조).14) 만일 기간 내에 이의제기도 하지 않고, 과태료도 납부하지 아니한 때에는 관세법 제26조의 규정에 따라 담보제공이 없는 미납관세의 징수와 같이 강제징수 방법으로 해당 과태료를 징수한다.

구체적인 과태료부과기준은 대통령령(영 제54조)에 [별표 25]로서 다음과 같이 정해두고 있다.

14) **[판례]** 질서위반행위규제법이 행정청의 과태료 부과처분에 대하여 당사자가 이의제기를 통해 불복할 수 있고, 이의제기가 있으면 그 효력이 상실되도록 함으로써 행정청의 과태료 부과처분이 그 자체로는 국민의 권리의무 등에 직접적으로 어떠한 영향을 미치지 못하도록 하는 한편, 법원으로 하여금 과태료의 부과 여부 및 그 당부를 질서위반행위규제법에 의한 절차에 의하여 판단하도록 한 것을 두고 헌법상 보장된 재판청구권의 행사를 제한한 것이라고 할 수 없다(대법원 2012.10.11. 선고 2011두19369 판결). 과태료재판의 경우, 법원으로서는 기록상 현출되어 있는 사항에 관하여 직권으로 증거조사를 하고 이를 기초로 하여 판단할 수 있는 것이나, 그 경우 행정청의 과태료 부과처분사유와 기본적 사실관계에 있어서 동일성이 인정되는 한도 내에서만 과태료를 부과할 수 있다(대법원 2012.10.19. 선고 2012마1163 판결).

■ 자유무역협정의 이행을 위한 관세법의 특례에 관한 법률 시행령 [별표 25]

과태료의 부과기준(영 제54조 관련)

1. 일반기준

가. 위반행위의 횟수에 따른 과태료의 부과기준은 최근 5년간 같은 위반행위로 과태료를 부과받은 경우에 적용한다. 이 경우 위반 횟수는 같은 위반행위에 대하여 과태료 부과처분을 받은 날과 그 처분 후에 한 위반행위로 적발된 날을 각각 기준으로 하여 계산한다.

나. 부과권자는 다음의 어느 하나에 해당하는 경우에는 제2호의 개별기준에 따른 과태료 금액의 2분의 1 범위에서 그 금액을 줄일 수 있다. 다만, 과태료를 체납하고 있는 위반행위자에 대해서는 그렇지 않다.

1) 위반행위자가 '질서위반행위규제법 시행령' 제2조의2 제1항 각 호의 어느 하나에 해당하는 경우
2) 위반행위가 사소한 부주의나 오류로 인한 것으로 인정되는 경우
3) 위반행위자가 법 위반상태를 시정하거나 해소하기 위해 노력한 것이 인정되는 경우
4) 그 밖에 위반행위의 정도, 위반행위의 동기와 그 결과 등을 고려하여 과태료를 줄일 필요가 있다고 인정되는 경우

2. 개별기준

(단위 : 만 원)

<table>
<tr><th rowspan="2">위반행위</th><th rowspan="2">근거 법조문</th><th colspan="4">과태료 금액</th></tr>
<tr><th>1차 위반</th><th>2차 위반</th><th>3차 위반</th><th>4차 이상 위반</th></tr>
<tr><td>가. 정당한 사유 없이 법 제16조 제2항에 따른 기간 이내에 서류를 제출하지 않은 경우</td><td>법 제46조 제1항 제1호</td><td rowspan="2">200</td><td rowspan="2">500</td><td rowspan="2">800</td><td rowspan="2">1,000</td></tr>
<tr><td>나. 법 제17조 제1항 및 법 제18조 제1항에 따른 관세청장 또는 세관장의 서면조사 또는 현지조사를 거부 · 방해 또는 기피한 경우</td><td>법 제46조 제2항 제2호</td></tr>
<tr><td>다. 법 제4조 제2항에서 준용하는 '관세법' 제83조 제1항을 위반하여 승인을 받지 않고 용도에 따라 세율을 다르게 정하는 물품을 세율이 낮은 용도에 사용한 경우</td><td>법 제46조 제2항 제1호</td><td rowspan="4">100</td><td rowspan="4">200</td><td rowspan="4">300</td><td rowspan="4">500</td></tr>
<tr><td>라. 법 제4조 제2항에서 준용하는 '관세법' 제83조 제2항을 위반한 경우 중 세율이 낮은 용도와 동일한 용도에 사용하려는 자에게 양도한 경우</td><td>법 제46조 제2항 제2호</td></tr>
<tr><td>마. 법 제14조 제2항에 따라 원산지증빙서류의 오류내용을 통보받고도 이를 세관장에게 세액정정 · 세액보정신청, 수정신고 또는 경정청구를 하지 않은 경우</td><td>법 제46조 제2항 제3호</td></tr>
<tr><td>바. 법 제30조 제3항에서 준용하는 '관세법' 제97조 제2항을 위반한 경우 중 해당 물품을 직접 수입한 경우에는 관세의 감면을 받을 수 있는 자에게 양도한 경우</td><td>법 제46조 제2항 제4호</td></tr>
</table>

찾아보기

ㅇ

ㅈ

ㅊ

ㅋ

ㅌ

| 저자약력 |

이명구

서울대학교 경영학과 졸업, 행정학 석사
영국 버밍엄대 경제학 박사
제36회 행정고등고시 합격
세계관세기구(WCO) 기술파견관
관세청 정보협력국장, FTA집행기획관, 서울본부세관장, 부산본부세관장
현재, 조세심판원 상임심판관

〈저서〉 관세정책과 관세법(한국관세무역개발원)

정재완

서강대학교 대학원 무역학과 졸업, 경영학 박사(무역 및 국제경영 전공)
기획재정부 세제실 행정사무관 및 서기관
관세청 심사정책과 과장, 용당세관 세관장, 인천본부세관 통관국장
한국관세포럼 회장, 한국관세학회 회장
조세심판원 조세심판관(비상임)
한남대학교 무역학과 조교수·부교수·정교수
현재, 대문관세법인 고문, FTA 전문가포럼 회장

〈저서〉 관세법(도서출판 청람), 무역학개론(삼영사), 국제통상법규(삼영사) 외 다수

정재호

국립세무대학 관세학과 졸업
태국 AIT 경영학 석사
국제원산지정보원 원산지관리사 출제 및 선정위원
기획재정부 세제실, 관세청 FTA 집행기획관실, 교역협력과장
현재, 주벨기에 및 유럽연합대사관 관세관

〈저서〉 관세법 연혁 및 해설(협동문고)

FTA 이해와 활용(제3판)

2016년 3월 10일 1판 1쇄 발행
2023년 3월 20일 3판 2쇄 발행

저 자 | 이명구 · 정재완 · 정재호
발행인 | 이수영
발행처 | 도서출판 청람
서울시 마포구 독막로 288(대흥동, 세양상가 109호)
전 화 | 02)3272-2601~2
팩 스 | 02)3272-2603
이메일 | crbooks@daum.net
홈페이지 | http://www.crbooks.co.kr
등 록 | 2000년 8월 26일 제6-0509호

ISBN 978-89-5972-827-5 93320 [정가 29,000원]